WILEY

风险评估

Risk Assessment:
Theory, Methods, and Applications

理论、方法与应用

第2版
2nd Edition

[挪] 马文·拉桑德（Marvin Rausand） 著
斯坦·豪根（Stein Haugen）

刘一骝 杨雪 译

清华大学出版社
北京

北京市版权局著作权合同登记号　图字：01-2021-4869

Copyright © 2020 John Wiley & Sons, Inc.

All Rights Reserved. This translation published under license. Authorized translation from the English language edition, entitled Risk Assessment: Theory, Methods, and Applications second edition, ISBN 9781119377238, by Marvin Rausand, Stein Haugen, Published by John Wiley & Sons. No part of this book may be reproduced in any form without the written permission of the original copyrights holder.

本书封面贴有 Wiley 公司防伪标签，无标签者不得销售。
版权所有，侵权必究。举报：010-62782989，beiqinquan@tup.tsinghua.edu.cn。

图书在版编目(CIP)数据

风险评估：理论、方法与应用/(挪)马文·拉桑德(Marvin Rausand)，(挪)斯坦·豪根(Stein Haugen)著；刘一骝，杨雪译. —2版. —北京：清华大学出版社，2022.6(2024.10重印)
书名原文：Risk Assessment: Theory, Methods, and Applications
ISBN 978-7-302-59982-1

Ⅰ.①风…　Ⅱ.①马…②斯…③刘…④杨…　Ⅲ.①风险管理　Ⅳ.①C934

中国版本图书馆 CIP 数据核字(2022)第 016055 号

责任编辑：冯　昕　王　华
封面设计：傅瑞学
责任校对：赵丽敏
责任印制：杨　艳

出版发行：清华大学出版社
　　　　　网　　址：https://www.tup.com.cn，https://www.wqxuetang.com
　　　　　地　　址：北京清华大学学研大厦A座　　邮　编：100084
　　　　　社 总 机：010-83470000　　邮　购：010-62786544
　　　　　投稿与读者服务：010-62776969，c-service@tup.tsinghua.edu.cn
　　　　　质量反馈：010-62772015，zhiliang@tup.tsinghua.edu.cn
印 装 者：三河市人民印务有限公司
经　　销：全国新华书店
开　　本：185mm×260mm　　印　张：35.5　　字　数：821 千字
版　　次：2013 年 6 月第 1 版　2022 年 6 月第 2 版　　印　次：2024 年 10 月第 4 次印刷
定　　价：98.00 元

产品编号：089740-01

第 2 版前言

本书全面介绍风险分析和风险评估,重点是风险分析的理论和方法。我们的研究对象是技术或者社会技术系统,并把注意力放在那些潜在的、突发的和严重的事故上面。因此,本书并没有探讨那些日常的安全问题或者对健康的长期负面影响。读者可以在第 1 章的结尾处找到本书的目标和范围。

和第 1 版有哪些不同?

这本《风险评估:理论、方法与应用》第 2 版在第 1 版(拉桑德,2011 年)基础上有很多重要的更新。我们几乎重新组织和撰写了所有的章节,其中最大的变化包括:

(1) 完全重写了第 1 章和第 2 章,并且重新定义了很多词汇。
(2) 将风险评估过程的内容合并到了新版的第 3 章。
(3) 在新版第 4 章介绍了研究对象和界定问题。
(4) 移除了有关佩特里网(Petri net)的内容。
(5) 增加了有关 STAMP 和 STPA 方法的介绍。
(6) 另外一些新的章节包括:
　① 系统运行中风险分析和管理。
　② 安防评估。
　③ 生命周期中的风险分析。
(7) 所有章后都给出了一些思考题。
(8) 移除了词汇表,但是在主题索引中强调了定义的部分。

第1版前言

这本书全面介绍了风险分析、风险评估以及相关的方法。我们关注的是技术或者社会技术系统中可能发生的事故,尤其是突发的重大事故。一般性的职业事故以及由于长期工作引起的健康问题不是本书的重点所在。

1991年,挪威颁布了国家标准 NS 5814《风险分析需求》,与此同时,我也编写了一本小册子,名为《风险分析:NS 5814 指南》(拉桑德,1991 年)。这是一本非常浅显的读物,但是却涉及一个非常重要的命题,因此得到了广泛的使用。在《系统可靠性理论》一书第1版 1995 年出版之后,我就开始筹划撰写这本书。但不久之后,我发现撰写一本有关风险评估的书要比撰写系统可靠性教材难得多,这主要是因为风险评估的术语非常模糊,同时它又是一个多学科交叉的话题,相关的报告和指南汗牛充栋却又很难理出线索。

到了 2008 年,NS 5814 第 2 版发布,相关的指南也随之更新和扩展,因此我和英格瑞·波沃尔·于特内(Ingrid Bouwer Utne)合作了一本挪威语教材《风险分析:理论和方法》(拉桑德和于特内,2009 年 b),它与本书的结构类似,只是更加基础和平铺直叙,构成了本书的雏形。

本书主要分为两个部分。第一部分介绍了风险分析,并且定义和讨论了相关的概念。我们是否能够真正理解事故是如何发生的,对于风险评估方法的选择会产生影响。因此,我们在书中专门留出一章描述事故模型和事故的前因后果。书中还有一章介绍了输入数据要求和数据质量,而其他的一些章节则按照结构化的方法介绍了风险评估的各个步骤。

第二部分讲述的是风险分析的主要方法,包括初步危险分析、HAZOP、故障树分析和事件树分析等。我们还讨论了像共因失效和人因错误这些特别的问题。在第二部分的最后,我们简单回顾了风险评估在一些主要应用领域的发展进程和应用情况。

本书的第三部分是附录,其中附录 A 对一些相关的概率和统计知识进行了简单的介绍。如果读者没有经过基本的概率和统计的训练,可以首先阅读这部分附录。其他的读者也可以对照附录 A 中的公式加深对其他章节内容的理解。此外,我们还在第三部分中列出了风险评估中常用的缩写和术语。

本书还列出了一些可供参考的法律、规章和标准。在使用这些参考资料的时候,读者需要及时检查是否已经有最新版本的文件发布。

在风险评估领域,有很多家机构发布了数不清的技术报告。这些技术报告虽然大部分都具有非常高的质量但是却在使用相互冲突的术语,或者介绍了多种方法但是这些方法的作用却大抵相同。另外,市场上真正关于风险评估的教科书也寥寥无几。

为了让风险评估的术语更加标准规范,我花了很多的工夫去界定这些术语,并尽量给出清楚的定义。在本书中,对于大部分的定义我都使用了单独的段落和专门的符号作为标记。

此外，在编写这本书的过程中，我还阅读了很多不同机构发布的指南，试图从这些指南中挖掘一些重要的信息。然而，这些指南的发布速度要超过我的阅读速度，所以我不得不说阅读全部指南确实是一项无法完成的任务。在搜索指南的时候，我也一定会漏掉一些重要的机构，同时还有很多指南是用我不了解的语言编写的，这些都有待读者根据自己的情况进一步学习。

我选择了一些自己认为有用也是最常见的方法，但是这些方法是否合适还要取决于读者本人的判断。这本书可能看起来有些保守，因为我选择的主要都是那些久经考验的方法，而没有包括那些新奇的想法。

在风险评估的一些领域，比如人因可靠性分析中，有很多种方法，所以每个研究人因可靠性的人都可以开发属于自己的方法和技术。

在每章的最后，我都给出了一些延伸阅读的建议。我不敢说这些参考书目是最相关的，但是就我个人而言，它们确实是最有用、与本书相应内容最为接近的文献。

本书主要用作风险分析和风险评估的大学高年级和研究生课程。出于这个目的，我也设计了一系列相关问题，有兴趣的读者可以登录本书主页找到这些问题：http://www.ntnu.edu/ross/books/risk。

我希望本书也能够成为实用风险评估的指南，因为它对各种方法都做了充分的描述，读者在阅读完描述之后就可以使用相应的方法。我在介绍每一种方法的时候都使用了相同的结构，包括方法的具体步骤以及流程图。这些方法的描述基本上都是独立的，因此不需要阅读整本书就可以使用其中的一些方法。

本书中的大部分描述和案例都来自欧洲，尤其是挪威。然而，我相信它们对于世界上的其他地区也是有着借鉴意义的。

本书的写作风格与我前一本有关系统可靠性理论的书（拉桑德和霍伊兰德，2004年）类似，甚至有一些方法同时在两本书中出现，只是考虑的角度有些差别。有些问题在《系统可靠性理论：模型、统计方法与应用》一书中阐述得更加详细，因此我推荐读者最好能够同时拥有这两本书。

我希望您在阅读本书的过程中会有所收获。如果您有问题或者建议，可以给我发送电子邮件。我的联系方式可以在本书的主页找到。

马文·拉桑德
挪威特隆赫姆
2011 年 3 月 15 日

译者序

在后疫情时代，新能源、数字化和可持续性成为工业和整个社会新的关注点。系统更加智能化和自主化，社会技术系统变得越来越复杂，全世界的学者和工程技术人员都在寻找有效的方法和手段，在创新的同时能够保护人员、财产和环境。在这样的背景下，风险评估在预防重大事故时仍然扮演着不可或缺的角色。有效的风险评估可以帮助人们识别系统弱点，进而采取相应的预防和补救措施，阻止事故发生，或者将事故影响降到最低。

北欧国家把可持续发展作为科技创新的优先选项，而工业安全和事故预防则是保证可持续发展的重要方面。因此，北欧的科研人员非常关注风险评估的理论和方法，也对此进行了大量的探索和研究。位于挪威特隆赫姆的挪威科技大学，拥有在可靠性和安全工程、风险评估和重大事故预防领域居世界领先的研究团队，本书作者马文·拉桑德教授和斯坦·豪根教授更是其中的翘楚。从20世纪70年代开始，拉桑德教授就一直从事可靠性与风险评估方面的研究、咨询和教学工作，他的《系统可靠性理论：模型、统计方法及应用》一书，是包括麻省理工学院、伯克利大学在内世界很多知名大学的可靠性课程专业教材。而豪根教授几十年不断在学术界和工业界之间切换自己的身份，将理论知识与实践经验深入地结合在一起。

2013年，清华大学出版社将拉桑德教授所著的《风险评估：理论、方法与应用》第1版引进国内，并受到了很多研究人员和学生的喜爱，有多家大学将其作为教材或者考研参考书。现在，我们很荣幸能够有机会把该书的第2版再次翻译成中文带给大家。新版在前著的基础上，对风险评估相关的概念进行了详细的界定和周密的定义，读者可以循序渐进、系统地把握风险评估的内涵。另外，本书也真正全面并且结构化地介绍了各种风险评估方法，能够帮助读者纵览全貌，对不同的方法进行比较，并根据实际应用选择合适的技术方法。

大连海事大学的杨雪教授和我共同完成了新版的翻译工作。杨雪教授在挪威科技大学攻读博士学位期间师从豪根教授，她在博士期间的很多工作也构成了本书第16章的基础。杨雪教授独自完成了本版第4章～第8章和第16章的翻译工作，并且根据国内业界的习惯用法，对我之前翻译的很多词汇进行了修正。

我们要感谢清华大学出版社的冯昕女士，正是她的帮助和专业工作让本书得以出版。我们也要感谢清华大学李彦夫教授的牵线搭桥。

拉桑德教授在原作致谢中提到，本书的优点大部分应该归功于我的合作者，至于一切错误、缺点和不正确的见解，当由自己完全负责。我在工作中慢慢地体会到，这并不是一句空话或者自谦,而是发自肺腑之言。对于翻译版而言,如果读者发现了问题和错误,那么很多都是由于译者的水平有限,而如果读者有所收获的话,我们应该感谢原作者多年来的努力。

刘一骝
于挪威特隆赫姆
2021 年 4 月 29 日

致 谢

在《生活的艺术》(1937年由美国纽约威廉·莫罗(William Morrow)公司出版)一书的前言中,林语堂先生写道:"当我结束这篇自序时,必须照例地说,本书如有优点的话,大部分应该归功于我的合作者,至于一切错误、缺点和不正确的见解,当由我自己完全负责。"我们在这里也想表达同样的意思,只是要把合作者一词替换成同事和参考文献。当我们特别感谢某一些名字的时候,其实一个很大的风险就是会遗漏掉其他重要的人。事实上,我们应该感谢这些年来在我们工作的领域中所有做出贡献的人。

本书的第二作者尤其要感谢意大利博洛尼亚大学的Alma Mater工作室,该工作室为他提供了8个月的写作时间。同时,他还要感谢瓦莱里奥·科赞(Valerio Cozzani)教授安排了这次访问。

我们也要感谢约翰·威利父子出版公司(John Wiley & Sons Inc.)的编辑和出版人员认真、高效和专业的工作。尤其是我们必须要提到本稿最后准备阶段的联系人:凯瑟琳·桑托洛奇(Kathleen Santoloci)、本杰明·以利沙(Benjamin Elisha)和瓦尼帕米亚·普雷姆库马尔(Viniprammia Premkumar)。

这本书里面的很多定义都来自国际电工词汇(International Electrotechnical Vocabulary,IEV):http://www.electropedia.org。我们应该感谢国际电工委员会(International Electrotechnical Commission,IEC)提供这样一个免费的资源。书中词汇参考时所提到的,诸如IEV xxx-yy-zz这样的编号,就来自IEV。

书中定义3.1、3.2和3.3以及图3.4的修改来自国际标准ISO 31 000(2009年),定义来自ISO第73号指南和NS5814。所有这些都根据标准在线公司(Standard Online©)的授权复制,公司仍然保留全部版权。标准在线公司对于复制的准确性不负任何责任。

本书使用了英国健康与安全执行委员会(Health and Safety Executive,HSE)的一些出版物作为参考文献,这些都属于HSE发布的公共信息,得到了英国《政府开发式许可条例v.1.0》的许可。

在本书的写作过程中,我也阅读了很多与风险评估相关的书籍、科技论文、标准、技术报告、指南和讲义,我们尽量对它们进行了重新加工和整理,并尽量列出了参考文献注释。如果本书使用了未经授权的句子并且没有给出参考文献注释,绝对不是我们的本意,我们对此深感歉意。

互联网上的补充信息

现在互联网上的信息汗牛充栋,读者可以在网上找到本书讨论的很多方面的信息,包括电子书、报告、笔记、讲义或者幻灯片。然而网上的信息质量参差不齐,术语的使用也不是很规范,有时候还会出现无法阅读的情况。在读过本书之后,我们希望可以让读者更加容易地搜索补充信息,理解这些信息,并且能够判断它们的质量。

目标受众

本书的主要目标受众是工程师和工程学科的大学生,所以绝大多数案例和应用都与技术和技术系统有关。尽管如此,我们相信其他专业的读者也可以从中受益。

最初,我们是为了挪威科技大学风险分析和风险评估的课程编撰教科书。因此,通过第1版教科书,我们在挪威科技大学和其他一些大学收集了很多教学经验,对第2版的编写大有裨益。

本书还可以用来作为实际风险评估工作的指导。我们在书中介绍了多种方法,读者在阅读完方法描述之后就可以使用。我们采用了同样的结构介绍每一种方法,方法的描述尽可能独立,因此读者不需要读完整本书,就可以使用具体的方法。

本书的读者应该修习过概率理论的基本课程。我们在附录A中简单介绍了概率理论,如果读者在阅读时希望温习某一种理论,可以在附录A中找到答案。

方法选择

风险分析包括大量的理论和方法,我们不可能面面俱到。我们撰写本书的目的并不是要卖弄自己的知识,而是要向风险分析人员介绍有用的理论、方法和技术手段。在进行内容选择的时候,我们倾向于:

(1) 工业界或者其他领域广泛使用的方法;

(2) 能够帮助分析人员更好地理解系统的方法(这样就可以在分析的早期阶段识别出系统的弱点);

(3) 能够为分析人员提供洞察力理解系统行为的方法;

(4) (至少对于小型系统)能够进行手工计算的方法;

(5) 容易解释,能够被非专业人士和管理层理解的方法。

本书的两名作者都曾在海洋油气行业工作,因此书中会多次使用这个行业的案例。然而这些方法也同样适用于其他行业和其他应用领域。

软件程序的使用

在实际分析工作中,人们会经常使用各种软件,但是我们不希望在书中给任何软件做推广。有兴趣的读者可以在本书的网站上找到相关软件的供应商列表。

本书架构

本书包括 20 章和 2 个附录。第 1 章到第 9 章着重介绍风险分析和风险评估背后的基本概念和理论。其中第 1 章概述风险评估的重要性，并简要回顾风险评估的历史。第 2 章介绍并讨论基本概念。第 3 章则分步描述风险评估中的主要元素。我们在第 4 章里详细介绍风险评估中的研究对象，然后在第 5 章讨论接受风险这个重要的话题，并且回顾了用来决定是否接受风险的方法。第 6 章处理如何测量风险的问题，主要涉及定量的方面。我们在这里主要关注测量与人相关的风险。在第 7 章里，我们讨论风险管理的宏观流程，并且专门讨论了风险评估在其中的作用。风险评估经常会受到研究团队对于潜在事故和事故因果认知的影响，所以我们在第 8 章介绍并讨论事故模型。而第 9 章罗列并描述风险评估中需要的分析数据。

第 10 章到第 19 章覆盖绝大部分相关的风险分析方法。在本书中，我们将风险定义为以下 3 个问题的答案：①会有什么问题发生？②发生的可能性有多大？③后果是什么？我们在第 10 章到第 12 章分别介绍回答上述 3 个问题的方法。接下来的章节主要是处理我们在进行风险评估时遇到的一些特殊问题，比如失效和事件之间的关联经常是风险分析中的关键因素，我们在第 13 章讨论分析这类问题的方法。第 14 章着眼于安全屏障和屏障分析，而第 15 章则是有关人因错误和人因可靠性的分析方法。在第 16 章，我们讨论系统运行中的风险分析与管理，然后在第 17 章简要回顾安防评估的方法。风险分析在系统生命周期的不同解释有不同的作用，我们在第 18 章就描述从概念产生到报废拆除全生命周期的应用。风险分析结果相关的不确定性是人们经常会关心的问题，主要在第 19 章讨论。最后，我们在第 20 章简要介绍风险评估在各行各业的应用情况。

我们尽可能涵盖各种分析方法，并按照同样的结构进行介绍。每一种方法的介绍都是独立的，因此读者不需要读完整本教材或者搜索其他的资源就可以进行分析了。当然，这样做的一个后果，就是读者可能会在几种方法的描述中看到一些类似的信息。

附录 A 介绍概率论的主要元素，包括概率论基础知识，以及系统可靠性和贝叶斯方法的一些内容。如果读者不熟悉概率理论，你可以在阅读一些需要用到概率的章节的时候，求助于附录 A。附录 B 是缩写表。

在线信息

我们将每章后的思考题答案、补充材料以及图书出版后发现的一些错误信息，放在本书的相关网站上。如果读者登录到 Wiley 出版社关于本书的页面，可以在网页顶部单击 Extra 连接到我们所说的网站。

马文·拉桑德　斯坦·豪根

于挪威特隆赫姆

2019 年 7 月 1 日

参考文献

Rausand, M. (2011). *Risk Assessment: Theory, Methods, and Applications*. Hoboken, NJ: Wiley.

目 录

第 1 章 背景介绍 ··· 1
  1.1 现代社会中的风险 ··· 1
  1.2 重要的趋势 ·· 2
  1.3 重大事故 ··· 3
  1.4 风险评估的历史 ·· 5
  1.5 风险评估的应用 ·· 7
  1.6 目标和范围 ·· 8
  1.7 思考题 ·· 9
  参考文献 ··· 10

第 2 章 风险分析术语 ·· 11
  2.1 简介 ··· 11
  2.2 风险 ··· 12
    2.2.1 3 个主要问题 ·· 12
    2.2.2 关于风险的另外一些定义 ·· 14
  2.3 第一个问题：会有什么问题发生？ ··· 15
    2.3.1 事故场景 ··· 15
    2.3.2 危险 ··· 16
    2.3.3 初始事件和危险事件 ·· 17
    2.3.4 领结图 ·· 19
    2.3.5 最终事件和最终状态 ·· 20
    2.3.6 忠告 ··· 20
    2.3.7 激发事件和条件 ·· 21
    2.3.8 技术失效和故障 ·· 22
    2.3.9 关于术语的讨论 ·· 24
    2.3.10 事故 ·· 25
    2.3.11 意外 ·· 26
    2.3.12 先兆 ·· 27
    2.3.13 特殊事故类型 ·· 27
  2.4 第二个问题：发生的可能性有多大？ ·· 28

　　　　2.4.1　概率 ··· 28
　　　　2.4.2　争论 ··· 31
　　　　2.4.3　频率 ··· 32
　2.5　第三个问题：后果是什么？ ··· 32
　　　　2.5.1　资产 ··· 32
　　　　2.5.2　受害人员分类 ·· 33
　　　　2.5.3　后果分类 ·· 33
　　　　2.5.4　后果集 ··· 34
　　　　2.5.5　后果的时效 ·· 35
　　　　2.5.6　严重性 ··· 36
　2.6　其他词汇 ·· 36
　　　　2.6.1　安全屏障 ·· 36
　　　　2.6.2　安全 ··· 36
　　　　2.6.3　安全绩效 ·· 37
　　　　2.6.4　安防 ··· 37
　　　　2.6.5　弹性 ··· 39
　2.7　思考题 ··· 39
　参考文献 ··· 40

第3章　风险评估的主要元素 ··· 43

　3.1　简介 ·· 43
　3.2　风险评估过程 ·· 44
　　　　3.2.1　第一步：计划风险评估 ·· 44
　　　　3.2.2　第二步：界定研究 ··· 47
　　　　3.2.3　第三步：识别危险和初始事件 ··································· 50
　　　　3.2.4　第四步：构建事故场景并描述后果 ···························· 52
　　　　3.2.5　第五步：确定并评估风险 ·· 53
　　　　3.2.6　第六步：风险展示 ··· 55
　3.3　风险评估报告 ·· 55
　　　　3.3.1　报告的目标 ·· 56
　　　　3.3.2　报告的内容 ·· 56
　3.4　安全法规中的风险评估 ··· 58
　3.5　风险评估的效度和质量 ··· 59
　3.6　思考题 ··· 60
　参考文献 ··· 61

第4章　研究对象与局限 ··· 62

　4.1　简介 ·· 62

4.2 研究对象 ·· 62
　　4.2.1 系统 ·· 62
　　4.2.2 社会技术系统 ·· 63
　　4.2.3 确定性和不确定性系统 ·· 63
　　4.2.4 系统分解结构 ·· 63
　　4.2.5 系统边界 ·· 64
　　4.2.6 假设 ·· 64
　　4.2.7 封闭式和开放式系统 ·· 64
4.3 操作环境 ·· 65
4.4 系统建模与分析 ·· 65
　　4.4.1 组件建模 ·· 66
　　4.4.2 系统建模 ·· 66
　　4.4.3 系统分析和合成 ·· 67
4.5 复杂性 ·· 68
4.6 思考题 ·· 69
参考文献 ·· 69

第 5 章 接受风险 ·· 70

5.1 简介 ··· 70
5.2 风险接受准则 ·· 70
　　5.2.1 可接受与可承受 ·· 72
　　5.2.2 生命的价值 ··· 73
　　5.2.3 平等、效益和技术 ··· 74
5.3 建立风险接受准则的方法 ·· 75
　　5.3.1 ALARP 原则 ·· 75
　　5.3.2 ALARA 原则 ·· 78
　　5.3.3 GAMAB 原则 ··· 79
　　5.3.4 MEM 原则 ··· 79
　　5.3.5 社会风险准则 ·· 80
　　5.3.6 预防原则 ·· 80
5.4 人员以外其他资产的风险接受准则 ·· 81
5.5 结束语 ·· 81
5.6 思考题 ·· 81
参考文献 ·· 82

第 6 章 测量风险 ·· 84

6.1 简介 ··· 84
6.2 风险衡量 ·· 84

6.3 测量人员风险 ········· 86
   6.3.1 潜在生命损失 ········· 86
   6.3.2 平均个体风险 ········· 88
   6.3.3 每百万人死亡数 ········· 91
   6.3.4 地域性个体风险 ········· 92
   6.3.5 个体性个人风险 ········· 93
   6.3.6 风险等高线图 ········· 93
   6.3.7 致死事故率 ········· 94
   6.3.8 失时工伤 ········· 97
   6.3.9 FN 曲线 ········· 98
   6.3.10 潜在等效死亡率 ········· 102
   6.3.11 主要安全功能损失频率 ········· 102
6.4 风险矩阵 ········· 103
   6.4.1 可能性的分类 ········· 104
   6.4.2 后果分级 ········· 104
   6.4.3 风险的粗略表示 ········· 105
   6.4.4 风险优先级 ········· 106
6.5 预期寿命降低 ········· 107
6.6 风险衡量的选择与使用 ········· 109
6.7 其他资产的风险衡量 ········· 110
   6.7.1 测量环境风险 ········· 110
   6.7.2 测量经济风险 ········· 110
6.8 思考题 ········· 111
参考文献 ········· 114

第7章 风险管理 ········· 116

7.1 简介 ········· 116
7.2 范围、环境和准则 ········· 118
7.3 风险评估 ········· 118
7.4 风险应对 ········· 118
7.5 沟通和咨询 ········· 119
7.6 监测和检查 ········· 120
7.7 记录和报告 ········· 121
7.8 利益相关者 ········· 121
7.9 风险与决策 ········· 122
   7.9.1 决策模型 ········· 122
7.10 安全立法 ········· 124
7.11 思考题 ········· 125

参考文献 ………………………………………………………………………… 125

第 8 章 事故模型 …………………………………………………………… 127

8.1 简介 ………………………………………………………………………… 127
8.2 事故分类 …………………………………………………………………… 127
    8.2.1 拉斯姆森分类法 ……………………………………………………… 127
    8.2.2 其他事故类型分类 …………………………………………………… 128
    8.2.3 重大事故 ……………………………………………………………… 130
8.3 事故调查 …………………………………………………………………… 131
8.4 事故溯源 …………………………………………………………………… 131
    8.4.1 天灾 …………………………………………………………………… 131
    8.4.2 事故倾向理论 ………………………………………………………… 131
    8.4.3 事故原因分类 ………………………………………………………… 132
8.5 事故模型的目的与分类 …………………………………………………… 133
    8.5.1 事故模型的目的 ……………………………………………………… 133
    8.5.2 事故模型分类 ………………………………………………………… 134
8.6 能量与屏障模型 …………………………………………………………… 135
    8.6.1 能量与屏障模型的基本元素 ………………………………………… 135
    8.6.2 哈顿模型 ……………………………………………………………… 135
8.7 链式事故模型 ……………………………………………………………… 137
    8.7.1 海因里希的多米诺模型 ……………………………………………… 137
    8.7.2 损失致因模型 ………………………………………………………… 137
    8.7.3 拉斯姆森-斯文顿模型 ……………………………………………… 139
    8.7.4 时间序列事件描点法 ………………………………………………… 140
8.8 流行病学事故模型 ………………………………………………………… 141
    8.8.1 雷森的瑞士奶酪模型 ………………………………………………… 141
    8.8.2 三脚架模型 …………………………………………………………… 143
8.9 事故致因和顺序模型 ……………………………………………………… 146
    8.9.1 MTO 分析 …………………………………………………………… 146
    8.9.2 MORT ………………………………………………………………… 148
8.10 系统事故模型 ……………………………………………………………… 151
    8.10.1 人为灾难论 …………………………………………………………… 151
    8.10.2 拉斯姆森的社会技术框架 …………………………………………… 151
    8.10.3 事故地图 ……………………………………………………………… 154
    8.10.4 正常事故 ……………………………………………………………… 155
    8.10.5 高可靠性组织 ………………………………………………………… 158
    8.10.6 STAMP ……………………………………………………………… 159
8.11 混合事故模型 ……………………………………………………………… 160
8.12 思考题 ……………………………………………………………………… 161

参考文献 ·· 162

第 9 章 风险分析数据 ··· 165

9.1 数据类别 ··· 165
9.1.1 描述性数据 ··· 165
9.1.2 概率数据 ··· 166
9.2 数据质量和可用性 ··· 167
9.3 数据来源 ··· 168
9.3.1 法规强制收集数据 ··· 168
9.3.2 事故数据 ··· 169
9.3.3 元件可靠性数据 ··· 171
9.3.4 数据分析 ··· 174
9.3.5 数据质量 ··· 174
9.3.6 人为错误数据 ··· 175
9.4 专家判断 ··· 177
9.4.1 调整现有数据 ··· 177
9.4.2 在没有数据的时候提供新的数据 ··································· 179
9.5 数据档案 ··· 179
9.6 思考题 ··· 181
参考文献 ·· 181

第 10 章 危险识别 ··· 184

10.1 简介 ··· 184
10.1.1 危险识别的目标 ·· 184
10.1.2 危险分类 ·· 185
10.1.3 危险识别方法 ·· 186
10.2 检查表方法 ··· 188
10.2.1 目标与应用 ·· 188
10.2.2 分析步骤 ·· 188
10.2.3 需要的资源和技术 ·· 189
10.2.4 优势和局限 ·· 189
10.3 初步危险分析 ··· 190
10.3.1 目标和应用范围 ·· 190
10.3.2 分析步骤 ·· 190
10.3.3 需要的资源和技术 ·· 197
10.3.4 优势和局限 ·· 198
10.4 工作安全分析 ··· 198
10.4.1 目标和应用 ·· 198

10.4.2　分析步骤 …………………………………………………… 199
　　　10.4.3　需要的资源和技术 …………………………………………… 205
　　　10.4.4　优势和局限 ………………………………………………… 205
　10.5　失效模式、效用和临界状态分析 ……………………………………… 206
　　　10.5.1　目标和应用 ………………………………………………… 206
　　　10.5.2　分析步骤 …………………………………………………… 207
　　　10.5.3　需要的资源和技术 …………………………………………… 211
　　　10.5.4　优势和局限 ………………………………………………… 212
　10.6　HAZOP ……………………………………………………………… 212
　　　10.6.1　引导词 ……………………………………………………… 212
　　　10.6.2　流程参数 …………………………………………………… 213
　　　10.6.3　目标和应用 ………………………………………………… 213
　　　10.6.4　分析步骤 …………………………………………………… 214
　　　10.6.5　计算机危险与可操作性分析 …………………………………… 219
　　　10.6.6　需要的资源和技术 …………………………………………… 220
　　　10.6.7　优势和局限 ………………………………………………… 220
　10.7　STPA ………………………………………………………………… 221
　　　10.7.1　目标和应用 ………………………………………………… 221
　　　10.7.2　分析步骤 …………………………………………………… 221
　　　10.7.3　需要的资源和技术 …………………………………………… 228
　　　10.7.4　优势和局限 ………………………………………………… 228
　10.8　SWIFT ……………………………………………………………… 229
　　　10.8.1　目标和应用 ………………………………………………… 229
　　　10.8.2　分析步骤 …………………………………………………… 230
　　　10.8.3　需要的资源和技术 …………………………………………… 233
　　　10.8.4　优势和局限 ………………………………………………… 233
　10.9　半定量方法的比较 …………………………………………………… 234
　10.10　主逻辑图 …………………………………………………………… 234
　10.11　变更分析 …………………………………………………………… 235
　　　10.11.1　目标和应用范围 ……………………………………………… 235
　　　10.11.2　分析步骤 …………………………………………………… 235
　　　10.11.3　需要的资源和技术 …………………………………………… 237
　　　10.11.4　优势和局限 ………………………………………………… 237
　10.12　危险日志 …………………………………………………………… 237
　10.13　思考题 ……………………………………………………………… 241
参考文献 ………………………………………………………………………… 243

第11章 致因与频率分析 ⋯⋯ 245

11.1 简介 ⋯⋯ 245
- 11.1.1 致因与频率分析的目标 ⋯⋯ 245
- 11.1.2 致因与频率分析方法 ⋯⋯ 245

11.2 因果图分析 ⋯⋯ 246
- 11.2.1 目标和应用 ⋯⋯ 247
- 11.2.2 分析步骤 ⋯⋯ 247
- 11.2.3 需要的资源和技术 ⋯⋯ 249
- 11.2.4 优势和局限 ⋯⋯ 249

11.3 故障树分析 ⋯⋯ 249
- 11.3.1 目标和应用 ⋯⋯ 250
- 11.3.2 方法描述 ⋯⋯ 250
- 11.3.3 顶事件概率 ⋯⋯ 258
- 11.3.4 输入数据 ⋯⋯ 260
- 11.3.5 敏感性分析 ⋯⋯ 261
- 11.3.6 基本事件的重要度 ⋯⋯ 262
- 11.3.7 分析步骤 ⋯⋯ 263
- 11.3.8 二元决策图 ⋯⋯ 267
- 11.3.9 需要的资源和技术 ⋯⋯ 267
- 11.3.10 优势和局限 ⋯⋯ 268

11.4 贝叶斯网络 ⋯⋯ 268
- 11.4.1 目标和应用 ⋯⋯ 269
- 11.4.2 方法描述 ⋯⋯ 269
- 11.4.3 分析步骤 ⋯⋯ 274
- 11.4.4 需要的资源和技术 ⋯⋯ 278
- 11.4.5 优势和局限 ⋯⋯ 278

11.5 马尔可夫方法 ⋯⋯ 278
- 11.5.1 目标和应用 ⋯⋯ 279
- 11.5.2 方法描述 ⋯⋯ 279
- 11.5.3 分析步骤 ⋯⋯ 285
- 11.5.4 需要的资源和技术 ⋯⋯ 287
- 11.5.5 优势和局限 ⋯⋯ 287

11.6 思考题 ⋯⋯ 288

参考文献 ⋯⋯ 290

第12章 构建事故场景 ⋯⋯ 292

12.1 简介 ⋯⋯ 292

  12.1.1 构建事故场景的目标 …………………………………………… 292
  12.1.2 构建事故场景的方法 …………………………………………… 292
 12.2 事件树分析 ……………………………………………………………… 293
  12.2.1 目标和应用 ……………………………………………………… 293
  12.2.2 方法描述 ………………………………………………………… 294
  12.2.3 分析步骤 ………………………………………………………… 302
  12.2.4 需要的资源和技术 ……………………………………………… 308
  12.2.5 优势和局限 ……………………………………………………… 308
 12.3 事件次序图 ……………………………………………………………… 308
 12.4 原因-后果分析 …………………………………………………………… 309
 12.5 混合因果逻辑 …………………………………………………………… 310
 12.6 恶化问题 ………………………………………………………………… 310
 12.7 后果模型 ………………………………………………………………… 310
 12.8 思考题 …………………………………………………………………… 312
 参考文献 ……………………………………………………………………… 314

第 13 章 关联性失效和关联性事件 ……………………………………………… 316

 13.1 简介 ……………………………………………………………………… 316
 13.2 关联性事件 ……………………………………………………………… 316
  13.2.1 确定关联性 ……………………………………………………… 317
  13.2.2 随机关联性 ……………………………………………………… 317
  13.2.3 内在关联和外在关联 …………………………………………… 318
 13.3 事故场景中的关联性 …………………………………………………… 318
 13.4 级联失效 ………………………………………………………………… 319
 13.5 共因失效 ………………………………………………………………… 319
  13.5.1 共因失效建模背景 ……………………………………………… 320
  13.5.2 共因失效概率计算 ……………………………………………… 322
  13.5.3 共因失效的原因 ………………………………………………… 324
  13.5.4 共因失效建模 …………………………………………………… 325
  13.5.5 建模方法 ………………………………………………………… 326
  13.5.6 模型假设 ………………………………………………………… 327
 13.6 β 因子模型 …………………………………………………………… 327
  13.6.1 包含不同元件的系统 …………………………………………… 329
  13.6.2 C 因子模型 ……………………………………………………… 329
  13.6.3 针对具体情况 β 因子 ……………………………………… 329
 13.7 二项失效率模型 ………………………………………………………… 330
 13.8 多希腊字母模型 ………………………………………………………… 331
 13.9 α 因子模型 ………………………………………………………… 332
  13.9.1 包含 3 个相同元件的结构 ……………………………………… 333

13.10　多β因子模型 ……………………………………………………………………… 334
13.11　思考题 …………………………………………………………………………… 334
参考文献 ……………………………………………………………………………………… 335

第14章　安全屏障与屏障分析 ……………………………………………………………… 337

14.1　简介 ………………………………………………………………………………… 337
14.2　安全屏障与屏障分类 ……………………………………………………………… 338
　　14.2.1　安全屏障定义 ……………………………………………………………… 338
　　14.2.2　安全屏障分类 ……………………………………………………………… 339
14.3　安全屏障管理 ……………………………………………………………………… 343
　　14.3.1　了解部署了哪些安全屏障 ………………………………………………… 344
　　14.3.2　了解为什么部署这些安全屏障 …………………………………………… 344
　　14.3.3　确定安全屏障的绩效标准 ………………………………………………… 344
　　14.3.4　了解安全屏障是否随时能够起作用 ……………………………………… 345
14.4　安全屏障属性 ……………………………………………………………………… 345
14.5　安全仪表系统 ……………………………………………………………………… 346
　　14.5.1　安全仪表功能 ……………………………………………………………… 347
　　14.5.2　高频需求和低频需求模式 ………………………………………………… 347
　　14.5.3　安全仪表系统功能测试 …………………………………………………… 348
　　14.5.4　失效和失效分类 …………………………………………………………… 348
　　14.5.5　IEC 61508 …………………………………………………………………… 351
　　14.5.6　安全完善度水平 …………………………………………………………… 352
　　14.5.7　出现需求时的失效概率 …………………………………………………… 353
　　14.5.8　每小时危险失效概率 ……………………………………………………… 354
14.6　危险-安全屏障矩阵 ……………………………………………………………… 354
14.7　安全屏障图 ………………………………………………………………………… 355
14.8　领结图 ……………………………………………………………………………… 356
14.9　能量流/安全屏障分析 …………………………………………………………… 356
　　14.9.1　目标和应用 ………………………………………………………………… 356
　　14.9.2　分析步骤 …………………………………………………………………… 357
14.10　保护层分析 ……………………………………………………………………… 359
　　14.10.1　独立保护层 ……………………………………………………………… 359
　　14.10.2　目标和应用 ……………………………………………………………… 359
　　14.10.3　方法描述 ………………………………………………………………… 360
　　14.10.4　分析步骤 ………………………………………………………………… 361
　　14.10.5　标准和指南 ……………………………………………………………… 365
14.11　屏障与运营风险分析 …………………………………………………………… 365
　　14.11.1　目标和应用 ……………………………………………………………… 366

  14.11.2 方法描述 ·············· 366
  14.11.3 分析步骤 ·············· 368
  14.11.4 需要的资源和技术 ······ 373
  14.11.5 风险 OMT 方法 ········ 373
 14.12 风险降低措施的系统性识别和评价 ······ 373
  14.12.1 强化本安设计 ·········· 374
  14.12.2 哈顿的 10 项反制策略 ··· 375
  14.12.3 评价风险降低措施 ······ 376
 14.13 思考题 ·············· 377
 参考文献 ·············· 378

第 15 章 人因可靠性分析 ············ 381

 15.1 简介 ·············· 381
  15.1.1 人因可靠性分析概述 ······ 382
  15.1.2 人为错误概述 ·········· 383
  15.1.3 人为错误概率 ·········· 384
  15.1.4 人为错误模式 ·········· 384
  15.1.5 人为错误分类 ·········· 384
  15.1.6 为什么会有人为错误 ···· 387
 15.2 任务分析 ·············· 389
  15.2.1 层次任务分析 ·········· 389
  15.2.2 表格任务分析 ·········· 391
 15.3 人为错误识别 ·············· 393
  15.3.1 动作错误模式分析 ······ 394
  15.3.2 人因 HAZOP 分析 ······ 395
  15.3.3 SHERPA ·············· 397
 15.4 HRA 方法 ·············· 399
  15.4.1 THERP ·············· 400
  15.4.2 人为错误评估和减少技术 ··· 408
  15.4.3 CREAM ·············· 411
  15.4.4 其他 HRA 方法 ········ 413
 15.5 思考题 ·············· 415
 参考文献 ·············· 416

第 16 章 运营风险分析与管理 ············ 419

 16.1 简介 ·············· 419
  16.1.1 运营风险分析 ·········· 420
  16.1.2 本章内容 ·············· 420

16.2 风险相关的决策 ·· 420
16.3 决策中的风险问题 ·· 422
16.4 风险指标 ·· 423
　　16.4.1 引领指标和迟滞指标 ·· 424
　　16.4.2 确立风险指标 ·· 424
　　16.4.3 事故前兆 ·· 428
16.5 风险建模 ·· 429
16.6 运营风险分析——定量风险评估的更新 ······························ 430
　　16.6.1 更新 HAZID ·· 431
　　16.6.2 更新频率和后果模型 ·· 431
　　16.6.3 更新参数值 ·· 431
16.7 MIRMAP ·· 432
16.8 思考题 ·· 434
参考文献 ·· 435

第17章 安防能力评估 ·· 436

17.1 简介 ·· 436
　　17.1.1 目标和局限 ·· 437
　　17.1.2 标准和指南 ·· 438
17.2 安防评估的主要元素 ·· 438
　　17.2.1 威胁 ·· 438
　　17.2.2 威胁制造者 ·· 439
　　17.2.3 薄弱环节 ·· 441
　　17.2.4 攻击 ·· 441
　　17.2.5 安全屏障 ·· 442
　　17.2.6 简单比较风险和安防词语 ···································· 443
17.3 工业控制和安全系统 ·· 443
　　17.3.1 工业控制系统 ·· 443
　　17.3.2 工业安全系统 ·· 444
　　17.3.3 集成控制和安全系统 ·· 445
17.4 安防评估体系 ·· 445
　　17.4.1 现存研究对象的安防评估 ···································· 445
　　17.4.2 计划中研究对象的安防评估 ································ 446
　　17.4.3 安防评估的步骤 ·· 447
　　17.4.4 集成安全和安防评估 ·· 451
17.5 安防评估方法 ·· 451

17.6 应用领域 ·· 452
17.7 思考题 ·· 453
参考文献 ·· 453

第 18 章　系统生命周期中的风险分析 ·· 455

18.1 简介 ·· 455
18.2 生命周期的阶段 ··· 455
18.3 全生命周期建议 ··· 457
18.4 可行性研究和概念选择 ··· 457
18.5 初步设计 ··· 458
18.6 细节设计和建造 ·· 459
18.7 运行和维护 ·· 460
18.8 重大变更 ··· 461
18.9 报废和拆除 ·· 461
18.10 思考题 ··· 461
参考文献 ·· 462

第 19 章　不确定性与敏感性分析 ·· 463

19.1 简介 ·· 463
19.2 不确定性 ··· 465
19.3 不确定性分类 ··· 466
　　19.3.1 偶然不确定性 ··· 466
　　19.3.2 认知不确定性 ··· 466
19.4 不确定性的成因 ·· 467
　　19.4.1 模型不确定性 ··· 467
　　19.4.2 参数不确定性 ··· 469
　　19.4.3 完整度不确定性 ··· 469
　　19.4.4 什么时候需要不确定性分析 ······································ 471
19.5 不确定性传播 ··· 471
　　19.5.1 分析方法 ··· 471
　　19.5.2 蒙特卡罗仿真 ··· 473
19.6 敏感性分析 ·· 475
19.7 思考题 ·· 476
参考文献 ·· 477

第 20 章　风险评估的发展与应用 ·· 479

20.1 简介 ·· 479

20.2 军事与国防工业 ·· 480
    20.2.1 重要机构 ·· 480
    20.2.2 法规、标准和指南 ·· 480
    20.2.3 风险评估 ·· 481
20.3 核电行业 ·· 481
    20.3.1 深度防护 ·· 481
    20.3.2 美国核标准委员会 ·· 482
    20.3.3 美国核反应堆安全研究 ·· 482
    20.3.4 人因可靠性分析 ··· 482
    20.3.5 共因失效分析 ·· 482
    20.3.6 重要机构 ·· 483
    20.3.7 法规、标准和指南 ·· 483
    20.3.8 风险评估 ·· 483
    20.3.9 动态 PRA ··· 484
20.4 过程工业 ·· 484
    20.4.1 重要机构 ·· 485
    20.4.2 法规、标准和指南 ·· 485
    20.4.3 风险评估 ·· 486
20.5 海洋油气行业 ··· 488
    20.5.1 重要机构 ·· 488
    20.5.2 法规、标准和指南 ·· 488
    20.5.3 风险评估 ·· 490
20.6 航天工业 ·· 490
    20.6.1 重要机构 ·· 491
    20.6.2 法规、标准和指南 ·· 491
    20.6.3 风险评估 ·· 491
20.7 航空业 ··· 491
    20.7.1 重要机构 ·· 492
    20.7.2 法规、标准和指南 ·· 492
    20.7.3 风险评估 ·· 492
    20.7.4 直升机运输 ··· 493
20.8 铁路运输 ·· 493
    20.8.1 重要机构 ·· 493
    20.8.2 法规、标准和指南 ·· 494
    20.8.3 风险评估 ·· 494
20.9 海事运输 ·· 494

####### 20.9.1 重要机构 ·· 495
####### 20.9.2 法规、标准和指南 ·· 495
####### 20.9.3 风险评估 ·· 495
20.10 机械设备 ·· 496
####### 20.10.1 法规、标准和指南 ·· 497
####### 20.10.2 风险评估 ·· 497
20.11 食品安全 ·· 497
####### 20.11.1 重要机构 ·· 497
####### 20.11.2 法规、标准和指南 ·· 498
####### 20.11.3 风险评估 ·· 498
20.12 其他应用领域 ·· 499
####### 20.12.1 环境风险 ·· 499
####### 20.12.2 关键基础设施 ·· 499
####### 20.12.3 市政风险与脆弱性评估 ·································· 500
20.13 结束语 ·· 502
参考文献 ·· 503

附录 A 概率论精要 ·· 506

A.1 简介 ·· 506
A.2 结果和事件 ·· 506
A.2.1 随机试验 ·· 506
A.2.2 单个结果 ·· 506
A.2.3 样本空间 ·· 506
A.2.4 事件 ·· 507
A.2.5 对立事件 ·· 507
A.2.6 维恩图 ·· 507
A.2.7 事件交集 ·· 507
A.2.8 事件并集 ·· 508
A.2.9 互斥事件 ·· 508
A.2.10 简单系统 ·· 508
A.3 概率 ·· 510
A.3.1 概率的定义 ·· 510
A.3.2 概率计算的基本法则 ·· 510
A.3.3 均匀概率模型 ·· 512
A.4 随机变量 ·· 513
A.4.1 离散随机变量 ·· 513

  A.4.2 连续随机变量 ………………………………………………… 514
A.5 相关概率分布 …………………………………………………………… 518
  A.5.1 离散分布 ……………………………………………………… 518
  A.5.2 连续分布 ……………………………………………………… 520
A.6 点估计和区间估计 ……………………………………………………… 526
  A.6.1 点估计 ………………………………………………………… 526
  A.6.2 区间估计 ……………………………………………………… 528
A.7 贝叶斯方法 ……………………………………………………………… 529
A.8 频率概率方法 …………………………………………………………… 530
  A.8.1 先验分布 ……………………………………………………… 530
  A.8.2 可能性 ………………………………………………………… 531
  A.8.3 后验分析 ……………………………………………………… 533
参考文献 …………………………………………………………………………… 535

附录 B 缩写表 ………………………………………………………………… 536

第 1 章

背景介绍

 ### 1.1 现代社会中的风险

中世纪最好的工程师和建筑师都在修建教堂。在这一时期，欧洲教堂的风格也从罗马式转变为哥特式，意味着建筑从低矮、厚壁、狭小和少窗的大型砖石结构转变为举架更高、结构更为纤细、墙壁上为窗户预留空间也更大的新式风格。然而，人们也为这一技术进步付出了代价，新式教堂的坍塌事故更加频繁，比如位于法国北部城市博韦的圣皮埃尔大教堂就曾在 1284 年和 1573 年两次发生坍塌（Murray，1989）。

这就是传统上通过不断地尝试和犯错获得技术进步的方法。中世纪教堂的建设者已经站在他们先人的肩膀上，但是有时候还是会制造灾难性的事故。

在中世纪，事故被当作是上帝对那些试图修建高大建筑的人类的惩罚。事故会伤人性命，会损害环境，同时也代价不菲。近几十年来，人们不再仅仅满足于从事故中获取经验教训，而是开始关注相关的概念和技术开发，希望理解事故的原因并进行预防。这一类的技术就是我们今天所说的风险评估。

风险评估是有关未来可能出现的问题的系统性研究，用来描述和评价我们是否应该采取措施降低风险。如果人们在 1284 年就拥有这一技术的话，圣皮埃尔大教堂（图 1.1）坍塌的悲剧也许就可以避免了。本书主要讨论的就是如何进行安全风险分析，以及这些工作的理论基础。

我们也可以把风险评估描述为一种关于预见（foresight）的系统性方法。在《韦氏大词典》的线上版里，预见被定义为"向前看的行为"，这准确地表达出了我们在分析风险的时候想要做的事情。

在第 1 章中，我们会直接使用一些词汇，比如风险、风险分析、风险评估，不进行详细的解释，因为读者会对这些词汇有一个大致的理解。但是在第 2 章和第 3 章，我们会给出更加详细的定义及讨论。

图 1.1　位于法国博韦的圣皮埃尔大教堂（摄影：David Iliff。许可号：CC-BY-SA 3.0）

 ## 1.2　重要的趋势

现代社会对风险和风险评估的关注度越来越高，部分原因是人们更加焦虑更不愿意承担风险，部分原因是现代社会的安全风险在增加，也有部分原因是新的风险类型在不断出现。

人们的焦虑和不愿承担风险是紧密关联的。一旦有事故发生，尤其是有重大事故发生，媒体就会给予其极大的曝光量，而大众对该事故的关注度也会因此提高。而因为互联网的存在，事故新闻传播的范围和速度也在不断增长，这就更加重了人们对事故的关注（和恐惧）。

社会对事故的关注度更高，但准备不足，这可能是我们财富日益增长的结果。在富裕的世界里，之前对我们威胁比较大的那些危险，比如长期疾病、饥饿和战争，都不再掌控我们的生活。我们的基本需求已经得到满足，因此我们的注意力就转向能够造成死亡和财产损失的其他因素。这也可以解释为什么在富国和穷国的立法和公众关注点上会有巨大的差别。从这个角度来说，希望可以避免事故，是生活水平提高的结果。

很多新的趋势和发展也会增加、改变现有的风险或者引入新的风险。比如下面的这些例子：

(1) 速度更快。最近几十年，高速铁路越来越普及。速度更快也就意味着发生事故的后果会更严重。

(2) 互联互通的计算机网络。越来越多的设备连接到互联网上，不仅包括计算机，还包括其他设备,比如汽车、厨房电器、电力系统、电表、家庭供热系统和手机。这就会增加非法连接设备和出现黑客的可能。连接的设备越多,出现的可能后果也越多,而后果的严重程度也更高。互联网日新月异的发展,也让这类问题变得越来越复杂。

(3) 竞争更激烈,生产压力更大。这同样会影响到风险。流程切换得越快,也就意味着准备和计划的时间越短。压力会提高效率,但是留给防范事故的空间也更小。成本削减同样也会增加风险。

(4) 高度自动化和系统自主化,作为新技术也会改变风险的面貌。一方面,人的参与度更低,意味着发生事故的时候受到影响的员工数量更少;另一方面,人没有直接参与反而会增加暴露在风险中的机会(比如被自动驾驶汽车撞倒的行人)。在执行常规任务的时候,机器比人更可靠,因为它们不会犯错误,但是如果环境中出现意外和异常,人类操作员的适应度一般会更好。自主化系统非常复杂,我们还不能预测它们所有的失效方式。

(5) 恐怖主义已经存在了很久,但是之前主要是在一些局部地区。而在过去的20年时间里,它似乎正在成为一种全球现象。

(6) 气候变化是一个全球性问题,它会在很多方面改变风险。与自然灾害相关的风险会改变,这不仅意味着更剧烈的暴雨、更频繁的洪水或者干旱,它还意味着整个世界会受到各种影响,比如食物产量降低、饮用水短缺等,这些问题反过来会造成饥荒和更多的难民。

为了应对这些变化,我们需要更深刻地理解变化,也需要系统化的方法对它们进行分析,了解它们的影响。

1.3 重大事故

在风险研究当中,重大事故是指规模巨大、造成灾难性后果的事故。在过去的几十年里,有很多重大事故让公众对于特定技术系统和工作的风险更加担忧。这些重大事故不仅会造成直接影响,比如人员伤亡、环境破坏、经济损失,还会改变公众和权威机构对于事故相关系统的态度,从而造成长远的影响。在一些重大事故发生之后,我们总会看到法规的修改。而对于相关的企业而言,事故的后果可能是巨大的成本,甚至会让公司破产,给整个行业的形象造成巨大破坏。我们在表1.1中罗列了一些具有深远影响的重大事故,这些事故只是海量事故的一些代表,它们时刻提醒我们安全永远不能缺失。Macza (2008)曾经深入论述了这其中的几起事故,以及社会上对每一起事故的反响,包括立法方面的调整和其他举措。

表1.1 一些曾经发生的重大事故

事故地点	年份	后果
北大西洋	1912年	泰坦尼克号撞到冰山沉没,1500多人遇难
英国傅立克斯镇	1974年	爆炸和火灾,造成28人死亡,超过100人受伤
意大利塞维索	1976年	二噁英泄漏,2000人中毒,环境污染,大规模人口疏散

续表

事故地点	年份	后果
挪威北海	1977年	布拉沃钻井平台油气泄漏,污染附近海域
美国三里岛	1979年	复杂事故,造成放射性物质外泄
印度博帕尔	1984年	异氰酸甲酯剧毒气体泄漏,造成3800人死亡、50万人中毒
墨西哥首都墨西哥城	1984年	圣胡安德伊斯华德佩克工业区液化石油气仓库爆炸,大约500人死亡
美国	1986年	"挑战者"号航天飞机坠毁,7人死亡
乌克兰切尔诺贝利	1986年	核电站爆炸,发生核辐射
瑞士巴塞尔	1986年	桑多兹化工厂仓库发生火灾,莱茵河被污染,对环境造成严重伤害
比利时泽布吕赫港	1987年	"自由企业先驱"号渡轮倾覆,造成193人死亡
英国北海	1988年	派珀·阿尔法钻井平台爆炸起火,随即平台沉没,造成167人死亡
美国帕萨迪纳	1989年	聚乙烯工厂爆炸事故,造成23人死亡、100人受伤
美国阿拉斯加	1989年	"埃克森·瓦尔迪兹"号油轮触礁,原油泄漏,造成严重的环境污染
荷兰阿姆斯特丹	1992年	波音747货机在斯基普机场附近坠毁,造成43人死亡
波罗的海	1994年	"爱沙尼亚"号渡轮沉没,据称造成852人死亡
德国艾雪德	1998年	高速列车脱轨,造成101人死亡、88人受伤
澳大利亚长滩	1998年	化工厂爆炸并发生火灾,造成2人死亡,墨尔本地区中断天然气供应19天
法国布雷斯特港	1999年	"埃里卡"号油轮沉没,大量重油排入海中
荷兰恩斯赫德	2000年	烟花仓库发生爆炸,22人死亡、1000人受伤、超过300间房屋被毁
法国图卢兹	2001年	化肥厂发生爆炸和火灾,30人死亡、2000人受伤、600间房屋被毁
西班牙加利西亚	2002年	"威望"号油轮沉没,大量原油泄漏
美国得克萨斯城	2005年	BP炼油厂发生爆炸和火灾,15人死亡、180人受伤
英国赫默尔亨普斯特德	2005年	邦斯菲尔德油库发生爆炸
墨西哥湾	2010年	深海地平线号钻井平台发生井喷和爆炸。11人死亡、17人受伤,造成巨大财产损失,大量原油泄漏
日本福岛	2011年	福岛第一核电站在地震和海啸发生后,放射性原料泄漏,造成大范围污染
意大利吉利奥岛	2012年	"歌诗达协和"号游轮触礁,32人死亡
印度尼西亚/埃塞俄比亚	2018/2019年	波音737 MAX飞机出现两起空难,分别造成189人和157人遇难

有很多书籍都对重大事故进行了回顾(如Kletz,2001;Mannan,2012),我们可以找到很多公开发表的调查报告,甚至还可以查阅到一些关于重大事故的科技专著(如Hopkins,2000;Vaughan,1996)。

1.4 风险评估的历史

风险评估的发展一直与可靠性评估的发展密切关联。这两个主题有着很多通用的概念和方法,因此很难说哪些知识属于风险,哪些又属于可靠性。Bernstein(1998)曾经探讨过"风险"这个词的来源以及它在早期的使用情况,而 Zackmann(2014)则对风险评估更近的历史进行了回顾。在这里,我们会讨论其中的一些亮点。然而,必须指出的是,我们要承认自己的工作存在偏差,因为我们的主要注意力都集中在欧洲和美国的相关工作上。

我们今天所知道的概率风险评估来自 19 世纪末的保险(精算)领域。瑞典精算师菲利普·伦德伯格(Filip Lundberg)被认为是数学风险理论的创始人,他的第一个有关寿险的数学模型发表于 1909 年,但是直到 1930 年瑞典教授哈拉尔·克拉梅尔(Harald Cramér)利用这种方法发展保险风险理论之后,伦德伯格才为人们所熟知。在以后的很多年里,克拉梅尔又为风险和可靠性理论做出了一系列重要的贡献。

风险评估直到 20 世纪才成为一个单独的学科。1921 年出版的《风险、不确定性和利润》(Knight,1921)是风险评估历史上的重要里程碑,该书的作者克尼(Knight)指出,风险是"可以测量的不确定性"。而业界的另外一部重要著作《工业事故预防的科学方法》(Heinrich,1931),则出版在 10 年之后。

在第二次世界大战期间,德国数学家罗伯特·卢瑟(Robert Lusser)和艾瑞克·皮耶鲁什卡(Eric Pieruschka)为可靠性量化做出了重要贡献,他们最知名的贡献就是提出了计算串联系统可靠性的公式。

关于风险和可靠性的第一个标准的草稿诞生于 1949 年,即美国军方发布的《失效模式和影响分析(FMEA)指南》(MIL-P-1629)。这本指南稍后被修订为军方标准 MIL-STD-1629A。而风险评估中的另外一个重要方法——故障树分析,则是贝尔实验室于 1962 年在进行民兵洲际弹道导弹发射控制系统可靠性研究中提出的。美国军方标准 MIL-STD-1574A《航天和导弹系统安全程序》发布于 1979 年,然后在 1987 年被修订为 MIL-STD-882《系统安全》。

人为错误很早就被发现是事故的重要原因,艾伦·斯温(Alan Swain)在 1962 年开发出了人为错误率预测技术(technique for human error rate prediction,THERP),主要用来识别和预防核电站中的人为错误。

20 世纪 70 年代之前,风险评估主要还是采取定性方式进行。而在可靠性领域,定量方法早在 60 年代就已经登上了历史舞台,其中一部早期的标志性的著作是巴扎斯基(Bazovsky)在 1961 年出版的《可靠性理论与实践》。在 60 年代有数部有关可靠性理论的著作出版,而定量风险评估登场的时间则是到了 1970 年左右。

英国的帝国化学工业集团(Imperial Chemical Industries,ICI)于 1963 年第一次使用类似危险与操作性(hazard and operability,HAZOP)研究的方法识别化工厂里面的偏差和危险,但是我们今天所熟知的 HAZOP 方法是在 1974 年开发出来的。

而初步危险分析(preliminary hazard analysis,PHA)始于 1966 年,最开始是美国国防部用来对于系统开发中的所有阶段进行安全研究的工具。

风险评估在20世纪70年代最为重要的成就是《反应堆安全研究》(NUREG-75/014, 1975)。有大量的新方法和新技术都源自这项研究,或者受到了它的启发,其中就包括William Vesely开发的"动态树理论"(kinetic tree theory,KITT)和共因失效的处理方法(Fleming,1975)。尽管《反应堆安全研究》遭受了大量批评,但是这些批评并不能抹杀它的重要性。大部分西方国家都曾经讨论过核电安全的问题,而基于此,一些国家开始开设关于风险和可靠性的全新教育项目。

美国核能管理委员会(Nuclear Regulatory Commission,NRC)在风险评估的发展中扮演了非常重要的角色。NRC曾经出版过两部重要文献,它们是1981年问世的《故障树手册》(NUREG-0492)和《PRA程序指南:核电站概率风险评估绩效指南》(NUREG/CR-2300)。

而一份源自美国的报告也让很多国家开始了大量的风险评估工作,这就是1997年由美国总统关键性基础设施保护委员会发布的《关键性基础:保护美国的基础设施》。该报告指出,基础设施会暴露在自然灾害、技术失效以及蓄意破坏等危险当中。该报告中使用的概念,比如脆弱性、危险和威胁、安防等,都立刻成为风险分析人员讨论的重要内容。在很多国家,都已经强制要求所有的市政部门对基础设施和服务进行"风险和脆弱性分析"。

风险评估的很多发展实际上也是对重大事故的回应(见1.3节)。就在《反应堆安全研究》出版的前后,欧洲就曾经发生过两起相关的重大事故。第一起是1974年英国北林肯郡发生的弗利克斯堡事故,造成了现场72人中的28人死亡、36人重伤。分析显示,如果爆炸发生在工作日,主要办公区域有工作人员的话,那么伤亡数字会更大。而另一起1976年的事故发生在意大利米兰20公里以外的塞维索。爆炸是由于大量致癌性二噁英气体泄漏导致。塞维索事故和弗利克斯堡事故一起,催生了新的欧共体(现称欧盟)《特定工作重大事故预防》行政令,也就是我们所熟知的1982年首次批准的《塞维索指令》。

在20世纪70—80年代,很多国家都颁布了大量风险和安全方面的法律法规,其中最著名的是1972年的美国《消费产品安全条例》和1974年的英国《工作健康和安全条例》。

各国还成立了很多事故预防机构。英国原子能管理局(the United Kingdom atomic energy Authority,UKAEA)成立于1954年,而在1971年UKAEA建立了安全与可靠性处(Safety and Reliability Directorate,SRD)。UKAEA SRD曾经是一家非常活跃的机构,出版了很多高质量报告。SRD的一个核心成员弗兰克·雷吉纳德·法梅尔(Frank Reginald Farmer),也就是描述可靠性接受度的著名的法梅尔曲线(FN曲线)的发明人。他还曾经是国际期刊《可靠性工程》的首位编辑,这本刊物就是业界顶刊《可靠性工程与系统安全》(RESS)的前身。

另外一家资深的机构是1951年成立的国际电力电子工程师协会(IEEE)可靠性分会,分会的会刊是《IEEE可靠性学报》。这本刊物诞生于1952年,曾经变更过三次名称,而现在的名称则是从1962年开始使用的。

第一家专门面向风险分析的科学社团风险分析协会(the Socety of Rick Analysis,SRA)成立于1980年,协会的会刊《风险分析》则诞生于1981年。

在挪威,风险评估是和海洋油气开发工作一同发展起来的。北海埃科菲斯克油田的布拉沃钻井平台井喷事故发生于1977年,这也是海洋油气开发工作的第一起重大油气事故。尽管没有人员死亡,但是事故造成了大量的原油泄漏。而更为重要的是,这起事故提醒了管理机构和石油公司——油气作业蕴含着巨大的风险。作为这起事故的回应,挪威科研理事会启动了一个称为离岸安全的大型研究项目,当局要求石油公司必须支持挪威的相关研究项目和大学,而这项要求在第二起重大事故发生之后变得更加严格了。在1980年,挪威北海上的亚历山大·基兰号半潜式钻井平台发生倾覆,造成123人死亡。

离岸安全研究项目和石油公司的资助,为坐落于特隆赫姆的挪威科技大学(the Norwegian University of Science and Technology,NTNU)提供了很多个教授岗位和全新的教育项目。本书的两位作者都曾经参与到NTNU的这一次大发展当中。他们在这段时间内学习的知识,也构成了本书的基础。

1.5 风险评估的应用

风险评估的应用近年来与日俱增,而要求或者提及风险评估及其方法的法律、法规和标准也稳步增长,我们认识到这种趋势在未来还会持续下去。

任何风险评估的首要目标都是为决策提供支持。决策无论是何时进行,都会影响到风险,而风险评估可以帮助理解风险的来源。为了解释这个问题,我们在此罗列出一些需要用到风险评估信息的流程行业决策问题:

(1) 化工厂选址。化工厂一般都需要有毒、易燃甚至爆炸性材料(统称为有害材料)。材料泄漏会影响工厂之外的人民生活和工作。理解相关人群的暴露风险,是化工厂选址决策的重要前提。

(2) 化工厂布局。易燃材料泄漏可能会引起火灾,并可能会扩散到其他设备,引发更为严重的事件。了解风险源,可以帮助我们确定设备彼此之间的安全距离。

(3) 安全系统的需求和设计。所有的化工厂都会受到各种安全系统的保护,比如在紧急状况下减小储罐和容器压力、隔绝泄漏设备、检测泄漏的气体和火焰、灭火等。风险评估可以帮助我们理解这些系统需要什么样的功能和性能才能在事故发生时起保护作用。

(4) 维护作业。我们需要对化工厂中的设备进行持续维护。有些工作会给维护人员和其他人员带来风险。风险评估可以帮助我们计划维护工作,保证工作安全进行,并通知有关人员相应的风险情况。

(5) 修理和变更方面的决策。对于安全至关重要的设备也可能在运行的过程中失效,我们一般会希望能够尽快进行修理。有时,修理本身就意味着风险,所以我们需要评估与修理有关的风险以及推迟修理所带来的风险。比如,如果把修理工作推迟到下一次大修的时候进行,会有多大的安全隐患。风险评估可以帮助我们比较各种选项。

(6) 操作可靠性。有时,工作过程中的正确操作可能至关重要,因为错误会引发严重的后果。风险评估可以用来系统性地评价各种操作,检查是否需要改变。

(7) 减少人工。化工企业一种最常见的削减成本的方法,就是裁员。然而这可能会产生一些意想不到的影响,比如减少在具体任务上的工作时间或者推迟工作,而这些对于保证工厂安全可能很重要。风险评估可以确定减少人工对风险的影响。

这些只是风险评估为决策制定过程提供输入的一些简单例子，它们说明无论是工厂选址这类高层决策还是个别系统设计这类技术细节，无论是纯粹技术问题还是包含了人员和组织因素的问题，都需要依赖风险评估。如表1.2中的案例（并不完整）所示，风险评估适用的行业和应用正在变得越来越广泛。

表1.2　一些适用风险分析的风险领域	
风险相关的领域	需要分析风险的应用或者问题
危险品	化学/流程行业、石油行业（包括管道）、爆破行业、核电工业
交通	航空运输（民航、直升机、无人机）、铁路、船运、公路运输
航天工业	航天设备和项目
产品安全	技术产品，如机床、汽车、机器人、自主系统
关键基础设施	饮用水供应、污水排放、电网、通信系统、医院和护理、银行和金融系统
医疗领域	医疗设备、手术用机器人、细菌/病毒
个人保护	工业、农业、林业和体育
环境保护	害虫、二氧化碳、气候变暖、海平面升高
食品安全	污染、感染
健康安全	癌症、烟草、酒精、放射物
项目风险	大型项目（如工程建设、软件开发）的工期和成本
经济/金融	保险、投资、金融、企业和项目风险
安防	破坏、偷盗、网络攻击、寻衅滋事、恐怖主义

本书所使用的主要原则和方法都会应用在表1.2所罗列的风险相关领域当中，但是不同领域使用的术语和方法可能不尽相同。比如，我们比较危险品风险评估和安防评估，在相关指南、标准和立法中对于相同词汇的定义和使用的方法都不一样。在本书中，我们将按照通常的习惯介绍风险评估，并在第20章给出一些行业的应用案例。在下一节，我们会讲述本书的侧重点以及我们主要关注的应用类别。

1.6　目标和范围

本书的目标读者是学生、工程师，以及在系统设计阶段和运营阶段进行风险评估的分析人员。

本书的主要目标是全面介绍风险评估，讲解进行风险评估时用到的基础理论和主要方法。

我们还有一些更为具体的目标，包括：

（1）介绍并讨论风险评估中使用的术语。乐观地说，我们希望能够让风险评估的术语更加统一。

（2）定义并讨论风险可以如何量化，以及这些方法如何用来评价风险的接受度。

（3）介绍风险分析的主要方法，并讨论每一种方法的应用范围、优势和局限。

（4）介绍并讨论一些与风险评估有关的具体问题（比如人为错误、关联性失效等）。

(5) 描述在实际中如何进行风险分析,介绍一些重要的应用领域。

这本书中所考虑的风险,主要涉及技术或者社会技术系统,其中事件可能会在未来发生,它可能会产生人们不愿看到的后果,对我们希望保护的资产造成伤害。

我们考虑的系统主要是工程系统,范围从小型机械到复杂的化工厂或者交通网络[①]。本书不会覆盖所有类别的风险,而是把注意力放在那些因为突发事件伤害到有形资产的事故上。我们不会讨论那些因为长期连续暴露在有害环境或者有毒材料(如石棉)当中而引起的负面影响,除非暴露本身是由特定事件引起的(如爆炸)。

如果人员或者环境暴露在危险化学品当中,传统上我们使用剂量-反应模型(也称暴露-反应关系)来分析风险。这个话题并不是本书的内容。我们在这里关心事故的后果,但是不会介绍我们应该如何计算或者确定事故的物理影响,比如汽车碰撞时候产生的冲击能、火灾的规模和强度或者爆炸超压这些问题。相反,我们会从概率的角度进行分析。

在金融领域,我们说投资有风险,而这种风险的结果可能是正面的,也可能是负面,所以实际上在这里"风险"这个词描述的是投资结果的"不确定性"。这个解释和本书的内容无关,我们在这里考虑的完全都是负面的结果。基本上,我们在本书里面也不会涉及那些对于无形资产(如财务指标、名声或者信誉)的伤害,除非这个伤害与损坏有形资产的事件相关。

本书关注的是风险评估本身,而不是评估的后果如何使用或者是否会被滥用。当然,我们会在第 7 章简单地讨论与风险管理相关的一些问题。

我们将主要注意力放在重大事故风险,当然这里面用到的很多方法也可以拿来分析和预防小型事故,如职业病等。与蓄意行为有关的风险,如抢劫或者网络攻击,也不是本书的重点,但是我们会在第 17 章介绍这些日益重要的问题。另外,本书对于环境风险和弹性的涉猎也非常有限。

1.7 思考题

(1) 1.2 节描述了改变风险的一些趋势。请花一些时间想想还有哪些技术趋势正在增加或者降低风险。

(2) 所有风险分析的一个重要基础就是要很好地理解过去发生的失效和事故。你能够给出一些最近的重大事故案例吗?请阅读相关的文献,指出我们应该从中汲取哪些教训避免未来发生类似的事故。

(3) 搜索表 1.1 中所罗列的任一事故的调查报告。大多数情况下,我们都可以在互联网上找到公开报告。查阅报告,看一看事故的原因是什么,这些原因来自技术失效、人为错误还是组织管理方面?

(4) 在互联网上,有很多风险分析和风险评估的案例。搜索一些案例,看一看它们的内容和分析的范围。

(5) 搜索你所在国家有关风险评估的法律、指南和标准。

---

① 我们会在第 4 章讨论关于系统的问题。

参考文献

Bazovsky, I. (1961). *Reliability Theory and Practice*. Englewood Cliffs, NJ: Prentice-Hall.

Bernstein, P. L. (1998). *Against the Gods: The Remarkable Story of Risk*. Hoboken, NJ: Wiley.

Fleming, K. N. (1975). *A Reliability Model for Common Mode Failures in Redundant Safety Systems*. Tech. Rep. GA-A13284. San Diego, CA: General Atomic Company.

Heinrich, H. W. (1931). *Industrial Accident Prevention: A Scientific Approach*. New York: McGraw-Hill.

Hopkins, A. (2000). *Lessons from Longford: The Esso Gas Plant Explosion*. Sydney: CCH Australia.

Kletz, T. (2001). *Learning from Accidents*, 3e. Abington: Routledge.

Knight, F. H. (1921). *Risk, Uncertainty and Profit*. New York: Houghton Mifflin.

Macza, M. (2008). *A Canadian perspective of the history of process safety management legislation*. 8th International Symposium on Programmable Electronic Systems in Safety-Related Applications, Cologne, Germany.

Mannan, S. (ed.) (2012). *Lee's Loss Prevention in the Process Industries: Hazard Identification, Assessment and Control*, 4e. Waltham, MA: Butterworth-Heinemann/Elsevier.

MIL-STD-1629A (1980). *Procedures for performing a failure mode, effects, and criticality analysis*, Military standard. Washington, DC: U. S. Department of Defense.

Murray, S. (1989). *Beauvais Cathedral: Architecture of Transcendence*. Princeton, NJ: Princeton University Press.

NUREG-0492 (1981). *Fault tree handbook*. Washington, DC: U. S. Nuclear Regulatory Commission, Office of Nuclear Regulatory Research.

NUREG-75/014 (1975). *Reactor safety: an assessment of accident risk in U. S. commercial nuclear power plants*. Technical report NUREG-75/014. Washington, DC: U. S. Nuclear Regulatory Commission.

Vaughan, D. (1996). *The Challenger Launch Decision: Risky Technology, Culture, and Deviance at NASA*. Chicago: University of Chicago Press.

Zackmann, K. (2014). Risk in historical perspective: concepts, contexts, and conjunctions. In: *Risk-A Multidisciplinary Introduction*, Chapter 1 (ed. C. Klüppelberg, D. Straub, and I. M. Welpe), 3-35. Heidelberg: Springer-Verlag.

第 2 章

风险分析术语

 ## 2.1 简介

1996年,知名风险研究专家斯坦·卡普兰(Stan Kaplan)在接受风险分析协会颁发的特别贡献大奖时,在协会年度全体会议上阐述了对风险一词的看法。他在大会发言的介绍中说道:

> 风险分析这个词过去是、现在是、将来也一直会是一个问题。你们当中的很多人还会记得,在风险分析协会刚刚创建的时候,第一项工作就是成立一个委员会去定义"风险"这个词。委员会花了整整四年的时间,最终还是决定放弃。它的最后一份报告指出,最好的办法也许就是不要对风险下定义,让每一个作者按照自己的方式去定义,唯一需要的就是他们都应该解释清楚自己的定义方式。(Kaplan,1997,第407页)

这段话总结起来,就是我们正在使用的词汇实际上并没有统一的定义。原因之一,可能是风险是一个很多领域都关心的问题,人们使用这个词汇的出发点、角度和讨论时所使用的术语都不一样。另外,风险也是一个日常生活中常见的词汇,很多时候并没有精确的含义。本章试图从技术和社会技术系统安全风险评估的角度,去定义一些关键的概念和词汇,也就是说,其他类型的风险分析和风险评估人员可以选择其他的定义(我们也会简单地提及)。

在社会技术系统安全风险评估的领域,我们已经开发了一套行之有效,符合我们目标的术语。因此,在阅读的时候,读者应该能够理解作者在使用某一个单词时候的意思,比如说风险、危险和事故。然而不幸的是,并不是所有的作者在涉及风险的时候都遵循卡普兰的建议,所以有些文献对风险的定义会和本书不一样。

在本章我们讨论风险和其他术语的时候,我们可能会在正式定义之前就使用到相关的词汇。如果你对一些词汇感到困惑,请保持耐心继续阅读,我们希望可以让你在通读本章之后概念越来越清晰。

2.2 风险

Bernstein(1998)指出,风险(risk)这个词是在 17 世纪 60 年代进入英语当中,它的来源是意大利语词汇 risicare,意思是"敢于"。它告诉我们风险可能意味着什么,但是如果你询问 10 个人风险这个词是什么意思,你可能会得到 10 个不同的答案。报纸以及其他媒体在使用风险这个词汇的时候,内在含义也是大相径庭。如表 2.1 就是我们在一些报刊的网络版上搜索"风险"一词时得到的各种结果。

在一些描述中,"风险"这个词可以被"机会"、"可能性"或者"概率"替代。还有一些其他相关的词汇,人们也容易混淆,比如"危害""威胁""危险"。这种混淆不只发生在普通公众身上,学术界也好不了多少。只要我们随便翻一翻有关风险评估的教科书、期刊论文、标准和指南,就会发现风险评估专家对于最基本的概念实际上也是各执一词。

表 2.1　一些网站上"风险"这个词汇的使用情况(2018 年收集)	
因为存在火灾风险,福特召回了其电动汽车充电线缆	驯鹿在每年夏天旱季的时候都有挨饿的风险
土耳其和其他新兴经济体的金融动荡是否有扩散的风险	由于有关难民政策的谈判步履蹒跚,欧盟面临风险
是否有其他法律风险	减少脑卒中风险的 7 种方法
投资者愿意承担高风险	公司计划关闭 42 家商店,1500 个工作岗位处于风险之中
桥梁设计师担心腐蚀的风险	
星期六发生暴雨的风险更高	死亡是一种驾驶员需要承担的风险,而他们的亲人则需要接受这种风险
多基因测试可能会发现患心脏病的风险	
我们可能将我们的食物和水的供应置于风险当中	您的生计正因英国脱欧而面临风险
在一个有趣的分析中描述了这种政治风险	这带来了"类似切尔诺贝利"事故的风险
家中有被盗的风险	800 亿英镑的投资计划面临风险

2.2.1　3 个主要问题

本书中使用的风险一词通常与未来发生的事件有关。我们与古人不同,他们相信未来是由上帝的意志所决定的(Bernstein,1998),而我们则认为自己能够以理性的方式分析和管理风险。我们所依赖的工具就是"风险评估",而目标则是告知决策者关于未来需要考虑的事项。

意外(具有意外影响的事件的可能性)是生活的一部分。这些意外可能是由自然灾害引起的,比如洪水、地震或者闪电;也可能是由技术失效或者人类活动造成的。一些事件可以预见并且能够被快速解决,而另一些却总会不期而至,因为它们似乎无法预测,或者发生的概率很低。在很多系统中,人们安装了各种防护装置防止有害事件发生,或者在此类事件发生的时候尽量减少它们的负面影响。风险评估的作用,就是识别哪些有害事件会发生,寻找这些有害事件的成因,认定有害事件的可能后果,识别并设定安全屏障的优先级,并帮助确定与系统相关的风险是否可以"容忍"①。

在本书里面,我们遵循 Kaplan 和 Garrick(1981)的观点,将风险定义为:

定义 2.1(风险):关于下列 3 个问题的总体答案:(1)会有什么问题发生?(2)发生的可能性有多大?(3)后果是什么?

这 3 个问题可以简单地解释如下②:

(1) 会有什么问题发生?

为了回答这一问题,我们必须识别出可能会对我们希望保护的资产造成伤害的潜在事故场景。事故场景是一系列事件,从初始事件开始,到能够影响和伤害资产的最终状态结束。这里我们要保护的资产可能是人、动物、环境、建筑、技术装备、基础设施、文化遗产,也可能是我们的声誉、信息、数据等。

(2) 发生的可能性有多大?

这个问题的答案可能是一段定性的描述,也可能是一个概率或者频率。我们需要逐个考虑第一个问题中识别出的事故场景。为了确定这些事件发生的可能性,我们一般需要进行致因分析,识别出可能导致危险事件的根本原因(也就是危害或者威胁)。

(3) 后果是什么?

对于每一个事故场景,我们都必须鉴定出潜在的伤害,以及对于第一个问题中提及资产的消极影响。绝大多数系统都会安装安全屏障,用来防止或者缓解伤害。资产是否会受到伤害将取决于这些安全屏障在危险事件发生时能不能发挥应有的作用。

风险分析的作用就是为了提供风险定义中 3 个问题的答案。我们会在第 3 章进一步定义和讨论什么叫风险分析和风险评估。即便在经济学中风险同时意味着收益和损失,但是上述定义的第一个问题"会有什么问题发生",已经清晰地说明,本书中我们会聚焦于那些能够产生"负面"后果的场景。

注释 2.1(正面和负面后果):从社会价值的角度判断,后果可以是正面或者负面的,但是这种事故场景并不会做价值取舍(Klinke 和 Renn,2002)。也就是说,同样一个后果,有些人可能认为是正面的,而其他一些人则认为是负面的。比如,恐怖袭击或者其他希望造成伤害的事件,从恐怖分子的角度看,他们就是希望造成伤亡从而引发关注,所以任何伤害对他们来说都是正面后果,但是对其他人显然是负面后果。

注释 2.2(危险):我们在日常生活中会使用危险(danger)这个词,有时候它是名词,有时候是形容词。然而风险评估标准当中很少使用危险的名词性,反而在一些表达中会使用它的形容词性,比如危险化学品、危险行为和危险动作。我们在本书中遵循标准的术语,尽量少使用 danger 这个词来表示危险③。

定义 2.1 中第一个问题的答案,可以是一个事故场景集合 $\{s_1, s_2, \cdots, s_n\}$,而第二个问题的答案则是事故场景 $s_i (i=1,2,\cdots,n)$ 的可能性(通常是发生频率)。如果事故场景 s_i 发生,它可能就会以不同的方式和不同的概率损害到多项资产,因此第三个问题的答

---

① 我们将在第 5 章讨论风险的容忍度问题。
② 本章稍后将会详细定义和讨论这些词汇。
③ 在本书后续的所有章节,除非特别说明,否则"危险"或者"危害"对应的都是英文词汇 hazard。——译者注

案就是带有相关概率的一个潜在伤害集合。这个集合被称为与事故场景 $s_i(i=1,2,\cdots,n)$ 关联的后果集 c_i。后果集 c_i 可以表示为一个包含对于所有相关资产(如人员、财产和环境)各种不同伤害和破坏的多维度向量。如果破坏的规模会随着时间变化,c_i 就是依赖于时间的函数。这意味着,定义 2.1 中三个问题的答案可以描述成一个三维向量 $\langle s_i, f_i, c_i \rangle$,其中 $i=1,2,\cdots,n$。在这个向量里:

s_i 包含第 i 个潜在事故场景的名称、简短定义和内容描述。

f_i 是事故场景 s_i 的可能性(如频率)的估计值。

c_i 是一个事故场景 s_i 对于所有相关资产各种类型伤害/破坏的多维向量,并带有概率,因此是 s_i 的后果集。

现在根据 Kaplan 和 Garrick(1981)的定义,对于研究对象的风险 R,我们可以将其描述成一个三维向量的集合:

$$R = \{\langle s_i, f_i, c_i \rangle\}_{i=1}^{n}$$

如果将所有的相关事故场景 s_i 都包含其中,我们可以认为该三维向量集是完整的,可以表示风险。

根据三个问题答案定义的这个风险,可以采用表 2.2 来表示,其中前两列给出了可能会造成伤害的事故场景 s_i,第三列是 s_i 的频率,最后一列则是 s_i 的后果。频率 f_i 和后果集 c_i 取决于部署在研究对象中的安全屏障的功能和可靠性。我们会在 2.3 节对事故场景进行更加全面的讨论。

表 2.2 系统相关风险(举例)

i	事件 i	频率 f_i	后果 c_i
1	区域 1 发生气体泄漏	0.01	后果集 1
2	塔吊 2 发生货物掉落	0.03	后果集 2
⋮	⋮	⋮	⋮

2.2.2 关于风险的另外一些定义

在现有的文献中,还有另外一些有关风险的定义,其中包括:

(1) 不确定性对研究对象的影响(ISO 31000)。这个定义与本书使用的不一样,定义中并没有提到事件,而且它同时考虑了正面和负面的后果。

(2) 人类活动或者事件的后果对现有价值造成伤害的概率(Klinke 和 Renn,2002)。

(3) 造成资产(包括人员本身)处于危险的情况或者事件,而结果是不确定的(Rosa,1998)。

(4) 与资产相关行为的不确定性以及后果(结果)的严重程度(Aven 和 Renn,2009)。

(5) 在特定的时间段内,或者由于某种困难情况导致某一负面事件发生的概率(英国皇家学会,1992)。

(6) 风险是指未来事件和结果的不确定性。它描述了该事件对于完成组织目标产生影响的可能性(美国财政部,2001)。

上面几种定义与本书给出的主要区别在于它们使用不确定性,而不是可能性或者概率。

有一些文献对与风险相关的不同定义进行了全面的讨论,例如,读者可以阅读 Lupton(1999)和 Johansen(2010)的论文。我们不会在这里赘述,只是要提醒读者风险的定义方式可以是多种多样的。

注释 2.3(风险是单数还是复数?):很多标准、教科书和论文,在使用风险(risk)这个词的时候,经常会单复数混用。风险的复数形式(risks)通常用于多项资产暴露到多个风险源的时候。在本书里面,除了引用其他作者的原文,我们会避免使用复数形式。但是,我们使用的风险源(sources of risk)这个词经常是复数,因为经常有几个"来源"都可能会产生伤害。

2.3 第一个问题:会有什么问题发生?

为了回答风险定义中的第一个问题,我们首先需要去界定"会有什么问题发生"的含义。我们一直在使用事故场景对其进行描述,那么现在就需要详细讨论一下了。

2.3.1 事故场景

事故通常被描述成能够伤害到一项或者多项资产的一系列事件,那么事故场景这个词汇就是用来描述一个可能的、未来的事故。它的定义如下:

定义 2.2(事故场景):从初始事件到意料之外的最终状态的一个潜在事件序列,它可能会伤害到一项或者多项资产。

无论是事件的数量,还是从初始事件到最终事件或者状态的经历时间,事故场景之间都存在着巨大的差异。一个事故场景的"路径"可能会因为条件的不同或者安全屏障发挥作用而发生偏移。如果没有安全屏障存在的话,那么这个事件序列可能就会变成一个单独事件。Khan 和 Abbasi 在 2002 年的论文中对事故场景这个概念进行了深入讨论,而事故场景也是工业事故风险评估方法(accidental risk assessment methodology for industries, ARAMIS)(ARAMIS,2004)中的核心元素。

案例 2.1(流程工厂中的事故场景):石油化工企业中的一个事故场景可能开始于一次气体泄漏,然后有下列情况出现(按照下列步骤演化)。

(1) 法兰 A 发生气体泄漏(也就是初始事件)。
(2) 检测到气体。
(3) 警报器被触发。
(4) 流程闭合系统失效,气体发生扩散。
(5) 气体被点燃,有火焰出现。
(6) 消防系统发挥作用。
(7) 火焰在大约一个小时之内被扑灭。
(8) 有一个人在火灾中受伤。

需要注意的是,定义一个危险事件或者事故场景,并不是说它们就一定会发生。如果是要描述业已发生的事故,那么使用事故或者事故过程这个词更加合适。

事故场景分类如下。

在很多风险分析中,需要花费大量的时间和资源研究所有可能的事故场景。因此,可以为细节分析选择一系列有代表性的场景,它们通常被称为参考场景。

定义 2.3(参考事故场景)：是指某一个事故场景,它可以是风险分析中识别出的事故场景集合的典型代表。

在有些应用中,我们也许需要考虑最坏情况的场景。

定义 2.4(最坏情况事故场景)：会带来最严重后果的事故场景,与它的发生概率无关(Kim,2006)。

举例来说,最坏情况事故场景可能会在"最坏"的天气情况下释放出最大量的危险物质。最坏情况事故场景一般用于制订紧急计划,但是不应该用于像土地使用计划这类长期规划(参见第 5 章)。

由于最坏情况事故场景发生的概率并不高,因此还需要考虑更加可信的事故场景。

定义 2.5(最坏可信事故场景)：合理可信的会带来最严重后果的事故场景(Kim 等,2006)。

"合理可信的"这个说法并没有严格的定义,但是 Khan 和 Abbasi(2002)认为：发生概率高于每年 1×10^{-6} 次的事故可以看作是合理可信的事故。

2.3.2 危险

危险(hazard)是风险分析常用的一个词语。

定义 2.6(危险)：可能会对资产造成损害的不安全源头。

我们总是被危险环绕,但是在危险没有脱离控制,或者没有被其他方式或者事件触发的时候,并不意味着我们就要大难临头了。导致危险失去控制的事件称为初始事件(我们会稍后给出定义),因此危险可以看作是初始事件的首要原因。危险会与系统或者物料的某一性质(比如易燃性或者有毒性)关联,它可能是一个状态(比如气体处于压力之中,搬运物体的势能),还可能是一种状况(比如列车在高速行驶)。如同案例 2.2 所示,事故场景可能会包含多种危险,产生多米诺效应或者恶化的情况。

案例 2.2(包含多个危险的事故场景)：一个可能的事故场景可能会包括如下事件。

(1) 汽车司机在路面上行驶的时候失去了对其车辆的控制。
(2) 汽车移动到了对面的道路上。
(3) 迎面有卡车驶来,卡车设法避免碰撞因此开下车道。
(4) 卡车翻车。
(5) 卡车装载的汽油泄漏。
(6) 汽油燃烧引发大火。

在本例中,我们可以识别出多个危险：第一辆汽车的速度(动能)、卡车的速度和卡车的载油量。

危险这个词以不同的方式与风险评估联系在一起,我们用来回答"会有什么问题发生"的系统化方法通常被称为"危险识别方法",即便我们实际上在这些方法里也会识别初始事件或者说是危险性事件。

通常,很多危险都与能量有关,比如机械能、热能或者电能、表2.3罗列了一些危险的例子,并且给出了一些简要的评述来进一步阐述危险的定义。

表 2.3 危险举例

危 险	评 述
汽车	即便汽车处于静止状态,如果它停在山坡上面,仍然存在危险,因为可能会发生溜车的情况(释放势能)。因为车的油箱里面装着汽油,这表示着存在可能导致火灾爆炸的热能(作为一种物质特性),所以这也是汽车危险的原因。同时,汽车的电池里还储存着电能。而行驶的汽车因为有了动能又会增加一种危险
压力下的丙烷	在这种情况下,状态(在压力下)和属性(易燃)都代表与丙烷相关的危险
水电站大坝	在这种情况下,主要的危险来自大坝阻拦的河水。河水含有大量的势能,可能会造成溃坝这种严重破坏。大坝本身也可以被视为一种危险,因为它可能会发生塌陷造成人员伤亡和设备损坏
枪支弹药	根据定义,弹药就是危险。弹药中储存着热能,可以迅速扩散,发射子弹。扣动扳机就是释放热能的初始事件
限定空间里的拥挤人群	坐满观众的足球场可以看作是一种危险。一些意外事件可能会导致恐慌,触发人群逃散,这会引起踩踏事件,导致人员受伤甚至死亡
构造板块之间的张力	似乎很奇怪,我们将这种张力(而不是地震)定义为危险。实际上,地震是由张力导致能量释放而发生的事件,而该能量原本是在控制之下的(至少是暂时的)
大气中的压力差	这同样也是一个不寻常的定义,在大多数语境下,人们将风暴定义为危险。但是与地震类似,实际情况是风暴是由压力差引起的事件
离岸设施中的结构张力	这里的初始事件可能是"结构崩溃",它是由结构中的张力超过了承载能力而引起的

我们可以发现,一些危险和我们的直观感觉不太一样,而且定义也过于正式。在实际工作当中,"危险"这个词的用法有很多,通常也没有什么清晰的定义。我们会在后面的章节继续讨论这个问题。

2.3.3 初始事件和危险事件

在定义初始事件之前,首先我们需要定义一下什么叫作"事件"。

定义 2.7(事件):在某一特定的时间段、某一特定的地点发生的意外或者状况。

在风险分析当中,事件这个词的一个含义是它会在未来发生。事件的持续时间可能只是短短的一瞬间(如瞬时冲击),也可能非常漫长。接下来,初始事件(initiating event)可以定义为:

定义 2.8(初始事件):已经发现的可以标志一个事故场景开始的事件(该定义来自国际原子能机构,2002)

这个定义说明,初始事件表示的是事故场景的开端,但是它并没有清楚界定这个开端在哪里,以及什么时候开始的。在案例2.1中,我们说"法兰A发生气体泄漏"是事故场景的开始,即初始事件,但是我们没有提到任何泄漏发生的原因。如果泄漏是因为有外力冲击法兰 A，那么我们也可以认为"外力冲击法兰 A"是初始事件。在实际工作当中，是风险分析人员根据研究的侧重点、约束条件，以及他们自身对系统或者相关事故场景的认知水平，自己决定场景从哪里开始。而初始事件的成因就是危险。

还有一个常用的词汇是危险事件（hazardous event），有时候它或多或少地会与初始事件混用。尽管精确地定义什么是危险事件很困难，但是我们还是选择对上述两个名词进行区分。我们可以将危险事件定义为：

定义 2.9（危险事件）：有潜力造成伤害的事件。

根据这个定义，任何作为事故场景一部分的事件，包括初始事件在内，都可以被看成是危险事件。我们会在第 10 章介绍危险识别方法的时候讨论这个术语的实际作用。我们可以发现，无论是初始事件还是危险事件，都很难有一个精确的物理意义，但是两者都可以作为分析的起点。正是因为我们或多或少有选择分析起始点的自由，也就不太容易指定场景序列中的哪个事件是初始事件，哪个事件是危险事件。为了便于操作，常用的一种方法是把状况从正常变化为异常时的第一个事件作为危险事件。尽管这种做法并不太精确，但是在实践中对于风险分析还是有帮助的。

危险事件是风险分析领结图模型中的核心概念，我们会在 2.3.4 节继续介绍。

案例 2.3（危险事件）：危险事件被定义为可以引起伤害的事件，我们可以认为第一个异常事件就是危险事件，如以下的这些例子。

（1）塔吊上掉落物品。用塔吊吊装操作本身是完全正常的，不能视为一个危险事件。然而，如果塔吊提升的物品开始落下，那么就绝对是一个异常状况。

（2）司机失去对车辆的控制。驾驶也是非常常见和正常的行为，但是如果司机在驾驶过程中失去了对车辆的控制，那么这种情况就会发展成可能导致各种严重后果的重大事故。

（3）飞机引擎在飞行过程中停止工作。这显然是一个意外情况。绝大多数商用飞机配置两台引擎，即便是有一台不能工作，飞机也可以安全着陆。然而，我们还是应该把它看作是风险分析中的危险事件。

（4）从梯子上跌落。爬梯子是一个正常行为，但是如果爬梯子的人脚底打滑，他可能会失去平衡，从梯子上跌落，这可能会造成严重后果。另外，他也可能会紧紧抓住扶手，重新站稳，避免事故的发生。因此，危险事件并不一定会导致事故。

在上述所有的案例里，危险事件的发生都需要有一些先决条件。如只有汽车处于行驶状态时才有失控的可能、只有塔吊在提升物料时才会有东西掉落、只有飞机在飞行时引擎失效才相当致命。这就说明危险事件本身并不一定是关键性的，它只有在危险存在的环境中才能发生。

案例 2.4（塔吊作业）：建筑工地现场常使用塔吊来提升重物。在提升重物的过程中，有多种危险存在，其中之一是被提升物品的势能。这种危险是提升作业的内在危险，因为如果不产生势能的话根本无法提升任何物品。然而，如果危险事件"绳索断裂"发生的话，上述的势能就会被释放出来，因此这一事件将会导致进一步的危险事件"物品在不受控制的状态下掉落"。掉落的后果则要取决于物品落在哪里，如果掉落的区域有人或者重要设备（即资产），那么后果就是相当严重的。图 2.1 就描绘了本例中使用到的概念。

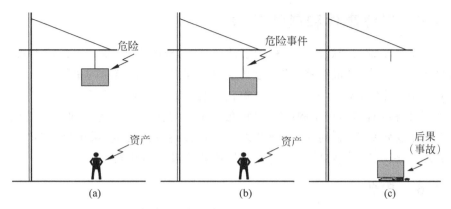

图 2.1　危险(a)、危险事件(b)和后果(c)(案例 2.4)

2.3.4　领结图

如图 2.2 所示,我们在风险分析中经常会用到领结图模型。在图形中心是一个已识别的危险事件,图的左侧是事件的成因,而图的右侧是事件的后果。这个模型描述了各种危险和(或)威胁可能会导致危险事件的发生,而危险事件又可能会产生很多不同的后果。在危险/威胁与危险事件之间,或者在危险事件与后果之间,我们可以部署各种安全屏障。图 2.2 中的模型被称为"领结图"(Bow-tie)模型,因为它看起来很像男士在正式场合身穿西装时佩戴的蝶形领结。领结图模型对于展示风险的概念和分析过程都很有用途。

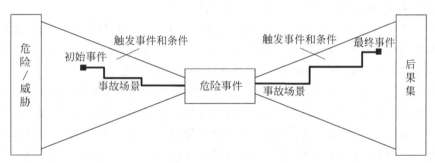

图 2.2　领结图模型描述的事故场景及相关概念

本节中我们使用领结图介绍很多概念。比如,包含了危险事件的事故场景,就是在领结图中从左到右的一个路径。这个事件序列开始于初始事件,终止于某一个导致最终状态的最终事件。最终状态会对一项或者多项资产造成后果。安全屏障可以使事故场景的路径发生偏移(即改变状态),而每一次偏移实际上就表示存在一个安全屏障。从原理上来说,包含某一个特定危险事件的所有事故场景都可以在同一个领结图当中表示出来。如果我们能够识别出所有的危险事件,理论上我们就能够用领结图描述出所有相关的事故场景。因此,领结图模型是风险分析中非常实用和高效的工具。

2.3.5 最终事件和最终状态

我们将事故场景的开始定义为初始事件,按照同样的方法,我们通常把事故场景的终点称为"最终事件"或者"最终状态"。定义这两个词汇也不是容易的事情。

定义 2.10(最终事件):识别出的能够代表特定事故场景结束的事件。

这个定义并没有指出场景的终点到底在哪里。与初始事件的处理方式类似,是具体的分析人员来决定场景、在何时、何地结束。一旦最终事件发生,系统就会进入一个我们所谓的最终状态。这个最终状态是建立事故场景后果集的基础。

2.3.6 忠告

无论是初始事件、危险事件还是最终事件,我们都很难确定它们在一个事故场景中的具体位置。初始事件的定位也许相对容易些,但是根据定义2.8我们会发现,界定事故场景从哪里以及怎样开始,确实有点儿难。

最终事件以及相应的最终状态,可能是事故场景最重要的部分,很多时候也是事故场景名称的来源,比如"区域1发生火灾"或者"与相同轨道上的列车碰撞"。我们可以看一个化工厂起火的案例。假定事故场景的最终状态可以是:①起火了;②发生重大火灾;③火已经被扑灭。在很多风险分析中,最终状态被设定为如果不采取措施就无法避免的状态——它一定会损害到某些资产。如在上面的场景当中,最终状态就被定义为"起火了"。一旦最终状态出现,我们就需要激活很多安全措施,或者安全屏障,停止最终状态的进一步发展,以保护资产。事故场景的后果是由安全屏障的功能和可靠性决定的,将最终状态设定在哪里,则取决于研究对象以及可行性。

危险事件完全属于一个分析中使用的概念,它可以是事故场景中从初始事件到最终事件中的任何一个,由分析人员自行决定。对于危险事件的选择,并没有什么现成的指南,但是我们应该知道,有一些选择可能会让风险分析更有效率。

在图2.2的领结图中,我们可以发现,如果危险事件被移至模型的左侧(图2.3(a)),事件序列的路径数量通常就会增加。而如果危险事件被移至领结图模型的右侧(图2.3(b)),危险事件的成因就会增加,起始于危险事件的可能路径就会减少。图2.3(a)中的方法简化了致因分析,但是让后果分析更复杂;而图2.3(b)中的方法让致因分析更复杂,但是简化了后果分析。具体哪种方法会给出最佳、最完整的风险分析结果,取决于我们要分析

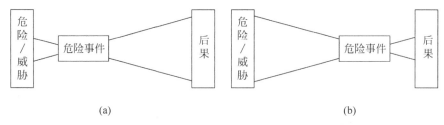

图 2.3 关于危险事件的两种不同选择
(a) 在事件序列的前期;(b) 在事件序列的后期

的系统和问题。

2.3.7 激发事件和条件

危险是初始事件的主要原因,但是初始事件的发生还需要一些特定的先决事件和条件,对于事故场景中后续的事件也是如此。这些先决的事件和条件被称为激发事件(enabling event)和条件。

定义 2.11(激发事件和条件):能够独自或者与其他事件或条件共同作用触发初始事件,或者导致事故场景进一步发展为事故的事件或者条件。

激发事件和条件能够挑起初始事件,并使事故场景继续发展成对资产的伤害。有时,我们很难区分事故场景中的事件和激发事件,但是基本上,所有不在通往事故场景最终事件"主路径"上的事件都属于激发事件。表面上看区分这两种事件并不要紧,但是从管理风险的角度来说其实还是相当重要的。如果一个事件被确定为初始事件或者是事故场景的一部分,这就意味着如果形势进一步发展,可能就会发生事故。而激发事件(和条件)只能改变序列中事件发生的概率。在之前的例子里面,我们将"法兰 A 发生气体泄漏"当作初始事件,那么激发事件可能是"法兰受到冲击",而激发条件可以是"腐蚀",因为这两种情况都可以增加法兰失效的概率。

表 2.4 罗列一些危险、激发事件/条件、初始事件,可以帮助读者理解这些概念之间的区别。

表 2.4 危险、激发事件/条件、初始事件

危 险	激发事件/条件	初 始 事 件
停在山坡上的汽车	没有拉手刹	开始溜车
压力下的丙烷	储罐发生腐蚀	气体泄漏
水电站大坝	暴雨	水位超过坝顶
限定空间里的拥挤人群	人们的情绪激动	出现恐慌
构造板块之间的张力	能量积聚了很久	地震
大气中的压力差	出现压力差	暴雨
离岸设施中的结构张力	因为疲劳,结构上的裂缝增长	结构中的某一个元件失效

雷森(Reason,1997)提出了显性失效(active failure)和潜伏状况(latent condition)这两个概念。显性失效是指可以触发意外状况的事件,如现场操作员、飞行员和控制室操作员的违规操作和错误就属于显性失效[①]。这些人员是系统运营的一部分,雷森将他们视为系统中最棘手的部分。而潜伏状况并不会立刻激发事故,但是它长期存在于系统之中,可能会引发未来的事故。潜伏状况的例子包括不良设计、维护失效、程序不合理甚至不可行等。潜伏状况会增加显著错误的概率。

雷森使用这些词汇的方式与我们使用激发事件和条件非常相似。

---

① 我们将在第 15 章继续讨论人为错误的问题。

2.3.8 技术失效和故障

技术元件的失效和功能失常,既可能是危险,也可能是激发事件。我们将失效定义如下:

定义 2.12(元件失效):元件停止执行所需功能。

失效通常与元件的功能有关。如果元件无法执行规定绩效准则所要求的功能,那么就发生了失效。失效是发生在特定时间点 t 的事件,我们可以记录元件失效,并且根据相似元件特定的数量估计失效发生的频率。这个频率就称为该元件的失效率 λ。

有一些失效一旦发生我们就可以立刻观察到,那么这类失效就称为明显失效(evident failure)。而另一些失效如果没有特定的检测程序就无法发现,我们称为隐藏失效(hidden failure)。隐藏失效是很多安全系统(如气体检测仪、汽车上的安全气囊等)特有的问题。

在失效发生之后,元件就会进入一个已失效状态,或者说故障(fault)当中,并保持或长或短的一段时间。很多失效需要维修,才能让元件重回正常状态。有时候,尤其是对一些软件来说,在已失效状态的停留时间可能非常短,可以忽略不计。

技术元件的故障可以定义为:

定义 2.13(元件的故障):元件无法执行所需功能的状态。

很多故障都是由之前的失效引起的,但是还有一类重要的故障类别——系统性故障。所谓系统性故障是由元件生命周期早期的人为错误或者判断错误导致的,比如规范、设计、制造、安装或者设计维护策略的时候出现的错误。操作人员可能会在检测或者测试中造成系统性故障,也可能会在元件失效的时候发现这个失效是由某一系统性故障导致的。系统性故障是安全系统失效的重要原因,故障可能是软件缺陷、检测仪器的校准误差、检测仪器安装错误、消防系统能力不足等。

注释 2.4(类比死亡和已故):如果我们将人和技术元件做对比,那么"死亡"和"失效"的含义类似。医疗和统计部门会记录一个人的死亡,并计算一个国家全部人口的死亡频率。人死后,就会进入并且永远会处于"已故"这个状态。对于技术元件而言,同样也不可能去计算已经死亡的频率。技术元件和人唯一的区别就在于,元件可以修复继续工作,但是人死不能复生。

案例 2.5(水泵失效):假设有一台水泵用来为某一个流程供水。按照要求,水泵需要每分钟供应 60~65L 水。如果水泵的供水量偏离了这个区间,那么它就没有执行所需要的功能,也就是说发生了失效。如图 2.4 所示,失效经常是由逐渐的退化引起的。

失效发生的方式有很多,这称为失效模式。

定义 2.14(失效模式):失效的发生方式,与失效原因无关。

案例 2.6(水泵的失效模式):重新考虑案例 2.5 中的水泵,它可能有以下失效模式。

(1) 没有输出(水泵没有供水)。
(2) 输出过低(即水泵的供水量每分钟少于 60L)。
(3) 输入过高(即水泵的供水量每分钟多于 65L)。

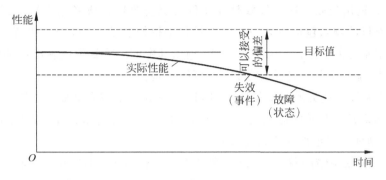

图 2.4 一个退化元件的失效和故障

(4) 水泵在需要的时候没有启动。
(5) 水泵在需要的时候没有停止。
(6) 水泵在不需要的时候启动。
⋮

根据其他的功能要求，水泵还有更多的失效模式，如与耗电量和噪声有关的失效。

失效模式是风险和可靠性分析中非常重要的一个概念，我们会在10.5节继续讨论。

技术失效不可能是无缘无故发生的，它的定义是：

定义 2.15（**失效原因**）：导致失效的一系列条件（IEV 192-03-11）。

失效原因可能来自元件的定型、设计、制造、安装、运行和维护等各个环节。

有一些失效的可能原因被称为失效机理，它的定义是：

定义 2.16（**失效机理**）：导致失效发生的物理、化学或者其他过程。

举例来说，案例2.5中的水泵可能会因为腐蚀、磨损或者疲劳这些失效机理出现失效。失效也可能源于不属于失效机理的原因，这些原因包括运行错误、维护不足、过载等。

我们可以按照多种方式对元件失效进行分类，但是在这里我们只提及其中的一种分类方式，即根据功能而不是硬件来进行分类。为了解释不同类型的失效，我们用洗衣机作为例子，并考虑它"洗衣服"的功能。

(1) 初级失效。这些失效发生在元件正常工作的情况下，通常是自然老化（比如磨损）引起的失效。初级失效属于随机失效，其概率分布由元件的性质所决定。有时候我们也称初级失效为随机硬件失效。

(2) 次级失效。这类失效也称为过载失效。如对一台洗衣机而言，次级失效可能是由雷击或者负载太大引起的。次级失效通常也是随机的，但是其概率分布与元件本身的属性没有什么联系。

(3) 系统性失效。这类失效是因为元件存在着潜伏的系统性故障（如软件缺陷、维护错误和安装错误）。系统性失效只有在向元件发出特定需求的时候才会发生，这个需求可能是随机的也可能不是。本书的第一作者就曾经多次遇到洗衣机软件缺陷导致没办法洗衣服的问题。

(4) 输入/输出失效。这些失效是在元件功能需要输入或者输出缺失或者错误的时候出现。洗衣机的输入包括电力、水、洗衣粉和手机控制信号（对于一些新型机器），而输出包括排向下水道的污水。一旦这些输入/输出其中的一项缺失或者出现偏差，洗衣机就会失效。输入/输出失效可能是随机的，也可能不是。

(5) 蓄意失效。这类失效不是随机的，这类失效发生在有威胁者（或者叫攻击者）使用物理或者网络方式对元件造成伤害的时候。对一些系统来说，网络威胁可能也会导致物理伤害，而物理伤害也被称为蓄意破坏。

案例2.7（发生险情的游轮）：2019年3月23日，载有1373名乘客和船员的维京天空号游轮，侥幸从一起严重事故中逃脱。那天天降暴雨，游轮的发动机失效，于是游轮就沿着中挪威的海岸线顺着水势快速漂移，最终在距离陆地不足100米的地方被锚定营救成功。因为游轮润滑油油箱的液位传感器发出的低液位信号，船上所有的发动机都同时抛锚，这实际上是一种自我保护，避免发动机在润滑油缺失的情况下损害。然而，当天的情况是机油的液位其实并没有很低，但是汹涌的海水可能引起油箱晃动，从而干扰了液位传感器，这种发动机的（预防性）停机是一个典型的系统性故障，是润滑油油箱的设计或者选型错误以及液位传感器的位置不佳造成的。如果不进行设计变更，下一次出现类似的天气情况的时候，发动机还会再一次停机。

读者如果要了解更多有关失效和失效分类的信息，请阅读拉桑德等于2020年出版的可靠性教材。

2.3.9 关于术语的讨论

我们在这一节中定义了很多风险评估中常用的术语。标准的术语可以清晰地描述分析中需要解决的问题，但是不幸的是，术语本身在风险领域就是一个问题。因此，我们一再告诉读者，在其他文件、报告、标准和科技出版物当中，一些词汇的用法会不尽相同。

实际上就是在本节当中，各个词汇也是由不同的作者定义的。比如"危险""初始事件""危险事件"，这些词汇的使用方式也和我们之前定义的有些区别。危险通常用来同时指代危险事件以及激发事件和条件，那么危险这个词就既可以是事故场景中的事件，也可以是影响这些场景发展的条件。很多时候这么做没什么争议，但是我们还是会发现这种定义有一定的迷惑性，会导致在识别"会有什么问题发生"的时候流程不够严谨。因此，我们的想法是应该让定义更精确。基于这样的目的，我们在表2.5中给出了一个危险识别检查表的示例。如果和定义对比，这个列表中实际上包含了危险、激发事件和激发条件。

除了让人迷惑之外，术语的另一个问题是有些词汇互相重合，缺乏清晰的区分。比如事故起点、事故初始事件、事故性事件、关键性事件、不利事件、多余事件、流程偏差、潜在重大意外（事故）等。

表 2.5 常见危险列表(部分)

机械相关危险	噪声危险
- 动能	- 外部噪声
- 加速或者延迟	- 内部机器噪声
- 锋利的边或者尖角	**不良人机工程引发的危险**
- 势能	- 不健康的姿势或者过于繁重的工作
- 高压	- 局部照明不足
- 真空	- 心理压力过大或者压力不足
- 运动部件	- 人为错误
- 旋转运动设备	- 显示器的位置或者设计不合理
- 往复运动设备	**环境相关危险**
- 稳定/坍塌问题	- 洪水
- 材料退化(腐蚀、磨损、疲劳等)	- 塌方
危险材料	- 地震
- 易爆炸材料	- 闪电
- 材料氧化	- 暴雨
- 易燃性材料	- 雾霾
- 有毒材料	**组织相关危险**
- 腐蚀性材料	- 安全文化不足
- 致癌性材料	- 维护不足
电气相关危险	- 能力不足
- 电磁危险	- 控制方过多
- 静电危险	**破坏/恐怖活动**
- 短路	- 网络威胁
- 过载	- 纵火
- 热辐射	- 偷盗
热力学危险	- 蓄意破坏
- 燃烧	- 恐怖袭击
- 爆炸	**兼容性相关危险**
- 表面高温或者低温	- 物料不兼容
- 热辐射	- 电磁干扰及不兼容
辐射危险	- 硬件和软件控制
- 电离	
- 非电离	

2.3.10 事故

事故可以定义为:

定义 2.17(事故):突然发生、不受欢迎且在计划之外的事件或者事件序列,会损害到人员、环境或者其他资产。

根据这个定义,我们已经从讨论未来变成思考过去。事故是指已经伤害到一项或者多项资产的事件,这个定义还意味着事故是否发生或者何时发生是无法预测的。定义强调,事故是一起单独事件或者事件序列,并不是在长时间暴露在危险材料或者能量之中。Suchman(1961)认为,只有事件是在想不到、不可避免和无意识的状态下发生的时候,才可以称为事故。

事故可以按照很多种方式分类,如按照事故类型、事故成因和事故的严重程度。我们有很多描述事故的词汇,如重大事故、过程安全事故、人员事故、职业事故和灾难。在大多数情况下,事故类型并没有清晰的界定,相关的定义也需要视情况而定。

在过程工业,我们一般需要区分工艺安全事故和人员事故。过程安全事故与工厂、生产流程以及工厂中使用的物料有关。这一类事故的常见原因是过程失去了控制或者有危险物品泄漏。事故的后果可能会对人员、环境和其他资产来说都非常严重。而人员事故或者职业伤害事故,一般只涉及一个或者几个人。典型的人员事故包括跌倒、划破、碰撞和触电。这种分类方法实际上遵循的就是事故类型(也是事故原因)。在实际工作中,我们还可以根据事故后果的严重程度进行分类。

我们尤其需要关注那些后果非常严重的事故,也就是重大事故(major accident),并需要全面调查它们的原因。重大事故的发生,对于安全立法、技术开发、制定运营策略以及公众对于风险的认知,都有着重要的影响。如前所述,过程安全事故这个词汇只是在行业内部通用,并没有一个统一的概念,但是一般我们会认为它属于影响大、概率低的事件,即这类事故发生的概率很低,但是一旦发生无论是直接影响(即直接后果)还是间接影响(如立法和政治影响)都非常巨大。

我们会在第 8 章讨论事故和事故模型的细节问题。

案例 2.8(直升机事故):根据 SINTEF 有关直升机方面的研究(Herrera 等,2010),直升机相关事故可以分为 8 类。

(1) 在直升机机场起落时发生的事故。
(2) 在直升机机坪起落时发生的事故(比如在海上钻井平台)。
(3) 飞行途中由关键性飞行器出现故障导致的事故。
(4) 与其他飞行器在空中发生碰撞。
(5) 与山脉或者建筑发生碰撞。
(6) 直升机内部的人员事故(如火焰或者货物释放的有毒气体)。
(7) 直升机外部的人员事故(如被螺旋桨打中)。
(8) 其他事故。

该研究仅限于与直升机机组人员和乘客有关的事故,并不包括与其他人员和其他资产相关的事故。

2.3.11 意外

"意外"(incident)这个词汇可以定义为:

定义 2.18(意外):突然发生、不受欢迎且在计划之外的事件或者事件序列,理论上会对一项或者多项资产造成伤害,但是实际上有时候伤害并不会真正发生。

这个定义的前半部分与事故的定义异曲同工,但是一个重要的区别是,意外可能没有造成任何明显的伤害。和事故一样,意外也主要用来描述过去发生的事件。从初始事件开始,事件序列会一直发展,直到因为事故或者意外停止。另外一些与意外意思接近的词汇包括未遂事故、不测和有惊无险。需要注意的是,有些作者使用意外这个词描述本书定义的意外和事故两层意思。

2.3.12 先兆

Phimister 等(2004)将先兆(precursor)定义为:

定义 2.19(先兆):预示着事故并确实会导致事故发生的条件、事件和事件序列。

因此先兆是那些会警告我们事故即将发生的事情。如果我们发现了先兆,那么就很有可能会避免事故。很多机构都已经开发出能够识别事故先兆的系统,并且制定了相关程序在任何事故出现之前及时介入。

有时候后见之明是很容易的,也就是在事故发生之后指出先兆,但是真正困难的是预先判断出先兆。先兆一般包括技术失效、人为错误,或者是操作环境,可能是一个也可能是多个。通常,当我们发现先兆的时候,都会采取安全控制措施停止一起未遂事故。意外(即便是没有明显后果)不是先兆,但是可以帮助我们发现先兆(见美国环境部 1996 年的报告)。

2.3.13 特殊事故类型

我们将在第 8 章详细讨论事故成因和事故模型。查尔斯·佩罗(Charles Perrow)和詹姆斯·雷森(James Reason)的观点对于事故理论的发展影响巨大,正是他们引入了很多重大事故的全新概念。

Reason(1997)提出了组织型事故的概念,它可以定义为:

定义 2.20(组织型事故):相对少见,但通常是灾难性的。这些事件发生在复杂的现代科技当中(如核电站、商业航空、石化工业、化工厂、海事及铁路运输、银行和体育场等),有多种成因,包括很多在各自组织中层级不同的人员参与。组织型事故经常会对无辜的人群、资产和环境造成可怕的影响。

Reason(1997)将那些不能归为组织型的事故称为个体事故:

定义 2.21(个体事故):在某一个人或者团体身上发生的事故,通常事故的造成者和受害者是相同的。后果对于个体而言可能很严重,但是波及的范围有限。

Perrow(1984)在其开创性的著作《高风险技术与"正常"事故》当中,提出了系统事故与正常事故的概念。我们将在第 8 章里介绍正常事故理论,所以这里只给出系统事故的概念:

定义 2.22(系统事故):由于元件(机电、数字和人员)之间的相互作用,而不是个别元件自身失效引发的事故(Perrow,1984)。

按照 Reason(1997)的说法,不能被归为系统事故的事故,有时候可以称为元件失效事故。

定义 2.23(元件失效事故):由元件失效导致的事故,包括可能出现的多重和多米诺式的失效(可参见 Leveson,2004)。

2.4 第二个问题：发生的可能性有多大？

为了回答风险三定义中的第二个问题——"发生的可能性有多大"，我们需要使用概率论的一些定义。本书的附录 A 中对概率理论进行了简要介绍。从本质上来说，事件 E 的概率是介于 0～1（也就是从 0～100%）之间的一个数，用来表示该事件在特定条件下发生的可能性，写作 $\Pr(E)$。如果 $\Pr(E)=1$，我们就可以知道事件 E 一定发生；反过来如果 $\Pr(E)=0$，那么可以确信事件 E 绝对不会发生。

2.4.1 概率

概率是一个复杂的概念，很多图书和科学文献都专门探讨过它的真实含义。计算概率主要有三类方法：经典方法、频率学方法和贝叶斯或者主观方法。

> 人们对于"概率"一词的含义讨论了至少已经几百甚至上千年，但不幸的是，各个学派之间的争论和冲突也是旷日持久的，就仿佛是历史上那些宗教战争。直到今天也是如此（Kaplan，1997，第 407 页）。

2.4.1.1 经典方法

描述概率的经典方法，适用范围局限在试验能够取得有限数量（n 个）结果的场合，每一次试验结果出现的可能性相同。这种方法可以描述很多靠运气取胜的游戏，如翻硬币、掷骰子、抽扑克牌或者轮盘赌等。

我们可以这样描述：结果是单一试验的输出，而样本空间 S 则是所有可能结果的集合。事件 E 是在 S 内部具有相同特征的结果集合（可以是一个或者多个结果）。如果结果是 E 中的某个元素，我们就可以说事件 E 发生了。附录 A 中对很多相关的术语都进行了定义。

因为所有的 n 个可能结果发生的可能性都相同，我们可以确定事件 E 发生的可能性，即属于事件 E 的满意结果的数量 n_E 与所有可能结果的总数 n 的比值。有时候，我们也将属于 E 的这些结果称为 E 的满意结果。在一次试验中得到属于 E 的结果的可能性，称为 E 的概率：

$$\Pr(E) = \frac{满意结果的数量}{所有可能结果的总数} = \frac{n_E}{n} \quad (2.1)$$

事件 E 也可以是一个单一结果。得到某一个特定结果的可能性，称为该结果的概率，计算方法为 $1/n$。

在本例中，S 中的所有结果发生的概率都相同，我们就称之为均匀模型。

2.4.1.2 频率学方法

频率学方法主要关注在必要的相同条件下本质上可重复的那些现象。我们将每一次重复称为一次试验，并假定在每一次试验中事件 E 要么发生，要么不发生。试验重复 n 次之后，我们可以计算出 n 次试验中事件 E 发生的次数 n_E，于是 E 的相对频率可以定义为

$$f_n(E) = \frac{n_E}{n}$$

因为所有试验的条件都是相同的，当 $n \to \infty$ 时，相对频率会达到一个极限。这个极限就称为 E 的概率，用 $\Pr(E)$ 表示为

$$\Pr(E) = \lim_{n \to \infty} \frac{n_E}{n} \tag{2.2}$$

如果我们只做一次试验，考虑到试验本身的概率特性，得到结果 E 的概率就是 $\Pr(E)$。

2.4.1.3 贝叶斯方法

在进行风险分析的时候，我们很少能够拥有一个有限的样本空间，同时各个结果发生的概率又相同，因此经典方法在很多情况下并不适用。如果要使用频率学方法，我们至少需要在几乎相同的条件下能够进行大量的重复试验。但是实际上，这也是相当苛刻的要求，所以大多数时候我们只有最后一种选择，就是贝叶斯方法。根据这种方法，我们认为概率是主观性的，并将其定义为：

定义 2.24（主观概率）：在区间 $[0,1]$ 内的一个数值，代表个人对一个事件会在未来发生或者不发生的相信程度（置信度）。

在贝叶斯方法中，因为相同条件试验可以重复进行，所以并不需要限定试验结果的概率范围，即便有的事件只发生一次，这种概率也是完全可能的。另外，事件概率也可以不是试验的结果，而是试验的描述或者期望。它可以描述某一个无法观测的参数值，即所谓的真实状态。为了尽量简化书中的术语，我们对这些描述仍然使用事件这个词，也就是说如果描述是真实的，那么事件就会发生。

对于事件 E 的置信度并不是主观得到的，而是分析人员根据自己对事件的所有相关知识 K 作出的最佳判断。给定分析人员的知识水平是 K，判断事件 E 发生的（主观）概率应该表示为 $\Pr(E|K)$，知识水平 K 可能与关于事件的物理属性、相同类型事件的历史经验、专家判断以及其他很多的信息源有关。出于避繁就简的目的，我们通常在概率表达式中隐藏 K，只写作 $\Pr(E)$，但是我们需要记住它实际上应该是一个依赖于 K 的条件概率。

在风险分析当中，主观这个词都会给人以负面的印象。因此，一些研究人员更喜欢使用个人概率这个词，也就是说它是风险分析人员基于自己现有的知识和信息对事件发生概率作出的判断。同样的道理，有些文献也会使用判断概率这样的词汇。在这里，为了强调贝叶斯方法中的概率是主观（个人或者判断）概率，我们建议可以在相应的概率前面加上判断人的称谓，比如分析师判断出的概率或者你/我/他判断出的概率。

案例 2.9（你的主观概率）：假设你明天上午十点有一份工作要做，而且非常重要的一点是在你工作的时候不能下雨。对于事件 E："明天 10:00—10:15 会下雨"，你希望给出自己的（主观）概率。这在频率学方法（或者经典方法）中毫无意义，因为这项"试验"根本不可能重复。在贝叶斯方法中，你判断的概率 $\Pr(E)$ 实际上就是你对于 10:00—10:15 会下雨这个情况的相信程度。如果你将这个相信程度量化，比如 $\Pr(E)=0.08$，这个数值就是你对 E 的置信度。为了得到这个概率，你可能已经做了很多工作，如研究了该地区的历史气候报告、查阅了天气预报、观察了天空的情况等。根据你能够把握的所有信息，你相

信事件 E 发生的概率是 8%,也就是说,你相信在明天 10:00—10:15,还是有一些下雨的可能。

在进行重复性试验的时候,也可以使用贝叶斯方法。比如掷硬币,我们知道硬币正反两面是对称的,因此我们相信正面向上的概率是 1/2。频率学方法和贝叶斯方法在本例中得到的结果相同。

而贝叶斯方法的一个迷人之处在于,当出现更多的信息和证据的时候,主观概率可以不断更新。假设一名分析师研究事件 E,他(她)对于该事件最初或者先验的置信度是由先验概率 $\Pr(E)$ 决定的:

定义 2.25(**先验概率**):在没有收集任何与 E 相关的证据之前,个人对于事件 E 能够发生的相信程度。

接下来,分析师会接触到数据 D_1,其中包含与事件 E 有关的信息。现在,他可以使用贝叶斯公式描述自己对于 E 新的置信度,这可以表示为给定证据 D_1 存在情况下 E 的条件概率

$$\Pr(E \mid D_1) = \Pr(E) \cdot \frac{\Pr(D_1 \mid E)}{\Pr(D_1)} \qquad (2.3)$$

使用概率乘法法则可以推导得到

$$\Pr(E \cap D_1) = \Pr(E \mid D_1) \cdot \Pr(D_1) = \Pr(D_1 \mid E) \cdot \Pr(E)$$

分析人员在接触到数据 D_1 之后对于事件 E 新的置信度,被称为后验概率 $\Pr(E \mid D_1)$。

托马斯·贝叶斯

托马斯·贝叶斯(Thomas Bayes,1702—1761)是一位英国数学家,还曾经是一名英国长老会牧师。贝叶斯在其传世遗作《论有关机遇问题的求解》(Bayes,1763)中,提出了一种归纳推理的理论。后来,法国数学家皮埃尔·西蒙·拉普拉斯(Pierre-Simon Laplace)在 1774 年给出了贝叶斯公式的一般形式。

定义 2.26(**后验概率**):基于先验概率和新的补充证据 D_1,个人对于事件 E 能够发生的相信程度。

起初,分析人员对于事件 E 的置信度是由先验概率 $\Pr(E)$ 确定。在得到证据 D_1 之后,他对于 E 发生概率的判断可以根据式(2.3)得到,变化的系数是 $\Pr(D_1 \mid E)/\Pr(D_1)$。

贝叶斯公式(2.3)可以重复使用,在得到证据 D_1 之后,分析师的后验概率是 $\Pr(E \mid D_1)$,他可以将这个概率视为当前的先验概率。如果出现新的证据 D_2,分析师就可以按照和上面相同的方式更新自己对于事件 E 发生的信任度,从而得到新的后验概率。

$$\Pr(E \mid D_1 \cap D_2) = \Pr(E) \cdot \frac{\Pr(D_1 \mid E)}{\Pr(D_1)} \cdot \frac{\Pr(D_2 \mid E)}{\Pr(D_2)} \qquad (2.4)$$

随着分析人员取得的证据越来越多,他(她)对于事件 E 发生的置信度也会根据上述公式不断变化。

2.4.1.4 可能性

根据式(2.3)中的后验概率 $\Pr(E \mid D_1)$,分析人员可以在证据 D_1 已知的情况下描述

出自己对于事件 E 未知真实状态的看法。因为 D_1 已知，式(2.3)中 $\Pr(D_1|E)$ 的意义可能让人难以理解。实际上，我们应该将 $\Pr(D_1|E)$ 解释为在得到证据 D_1 的情况下，(未知的)真实状态就是 E 的可能性(likelihood，或译为似然性)。

在日常生活当中，可能性和概率这两个词的意思相同。然而对于统计学而言，这两个概念却有着明显的区别。在统计学中，可能性是一个非常独特的概念，主要用于参数估计(比如最大似然估计)和假设检验(似然比检测)。

注释 2.5(可能性)：在第 1 章，以及很多日常生活中，我们会用可能性这个词汇来表示概率的意思。我们如此冒失地使用"可能性"这个词汇，也是因为我们希望在对"概率"这个词汇进行了相应的介绍之后再使用。同时，我们也希望标准和指南使用相同的词汇介绍风险相关概念的定义。

2.4.2 争论

在进行风险分析的时候，假设事件在相同条件下是不可以重复的。比如，不可能在相同的条件下出现一次又一次的爆炸，这也就意味着我们需要使用贝叶斯方法。尽管绝大多数风险分析人员都同意这个观点，但是他们对于主观概率的解释还是存在着分歧。主要有以下两派观点：

(1) 第一派认为，从严格意义上来说，主观概率就是主观武断的。两个人对于同一个事件基本上都会得到不同的主观概率值，即便他们的知识结构完全相同也是不可避免的。Lindley 在 2007 年撰写论文支持这一观点，他认为每个人都有不同的偏好，因此判断信息的方式也不尽相同。

(2) 第二派则认为，主观概率取决于知识水平。如果两个人的知识结构 K 完全相同，那么他们对同一个事件发生的主观概率基本上也会相同。Jaynes 在 2003 年撰文支持了这一观点，他指出：

概率在某种意义上来说就是"主观的"，因为它描述的是一种知识的状态，而不是"真实"世界的某种属性。但是它在一定意义上又是"客观的"，因为它与用户的个性无关。两个理性的人如果具有完全相同的知识背景，必然会得到同样的概率(Garrick 在 2008 年的论文也支持这一论断)。

然而，如果我们引用了 Jaynes 的观点，就会引发另外一场争论：事件 E 发生的概率到底是事件本身的属性，是实验制造出来的，还是人们内心的一种主观判断？

计算概率的数学法则清晰明了，不存在任何的争议。概率论的精妙之处在于，无论我们自诩是频率学派还是使用贝叶斯方法，我们都可以使用相同的符号和公式，不需要考虑概率到底是不是事物本身的性质。当然，有时候对于数学计算结果的解释还是会有所不同。

注释 2.6(主观还是客观)：一些研究人员认为，频率学方法是客观的，因此在一些重要领域只有频率学方法可行，比如测试一种新药的疗效。根据这种观点，测试不能基于主观判断。然而这种观点也还是存在瑕疵，因为频率学方法也需要使用基于一系列假设的模型，而这些假设很多都是主观的。

2.4.3 频率

如果事件 E 发生的间隔不同,我们经常讨论的问题就是 E 的频率而不是概率。比如,我们一般可能不会问"事件 E 发生的概率是多少",而是问"事件 E 发生的频率有多大"。

每年都会发生一些重大交通事故,我们会记录在特定时间段 t 内此类事故的发生次数 $n_E(t)$。在这里,重大交通事故指的是造成一名或者多名人员死亡的事故。在时间间隔 $(0,t)$ 内,重大交通事故的频率是

$$f_t(E) = \frac{n_E(t)}{t} \tag{2.5}$$

"时间" t 可以是日历上的时间,也可以是累计运行时间(比如汽车在道路上累计行驶的时间)或者行驶的累计公里数等。

有一些情况,我们可以假设条件保持不变,这个频率在 $t \to \infty$ 的时候趋近于一个固定值。我们将这个极限值称为事件 E 的速率(rate),并使用 λ_E 表示。

$$\lambda_E = \lim_{t \to \infty} \frac{n_E(t)}{t} \tag{2.6}$$

在概率的频率学解释中,像 λ_E 这些参数会有一个真实但是未知的值。参数可以根据观察值进行预测,并使用置信区间来量化参数估计量的精确程度和误差范围。

读者可以在附录 A 中找到相应的分析模型和公式。

2.5 第三个问题:后果是什么?

风险定义中的第三个问题引入了一个新的词汇——后果(consequence)。后果可能包括对于一项或者多项资产的某种破坏,它也可以称为负面影响、反面影响、影响、损伤或者损失。

ISO 第 73 号指南将后果定义为"一起事件对于目标的影响结果",这与该组织对于风险定义吻合。而包括 ISO 12100 在内的多个重要国际标准,都使用了伤害(harm)这个单词,并在仅考虑人员的情形下将其定义为"物理上的损伤或者对健康的损害"。这同样也和上述标准的目标一致。在本书中,我们没有对伤害和后果进行严格区分,而是采用了更加宽泛的定义:

定义 2.27(伤害/后果):对于人员健康的损伤或者损害,以及对环境和其他资产的破坏。

2.5.1 资产

为了回答风险定义中的第三个问题"后果是什么",我们首先需要识别是谁或者是什么可能会受到伤害。在本书中,这些被伤害的对象统称为资产(assets)。

定义 2.28(资产):对我们有价值并且希望保护的东西。

资产有时候也被称为目标、易受损目标、受害者、接受者、接受方或者风险吸收元素。

我们在表 2.6 列出了一些资产的例子。需要注意的是，表 2.6 中所列的资产并没有按照重要度或者优先级进行排序。

表 2.6　一些资产类型

- 人员（第一类、第二类、第三类、第四类）	- 物料资产（比如建筑、设备、基础设施）
- 社会	- 历史遗迹，文化遗产
- 环境（动物、鸟类、鱼类、水资源、土壤、景观、自然保护区、建筑环境）	- 金融资产
	- 无形资产（比如名誉、心愿、生活质量）
- 绩效（比如生产系统的有效性、铁路服务的准时性）	- 活动的时间或者计划（项目或者目标风险）
	- 组织行为

2.5.2　受害人员分类

在风险分析中，人员通常被当作最为重要的资产。根据他们与危险的接近程度以及对危险的影响，事故中可能受害的人员可以分为四类（Perrow,1984）。

第一类受害者。直接参与系统运营的人员。

第二类受害者。与系统相关的供应商或者用户，但是对系统施加不了任何影响力。尽管这些人员并不一定是自愿投入系统当中，但他们也不是无关的旁观者，因为他们很关心系统的情况。举例来说，飞机、轮船、火车上的乘客就属于第二类受害者。

第三类受害者。他们是无辜的旁观者，并没有参与到系统当中。比如，生活在化工厂附近的居民。

第四类受害者。还未出生的下一代受害者。这类受害者包括父母受到辐射或者有毒化学品伤害的胎儿，他们会在未来被事故的残留物困扰。实际上，这些残留物越靠近食物链顶端的时候，浓度越大。

案例 2.10（铁路事故的受害者）：在铁路运输领域，可能在事故中受到伤害的人员可以分成五类。

（1）乘客

（2）员工

（3）横穿铁轨的人

（4）非法靠近者（也就是未经许可靠近铁路的人）

（5）其他人员

2.5.3　后果分类

除了区分不同类型的资产之外，对于资产的负面影响也可以根据资产进行分类，比如表 2.7 中列出的一些例子。

表 2.7 对于不同资产的一些伤害类型

- 人员死亡	- 信息丢失
- 人员受伤	- 声誉受损（公关危机）
- 人员预期寿命减少	- 保险费用增加
- 环境破坏（包括动物种群、植物种群、土壤、水、空气、气候、景观）	- 罚款和司法处罚
	- 法律纠纷和索赔
- 生产资料破坏	- 连带商业影响
- 带来调查和清除费用	- 社会动荡
- 干扰正常商业活动	- 人员流失
- 造成员工工作效率下降	- 丧失自由

对于人员的伤害，通常可以分为：

（1）暂时性伤害：人员受到伤害，但是在事故发生一段时间之后可以康复并能够返回到工作岗位。

（2）永久性伤害：受害者会患上终身疾病或者造成终身残疾，伤残的程度有时候可以用百分数来表示。

（3）致死性伤害：伤害造成人员立即死亡或者由于多种原因死亡。这种致死性伤害可能会在事故发生相当长的一段时间后才发生，比如由于核电站泄漏受到核辐射而引发的癌症。

2.5.4 后果集

一个危险事件可能引发一系列可能的后果 $c_1, c_2, \cdots, c_n$。后果 c_i 发生的概率 p_i，取决于实际情况以及系统的安全屏障发挥的作用。图 2.5 描述了危险事件的可能后果及相关概率。

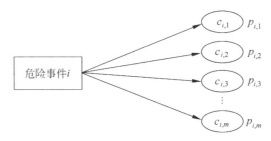

图 2.5 危险事件的后果集

我们可以将图 2.5 称为与危险事件相关的后果集、后果谱系、风险图或者风险形势。一个危险事件的后果集还可以写成一个向量：

$$\boldsymbol{c}_i = [c_{i,1}, c_{i,2}, \cdots, c_{i,m}]_{[p_{i,1}, p_{i,2}, \cdots, p_{i,m}]} \tag{2.7}$$

在图 2.5 和向量公式（2.7）中，我们都假设事件的后果可以被分成若干（m）个离散的后果。

一项活动能够引发多个可能的危险事件，因此建立单独危险事件的后果集是不够的，我们可能需要建立的是这项活动的后果集合。接下来，如图 2.5 所示，每一个危险事件也会有一个自己的后果集。如果我们将所有相关的危险事件放在一起，就可以建立整个行为的后果集,它的结构与危险事件后果集类似。后果集也可以使用表格的方式表示,如表 2.8 所示。

表 2.8 行为后果集合(举例)

i	后果 c_i	概率 p_i
1	操作员死亡	0.001
2	操作员永久性伤残	0.004
3	操作员受伤	0.008
⋮	⋮	⋮
m	少量材料受到损坏	0.450

与每个事件相关的概率 p 值都介于 0~1,其中 $p=0$ 表示该结果不可能出现,而 $p=1$ 表示该后果一定出现。两个极值实际上都隐含着一种宿命论的观点,即未来和人类的活动无关。根据 Rosa(1998)的观点,风险这个词在一个后果预定的世界里是没有意义的。风险的核心理念,就是后果要允许一定的不确定性存在。

有时候,我们可以使用统一的单位来衡量这些后果(如美元)。令 $l(c_{i,j})$ 代表后果 $c_{i,j}$ 发生时以美元为单位的损失,$j=1,2,\cdots,m$。危险事件的损失集合可以按照图 2.6 的方式描述。

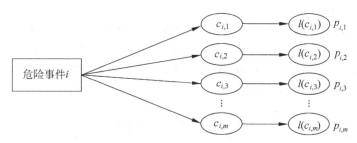

图 2.6 危险事件的损失集合

在这里,讨论危险事件发生情况下的后果期望值或者说平均损失也是有意义的:

$$E[l(c_i)] = \sum_{j=1}^{n} l(c_{i,j}) \cdot p_{i,j} \qquad (2.8)$$

需要注意的是,式(2.8)是假设某一危险事件发生情况下的条件平均损失。在实际工作中,我们可能更容易知晓最小和最大损失,以及标准偏差。如果我们无法用统一的单位来衡量后果,那么就更应该向决策者展示整个后果集,尤其是那些与最危险事件(或者最终状态)相关的后果。

2.5.5 后果的时效

在一起事故发生之后,有些后果可能立刻显现,而另外一些后果可能会在多年之后才被察觉。比如,在 2019 年,仍然有人因为受到 1986 年切尔诺贝利核电站爆炸事故的辐射而患癌症死亡。大量的核辐射甚至从乌克兰一直扩散到遥远的挪威北部。实际上,在事故发生的当时,只有少量的伤亡,但是在接下来的数年里,很多人由于核辐射患上癌症并因此丧生。同样的事情也发生在 1984 年 12 月 23 日印度博帕尔毒气泄漏事件以及其他事故之后。因此，在我们评估事故后果的时候，很重要的一点就是不仅要考虑即时的后果，还要考虑对未来的影响。

2.5.6 严重性

有时候，我们还可以根据危险事件可能产生后果的严重性对事件进行分类，并使用这些类型而不是连续的后果集合描述事故。严重程度有时候可以这样定义：

定义 2.29（严重性）：事件后果的严重性程度，可以用财务指标或者后果类型表示。

比如，事故的后果可以分为灾难性的、重大损失、严重破坏、一般破坏、轻微破坏。每一种分类都需要保证所有相关方都能够理解。我们将在第 6 章作进一步讨论。

2.6 其他词汇

我们会在这一节里定义更多与风险相关的词汇，然后在后续章节中做更详细的讨论。

2.6.1 安全屏障

绝大多数设计良好的系统都拥有安全屏障，可以避免危险事件的发生，降低其发生概率，消除或者减轻事件的后果。

定义 2.30（安全屏障）：计划用来预防、控制或者防止泄露能量接触到资产并造成伤害的物理或者工程系统以及人员行动（基于具体的程序或者管理措施）。

安全屏障也可以称为安防屏障、保护层、防护措施或者对策。我们会在第 12 章重点讨论安全屏障的相关问题，而表 2.9 则列出了一些安全屏障类别。

表 2.9 安全屏障的类别

实体型安全屏障	组织型安全屏障
- 设备及工程设计	- 危险识别和分析
- 个人防护设备（如服装、头盔、眼镜等）	- 生产线管理督导
- 防火墙、屏障	- 监督
- 安全设备（如释放阀、紧急停机系统、灭火器等）	- 检查和测试
- 报警设备（如火焰及气体警报器）	- 工作计划
	- 工作流程
	- 培训
	- 知识和技能
	- 法律法规

2.6.2 安全

安全（safety）是一个存在问题的概念，它的含义有很多。许多与风险评估有关的标准和指南都使用安全这个词汇，但是不做定义。美国军方标准 MIL-STD-882E（2012）是为数不多的例外，它将安全定义为"不存在死亡、受伤、职业病、造成设备或者财产损失的伤害,以及环境伤害的状况"。根据这个定义,安全就意味着所有的危险都消除了,没有什么资产会受到伤害。也就是说,风险等于零。但是在大多数实际的系统中,这种安全是不可能实现的,我们可以称为"乌托邦"。

很多风险分析人员都认为 MIL-STD-882E 给出的定义不太实用,所以我们需要一个可以实现的有关安全的定义。我们提出了如下定义:

定义 2.31(安全):安全是一个状态,其中风险在合理可行的范围内尽量低(as low as reasonably practicable,ALARP),而剩余的风险基本上可以接受。

这个定义表示,如果与系统/行动相关的风险被认为是可以接受的,那么这个系统或者行动就是安全的。因此,安全是一个基于风险可接受度判断的相对概念。我们会在第 5 章深入讨论可接受风险和 ALARP 的含义。

根据定义 2.31,安全与风险密切相关,因为风险的等级决定了一个系统是否安全。安全与风险的主要区别,在于安全是一种达到或者未曾达到的状态,而风险则需要一个连续的尺度进行测量,风险可以标注成高、中、低不同等级,也可以采用其他方式描述。同时这也说明,即便一个系统是安全的,它也仍然存在风险。

2.6.3 安全绩效

在本书里,我们使用风险这个词,来描述未来可能发生的负面事件的不确定性。有时候,决策者可能会对"在未来的一段时间里(比如 5 年),预测出的风险比过去一段时间里的风险更高还是更低"这样的问题感兴趣。根据我们对于风险的定义,谈论过去的风险是毫无意义的。这是因为一段时间过去了,事件已经发生了,就不存在不确定了。因此,我们需要另外一个词汇来描述过去发生的事情,这个词汇就是安全绩效。

定义 2.32(安全绩效):在(过去)一个特定的时间段内发生的所有事故,以及观察到的每种类型事故的频率和后果。

按照这种方法,我们关于未来一段时间风险的评估结果,应该与过去一段时间的安全绩效进行比较。

注释 2.7(风险分析错了吗?):观察已发生的事件和事故,它们至少有一部分是随机的。如果我们估计未来一段时间的风险相当高,然后在这段时间结束之后发现安全绩效显示并没有事故发生,这并不能说明风险分析是错误的。反过来也一样,尤其是在重大事故风险方面,我们可以说风险分析几乎从来没有错过(当然也经常不对)。

2.6.4 安防

在风险分析中,非常重要的一点是要识别出所有相关的危险事件。危险事件可能是随机的,比如技术失效和自然灾害(如地震、洪水等),也可能是由于某些蓄意的行为,如电脑黑客攻击和纵火。当我们讨论随机事件的时候,我们通常使用安全(safety)这个词,而讨论与蓄意破坏相关的话题时,则会使用安防(security)。另外,总体安全这个词汇,有的时候则可以同时涵盖安全和安防。我们将在第 17 章讨论安防评估的问题。

定义 2.33(安防):免于敌对势力的伤害,或者对其伤害保持弹性。

安防与安全类似,也是一个与风险接受能力密切相关的概念。安全与安防的主要区别在于目的性，安防实际上就是抵御伤害。因此，评估安防的时候，就会将 Kaplan 和 Garrick(1981)提出的第一个问题转变为一些人或者机构如何造成一些事情发生。这加大了风险评估的工作量，评估事件的范围不仅由评估者的想象决定，还取决于他(她)所处环境中存在的潜在敌人或者罪犯。

与安防这个概念直接相关的词汇包括威胁(threat)、威胁制造者和脆弱性。

定义 2.34(威胁)：任何能够伤害到资产的行动或者事件。

蓄意的敌对行为可以是物理攻击，比如纵火、抢劫或者盗窃，也可以是网络攻击。我们将各种攻击统称为威胁，而将制造威胁的实体称为威胁制造者或者威胁媒介。所以说，纵火是一种威胁，而纵火犯则是威胁制造者。威胁制造者可以是被遣散的前雇员、犯罪分子、竞争对手，也可以是一个组织甚至是一个国家。在威胁制造者发起攻击的时候，他会试图寻找目标的弱点，而这些弱点被称为系统的薄弱环节。比如简短的密码和堆放的可燃材料都可以是薄弱环节。

来自网络方面的威胁包括黑客、蠕虫、病毒、恶意软件、木马、篡改密码等。随着我们日益依靠计算机和通信网络，我们对于网络威胁的担忧也与日俱增。

注释 2.8(自然威胁)："威胁"这个词也用来形容自然灾害，比如火山爆发、地震、洪水、飓风、山体滑坡、雷击、传染病流行、海啸以及山火等。举例来说，我们都说地震是一个重大威胁，但是我们却无法找到相应的威胁制造者。

威胁制造者这个词，可以用来标注出那些炮制威胁的个体和团体。在分析安防风险的时候，最基本的一条是要识别出是谁希望攻击系统的薄弱环节，而他们又会怎样利用这些薄弱环节来破坏系统。

定义 2.35(威胁制造者)：引起或者有能力引起、携带、传播或者强化威胁的人或者事物。

我们有时候也会称威胁制造者为威胁媒介，比如入侵计算机的黑客，通常需要获得管理员身份才能进入计算机。

为了能够伤害到资产，威胁制造者必须具备动机、能力和机会。动机指的是实现某一目标的决心和意愿。能力用来衡量能否实现这一目标，包括工具和技术的可用性以及能否正确使用这些工具和技术。引起伤害的机会指的是资产必然具备可以被攻击的薄弱环节(即脆弱性)。

脆弱性的定义是：

定义 2.36(脆弱性)：资产或者控制的弱点，能够被某个或者某些威胁制造者所利用。

脆弱性是资产的一种性质或者一个状态，可以让威胁制造者有机可乘。这些弱点可能是在设计、安装、运行或者维护当中引入的。

脆弱性也指能够导致攻击成功的系统安防缺陷，包括物理方面、技术方面、运营方面和组织方面的缺陷。比如说，安防缺陷可能是一道没有锁紧的门，让未经许可的人员接触到了缺乏密码保护的计算机。在我们讨论风险的时候，很多方面的脆弱性都与安全屏障的"缺失"或者"薄弱"相关。

脆弱性也可以用于安全领域，但是更多的时候是作为弹性的对立面(见 2.6.5 节)。我们将在第 17 章详细讨论安防和安防评估的问题。

图 2.7 描述了一个威胁制造者可以把攻击的意图放在寻找系统的薄弱环节,如果这个薄弱环节被"突破",那么就会发生危险事件。有时候威胁制造者可能会得到系统薄弱环节的信息,那么他就会选择(他认为)最容易成功的方式进行攻击。

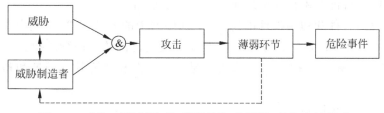

图 2.7 威胁、威胁制造者、薄弱环节(脆弱性)等概念的关系

2.6.5 弹性

弹性(resilience)在很多情况可以理解成脆弱性的反义词。Foster(1993)将弹性定义为:

定义 2.37(**弹性**):适应变化以避免严重故障的能力,或者平稳吸收冲击的能力。

弹性这个词也指在受到压力之后恢复成初始形状或者回到初始位置的能力。弹性要比鲁棒性/稳定性(robustness)的词义更加宽泛,后者基本上是一个描述对破坏的容忍度的一个静态概念。除了防止破坏的能力之外,弹性还包括一个动态元素,也就是对新环境的适应。因此,弹性实际上是一种无处不在的属性,可以影响系统对于各种压力和威胁的响应(可参见 Rosness 等,2004;Hollnagel 等,2006 年的文献)。

 ## 2.7 思考题

(1) 描述危险和威胁这两个概念的主要差别。

(2) 概率和频率之间的区别是什么?

(3) 在表 2.1 中,我们可以看到媒体使用"风险"这个词方式非常多。想一想哪些"风险"可以用本书定义的其他词汇替代?

(4) 在互联网上搜索"危险"(hazard)这个词,看一看它的用法是否遵循我们给出的定义。

(5) 列举在现代化汽车上驾驶位车门有哪些可能的失效模式。

(6) 想象下面的情景:你正在一条陡峭的山路上骑车高速俯冲,即将经过一个大的路口。描述在此情况下可能出现的一些事故场景。在这些场景中,危险、初始事件、激发事件和条件分别是什么?

(7) 考虑与轮船相关的下列事件:

① 轮船触礁。

② 船员弃船。

③ 船长正在计划航线,但是没有发现航道上的礁石。

④ 轮船驶离港口。

⑤ 轮船开始下沉。
⑥ 所有的船员落水。
⑦ 在航行中，舰桥上的值班驾驶员睡着了。

a. 请按照逻辑将上述事件排列在一个事故场景当中。

b. 使用危险事件和初始事件的定义，识别序列中的各个步骤，并将其分为初始事件和危险事件。可能我们会有不同的答案，但是要为自己的选择进行辩护。

(8) 我们在本章里分别定义了参考事故场景、最坏情况事故场景和最坏可信事故场景。

① 这三者有什么区别？

② 选择一个实际案例，你发现定义这些事故场景会有哪些挑战？

(9) 鲁棒性和弹性这两个概念有什么区别？

(10) 关于"风险"这个词有很多定义，我们在2.2节中就给出了一个定义，并且还给出了一些其他的定义。请比较有关风险的不同定义，看看它们与书中的定义有什么区别。

(11) 在互联网上搜索"风险"这个词，看一看它在不同的场景中，比如媒体是如何使用的。比较一下日常用法和正式定义的差别。还可以找一找在哪些情况下，人们在使用"风险"这个词的时候实际上的意思是危险、安全绩效和频率。

(12) 比较意外和危险事件这两个词汇，讨论一下二者的异同。请用一个实际案例，不要完全根据理论进行讨论。

(13) 假设自行车的刹车系统包括车把上面的手刹，从手刹到刹车片的导线，以及拉动手刹时与车轮接触的刹车片。请识别刹车系统的相关失效、失效模式和失效机理。根据失效的原因和失效的严重程度对这些失效进行分类。

(14) 考虑危险事件"汽车追尾"，使用领结图描述这个事件，识别相关的安全屏障。

(15) 考虑危险事件"学生公寓起火"，使用领结图描述这个事件，识别相关的安全屏障。

(16) 比较定义2.31和定义2.33对安全和安防的描述。讨论一下这两个定义的差别，并为安防提出一个新的定义。

参考文献

ARAMIS(2004). Accidental Risk Assessment Methodology for Industries in the Context of the Seveso II Directive. Technical report EVSG1-CT-2001-00036. Fifth Framework Programme of the European Community, Energy, Environment and Sustainable Development.

Aven, T. and Renn, O. (2009). On risk defined as an event where the outcome is uncertain. *Journal of Risk Research* 12(1): 1-11.

Bayes, T. (1763). An essay towards solving a problem in the doctrine of chances. *Philosophical Transactions of the Royal Society of London* 53: 370-418.

Bernstein, P. L. (1998). Against the Gods: The Remarkable Story of Risk. Hoboken, NJ: Wiley.

Foster, H. D. (1993). Resilience theory and system evaluation. *In: Verification and Validation of Complex Systems: Human Factors Issues* (ed. J. A. Wise, V. D. Hopkin, and P. Stager), 35-60.

Berlin: Springer.

Garrick, B. J. (2008). *Quantifying and Controlling Catastrophic Risks*. San Diego, CA: Academic Press.

Herrera, I. A., Håbrekke, S., Kråkenes, T. et al. (2010). *Helicopter Safety Study (HSS-3)*. Research report SINTEF A15753. Trondheim, Norway: SINTEF.

Hollnagel, E., Woods, D. D., and Leveson, N. (2006). Resilience Engineering: Concepts and Precepts. Aldershot: Ashgate.

IAEA (2002). *Procedures for Conducting Probabilistic Safety Assessment for Non-Reactor Nuclear Facilities*. Technical report IAEA-TECDOC-1267. Vienna, Austria: International Atomic Energy Agency.

ISO 12100 (2010). *Safety of machinery-general principles for design: risk assessment and risk reduction*, International standard ISO 12100. Geneva: International Organization for Standardization.

ISO 31000 (2018). *Risk management-guidelines*, International standard. Geneva: International Organization for Standardization.

ISO Guide 73 (2009). *Risk management-vocabulary*, Guide. Geneva: International Organization for Standardization.

Jaynes, E. T. (2003). *Probability Theory: The Logic of Science*. Cambridge: Cambridge University Press.

Johansen, I. L. (2010). *Foundations of Risk Assessment*. ROSS report 201002. Trondheim, Norway: Norwegian University of Science and Technology.

Kaplan, S. (1997). The words of risk analysis. Risk Analysis 17: 407-417.

Kaplan, S. and Garrick, B. J. (1981). On the quantitative definition of risk. *Risk Analysis* 1(1): 11-27.

Khan, F. I. and Abbasi, S. A. (2002). A criterion for developing credible accident scenarios for risk assessment. *Journal of Loss Prevention in the Process Industries* 15(6): 467-475.

Kim, D., Kim, J., and Moon, I. (2006). Integration of accident scenario generation and multiobjective optimization for safety-cost decision making in chemical processes. *Journal of Loss Prevention in the Process Industries* 19(6): 705-713.

Klinke, A. and Renn, O. (2002). A new approach to risk evaluation and management: risk-based, precaution-based, and discourse-based strategies. *Risk Analysis* 22(6): 1071-1094.

Leveson, N. (2004). A new accident model for engineering safer systems. *Safety Science* 42(4): 237-270.

Lindley, D. V. (2007). *Understanding Uncertainty*. Hoboken, NJ: Wiley.

Lupton, D. (1999). *Risk*. London: Routledge.

MIL-STD-882E (2012). *Standard practice for system safety*. Washington, DC: U. S. Department of Defense.

Perrow, C. (1984). *Normal Accidents: Living with High-Risk Technologies*. New York: Basic Books.

Phimister, J. R., Bier, V. M., and Kunreuther, H. C. (eds.) (2004). *Accident Precursor Analysis and Management: Reducing Technological Risk Through Diligence*. Washington, DC: National Academies Press.

Rausand, M., Høyland, A., and Barros, A. (2020). *System Reliability Theory: Models, Statistical Methods, and Applications*, 3e. Hoboken, NJ: Wiley.

Reason, J. (1997). *Managing the Risks of Organizational Accidents*. Aldershot: Ashgate.

Rosa, E. A. (1998). Metatheoretical foundations for post-normal risk. *Journal of Risk Research* 1(1): 15-44.

Rosness, R., Guttormsen, G., Steiro, T. et al. (2004). *Organizational Accidents and Resilient Organizations: Five Perspectives*. STF38 A04403. Trondheim, Norway: SINTEF.

Royal Society(1992). *Risk: Analysis, Perception and Management*. London: Report of a Royal Society study group, Royal Society.

Suchman, E. A. (1961). A conceptual analysis of the accident problem. *Social Problems* 8(3): 241-246.

Treasury Board(2001). *Integrated Risk Management Framework*. Catalogue Number BT22-78/2001. Ottawa, Canada: Treasury Board of Canada. ISBN: 0-622-65673-3.

U. S. DOE(1996). *Process Safety Management for Highly Hazardous Chemicals*. DOE-HDBK-1101-86. Washington, DC: U. S. Department of Energy.

第 3 章

风险评估的主要元素

3.1 简介

我们在第 1 章和第 2 章当中已经多次提到了"风险分析"和"风险评估",但是一直没有给出具体的解释。现在,我们对这两个词汇定义如下。

定义 3.1(风险分析):用来识别和描述负面事件及其成因、发生的可能性以及后果的系统性研究。

根据这个定义,风险分析的目标就是回答风险相关的三个问题。

定义 3.2(风险评估):计划、准备、执行、报告风险分析,针对风险接受准则对风险分析结果进行评价的过程。

如图 3.1 所示,除了计划、准备、报告之外,风险评估主要包括两个分析性的主要部分:风险分析和风险评价。首先,我们通过风险分析来识别和描述相关的事故场景及其可能性,从而定义风险。接下来,我们将在第 5 章中谈到,风险评价是下一步工作,需要将风险分析中确定的风险与风险接受准则进行对比。

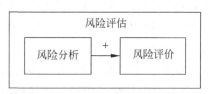

图 3.1 风险评估是风险分析和风险评价的组合

风险分析人员的作用,就是回答 2.2.1 节风险定义中的三个问题,尽可能准确无误地进行风险分析。分析和评价应该在数据允许的情况下尽可能客观、中立、无偏见以及不受情感支配。

在风险评估过程中,分析人员必须进行很多主观性的判断和解释,因此不同的分析人员得到的三个问题的答案很少会出现一致的情况。尽管如此,分析人员也还应该尽可能客观。

注释 3.1(术语):一些作者没有区分风险分析和风险评估,而是将二者混淆使用。

3.2 风险评估过程

风险评估过程包括一系列步骤和子步骤。如图 3.2 所示,我们可以将整个过程分为 6 步,接下来会对每一个步骤用单独的章节讲解。在本章里,风险评价的介绍非常简要,实际上本书也不会介绍相关过程特别多的细节。我们将在第 5 章介绍风险接受准则,但是不讨论是否接受风险的决策过程,因为决策需要更多元的考虑,而不仅仅是风险这一个方面。

风险评估不一定永远按照图 3.2 给出的次序,有些工作实际上可以同时进行,甚至我们还可以跳过一些步骤或者跳回到之前的步骤。之所以会出现这种情况,一方面可能是研究团队必须补充一位某个领域的专家,另一方面研究对象的节点可能根据项目计划需要进行调整。一般来说,我们需要执行图中的主要几个步骤,但是后续章节中给出的子步骤就不一定是每一次风险评估都必需的了。

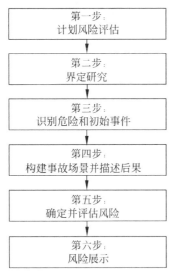

图 3.2 风险评估的 6 个步骤

3.2.1 第一步:计划风险评估

如果想让风险评估能够提供需要的结果,我们就必须精心计划和准备整个过程。人们很容易在这一步失去耐心,希望能够尽快开始"真正的工作"。然而大多数情况下,在准备阶段投入充足的时间和资源是非常有用的。经验显示,这甚至可能是整个风险评估过程最为关键的一步。如果不能很好地理解我们希望得到什么,就难以卓越地完成工作。

我们会在后面提到,有很多种方式进行风险分析。人们发明了这么多方法的一个原因,就是风险评估处理的问题和研究对象太宽泛了。为了能够选择最佳的方法,我们需要对分析的问题有透彻的理解。并且,风险评估通常只是为决策提供风险方面的输入,那么我们就应该弄清楚是否需要考虑风险,如果需要的话,需要做什么。在开始工作之前理解决策选项也很重要。图 3.3 给出了风险评估第一步的架构。

3.2.1.1 步骤 1.1:明确决策和决策准则

进行风险评估的理由多种多样,但是万变不离其宗的是评估都要为决策提供输入信息。因此很重要的一点就是,研究团队需要理解决策选项,并且给出决策制定过程能够使用的清晰具体的答案。如果从一开始就不清楚风险评估的目标,评估给出的答案也很难支持实际的决策。

研究团队需要了解谁才是评估结果的用户,还需要知道他们关于风险评估的知识水平是怎样的。用户可能会影响风险评估如何进行,更会影响评估结果的呈现方式。如果

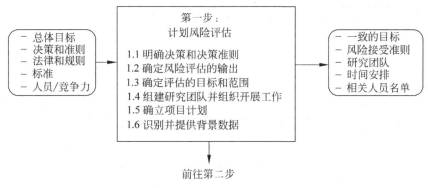

图 3.3　第一步：计划风险评估

用户也是风险评估专家,那么结果的展示就可以使用很多专业术语。但是如果用户没有多少相关的知识,那么这种展示效果就要大打折扣。

如果我们已经为风险评价建立了风险接受准则,那么研究团队需要知道他们的评估结果应按照一定的格式,用来和准则进行比较(见第 5 章和第 6 章)。对于这些准则的理解,以及应该如何解释这些准则,在计划阶段也是不可或缺的。

案例 3.1(决策准则):一家铁路公司已经建立了自己的风险接受准则,即"每年在运营过程中发生致死性事故的频率应该低于 0.1 次。"在这个案例当中,我们需要明确这个准则是只适用于公司员工,还是包括乘客甚至是那些横穿轨道的人。关于这个问题的答案会直接影响风险评估的范围。

如果我们在风险评估中考虑几种类型的资产,那么就需要针对每一类资产建立相应的决策准则。即便在人是唯一需要关注的资产的情况下,也是同样的。比如说,我们需要为危险化工厂的员工和生活在附近的居民建立不同的准则。我们还需要构建在什么时候可以认为资产受到了损害的准则。很多风险评估只关心人,那么伤害准则就是人员受伤与否。

风险评估需要告诉决策者,与每一条决策相关的所有重要事故场景都已经考虑在内了。如果只有一个决策选项,那么风险评估就应该覆盖该选项被采用之后的风险,还应该覆盖该选项没有被采用的风险。

图 3.4 给出了风险评估在决策制定过程中的作用。从决策出发,我们应该确定需要的输入信息,以及风险评估的目标和范围。一旦评估完成,它就应该反馈给决策者,并且同其他相关信息(如可行性和成本)一起为决策者所用。

3.2.1.2　步骤 1.2:确定风险评估的输出

我们应该清晰地定义评估必需的输出。决策和决策准则会在相当程度上确定哪些输出是需要的,但同时我们还应该考虑以下几个因素:

(1)输出应该是定性还是定量的?决策准则对这个决定有重要的影响。

(2)结果应该采用什么方式展示?只是一份技术报告还是采用其他形式(比如总结、演讲或者是海报)?

(3)在演示结果的时候,细节应该具体到什么程度?这一点与决策和用户特征息息相关。

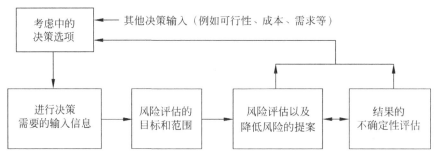

图 3.4 决策制定过程中的风险评估

(4) 存在不同背景的利益相关方吗？是否需要不同类型的信息？

最重要的一点是，我们应该牢记要进行什么样的决策，时刻自省我们计划展示的是否能够帮助决策者制定与风险相关的最佳决策。

3.2.1.3 步骤 1.3：确定评估的目标和范围

决策选项和决策准则可以确定研究的范围和目标。所谓的目标通常来自分析支持的决策本身，又反过来决定了研究的范围。我们在这里讨论的目标可以是：

(1) 确认风险是否能够接受。

(2) 在两个设计方案中进行选择。

(3) 识别现有设计方案可能的改进方法。

(4) 上述这些目标的组合。

⋮

在研究目标明确之后，下一步就是明确范围。这里的范围指的是需要完成的工作和需要执行的具体任务。在这个阶段，我们可以更加清晰地界定风险评估需要哪些资源和竞争力。

3.2.1.4 步骤 1.4：组建研究团队并组织开展工作

进行风险评估的研究团队通常需要有一个领导。研究团队还需要满足以下几方面的要求。

(1) 关于研究对象具有足够的知识能力，如果团队成员有解决类似问题的经历，会很有帮助。

(2) 能够掌握研究对象的必要知识、了解如何管理并保证安全。

(3) 拥有进行通用风险评估的能力，同时掌握对具体问题进行风险分析的方法。

(4) 团队成员需要来自组织的不同等级。这样做的目的是在分析的时候能够更好地了解组织内不同等级人员的偏好、态度和知识水平。

最后一条看起来有些无关紧要，因为风险分析理论上都是根据既有信息采用客观的方式进行的。但是，如果团队成员不同，我们还会得到相同的结论吗？这对任何风险评估工作都是一个重要的议题，需要一直牢记在心。风险分析能够预测未来可能会发生什么，但是因为我们不可能未卜先知，分析总是同时基于事实和判断，不同的人对于形势的判断不同，结论也就不同，因此风险分析永远都不可能是完全客观的，它只是反映现有数据和参与人员的知识水平（包括价值观、态度和偏好等）。

参与研究的人员数量取决于风险评估的范围,以及研究对象的复杂程度。有时候,我们可以雇用咨询公司来进行风险评估。如果评估是由外部专家完成,那么内部人员需要密切跟踪评估过程,保证结果的所有权问题没有争议。研究团队每个成员的能力和经验,以及他们各自的角色都应该建档管理。如果有外部人员会暴露在相关的风险之中,就应该考虑他们应该如何参与到风险评估工作里面。

3.2.1.5 步骤1.5:确立项目计划

如果风险评估的结果被用作决策依据,计划评估的过程就显得非常重要,因为只有这样才能保证评估可以按照规定的时间完成。研究团队应该与管理层合作,确定一个时间表,并估计进行风险评估工作所需的资源情况。评估的深度将会取决于研究对象的复杂度、风险的严重程度、研究团队的能力、决策的重要程度、研究可以使用的时间、可以接触到的数据等很多方面。在计划阶段,各方面需要对研究的深度达成一致意见。

3.2.1.6 步骤1.6:识别并提供背景数据

绝大多数研究对象都需要遵循大量的法律和规定,其中很多要求都与健康和安全有关,有一些还需要进行风险评估。对于研究团队而言,他们需要熟悉这些法规条文,比如在风险评估需要考虑的各种要求。

对于很多研究对象和应用领域(见第20章),风险评估标准和指南业已存在。风险评估机构的内部要求和指南应该遵循业界规定,研究团队必须对这些文件相当熟悉。

很多支持风险评估的必需文件都是相当重要的,因此我们需要建立一套文件控制系统,管理不同的文件和其他信息源。这个系统必须能够根据质量保证程序,控制各类报告的更新、修改、颁布和移除,这样才能确保信息不会过时。

3.2.2 第二步:界定研究

第二步的结构如图3.5所示。

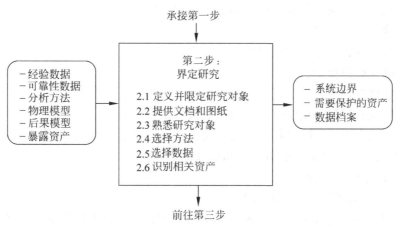

图3.5 界定研究的结构

3.2.2.1 步骤2.1:定义并限定研究对象

研究对象必须要定义清楚。在系统开发项目的早期阶段进行风险评估,我们不得不忍受一些不成熟的系统定义,以及一些宏观的系统边界,在开发的后续阶段才能够得到细节描述。我们需要考虑研究对象的以下几个方面。

(1) 系统边界以及与相关系统的接口,包括物理上的和功能上的接口。
(2) 研究对象边界以外的交互和限制因素。
(3) 相关的技术、人员和组织方面。
(4) 环境条件。
(5) 能够跨越边界的能量流、物流和信息流。
(6) 研究对象执行的功能。
(7) 风险评估覆盖的运营条件以及任何其他相关的约束。

在很多风险评估工作当中,我们很难界定研究对象,也很难决定使用哪些假设和条件。到底什么应该涵盖在风险评估里面,什么又不应该?在风险评估的开始阶段,我们应该有一个与研究对象相关的最重要风险问题的轮廓。稍后,风险评估可以深入研究对象在特定环境下的某些具体的部分,比如子系统、装配体、子装配体、元件等。在进行系统分解的时候,我们还需要建立一套数字编码体系,为每一个部分分配一个专有代码。在海洋油气行业,这个体系通常被称为标签编码系统。

系统分解的方法有几种,其中最常用的就是采用某种层级结构。有时候,我们关注系统的功能或者流程可能更有意义,但是有时候也需要关注系统的物理元素。我们会在第11章讨论几种常见的系统分解方法,在第4章继续探讨研究对象的问题。

3.2.2.2 步骤2.2:提供文档和图纸

风险评估,尤其是细节分析阶段,需要研究对象的大量信息。相关的信息来源包括(可参阅IAEA在2002年的报告):

(1) 系统布置图,包括与其他系统和资产的联系。
(2) 系统流、逻辑和控制图。
(3) 有关研究对象正常以及可能异常运行的描述。
(4) 危险材料的存储。
(5) 运营步骤和操作员培训材料。
(6) 测试和维护步骤。
(7) 应急措施。
(8) 相同或者相似系统以前的风险评估报告。
(9) 工程安全系统(安全屏障)和安全支持系统的描述,也包括相关的风险评估。
(10) 系统中以前发生的危险事件和事故的描述。
(11) 相似系统的经验反馈。
(12) 环境影响评估(如果相关的话)。

文档控制系统的作用在于跟踪所有作为风险评估信息输入的档案。在系统的开发阶段,设计是一个不断改进的过程,因为我们需要知道哪些颁布的文档已经用在分析当中。

3.2.2.3 步骤2.3:熟悉研究对象

在研究团队组建完成之后,团队成员需要能够接触到所有的相关信息和文档,这样他们才能对研究对象及其运行条件更加熟悉。作为熟悉工作的一部分,在出现以下情况的时候,我们有必要进行一些返工。

(1) 因为研究对象的界限已经扩展,或者因为信息不完整,可能会需要更多的信息。

(2) 细节信息可能不够,需要补充。

(3) 文档存在缺失。

(4) 部分信息不清楚需要解释,需要和设计/运营人员进行讨论。

3.2.2.2.4 步骤2.4:选择方法

进行风险分析的方法有很多种,同时也有很多因素会影响到方法的选择,比如:

(1) 一般来说,我们选择的方法应该能够给出制定决策需要的答案。这也就意味着,我们应该在理解问题和决策的基础上进行方法选择。

(2) 如果存在多种方法,我们通常会选择需要工作量最小的方法。

(3) 接受准则有时候会决定使用哪种方法。如果准则是定量的,那么就必须使用定量方法。如果没有定量准则,那么定性方法也是可以的。

(4) 方法因系统和问题而异。因此,在选择方法前,需考虑系统和问题的类型。

(5) 如果有关研究对象的信息量有限,那么可能就要选择一种相对粗糙的方法。在项目早期,我们会经常使用粗糙的方法,然后慢慢切换到细节方法。

(6) 在选择方法之前考虑以下是否可以拿到相关数据。如果没有多少甚至根本没有定量输入数据,那么定量分析自然无从谈起。

(7) 通常,对于风险评估结果出炉的时间会有一些限制,这也限制了方法的选择。

(8) 研究对象的规模和复杂程度会影响方法的选择。

(9) 官方要求,或者相关的指南和标准,也会对如何进行风险评估有限制和约束。

表3.1列出了风险评估最常用的一些方法,并且指出它们适用于系统生命周期的哪些阶段。

表3.1 分析方法在风险评估不同阶段的适用性

方法(章节)	早期设计	设计	运行	修改
清单(10)	G	G	G	G
初步危险分析(10)	G	B	M	M
HAZOP研究(10)	M	G	M	G
SWIFT(10)	G	M	M	G
FMECA(10)	B	G	M	G
故障树分析(11)	B	G	G	G
贝叶斯网络(11)	M	G	G	G
事件树分析(11)	B	G	G	G
人员可靠性分析(13)	B	G	G	G
安全审计(5)	B	B	G	G

注:G=表现良好/适用;M=表现一般/可以使用;B=表现不佳/不适用。

3.2.2.5 步骤2.5:选择数据

风险评估需要很多数据源,但是在实际工作中,我们很少会有多个数据源可以选择,而更可能的情况是找到任何直接相关的数据都很难。我们会在第9章当中讨论数据的类型和数据来源问题。在进行选择的时候,诸如数据质量、数据时间、完整性和相关性都是需要考量的因素。

3.2.2.6　步骤2.6:识别相关资产

在开始风险分析之前,我们需要识别出哪些资产是相关的,应该涵盖其中。识别资产(如人员、环境和声望)是界定研究范围的一部分,但是我们可能还需要更加清晰地界定出哪些资产可能在事故中受到损害。比如,我们必须明确,关注的只是工厂员工,还是也会关注那些可能会受到工厂事故影响的居民。

3.2.3　第三步:识别危险和初始事件

第三步的结构如图3.6所示。

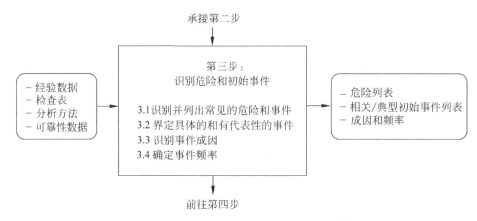

图3.6　第三步:识别危险和初始事件的结构

3.2.3.1　步骤3.1:识别并列出常见的危险和事件

我们将在第10章介绍这个步骤里面用到的方法。根据第2章在术语方面的讨论,我们在这里需要回答的是"会有什么问题发生"。我们会发现,回答这个问题的方式可能多种多样,所以需要去识别的事情包括:

(1) 可能出现的伤害(即危险)的来源。

(2) 事故场景的起点(即初始事件)。

(3) 领结图"中心"的事件(即危险事件)。

(4) 可能会引发事故的事件和条件(即触发事件和条件)。

在实际风险分析工作的开始,我们通常会识别出一些或者全部事情。我们可能要将可燃性材料、气体泄漏、点燃、火灾和爆炸作为独立的危险/事件来进行考虑,但是如果我们仔细观察这些事情,就会发现它们实际上构成了一个序列,也就是事故场景。

这一步的关键是要尽可能多地找到事件和条件,我们并不需要过度关注它们到底是危险、初始事件、激发事件还是激发条件。

我们可以使用常见危险列表来支持危险和事件识别,比如与机器安全有关的国际标准 ISO 12100(2010)、在离岸设备设计的时候进行重大事故危险管理的 ISO 17776(2016)等。在查看这些列表的时候,我们会发现列表通常会按照本书定义的方式列出危险、初始事件、激发事件和条件。有时候列出的方式可能会让读者感到迷惑,但是这并不妨碍我们使用这些列表来进行头脑风暴,然后再将信息用更加结构化的方式表达出来。

3.2.3.2 步骤3.2：界定具体的和有代表性的事件

在这一步,我们必须更加注意哪些事件被包含在分析当中。从已经识别的危险和事件列表里(经常是杂乱无章的),我们应该可以界定出一系列具体的初始或者危险事件,构成风险分析的主干。现在,第2章里面出现的定义可以在这个扫描的过程中帮助我们。同时,我们也不应该摒弃任何没有出现在危险事件列表中的危险和事件,因为它们也可能会是事故场景的一部分,或者是事故的成因,我们也许会在风险评估后续的步骤中用到这些事件。

在常见列表里,我们可能已经识别出"起火"是一个事件,但是我们还需要更加具体的陈述,比如"白天的时候×号房间起火"。分析需要在事件的具体化和所需要的资源之间寻求平衡,因为想要把事件描述得更具体,就需要更多的时间和资源,因此我们应该尽量去界定那些能够覆盖一些类似情况的代表性事件。

大多数情况下,我们需要在这一步对已经识别出的事件进行筛选。如果有些事件的发生概率非常低,或者后果可以忽略不计,那么我们就可以把它们排除在后续分析之外。上述的筛选工作也需要详尽建档。

3.2.3.3 步骤3.3：识别事件成因

致因分析的目的是寻找那些已经识别出的危险或者初始事件的成因。致因分析的"深度"则需要取决于很多因素,比如：

(1) 分析的细致度如何？我们在风险评估的第一步应该确定细致度。细致度更高的分析需要我们探讨成因的更多细节。

(2) 哪些成因会受到决策者的影响？那些我们无法改变的成因不需要细节研究,除非它们能够帮助我们设计稳定的系统,抵消或者补偿这些因素的影响。

(3) 只要相关,无论是技术、人员还是组织方面的因素都应该考虑。

致因分析可能会是频率分析的重要基础。

3.2.3.4 步骤3.4：确定事件频率

这一步并不是所有风险分析必需的,或者我们也可以采取非常简单的方法进行。有时候,风险分析可以是纯定性的,只是通过因果分析来描述一些原因,再加上一些后果。另外一些时候,人们使用频率或者概率等级,而不是一个精确的数字,比如频率等级可以被分为低于每年0.01次、每年0.01~0.1次、每年0.1~1次。我们将会在第6章讨论频率分级的更多细节。

在风险分析中指定频率或者概率是一项非常困难的工作。我们手头的数据都是历史数据,而我们要做的是要预测未来。因此,在使用数据的时候需要很多假设,其中最简单的假设(可能也是最常见的假设)就是过去能够代表未来。然而,很多时候真实情况并不是这样,所以我们就需要假设我们有多么相信技术和运营环境的变化会改变事件的频率或者概率。我们将在第9章讨论更多有关数据和数据分析的问题。

这一步也需要包含筛选工作。如果我们发现某个事件的频率或者概率非常低,那么在后续的分析中就可以忽略这个事件。

3.2.4 第四步：构建事故场景并描述后果

图 3.7 给出了第四步的结果，我们将会在第 12 章详细介绍这个步骤中使用的几种分析方法。

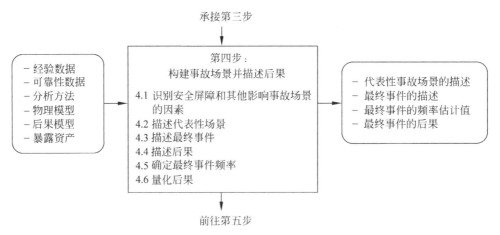

图 3.7　第四步：构建事故场景并描述后果的结构

3.2.4.1　步骤 4.1：识别安全屏障和其他影响事故场景的因素

在最初的危险识别工作当中，我们很可能已经识别出了很多事件以及那些影响事故场景如何发展的触发事件。在这一步，我们需要识别出所有能够对控制风险有帮助的安全屏障，它们能够停止事故场景发展或者减轻后果。此外，还有一些其他的因素从正面或者负面影响事故场景，它们也应该在步骤 4.2 中定义清楚。

3.2.4.2　步骤 4.2：描述代表性场景

将步骤 3.1 和步骤 4.1 中的信息汇总，那么现在就可以从初始事件开始描述可能会发生的事故场景了。事故场景通常是一串事件，还可能包括激发条件，以及从正面或者负面影响场景概率的事件。

很难精确地界定事故场景应该构建到何种程度。大多数情况下，在直接即时的影响和后果已经发生之后（比如碰撞已经发生或者火灾已经被扑灭），场景就可以停止了。有时候事故可能会对资产有长期的影响，如果只考虑即时的影响，事故场景结束的就太早了。

事故场景对于定性理解所发生的事件非常重要，同时也是最终事件概率/频率量化的重要基础。

在很多情况下，事故场景似乎无穷无尽，因此我们需要选择和描述有代表性的场景集合。代表性集合应该尽可能具有普遍性，能够覆盖所有相关的事故场景。与此同时，这些场景还必须足够具体，可以帮助我们理解如何通过引入更多的措施来管控风险。

3.2.4.3　步骤 4.3：描述最终事件

我们通常把每个事故场景的最后一个事件叫作最终事件，它极为重要。最终事件定义了事故场景发展的归宿，并且可以确定我们应该在哪里考虑场景的后果。最终事件可以采用定性的方式描述，还可能需要界定出导致最终事件的整个事件序列，这样才能充分理解后果是什么。

3.2.4.4 步骤4.4：描述后果

针对特定的事故场景和事件,我们应该采用定性的方式描述出它们对于各类资产的影响。

3.2.4.5 步骤4.5：确定最终事件频率

致因和频率分析能够确定初始事件的频率/概率。因为初始事件可能会通过一系列可能的事故场景发展成为不同的最终事件,我们需要为已经识别出的各种事故场景分配概率。这反过来会确定最终事件的频率/概率。

一些简单的方法并不会向场景分配概率,而是在风险分析中直接使用初始事件的概率,但是这可能会为风险分析带来一些挑战。我们将在第10章重新审视这个问题。

3.2.4.6 步骤4.6：量化后果

确定后果需要几个步骤,但是我们在本书里面只会讨论其中的一部分,包括：

事故场景会有什么影响？比如,这需要计算火灾的规模和热通量、爆炸的超压或者碰撞产生的冲击能。

针对不同的事故场景和它们的发展方式,后果会有怎样的差别？大多数情况下,都会有安全屏障用来减缓场景的发展,那么这些安全屏障是否按照意图发挥作用,会对后果产生巨大的影响,我们可能需要根据初始事件和相关的事故场景绘制一个后果集,这也就意味着前一步骤中的计算可能需要针对不同的场景重复进行。

每一个事故场景对于我们所关心的资产会产生什么样的影响？给定的超压水平是否会导致死亡或者仅仅是人员负伤？两艘轮船交错时产生的冲击能会掀起多大的波浪,会不会导致船只倾覆？是否有些资产对于后果特别敏感(或者特别坚韧)？比如对于一个消防员来说,他的装备能够帮助他承受比普通人更高的温度,那么在分析的时候就需要考虑到这一点。

根据以上的信息,我们所关心的资产有多大的可能性会被损害？

我们这本书主要关注概率分析,换句话说我们只是描述后果集,并为资产损失分配概率。计算物理影响以及计算对于资产的影响,不在本书的涉猎范围之内。在进行这些计算的时候,我们通常需要来自不同工程背景的专业能力。比如,有兴趣的读者可以阅读Mannan(2012)的著作了解一些计算后果的方法。

还有一个需要解决的问题,就是评估后果时需要考虑多远的未来。对一些事故类型来说,比如辐射,影响不是今天发生的,而是在事故发生很久以后。通常我们需要在后果分析中考虑这个时间问题。

3.2.5 第五步：确定并评估风险

第五步的结构如图3.8所示。

3.2.5.1 步骤5.1：总结结果

我们在第三步和第四步已经给出了展示风险水平所需的全部信息,按照步骤1.2中的要求,现在我们可以绘制风险图了。在展示风险评估结果的时候,我们应该突出风险的主要来源、重要成因以及可能会出现的后果。同时,还应该标记出关键的安全屏障,并强

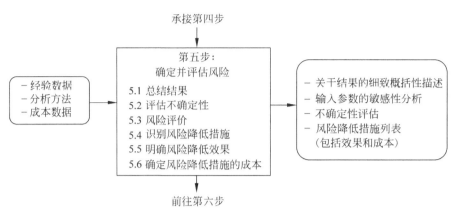

图 3.8 第五步：确定并评估风险的结构

调它们对于控制风险的重要性。

3.2.5.2 步骤 5.2：评估不确定性

不确定性是风险评估的一个主要问题，因此我们还需要对风险评估的结果以及结论中的不确定性进行评价。评价的方式多种多样，既包括纯粹的定性讨论，也包括全面的定量分析。我们会在第 19 章集中讨论如何评估不确定性的问题。

3.2.5.3 步骤 5.3：风险评价

风险评价包括将风险分析结果与风险接受准则进行对比，确定是否满足准则要求。我们会在第 5 章进一步讨论风险接受度的问题。在这里，风险评价可以定义如下：

定义 3.3（风险评价）：以风险分析为基础，考虑各种社会经济和环境因素，对风险的容忍度进行判断的过程。

关于风险是否可以接受的决定，可能会根据很多不同的准则，比如通过接受风险能够获得的收益以及与降低风险需要付出的成本。因此，即便是无法满足风险接受准则，评价的结论仍然可以是接受风险，因为收益足够大已经超过了风险。

3.2.5.4 步骤 5.4：识别风险降低措施

我们需要决定是否应该去降低风险，以及如何降低风险。实施风险降低措施实际上并不是风险评估的一部分，它属于更广泛的风险管理过程。然而，决策者还是应了解风险降低措施，以此作为决策的依据，所以识别并且评价可能的风险降低措施也可以算在风险评估里面。

根据对于事故场景为何以及如何发展的理解，我们也可以识别相应的风险降低措施。基本上，我们通过实施这些措施来达到以下目的。

（1）防止初始事件发生。

（2）降低初始事件的概率。

（3）减轻初始事件的后果。

这三类方法在领结图上从左到右依次排列。第 14 章会更加详细地讨论风险降低措施，并且介绍识别和评价措施的方法。

3.2.5.5 步骤 5.5：明确风险降低效果

确定是否应该实施一项风险降低措施的根本原则，很明显就是该措施对于管控风险

的效果。此外,我们还需要考虑其他的几个因素:

——范围。这项措施是对一个危险还是多个危险有效?
——可靠性和可用性。在需要的时候,这项措施会发挥作用吗?
——鲁棒性。在各类实际工况下,这项措施是否有效?
——持久性。措施的效果会持续几周、几个月还是很多年?
——副作用。这项措施有什么副作用吗?
——成本。这项措施实施、运行和维护的成本是多少?

我们将会在第 14 章讨论更多的细节问题。

3.2.5.6 步骤 5.6:确定风险降低措施的成本

影响是否实施一项风险降低措施的另一个重要因素就是成本。我们会在第 14 章介绍成本-收益分析(性价比分析),这是用来分析风险降低措施效率的工具。在性价比分析里,我们对引入一项风险降低措施的成本与其所带来的期望收益进行比较。因为措施的收益(比如受伤和死亡率下降)很多时候不能直接和成本进行比较,我们还需要把这种收益用货币价值表现出来。当然,这是性价比分析饱受争议的一个方面,尤其是用货币来体现人员伤亡损失的时候。

3.2.6 第六步:风险展示

第六步可以分为两小步:步骤 6.1 准备报告和步骤 6.2 展示结果。

3.2.6.1 步骤 6.1:准备报告

风险评估的产出,就是对风险的描述。描述的方式有很多,可以是纯定性描述,也可以采用一些数字。其中我们需要注意的重要之处在于:

风险展示应该能够保证分析的受众(决策者和其他利益相关方)能够理解结果。

风险展示应该能够支持决策,也就是说,它可以在进行与风险相关的决策之前,回答那些需要答案的问题。

应该针对结果中的不确定性和结果的敏感性给出相应信息,包括假设、数据、建模原则和方法。

我们会在第 6 章介绍几种展示风险的方法,并且在 3.3 节中更加详细地讨论报告相关的问题。

3.2.6.2 步骤 6.2:展示结果

很多时候,仅仅依靠报告来展示风险评估的结果是不够的,我们还需要其他的方法,比如海报手册、专业报告的大众易读版本、幻灯片等。在决定使用上述何种方法的时候,我们需要考虑利益相关方的背景,以及需要支持的决策的重要性。

3.3 风险评估报告

风险评估的结果展示通常采用报告的形式,可以配有说明手册、幻灯片和视频。为了能够让评估对于决策有意义,决策制定者需要能够理解研究团队的结论和推荐。因此,风险评估的信息必须尽可能清晰、简洁地被呈现出来。

因为决策经常是非常重要并影响深远的,所以需要决策制定者对于研究团队所有的发现都具有足够的信心。风险评估报告应该是精心撰写、值得信任的,可以涵盖并已经确认了所有的结果。所有的结论和建议都应该可以在文档中找到它们的背景、模型、输入数据和计算方法等信息。

因为风险评估尤其是定量方法非常复杂,理解报告总会有一定的难度。因此,清晰的描述、采用决策制定者和其他参与人员可以明白的语言就显得非常关键。

报告的细致程度应该与风险的水平相匹配。如果系统的风险水平较低,通常就不需要像对待高风险系统那样制作一份非常详尽的报告。

3.3.1 报告的目标

报告的撰写和细致的程度还取决于研究的目标以及报告的对象。报告的目标可以包括以下几类。

(1) 报告仅用作生产线管理的决策依据,没有外部人员希望使用这份报告。

(2) 报告将会被公司管理层采用,用于建立风险管理的实践范例。因此,风险评估的结果需要帮助定义企业安全工作中不同要素的需求。安全工作包括维护、培训、操作步骤、安全检查、审计以及变更管理等程序。

(3) 报告将会在董事会面前展示,作为企业战略讨论的依据。

(4) 报告将会向大众公开。比如在欧洲,必须遵守《欧盟塞维索三号指令》(EU,2012)的企业就必须发布这样的报告。

(5) 报告和报告结果需要在有各方参与的公共会议上宣读。

值得注意的是,一些法律法规对风险评估报告的格式有特殊要求,比如《欧盟塞维索三号指令》。

3.3.2 报告的内容

我们将在本节中介绍风险评估报告的主要结构。风险评估报告要尽量避免过多的叙述,同时还应该对重点内容编号以方便日后引用。

3.3.2.1 扉页

如果风险评估需要定期更新,我们就应该在报告的扉页和内容列表中记录最初以及所有后续的修改编号。此外,扉页上还应该有最近一次修改的日期、修改编号以及修改者的签名(可参见美国环境部 2004 年的报告)。

3.3.2.2 免责声明

报告有时候还需要包括免责声明,它的目的是明文规定出负责准备报告的组织相应的法律责任范围。

3.3.2.3 执行概要

应该在此列出主要的结果,并给出关于风险降低措施和进一步行动的建议。在更新报告的时候,需要标注出修改编号以及是谁进行的修改。

(1) 介绍(包括为什么要进行风险评估)。

(2) 目标和范围。

(3) 分析方法。
(4) 主要的结论和建议(应该简要解释每一条结论和建议)。

概要报告应该同时兼顾安全专家和高层管理人员,需要对风险评估背景、假设、目标、范围、结果和结论做出全面的介绍。

3.3.2.4 参考文献

应该列出风险评估中使用的所有文档和其他信息源,作为参考。

3.3.2.5 缩写和词汇表

应该列出研究中使用的特殊词汇和概念,并进行定义和(或)解释。

3.3.2.6 研究团队

应该列出研究团队的名称、位置、资质以及每名成员的作用。

3.3.2.7 简介

简介部分应该描述出研究的背景、目标、假设,并以清晰简洁的列表方式给出风险评估的所有已知限制和约束条件。同时,还应该列出类似系统中发生过的意外和事故。

简介部分还应该指出此次风险评估与上一次工作之间的时间间隔。

3.3.2.8 系统描述

需要简要描述研究对象及其功能,还应该给出可以找到更加详细描述的参考文献。同时,也应该提到研究对象运行的条件和限制,比如研究对象的所有者、责任、位置、人员配置水平和重要的利益相关者(如客户、乘客)。

描述应该包括足够的信息,这样才能保证系统与风险评估中所做的假设一致。

3.3.2.9 分析方法

报告的这一部分应该全面介绍使用的方法,比如 FMECA 和 HAZOP 研究。一般来说,还应该给出选择这些方法时所进行的讨论内容。

3.3.2.10 风险接受准则

接受准则对于评价风险非常重要,因此也应该列在报告中。若是使用风险矩阵,就应该定义频率和严重度的划分方式。

3.3.2.11 危险和危险事件

在这个部分中应该包括已经识别出的危险、威胁和危险事件。可以采用表格的形式。有时候,我们还需要对最为重要的危险事件进行更加详细的描述。

3.3.2.12 模型

应该描述出风险评估使用的模型、方法和工具,以及在评估中使用这些可能会受到的限制。

3.3.2.13 数据和数据源

列出并描述评估中使用的信息非常重要,因为只有这样做第三方才能够对风险评估进行验收。应该尽可能地为数据建档(见第 9 章),同时还要对之前发生的事故以及类似系统中的近似事故进行回顾,这也是这个章节的一部分。

3.3.2.14 频率和后果分析

这个部分应该介绍每一个危险事件的频率和后果,它们可以合成一幅风险图。根据选用的分析方法,通常可以在表格中列出结果。

3.3.2.15 严重度与不确定性评估

根据输入数据、使用的模型和方法,以及研究团队的知识情况(见第19章),风险评估的结果可能存在着很多的不确定性。为了能够更加准确地描述出风险的实际情况,需要讨论输入数据的不确定性。有时候,还要进行敏感性分析以显示输入数据中的不确定性如何影响最终结果。报告应该解决任何预期可能会影响风险评估主要结果的分析局限。

3.3.2.16 风险降低措施的识别和评估

根据风险评估的结果,应该考虑是否需要实施一些降低风险的措施。在这部分中,我们还需要描述出评估中发现的可以使用的防护方法。

3.3.2.17 结果讨论

非常有必要讨论风险评估的结果,并检查这些结果是否与研究的目标匹配。我们应该在报告中指出是否已经回答了那些需要回答的问题。我们还必须检查分析是否充分,或者是否还需要更加详细的分析。所有的这些都应该在报告中提到。

3.3.2.18 结论和建议

最后,应该列出从风险评估中得到的所有结论,以及关于未来工作的可能方案。我们还需要检查所有系统及其运行方面的变更建议是否已经被列为行动条款。

3.3.2.19 附录

大多数时候,风险评估中都会使用很多文档、图形和详细的工作表。在主报告中列出所有这些内容通常需要很长的篇幅,因此可以把它们放在附录当中,或者在参考文献中提及。

当然,也应该限制附录中的信息量。如果不确定某项材料是否值得放在附录当中,那么就应该果断删除。

3.3.2.20 总评

我们在第5章中将要介绍的美国国防部的报告结构(US DOE,2004),与本节介绍的有些许不同,读者还可以参考国际原子能机构关于撰写有效风险评估报告的建议(IAEA,1994)。

报告一般都要采取书面的形式,这样才可以经常检查、核定和更新。在完成之后,风险评估报告要在公司内部进行检查和验收,如果在使用之前有第三方的检查会更好。

有时候,风险评估也会涉及一些人为故意的行为,以及与这些威胁有关的系统薄弱环节。非常重要的是,如果风险评估的笔记、工作表和其他文档包含相关的敏感数据,这些文件必须是保密的。因此,我们还需要对此类文档进行评分,确定保密级别。事实上,没有什么能比《薄弱环节研究报告》泄露更能暴露公司弱点的了。

3.4 安全法规中的风险评估

欧洲已经颁布了很多欧盟法令和法规,对大量可能出现危险的系统和行为,强制进行各种类型的风险评估。在世界的其他很多地区,情况也是如此。以下我们将介绍一些应用非常广泛的重要法律规定:

塞维索法令。欧盟重大事故危险控制法令,包括有《危险物品法令》(82/501/EEC),

也就是常说的《塞维索法令》,是针对1977年塞维索事故颁布的。随后,欧共体分别在1986年和1988年根据在博帕尔毒气泄漏和桑多兹化工厂火灾事故中得到的教训,对塞维索法令进行了修订。而在派珀·阿尔法平台爆炸事故之后,欧盟对该法案进行了重要修改,这就是《塞维索二号法令》(EU,1996)①。到了2012年,指令再次升级,最新的版本称为《塞维索三号法令》(欧洲议会和执委会于2012年7月4日通过的关于包含危险品在内的重大事故危险控制的2012/18/EU号行政令)。

《塞维索三号法令》的应用,需要取决于在一座设施中现有(或者将有)危险品的数量。法令根据危险品的数量设定阈值,并将责任分为两个层级。对于那些危险品数量接近或者超过"上限"的设施,法令规定的安全要求会更加苛刻。

其他国家也有一些类似的法规:比如美国编号为29 CFR 1910.119的《高危险性化学品过程安全管理法令》,该法令要求企业必须进行过程危险分析。

欧盟机械法令。1989年发布的《欧盟机械法令》(89/392/EEC),涵盖了与机器安全相关的诸多领域。欧盟在2006年对法令进行了修改(2006/42/EC)。法令要求对一些危险机械进行风险分析。而在2010年,专门的风险分析国际标准ISO 12100发布。此外,在多个国家也有类似的法规存在。

1974年工作健康与安全条例(HSWA)。HSWA是英国在健康和安全方面最为重要的法规,它明确了雇主的基本责任,保证雇员在工作中保持健康、安全并享受相应福利。同时,该法令也强调,人员在职责之外不应该暴露在风险当中。雇主必须进行各种风险分析,保证所有的工作都能满足"到目前为止可行"(so far as is reasonably practicable,SFAIRP)的原则。

1992年海上设备(安全案例)法。这部法规是由英国健康与安全执行委员会(HSE)颁布,它要求相关机构进行相应的风险评估,收集安全案例并保持更新。法规于2005年和2015年进行了两次修正。

2002年美国海事交通安全条例。该条例旨在保护美国的港口和水道免受恐怖袭击。法律要求船只和港口设施都必须进行风险和弱点分析。

挪威海洋安全条例。在挪威,挪威环境部和挪威石油安全局也颁布了相关的法规,要求在石油行业进行风险分析。挪威于2010年发布了国标NORSOK Z-013,对风险评估工作提供支持。

读者可以在本书第20章找到更多不同行业的安全立法信息。

3.5 风险评估的效度和质量

所有的风险分析都需要大量的数据和假设,因此或多或少存在不确定性。如果有可能,分析中的数据和假设应该尽可能贴近现实,但是有时候这不太可能,所以一些决策者会质疑风险分析结果是否真正有效。对于这个问题Garrick在2008年给出了一个贴切的答案:

---

① 在英国,《塞维索二号法令》使用的时候被称为《重大事故危险控制法(COMAH)》。

……关于未来事件何时发生、后果如何,基本上不太可能存在这一类确定的数据。但是"确定性"也并不确保让我们做出好的决定。

风险分析中的假设应该尽可能地偏向保守一方。比如像"保守的最佳估计值"这样的假设,就可以保证不会低估风险,所以也就不会带来不安全的决策(NSW,2003)。我们将在第 18 章讨论风险评估中的不确定性问题。

在衡量风险分析质量的时候,我们需要考虑的是分析对于决策的支持度到底如何。一些基本的衡量指标如下。

(1) 风险评估能够为决策问题提供支持。
(2) 决策者能够理解风险评估的文档,并且在决策制定过程中使用。
(3) 风险评估应该能够为风险管理提供一个良好的基础。
(4) 风险评估已经在合理的范围内全力保证其完整性、连贯性和正确性。
(5) 风险评估已经使用可以获得的最佳相关信息。

风险分析关联的是特定的一类我们感兴趣的现象,也就是风险。分析的目标是用模型来描述现象并进行量化。与所有的模型类似,风险分析也是基于大量的简化。建模本身经常是要在我们所关注的现象表征能力与建模所需要的工作量之间寻找平衡。出于这个原因,我们会摒弃一些对于模型结果影响有限的方面。

如果我们试图使用现有的风险分析去支持另外一个场景中的决策,我们就必须特别注意简化所带来的影响。即便新的决策场景与我们所描述的现象几乎一样,在进行决策的时候,与模型有关的其他一些方面也可能发生了改变。同样的道理,在系统开发时进行的风险分析,如果用于系统运营阶段,也要慎之又慎。我们将会在第 16 章继续讨论这一问题。

3.6　思考题

(1) 风险分析和风险评估的区别是什么?
(2) 风险评估过程的主要步骤有哪些?每一步的主要目标和任务又是什么?
(3) 考虑两座城市之间的铁路,包括交叉路口、车站、信号系统等相关设施。我们现在要进行一个风险评估,目标是确定对人员的风险。你应该如何界定研究目标?
(4) 对于问题(3)的铁路,请给出一些常见事件、特殊事件和代表性事件的例子。
(5) 仍然以同一条铁路为例,识别常见"脱轨"事件的可能成因。如果为"脱轨"定义一些代表性事件,那么是否能够找到一些与所有这些事件相关的原因?
(6) 假设你正在为一家运行着几艘大型渡轮的船运公司做风险评估。你需要向三个群体展示你的评估结果:船运公司管理层、船运公司的安全部门和乘客。你在向这三个群体展示结果的时候会采用哪些不同的方式?
(7) 结果可重复,是对科学工作的一个要求,这意味着如果使用同样的模型和同样的输入,那么我们就应该得到同样的结果。风险评估能够满足这个要求吗?

 参考文献

EU(1996). *Council Directive 96/82/EC of 4 July 2012 on the control of major-accident hazards involving dangerous substances*. Official Journal of the European Union L 10/14. 1-1997.

EU(2012). *Directive 2012/18/EU of the European Parliament and the Council of 4 July 2012 on the Control of Major-Accident Hazards Involving Dangerous substances（Seveso Ⅲ Directive）*. Official Journal of the European Union, L 197/1 24.7.2012.

Garrick, B. J. (2008). *Quantifying and Controlling Catastrophic Risks*. San Diego, CA: Academic Press.

IAEA(1994). *Safety Assessment of Research Reactors and Preparation of the Safety Analysis Report. Safety Series 35-G1*. Vienna, Austria: International Atomic Energy Agency.

IAEA(2002). *Procedures for Conducting Probabilistic Safety Assessment for Non-Reactor Nuclear Facilities*. Technical report IAEA-TECDOC-1267. Vienna, Austria: International Atomic Energy Agency.

ISO 12100(2010). *Safety of machinery-general principles for design: risk assessment and risk reduction, International standard ISO 12100*. Geneva: International Organization for Standardization.

ISO 17776(2016). *Petroleum and Natural Gas Industries—Offshore Production Installations-Major Accident Hazard Management During the Design of New Installations*. Tech. Rep. Geneva: International Organization for Standardization.

Mannan, S. (ed.) (2012). *Lee's Loss Prevention in the Process Industries: Hazard Identification, Assessment and Control*, 4e. Waltham, MA: Butterworth-Heinemann/Elsevier.

NORSOK Z-013(2010). *Risk and emergency preparedness analysis*, Norsok standard. Oslo, Norway: Standard Norge.

NSW(2003). *Hazard Identification, Risk Assessment, and Risk Control No. 3*. Technical report. Sydney, Australia: New South Wales, Department of Urban and Transport Planning.

U. S. DOE (2004). *Chemical Process Hazard Analysis*. Tech. Rep. DOE-HDBK-1100-2004. Washington, DC: U. S. Department of Energy.

第 4 章

研究对象与局限

4.1 简介

在第 3 章中,我们阐述了研究对象的风险评估过程。然而,如何理解"研究对象"呢? 在这一章,我们将进一步解释如何来解读"研究对象",并进一步定义、讨论相关的附加条款来描述、限定及划分研究对象。

本书中所涉及的所有研究对象都是符合牛顿-笛卡儿世界观的基本要求的系统。在本章的最后,我们将对牛顿-笛卡儿世界观进行简要的介绍。本章将介绍与研究对象的建模和分析相关的基本内容,作为第 3 章中风险评估过程中相关步骤的补充。

4.2 研究对象

我们将从系统和社会技术系统(sociotechnical system)的定义开始,进一步介绍用来描述和限定研究对象的系统属性。

4.2.1 系统

系统来自于古希腊语 systema,泛指由一群有关联的个体组成。

定义 4.1(系统):一群有关联的个体,根据某种规则运作,能够在一个特定环境中,完成单个或多个功能。

系统通常被设计和建造来达到既定的目的。系统从数学上可定义为

$$S = \{C, R, F, A\}$$

式中,C 为所有系统的个体,R 为 C 中个体间的所有关系,F 为全部系统功能,A 为 F 中功能的全部相关属性(如运行特性)。

一个技术系统由机械、电气、电子和(或)可编程电子元件以及越来越多的软件组成。技术系统由人来设计、建造以及运行。

4.2.2 社会技术系统

社会技术系统在 19 世纪 50 年代末由英国塔维斯托克/心理研究所(Tavistock Institute)创建,基于路德维希·冯·贝特朗菲(Ludwig von Bertalanffy)在 1949 年提出的广义系统论(参见 von Bertalanffy,1968)。在本书中,我们将社会技术系统作为特殊类型的系统,给出如下定义。

定义 4.2(社会技术系统):包含技术系统以及成员和组织的系统。

社会技术系统可被看作两个相互关联的子系统:包含硬件和软件的技术系统以及包含人员和组织的社会系统。社会技术系统通常由组织政策法规所监管。

注释 4.1(把社会技术系统看作技术系统):很多风险评估的研究对象实际上是社会技术系统,却通常被当作单纯的技术系统来对待,忽视了系统中的人员和组织因素。

4.2.3 确定性和不确定性系统

确定性系统可有如下定义。

定义 4.3(确定性系统):只要设定了输入和各个输入之间的关系,其输出就是确定了的系统。

软件系统就是一个典型的确定性系统。每一次只要输入相同的指令行,就会从软件得到相同的结果。技术系统通常为不确定系统,因为系统的零件会老化和失效。对于社会系统来说,因为系统的行为部分依赖于人员,而人员可能会失误。因此,社会技术系统也是不确定的。

4.2.4 系统分解结构

我们在第 3 章的风险评估过程步骤 2.1 中,简要介绍了系统分解结构。系统元件(如子系统、子子系统等,细化到部件)可用系统分解结构进行架构。如图 4.1 所示,系统可以分解为三级。层次结构中的层级,被称为缩进层次。首层为缩进层次第一层,下一层为缩进层次第二层,以此类推。在国际电工词汇手册里,缩进层次被定义为"层次结构中的分解层次"(IEV 192-01-05)。层次数取决于系统的大小和风险评估的目标。不同的子系统可能会有不同数量的子层次。

图 4.1 给出的是物理系统被分解为子系统和组件。而还有一种方法是考虑系统功能,进而把功能分解为子功能。在风险分析和可靠性分析的开始阶段,功能分解结构往往比硬件分解结构更实用。

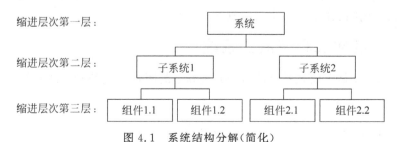

图 4.1 系统结构分解(简化)

用来分析系统失效或者系统事故的因果结构也可用分解结构来表示,以系统失效或事故作为起始点。缩进层次第二层为失效/事故的直接原因,而第三层则是导致第二层的直接原因,以此类推。所得到的分解结构为系统失效或事故的因果层次结构。

4.2.5 系统边界

风险评估通常都是基于一定的假设和边界条件的。系统边界用于指定研究对象中所包含和未包含的部件。所有的系统都在影响周围的环境,或被周围环境影响。我们建立系统边界来定义系统中包括什么,不包括什么,从而限定研究对象。研究对象的输入和输出如图4.2所示。系统边界可有如下定义。

定义 4.4(系统边界):系统边界将系统内部的组件和流程与外部分离开来。在边界内,系统有一定程度的完整性,这表示组件能够在一起工作,而这种完整性给了系统一定的自主程度[①]。

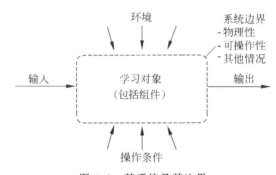

图 4.2 某系统及其边界

4.2.6 假设

所有的假设与边界条件都应在风险分析的文档中清晰写明,包括一些问题的解答。如:

（1）研究的目标是什么?
（2）要求的详细程度是什么?
（3）系统的环境状况如何?
（4）系统怎么来进行操作?
（5）研究涉及哪一个阶段(如启动阶段、稳定阶段、维护和废弃处置阶段)?
（6）哪些外部压力需要被考虑(如地震、闪电、罢工、恐怖袭击和网络攻击)?

以上的这些假设在第3章中也有阐述。

4.2.7 封闭式和开放式系统

研究对象可以是封闭式系统或开放式系统。封闭式系统和开放式系统的定义如下。

---

① 改编自 https://complexitylabs.io/system-boundary/.

定义 4.5（封闭式系统）：一种系统，其中与环境的接口是静态的，并且假设不变。

在封闭的系统中，所需的输入始终可用，并且不存在可能影响系统的随机环境干扰。本书中考虑的大多数系统都有封闭的边界。开放式系统的定义如下：

定义 4.6（开放式系统）：一种系统，环境中的干扰可能会影响研究对象，并且系统输入和输出可能发生波动甚至被阻塞。

与封闭式系统相比，开放式系统通常更难分析。

4.3 操作环境

物品通常是为某一特定的操作环境所设计和制造的。此操作环境必须清楚地写在规格书和用户文档中。

定义 4.7（操作环境）：物品操作时的（或预期操作的）环境和操作条件。

操作环境定义了物品被操作与维护时，操作条件的限制（如输入、使用和负载），以及在何种操作环境中被使用，如案例 4.1。

案例 4.1（洗衣机的操作环境）：考虑一台家用洗衣机。用户操作手册上通常会注明使用电压范围、电源频率、进水水压、水温、洗涤物类型、最大重量（如衣物、毛毯）、洗衣机使用场所室温，以及机器放置表面①。

案例 4.2（客轮的操作环境）：对于客轮来说，操作环境随着船舶的运行和位置的变化而不断改变。环境条件如风、能见度、波浪和水流都在频繁改变；船舶在航行过程中可能会遭遇极端天气，也可能会暴露在零下温度导致结冰，并且可能会遇到冰山或浮冰；此外，在靠近海岸航行时，船舶必须避开可能会搁浅的浅水区。当船舶在港口时、装卸货物时，船舶所处的操作环境完全不同。在进行船舶设计时，必须考虑操作环境的所有极端情况。而在运行过程中，操作环境会实时变化，船舶的操控必须不断适应这些变化。

在军事应用中，操作概念（CONOPS）文档一般对该物品的操作环境进行描述。

4.4 系统建模与分析

系统分析通常是基于一个模型，而该模型是系统或是系统的一个或多个属性的简化。有很多种模型可供选择，其中包括系统结构模型（也称架构模型）、功能模型、状态迁移模型等。系统建模可帮助分析人员理解系统的结构与功能。模型还可进一步用于与其他利益相关者进行风险评估的沟通。国际电工词汇手册中对于模型的定义如下：

定义 4.8（模型）：系统或者过程的基于足够精确的已知定律、标识或指定假设的数学或物理表示（IEV 351-42-26）。

关于模型的一个实例为地形图。模型（地图）提供了关于系统的大量信息，但是与实际情况相比，始终是一种简化。但它所包含的信息仍旧对导航有用。

---

① 制造商必须对洗衣机进行风险评估，以确保符合机械安全法规的要求，通常根据标准 ISO 12100。

4.4.1 组件建模

我们可以针对系统的所有层级进行建模。最低层级的模型、组件通常是黑箱模型。在一个黑箱模型中,组件没有办法进行进一步的分解。我们通常只考虑组件的输入和输出,如图4.3所示。

4.4.2 系统建模

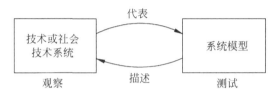

图4.3 组件功能的黑箱模型

系统建模的过程如图4.4所示。本书中的建模过程,是从研究技术系统或社会技术系统为起点,有时会基于既有的系统,但大多数的情况是基于图纸和系统的信息(数据)。在系统中会存在大量常规的和潜在的动态过程(由图4.4中带箭头曲线表示),这些过程包括失效和危险事件。

图4.4 系统模型及分析流程

为了能够进行详细的研究,我们需要建立一个系统模型来简化实际的过程,以便可以使用数学方法来推导结果。系统模型代表着实际的系统。我们在风险分析中所用的所有方法和工具仅适用于所建立模型的框架中,并且结果仅在模型能够反映的实际系统的特性和缺陷的范围内才是正确的。我们在模型中所研究的内容取决于研究的目的和模型的特征。当得到结果后,我们必须在实际的系统中来解释此结果,并论证它的相关性。

牛顿-笛卡儿范式

范式是一种世界观,它是任何科学主题的理论和方法的基础。对于传统科学而言,牛顿-笛卡儿范式一直都是最重要的。本书所讨论的所有系统都是基于这个范式。此范式的基础是由法国的哲学家雷恩·笛卡儿(Réne Déscartes,1596—1650)和英国科学家艾萨克·牛顿爵士(Sir Isaac Newton,1642—1726)提出的。牛顿-笛卡儿范式的主要组成部分如下。

(1)笛卡儿的还原论:通过将系统分解成组成元素并分别研究每个元素,可以完全理解所有系统(和问题)(图4.1)。

(2)牛顿的力和运动的三大定律,关于万有引力的理论以及被称为牛顿力学的统一理论。

(3)笛卡儿将思想与物质进行基本的区分,这意味着心理过程不会干扰物理世界,反之亦然。他认为物理世界是一台机器,其行为由力学定律控制,力学定律在范式中是牛顿定律。

(4)假设一个统一的时间,时间的"流动"为一个恒定不变的过程,并且对每个人都一样。

(5)假设一个恒定和统一的空间。笛卡儿发明了笛卡儿坐标系,以便可以唯一指定空间中元素的位置和运动。

(6) 物理对象之间的空间可以认为是空的。

牛顿-笛卡儿范式是机械的,将世界视为一组各自孤立的项目,它们以线性、因果的方式相互作用。牛顿-笛卡儿范式已经取得了巨大的成功,我们目前有关物理系统(从原子到外层空间)的大多数知识都基于这个范式。牛顿-笛卡儿范式可以用隐喻来概括:整体不大于或不小于部分之和。

长期以来,牛顿-笛卡儿范式被认为具有完全的普遍适用性,但最近的见解表明事实并非如此。该范式的第一个绊脚石是量子力学的发展和被广泛接受,以及它的概率论焦点。第二个更明确的绊脚石是阿尔伯特·爱因斯坦(Albert Einstein)的广义相对论,在该论证中,时间和空间取决于引力场和速度。大量的详细实验证明了爱因斯坦理论的正确性。

几乎我们所有的教育都是以牛顿-笛卡儿范式为基础的,因此所有假设和规则都显而易见。我们大多数人都难以想象它们实际上并不完全通用的事实。

4.4.3 系统分析和合成

分析一词来自古希腊语,意思是"分解"。我们定义系统分析如下。

定义 4.9(系统分析):通过将系统分解为元素(功能或部件)来研究系统的过程,以获得对系统更好的理解,并了解元素之间的关联。

系统分析意味着可以通过将系统分解为各个组成部分,并通过仔细的单独研究每个子系统和它们之间的接口,来充分获得有关系统的所有知识。只有当系统符合牛顿-笛卡儿范式时,才能对这个系统进行充分的分析。

在风险评估的背景下,分析可用来识别系统的薄弱点,并确定系统存在的风险。系统可以是现有系统或新提出的系统概念。通常是基于系统模型进行分析。本书稍后将详细介绍几种模型与分析方法。

对现有系统的系统分析可以看作一项逆向工程,旨在了解系统的构建方式和功能,来对其进行改进。对于新的尖端产品,竞争对手有可能会使用逆向工程意义上的分析来学习和"窃取"新技术。

系统分析之后可以进行它的反向过程:合成。

对于"合成"的定义如下。

定义 4.10(合成):系统性地对元素进行整合从而形成一个整体(即一个系统)。

分析和合成的过程如图 4.5 所示。

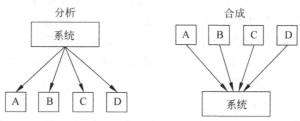

图 4.5 分析与合成的过程

4.5 复杂性

最近有关风险和可靠性分析的书籍都涉及"复杂系统",但是(几乎)没有一部书定义了"复杂"一词的含义。根据我们的理解,可以将系统分为三类:

简单系统(simple systems):一个简单的系统易于理解,能够按照已定义的流程或算法进行分析。大多数的简单系统只有数量很少的组件。简单系统符合牛顿-笛卡儿范式。

繁琐系统(complicated systems)繁琐系统有大量的组件,各组件间具有一定的关联性和相互依赖性。通过运用已有的知识(如咨询相关的专家),我们能够了解相关的系统属性并对其进行分析。组件间的关系能够简化为清晰、可预测的交互关系。繁琐系统可以分解,并符合牛顿-笛卡儿范式。繁琐系统的示例包括飞机和计算机。

复杂系统(complex systems)。在复杂系统中,即使运用所有已有的知识,也无法完全理解某些组件的行为或它们之间的交互。复杂系统的性能无法通过线性关系来进行充分预测。使用传统的方法无法充分理解和分析复杂系统,因为该系统不仅仅是其组成部分的总和。复杂系统不能在不失去某些特性的情况下进行分解,并且不符合牛顿-笛卡儿范式的要求。有一些作者将复杂系统单纯地定义为不符合牛顿-笛卡儿范式的系统。

"复杂性"这个词可有如下定义。

定义 4.11(复杂性):复杂性是科学理论中的一种系统属性,即某些系统所表现出来的行为现象无法完全通过常规的组件分析来解释。

亚里士多德(Aristotle,前 384—前 322)曾经提出的说法就隐喻了复杂性:整体大于部分之和。

正如 Leveson(1995)所指出的,复杂性给风险分析带来了很多的挑战。

许多新型的危害都与我们正在构建的系统中日益增加的复杂性有关。复杂性不仅能造成新的危害,而且使得识别已有危害的困难度大大增加。

系统中不断增加的信息与通信技术的集成和不断扩展的数字基础设施,是造成系统复杂性的重要因素。Grøtan 等(2011)对这个问题进行了进一步的讨论。通常,系统并未刻意被设计或建造成复杂系统,而是更改、耦合和(或)紧急属性,使系统变得愈发复杂。

涌现属性(emergent properties)有如下定义。

定义 4.12(涌现属性):系统所具有的不能简单地通过低层次的个体演绎出来的属性。

涌现属性是系统作为一个整体所具有的属性,不能用系统中个体的属性来解释。即使我们了解了每一个个体的属性,也不能改变这个现象。只有当个体构成一个系统的时候,我们才能观察到和估量涌现属性。一个具有涌现属性的系统是不确定的,即使输入相同,输出也可能完全不同。一个常见的具有涌现属性的例子是盐(氯化钠)。钠和氯单独来看都是有毒的,但它们合成盐(氯化钠)后,却变成了我们每天饮食的一部分。这完全不可能从钠和氯的属性演绎出来。

很多系统都具有涌现属性。比如化学系统中,我们经常能够观察到整体的力量大于部分之和。许多社会技术系统都有涌现属性,因此,几乎不可能完全充分地对其进行分析。

4.6　思考题

(1)"黑箱"分析是什么意思?请举例说明。

(2)如果你要对一台咖啡机进行风险分析,它是个技术系统还是社会技术系统?如果是社会技术系统,那么它的非技术方面有哪些?

(3)列举一些我们在进行风险分析的时候可以认为是技术(人造)系统却非社会技术系统的例子。

(4)将汽车渡轮和汽车横穿水域作为一个系统。该系统还包括两端的码头。请用两种不同的方式建立系统的分解结构:基于系统的物理部件和系统的功能/流程。这两种不同的方式会导致风险分析结果的不同吗?

(5)请定义思考题(2)中所描述的咖啡机的研究范围。什么是系统的外部输入和输出?如果研究范围改变了,风险分析的结果会改变吗?

(6)请定义思考题(2)中所描述的咖啡机的操作环境。

(7)请解释复杂系统,并写下使系统复杂化的 5 个属性。

(8)请重新考虑习题(4)中所描述的汽车渡轮系统。请举出 2 个涌现属性的例子,并讨论造成这些属性的原因。

(9)请考虑一辆普通的自行车,并建立系统分解结构。接下来,请考虑在正常使用条件下自行车的稳定性。请解释:能够从自行车部件的属性,推演出自行车的稳定性这一属性吗?稳定性可以被称为涌现属性吗?

参考文献

von Bertalanffy, L. (1968). *General System Teory: Foundations, Development, Applications*. New York: George Braziller Inc.

Grøtan, T. O., Størseth, F., and Albrechtsen, E. (2011). Scientific foundations of addressing risk in complex and dynamic environments. *Reliability Engineering & System Safety* 96: 706-712.

ISO 12100 (2010). *Safety of machinery-general principles for design: risk assessment and risk reduction*, International standard ISO 12100. Geneva: International Organization for Standardization.

Leveson, N. (1995). *Software. System Safety and Computers: A Guide to Preventing Accidents and Losses Caused by Technology*. Reading, MA: Addison-Wesley.

第 5 章

接受风险

5.1 简介

风险分析的结果多用于支持决策。多数情况下,决策涉及是否应降低风险。在理想的世界中,我们可以辩称这种决策完全没有必要,我们应该彻底避免风险。而在现实生活中,彻底避免风险是不可能的,一方面是成本原因,另一方面是出于实际原因。我们需要接受的事实是,并不是所有的风险都能被规避掉。我们面对的实际问题是,究竟该规避多少风险?必须要在规避全部风险和有限的实际资源之间找到平衡。风险接受准则(risk acceptance criteria,RAC)就是来帮我们决定这种平衡该是什么样的。

许多人并不喜欢"可接受风险"和"风险认可"这两个术语,因为"接受"便意味着"同意"或"赞成"。而且他们不想留下一种印象:风险是可以被无条件接受的(CCPS,2009)。这些人更倾向使用"可承受风险",因为这个术语明确地表示,风险是可以应对的,是可以承受的。或者说人们可以承受风险,但并不接受它。然而在本书中,我们还是选择采用风险接受准则这个使用更加普遍的术语。

铁路安全准则(EU,2016)使用了共同安全目标(common safety targets,CSTs)这个术语。此准则指出,"CST 可以用风险接受准则来表示"。

5.2 风险接受准则

NS 5814(2008)指出,"风险分析的结果必须和风险接受准则进行比较",并要求在进行风险分析之前首先要建立风险接受准则。

定义 5.1(风险接受准则,RAC):用作可接受风险决策依据的标准(挪威国家标准 NS 5814,2008)。

风险接受准则可以是定性的或定量的。有些标准和指南认为,无论是否有数值化的定量风险接受准则,定性的原则都是十分重要的(如参见 NSW,2011)。定性的风险接受准则的示例如下：

(1) 所有可规避的风险都应规避。
(2) 在可行的情况下应尽可能地降低风险。
(3) 进一步的发展不应构成任何增量风险。
(4) 任何单个组件故障都不应导致严重后果。

这里所规定的一些准则并不十分精确。什么是"可规避风险"？什么是"可行的"降低风险？对这些术语的定义没有进一步的指导，决策者的解读便会千差万别。从原则上来说，大部分的情况都是"可避免的"，"可行的"对不同人来说意义也不同。可以观察到，这里的一些标准更适用于设计目的。第三个和最后一个标准都是直接针对技术系统的。

风险接受准则可基于官方的要求、标准、经验、理论知识和规范。在特定的情境下，"可接受的"风险级别取决于很多因素，包括我们从这些存在风险的活动中所能得到的利益，以及接受风险是否是自愿。NS 5814(2008)定义可接受风险如下。

定义 5.2（可接受风险）：在某一特定的基于社会和企业当前价值的背景下可接受的风险。

这个定义清晰地表示出可接受风险与其特定的环境密切相关。这表示风险并不是可以被无条件接受。在某一背景下可接受的风险在其他的背景下可能并不会被接受。而且，它的前提条件是当前的价值，而这些价值可能随时间而变化。

Fischhoff 等(1981)在其开创性著作中指出，没有风险可以在孤立的环境下或在普适性意义下被接受。因此，我们谈论可接受风险是有误导性的，使用可接受的选择这个词汇更为贴切。一个选项的可接受性代表了对其相关的全部风险、成本和利益的一个权衡。这些因素的吸引力取决于其他的选项、价值和决策过程中检验过的真实情况。因此，在可接受风险这个问题上，具有最小风险的选项不一定是最被接受的选项。Fischhoff 等(1981)的观点如下：

> 有关可接受风险的问题实际上是决策问题。他们需要在不同选项中做出选择。这个选择取决于价值、信念和其他因素。因此，没有一个单一的、通用的数字可以表示一个社会可以接受的风险……

案例 5.1（选择具有最高风险的选项）：在许多决策中，我们其实只考虑两个选项，做与不做。在北海，开发油气钻井平台过程中可能会发生的油气泄漏，给在平台上的工作人员和周围的环境带来了风险。最安全的选项自然是不开发这些钻井平台，但是政府多次决定开发新油田。背后的原因显而易见：有巨大的利益。因此，我们所能接受的是以承受一定的风险为代价来获取一定的利益。

案例 5.2（核电站的风险接受准则）：在核电行业，人们一直致力于建立定量的风险接受准则。如下的项目曾被建议作为设定定量标准的参考（如参照 Cameron 和 Willers，2001；CNCS，2009）。

(1) 对公众的整体风险。
(2) 对个人的风险。

(3) 可能导致辐射物质泄漏,要求当地居民临时疏散的所有事件发生频率的总和,称为小规模泄漏频率(small release frequency, SRF)。

(4) 可能导致辐射物质泄漏,要求当地居民长期搬迁的所有事件发生频率的总和,称为大规模泄漏频率(large release frequency, LRF)。

(5) 容器发生故障的条件概率(堆芯受损坏的前提下)。

(6) 导致严重堆芯退化的所有事件频率的总和,称为堆芯损坏频率(core damage frequency, CDF)。

(7) 某一特定事故序列的概率。

(8) 单一安全系统的可靠性。

例如,新的核电站的定量标准如下(CNCS, 2009):

$$CDF \leq 1 \times 10^{-5}/(堆 \cdot 年)$$
$$SRF \leq 1 \times 10^{-5}/(堆 \cdot 年)$$
$$LRF \leq 1 \times 10^{-5}/(堆 \cdot 年)$$

到目前为止,业界对这些数值还没有完全达成共识。Fischhoff 等(1981)认为,可能永远无法完全定义可以通用的数值。

请注意,案例 5.2 中定量的标准并不是风险标准,而是概率标准,它给出的是发生某事件概率的限值。这些标准对于某些后果很严重的事件尤其适用。

案例 5.3(远洋作业平台的风险接受准则):自 1985 年起,挪威海洋油气行业开始启用定量风险接受准则。挪威法规规定,石油公司需要自行确定标准,因此,标准和风险级别各不相同。各个石油公司正在或曾经使用过的标准如下。

(1) 平台工作人员的最高年均死亡概率;

(2) 高风险小组中工作人员的最高年均死亡概率。作业平台上的工作小组一般分为两类,即高风险小组(如钻井组)和低风险小组(如行政人员);

(3) 各个种类的事故(风险从高到低)的最高年均事故发生率,通常用 FN 曲线来表示(参见第 6 章);

(4) 丧失主要安全功能(main safety functions, MSFs)的最高频率。MSFs 是在严重事故(如火灾)发生时确保人员和设施安全的关键功能。MSFs 的例子:"工作人员在被撤离前,可暂时停留的安全地带。"我们将在第 6 章详细阐述 MSFs。

5.2.1 可接受与可承受

在本章前面的内容当中,我们提到引进可接受风险的概念是为了平衡理想中的零风险和实际可用资源的限制。而在实际生活中,我们希望用接受风险的代价来换取一定的利益,这深深地影响了这种平衡。通常我们会为了获得高利益而自愿接受高风险。比如说,工人会为了收入而接受工厂带来的风险。而他的邻居,则完全无法接受这种风险,因为对他来说没有任何的利益可言。还有更复杂的情况,比如一个社区可能会决定接受某种风险,因为它能给当地带来巨大的利益(如就业、税收等)。那么谁是合法的决策者呢?对于一个管理者来说,接受某种无需身处的风险很容易。但对于需要面对此种风险带来的生命威胁的工人或者邻居来说,则是另外一回事了。

为了强调可接受风险问题的复杂性,英国健康与安全执行委员会(HSE,2001)区分了可承受风险和可接受风险的概念:

……"可承受"并不代表"可接受"。前者所指的是,社会作为一个整体,为了确保某种利益而心甘情愿冒险。这种意愿是建立在冒险是值得的并且风险能够被适当管控的信心基础上。这并不意味着对每个人来说,风险都是可接受的,而是每个人都同意毫无保留的主动或被动地承担风险。

基于以上差异,英国的法规采用了三种风险概念:不可接受的、可承受的和广义可接受的(HSE,2001)。

(1) 除非在极其特殊的情况下(如战争),无论利益如何,都不能允许那些风险级别无法被接受的活动。这样的活动必须被严令禁止,或必须不计代价地降低其风险。

(2) 风险级别可承受的活动是可承受的,以确保一定的利益。

(3) 广义可接受的风险等级代表着风险等级无关紧要,无须额外的措施来降低风险。

英国皇家协会(1992)向公众解释了一个类似的风险概念框架。当超过建议值 $0.0001/(次·年^{-1})$ 时,风险便被认定为不可承受的,必须即刻不计代价地采取措施,即便是人们认定可获取等价的利益。公众普遍可接受风险的建议值为 $0.000\,001/(次·年^{-1})$。介于两个级别之间的风险为可承受但不可忽视的,而且必须在可行的情况下尽可能将风险降为最低。而低于公众普遍能接受的建议值,风险则可忽略不计,雇佣方无须采取任何措施。

GEMET[①] 的环境词库定义"可接受的风险级别"如下。

定义 5.3(可接受的风险级别):风险级别被认定为是利大于弊,或是造成不良影响的程度最低。

这一定义从本质上指出,如果所得利益足够大,那么能够被接受的风险其实并没有上限。这一观点和某些作者是一致的(参见 5.5 节)。

5.2.2 生命的价值

决定人生命的价值,本身就富有争议,很多人对此很反感并且认为这是一项不道德的工作。但是,为了能够在取得的收益、对人的伤害、降低风险的成本以及其他类型的风险之间权衡,我们有的时候还是要迫不得已使用货币单位对人员遇难和受伤的情况进行量化。

所有的人都要承担风险,但是有一些风险可以用时间或者金钱来规避,也就是常言所说的破财免灾。如果我们采取花钱的方式来降低风险,无论我们愿意与否,都是在风险降低措施的成本和收益(比如死亡率降低)之间做权衡。我们可以使用"每起死亡的成本(美元)"衡量投入成本对死亡概率的影响(Ashenfelter,2005)。

我们引入了统计生命(statistical life)这个词汇,不仅是因为成本收益分析会涉及拯救生命的概率,更是因为我们希望考虑的是"一般"人员的生命,也就是从人群中随机抽取

---

① https://www.eea.europa.eu/help/glossary/gemet-environmental-thesaurus.

的人员。我们之所以强调"一般"人员,是因为对大多数人来说,人和人的生命价值存在巨大差异。如果我们考虑的是自己或者家人,那么我们总会认为他们生命的价值要高于那些不认识的人。

假设决策者需要考虑实施一项风险降低措施,这项措施需要额外的投资 Δc。风险分析显示,该措施可以将死亡的概率降低 Δp。如果决策者在进行评估之后,决定投资 Δc 来降低 Δp 大小的风险,那么成本收益因子 $v = \Delta c / \Delta p$ 就可以用来推导出统计生命的价值(value of a statistical life, VSL)。显然,VSL 不是一个常数,它的取值会取决于死亡概率 p、总体投资额以及死亡事件对公司声誉的影响等很多方面。

目前,存在关于统计生命价值的大量研究,在不同的研究中使用了不同的 VSL 值。VSL 的值一般介于 100 万~1500 万美元。

需要注意的是,VSL 并不能等同于"生命的价值(价格)",后者指任何人愿意接受的用自己生命换取的经济补偿。实际上,VSL 衡量的是公司或者大众希望付出多少成本去进一步降低已经很低的残余风险。因此,VSL 是公司或者社会价值观的一种衡量指标。

其他替代概念:有时候人们还会用到以下一些概念。

(1) 社会支付意愿。在 Pandey 和 Nathwani 于 2004 年撰写的论文中,作者对这一概念有更为详细的描述,作者还提出应该在我们支付意愿的评估中加入生命质量的指标。

(2) 规避(或者避免)个体死亡的价值(value of averting (or preventing) a fatality, VAF)。这是一种总体的意愿,体现人们是否愿意为降低一点点个人死亡风险而买单。

(3) 避免死亡的隐含成本(implied cost of averting a fatality, ICAF)。国际海事组织(International Maritime Organization, IMO)使用 ICAF 作为一种决策规则:

$$\text{ICAF} = \frac{\text{采取措施每年的净成本}}{\text{年死亡率降低的程度}} \tag{5.1}$$

(4) 避免死亡的净成本(net cost of averting a fatality, NCAF)。这个指标考虑了风险降低措施的经济收益。经济收益(或者风险降低)可能也包括减少污染带来的经济价值。

$$\text{NCAF} = \frac{\Delta \text{成本} - \Delta \text{经济收益}}{\Delta \text{风险}} \tag{5.2}$$

5.2.3 平等、效益和技术

英国健康与安全执行委员会(HSE,2001)提出了建立人员可接受风险准则的三个"单纯"原则。这三大原则为平等、效益和技术。具体描述如下:

5.2.3.1 平等原则

平等原则基于的假设是:每个人都应该有伤亡最低保护。这不代表每个人都是被"平等"对待的,但在实际生活中,这意味着没有人应该暴露于一定的风险之中。要使用平等原则,则要建立个人的最大风险级别,这个级别便是我们的接受准则。这表示,如果风险高于最大值,必须不计成本地采取措施来降低风险。平等原则主要关注的是个人。

5.2.3.2 效益原则

效益原则是从另一个角度来看待可接受的风险。它的假设是，只有有限的社会资源可以用来降低风险，尽管资源的多少取决于承担风险所带来的利益。而正是因为我们资源有限，效益原则指的是要用这些有限资源实现利益最大化，也就是要最大程度地降低风险。这种方法所带来的影响是，即使某些个人或全体被暴露在高风险下，效益原则始终坚持要将优先权给某些低风险的人，因为要降低这些人的风险成本更为低廉。效益原则主要关注的是可用资源的最大化利用。

5.2.3.3 技术原则

以上两个原则从不同的两个角度来直接强调风险，而技术原则并非直接地强调风险问题。这个原则的假设是：我们的周围充斥着社会已接受的技术。这意味着，这些技术的风险已被接受无须评估。按照这个原则，只要我们使用的是社会已接受的技术，那么风险水平就应该是可接受的。在很多方面，通过标准和指南来管理风险其实就是在暗中使用技术原则。有时，我们会使用术语"最佳可用技术"（best available technology）。我们再一次看到了技术原则与其他两种原则的不同。技术原则并没有保证所有的人员都处于一定的风险之下，因为各种技术的安全性存在着很大的差异。技术原则也没有确保我们能够从使用的资源中得到最大的效益，因为各个行业技术的开发和相关的成本也存在着巨大的差异。

5.3 建立风险接受准则的方法

目前已开发出多种建立风险接受准则的方法。我们将会简要介绍一些最常用的方法。

5.3.1 ALARP 原则

ALARP 起源于英国的一起诉讼案（英国上诉法院，1949）。案件涉及煤矿上方坍塌致死事件，丧失了家人的家庭将国家煤炭部告上了法庭要求相关赔偿。其中一个法官声称：

"合理可行"是比"物理上可行"更为狭义的术语，在我看来，煤矿主必须要做一定的计算，风险在一端，而为避免风险采取必要措施所付出的代价（无论是金钱、时间或者麻烦）为另一端。如果发生失衡（与付出的代价相比，风险是微不足道的），被告人就可以免除他们的责任。

进一步解读的话，这句话从本质上揭示了我们需要比较风险本身和降低风险的成本。如果成本与我们能够获得的收益相比过高，就不需要降低风险。这是 ALARP 原则的核心。

ALARP 是英语"as low as reasonably practicable"（在合理可行的范围内尽量低）的缩写，也是广泛应用的风险接受原则[①] ALARP 原则主要由两部分组成：

---

① 在 GB/T 45001—2020《职业健康安全管理体系要求及使用指南》中，ALARP 被称为"最低合理可行原则"。在实际使用中，有时候人们也称 ALARP 为"二拉平"原则。——译者注

(1) 提供了一个分析风险的框架(如决定是否要降低风险),对风险承受能力进行明确的描述和分析。

(2) 确定风险降低措施的成本与其可以产生的收益是否成比例,进而确定是否执行这一措施。

在使用 ALARP 原则的时候,风险被划分为三个等级,如图 5.1 所示(HSE,2001):

(1) 不可接受区域,在这里除了特殊情况之外,风险都是无法承受的,必须采取降低风险的措施。

(2) 中间区域,也就是 ALARP 区域,在这里最好采取降低风险的措施,但是如果成本和收益比例失衡的话,也可以不采取行动。

(3) 基本可接受区域,在这里不需要采取进一步降低风险的措施。当风险处于这个级别的时候,进一步从经济上考虑降低风险是不划算的,与其在这里花费大量资源,不如考虑降低别处的风险。

因此我们必须明确两个风险边界:风险上限(介于不可接受区域和 ALARP 区域之间),在此边界以上,无论有什么理由,这些风险都是不能容忍的;风险下限(介于 ALARP 区域和基本可接受区域之间),在此边界以下,基本上认为风险是可以接受的。

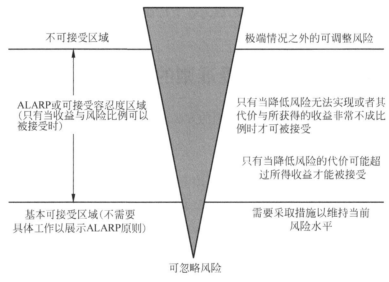

图 5.1　ALARP 原则

如果我们回顾风险接受的三大原则,ALARP 兼顾了所有的三点。

(1) 平等原则是通过风险不可接受的上限来实现;

(2) 效益原则是通过 ALARP 区域来实现,即如果降低风险的成本过高,风险也是可接受的;

(3) 技术原则实际上则体现在 ALARP 区域,因为当决定了必要和非必要措施后,人们期望可以通过最佳的实践方法来实现。

ALARP 原则最早用于衡量英国核电站的风险承受度(HSE,1992),后来用于英国健康与安全执行委员会负责的其他领域(HSE,2001)。

ALARP 主要与人身安全的风险有关。因此,图 5.1 中的纵轴是个体风险的量度,比如 AIR。表 5.1 列出了英国健康与安全执行委员会定义的 AIR 值的上限和下限。

表 5.1 英国 ALARP 范围

界限	年均概率		针对对象
上限	1/1000	10^{-3}	工作人员
	1/10 000	10^{-4}	社会大众(对于现有的工厂)
	1/100 000	10^{-5}	社会大众(对于新建工厂)
下限	1/1000 000	10^{-6}	社会大众

通常情况下,风险都是在 ALARP 区域,而处于这个区域的风险必须要降低到 ALARP 的水平。那么 ALARP 中的"合理可行性"是如何定义的呢?我们需要额外的指导。ALARP 中的第一要素是除非有很好的理由,必须要实施降低风险的措施。这意味着,如果没有特别的证据表明风险降低措施不可行,那么这些措施必须被执行。ALARP 还有以下其他重要的方面。

(1) 在决定采取何种降低风险的措施时,要参照既有的实践经验。这是因为,如果该措施是常规做法,那么该措施不可行(由于成本或其他原因)的理由则不会被采纳。

(2) 用系统化方法确定减少风险的可能措施。这需要对事故场景以及如何预防和减轻影响有很好的理解。

(3) 危险事件的严重程度。事件越严重,就越期望降低其风险。

(4) 危险事件相关的知识以及预防或减轻影响的方法的实用性和适用性。需要考虑措施实际实施起来是否会非常困难。

(5) 预防危险事件或降低其影响的成本。

在实际使用 ALARP 原则的时候,人们趋向于关注上述几个方面中的最后一点以及性价比分析,来支持需要降低风险与否。然而其他几点清晰地表明,成本收益评估不能作为决策的唯一标准,我们还需要考虑其他的方面。

ALARP 原则意味着可采用性价比(成本-收益)方法来确定"可行性"级别。在 ALARP 区域,"严重比例失衡"是需要考虑的一个核心问题,如果措施的成本与取得的收益之间没有出现严重不成比例的情况,那么这一降低成本的措施就可以实行。比例失衡因子 d 可以根据以下公式计算:

$$d = \frac{\text{风险降低措施的成本}}{\text{风险降低的收益}} \tag{5.3}$$

风险降低措施的成本,是对总成本的估计值,涵盖购买、安装、培训等多个方面,还包括与系统运营相关的成本,如因为降低产能而产生损失的潜在成本。如果产能降低对决定是否实施降低风险的措施有巨大的影响,那么公司就需要证明即便是将某些工作调整到计划停产时间(比如维护期间),也不会改变这个平衡。在公司层面进行成本预估时,通常会采用社会看待成本的视角。一个公司的事故成本通常是由保险公司来负担(至少一部分)。还有其他降低净成本的方式。如果从社会的层面来看,上述的问题并不存在,因为保险仅仅是将一方需要自行承担的成本重新分配给了多方。

实施风险降低措施的收益,是通过减少受伤和死亡而节约的"成本"的估计值(由VSL来表示),也包括可能降低的资源消耗和提升的系统产能。

在评估比例失衡的时候,首先需要确定失衡的限度 d_0。如果通过式(5.3)计算得到的实际失衡因子 $d<d_0$,可以实施这项风险降低措施;反之,如果 $d>d_0$,该措施就不应被采用。举例来说,失衡限度 $d_0=3$ 意味着如果消耗的成本超过收益的3倍,则此措施将不予实施。现在,d_0 的取值并没有一个严格的权威的规定,但是对于高风险情况下的 d_0 的取值,应该比低风险情况下的值更高,这样是比较合理的(HSE,2001)。

性价比方法的挑战在于不仅要用货币来表示成本,而且要用货币来表示风险降低带来的效益。要为人的生命赋予一个价值,这一直都是一个高度敏感的问题。为了指导决策,一些公司在对待人的生命的时候实际上有一些内部规则。还有一种衡量人生命价值的方法,就是计算任何风险降低措施的性价比,挖掘任何明显不合理的情况。如果生命的价值没有量化,就无法合理地分配那些价值已经量化的资源,也就无法制定和实施相应措施来保护生命安全。我们还需要计算其他的后果,如对环境的破坏和成本。我们在处理溢油时使用的清理成本,并不能反映出溢油对受影响物种的不可逆转的损害。

比较成本和收益的问题在于,成本是确定的,而收益却是概率性的。要实施降低风险的措施就一定有相应的成本,所得的收益是降低的事故发生率或者减轻的事故发生后果。通常来讲,事故发生的概率很低(无论实施各个风险措施与否),所以收益只是可能存在。

性价比评估的另一方面是使用了成本和收益的折现。在金融计算上,这是一种常用的方法,意味着将来的成本与收益低于现在的成本与收益。性价比评估有时会使用这样的方法,但不一定每次都会用到。因为这个方法有人支持也有人反对,不过也许最富争议的部分,是事故发生在现在,还是发生在将来。假设我们已知某事故一定会发生,但我们可以选择是一年后,还是十年后,毫无争议的,任何人都会选择后者。从这方面来讲,我们可以说,未来事故的"成本"低于当前的事故成本,因此,未来的风险是相当于折现的。

总而言之,ALARP 原则说明,必须要利用一定的资金将风险降低到合理可行范围内的低水平,并且只要相应成本没有达到"严重比例失衡",则风险不可忽略且资金要持续投入。如果不需投入过多的成本和精力就可以进一步降低风险的"可承受"级别,那么就应该推动这些工作。与此同时,ALARP 原则也认识到并不是所有的风险都可以消除。因为有时候,要采取进一步行动降低风险或者识别出事故原因都是不现实的,总会有一些残余风险存在。

注释 5.1(SFAIRP):在英国《工作健康与安全条例》和其他的一些法规中,SFAIRP 一词常用来代替 ALARP。实际上,这两个概念非常相似,经常可以互换。SFAIRP 是英语"so far as is reasonably practicable"(到现在为止合理可行)的缩写。

5.3.2　ALARA 原则

ALARA 是英语"as low as reasonably achievable"(可合理达到的情况下尽量低)的缩写,它是荷兰采用的风险接受框架。ALARA 在概念上与 ALARP 类似,但是并没有包括广泛可接受区域。直到1993年,荷兰的政策中一直都包括可忽略风险这一类别。但是最终,这种分类方式被摒弃了,因为它要求只要合理,就应该尽可能降低风险(Bottelberghs, 2000)。在实际操作当中,人们对 ALARA 还是有着一些不同理解方式。根据 Ale(2005) 的研究,荷兰的企业通常的关注点只是不要超过上限,而不是在可行的情况下采取进一步的措施。从另外一方面来讲,ALARA 的不可接受区域要比 ALARP 更加严格,并且风险级别通常都是在相同的区域内。

5.3.3 GAMAB 原则

GAMAB 是法语"globalement au moins aussi bon"的缩写,意思是"整体上至少是好的"。该原则假设可以接受的解决方案已经存在,任何新的方案都应该至少跟现有方案同样有效。"整体"这个词在这里非常重要,因为它提供了妥协的空间。如果有措施在其他方面进行了过度补偿,个体的某些方面情况则可能会变得更糟。

法国在交通系统的决策中使用 GAMAB 原则,在这里新系统需要提供在整体上与现有等效系统一致的风险级别。铁路可靠性标准 EN 50126(1999)写入了这项准则。GAMAB 最近的一个变体是 GAME,它将要求转化为"至少等效"。

GAMAB 是一项基于技术的准则,将现有技术作为参考值。使用这一原则,决策者不需要去设定风险接受准则,因为已经给定了现在的风险级别(可参阅 Johansen,2010)。

5.3.4 MEM 原则

德国的 MEM 是"minimum endogenous mortality"(最低内源性死亡率)的缩写,它将由"科技原因"(如运动、工作、交通)导致死亡的概率作为风险可接受参考级别。MEM 原则要求任何新的或者改造的科技系统,都不能引起个人风险的显著升高(Schäbe, 2001)。MEM 的理论依据是不同年龄人群的死亡率不同,同时它还假设有一定比例的死亡事件是由科技系统引起的(Nordland,2001)。

内源性死亡是指由于内部或自然原因引起的死亡。与之相反,外源性死亡则是由于外部事故的影响引起的。内源性死亡率是特定人群在特定时间由于内在原因引起的死亡率。5~15 岁年龄儿童的内源性死亡率是最低的,在西方国家这一数字是平均每年每人 2×10^{-4}(EN 50126,1999)。这意味着,在 5000 个孩子当中平均每年会有一个孩子死亡。MEM 准则把这个比例作为基准参考值,要求任何科技系统都不可以显著提升风险水平。

根据铁路标准 EN 50126(1999),MEM 中提到的这种"显著提升"为 5%。这个数值是基于人们会暴露在 20 种不同类型科技系统下的假设进行的。准则中提到的技术系统包括交通技术、能源生产、化学工业以及休闲活动等。假设在最低内源性死亡率的框架内总体科技风险是可以接受的,那么对于每一个技术系统来说,

$$\Delta \text{IPRA} \leqslant \text{MEM} \times 5\% = 1 \times 10^{-5} \tag{5.4}$$

如果有单一科技系统将 MEM 中的个人风险值提升超过 5%,它就会带来无法接受的风险。需要强调的是,MEM 原则关注的是任何个体的风险,而不仅仅是提供参考值的同一年龄的人群的风险。与 ALARP 和 GAMAB 不同,MEM 是一个从最低内源性死亡率推导得到的通用定量风险接受准则。

MEM 原则主要以技术原则为基础,因为接受标准和已存风险级别相关。

5.3.5 社会风险准则

在 2001 年,英国健康与安全执行委员会发表了名为《降低风险,保护人民》的报告,报告提出了社会风险准则,指出对于任何一座工业设施来说,"如果存在风险可能造成 50 人或者 50 人以上死亡的事故,并且事故发生频率预计高于每年 1/5000,那么这种风险就是无法承受的"。这是第一次有机构公开发布这种类型的标准。

5.3.6 预防原则

预防原则与本章描述的其他方法不同。之前提到的各种方法都是基于风险(risk-based)的,也就是说风险管理依赖于对概率和潜在伤害的量化评估(Klinke 和 Renn,2002)。恰恰相反,基于预防(precaution-based)的策略是来处理不确定或者高度脆弱的情况。这种基于预防的方法,不会对任何定量标准与所评估的风险级别进行比较。风险的可接受度是潜在后果的严重度与预防措施投入的比例。

联合国于 1992 年在《里约宣言》的第 15 条首次给出了预防原则的定义:

定义 5.4(预防原则):当存在严重或者不可逆的损害时,缺乏足够的科学根据不能成为拖延采取有效行动去阻止情况恶化的借口。

对于下列情况,需要采取预防原则。

(1) 有充分的理由相信人、动物、植物或者环境会受到伤害。

(2) 从科学的角度上来讲,相关后果和发生频率都存在着不确定性,因此没有十足的把握可以正确评估风险作为决策依据。

举例来说,当我们有理由相信工厂改造会对现有的居民产生有害影响,但缺乏对有关危害与其后果之间关系的了解,这时候使用预防原则就比较合适。与之相反的一个例子是远洋行业。因为我们已经充分了解各种危害及其后果,就可以采用传统的评估技术来谨慎评价风险。因此,预防原则并不适合远洋行业。

欧盟委员会针对何时以及如何使用预防原则给出了指导方针(EU,2000)。研究表明,尽管有统一的指导,实际的应用却千差万别(Garnett 和 Parsons,2017)。该方针似乎没有对何时该使用本原则做出详细的定义,并且有迹象表明,对破坏环境所需证据的要求要低于造成人员伤亡所需证据的要求。

案例 5.4(转基因物质的环境释放):欧盟法令 2001/18/EC(EU,2001)涉及向环境中释放转基因物质(genetically modified organisms,GMO)的问题。该指令规定,必须对转基因物质的环境释放可能会给人类健康和环境所带来的风险进行控制。因此,采取预防措施十分必要。法案的制定遵循预防原则,在实施过程中也要充分考虑该原则。而且,"在未经过令人满意的实地测试之前,严禁向市场投放转基因物质……"该法令没有对启动实地测试带来的危险迹象做出规定。实地实验必须通过所有欧盟成员的同意,这给了意图引进转基因产品的组织巨大的压力。而且,引进后需要严格的监管,这意味着如果有任何的欧盟成员不满意,则该转基因物质将被禁止使用。

5.4　人员以外其他资产的风险接受准则

上面的讨论主要是围绕对人类的风险。对其他类型的资产，则可能需要考虑其他因素。在此，我们对环境风险和经济风险这两个最重要的风险进行简要评述。

环境风险可接受标准是基于我们前面所讨论过的几种原则。ALARP原则被广泛采用，而且预防原则最早是为环境应用而开发的。ALARP的基本原理同样适用于对环境造成的影响，尽管"环境"这个词的范围极其广泛，包括各种脆弱资产，从自然美景到物种（动物、昆虫、鱼类、植物等），再到整个生态系统。比较这些并在一致的水平上评估风险显然具有挑战性。

经济方面的考虑通常很简单，在大多数情况下，风险是否可接受可以完全基于性价比分析。收益最高的选项通常是首选选项。在某些情况下，必须考虑最坏的情况。这是因为后果可能是灾难性的，某些事件可以直接导致公司破产。在这种情况下，纯粹基于成本收益分析所得到的可接受标准可能被改写。

5.5　结束语

科学界一直在讨论风险决策时使用的风险接受标准。其中，泰利·阿文（可参阅下列论文：Aven，2007；Aven和Vinnem，2005）就从理论和伦理两个角度对决策中使用风险可接受标准提出了质疑。他指出，评价风险接受度必须基于ALARP的框架，而不是无法处理风险、收益及改进之间关系的静态标准。考虑到我们从接受风险中获得的收益如此之大，我们可能有理由认为我们不需要一个具体的上限，而只需要权衡风险和利益。

Johansen（2010）选择了更加实用的方法。她建议在进行评价的时候，应该考虑风险可接受标准对决策者来说是否合理，以及标准是否会促进正确的决策。第一个问题是要考虑如何衡量风险，以及这些衡量方法能否对各个选项排序、提供确定并且准确的建议。第二个问题是要明确评价准则是如何制定出来的（如MEM和ALARP），了解它们是鼓励改进，还是保持现状并允许风险与其他一些因素进行平衡。作者建议，在实际工作中，我们应该将风险可接受标准作为标杆指南，而不是严格的限制条件。

5.6　思考题

(1) 可接受的风险取决于它所处环境以及它的价值。举例说明不同情况下我们所能接受的风险有何不同。为什么会存在这种不同？

(2) 在讨论远洋石油勘探的问题上，环境保护者和石油公司通常很难在既有风险以及哪些问题可以承受这些话题上达成一致。请列举出存在这种不同意见的原因。

(3) GAMAB和MEM原则的根本区别是什么？

(4) 请举例说明有哪些我们明知道危险却仍选择从事（因为有用）的活动。它们的风险和收益各是什么？

（5）在本章中我们讨论了风险可接受的三大原则：平等、效益和技术。如果我们只能选择其中的一个来建立风险可接受标准，你倾向于选择哪一个？请列出每一个选项的优缺点。

（6）经过风险分析，我们得到的风险值是年死亡人数为0.05。我们建议采用某一项风险降低措施，如果能够成功实施，那么风险可降低为年死亡人数0.04（降低20%）。此措施的成本100万美元，加上每年20万美元的运营费用。此措施的有效期为20年。VSL设为2500万美元。请进行成本收益分析，并指出此措施所带来的是正成本效益还是负成本效益。

（7）风险分析的结果存在着或多或少的不确定性。参照思考题（6），如果风险分析师得知，年死亡人数0.05存在不确定性，最可能的范围是在0.01～0.08。这种不确定性会给成本效益分析带来什么样的影响（假设风险仍被降低20%）？结果又对我们要做的决策意味着什么？

（8）预防原则是管理风险的一种方法，尤其是当我们对新技术的风险所知甚少时。如无人驾驶车辆和其他交通系统。如果我们采用严格的预防原则，那么会给这种新的技术带来什么影响？

（9）如果我们要引进一个全新的技术，如无人交通系统，GAMAB会是一个有用的判定风险是否可接受的准则吗？我们会愿意去接受同现有系统风险相当的新系统吗？请给出一些反例。

（10）请考虑一个系统开发的过程，假设你发现了一个特殊的风险因子，接下来我们继续假设在评估后，你决定忽略这个风险因子，不采取任何的措施。那么实际上，你是否已经接受了这个风险因子呢？

（11）有人希望开发一种新的杀虫剂，这种杀虫剂的成分包含未经实验的新的混合化学物质。请使用预防原则来讨论引进此杀虫剂的风险。请列出核准产品时监管人员需要提出的一系列问题。

（12）请列出GAMAB原则的优点和缺点。

（13）某公司采用了如下急性污染事件的可接受标准：在污染事件发生5年后，如果没有检测到污染的痕迹和带来的影响，那么，它是可接受的。请针对海洋急性污染事件对此原则进行讨论。

（14）我们需要定期运输某危险液体，并需要经过人口密集地区。请找出需要考虑的因素，以决定与此运输相关的风险是否可接受。

参考文献

Ale, B. J. M. (2005). Tolerable or acceptable: a comparison of risk regulation in the United Kingdom and in the Netherlands. *Risk Analysis* 25: 231-241.

Ashenfelter, O. (2005). Measuring value of a statistical life: Problems and prospects, *Working paper 505*. Princeton, NJ: Princeton University.

Aven, T. (2007). On the ethical justification for the use of risk acceptance criteria. *Risk Analysis* 27: 303-312.

Aven, T. and Vinnem, J. E. (2005). On the use of risk acceptance criteria in the offshore oil and gas industry. *Reliability Engineering & System Safety* 90: 15-24.

Bottelberghs, P. H. (2000). Risk analysis and safety policy developments in the Netherlands. *Journal of Hazardous Materials* 71: 59-84.

Cameron, R. F. and Willers, A. (2001). Use of risk assessment in the nuclear industry with specific reference to the Australian situation. *Reliability Engineering & System Safety* 74: 275-282.

CCPS(2009). *Guidelines for Developing Quantitative Safety Risk Criteria*. Hoboken, NJ: Wiley and Center for Chemical Process Safety, American Institute of Chemical Engineers.

CNCS(2009). *Guidance on the use of deterministic and probabilistic criteria in decision-making for class I nuclear facilities, Draft RD-152*. Ottawa, Canada: Canadian Nuclear Safety Commission.

Court of Appeal(1949). Edwards vs national coal board.

EN 50126 (1999). *Railway Applications: The Specification and Demonstration of Reliability, Availability, Maintainability and Safety(RAMS)*. Brussels: European Norm.

EU (2000). *Communication from the commission on the precautionary principle, Communication*. Brussels: Commission of the European Communities.

EU(2001). *Directive 2001/18/EC of the European Parliament and of the Council of 12th March 2001 on the deliberate release into the environment of genetically modified organisms*.

EU(2016). *Directive(EU) 2016/798 of the European Parliament and of the Council of 11 May 2106 on railway safety*.

Fischhoff, B., Lichtenstein, S., and Keeney, R. L. (1981). *Acceptable Risk*. Cambridge: Cambridge University Press.

Garnett, K. and Parsons, D. (2017). Multi-case review of the application of the precautionary principle in European Union law and case law. *Risk Analysis* 37(3): 502-516.

HSE(1992). *The Tolerability of Risk from Nuclear Power Stations*. London: HMSO.

HSE(2001). *Reducing Risks, Protecting People; HSE's Decision-Making Process*. Norwich: HMSO.

Johansen, I. L. (2010). *Foundations and Fallacies of Risk Acceptance Criteria*. ROSS report 201001. Trondheim, Norway: Norwegian University of Science and Technology.

Klinke, A. and Renn, O. (2002). A new approach to risk evaluation and management: risk-based, precaution-based, and discourse-based strategies. *Risk Analysis* 22(6), 1071-1094.

Nordland, O. (2001). When is risk acceptable? *Presentations at 19th International System Safety Conference*, Huntsville, AL.

NS 5814(2008). *Requirements for Risk Assessment, Norwegian edn*. Oslo, Norway: Standard Norge.

NSW(2011). *Risk Criteria for Land Use Safety Planning: Hazardous Industry Planning Advisory Paper No. 4*. Technical report. Sydney, Australia: New South Wales, Department of Planning. ISBN: 978-0-73475-872-9.

Pandey, M. D. and Nathwani, J. S. (2004). Life quality index for the estimation of societal willingness-to-pay for safety. *Structural Safety* 26: 181-199.

Royal Society(1992). *Risk: Analysis, Perception and Management*. London: Report of a Royal Society study group, Royal Society.

Schäbe, H. (2001). Different approaches for determination of tolerable hazard rates. In: *Towards a Safer World(ESREL'01)*(ed. E. Zio, M. Demichela, and N. Piccinini). Turin, Italy: Politechico di Torino.

UN (1992). *Report of the United Nations Conference on Environment and Development, Rio Declaration on Environment and Development*. Tech. Rep. A/CONF.151/26/Rev. 1(Vol. 1). New York: United Nations.

第 6 章

测量风险

 ## 6.1 简介

进行风险分析通常是为了支持决策,如改造设备、分配风险以降低工作相关的开支、为危险性工厂选址等。这些决策都有个共同点,那就是我们要确定需要测量什么风险,并如何对测量的结果进行评估。如何测量风险,将会最终决定我们可以从风险分析中获得哪些信息,以及我们的结论是否有效。

本章将讨论如何量化风险。重点针对人员的风险,但也对其他资产的风险测量稍作评论。本章主要介绍用于表示定量风险的各种度量指标。

 ## 6.2 风险衡量

在第 2 章中曾提到,我们用"风险"来表述对未来可能发生的事情的不确定性。因为未来是不可知的,所以我们用风险衡量(risk metrics)这种概率性的术语来表述风险。一个风险衡量有两部分:

(1) 有关一个量值的明确定义与解释,用来提供风险水平的相关信息。

(2) 一个测量的方法与公式,当数据允许时用来决定量的数值。

风险衡量的定义如下。

定义 6.1(风险衡量):一个选定的量值,以及用来确定该量值的测量程序和方法,可以提供有关研究对象在将来某一特定情境下风险水平的信息。

风险衡量包括一个估值,当数据允许时被用于量化风险值,如案例 6.1 所示。

案例 6.1(车祸死亡人数):我们的目标是评估(未来)新路段的交通事故死亡频率 λ。为了定义风险衡量,我们必须要先澄清衡量的两个部分:第一部分需回答如下的问题。

(1) 频率的测量单位应该是每时间单位,每进入路段车辆,还是每行驶公里?

(2) 应考虑所有类型车辆,仅家庭用车,还是其他某种类型用车?

(3) 死亡人数只考虑坐在车里的人,还是也需要考虑第三方,如行人?
(4) 只考虑即刻死亡人数,还是包含重伤致死人数?
(5) 只考虑正常交通情况,还是也需要考虑极端天气和恐怖袭击?
(6) 是否需要考虑频率日复一日,或年复一年的趋势与波动?

第二部分包括要建立相关的步骤与公式,当数据可用时,来量化死亡频率。如果第一部分的结论是频率的平均值足以满足我们的要求,那么频率则可用观察到的死亡人数除以累计使用路段值(如时间、公里数等)。如果要考虑趋势与波动,那这个过程就要更复杂些。

基于某些数据,使用风险衡量得到的结果是"风险度量"(risk measure)。使用风险衡量来确定风险度量的过程如图 6.1 所示。Eusgeld 等(2008)提供了详尽的概率度量处理方法。

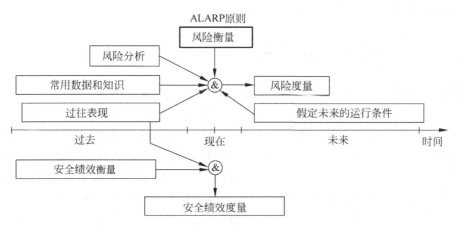

图 6.1　风险衡量与安全绩效指标的应用

风险评估始于确定研究对象。这些目标必须和信息资源一致,来进行决策。为了达成目标,必须指定一个或多个风险衡量。我们需要收集数据来量化风险衡量。多数情况下,使用哪个测量方案取决于可用的数据。数据收集得到了数据,和风险衡量一起,便得到了风险度量。风险度量可能是一个单一的数值,一组数值,或者是一个量化的方程。在研究目标的设计阶段,可采用来自其他类似系统的数据。在确定风险度量的时候,也需考虑预期的运营环境。

使用风险衡量的过程如图 6.1 所示,图中也标出了时间轴与信息源。预测在未来的运营环境的风险度量,通常是通过专家基于过往实绩(如果可循)、历史数据和相关知识的判断以及对未来运营环境的假设和风险分析。我们会在下面的章节中介绍几种常见的风险衡量以及示例,以对图 6.1 进行补充。

风险衡量可以用来比较关于研究对象的不同选项,并评估它们的(预期)风险。风险衡量和度量进一步被用来判断研究对象是否可被接受(参见第 5 章)。这就要求风险衡量的规格和测量方法必须清晰明确。

在 2.6.3 节中,我们将以往的安全等级称为安全绩效,相应的测量方案称为安全绩效衡量。

定义 6.2（安全绩效衡量）：一种量值（以及度量的步骤与方法）。当该量值应用于某一特定研究的记录的（即过往的）绩效数据时，可提供有关其过去的绩效信息。

安全绩效衡量是用来得到安全绩效度量（safety performance measure）的一种方案，安全绩效度量通常是一个数值。安全绩效度量多用于监控，即检查安全绩效是否平稳、升高或者降低，并且可用于和其他活动的比较。通常，我们每年都需要计算安全绩效度量，并且用线图或者柱状图的形式呈现出来。定义清晰的安全绩效衡量对风险衡量来说至关重要。我们要避免出现将梨和苹果相比较的情况。单一的风险衡量并不能代表完整风险的全部面貌。要透彻地理解风险，需要获取风险定义中的三个问题：会有什么问题发生？发生的可能性有多大？后果是什么？风险度量源于这些关键的信息，却只是这些信息的粗略总结（MacKenzie，2014）。了解这一点非常关键。并且，单一风险度量只能体现风险的一个维度（例如人员风险）。因此，单一风险度量绝不能作为对风险完全理解的唯一条件，但其始终可能对其他目的有帮助作用。

6.3 测量人员风险

我们可以从多个角度阐述关于人员的风险，主要包括以下两类：

第一类个人风险，定义为单个个体在特定时间段内所面对的风险（通常为 1 年）。通常情况下个人风险被定义为假设个体或统计个体，指这个人所处环境的风险类别与风险关系被预先确定或定义。假设个体可能是某一特定风险环境中暴露程度最高的个体，例如列车驾驶员，或者某些按照固定模式生活的个人。分析人员通常需要定义一定数量的假设个体来覆盖全部暴露人员，然而个人风险与暴露于风险中的人数无关。

第二类群体风险，指某人群所面对的集体风险。当普通民众暴露在风险之中时，群体风险也被称作社会风险。本书中提到的群体风险，既指某特定公司中的指定员工群体，也同时包括普通民众。群体风险通常由个人风险级别与经受风险的人数（即暴露在风险中的人口总数）组合而成。

对于个人而言，是不是只有他自己暴露在风险当中，或者是有其他多少人同样暴露在风险当中，这并不重要。从这个角度来说，个人风险对于个体要比群体风险更加可怕。但对于政府来说，需要优先调配资源以降低社会风险，因此群体风险更为相关。可能导致更多人数死亡的事故风险相较于导致死亡人数较少的事故风险，自然会被政府优先考虑。所以，个人风险与群体风险在不同决策中的相关性也由此而不同。

下文将描述几种由事故类型划分的个人与群体风险的度量指标。

6.3.1 潜在生命损失

潜在生命损失（the potential loss of life，PLL）是一种很常见的群体风险的度量指标，定义如下：

定义 6.3（潜在生命损失，PLL）：每年在指定区域内因特定活动而造成的事故中的死亡数量的预期值。

当使用 PLL 作为风险评估标准时，首先要定义目标对象，其中包括对象人群的划分。

如果区域是个工厂,我们的目标对象是什么?我们只考虑全职员工,还是也应该考虑从事服务工作的临时工,抑或还要考虑没有被工厂雇用的人?我们还需进一步定义死亡数是什么。是仅限于事故直接造成的死亡,还是也包括未达标准的工作环境导致的死亡人数?在铁路业,第三方人员自杀是一个反复出现的问题。在某些情况下,可能很难确定死亡是由事故造成的还是由自杀造成的。那么,问题就是在风险度量中应如何处理这些事件。

请注意,目标对象中的人数不是定义的一部分,也不是他们暴露于危险中的时间。因此,不可能使用 PLL 来比较不同人群中的风险。PLL 是最简单的风险度量之一。它没有区分单一事故造成 100 人死亡和 100 次事故每次造成 1 人死亡(从而累计造成 100 人死亡)两种情况的不同。尽管社会公众对于少见但是严重事故会产生强烈反应,而对于常见但是轻微事故的态度则非常冷淡,如果是单从 PLL 的数值来看,这项指标是无法反映出上述公众态度上的差别的(Hirst,1998)。在实践中,同样的情况也存在于许多仅通过一个数字来表达风险的风险度量。在一些文献中,PLL 也被称为年死亡率(annual fatality rate,AFR)。

6.3.1.1 特定人群的 PLL

PLL 常用来考虑特定人群,如公司的员工、列车乘客或者同一国家的居民。PLL 可用来计算由单个或者几个危害或事件造成的年死亡率。比如,在挪威居住的 25~40 岁人群中,每年死于交通事故的 PLL。

我们来看一个特定人群,这个人群暴露在可能导致死亡的危险事件 $A_1,A_2,\cdots,A_m$ 中。通过风险分析,我们得到这些事件的发生概率 $\lambda_1,\lambda_2,\cdots,\lambda_m[a^{-1}]$。假设 n 个人暴露在彼此独立的危险中。此外,假设人口中的任何一个人由于事件 A_i 致死的概率为 $p_i(i=1,2,\cdots,m)$。当 n,m,p_i 和 $\lambda_i(i=1,2,\cdots,m)$ 已知时,PLL 可由下式得出:

$$\text{PLL} = n\sum_{i=1}^{m}\lambda_i \cdot p_i \tag{6.1}$$

如附录 A 所示,危险事件 A_i 的数量可用齐次泊松过程 $Po(\lambda_i t)$ 来描述。A_i 在 $(0,t)$ 的平均数量值则为 $\lambda_i t$。由于危险是独立的,那么可以假设二项分布(见附录 A),则在 $(0,t)$ 由于事件 A_i 造成的死亡人数平均值为 $n\lambda_i t p_i$。如果有 m 个危害,并且因为考虑的时间是 1 年,所有的数量都是每年给出的,所以 $t=1$,则 t 可以省略,得到式(6.1)。

6.3.1.2 PLL 作为安全绩效指标

PLL 也可以作为历史安全绩效指标。安全绩效是预估的风险度量:

$$\text{PLL}^* = \text{指定人群(或者在指定区域)每年观察到的死亡人数} \tag{6.2}$$

请注意,我们用了 PLL^*,$(^*)$ 是来强调所用的是安全绩效指标,而不是风险度量。PLL^* 可以描述为年度的函数,用来监测安全水平的趋势。需要注意的是,PLL^* 通常是非常不稳定的估计值,因为重大事故对它的影响非常大。

案例 6.2(挪威某些职业的 PLL 值):挪威劳动监察局负责收集挪威境内所有与职业安全事故相关的数据,并将这些数据划分为不同的类别。根据数据,我们计算各个行业每年的 PLL^* 值。表 6.1 列出了从 2013 年到 2017 年一些行业的平均 PLL^* 值。

从数字上我们可以看出,挪威的建筑行业在选定的期间 PLL^* 的值最高。PLL 的一个特点是它并不考虑人群的大小。建筑工人的数量是农业工人的 3 倍多,因此即使建筑行业的死亡人数更多,每个农业工人所面临的风险却比建筑工人更高。这表明,PLL* 并不是一个适合所有类型比较的指标。

表 6.1 挪威某些职业的 PLL* 值(数据基于 2013—2017 年的平均死亡人数)

职业类型	PLL*
农业	6.2
交通运输	6.6
建筑	8.2
健康与社会服务	0.8

来源:挪威劳动监察局(2018)。

6.3.2 平均个体风险

某一个人的个体风险(the individual risk,IR)可定义如下:

定义 6.4(个体风险,IR):一个人在一年内死亡的概率。

个体风险通常与一组特定的危害有关,并确定为一年期间特定人群的平均值。因此,风险通常被描述为每年的平均个体风险(the average individual risk,AIR)。

美国化工过程安全中心(The Center for Chemical Process Safety,CCPS)定义了三种类型的 AIR[①]:

$AIR_{Exposed}$ 是暴露人群的平均个体风险,并被计算为:

$$AIR_{Exposed} = \frac{暴露人群中的死亡人数期望值}{暴露人数} \quad (6.3)$$

通常只包括工作事件内的死亡人数。

AIR_{Total} 是总人口中的平均个体风险,而不考虑该人群中的所有人是否都实际暴露在风险下。

AIR_{Total} 被计算为:

$$AIR_{Total} = \frac{总人口中的死亡人数期望值}{总人口数} \quad (6.4)$$

在大多数情况下,仅包括由某种指定危险造成的死亡人数,但也可以使用相同的方法来表示人口中总的平均死亡人数比率。

AIR_{Hour} 是暴露于某些危害下的每小时的平均个体风险,可被计算为:

$$AIR_{Hour} = \frac{暴露人群中的死亡人数期望值}{暴露的人 \times 小时数} \quad (6.5)$$

我们还可以使用其他时间单位并计算每项工作操作的 AIR 或特定时间段(例如工作日)的 AIR。

注意:$AIR_{Exposed}$ 和 AIR_{Total} 都是相对于暴露的人数决定的,而没有考虑每个人暴露于某种危害的时间长短。

---

① 参见 CCPS 过程安全词汇表。https://www.aiche.org/ccps/resources/glossary。

AIR 的三种不同类型提醒我们,在计算数字时要注意使用的 AIR 的定义。在相同的情况和相同的风险下,这三个风险度量将提供不同的结果。不幸的是,我们很难在任何情况下都能确定风险度量是如何计算的。

为了确定风险度量的价值,我们必须预测在假定的未来运行环境中,预期的死亡人数和暴露人数(或人-工时)如图 6.1 所示。

当有过去一段时间的数据时,相应的安全性能绩效可以用上面的公式来计算,方法是将"预期死亡人数"改为"观察到的死亡人数"。安全性能指标 AIR_i^* 给出了特定人群在过去一段时间内的平均个体安全水平(i = Exposed, Total, Hour)。

显然,AIR 与 PLL 有关(请参见定义 6.3)。因为 PLL 的值取决于死亡人数的计算方法,我们在这里引入 PLL_i 的概念(i = Exposed, Total, Hour)。因此,

$$AIR_{Exposed} = \frac{PLL_{Exposed}}{\text{暴露人数}} = \frac{PLL_{Exposed}}{n_{Exposed}} \qquad (6.6)$$

$PLL_{Exposed}$ 为某一特定暴露人群 $n_{Exposed}$ 中在工作时间内死亡的人数。可表述为:

$$PLL_{Exposed} = AIR_{Exposed} n_{Exposed}$$

同样,

$$AIR_{Total} = \frac{PLL_{Total}}{\text{总人口数}} = \frac{PLL_{Total}}{n_{Total}} \qquad (6.7)$$

PLL_{Total} 为总人口数 n_{Total} 中的死亡的人数。

$$PLL_{Total} = AIR_{Total} n_{Total}$$

同样,

$$AIR_{Exposed} = \frac{PLL_{Hour}}{\text{暴露的人数} \times \text{工时}} = \frac{PLL_{Hour}}{n_{Hour}} \qquad (6.8)$$

PLL_{Hour} 是总人口因为暴露于某些危险而出现的死亡人数。可表述为:

$$PLL_{Hour} = AIR_{Hour} n_{Hour}$$

AIR 也成为个体风险(IR)或年均个体风险(individual risk per annum, IRPA)。

案例 6.3(挪威的个体风险—交通事故):在 2017 年,挪威全国 527 万人口中有 107 人死于交通事故。

安全绩效指标 AIR_{Total}^* 则为:

$$AIR_{Total}^* = \frac{PLL_{Total}^*}{n_{Total}} = \frac{107}{5\,270\,000} \approx 2 \times 10^{-5}$$

这也就意味着,如果随机抽取 10 万个人,那么其中平均就有 2 个人在 2017 年死于交通事故。需要注意的是,这个估值是基于挪威的总人口,而没有考虑他们暴露在交通事故风险的程度。

对于死亡数据的详细分析显示,总体 AIR_{Total}^* 值与年龄和性别有着很大的关系,其中 76 人为男性,31 人为女性。而 2017 年挪威男性人数约为 265 万,女性人数约为 262 万。这代表 2017 年男性的 AIR_{Total}^* 约为 2.9×10^{-5},女性的 AIR_{Total}^* 约为 1.2×10^{-5}。同样的差异在不同年龄段中也有体现。因此 AIR_{Total} 从某种程度上"隐藏"了人群中巨大的差异。

案例 6.4（总平均个体风险）：假设某人每年 20% 的时间在工作，75% 的时间在家，5% 的时间为通勤时间。假设我们已经计算出他的工作中 AIR_W^*、在家的 AIR_H^* 和通勤的 AIR_D^*。那么 $\text{AIR}_{\text{Total}}^*$ 如下：

$$\text{AIR}_{\text{Total}}^* = 0.2 \times \text{AIR}_W^* + 0.75 \times \text{AIR}_H^* + 0.05 \times \text{AIR}_D^*$$

案例 6.5（航空旅行的个体风险）：假定一个人一年当中在两个城市之间搭乘飞机旅行 m 次，每个航班 t h。航空事故频率的估计值是 λh^{-1}，而乘机人死于航空事故的概率是 p_{fat}。那么这个人在飞行中每小时的 AIR_{Hour} 为

$$\text{AIR}_{\text{Hour}} = \frac{m \lambda p_{\text{fat}}}{mt} = \lambda p_{\text{fat}} (\text{h}^{-1}) \tag{6.9}$$

建立此公式的逻辑类似于式（6.1）的推导过程。

案例 6.6（货轮上的个体风险）：考虑货轮船员的个体风险。货轮上的一些危险只是存在于工作时间，而另外一些危险则是 24h 都存在。因此，在测量危险暴露时间的时候，需要根据事故的类型确定是应该选择工作时间还是在船上的全部时间。假设我们拥有累计 $\tau_s = 29\,500$ 船年（在这里，一船年表示一艘船工作一年）的数据，每艘船平均的船员（在船上的人员，POB）数量 $=25$，而每个船员每年有 $a=50\%$ 的时间是在船上。接下来，假设有 $n=490$ 名船员在危险暴露期间死亡。那么，这段时间的安全绩效是：

$$\text{AIR}_{\text{Exposed}}^* = \frac{\text{PLL}_{\text{Exposed}}^*}{\tau_s \text{POB}} a = \frac{490}{29\,500 \times 25} \times 0.5 \approx 3.3 \times 10^{-4}$$

注意，这个安全绩效指标并不区分单人死亡的情况和重大事故中多人死亡的情况。这是因为 $\text{AIR}_{\text{Exposed}}$ 是个体指标，并不考虑同时有多少人死亡。而且，它仅以一个数值代表安全水平，能够呈现的信息有限。

再次考虑如图 6.2 所示的危险设施，在这里我们假设有不同的人暴露在风险之中。令 $\text{AIR}_{\text{Exposed}}(x,y)$ 表示位于图中坐标点 (x,y) 位置上那个人的年均个体风险，令 $m(x,y)$ 表示以坐标点 (x,y) 为变量的人口密度函数。我们假设，在估计 $\text{AIR}_{\text{Exposed}}(x,y)$ 值的时候，已经考虑到身处这个位置上的人以及他在风险面前的脆弱性，那么在指定区域 A 中每年预期的死亡数量 PLL 为：

$$\text{PLL}_{\text{Exposed},A} = \iint_A \text{AIR}_{\text{Exposed}}(x,y) m(x,y) \, dx \, dy \tag{6.10}$$

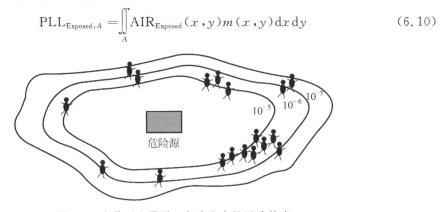

图 6.2 有若干人暴露于危险之中的风险轮廓

6.3.3 每百万人死亡数

特定人群的每百万人死亡数(deaths per million, DPM)有时也可以作为一个安全绩效指标。它可以是 AIR 的另一种表达形式,和 AIR 是直接成比例的。

$$\text{DPM}_i^* = \text{AIR}_i^* \times 10^6$$

其中,$i =$ Exposed 或者 Total,取决于是特定人群还是全部人口暴露于危险当中。

表 6.2 描述了英国每百万人死亡数与年龄之间的函数关系。表中数据既包括事故死亡也包括因病死亡。

表 6.2 根据 1999 年的死亡情况,英国各年龄组的每百万人死亡数

人群	年风险	每百万人死亡数(DPM*)
整个人群	1/97	10 309
65~74 岁男性	1/36	27 777
65~74 岁女性	1/51	19 607
34~44 岁男性	1/637	1569
35~44 岁女性	1/988	1012
5~14 岁男孩	1/6907	145
5~14 岁女孩	1/8696	115

如果我们假设自 1999 年以来,英国的风险水平没有改变,那么,在英国随机找一个人,不管其性别和年龄,按照表 6.2 所示,他(她)在未来一年中死亡的概率大约为 $10\,309/10^6 \approx 1.03\%$。需要注意的是,我们在使用这类历史数据进行预测的时候必须加倍小心,因为一个国家人民的健康情况可能会随着时间而改变,而不同年龄人群中的分布也可能会发生变化。

很多国家每年都会发布个体安全统计报告。这些统计可以分成不同类型,作为不同用途的预测,比如:

(1) 50~60 岁妇女平均每年因为癌症死亡的概率。
(2) 建筑行业雇员平均每年因为职业事故死亡的概率。

个体风险通常在不同行业和不同活动之间的差异巨大,表 6.3 就描述了这种差异。

需要注意的是,表 6.3 没有区分死亡的人是年轻人还是老年人。事故之后立刻死亡与事故引发疾病导致的死亡也是被同等对待的。

表 6.3 不同行业人员工业事故死亡的年均风险

行业部门	DPM*	AIR*
企业雇员	8	8×10^{-6}
自雇人员	20	20×10^{-6}
矿山和能源开采	109	109×10^{-6}
建筑	59	59×10^{-6}
公用事业	50	50×10^{-6}

续表

行业部门	DPM*	AIR*
农业、狩猎业、林业和渔业（不含远洋捕捞）	58	58×10^{-6}
金属材料和金属制品生产	29	29×10^{-6}
制造业	13	13×10^{-6}
电气和光学设备制造	2	2×10^{-6}
服务业	3	3×10^{-6}

来源：摘自 HSE(2001b)。

在描述风险状况的时候，通常需要确定这一状况针对的是谁或者是哪一群人。比如，谈论全国民众因为滑翔伞死亡的风险是 1/20 000 000，就没有什么意义。我们真正应该关注的，是从事滑翔伞运动人群的风险情况。

6.3.4 地域性个体风险

考虑一个储存和(或)使用危险材料的工厂。如果这些物质被释放出来并引起火灾或爆炸，在工厂附近的人们可能会受到伤害。图 6.2 表明，个体风险取决于以下因素：危险源周围的地形、危险源的距离、主导风向以及暴露人员所在的危险源方向。这就需要考虑地域性个体风险(location-specific individual risk，LSIR)，定义如下：

定义 6.5（**地域性个体风险**）：假设一个人，在无保护的状态下一直身处某一地点，在某一年的时间里因事故身亡的概率。

LSIR 也可以称为年指定地点个体风险(localized individual risk per annum，LIRA)。

6.3.4.1 LSIR 是一种地理属性

根据 LSIR 的定义，通常是假定这个人一直待在指定的地方。因为在事故发生的时候无论这个人是否在现场，LSIR 的值都不会发生改变，所以我们完全可以认为 LSIR 是一个地理属性，而不是个体风险的测量方案。正是由于这种地理属性，LSIR 主要用在与危险设备相关的土地使用规划上面(Laheij 等，2000)。欧盟《塞维索三号指令》第 13 条就是关于土地使用规划的要求，此外，欧盟还发布了有关这些要求的行动指南(EU-JRC，2006)。

6.3.4.2 不同类型事故的 LIRA

考虑有一个危险性的设施，可能会导致 m 种类型的独立危险事件 $E_1, E_2, \cdots, E_m$。令 λ_i 代表 E_i 类型事故发生的频率，其中 $i = 1, 2, \cdots, m$。假定一个未受到保护的人一直处在地图上坐标为 (x,y) 的位置。根据 E_i 类型事故发生时毒气压力和剂量的分析，我们可以估计这个人中毒死亡的概率：

$$\text{Pr}(\text{位于坐标}(x,y)\text{处未受到保护的人死亡} \mid \text{事件 } E_i \text{ 发生})$$

我们将这个概率简写为 $\text{Pr}(在坐标(x,y)处死亡 \mid E_i)$，那么源于 E_i 类型事故的坐标 (x,y) 的 LSIR 值就是：

$$\text{LSIR}_i(x,y) = \lambda_i \cdot \text{Pr}(在坐标(x,y)处死亡 \mid E_i), \quad i = 1, 2, \cdots, m$$

假设 m 个事件的风险可以累加，则危险性设施存在而导致的位置 (x,y) 的总体 LSIR 值是

$$\text{LSIR}(x,y) = \sum_{i=1}^{m} \lambda_i \cdot \Pr(\text{在坐标}(x,y)\text{处死亡} \mid E_i) \tag{6.11}$$

6.3.5 个体性个人风险

如果考虑个体实际上在位置(x,y)停留的时间比例a，可以对LSIR(x,y)的定义进行修改。新的测量方案是个体性个人风险(individual-specific individual risk)ISIR(x,y)。其定义如下：

定义6.6（个体性个人风险）：假设一个人，在无保护的状态下，在特定地点（每年有特定的工作时间）一年内因事故身亡的概率。此定义可表示为：

$$\text{ISIR}(x,y) = \sum_{i=1}^{m} \lambda_i \cdot \Pr(\text{在坐标}(x,y)\text{处死亡} \mid E_i) \cdot a \tag{6.12}$$

如果这个人身亡的可能性或多或少存在区别（例如年龄组之间可能存在差异），我们就需要在分析的时候考虑个体性个人风险。

案例6.7（暴露时间缩短时的ISIR）：危险设施附近有一座位于坐标(x,y)处的办公楼。我们已经确定了这个位置上的地域性风险LSIR(x,y)。一个人每年会在这座办公楼内工作大约1500h，那么他在任意时间点上在办公楼里的概率就是$1500/8760 \approx 17\%$。由于这座建筑可以充当一个保护层，人在建筑物中时所承受的风险也就有所降低。如果我们假设事故概率在一天中不会随着时间变化，那么该危险性设施带来的个体风险大约是$\text{ISIR} \approx \text{LSIR}(x,y) \times 0.17$。如果事故概率每天不同，或者在正常工作的时间发生事故的概率更高，我们就需要进行更加全面的分析。

6.3.6 风险等高线图

LSIR的地理特征可以通过风险等高线图来说明危险设施附近的风险，如图6.3所示。轮廓显示了在危险设施周围的一个区域内，LSIR是如何变化的，即一个未受保护的人持续停留在某一特定地点他(她)将面临的风险情况。

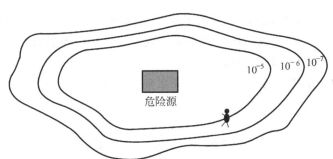

图6.3 风险等高线（示例）

风险等高线图可以画在描述危险设施周围情况的地图上。为了方便计算，我们还可以将整个地图进一步划分为若干更小的区域。接下来，我们需要考虑影响每一个区域的所有危害，计算该区域的LSIR值。LSIR值通常分为不同等级，比如10^{-5}、10^{-6}、10^{-7}等。10^{-5}等级同风险等高线围绕$\text{LSIR} \geqslant 1 \times 10^{-5}$的区域，而$10^{-6}$等级同风险等高线则围绕 LSIR$\geqslant 1\times 10^{-6}$ 的区域,以此类推。如果一名没有受到保护的人员一直处在 10^{-5} 等级风险等高线上,他(她)每年受到危险伤害死亡的概率就等于 1×10^{-5}。危险性设施与等高线的距离,取决于危害的类型、地形、主要风向等因素。由于手工计算风险等高线的工作量非常大,现在人们已经开发出了很多相应的计算机程序。

风险等高线没有考虑任何人们可以采取的规避风险的行动,也没有计算人们实际待在这个位置上的时间。需要注意的是,暴露在风险下的人数也没有被考虑。风险等高线只是起到揭示某一区域危险程度的作用,它通常用于工厂选址和布局等方面的工作(土地规划)。在机场附近或者运送危险物品的公路附近也可以绘制风险等高线。

案例 6.8(荷兰的风险等高线):在荷兰,10^{-6}(每年)等级风险等高线以内的区域,不允许建设任何新的住宅或者其他安全性要求较高的设施,比如幼儿园或者医院。而安全性要求相对较低的设施,如写字楼,可以建设在 10^{-5}(每年)等级和 10^{-6}(每年)等级风险等高线之间的区域(Laheij 等,2000)。

一些国家已经为不同类型的设施定义了最大限度可以容忍的 LSIR 值。表 6.4 的数据就是澳大利亚政府的各个部门在规划土地使用时的参考数值。

表 6.4　不同设施的个体风险标准

暴露类型	风险等级
医院、学校、儿童看护中心、敬老院	$<5\times 10^{-7}$
住宅以及有人连续居住的地方(如酒店和度假村)	$<1\times 10^{-6}$
商业建筑,包括写字楼、购物中心、带有展厅的仓库、饭店和娱乐中心	$<5\times 10^{-6}$
体育场和常用的开放空地	$<1\times 10^{-5}$
工业设施	$<5\times 10^{-5}$

来源:澳大利亚各个政府部门。

6.3.7　致死事故率

英国帝国化学工业集团(ICI)引入了致死事故率(fatal accident rate,FAR)这个概念,作为衡量英国化工行业职业风险的指标。现在,FAR 已经成为在欧洲衡量职业风险时最常用的一个指标。它的定义是:

定义 6.7(致死事故率):指定人群暴露在危险之中累积 1 亿(1×10^8)h 所出现的死亡数量。

$$\mathrm{FAR} = \frac{\text{预计死亡人数}}{\text{暴露在危险中的小时数}} \times 10^8 \qquad (6.13)$$

我们可以这样解释 FAR 的数值:如果 1000 个人在 50 年中每年工作 2000h,他们累积暴露在风险中的时间就是 1×10^8h。FAR 就是这 1000 个人中会在他们 50 年的职业生涯中遭遇事故身亡的人数的估值。需要注意的是,预计死亡人数与此群体的 PLL 值相对应。

FAR 的数值可以用来比较不同职业和活动的平均风险。然而,确定暴露在危险中的时间并不容易,尤其是考虑到一些兼职工作或者面临风险的人群还不尽相同。

在工业领域进行风险分析,暴露在危险中的时间一般就是工作时间。而如果要分析海洋油气生产领域的风险,FAR 的数值有时需要根据实际工作时间进行计算,有时则需要根据工作人员在平台上停留的时间计算。

与之相对应的安全绩效指标 FAR^* 可以定义为

$$FAR^* = \frac{观察到的死亡人数}{暴露在危险中小时数} \times 10^8 \qquad (6.14)$$

表 6.5 列出了在官方统计数据的基础上计算得到的某些行业的 FAR^*。

表 6.5 挪威在 2013—2017 年间的 FAR^*

行　业	FAR^*[每 1 亿(1×10^8)工时的致死事故率]
农业、林业、渔业和狩猎业	3.1
原材料开采	1.6
工业制造	0.5
建筑	1.4
运输和仓储	1.7
私人及公共服务	0.7
医疗服务	0.1
所有行业的总计	2.0

来源:挪威劳动监察局报告(2018)。

英国也曾经发布过类似的数据,如表 6.6 所示。需要注意的是,表 6.5 和表 6.6 中的数据难以进行比较,因为两份报告对于行业或者活动组织的定义都不一样。

表 6.6 英国的 FAR^*

活动/行业	FAR^*[每 1 亿(1×10^8)工时的致死事故率]
工厂工作(平均)	4
建筑(平均)	5
建筑,高空作业	70
制造业(全部)	1
油气开采	15
乘小汽车出行	30
乘飞机出行(固定机翼飞机)	40
乘直升机出行	500
攀岩	4000

来源:Hambly(1992)。

案例 6.9(攀岩风险):表 6.6 概括了工作和特殊活动的 FAR 值。我们注意到攀岩的风险是在危险工厂工作的 1000 倍。这说明,与正常工作相比,FAR 并不一定很适合表达时间相对较短的活动相关的风险。根据 HSE(2001b)的说法,与攀岩相关的风险也可以用每次攀登时的死亡概率来表示。这个值是 1/320 000,如果我们假设这是一个"平均值"，登山者每年进行 10 次这项活动，每年的死亡概率为 1/32 000，或者每年大约有 3×10^{-5} 的个人风险。如果我们采用表 6.6 中工厂工作的 FAR 值，并假定每年平均工作时间为 1800h，我们每年的个人风险为 7.2×10^{-5}。这一计算表明，与工厂工作相关的年度风险是攀岩的 2 倍以上。这个例子很好地说明了使用不同的风险衡量可能会得到截然不同的答案，因此要非常谨慎。

FAR^* 是对 FAR 的无偏估计，但是由于 FAR^* 和重大事故之间存在着强烈的关联性，因此这个估计值的稳定性不一定很好。如果我们计算 $(0, t)$ 区间内的 FAR^*，随着时间 t 增加，FAR^* 可能会一直保持一个较低的值，直到有第一次重大事故发生。接下来，FAR^* 的估计值会陡然增加，然后缓慢下降。下降的趋势会一直延续到下一次重大事故发生。表 6.7 中的数据体现的正是这种现象，该表呈现的是英国和挪威两国从 1980 年 1 月 1 日到 1994 年 1 月 1 日这段时间内在北海海上石油钻井平台工作工人的 FAR^* 数值。在此期间，有两次重大事故发生：1980 年 3 月 27 日的亚历山大·基兰钻井平台倾覆沉没事故导致 123 人遇难，以及 1988 年 7 月 6 日英国派珀·阿尔法钻井平台火灾和爆炸事故导致 167 人遇难。很明显，总体 FAR^* 的值被这两起事故所左右。

表 6.7　从 1980 年 1 月 1 日到 1994 年 1 月 1 日，英国和挪威两国在北海海上石油钻井平台上工人的 FAR^*

国家	计 算 条 件	FAR^* [每 1 亿 (1×10^8) 工时的致死事故率]
英国	总体 FAR^*	36.5
	除派珀·阿尔法钻井平台事故之外	14.2
挪威	总体 FAR^*	47.3
	除亚历山大·基兰钻井平台事故之外	8.5

来源：Holand(1996)。

FAR 一般被认为是非常有用的总体风险度量。但是，它可能只是一个非常粗略的测量方案。这是因为 FAR 数值（和 FAR^*）描述的对象是指定人群的全体成员，而没有考虑这些成员实际上面对的危险程度存在巨大差异。如在表 6.7 中所有的海上钻井平台工作人员都被认为是隶属于同一人群，因此 FAR 的值代表的是全部海上工作人员的平均情况。然而很明显，生产人员、钻井工人和后勤人员面对的危险程度是不一样的。

他们可能会面对一些常见的职业危险（如整个平台倒塌），但是还有很多重大危险是因工作而异的。因此，尽管在一定的条件下，我们可以使用针对所有工作人员的 FAR 值，但是也应该清楚，比如钻井工人的 FAR 明显要比其他人员高出很多。

因此，FAR 的值有时候需要根据不同的活动或者风险因素进行分解。

交通部门在衡量风险的时候，时间并不是唯一的参数。比如航空业就会使用如下参数。

（1）飞行小时数。

（2）人员飞行小时数。

（3）飞机起飞次数。

航空业的安全绩效指标 FAR_a^* 通常定义为

$$FAR_a^* = \frac{\text{事故相关死亡人数}}{\text{飞行时间(h)}} \times 10^5 \tag{6.15}$$

因此，FAR_a^* 描述的是每 10 万飞行小时的死亡人数。

还有一种计算方法与起飞次数有关

$$FAR_d^* = \frac{\text{事故相关死亡人数}}{\text{起飞次数}} \times 10^5 \tag{6.16}$$

而在铁路和公路部门，经常会使用下列运载指标。
(1) 行驶公里数(车公里数)；
(2) 人员行驶公里数(车公里数乘以车中的平均人数)；
(3) 人员旅行时数。

因此相关的风险衡量如下。
(1) 每一亿人公里死亡数量(相当于有 100 万人，每人旅行 100km)；
(2) 每一亿车公里死亡人数(相当于有 100 万辆车，每辆车行驶 100km)。

6.3.8 失时工伤

以上仅讨论了死亡风险的度量，但是并没有考虑工伤。死亡和伤害在风险分析中都很常用，但死亡率指标并不能很好衡量安全绩效。因为相对而言，致命事故很少发生。为了获得充分的统计基础，甚至需要衡量整个行业或整个国家的风险。而受伤发生的频率要高得多，因此通常被用来衡量安全绩效，特别是用来研究安全绩效的趋势。

定义 6.8(失时工伤(lost-time injury, LTI))：是指造成员工至少有一个工作班次不能返回工作岗位的工伤。

失时工伤频率(the frequency of LTI, LTIF)通常被当作一个安全绩效指标，定义为：

$$LTIF^* = \frac{\text{失时工伤(LTI) 的数量}}{\text{工作时间(h)}} \times 2 \times 10^5 \tag{6.17}$$

这里 $LTIF^*$ 的值基于每年(或者每月)进行计算，取决于公司的大小和性质。从定义可以看出，$LTIF^*$ 是后果超过某一程度的事件的频率。

案例 6.10(计算 LTIF)：员工每年的平均工作时间大约为 2000h[①]，因此 $2 \times 10^5 =$ 200 000h 大约为 100 名员工一年总工作时间。如果一家公司的 $LTIF^*$ 是每 200 000 个工时有 10 个失时工伤，这就意味着平均会有 1/10 的工人在一年当中遭遇一次失时工伤。

一些企业和组织还会使用另外一种时间尺度。比如，将 $LTIF^*$ 定义为每百万小时 $(1 \times 10^6 h)$ 出现失时工伤的次数。此外，下列安全绩效指标有的时候也会被用到。
(1) 特定人群中前后两次失时工伤的(平均)间隔时间(天数或者工作小时数)。
(2) 特定人群中从上一次失时工伤发生到现在的时间。
(3) 需要医学治疗的受伤频率。

---

① 在很多国家，正常工作时间要低于每年 2000h，实际值比较接近于 1750h。

请注意，最后一种测量方法与那些测量 LTI 的方法略有不同。在这种情况下，严重程度的下限是"医疗"，这和失时工伤不一样。有些 LTI 可能不需要医学治疗，也可能有受伤的人就医后立即返回工作。这告诉我们，在比较不同来源或不同行业的 LTI 值时，需要确保定义是相同的。

LTIF* 并不能衡量受伤的严重程度。在这种方法中，一次致死性事故对于 LTIF* 的影响和误工一天的情况是一样的。因此，我们可以使用另外一个安全绩效指标，即由此次受伤导致误工的工作日天数，也就是误工频率（lost workdays frequency）LWF*，以衡量失时工伤的严重程度。LWF* 的定义为：

$$\text{LWF}^* = \frac{\text{由于失时工伤导致误工的工作日天数}}{\text{工作时间(h)}} \times 2 \times 10^5 \qquad (6.18)$$

（1）一些企业和组织还会使用另外一种时间尺度。比如，将 LWF* 定义为每百万小时中损失的工作日。

（2）从 LWF*/LTIF* 中可得到每一次失时工伤导致的平均误工天数。

（3）LWF* 有时被称为 S 率（严重率）。

（4）有时可以将死亡和 100% 永久伤残计算为 7500 个工作日（Kjellén，2000）。

案例 6.11（计算 LWF*）：考虑一家公司每年总计有 150 000 员工工时，相对应的就是大约有 75 名员工全勤工作（每年工作 2000h）。假设这家公司一年中的失时工伤数量是 8 次，相对应的就是每暴露在危险中 200 000h 的 LTIF* = 10.7。假设这家公司因为失时工伤出现了 107 个误工日，相对应的暴露在危险中每 200 000h 的 LWF* ≈ 143。注意，LWF* 并不能体现每一次失时工伤的严重程度，也不能说明误工是平均分布的。比如，可能会有 7 次工伤每次都导致误工 1d，而第 8 次工伤却造成误工天数达到 100d。

如果我们假设在 8 个 LTI 中，有 1 个是死亡时，我们看到了 LTIF* 和 LWF* 之间的很大区别。LTIF* 仍保持不变，因为 LTI 的数量保持不变，而如果我们使用 1 人死亡 = 7500 个工作日，则 LWF* 将从 143 个增加到超过 10 000 个。

6.3.9 FN 曲线

同样的事故后果却可能会千差万别。如果能在同一幅图中可以展示后果与其出现频率的关系，会很有意义。为了让图看起来更加"稳定"，一般人们都倾向于绘制结果 $C \geqslant c$ 的累积频率 $f(c)$。Farmer（1967）首先使用这种绘图方法描述热核反应堆中碘-131 各种辐射的累积频率，因此这种类型的曲线有时也被称为法梅尔曲线（Farmer curve）。

如果频率相对应的后果是死亡数量 N，那么这条曲线通常被称为 FN 曲线。FN 曲线是一种描述性风险度量，可以提供风险如何在各类事故中分布的信息。如图 6.4 所示，FN 曲线，其中纵轴上的频率 F 是"超标"频率，也就是说 $F(n)$ 表示后果是 n 个或者更多人死亡的事故频率。

假设指定系统或者指定区域中致死性事故的发生，遵循频率为 λ（每年）的齐次泊松

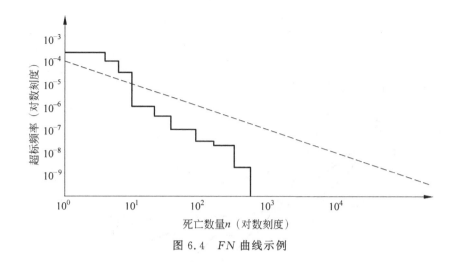

图 6.4 FN 曲线示例

过程,在这里,致死性事故是指至少引起一人死亡的事故,N 表示未来一次致死性事故中死亡的人数。因为在这里我们考虑的事故全部都是致死性事故,我们知道 $\Pr(N \geqslant 1) = 1$。那么,导致 n 个或者更多人死亡的致死性事故的频率是:

$$F(n) = \lambda_{[N \geqslant n]} = \lambda \cdot \Pr(N \geqslant n) \tag{6.19}$$

将 $f(n)$ 作为 n 的函数,我们就可以绘制出 FN 曲线,其中 $n = 1, 2, \cdots, m$,如图 6.4 所示。因此,正好导致 n 人死亡的事故频率是:

$$f(n) = F(n) - F(n+1) \tag{6.20}$$

因为无论 n 取任何值,都有 $f(n) \geqslant 0$,FN 曲线就可以是平的,也可以是竖直的。

未来一起事故导致 n 人死亡的概率为:

$$\Pr(N = n) = \Pr(N \geqslant n) - \Pr(N \geqslant n+1) = \frac{F(n) - F(n+1)}{\lambda} \tag{6.21}$$

未来单一的一起致死性事故的平均死亡人数是:

$$E(N) = \sum_{n=1}^{\infty} n \cdot \Pr(N = n) = \sum_{n=1}^{\infty} \Pr(N \geqslant n) \tag{6.22}$$

每年致死性事故的平均数量是 λ(我们使用年作为时间单位),因此年均总死亡人数是:

$$E(N_{\text{Tot}}) = \lambda \cdot E(N) = \sum_{n=1}^{\infty} \lambda \cdot \Pr(N \geqslant n) = \sum_{n=1}^{\infty} F(n) \tag{6.23}$$

在图 6.4 中,总死亡人数即为 FN 曲线下方的"面积"。我们可以在图 6.5 中看到一些交通系统的 FN 曲线。

FN 曲线至少有下列 3 个作用。

(1) 显示事故的历史记录(用作安全绩效指标);

(2) 描述定量风险评估的结果(用作风险度量);

(3) 说明判断定量风险评估结果可容忍度和可接受度的准则。

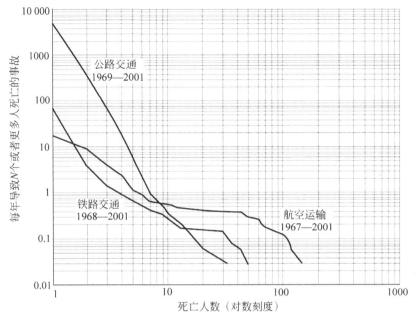

图 6.5　FN 曲线示例(摘自 HSE 报告,2003)

6.3.9.1　FN 标准线

如图 6.6 所示,我们可以在 FN 图中引入标准线,这样就能够判断定量风险评估的输出结果是否达到预先定义的可接受风险水平。FN 标准线由两个参数确定(Ball 和 Floyd,1998)。

(1) 定位点$(n, F(n))$,表示固定的一对后果和频率。

(2) 风险规避因子 α,确定标准线的斜率。

给定一个定位点和风险规避因子 α,就可以根据下列等式建立标准线[①]:

$$F(n) \cdot n^\alpha = k_1 \tag{6.24}$$

式中,k_1 是一个常数。在方程两边取对数,就可以将其转化为:

$$\lg F(n) + \alpha \lg n = k \tag{6.25}$$

式中,$k = \lg k_1$。如果在坐标轴中使用对数刻度绘图(图 6.6),根据这个函数可以绘制出 1 条斜率为 $-\alpha$ 的直线。

如图 6.6 所示,我们通常需要画两条不同的线,因此将整个区域分成 3 个部分:不可接受区域、ALARP 可接受区域以及基本可接受区域。关于 ALARP 原则,我们在第 5 章中有比较详细的讲解。

需要根据风险接受准则推导定位点和斜率。对于图 6.6 中选择的数值,较上方一条 FN 标准线表示如果致死性事故的频率超过每年 1/100,这种风险水平是不可接受的。类似的,较下方一条 FN 标准线表示致死性事故发生的频率如果低于每年 1/10 000,则基本上是可以接受的。两条线之间的区域称为 ALARP 区域,在这个区域中,如果遵循

---

① 该等式经常可以写成 $F \cdot N^\alpha = k_1$。

ALARP 原则(最低合理可行原则),风险也是可以接受的。

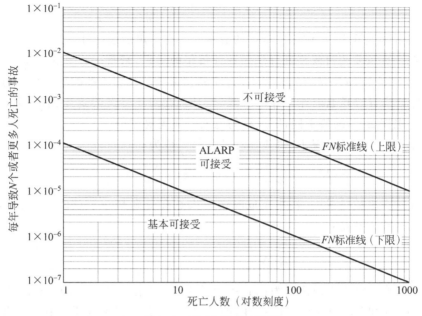

图 6.6　FN 标准线(示例)

图 6.6 中的斜率基于 $\alpha=1$ 得到。如果 α 值更大,直线斜率的斜度也会更大,表示对于导致多人死亡的事故尽量采取风险规避的态度。风险规避意味着,当事故造成的死亡人数增加的时候,对这类事故关注程度提升的幅度会更大。一个具有风险规避意识的人,会认为那种一次性造成多人死亡的事故,要比造成同样人数死亡的多起事故更加难以接受。在制定政策的时候考虑风险规避,是一个矛盾性的议题,因此在确定 α 值的时候可以用多个选择。英国健康与安全执行委员会建议一个所谓的"风险中和"因子 $\alpha=1$,表示一次性导致 100 个人(或者更多)死亡的事故频率应该是一次性导致 10 个人(或者更多)死亡的事故频率的 1/10 或者更低。而荷兰政府则建议风险规避因子的值 $\alpha=2$,即一次性导致 100 个人(或者更多)死亡的事故频率应该是一次性导致 10 个人(或者更多)死亡的事故频率的 1/100 或者更低。如果读者对这一问题感兴趣的话,可以阅读 Skjong 等(2007)以及 Ball 和 Floyd(1998)的著作。需要注意的是,为了避免对风险接受度的盲目判断,这两篇论文都设定风险规避因子 $\alpha=1$。

6.3.9.2　一些注释

为了能够了解 FN 标准线的属性,我们假设事故发生是基于规避因子 $\alpha=1$, $F(n)=k_1$ 的标准线。

当 $n=1$ 时,我们可以得到 $F(1)=k_1$。因此常数 k_1 等于致死性事故的总频率。会造成一个人死亡的致死性事件的频率为 $f(1)=F(1)-F(2)=k_1-k_1/2=k_1/2$。所以,对于标准线的假设实际上表明,致死性事故中正好会有一半是会导致一个人死亡的事故。

一般情况（当 $\alpha=1$）,会导致 n 个人死亡的事故频率为：

$$f(n)=F(n)-F(n+1)=\frac{k_1}{n(n+1)} \tag{6.26}$$

该公式可以理解为,导致死亡事件的数量都会有一定的规律性。

如果在计算风险的时候将其理解为预计每年的后果,来自导致 n 人死亡的事故的风险就是 $\Delta R_n = n \cdot f(n)= k_1/(n+1)$,而这个数值会随着死亡人数的增加而降低。

FN 标准线有时候也被称为等风险线,但是现在对于等风险这个词汇还没有任何清楚的定义。根据 ΔR_n 的值不同,等风险的意义也还需要讨论。

在假设条件相同的情况下,每年预计的死亡人数为：

$$E(N_{Tot})=\sum_{n=1}^{\infty} n \cdot f(n) = k_1 \cdot \sum_{n=1}^{\infty} \frac{1}{n+1} = \infty$$

然而在绝大多数情况下,暴露在危险中的人数会受到某一个数值 n_{max} 的限制,因此每年预计的死亡人数是：

$$E(N_{Tot})=k_1 \cdot \sum_{n=1}^{n_{max}} \frac{1}{n+1} \tag{6.27}$$

FN 标准线广泛用于评价行为或者系统的群体（社会）风险。然而,它的使用仍然颇受争议。Evans 和 Verlander 在 1997 年的论文中就对其进行了批评。他们认为标准线在超出一定区域的时候一致性会出现问题,因此并不建议使用。尽管一般认为 FN 标准线可以为很多与风险接受度相关的决策提供指导,用户在使用的时候还是需要注意这种方法的局限性。

6.3.10 潜在等效死亡率

大多数的风险度量只基于死亡风险。在很多情况下,死亡风险并不足以描述出人员面临的所有风险,我们还应该考虑人员受伤的风险。有时候,我们可以对致伤致残和致死的数据进行比较,计算潜在等效死亡率。

定义 6.9 [潜在等效死亡率（potential equivalent fatality,PEF）]：将引起重大和轻微伤亡的各种伤害都等效成死亡率的一定比例（RSSB,2007）。

案例 6.12（伦敦地铁的定量风险分析）：在伦敦地铁有限公司的定量风险分析（QRA）中,可能对人身造成的伤害被分成轻伤和重伤两种。重伤的权重被设为 0.1,也就是说 10 起重伤事件被认为可以等效成 1 起死亡事件（即 $10 \times 0.1 = 1$）。轻伤的权重是0.01,也就说 100 起轻伤事件被认为可以等效成 1 起死亡事件。

6.3.11 主要安全功能损失频率

挪威石油安全管理局[①]在 1981 年引入了一种间接衡量人员风险的方法。在其《概念安全评估研究指南》中,挪威石油安全管理局提出将因重大事故导致的主要安全功能损失频率纳入风险接受准则中。目前这个概念被应用在石油业的法规中。这并不是对人员风

---

① 挪威石油安全管理局当时隶属于挪威石油理事会。

险的直接表达,但是只要这些安全功能完好无损,人员安全的概率极高。我们可以从案例 6.13 中更好地解释这个原则。

案例 6.13(海上油气钻井平台):假设某一海上油气钻井平台发生了重大火灾。在这种情况下,平台上的人员暴露在火灾中可能会死亡。为避免这种情况,需要设置以下主要功能:

(1) 在平台周围不同地区工作的人应可以沿着安全的逃生路线逃离火灾。
(2) 人员能够聚集在某一安全区域,直到险情被控制住或决定撤离。
(3) 平台结构需保持完整,直到险情被控制住或疏散已经完成。
(4) 如果决定撤离,针对全体船员必须有安全的疏散手段。

在此案例中,主要安全功能为逃生路线、安全区域、安全结构和人员疏散手段。

如果任一安全功能失效,人员死亡的概率随之增加。如逃生路线不可用,人员可能被困在大火中;而如果火势没有被控制,人员可能会死亡;同样如果在人员被疏散前平台倒塌,平台上所有人员可能丧命。

因此,主要安全功能损失可以作为人员风险的间接指标。如果损失概率过高,则人员风险过高。挪威相关法规规定,主要安全功能损失概率必须低于 10^{-4}/(事故类型·年)。

使用主要安全功能损失频率作为风险度量的优势在于其聚焦在平台设计上。比如,逃生路线直接关系到平台的布局在火灾、爆炸和其他危险中免受影响的防护措施。如果不符合验收标准,则布局需要改进。

6.4　风险矩阵

风险矩阵是一种表格式的危险事件或者事故场景频率和严重度的表示方法(图 6.7)。风险矩阵可以根据危险事件的重要程度对它们进行排序,筛掉不重要的事件,或者评估每一个事件在降低风险方面的需求(HSE,2001)。

概率/后果	1 非常罕见	2 很少发生	3 可能发生	4 有时发生	5 相当平常
5 灾难性	6	7	8	9	10
4 重大损失	5	6	7	8	9
3 严重破坏	4	5	6	7	8
2 破坏	3	4	5	6	7
1 轻微破坏	2	3	4	5	6

□ 可接受——只考虑 ALARP 措施
▨ 可接受——使用 ALARP 原则,考虑进一步分析
■ 不可接受——需要降低风险

图 6.7　风险矩阵

风险矩阵通常用于几种类型的风险分析。分析结果是基于主观判断,而且看起来很简单也很直接。但有许多陷阱可能导致结果的价值有限。Baybutt(2018)、Duijm(2015) 和 Cox(2008)等的论文都深入讨论了该方法及其局限性。

目前并没有关于风险矩阵的国际标准。矩阵的大小、行列标签等必须由分析师决定。在大多数风险矩阵中，可能性和严重程度一般被划分为 3~6 个类别，一般横轴代表可能性，竖轴代表严重程度。超过 6 个类别则很难对事件进行分类，但类别过少也会使区分事件变得困难。在图 6.7 所示的风险矩阵中，可能性和严重程度都使用了 5 个类别，但其他风险矩阵可能会有不同的情况。图 6.7 中每个单元格可赋予一个特定的风险级别或其他风险描述符，来代表不同的可能性和严重程度的具体组合。这些类别可以是定量的或定性的，并可能包括事故对人员、环境、物质资产和（或）其他资产造成的后果。

6.4.1 可能性的分类

在不同的应用中，可能性可以用频率或概率来表示。为方便叙述，我们假设可能性可以用频率来表示。在大多数情况下，仅使用广泛的频率分级（此时频率既是一个风险度量，也是一个安全绩效指标）就足够了，如表 6.8 提供的分级方法。每一级别被赋予相应的名称（如偶尔发生）、频率和描述。仅使用"偶尔发生"或者"可能"会让风险分析师或决策者产生误解。因此我们应尽可能精确描述各个等级。使用频率等级是确保用语没有歧义的最佳原则。

表 6.8 频率等级

等级	频率/(次·年$^{-1}$)	描述
5. 相当平常	10~1	预计事件会经常发生
4. 有时发生	1~0.1	事件现在发生了，以后碰到也很正常
3. 可能发生	10^{-1}~10^{-2}	稀有事件，人的一生中可能会碰到
2. 很少发生	10^{-2}~10^{-3}	非常稀有的事件，在同类的工程中也不见得碰到过
1. 非常罕见	10^{-4}~0	几乎不可能发生的事件

具体描述频率是如何测量的是非常重要的。频率可能被表述为每年、每次航班或每次操作。我们还需要澄清这是针对一个特定的工厂、一个公司、一个国家还是其他单位。如果问一个人某类事件在工厂层面发生的频率和在国家层面发生的频率，答案可能存在很大的区别。精确定义类别十分关键。我们也需根据所考虑的问题调整等级，以确保事件分布在整个范围内。如果所有发生的事件最终分为一个或两个频率等级，则我们无法区分某个事件对风险贡献的大小，很难确定应优先解决哪个问题以降低风险。

在定义频率等级的时候，通常会让后一个级别中的频率比前一个级别高出 10 倍。根据这种方法，等级编号可以近似为对数刻度。这为我们使用风险级别（请参阅下文）在风险矩阵中对危险事件进行排序时提供了便利，因为从一个等级到下一个等级间相差 1，方便计算。但是使用对数并不是绝对的要求。

6.4.2 后果分级

事故的后果还可以根据其严重程度分成不同的等级。表 6.9 就给出了这样的一种分级方式。

表 6.9　按照严重程度对后果分级

级别	后果类型		
	人	环境	财产
5. 灾难性	严重伤亡	生态资源恢复的时间不少于 5 年	系统全部损失，系统外遭受重大破坏
4. 重大损失	1 人死亡	生态资源恢复的时间为 2～5 年	系统主要部分损失；造成数月的生产停顿
3. 严重破坏	永久性致残、长期住院治疗	生态资源恢复的时间不多于 2 年	相当一部分系统破坏，生产停顿数周
2. 破坏	医护治疗和损时受伤	当地环境遭到短期破坏（不多于 1 个月）	轻微的系统破坏；对生产有轻微影响
1. 轻微破坏	轻微受伤、烦躁和干扰	有轻微的环境破坏	轻微的财产损坏

表 6.9 列出的是一种常见的分级方法。对于频率而言，使用单个标度就足够了，但是对于后果而言，则需要针对每类资产（例如人、环境和财产）使用单独的标度。因此，在实践中，我们通常为每种资产建立单独的风险矩阵。

在对一个特定系统进行风险评估的时候，需要根据具体情况进行分级。与频率分级类似，在定义严重度类别的时候，一般也会让后一个级别中的严重程度比前一个级别高出 10 倍。因此，严重度的编号也经常是对数刻度，但这并不是必需的。另外，我们需要尽可能精确地描述后果的类别。表 6.10 给出了另外一种常见的分级方法。

表 6.10　MIL-STD-882D(2012)中的严重程度分级

级别	描述
灾难性的	任何失效都会导致伤亡，或者阻止既定目标的达成
重大的	任何失效都会将系统的性能降低到容忍限度以下，产生危险（如果没有立刻采取措施加以纠正，也会导致伤亡）
严重的	任何失效都会将系统的性能降低到容忍限度以下，但是可采取相应措施应对和控制
轻微的	任何失效都不会导致系统的总体性能降低到容忍限度以下（只是一种干扰）

6.4.3　风险的粗略表示

假设已为研究对象确定了共 n 个互斥事件 $E_1, E_2, \cdots, E_n$。这些事件可能是初始事件、危险事件或事故场景。如果对于每个事件 E_i 我们能够通过成本或损失函数将后果量化为 $l(C_i)$，并且可以对事件 E_i 的概率或频率 p_i 进行量化，其中 $i=1,2,\cdots,n$，则风险可以量化为 $\sum_{i=1}^{n} l(C_i) p_i$，如式(2.9)所示。这是许多作者使用的一种表达方式。

目前我们无法准确地量化可能发生的事件的成本和概率。对于每个事件 $E_i (i=1, 2,\cdots,n)$，我们只能通过严重性指数 S_i 来指定后果级别，而通过可能性 L_i 来指定频率级别。尽管如此，许多作者还是使用以下公式作为粗略表示研究对象相关风险的表达式：

$$R = \sum_{i=1}^{n} S_i L_i \tag{6.28}$$

式中，$S_i L_i$ 为严重性指数 S_i 和可能性 L_i 的乘积。

6.4.4 风险优先级

为了能够划分需降低风险的工作的优先顺序，有必要根据初始事件、危险事件或事故场景对"总风险"的贡献来对它们进行排序。合适的风险衡量对此非常有意义。在通常情况下，最常用的测量方案是风险优先级（risk priority number，RPN）。事件 i 的 RPN_i 定义为

$$RPN_i = S_i L_i, \quad i = 1, 2, \cdots, n \tag{6.29}$$

这由式(6.28)很容易得出。如果我们可以确定所有初始事件（或危险事件或事故场景）的 RPN，则可以对各种事件对"总"风险的贡献程度进行排名。相比 RPN 较低的事件，RPN 较高的事件对风险的贡献比较大。RPN 值一般只用来对事件的相对重要性进行排名，对于数值的含义并没有明确的解释。

当严重性和可能性类别定义为后果和事件发生频率的近似线性函数时，式(6.29)中的定义是合情合理的。为了说明这一点，请考虑两个事件 E_1 和 E_2，它们以相同的可能性 L 发生，并且事件 E_1 的结果是事件 E_2 的后果的 10 倍（例如 10 例死亡与 1 例死亡）。为了反映风险差异，至少在严重程度被划分为多个等级的情况下，我们可以很自然地假设 RPN_1 应该比 RPN_2 高得多（例如约 10 倍）。

许多标准和作者建议使用类似于表 6.8 和表 6.9 中所示的级别。这些级别是通过使用以 10 为底的近似对数来定义的。由表 6.8 可以清楚地看到，其中 $i+1$ 级别的频率大约是 i 类别频率的 10 倍，其中 $i = 1, 2, 3, 4$。表 6.9 中使用了类似但不太清楚的对数标度。

因此，当使用对数标度时，严重性是后果的对数，可能性是事件 i 发生频率的对数。

$$S_i = \log(\text{结果}_i)$$
$$L_i = \log(\text{频率}_i)$$

当用式(6.29)计算 RPN_i 时，我们实际上是在计算：

$$RPN_i = S_i L_i = \log(\text{结果}_i) \times \log(\text{频率}_i)$$

因为这两个对数相乘没有明确的逻辑含义，以下公式使用起来会更自然：

$$RPN_i = \log[(\text{结果}_i)(\text{频率}_i)] = \log(\text{结果}_i) + \log(\text{频率}_i) = S_i + L_i \tag{6.30}$$

因此，对于事件 i，我们有两个不同的 RPN_i 定义：

(1) 乘法规则：$RPN_i = S_i L_i$；
(2) 加法规则：$RPN_i = S_i + L_i$。

案例 6.14 说明了这两种方法之间的区别。

案例 6.14（决定 RPN 的两种方法）：考虑两个事故场景 E_1 和 E_2。假设我们发现 E_1 的严重性级别为 5，可能性为 1，而 E_2 的严重度级别为 4，可能性为 2（来自表 6.8 和表 6.9）。用加法与乘法进行计算。

加法：事件 E_1 的 RPN_1 为 $RPN_1 = 5 + 1 = 6$，事件 E_2 的 RPN_2 为 $RPN_2 = 4 + 2 = 6$，

这意味着 E_1 和 E_2 获得相同的 RPN，并且同等重要。

乘法：通过事件 E_1 的乘积获得的 RPN 是 $RPN_1=5\times1=5$，对于事件 E_2 我们得到的是 $RPN_2=4\times2=8$，并且事件 E_2 比事件 E_1 更重要。

案例 6.14 表明，在某些情况下，两种方法给出的结果不同。我们认为，当以线性量表测量严重性和可能性时，乘法规则更加正确，而当以对数或近似对数的测量方案测量严重性和可能性时，加法则更加正确。许多标准表明，严重性和可能性类别是在近似对数尺度上定义的，因此，在本书的其余部分中，我们将使用加法规则。

在某些应用中，RPN 称为风险指数。

案例 6.15（地铁列车着火）：考虑引发事件 E——"隧道地铁列车上冒烟"。

（1）根据表 6.9 评估后果。我们假设 3～10 人死亡，并得出后果级别为 5。

（2）根据表 6.8 评估概率。我们假设发起事件 E 每 10 年到 100 年发生 1 次，并获得频率级别为 3。

因此，危险事件（事故场景）A 的风险指数为 $5+3=8$。需要注意的是，本例中的数据没有经过全面的分析，只是起到说明的作用。

在图 6.7 所示的风险矩阵中，我们可以计算矩阵中不同组合的风险指数。因为该矩阵是一个 5×5 的矩阵，所以风险指数的范围也就是 2～10。

根据上面描述的方法，具有相同风险指数的事件基本上也会拥有同样的风险。这样的推论可以用来划分危险事件，将风险指数在某一特定范围内的事件合成一种，使用类似的方法进行处理。在图 6.7 中，英国国土航空局（UK CAA，2008，第 12 页）定义了 3 个不同的区间/区域：

（1）可接受。后果不会或者没有严重到需要担忧的程度，风险是可以容忍的。但是，还是应该考虑让风险在合理可行的范围内尽量低（ALARP），从而将事故或者意外的风险减到最小①。

（2）审查。后果和（或）概率需要引起注意，需要采取措施让风险在合理可行的范围内尽量低。如果在措施执行之后，风险仍然还处于需要检查的级别，那么这种风险也可以接受，因为它已经被充分了解，相关组织的安全负责人会将其特别标注出来。

（3）不可接受。概率和（或）后果的严重程度是无法容忍的。必须大力采取缓解举措，降低与危险相关的事件发生概率和后果的严重程度。

在图 6.7 的风险矩阵中，可接受区域位于矩阵的左下角，涵盖了风险指数为 2～5 的事件。不可接受的区域位于右上角，涵盖风险指数为 8～10 的事件。而矩阵的中间区域是审查区，相应的事件风险指数是 6 和 7。

6.5 预期寿命降低

由某一种危险所导致的死亡和残疾，并不一定发生在危险事件的过程当中，有些严重的后果可能会在多年之后才会显现出来。比如说，员工在工作中由事故导致立刻死亡的

---

① 我们在 5.3.1 节中深入讨论了 ALARP 原则。

风险,要低于致癌物质意外泄漏而导致他患上癌症这种不治之症的风险。然而,对于第一种情况,员工死亡的时候是一个年轻人,而后一种情况造成的后果是在癌细胞扩散之前,他还会再工作 20~30 年。

之前介绍的风险度量并不能区分年轻人死亡和老年人死亡的不同。为了体现受害者年龄上的差异,我们使用预期寿命减少时间(reduction in life expectancy,RLE)作为一个风险度量。如果一个人由于事故的原因在年龄 t 的时候死亡,RLE_t 就可以定义为:

$$RLE_t = t_0 - t$$

式中,t_0 代表与随机抽取的受害者同龄人士的平均寿命,而受害者却只能活到 t;RLE_t 被视为等于在 t 岁时被杀害的个人的平均剩余寿命。换句话说,这不是真正的风险度量,因为它不是后果概率的组合。它仅表示为"丢失"的年数这一后果。当然,我们也可以设定经历这种后果的概率,从而计算出风险,但这并不常用。

RLE 突出了年轻人的价值,因为预期寿命减少的时间取决于受害者死亡时候的年龄。从伦理的角度来看,这可能存在争议,但是在卫生服务中,优先考虑年轻人而不是老年人的情况并不少见。

案例 6.16(计算 RLE):某社区需对一个危险设施进行选址。一个地方是靠近幼儿园(K),另一个地方是靠近养老院(R)。假设这两起案例的预期死亡人数相同,最坏的后果是 20 人死亡(儿童或退休人员)。假设儿童的平均年龄为 5 岁,预期寿命为 80 岁。退休人员的平均年龄为 75 岁,预期寿命为 85 岁。这两种情况的 RLE 可表示如下。

$$RLE_K = 20 \text{ 人} \times (80 - 5) \text{ 年/人} = 1500 \text{ 年}$$
$$RLE_R = 20 \text{ 人} \times (85 - 75) \text{ 年/人} = 200 \text{ 年}$$

RLE 不仅被用来表达与疾病相关的风险,而且也适用于意外事故。

为了计算特定某群体的预期寿命的平均减少值 RLE_{av},我们必须将观察到的预期寿命与没有危险的同一群体的预期寿命进行比较。该群体的预期寿命有时可能与该国普通人的预期寿命有显著差异。

Fischhoff 等在 1981 年的研究中列出了由某些特定原因导致的平均预期寿命减少时间的估计值 RLE_{av}^*。在表 6.11 中,我们选取了其中的一些数据。

表 6.11 由于各种原因导致的平均预期寿命减少时间的估计值

原　　因	减少时间/d
心脏病	2100
癌症	980
脑卒中	520
摩托车事故	207
家中事故	95
一般性工作事故	74
溺水	41
步行时发生的事故	37

来源:Fischhoff 等(1981)。

6.6 风险衡量的选择与使用

本章介绍并讨论了几种衡量人员风险的方法。其中大多数与死亡风险有关，但有些也包括受伤风险。对于特定的应用场景，我们应该使用哪些风险衡量？某些指标比其他指标好吗？在本节的后半部分，我们针对如何选择风险衡量给出一些一般性的建议。

风险分析用于支持决策，因此选择衡量风险的首要标准是一种提供决策所需答案的方式来表达风险。一个重要考虑因素是风险接受标准的表达方式。如果风险接受准则需要用 FAR 值来表示，那么风险分析则需要使用 FAR 值表述风险。

另外，风险应该以决策者能够理解的方式表达出来，让决策者能够正确理解结果的含义。我们应该避免使用难以解释的复杂的风险衡量。如果这比较难实现的话，我们就需要提供更详细的解释和案例说明。

选择和使用风险衡量时一般需考虑以下几点：

(1) PLL 取决于正在考虑的群体大小。群体越大，PLL 往往越大，那么在比较不同的活动和比较不同的组时则可能很困难。

(2) 对于评估风险降低措施的效果，PLL 可能很有用。我们实际上是比较同一组和从事同一活动的不同风险水平。这种比较是有效的。PLL 适用于使用成本效益分析来比较不同风控措施的效果，这是它的进一步的优势（见第 5 章）。

(3) 个人风险衡量标准（如 AIR 和 FAR 之类）通常用于表达风险接受准则，因为它们考虑的是群体中的个体，而不是整个群体。AIR 和 FAR 可以用于相同的目的，并且都与所考虑的小组人数、暴露时间无关，因为两者都表示给定暴露程度下（如每年或每 10^8 h）的风险。

(4) 当我们考虑大型系统对较大群体的风险时，团体风险衡量非常有用。当较小的群体面临额外风险（可能很高）时，个人风险可能是更合适的指标（Vanem, 2012）。

(5) 与 PLL、FAR 和 AIR 等单一风险度量相比，FN 曲线提供了更多风险信息。通过 FN 曲线，我们可以更好地了解事故的严重性，例如，事故是否会导致 1 人或少数人死亡，还是会导致多人死亡。相比大量的小事故，造成多人伤亡的重大事故更让人不可接受，因此重大事故对决策至关重要。然而，FN 曲线的缺点很难被人理解。

(6) 在考虑人员风险时，仅考虑死亡风险而不考虑伤害的现象很普遍。也正因为如此，大部分的风险度量只考虑死亡风险。我们要把这种度量方法的局限性清楚地告知决策者。如果只考虑死亡风险不能充分地衡量风险，那么在描述风险时应考虑 LTI、LWF 或者 PEF。

(7) 所有风险衡量通常都是在相对较大的人群中进行平均。因此，AIR 和 FAR 所体现的是对普通个体而不是特定个体的风险。在某些情况下，平均可能会"隐藏"个体之间的较大差异。这一点需要清楚地传达。

(8) 当使用风险矩阵表示风险时，我们可自行定义频率和后果类别。一些公司和机构定义了标准风险矩阵，并将其应用于所有类型研究对象。这不一定是个好主意，因为问题的规模和相关事件的类型可能因情况而异。标准风险矩阵不一定适用于所有情况，因为事件往往只"集中"在风险矩阵的一小部分中,不能体现事件之间的差异。

(9) 最后,如果发生重大事故,使用基于死亡人数的安全绩效指标可能会产生问题,因为这些事故造成的死亡人数占据了总人数相当大的比例,对安全绩效指标的作用产生重大影响。这是衡量重大事故安全绩效的一个普遍问题,除非人口基数非常大。如果我们要评估加工厂的相关风险,通常会在全球范围内对重大事故的趋势进行衡量,因为这是我们获得足够数据集以生成合理可靠趋势的唯一方法。

使用单一风险衡量描述风险仅能提供有限的风险信息。使用多个风险衡量(如 PLL 和 AIR 或 PLL 和 FN 曲线)是更为实际的做法,因为这样可以提供更多的风险细节。

MacKenzie(2014)讨论了对如何构建风险衡量,并指出在选择指标时需考虑的各个方面。

6.7 其他资产的风险衡量

到目前为止,我们只研究了人员风险的风险衡量,没有涉及环境、经济和声誉等其他资产的风险衡量。在本节中,我们将仅通过一些如何衡量风险的示例对这些指标进行阐述。

6.7.1 测量环境风险

在撰写本书时,与环境风险相关的最大问题也许是长期问题,例如气候变化、海洋中的微塑料和授粉蜂的灭绝。长期影响通常不以风险的形式来表述,而是通过有害物质的释放水平、食品中存在有毒致癌物质的水平、接触化学物质等方式间接表示。我们对此不进行详细讨论,而是把主要关注点放在计划之外的排放上面,尤其是向水中的释放。

从危险排放到环境恢复的时间。SAFEDOR 项目(Skjong 等,2007)主要使用此方法。此方法提出 4 种损伤类别,从轻微(1 年恢复时间)到严重(10 年恢复时间)。

排放所影响的区域的大小。这种方法主要考虑影响的程度,而不是持续时间(Diamantidis,2017)。损害以受影响区域的面积或受海上泄漏影响的海岸线长度表示。欧洲塞维索指令(EU,2012)将受影响面积大小作为确定重大事故的标准。

损害的程度和恢复的时间的组合,这种方法则结合了上述两种方法。随着时间的推移反复计算损害程度,直到损害可以忽略不计。首先将每个时间段的损伤进行累加,然后除以总时间。

6.7.2 测量经济风险

重大资产的风险通常非常简单地表示为损失的频率和以货币价值表示损失的组合,如欧元。这样就给出了一个统计学上的预期损失(相当于 PLL)。有时,其他资产,如声誉,也可以用货币价值来表示。对于在证券交易所上市的公司,则可以用股票价值的损失来表示。

6.8 思考题

（1）在 2009 年，挪威有 212 人死于车祸。2009 年挪威的人口约为 485 万。请根据这些数字计算 AIR^* 和 PLL^*。相比之下，2009 年美国有 33 808 人死于车祸，而美国当时的人口约为 3.07 亿。基于此计算 AIR^* 和 PLL^*。请比较两国的数据，并评论哪里是最安全的。

（2）在一个海上石油和天然气钻井平台上共有 95 人工作。这些人可分为 3 组：管理、生产和维护。风险分析结果表明有船舶碰撞、泄漏、所用区域的火灾和 职业性的意外伤害等风险。这些事故类型的风险计算结果如下所示。该平台分为三个区域（工艺区、公共设施区和生活区）。船舶碰撞将影响所有区域。工艺区的泄漏和公共设施区的火灾将对不同区域产生不同的影响。职业性的意外伤害与区域无关，但与工作类型有关。

风险分析的数据如下所示：

- 船舶碰撞：

每年频率 $= 3.20 \times 10^{-4}$（所有区域）

Pr（死亡人数|碰撞）$= 0.08$

- 泄漏和火灾：

事故	LSIR		
	工艺区	公共设施区	生活区
泄漏	1.50×10^{-3}	3.00×10^{-4}	2.00×10^{-5}
公共局域火灾	2.00×10^{-4}	8.00×10^{-4}	1.00×10^{-5}

- 职业性的意外伤害（AIR）：

人员	AIR
管理	4.00×10^{-5}
生产	1.10×10^{-4}
维修	9.00×10^{-5}

- 配员和在每个区域的工作时间比例：

人员	人数	工作时间比例/%		
		工艺区	公共设施区	生活区
管理	40	5	5	90
生产	25	35	10	55
维修	30	20	25	55

人员在平台的工作时长为 2920h（1/3 年）。

① 计算船上所有人员的 AIR 值和每组人员的 AIR 值。

② 计算年均 PLL 值。
③ 计算平台上所有人员的平均 FAR 值。
④ 假设平台的总配员从 95 减少到 50，重新计算 PLL、AIR 和平均 FAR 值，并评论计算结果。
⑤ 假设工作模式被改变为人员每年有 50% 的时间在平台上工作。请重新计算 PLL，平均 AIR 和平均 FAR 值，并评论计算结果。

(3) 主要安全功能损失频率
① 解释我们所说的风险衡量主要安全功能损失频率的含义。
② 这个指标告诉我们关于风险是什么（是人员风险、环境风险还是其他资产的风险）？
③ 提供主要安全功能的示例。
④ 在哪些行业使用主要安全功能作为风险衡量，在生命周期的哪个阶段特别适合？

(4) 从挪威的统计数据中，可以找到以下数字：
- 1991—2000 年挪威的平均人口：440 万。
- 男性和女性之间的比例非常接近 50%。
- 事故造成的平均每年死亡人数（1991—2000 年）：1734。
- 因意外事故平均每年造成的男性死亡人数：986。
- 1991—2000 年平均死亡人数（所有原因）：45 300。

请计算以下内容：
① 1991—2000 年因事故造成的平均 PLL^* 值。
② 1991—2000 年因事故造成的平均 FAR^* 值（假定每人每天暴露 24h）。
③ 1991—2000 年男性与女性分别因事故造成的平均个体风险（AIR^*）。
④ 1991—2000 年由于所有原因而造成的总 AIR^*。
⑤ 你能解释一下④中 AIR^* 值的实际意义吗？
评论使用像这样的平均值（比如计算学生的风险）是否实际。

(5) 在建立 FN 曲线时需要什么信息？

(6) 在一个特定的行业中，从 1990 年到 1999 年，平均每年有 24 000 人在工作（即 24 000 人·年）。假设一年工作 2000h，并假设所有员工都是全职工作。在此期间，已有 26 人死亡。
① 计算此期间的 PLL^*、FAR^* 和 AIR^* 值。
② 如果工作人年增加但死亡人数不变，风险衡量是否会发生变化？

(7) 列车乘客的量化风险如下：

后　果	频率/(次·年$^{-1}$)
0 人死亡,5 人受伤	3.2×10^{-3}
1 人死亡,10 人受伤	6.1×10^{-4}
5 人死亡,20 人受伤	4.9×10^{-5}
10 人死亡,30 人受伤	3.6×10^{-6}
20 人死亡,40 人受伤	1.2×10^{-7}
40 人死亡,50 人受伤	8.6×10^{-7}

如果需要进一步假设,请描述。

① 计算列车运行的平均年 PLL 值。

② 计算 AIR 值。

③ 计算所有乘客的平均 FAR 值。

④ 计算潜在的等效死亡人数。受伤等同为 0.1 人死亡。

⑤ 基于以上信息画出 FN 曲线。

(8) 在工厂中,有 200 名全职员工都面临相同的风险。对工厂进行风险分析后获得了以下信息:

- 在工厂可能造成死亡的唯一事故类型是火灾。
- 火灾频率为每年 0.0028 次。
- 发生火灾的平均后果是 1.2 人死亡。

计算工厂员工的 AIR 值。

假定工厂的生产过程发生了改变,并引入了有毒化学物质,可能导致另一种类型的事故发生。如果发生泄漏,则可能造成员工死亡。每年的泄漏频率为 4.2×10^{-4},泄漏的平均后果是 12 人死亡。

请重新计算工厂中员工的 AIR 值。

(9) 列车准备离开站台。车站外是单一轨道线,供双向行驶的列车使用。为防止列车在另一列车相向行驶时离开车站,站台已采取了几种措施,因此列车在轨道没有畅通的情况下离开车站的可能性非常低(概率为 3.0×10^{-6})。列车司机和列车长平均每个工作日要经历 10 次"列车在车站等待,准备出发",他们每年工作 220d。一个普通乘客每次旅行都会经历两次相同的情况,并且每年需要 440 次旅行。平均而言,列车在等待离开时载有列车司机、列车长和 30 名乘客。假设出现"列车驶离车站和轨道不通畅",则发生撞车的概率是 0.5,撞车后列车上的人死亡概率为 0.25。

① 对于列车司机和普通乘客来说,AIR 值是多少?

② 列车司机和普通乘客的 DPM 值是多少?

③ 列车碰撞的 PLL 值是什么?

④ 列车司机的平均 FAR 值是多少?假设每年暴露时间为 1850 个工作小时。

(10) 某海上平台的风险分析结果如下:

- 井喷是主要的事故类型。
- 井喷发生的概率为 0.0012 次/年。
- 如果有人在平台上,如果井喷发生,人员死亡的概率为 0.25。
- 一般人平均在平台上的时间为 2920h/年(每年共 8760h)。
- 在任意时间,平均在平台上约有 150 人。

① 计算海上平台由井喷而引起的 LSIR 值。

② 计算一般人员由井喷而引起的 AIR 值。

③ 计算一般人员由井喷而造成的 FAR 值。假设暴露时间等同于一个人在平台上花费的时间。

④ 计算海上平台每年由井喷造成的 PLL 值。

(11) 考虑两辆汽车相撞的事故：一人死亡，一人受伤，并且两辆车严重受损。参考表 6.9 中的后果级别，确定在此事故中各个不良影响所属的后果级别。

(12) 在风险矩阵中 ALARP 原则是如何实现的？

(13) 在某一工作场所，我们统计了 10 年的事故数据，结果如下表所示。

项目	第1年	第2年	第3年	第4年	第5年	第6年	第7年	第8年
LTIs	12	6	9	7	10	5	4	2
LWDs	65	42	90	55	75	80	50	62

假设在整个期间有 500 名员工，每人每年工作 2000h。

① 计算每年的 $LTIF^*$ 和 LWF^* 并画出相应曲线。

② 从曲线中我们可以得出 LTI 严重程度的哪些信息？

参考文献

Ball, D. J. and Floyd, P. J. (1998). *Societal Risks*. Tech. Rep. London: Health and Safety Executive.

Baybutt, P. (2018). Guidelines for designing risk matrices. *Process Safety Progress* 37(1): 49-55.

Cox, L. A. J. (2008). What's wrong with risk matrices? *Risk Analysis* 28(2): 497-512.

Diamantidis, D. (2017). A critical view on environmental and human risk acceptance criteria. *International Journal of Environmental Science and Development* 8(1): 62-66.

Duijm, N. J. (2015). Recommendations on the use and design of risk matrices. *Safety Science* 76, 21-31.

EU(2012). *Council Directive 2012/18/EU of 4 July 2012 on the control of major-accident hazards involving dangerous substances*, Official Journal of the European Union L197/1.

EU-JRC(2006). Land use planning guidelines in the context of article 12 of the Seveso Ⅱ directive 96/82/EC as amended by directive 105/2003/EC. Tech. Rep. Ispra, Italy: European Commission, Joint Research Centre.

Eusgeld, I., Freiling, F. C., and Reusser, R. (eds.)(2008). *Dependability Metrics*. Berlin: Springer-Verlag.

Evans, A. W. and Verlander, N. Q. (1997). What is wrong with criterion FN-lines for judging the tolerability of risk? *Risk Analysis* 17: 157-168.

Farmer, F. (1967). Siting criteria: a new approach. *Atom* 128: 152-170.

Fischhoff, B., Lichtenstein, S., and Keeney, R. L. (1981). *Acceptable Risk*. Cambridge: Cambridge University Press.

Hambly, E. C. (1992). *Preventing Disasters*. London: Royal Institution Discourse.

Hirst, I. L. (1998). Risk assessment: a note on F-N curves, expected numbers of fatalities, and weighted indicators of risk. *Journal of Hazardous Materials* 57: 169-175.

Holand, P. (1996). Offshore blowouts: causes and trends. PhD thesis. Trondheim, Norway: Department of Production and Quality Engineering, Norwegian Institute of Technology.

HSE(2001a). *Marine Risk Assessment*. London: HMSO.

HSE(2001b). *Reducing Risks, Protecting People; HSE's Decision-Making Process*. Norwich: HMSO.

HSE(2003). *Transport Fatal Accidents and FN-Curves (1967—2001)*. London: HMSO.

Kjellén, U. (2000). *Prevention of Accidents Through Experience Feedback*. London: Taylor & Francis.

Laheij, G. M. H., Post, J. G., and Ale, B. J. M. (2000). Standard methods for land-use planning to determine the effects on societal risk. *Journal of Hazardous Materials* 71: 269-282.

MacKenzie, C. A. (2014). Summarizing risk using measures and risk indices. *Risk Analysis* 34: 2143-2162.

MIL-STD-882E(2012). Standard practice for system safety. Washington, DC: U. S. Department of Defense.

RSSB(2007). *Engineering Safety Management (The Yellow Book)*, vols 1 and 2. London: Rail Safety and Standards Board.

Skjong, R., Vanem, E., and Endresen, Ø. (2007). *Risk Evaluation Criteria*. Tech. Rep. SAFEDOR-D-4.5.2 DNV. EU Project, SAFEDOR Project.

UK CAA(2008). Safety Management Systems: Guidance to Organisations. Technical report. Gatwick Airport, UK: Civil Aviation Authority, Safety Regulation Group.

Vanem, E. (2012). Ethics and fundamental principles of risk acceptance criteria. *Safety Science* 50(4): 958-967.

第 7 章

风险管理

7.1 简介

本书的主题是风险评估,但识别和描述风险本身并不能降低风险。我们需要根据风险评估的结果来制定决策,确保这些决策能够得以实施和跟进,希望能看到其效果。这些旨在控制风险的活动和系统性行为,被称为风险管理。本章对此主题进行简要介绍,以便读者更好地理解风险评估在风险管理中的角色和作用。

国际标准 ISO 31000《风险管理指南》发布于 2009 年,并在 2018 年进行了更新(ISO 31000,2018)。该标准已得到广泛认可,但是大量其他标准和准则也提供了有关什么是风险管理以及如何实施风险管理的建议,比如:

(1)《ISO 45001 职业健康安全管理体系要求及使用指南》。

(2)《过程安全管理指南》(CCPS,2016)。

(3)《安全管理手册》(ICAO,2018)。

(4)《风险管理基础》,美国国土安全部(2011)。

(5)《健康与安全管理》,英国健康与安全执行委员会(HSE,2013)。

(6)《ISO/IEC 27001 信息技术-安全技术-信息安全管理系统》。

以上文档大多针对某种特殊风险类型(如 ISO 45001 主要聚焦于职业风险),或特定的行业[美国化工过程安全中心(CCPS)和国际民用航空组织(ICAO)]。本章节中的风险管理主要基于 ISO 31000,因为这是最通用的标准。虽然在不同的文档中术语和相关描述有所不同,它们的原则在大多数情况下都是相同的或非常相似的。

ISO 31000 范围广泛,旨在管理组织所面临的所有类型的风险。这不仅包括事故风险,还包括金融、政治、法律、合同和监管等其他方面的风险。ISO 31000 中的"风险"一词,比本书中的风险具有更广泛的应用意义,并且允许正面的结果。例如,组织可能会选择接受较高的财务风险,因为如果风险的负面后果没有实现,就有可能赚很多钱。在这种情况下,风险管理将涉及风险水平的优化,而不是按照在合理可行的范围内尽量低(ALARP)原则降低风险。

定义 7.1（风险管理）：指导和控制某一组织与风险相关问题的协调活动。

这个定义着眼于组织机构，这是因为该标准关注的范畴就是组织中的风险管理。该定义涵盖了组织为应对风险而计划和执行的所有活动，包括识别和描述风险所采取的措施。因此，风险评估是风险管理的一部分。

美国国土安全部对风险管理的定义如下：

定义 7.2（风险管理）：风险管理是一种过程，用于识别、分析和传达风险，并考虑到所采取的任何措施的相关成本和收益，接受、避免风险或控制其在可接受的水平（美国国土安全部，2010）。

根据 ISO 31000，风险管理应遵循以下原则：

（1）整合性——风险管理是组织进程中不可分割的组成部分，不是独立于战略和运营决策的活动。

（2）系统化和结构化——系统性地覆盖相关的重要信息。

（3）量体裁衣——适合相关组织。

（4）包容性——确保各利益相关者的参与。

（5）动态性——接受风险变化，并且风险管理需要适应这种变化。

（6）应采用最佳可用信息。

（7）须考虑人因组织因素。

（8）持续改进。

安全管理经常被认为是等同于风险管理，但在本章中我们倾向于使用"风险管理"。这不仅符合 ISO 31000 标准，还符合我们的习惯，即区别使用与未来相关的风险指标和与过去相关的安全绩效指标。

与风险管理有关的一个术语是风险治理（risk governance）（IRGC，2008）。在实践中，ISO 31000 中对风险管理的描述与国际风险管理委员会（IRGC）存在很多相似之处。

图 7.1 描述了风险管理过程的主要步骤，这个过程是 ISO 31000 的修改版本，修改的原因是该标准使用的术语与本书所用的术语略有不同。在所有的实际应用中，这些差异并不重要。

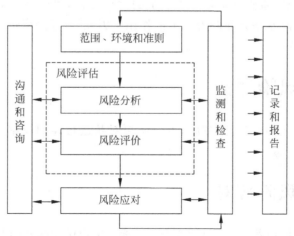

图 7.1　风险管理过程[来源：改编自 ISO 31000(2018)]

图 7.1 中的风险管理过程显示为一个循环,两侧有两个活动,但实际上这是一个迭代过程。主要步骤包括:

(1) 范围、环境和准则:定义风险管理过程的框架。
(2) 风险评估:包括风险分析与风险评价。
(3) 风险应对(处理):决定做什么(如果需要的话)以及执行决定。
(4) 沟通和咨询:让所有相关利益相关者参与其中。
(5) 监测和检查:持续追踪绩效表现,判断绩效水平是否达到风险管理的目标。
(6) 记录和报告:建档和反馈。

我们会在本章的剩余部分分别讨论这 6 个步骤。

7.2 范围、环境和准则

第一步确定风险管理过程的范围,明确外部和内部的环境状况,建立风险准则。这与我们开始进行风险评估之前所经过的过程基本相同(第 3 章),只是范围和状况更为广泛。建议该过程的范围要尽量全面,涵盖所有类型的风险。尽管如此,有些人仍然可以选择仅将其限定于特定的危害和事件。

风险管理的内部环境和外部环境十分关键。内部环境是指组织寻求实现其目标的内部状况。外部环境则指组织寻求实现其目标的外部状况。组织可能被外部环境影响,也可能影响外部环境。我们必须充分理解内部环境,包括但不仅限于:组织的价值、愿景和目标、为实现方针和目标制定的战略、组织的文化、资源、知识和数据、组织结构、内部关系等。外部环境可以包括但不局限于:社会、文化、政治、法律法规、金融、技术和经济。似乎这些如此广泛的因素已经远远超出了可能影响事故风险管理的范围,但要考虑到经历过严重事故的公司遭遇的政治和社会压力,考虑这些还是值得的。还有就是财务因素,由于市场萧条而挣扎着生存的公司也必须重新考虑在风险管理方面的支出。

第 5 章主要介绍了风险接受准则,但主要是关于如何在原则上而非实践中建立和表述这些准则。建立风险接受准则是一个复杂的过程,内部和外部环境在决定如何制定准则,以及应容忍的风险水平方面起着很大的作用。因此,上述因素也为风险评估的这一步骤提供了相关的输入。

7.3 风险评估

风险评估(第二步)是本书的主题,本节不再对其进行详细介绍。读者可以参考第 3 章以获取更多详细信息。

7.4 风险应对

风险应对或者处理(第三步)包括 2 个子步骤:决定做什么和执行决定。在实际操作中,我们针对评估之后的风险有几种可用的应对选项:

无视。如果风险是可以忍受的,并且采用 ALARP(对于根据该原则制定的验收标准),则可以得出结论,无须采取任何措施。

维持现有措施以控制风险。大多数情况下,现有的风险控制措施已经到位,并已在风险分析中予以考虑。为了使风险分析的结果保持有效,须维持这些措施。

考虑采取进一步的措施降低风险。即使风险是可以容忍的,我们仍须尝试确定和评估进一步降低风险的措施,否则我们很难得出结论,认为这符合 ALARP。在做出决定之前,还须要对风险降低措施的有效性进行评估并比较备选方案。

进行进一步的分析。在风险很高,但还没有效果显著、性价比合适的可用风险降低措施的情况下,以及不确定性很高或风险没有被充分理解的情况下,进一步深入分析是常见的方法。

重新评估风险接受标准。在某些特殊情况下,这可能是评估的结果。如果风险很高,不符合标准,但是执行某活动或做出某决定可带来的收益非常高,这时人们可能会得出结论,背离风险接受准则,并接受比准则规定更高的风险。

在大多数情况下,我们都要考虑降低风险,那么能够系统地确定降低风险的措施就非常关键。为此,我们需要充分了解事故场景。如果我们了解相关的场景是如何发展的,我们就可以更好地建议规避的措施,或者能够减轻后果。

我们已经知道,系统评估风险降低措施也很重要。使用成本效益分析是一方面,另一方面我们也要考虑措施是否可能产生负面影响:这些措施是具体针对特定事故场景,还是涵盖面更广泛些;它们的有效性如何以及其他方面。风险降低措施的系统确定和评估通常融合在风险分析中,将在第 13 章中进行更详细的介绍。

注释 7.1(风险认知):风险分析的结果是决策过程的一个重要输入,但决策也深受决策者风险感知的影响。不同的人受他们的个性、已有的经验和其他因素的影响,可能对风险有不同的看法。害怕飞行就是一个例子。两个乘坐同一架飞机的人,可能对风险有很大不同的看法。有些人可能对飞行有极度的恐惧,并尽一切可能避免乘坐飞机;而另一些人则没有或很少担心。这在很大程度上可以归因于感知上的差异。

7.5 沟通和咨询

风险管理流程的第四步包含两个紧密结合的关键部分:

(1) 交流涉及我们如何将风险分析的结果呈现给每一个利益相关者,而这些人通常拥有不同的背景,对风险和风险分析有不同的理解。

(2) 协商是要从利益相关者那里获得有关风险评估,以及已提出或已做出的决策的反馈。除非沟通良好,否则协商很可能会失败,因为涉众可能并不了解风险分析和其结果。

风险沟通很困难,而它本身就是一个研究领域。风险的概念有许多不同的定义,并且容易被误解(如我们在第 2 章中所述)。许多利益相关者的背景和需求各不相同,这也使事情的沟通变得更加复杂。我们使用的风险度量不一定非常适合非专家。风险分析人员能够了解 FN 曲线,但是没有接受过风险评估正式培训的决策者会理解其含义吗?该领域的重要研究人员之一 Baruch Fischhoff,曾经出版过几部有关风险沟通和风险认知的书籍并发表几篇相关论文,如 Fischhoff(1995)将风险沟通在 20 年中的发展总结为 8 个"阶段"(表 7.1)。

表 7.1 风险沟通的各发展阶段

1	我们要做的就是数字要准确
2	我们要做的就是告知准确的数字
3	我们要做的就是解释数字的含义
4	我们要做的就是向他们证明他们已经承担过类似的风险
5	我们要做的就是向他们表明这对他们来说是一件好事
6	我们要做的就是善待他们
7	我们要做的就是让他们成为合作伙伴
8	以上所有

遗憾的是,人们通常只遵循前两三个阶段。作为风险分析人员,我们不一定要参与所有这些阶段。但更重要的是,我们要了解,风险沟通不仅仅是以最佳方式进行分析并提供结果。有关风险沟通的更多讨论,可以参考 Fischhoff 和 Scheufele(2013)、Árvai 和 Rivers(2014)、Morgan(2009)和 Kasperson(2014)的论文。

如果沟通顺畅,协商则很可能会成功。协商的本质是从利益相关者那里得到反馈。为此,一个好的过程需要一个可以很好呈现和讨论结果的平台,并且需要时间来融入风险管理的过程中。而具体如何执行取决于实际情况。一方面,在开设新工厂、引入新法规或进行其他可能影响风险的变更时,很重要的一点是要让利益相关者真正有机会来影响整个情况,并且时机非常重要;另一方面,在工厂的日常运营中,管理者可能需要定期与工人就风险进行磋商,这是工厂整体运营的一部分。

以书面形式提供与利益相关者相关的所有信息通常是很困难的,因此有必要让风险分析人员与利益相关者直接沟通,否则很可能会出现沟通问题和错误的推断。

7.6　监测和检查

风险的日常追踪与选择并实施降低风险的措施同等重要。风险的监测和检查(第五步)涵盖了具有以下目标的各种活动:

(1) 确保已采取的措施能够达到预期的结果。有时我们可能会发现降低风险的措施无法达到预期的效果(例如,操作手册不合适、气体检测器的位置不理想且不能检测可燃气体以及人员培训未能提高安全绩效)。

(2) 监测降低风险的措施继续按预期工作。需要对技术系统进行定期检查、测试和维护,以确保它们能够继续工作。即便是经过应急响应培训的人员,由于他们很少需要使用这部分知识,因此也需要进行定期的训练和再培训。

(3) 监测安全绩效和风险水平的发展趋势。如果风险水平呈现消极发展趋势,我们应该尽早发现并采取纠正措施。监测通常是通过安全绩效指标[例如失时工伤(LTI)]或通过测量关键安全系统的性能来实现。挪威石油安全管理局(PSAN)于 2001 年启动了一项针对挪威石油和天然气行业重大事故风险的监测计划,并发布年度报告以提供有关风险水平的信息(PSA,2018)。报告所使用的指标包括严重事故的数量、受伤人数、安全关键设备的测试失败率以及可能影响风险的人为因素和组织因素的状态。

(4)监测还需要考虑内部和外部环境的变化,这可能需要修改风险管理系统本身或为减少和控制风险而采取的措施。这可能是由操作变更、法规变更、设备改造等造成的。这些都是需要更新风险评估的示例。经验表明,变更往往是事故的主要因素,因为变更对风险的影响没有得到适当的评估。因此,变更管理经常被强调为风险管理中一个特别重要的组成部分。

(5)作为这一步骤的一部分,人们应该定期评估管理系统本身是否按预期正常运作。审计通常用于验证性能,有时必须根据结果进行修改。

安全审计

审计是一种特定类型的监测活动。审计用途广泛,其目的通常是验证一个功能、一个过程、一个管理系统或其他活动是否按预期工作。安全审计是一种特定类型的审计,通常有几个目的。主要目的是验证已实施的风险管理系统是否按预期运行。安全审计有助于识别系统中的弱点、被忽视的危险,验证是否遵循相关的法律、法规和标准。审计所涉及的活动可能会根据范围的不同而显著差异。活动的例子包括审查作业流程、检查文件和面试。

7.7 记录和报告

风险管理过程的最后一步是记录和报告信息(第六步)。整个过程应妥善记录,包括过程的中间结果。文档是内部和外部沟通的重要工具,能够追踪过程是如何执行的以及已经实现了什么。记录是改进的重要基础。

根据 ISO 31000,在决定报告什么和如何报告时需要考虑的关键因素包括:
(1)不同利益相关者在报告方面有不同的需求。
(2)报告可以以不同的方式进行,不限于纸质的。
(3)报告的目的应该是为了帮助该组织实现其目标。
(4)需要按时提供报告,并且不要过度使用资源。

7.8 利益相关者

如 7.5 节所述,利益相关者需要参与到风险管理过程中。ISO 31000(2018)对利益相关者(Stakeholder)的定义如下:

定义 7.3(利益相关者):可以影响、被影响或者觉得自己会被决策或活动影响的个人或组织。

利益相关者也称为利害相关方(interested party),在 ISO 45001 中是首选术语。定义 7.3 涵盖了许多类别的利益相关者,例如可能受事故后果影响但没有能力或权力影响决策的人。请注意,即使某个人没有受到影响,但他自己认为受到了影响,他仍然是利益相关者,并且有权被告知和协商风险。

利益相关者可以按不同的方式进行分类。一种是基于利益相关者的权力、紧迫性和合法性。利益相关者也可以归类为(Yosie 和 Herbst,1998):

(1) 直接受决策影响而在问题或项目上采取行动的人。
(2) 对项目或活动感兴趣,希望参与到过程中并寻求机会提供意见的人。
(3) 对过程更感兴趣并寻求信息的人。
(4) 受决策结果影响但不知情,或没有参与到利益相关者流程中的人。

某些利益相关者可能有多重角色。对于不同的利益相关者而言,事故的后果将有所不同,具体取决于他们与可能受到损害的资产之间的关系。如果一名工人在事故中丧生,除可能影响其雇主以外,其丈夫和子女也将承受相关后果。

7.9 风险与决策

7.4 节描述了如何处理风险的决策。在下文中,我们将简要阐述决策的过程。

7.9.1 决策模型

我们需要注意的是,风险只是决策问题的一个维度。运营、经济、社会、政治和环境的考虑可能也要包含在决策准则中。即使决策会影响风险,我们也不会在真空中做决策,总是有需要遵守的各种限制,如法律法规、时间和成本限制等。通常有一群利益相关者对决策感兴趣,并寻求以不同的方式影响决策。图 7.2 显示了一个涉及风险的简单决策模型,它是 Aven 的著作中类似图的扩展版本(2003,第 98 页)。

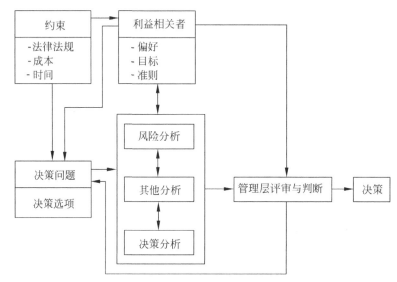

图 7.2 决策框架[来源:改编自 Aven(2003)]

风险评估的结果如下：

(1) 决策的直接输入（图7.2）。

(2) 决策的间接输入，例如通过影响利益相关者的方式。

实际决策必须由管理层做出，而不属于风险评估过程的一部分。接下来我们将简要描述在不同程度上依赖于风险分析结果的3种"决策模式"。

7.9.1.1 确定性决策

确定性决策是指在做决策时不考虑后果的可能性。风险分析不能被用作确定性决策的输入。根据对未来的确定性观点来预测各种情况，并假设一组有限的故障条件将导致一个无法预期的最终事件。为了防止这一最终事件的发生，决策者依赖于传统的工程原理，如冗余、多样性和安全余量。

7.9.1.2 基于风险的决策

基于风险的决策（risk-based decision-making，RBDM）几乎完全依据风险评估的结果。美国能源部将RBDM定义如下：

定义7.4（基于风险的决策，RBDM）：一个使用风险、成本和效益来量化评估和比较决策方案，用来竞争有限资源的过程（改编自美国能源部，1998）。

美国海岸警卫队在4卷USCG技术报告（2002）中详细描述了RBDM过程。该过程可分为4个步骤：

(1) 建立决策结构（确定可能的决策选项和影响这些选项的因素）；

(2) 执行风险评估（如第3章中所述）；

(3) 将这些结果应用于风险管理决策中（即评估可能的风险管理选项，并利用步骤(2)中的信息）；

(4) 通过影响评估监测的有效性（跟踪风险管理措施的有效性，并验证组织是否已从风险管理决策中获得预期的结果）。

有关各个步骤的详细信息，请查阅USCG技术报告（2002）。

7.9.1.3 风险指引型决策

批评者认为，RBDM方法过于强调对概率性风险的预测，而对确定性要求和设计原理很少关注。为了弥补这一缺陷，提出了风险指引型决策（risk-informed decision-making，RIDM）的方法。NUREG-1855（2009）将RIDM定义如下：

定义7.5（风险指引型决策，RIDM）：一种决策方法，理念是将风险与其他因素一起考虑，更加关注设计和运营问题，将它们放在与健康和安全同等重要的位置（来自NUREG-1855，2009）。

NASA（2007）给出的定义有些许不同。根据NUREG-1855（2009）的描述，RIDM过程可以分为5个步骤：

(1) 在考虑周全的情况下（包括环境和边界条件）定义决策。

(2) 识别并评估合理的要求（法律、法规、要求、设计准则）。

(3) 在知会风险的状况下进行分析，包括：

① 确定性分析（根据工程原理、经验和既有知识）。

② 概率分析（即包括不确定评估在内的风险评估）。

（4）确定实施和监控程序。决策制定过程的重要一步就是要理解决策的内涵,并尽量防止任何意料之外的负面影响。

（5）整合决策。将第(1)步到第(4)步的结果整合起来进行决策。这需要对 RIDM 过程中所有其他步骤中获得的见解进行比较权衡,并将它们融合到一起,得到结论。整合非常重要的方面是考虑不确定因素。

RBDM 与 RIDM 的一个主要区别,就是使用 RBDM 几乎只关注概率风险评估的结果,而使用 RIDM,决策既要根据来自概率风险评估的信息,还要依靠确定性分析和技术上的考虑。Apostolakis(2004)对 RBDM 和 RIDM 的区别进行了详细的探讨。RIDM 的主要元素如图 7.3 所示。

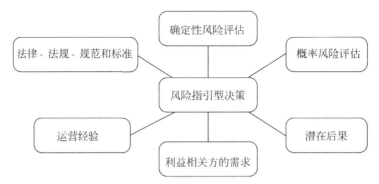

图 7.3　RIDM 的要素(源自加拿大核安全委员会总干事 Gerry Frappier 的报告)

7.10　安全立法

显而易见,对风险管理的首要要求是要遵守相关的法律、法规。因此,安全立法是该风险管理的重要背景。

安全法规有着悠久的历史,早在公元前 1780 年,古巴比伦的《汉谟拉比法典》中就包含了所谓"伤害类推"的惩罚性内容。比如法典的第 229 条指出：

如果建筑商为某人建造房屋,但建造不当导致房屋坍塌,致使其所有者死亡,则该建筑商将被处以死刑。

在重大事故发生之后,总会有很多新的法律法规出台或者得到修订。在这种情况下,立法是基于经验而非基于风险评估的结果,因此这种做法被视为一种被动的方法。传统上,安全法规都是规定性的监管制度,由立法机构规定工厂设计和运营的各种细节要求。比如,救生艇的座位数应至少与船上最大的乘员人数和乘客人数之和相同。现在,许多国家的趋势是从这种规定性要求转向基于绩效的制度,该制度要求管理层负责确保适当的安全系统到位。例如,对救生艇的基于绩效的要求可能是：应有足够的疏散手段以确保船上所有人的安全疏散。《汉谟拉比法典》实际上可能就是现存最早的基于绩效(如上文出现的房屋倒塌情况)的法规(Macza,2008)。以目标为导向和风险特征,是现在基于绩效的法规的两大构成要素。很多跨国公司和行业都热衷于这种基于绩效的法规标准(Aven 和 Renn,2009)。风险评估通常是判断是否满足基于绩效要求的重要文档。

有一些国家使用的是安全案例法规[①]。一个安全案例就是一套风险管理系统,需要工厂中的操作员编制一份文档,这份文档可以:

(1) 识别危害和潜在的危险事件;

(2) 描述如何对危险事件进行控制;

(3) 描述现在使用的安全管理系统,保证控制持续有效。

不同国家安全案例的详细内容和应用领域千差万别,但是以下这几个方面的因素最为重要[②]:

(1) 安全案例必须能够体现企业设施中技术和管理两方面的关键安全因素;

(2) 必须合理定义关键安全因素的绩效标准;

(3) 工作人员必须参与其中;

(4) 根据知识经验确定安全案例,同时需要独立的监理机构对其进行详细检查。

7.11　思考题

(1) 什么是风险管理?风险管理的主要活动是什么?

(2) 风险应对的主要方案有哪些?

(3) 假设我们计划在靠近城市的地方建造生产液化天然气(LNG)的工厂,对该工厂进行风险评估。列出有关风险评估的利益相关者。

(4) 根据 7.8 节中的类别对上一个问题中确定的利益相关者进行分类。

(5) 描述确定性、基于风险和风险引导决策之间的主要区别。

(6) 什么是安全案例?

参考文献

Apostolakis, G. E. (2004). How useful is quantitative risk assessment? *Risk Analysis* 24(3): 515-520.

Árvai, J. and Rivers, L. I. (eds.) (2014). *Effective Risk Communication*. Abington: Routledge/Earthscan, Milton Park.

Aven, T. (2003). *Foundations of Risk Analysis*. Chichester: Wiley.

Aven, T. and Renn, O. (2009). The role of quantitative risk assessments for characterizing risk and uncertainty and delineating appropriate risk management options, with special emphasis on terrorism risk. *Risk Analysis* 29(4): 587-600.

CCPS (2016). *Guidelines for Implementing Process Safety Management*, Wiley and Center for Chemical Process Safety, 2e. Hoboken, NJ: American Institute for Chemical Engineers.

Fischhoff, B. (1995). Risk perception and communication unplugged: twenty tears of process. *Risk Analysis* 2(15): 137-145.

Fischhoff, B. and Scheufele, D. A. (2013). The sciences of science communication. *Proceedings from the National Academy of Sciences* 110: 14033-14039.

[①] 安全案例在本书中指的是与安全相关的论据和证据。——译者注

[②] 来自 http://www.nopsa.gov.au。

Homeland Security(2010). *DHS risk lexicon*. Terminology Guide DHS 2010 Edition. Washington, DC: U. S. Department of Homeland Security.

Homeland Security (2011). *Risk Management Fundamentals*. Report. Washington, DC: U. S. Department of Homeland Security.

HSE(2013). *Managing for Health and Safety*, Report, 3rd ed. HSG65. London: Health and Safety Executive.

ICAO (2018). *Safety Management Manual (SMM)*: Technical report 9859. Montreal, Canada: International Civil Aviation Organization.

IRGC (2008). *An Introduction to the IRGC Risk Governance Framework*. Tech. Rep. Lausanne, Switzerland: International Risk Governance Council, EFPL.

ISO 31000 (2018). *Risk management-guidelines, International standard*. Geneva: International Organization for Standardization.

ISO 45001(2018). *Occupational health and safety management systems-requirements with guidance for use, International standard*. Geneva: International Organization for Standardization.

ISO/IEC 27001 (2013). *Information security management-security techniques-information security management systems-requirements, International standard*. Geneva: International Organization for Standardization.

Kasperson, R. E. (2014). Four questions for risk communication. *Journal of Risk Research* 17(10): 1233-1239.

Macza, M. (2008). A Canadian perspective of the history of process safety management legislation. 8th International Symposium on Programmable Electronic Systems in Safety-Related Applications, Cologne, Germany.

Morgan, M. G. (2009). *Best Practice Approaches for Characterizing, Communicating, and Incorporating Scientific Uncertainty in Climate Decision Making*. Tech. Rep. SAP 5.2. Washington, DC: U. S. Climate Change Science Program.

NASA(2007). *NASA Systems Engineering Handbook*. Tech. Rep. NASA/SP-2007-6105. Washington, DC: U. S. National Aeronautics and Space Administration.

NUREG-1855(2009). *Guidance on the Treatment of Uncertainties Associated with PRAs in Risk-Informed Decision Making*. Washington, DC: U. S. Nuclear Regulatory Commission, Office of Nuclear Regulatory Research.

PSA(2018). *Trends in Risk Level in the Petroleum Activity-Summary Report 2018*. Tech. Rep. Stavanger, Norway: Petroleum Safety Authority.

U. S. DOE(1998). *Guidelines for Risk-Based Prioritization of DOE Activities*. Technical report DOE-DP-STD-3023-98. Washington, DC: U. S. Department of Energy.

USCG(2002). *Risk Based Decision Making*. Guidelines PB2002-108236. Washington, DC: U. S. Coast Guard.

Yosie, T. F. and Herbst, T. D. (1998). *Using Stakeholder Processes in Environmental Decision making*. Tech. Rep. The Global Development Research Center. https://pdfs.semanticscholar.org/7d1e/059a89dd035371e0fe4a987984909db33f12.pdf(accessed 03 October 2019).

第 8 章

事 故 模 型

8.1 简介

为了理解事故的形成机制、制定事故预防和控制策略,有必要了解过去的事故情况,并从中汲取经验教训(Khan 和 Abbasi,1999)。因此,我们需要收集事故数据,并储存在不同的数据库中(见第 9 章),同时开发事故模型以支持事故调查。

尽管事故调查并不属于本书研究范围,但却是我们所介绍的很多知识的基础。这是因为事故模型会影响我们对潜在事故的认知程度,也会影响我们在风险评估中使用的方法。

最初的事故模型非常简单,只是把事故归结为单独的技术故障。随后,研究人员又将人因和人为错误纳入模型中。现在的事故研究者已经认识到,系统不仅包括技术和个人,还包含社会、组织和环境等多方面因素,所有这些都应该集成到事故模型当中(可参见下列论文:Leveson,2004;Qureshi,2008)。

很多事故模型主要关注职业伤害事故,但是这些不在本书的讨论范围之内。当然,出于历史的原因,我们也会对其中的一些模型作一些简要介绍,这主要是因为现在使用的更加复杂的重大事故模型很多都是基于这些早期模型。

8.2 事故分类

事故可以按照多种方式进行分类。在这里我们只描述一些常用的分类。

8.2.1 拉斯姆森分类法

拉斯姆森(Rasmussen,1997)将事故分为三大类,如图 8.1 所示。这三类有助于辨别风险分析特别有用的地方。

第一类事故

某些事故(如道路交通事故和轻微的职业伤害事故)频繁且"有规律地"发生,所以我

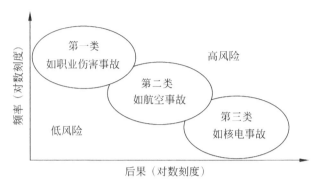

图 8.1 三种事故类型[来源：改编自 Rasmussen(1997)]

们可以根据过去的观察预测不久的将来可能发生的类似事故的数量。因此，出于风险管理的目的，事故统计通常比风险评估更有用。此类事故的特征是发生频率相对较高，后果的严重程度较低。

第二类事故

第二类事故与第一类事故相比，不经常发生，但后果更为严重（图 8.1）。此类事故的例子包括重大工业事故、空难、铁路事故和海难事故。在发生此类事故之后，通常会进行详细的事故调查，以查明事故的可能原因以及为防止事故发生所应采取的措施。为了确定与此类事故相关的风险，仅基于过去观察到的事故数量进行评估是不够的。相反，我们应该进行详细的风险分析，以识别尚未发生的所有可能的危害和事故场景。然后分析系统的每个部分，并根据各个部分相关的风险确定总体风险。

第三类事故

图 8.1 中的第三类事故很少发生，然而一旦发生，将带来大范围灾难性的后果。1986 年的切尔诺贝利核电事故就是例子。对于此类事故，试图根据历史事故频率确定风险没有任何意义，因为类似的事故极少。因此，有必要对系统的各个部分进行详细的风险分析。本书涵盖的风险分析主要与发生第二类和第三类事故的系统相关。我们使用重大事故一词广义地涵盖第二类和第三类事故，并在本节后面的内容中给出其定义。

8.2.2 其他事故类型分类

著名的风险研究人员詹姆斯·雷森（James Reason）将事故分为两种主要类型。第一种类型是个体事故，是个体遭遇的事故（Reason，1997），见定义 2.21。个体事故其实非常普遍，有关道路交通事故和老年人房屋中摔倒这些事件居高不下的统计数字就说明了一切。可以看出，个体事故与拉斯姆森的第一类事故紧密对应。

Reason(1997)将第二种类型的事故定义为组织事故：

定义 8.1（**组织事故**）：在复杂的现代技术（例如核电站、民用航空、石化行业、化工厂、海运和铁路运输、银行和体育馆）中发生的相对罕见，但通常具有灾难性的事件。事故原因多种多样，涉及工作在各个公司不同岗位上的很多人。组织事故往往对未涉及其中的人口、资产和环境产生毁灭性的影响。

幸运的是，尽管这些事故可能会对人口产生大规模影响，但是它们非常罕见。组织事故的特征是,事故原因众多,而且不同系统元素之间复杂交互。本书主要关注的就是这类事故。

Klinke 和 Renn(2002)提出了另一种分类方法,它不仅考虑概率和结果,还考虑不确定性和公众认知。他们使用希腊神话中的人物或物品来描述事故的类型,如表 8.1 所示。该分类的主要目的是制定风险管理的多种策略。《正常事故:与高风险技术共存》(Perrow,1984)一书介绍了系统事故(见定义 2.22)和正常事故的概念。在本章的后面,我们将详细介绍正常事故理论。

表 8.1 事故类型

名 字	特 征	例 子
达摩克利斯之剑	低概率、后果严重	核事故
库克罗普斯	概率不确定,后果严重且不确定性低	地震
皮媞亚	概率和后果都不确定	基因工程
潘多拉魔盒	概率、后果和因果关系都不确定	持久性有机污染物
卡珊德拉	概率大、后果严重,但影响延迟	人为气候变化
美杜莎	风险低但不可接受	电磁辐射

来源:Klinke 和 Renn(2002)。

按照 Reason(1997)的分类,如果一个事故不是系统性事故,那么它可被归类为组件失效事故。

定义 8.2(组件失效事故):详细来说,事故可以有不同的分类方式。一个与事故发生的背景有关。我们可以由此区分:

(1) 核事故;

(2) 化工厂事故;

(3) 航空事故;

(4) 铁路事故;

(5) 船舶事故;

(6) 道路交通事故;

(7) 职业伤害事故;

(8) 家庭事故;

⋮

每个类别都可以进一步分成几个子类别,比如在案例 8.1 中我们考虑的航空事故。

案例 8.1(航空事故):航空事故可以分为以下几类。

(1) 起飞或着陆时的事故;

(2) 飞行中的技术故障;

(3) 受控飞行进入地形、电力线等;

(4) 半空中碰撞;

(5) 对飞机内外的人造成危害;

(6) 其他事故(例如雷击、结冰和强烈气流)。

事故也可以根据受到损害的资产进行分类,例如人身事故或环境事故。另一种方法是根据严重程度,例如轻度事故、致命事故、重大事故和灾难。

8.2.3 重大事故

我们使用"重大事故"一词来描述本书所关注的事故。该术语有多种不同定义。以下是其中的一些示例:

(1) 航空事故,由美国国家运输安全委员会定义为满足以下 3 个条件中的任何 1 个的事故:

① 飞机被摧毁;
② 有多人死亡;
③ 发生死亡事故,飞机严重受损。

(2) 欧盟海上安全指令(2013/30/EU)所定义的重大事故:

① 涉及爆炸、火灾、失控井、油气泄漏或极有可能导致死亡或严重的人身伤害的危险物质的事件;
② 对设施或连接的基础设施造成严重破坏,有可能导致死亡或严重的人身伤害的事件;
③ 导致 5 人或更多人死亡或重伤的其他事件,其中包括在存在危险的海上设施的人员和从事与海上设施相关的海上作业人员;
④ 由①、②和③点中提到的事件引起的任何重大环境事件。

(3) 欧盟铁路安全指令(2004/49/EC)使用"严重事故"一词,并且定义为"任何火车相撞或火车出轨,导致至少 1 人死亡或 5 人及 5 人以上重伤,或对机车车辆、基础设施或环境造成重大破坏,以及任何其他类似事故对铁路安全法规或安全管理产生影响的事故;'重大的破坏'是指可以立即由调查机构评估的损害,总计损失至少 200 万欧元。"

在所有这些情况下都可以观察到什么类型的事故(如飞机损坏、火灾、脱轨)可以归为重大事故。显然,行业间是存在差异的。

Okoh 和 Haugen(2013)对化工和石油天然气工业中使用的几种定义进行了研究。研究表明:在对重大事故进行定义时,这类事故的主要特征包括"突然、紧急、有害和计划外";后果从时间上有直接后果和延迟影响两种情况;后果的严重程度是"重大"的(尽管对"重大"的定义有所不同)。一些定义不仅包括导致实际后果的事件,还包括可能导致重大后果的事件。从风险评估的角度上看,这是一个非常重要的补充。

在本书中,我们使用以下定义:

定义 8.3(重大事故):造成或有可能造成严重的直接或延迟后果的意外事件,如多人伤亡、严重的环境损害和(或)对其他有形资产的重大损害。

詹姆斯·雷森将事故分为组织事故和个人事故。同样,挪威的石油和天然气工业中使用的是重大事故和职业事故,而过程和化学工业则将事故分为过程事故(process accidents)和人身事故(personal accidents)。这些术语和 Reason 的分类相对应。

8.3 事故调查

事故调查有两个主要目标：一是明确事故责任，二是了解事故发生的原因从而防止类似事故发生。第二个目标是本书最感兴趣的话题（如参见 Leveson,2004）。

事故调查主要基于事故致因模型。例如，如果调查人员认为事故是一系列事件，那么他们开始将事故描述为此系列事件，而可能忘记考虑其他的可能性。对于所有类型的调查，实际上都会存在这样一个问题，即"你发现的就是你想要寻找的"（例如，参见 Lundberg 等，2009）。

Sklet(2004)对事故调查的方法进行了综述，而美国能源部的工作手册《执行事故调查》中对事故调查进行了更加全面的介绍（美国能源部，1999）。

 ## 8.4 事故溯源

有效预防事故需要正确了解事故的原因。历史上曾经出现过多种事故溯源的方法，本章将会介绍其中的一部分。

8.4.1 天灾

超出了人类控制的事故有时被称为天灾（act of god）。典型的例子包括由地震、飓风、洪水、闪电等引起的自然事故。在早期，许多事故被认为是天灾，这意味着没有人可以对事故负责，也不可能阻止事故的发生。另一种类似的解释是将事故归咎于"命运"。实际上，这和天灾是一样的。如今，这种观点几乎没有什么支持者。许多以前被认为是天灾的事故现在可以被预防，或者至少可以预测和解释，而且可以通过许多不同的方法来减轻后果。

注释 8.1（天灾）：天灾一词在英语中常用作法律术语，它一般指人类无法控制的事件，通常是自然事故，如极端风暴和山体滑坡。天灾可以作为不能履行合同的可接受的理由。

8.4.2 事故倾向理论

20世纪20年代的研究表明，有些人会比其他人更易发生事故。他们认为，这些人具有固有的性格特点，使他们更有可能发生事故。这种理论被称为事故倾向理论，虽然备受争议，但却依然有着一定的影响力。比如说，在警方进行事故调查的时候，就经常会使用这套理论。有些事故研究显示受伤并不是随机分布的，也在一定程度上支持了这个理论。而其他研究表明，事故倾向理论是没有科学依据的。

当今的研究人员倾向于认为，事故的倾向与个人冒险或冒险的倾向有关。这给安全提供了一个更积极的角度，因为即使冒险的倾向不能改变，他们的行为还是可以改变。

8.4.3 事故原因分类

事故原因有多种分类方式：有自然的或人为的、主动的或被动的、明显的或隐藏的，以及发起的或批准的。

在通常情况下，事故原因和促成因素可以分为：

直接原因：立即导致事故影响的原因。直接原因也被称为即时原因或者直接近因，这些原因通常是源于其他的更低层因素。

根本原因：造成事故的最基本的原因。用于识别和评估根本原因的过程称为根本原因分析。

风险影响因素/因子(RIF)。这些都是影响事故原因和(或)事故发展的背景因素。

"原因"一词本身就是一个有点麻烦的术语，因为我们很难确定什么是原因，什么不是原因。通常直接原因很容易确定，但当涉及根本原因和 RIF 时，往往很难说它们是否应该被归类为原因，因为因果关系通常不那么清楚。一种能够帮助区分的方法是将原因分为两类：

(1) 确定性原因。某些事件和条件，如果它们发生或存在，总是会导致场景中的下一个事件的发生。

(2) 概率性的原因。某些事件和条件，如果它们发生或存在，就会增加场景中下一个事件发生的概率。

事实上，我们所说的绝大多数原因都是概率性的，而不是确定性的原因。在本书中，原因被用来描述确定性的原因和概率性的原因。在后面的章节中将进一步讨论风险分析中使用不同的确定性原因和概率性原因的建模方法(第 11 章和第 12 章)。

案例 8.2（汽车制动故障）：假设我们在驾驶汽车的过程中，因为制动失灵而无法使汽车停止。在这种情况下，"刹车失灵"和"汽车不停车"之间存在着直接的因果关系。因此，这可以被视为一个确定性的原因。我们可能会遇到道路结冰的情况。如果汽车快速行驶，或轮胎磨损，汽车可能无法停下来，但情况不一定总是这样。这样我们可以说，"结冰的路"是一个可能的原因。

案例 8.3（飞机事故的直接原因）：飞机制造商波音公司的一项研究确定了 1992—2001 年飞机事故的直接原因（表 8.2）。

表 8.2 飞机事故原因 1992—2001 年

比例/%	原因
65.8	机组人为错误
13.0	飞行器故障（包括机械、电气和电子故障）
8.2	天气
4.8	航空交通管制
4.8	维护
3.4	其他（比如炸弹、劫机、地面攻击）

来源：《全球商业喷气式飞机事故统计调查：1959—2001 年》，波音公司飞机安全部。

案例 8.4(车祸原因):大多数车祸可归因于表 8.3 中的以下一个或多个致因因素①:

表 8.3 汽车事故原因(案例 8.4)

- 设备故障
  - 刹车
  - 轮胎
  - 转向和减震
- 道路设计
  - 能见度
  - 路面
  - 交通管制设备
  - 行为控制设备
  - 交通流量
- 路面维护
  - 路面条件(如路面坑洼)
  - 雪天撒盐和撒沙情况
  - 维修活动
  - 建筑活动
- 天气条件
  - 降雪/结冰
  - 降雨
  - 刮风
  - 雾霭
- 驾驶员行为
  - 速度
  - 是否违反交通规则
  - ……

8.5 事故模型的目的与分类

事故模型是对那些已经或者可能在实际当中发生的事故的简化表达。每一种事故模型,根据其关注的事故致因类型的不同,都有自己的特点(Kjellén,2000)。

8.5.1 事故模型的目的

事故模型有多重目的,其中包括:

(1) 事故调查

① 确定事故的责任人;

② 理解事故发生的原因,在未来避免类似事故的发生。

(2) 预测和预防

① 在全新和现有技术以及社会技术系统中,识别可能出现的偏差以及可能会引起事故的失效;

② 对现有或者全新技术和社会技术系统提出整改意见,避免偏差和可能导致事故的失效。

(3) 量化

① 估计可能导致事故的偏差和失效的概率;

② 为定量风险评估提供输入数据。

---

① 请参考 http://www.smartmotorist.com.

8.5.2 事故模型分类

我们可以按照多种不同的方式对现有事故模型进行分类。然而,任何一种分类方式都不是完美无缺的,这是因为很多模型可能无法涵盖在一种分类方式当中,有时它们可能适合一种方式里的多个类别。我们首先会在本章当中对将要提到的各种模型和方法进行简单的分类。接下来,我们会在本书的其他章节对一些模型进行具体的描述,比如介绍复杂模型的各个模块。在本节的分类当中,我们也会提到讨论相应模型的具体章节。

(1) 能量与屏障模型。这些模型主要是基于吉布森(Gibson,1961)提出的简单危险-屏障-目标模型,如图 8.2 所示。

能量　　安全屏障　　资产

图 8.2　危险-屏障-资产模型

① 屏障分析(第 14 章);
② 能量流和屏障分析(14.9 节)。

(2) 事件序列模型。这些模型将事故解释为一个离散事件序列,按照一定的顺序发生。事实上,每一种事件序列模型看起来都非常有趣,因为它们以图形化的方式呈现,易于理解。但是,这类模型的缺点是过于简单,在很多案例中都无法使用。

① 海因里希的多米诺模型;
② 损失因果模型;
③ 事件树分析(12.2 节);
④ 保护层分析(14.10 节)。

(3) 事件因果和序列模型

① 根本原因分析;
② 故障树分析(10.3 节);
③ 人-技术-组织(man technology organization,MTO)分析;
④ 管理疏忽与风险树(management oversight and risk tree,MORT);
⑤ Tripod-Delta 方法。

(4) 流行病学事故模型。这些模型把事故的发生类比成疾病的传播,将其看作多种因素的共同作用,包括各种在时间和空间上共存的显性和隐性因素。

雷森的瑞士奶酪模型。

(5) 系统事故模型。这类模型试图从整个系统的高度描述整体表现,而不是纠结于某个特定的因果"机制"或者影响因素(Hollnagel,2004)。

① 人为灾难(man-made disasters,MMD);
② 社会技术系统层次框架;
③ 系统理论事故模型和过程(system-theoretic,accident model and processes,STAMP);
④ 正常事故理论;
⑤ 高可靠性组织(high reliability organization,HRO)。

(6) 事故重构方法。这一类方法主要用于事故调查,描述真实发生的情况。

① 时间序列事件描点法(sequentially timed events plotting,STEP);

② 人-技术-组织(MTO)分析；
③ 三脚架模型(Tripod-Beta)；
④ 事故地图。

需要注意的是，有一些事故模型出现在不止一个类别当中，有兴趣的读者可以阅读 Qureshi(2008)和 Hollnagel(2004)的论文，了解更为全面的事故模型分类。而 Attwood 等(2006)的论文则对职业伤害事故模型进行了综述。

8.6 能量与屏障模型

能量与屏障模型的构建理念是：事故可以理解，人们通过关注危险能量、使用可靠的方法将能量与脆弱的资产分离，来避免事故的发生(Gibson,1961;Haddon,1970,1980)。这类模型对于安全管理实践有着重大的影响。

8.6.1 能量与屏障模型的基本元素

一个能量与屏障模型包括下列基本元素：

(1) 能量源。绝大多数系统都蕴含着各种能量源。能量源所可能导致的危害如图 8.2 所示。能量与屏障模型是我们所说的危害通常和能量相关的原因。有关危害的讨论参见第 2 章。

(2) 屏障。我们在第 2 章定义屏障为"计划用来预防、控制或者防止泄漏能量接触到资产并造成伤害的物理或者工程系统，以及人员行动(基于具体的程序或者管理措施)"。简单来说，屏障是我们降低或控制风险的所有手段。屏障最初主要是物理上的意义，但后来被扩展到涵盖各种降低风险的措施。我们将在第 14 章详细进一步介绍安全屏障。

(3) 能量路径。从能量源到脆弱资产的路径，可能是空气、管道、电线等。

(4) 资产。暴露在能量中的资产可能是人、财产、环境等。我们在第 2 章已经对资产的范围进行了较为详细的讨论。

在第 2 章中我们介绍了领结模型。领结模型是将事故场景可视化的一种方法。领结模型基于能量和屏障模型的原理。目前尚不清楚领结模型是何时首次被设计出来的，但是它最早出现于 1979 年化学公司 ICI 的危害分析课上(Alizadeh 和 Moshashaei,2015)。deRuijter 和 Guldenmund(2016)对有关领结模型的文献进行了综述。领结模型的首个主要用户是国际石油公司壳牌公司。领结模型如今已被广泛使用，并集成在多个软件包中。

8.6.2 哈顿模型

威廉姆·哈顿(William Haddon)是一位物理学家兼工程师，他在 20 世纪 50 年代后期参与了美国公路安全设计工作，并开发出一个分析伤害情况的框架。在这个框架中，所谓的伤害主要包括 3 个方面的属性：

(1) 人。特指有受伤风险的人。

(2) 设备。能量(机械能、热能、电能)可以通过物品或者路径(其他人或者动物)传递给人。

（3）环境。包括事故发生环境（如道路、建筑和体育设施）的所有特征，社会和法律规范，以及当时的文化和社会习惯（如纪律要求、饮酒量控制、毒品管控）。

哈顿进一步从 3 个阶段分析了上述的 3 种属性：

（1）伤害前阶段。如果找出原因并采取行动（如水池边修建围栏、高速公路分来往车道、良好的路况和房屋设计），可以避免伤害事件的发生。

（2）伤害中阶段。在事件实际发生的时候，通过设计和实施保护机制（如佩戴护齿套、使用安全带和头盔），可以避免伤害或者减少伤害的严重程度。

（3）伤害后阶段。事件发生之后立刻采取足够的措施（如第一时间进行急救这类医学治疗），可以减轻受伤和致残的严重程度，从长期来看，可以尽可能恢复受伤人员的生理健康和心理健康。

哈顿事故预防方法主要包括 3 个元素：

（1）事件因果序列；

（2）哈顿矩阵；

（3）哈顿的 10 项对策（参见 14.12 节）。

8.6.2.1 事件因果序列

为了确定哈顿矩阵中包含的元素，我们推荐使用导致伤害发生的"事件因果序列"这个词汇。第 11 章和第 12 章将会介绍更多有关事件序列模型方面的内容。

8.6.2.2 哈顿矩阵

哈顿矩阵（Haddon，1970）基于三阶段（伤害前、伤害中和伤害后）和三大属性（人、设备和环境）模型，识别出避免伤害的措施，如图 8.3 所示。环境有的时候还可以分为两个子属性：物理环境和社会环境。

阶段	因素		
	人	设备	环境
伤害前	培训 警报	维护 ESP系统	道路质量 天气
伤害中	反应 稳定性	气囊 头枕	路中隔离栅
伤害后	训练有素的医务人员	解救被困于车中的人们	到医院的最短距离

图 8.3 哈顿矩阵（案例为一起交通事故）

8.6.2.3 哈顿的 4E 方法

哈顿矩阵中有三大属性：人、设备、环境。哈顿后来将其扩展为避免伤害（也就是降低风险）的四个因素，我们通常将其称为哈顿的 4E 方法。

E1. 工程。通过设计变更、流程变更和维护来控制危险。

E2. 环境。让物理环境和社会环境更加安全。

E3. 教育。培训所有与安全有关的工人和操作员，提供个人需要的信息，说服管理层对安全给予高度重视。

E4. 强制执行。确保工人和管理层在运营过程中都能遵守内部和外部规章、制度和标准。

8.7 链式事故模型

链式事故模型将事故解释为一系列按照一定顺序发生的离散事件的结果。

8.7.1 海因里希的多米诺模型

海因里希的多米诺模型是最早的一种链式事故模型（Heinrich,1931）。这个模型总结了绝大多数事故中都存在的 5 种因素和事件。

(1) 社会环境和遗传。无论人生长在哪里，有过怎样的经历，他总会继承一些意想不到的性格特征，比如轻率和固执；

(2) 人为错误或者疏忽，受到社会环境影响或者来自遗传；

(3) 不安全的行为或者条件，源自粗心的人、拙劣的设计或者维护不当的设备；

(4) 由工作地点中的不安全行为或者不安全条件引发的事故；

(5) 事故造成的伤害。

海因里希(1931)按照多米诺的方式对这 5 种因素进行了排列，这样第一张多米诺骨牌的倒下会导致整套牌倒下。因此，相应的模型就叫作多米诺模型，如图 8.4 所示。

图 8.4　多米诺模型

从严格意义上来说，多米诺模型并不是一个事故致因模型，它是一种关于伤害如何发生的概念表示方法。该模型将人而不是技术设备看作事故的主要诱因。事件链显示，一起事故的原因不是一个，可能会有很多。

多米诺模型有时候也称为多事件序列模型，因为它暗示事件的逐步线性发展会导致事故发生。该模型是确定性的，也就是说，结果被看作是某一事件的必然后果。就像玩多米诺骨牌，移出任何一个因素都会切断这个链，避免伤害。因此，多米诺模型也暗示：通过控制、改善或者消除不安全行为或者物理危险，可以避免事故发生。

多米诺模型实际上是将事故理解为一系列离散事件的结果。但是后来，多米诺模型备受争议，因为它描述事故的方式过于简单。另一种批评则指出多米诺模型只是表示出了事件的序列，并没有解释不安全事件为什么会发生，以及为什么会出现危险。

8.7.2 损失致因模型

损失致因模型是对原始多米诺模型的一种修正，由 Bird 和 Germain 在 1986 年代表国际损失控制学会(International Loss Control Institute,ILCI)开发完成。这个模型通常也被称作 ILCI 模型，它认为事故就是下面这样一个事件序列：

(1) 缺乏管理控制；
(2) 基本原因(人为因素或者工作因素)；
(3) 直接原因(不符合标准的行为和条件)；
(4) 意外事件[与能量、危险品和(或)人员接触]；
(5) 损失(人、财产、环境和物料)。

图 8.5 给出了损失致因模型的主要元素。损失致因模型的最后 3 个元素与多米诺的最后 3 个元素类似，只是用一个更加通用的词汇"损失"代替了"伤害"，用"意外"代替了"事故"。从"事故"变化成"意外"，也意味着模型适合分析那些不一定会引起严重损失的意料之外的事件。模型的前两个元素代表根本原因，关注管理方面的因素，比如缺乏必要的程序、缺少标准，以及工作因素和人为因素等。需要注意的是，这些因素和质量保证体系中的元素类似。

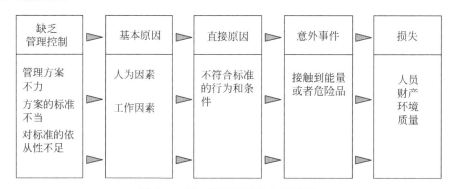

图 8.5 损失致因模型的主要元素

损失致因模型的 5 个主要元素可以简要描述为(可参阅：Sklet，2002)：

缺乏管理控制，意味着缺少消除或者降低风险的内部标准，它可能与下列的工作有关：
(1) 危险识别和风险降低；
(2) 绩效考核；
(3) 员工与管理层之间的沟通。

还有一种可能是，虽然有内部标准，但是这些标准已经过时或者不足。另外，经常出现的一种情况是，管理者和(或)员工不遵守业已存在的内部标准。

基本原因，可以分为两大类：人为因素和工作因素。人为因素与下面几个方面相关：
(1) 体力/压力；
(2) 心理素质/压力；
(3) 知识；
(4) 技能；
(5) 动机。

工作因素可能是下面这些工作存在不足：
(1) 监督；
(2) 工艺；

(3) 采购；
(4) 维护；
(5) 工具和设备；
(6) 工作标准；
(7) 工具和设备的质量/可靠性。

直接原因，是与下列这些方面行为和条件有关：
(1) 安全屏障不足(包括人员保护装备)；
(2) 报警/警报系统不足；
(3) 整理不到位；
(4) 酒精/药物的影响；
⋮

意外事件，描述了能量源与一种或者多种资产(比如人、财产和环境)的接触。意外是发生在损失之前的事件，它的直接原因是接触发生时的环境。这些环境通常可以感觉到，一般被称为不安全的行为或者不安全的条件，而损失致因模型使用的术语是不符合标准的行为(或者实践)和不符合标准的条件。

损失，可能是意外的结果，与至少一项资产相关。

在根据模型对事故进行调查的时候，损失清单具有重要的作用。我们为事故调查制作了特殊的图表，这些都充当损失清单和参考，确保调查覆盖了事故的各个方面。

挪威船级社(DNV)管理的国际安全评级系统(ISRS)[①]，就是基于损失致因模型。

8.7.3 拉斯姆森-斯文顿模型

拉斯姆森(Rasmussen)和斯文顿(Svedung)(2000)将事故描述成原因和事件的线性序列，如图8.6所示。该模型的结构与领结图中的事故场景类似，但是解释却有所不同。

图 8.6 拉斯姆森-斯文顿事故模型

拉斯姆森-斯文顿模型的主要元素包括：

(1) 根本原因。根据本书使用的术语，根本原因在这里代表一个危险或者威胁，或者多个危险/威胁的组合。预防相似类型事故的行动，可以消除或者减轻这些危险和威胁。

(2) 致因序列。绝大多数系统都安装有预防型屏障防范危险事件。如果有危险事件发生，一定是致因序列找到了这些屏障的漏洞，或者屏障过于薄弱无法阻挡这些危险。在这种情况下，就需要采取预防事故的行动，比如安装新的屏障或者改进现有的屏障。

(3) 危险事件。正如我们在第2章中所讨论的那样，如果危险事件没有得到"控制"，它不可避免地会伤害到人、环境或者其他资产。有时候，可能很难确定事件序列中的哪一个事件应该被定义为危险事件。

---

① ISRS 是挪威船级社的注册商标。

(4) 事件序列。谈到事件序列,绝大多数设计良好的系统都装备有安全屏障,用于阻止或者延缓危险事件的发展。这些屏障一般被称为响应型屏障。如果有伤害发生,那么一定是这些屏障存在"漏洞"。这时,就需要采取行动——安装新的屏障或者改进现有屏障,防止事故发生。

(5) 人员和资产。这些是事故会伤害到的资产。为了减少未来类似事故的伤害,有必要减少资产在危险中暴露的时间、加强防护、建立更完善的急救系统以及实施其他的缓解方案。

图 8.6 中的拉斯姆森-斯文顿模型只是一个更加全面的事故模型框架中的一小部分,要了解详细的模型信息请参阅 Rasmussen 和 Svedung(2000)的著作。

8.7.4 时间序列事件描点法

时间序列事件描点法(STEP)由 Hendrick 和 Benner 开发(1987)。STEP 主要是一款事故调查工具,通过在 STEP 图中描绘相关事件序列和行为,对事故进行重构。事故可以看作是这样一个过程:起始于系统中的意外变化,终止于最终事件,在最终事件发生的时候一些资产受损。图 8.7 给出了 STEP 图的结构。

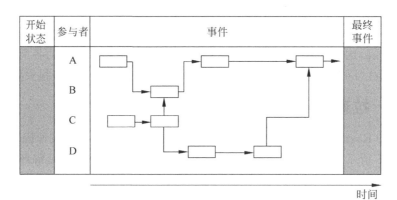

图 8.7　STEP 图(主要元素)

STEP 图的主要元素包括:

(1) 开始状态描述系统的正常状态。

(2) 初始事件是扰动系统、开启事故进程的事件。初始事件是某一参与者做出的计划之外的改变。

(3) 参与者改变了系统或者介入对系统进行控制。参与者不一定是人,它也可能是技术设备或者某种物品。在 STEP 图中我们需要列出"参与者"的名单。

(4) 基本事件是一个参与者的一次行动。事件是事故进程的一部分,在 STEP 图中使用矩形表示。在矩形中,分析人员需要对相应的事件进行简要描述。

(5) 假设事故进程中的事件按照图中给出的逻辑顺序发生。箭头表示的就是事件的发生次序。

(6) STEP 图的横轴是时间轴,用于记录事件何时发生何时结束。时间轴上并不需要给出线性刻度,这是因为 STEP 图中时间轴的作用主要是保证事件的逻辑顺序,即定义他们的时序关系。

(7) STEP 图中的最终事件是指有资产受到伤害的事件,是图的终点。

参与者的作用包括两个方面:他们既能够引起变化(偏差),还可以修正偏差。行动应该是可观察的,但是如果参与者是人的话,也可以包括心理活动(Sklet,2002)。

分析首先需要定义事故序列的初始事件和最终事件,接下来还需要识别出主要的参与者和对事故发生有影响的事件(行动),以及这些事件在 STEP 图中的位置。分析人员需要记录下列信息:

(1) 事件的开始时间;
(2) 事件的持续时间;
(3) 引起事件发生的参与者;
(4) 事件的描述;
(5) 信息的来源和获取方式。

每一个事件都有输入和输出箭头,表示该事件与其他事件之间的"承前"和"启后"的关系。我们尤其需要留意参与者之间的相互关系,但是要把关注的重点放在行为上面,而不是行为的动机。

在制作 STEP 图的时候,分析人员应该反复问这样一个问题:"哪些参与者一定是做了什么才会导致下一个事件发生?"如果较早发生的事件是某一个后续事件的必要条件,就应该从较早事件引一条箭头到这个后续事件。对于图中的每一个事件,分析人员都应该考虑:"先前事件已经足以引起该事件发生了吗?或者还需要有其他的事件?"

可以通过逆向 STEP 技术检查事件描述的准确度。这种方法采用逆向推理,确定每一个事件发生的原因。逆向推理可以帮助分析人员识别出还可以有哪些方式导致事故发生,以及还有哪些措施可以预防事故。按照这种方法,STEP 可以用来识别安全方面的问题,还可以提出安全方面的改进建议(Kontogiannis 等,2000)。

8.8 流行病学事故模型

流行病学事故模型将事件到事故发生这一过程类比成疾病传播。从这个角度来说,事故可以看作是一系列因素组合的结果。这些因素可能是显性的,也可能是隐性的或者是潜在的,它们在时间和空间上可以共存。雷森(1990,1997,2016)对这类模型做出了重大贡献。

8.8.1 雷森的瑞士奶酪模型

詹姆斯·雷森(James Reason)提出了瑞士奶酪模型,他使用瑞士奶酪切片来比喻屏障。图 8.8 体现了瑞士奶酪模型的主要思想,即屏障就像奶酪切片一样,在不同地方存在不同的孔(漏洞),这些孔为显性失效或者潜伏状况。瑞士奶酪模型显示了事故从潜伏状况发展成显性失效的过程,就是穿过一系列的屏障,最终引发了伤害发生。图 8.8 中这条穿过多个奶酪切片上孔洞的带箭头的直线就表示了这个过程。

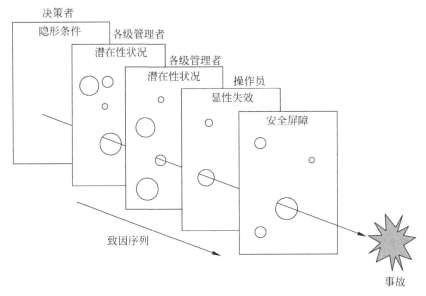

图 8.8　雷森的瑞士奶酪模型

瑞士奶酪模型的主要元素包括：

(1) 决策者。通常包括公司管理层和法规制定部门，他们负责可支配资源的战略管理，实现两个截然不同的目标并在二者之间寻求平衡。这两个目标分别是安全的目标，以及时间和成本的目标。然而，这种平衡经常会导致错误决策。

(2) 各级管理者。这些人负责实施决策者制定的决策。他们会将决策与企业的日常运营相结合。

(3) 操作人员。操作、维护系统，并执行决策的人。

(4) 潜在性状况。工人安全和有效履行其职责的先决条件。这些条件是由决策者的一系列决定和管理层运营的过程所创造的。

(5) 显性失效。技术系统、组件以及工人的不安全行为。

(6) 安全屏障。在出现显性故障后，避免伤害、破坏和停工的防护措施和设备。

研究人员已经提出了多个版本的瑞士奶酪模型，对原始模型进行了很多改进。

案例 8.5（自由企业先驱号渡轮）：1987 年 3 月 6 日，自由企业先驱号客货渡轮在刚刚驶离比利时泽布吕赫港不久，就发生了倾覆。总计 193 名乘客和船员遇难。调查人员使用了多种不同的方法对事故细节进行了分析。使用瑞士奶酪模型，发现事故的主要原因包括：

决策者

(1) 本身存在"顶部过重"的不安全船体设计；

(2) 没有安装舱门指示。

各级管理

(1) 消极的报告文化；

(2) 士气低迷。

潜在性状况
(1) 疲劳；
(2) 海面波浪起伏；
(3) 尽早起航的压力；
(4) "事不关己高高挂起"的文化。

显性失效
(1) 甲板长助理没有关闭艉门；
(2) 船长在艉门开启的情况下起航。

8.8.2 三脚架模型

三脚架(Tripod)模型是由荷兰莱顿大学和英国曼彻斯特大学在一项油气行业联合研究项目中开发出来的安全管理方法。该项目于1988年由壳牌石油公司启动(Reason, 1997)。

三脚架安全管理系统现在被称为四型三脚架(Tripod-Delta)方法，以区别于非常接近的二型三脚架(Tripod-Beta)方法。

四型三脚架方法是一套安全管理系统，也是一种主动型事故预防方法。

二型三脚架方法是一种事故调查和分析方法。它本身是一种被动型方法，经常在事故发生之后使用，用来避免事故再次发生。

为了避免事故再次发生，仅仅了解发生了什么是不够的，更重要的是要理解事故为什么会发生。因此，事故调查对于任何安全管理系统来说，都是不可缺少的一部分。

8.8.2.1 四型三脚架方法

如图8.9所示，四型三脚架方法的名称源自其三个组成部分：
(1) 基本风险因素；
(2) 危险；
(3) 事故、意外和损失。

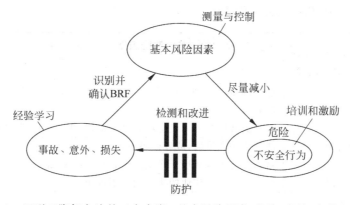

图8.9 四型三脚架方法的三个支脚：基本风险因素，危险，事故、意外和损失

四型三脚架方法着眼于组织的各个层级，而不是只关注事故的直接原因。事故是在保护性屏障失效的时候才会发生，而正是人的错误或者引起的显性失效，造成安全屏障的

失效。显性失效更容易在特定的前提条件下发生,这些条件可能源于潜伏状况,而潜伏状况又是由一些基本风险因素导致。基本风险因素又是由管理决策失误造成的。这个因果链就构成了三脚架事故因果模型,如图 8.10 所示。Wagenaar 等(1990)将其称为一般事故场景,因为它表示的都是一般类型的因素导致了事故。

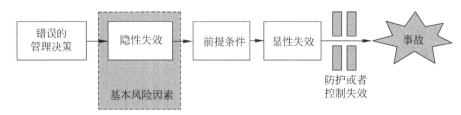

图 8.10　四型三脚架事故致因模型[改自 Wagenaar 等(1990)]

事故是一长串事件的最终结果,而这些事件开始于管理层的决策(Wagenaar 等,1990)。

8.8.2.2　基本风险因素

四型三脚架方法强调的是事故发生的直接原因(如技术故障、不安全行为和人为错误)并不是孤立的,而是受一个或多个基本风险因素影响的[①]。基本风险因素是潜伏的,隐藏在组织中,但可能间接导致事故。通常人们会把它们类比疾病——你不能直接看到它们,只能通过症状来判断。

定义 8.4(基本风险因素):"……运营过程中长久存在有问题的要素,但是一直处于隐藏的状态,如果不被触发的话,它们的影响就不会浮出水面"(Wagenaar 等,1990)。

四型三脚架方法定义了 11 种基本风险因素,涵盖了人员、组织和技术问题等多个方面(可参阅 Tripod Solutions,2007)。这些因素是通过头脑风暴法、事故分析、研究审核报告和理论学习所得到的(Groeneweg,2002)。

有 10 项基本风险因素可以导致危险事件,因此它们被称为预防因素。也就是说,可以通过改进这些因素避免事故发生。第 11 项基本风险因素旨在事故发生之后控制后果,因此它有时候也被称为缓解因素。在 10 项预防性基本风险因素当中,有 5 项一般因素(表 8.4 中的 6~10)和 5 项特殊因素(表 8.4 中的 1~5)。

表 8.4　基本风险因素

序号	基本风险因素	定　　义
1	硬件	低劣的质量、恶劣的条件、物料不适用或者数量不足,劣质工具、设备或元件
2	设计	工具或者设备的人机工程学设计不良(用户界面不够友好)
3	维护管理	缺乏维护和维修,或者效果不佳
4	总务	对于保持工作环境干净整洁没有足够的重视
5	改善情况	维护或者维修作业的实际效果不理想

---

① 基本风险因素最早被称为一般失效类型。

续表

序号	基本风险因素	定义
6	程序	缺乏程序、指南、说明和相关手册(规范,"日常文书工作"),或者这些文件质量低劣
7	彼此不兼容的目标	一方面,人员必须根据既有的规则在最优工作方法之中进行选择;另一方面,又希望同时实现生产、财务、政治、社会和个人等多方面的目标
8	沟通	在不同地点、部门、公司人员之间或者与官方缺乏有效的沟通
9	组织	组织架构、组织文化、组织流程、管理策略中存在缺陷,导致公司的管理能力不足或者效果不佳
10	培训	人员的能力或者经验不足(没有经过合适/足够的培训)
11	防护	在正常运营受到干扰时,缺乏对人员、物料和环境足够的保护

来源:摘自 Tripod Solutions(2007)。

绝大多数基本因素都受制于计划人员、设计人员和管理者的决策和行为,而这些人实际上可能都远离事故现场。由于自身的特点,基本风险因素的影响宽广。因此,识别并控制这些因素,要比寻找某一具体事故的直接原因更有意义。

图 8.10 中的前提条件可以是环境、状况、身心健康程度甚至是心理状态,它可以诱发或者直接导致显性失效。前提条件实际上将显性和潜在状况连接了起来,可以看作是人为错误的根源(见第 15 章)。

为了契合目前的四型三脚架方法,改进后的事故致因模型如图 8.11 所示。

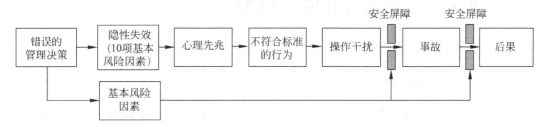

图 8.11 升级版的四型三脚架事故致因模型

8.8.2.3 二型三脚架方法

二型三脚架方法用来在事故调查的同时进行事故分析。具体方法的描述参见能源研究所报告(2017)。分析得到的反馈可以验证调查人员收集到的结果,衡量风险管理措施的效果,并确认是否需要新的调查。和四型三脚架方法一样,二型三脚架方法也同时适用于事故和操作干扰的情况。

二型三脚架方法实际上综合了两个不同的模型:危险与影响管理过程(HEMP)模型和四型三脚架事故致因理论。如图 8.12 所示,HEMP 模型用来表示与一起事故有关的参与者和屏障。事故的发生需要两个主要的因素:危险源和目标(或者资产)[①]。通常,可以使用一个或者多个安全屏障对危险进行控制,使用屏障或者被动型安全屏障保护资产。

---

① 在最新的二型三脚架模型版本中,研究人员使用了"行为主体"或"变更主体"取代了"危险源"这个词,使用"对象"取代了"目标"。

如图 8.12 所示,危险控制和防护同时失效,就会发生事故。

图 8.12 给出了二型三脚架中使用的事故致因模型,可以识别 HEMP 模型中表示的控制和防护失效的原因。与传统的事故调查方法不同,二型三脚架方法并没有花费精力去识别所有相关的不符合标准的行为或者不符合标准的行为组合。相反,调查的目标是确认是否有基本风险因素在起作用。如果发现确实有基本风险因素的影响,我们就可以减小甚至消除这些影响。因此,通过这种方法,我们就能够接触到问题的本质,而不是流于表面。

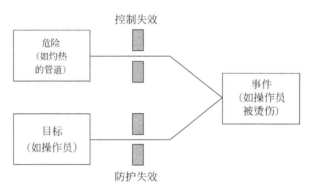

图 8.12 作为二型三脚架一部分的 HEMP 模型

8.9 事故致因和顺序模型

本章节主要讨论两种不同的方法,用来构建致因、事件顺序以及事故原因的模型。

8.9.1 MTO 分析

MTO 分析方法的理论基础是在分析事故的时候,将人员、技术和组织放在同样重要的位置(Sklet,2002)。

M(人员):包括在第一线工作的人员。在分析的时候,可以将人员特征按照如下的方法分类:

(1) 基本特征;
(2) 具体特征(性别、种族、年龄、受教育程度);
(3) 个性(价值观、信仰、信任)。

T(技术):包括设备、硬件、软件和设计。在分析的时候,可以将技术属性按照如下的方法分类:

(1) 功能层;
(2) 系统层;
(3) 人机交互(界面细节);
(4) 自动化水平;
(5) 透明度。

O(组织)：包括管理、所有者和授权情况。在分析的时候，可以将组织特征按照如下的方法分类(Rasmussen,1997)：

(1) 国家/政府；
(2) 地区；
(3) 企业(文化和环境)；
(4) 风险管理。

事故的 MTO 分析主要基于下面三大元素(Sklet,2002)：

(1) 使用如图 8.13 所示的事件与致因图进行结构分析，描述导致事故的事件顺序。我们需要识别出每一个事件在技术和人为方面的可能原因，并将其关联到图中相关事件的纵轴上。

(2) 变化分析描述事故发生时，和正常情况相比，状况和事件所发生的偏差。图中同时显示正常的情况和偏差的情况。

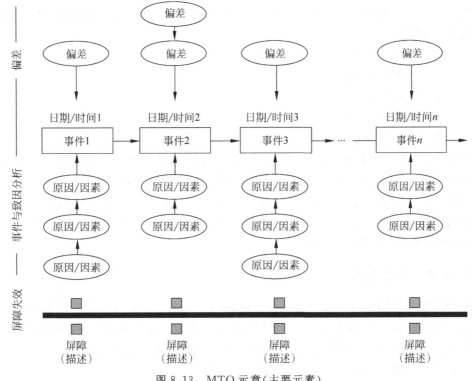

图 8.13　MTO 示意(主要元素)

(3) 屏障分析识别已经失效或者缺失的技术、人员和管理方面的屏障。图 8.13 中事件下方的部分表示缺失或者失效的屏障(我们将在第 14 章详细讨论屏障分析方法)。

分析的主要元素以图的形式表示，称为 MTO 图，如图 8.13 所示。

在分析的过程中涉及的基本问题包括：

(1) 什么可以终止事故进程的发展；
(2) 该组织本应采取什么措施以防止事故的发生。

MTO 分析中的最后一步非常重要，就是找到并给出推荐方案。推荐方案可以是技术性的，也可以是关于人员和组织的，但是必须具备的一点就是尽可能合理并且有针对性。

失效原因清单也是 MTO 分析的一部分（Sklet，2002），清单中会列出下列因素：

(1) 组织机构；

(2) 工作组织；

(3) 工作实践；

(4) 工作管理体系；

(5) 变更程序；

(6) 技术中的人机交互/缺陷；

(7) 沟通；

(8) 说明/步骤；

(9) 教育/能力；

(10) 工作环境。

对于每一项失效原因，都可以再列出更加详细的因素。比如，事故原因"工作实践"包括的具体因素就有：

(1) 不遵守工作指南；

(2) 计划和准备不足；

(3) 缺乏自我检查；

(4) 使用错误的设备；

(5) 错误地使用设备。

MTO 分析广泛应用于瑞典的核能工业以及挪威的海洋油气工业中（IFE，2009）。根据关注重点的不同，MTO 分析已经发展出了多个版本。有时候，人们还使用诸如 OMT 和 TMO 这些缩写表示这种方法［丹羽雄二（Niwa，2009）］。美国能源部出版了一本关于如何进行事故调查的工作簿，实际上描述了 MTO 方法中的三个主要要素，即使没有使用 MTO 这个名称（美国能源部，1999）。

8.9.2 MORT

管理疏忽与风险树（the management oversight and risk tree，MORT）由 W. G. 强生（W. G. Johnson）在 20 世纪 70 年代早期开发出来的，最初是用于美国的核能工业。MORT 已经出现在很多用户手册和教科书当中（如美国 AEC，1973；Johnson，1980；Vincoli，2006；NRI，2009）。

MORT 基于能量与屏障模型，使用这个模型主要有三个目的：

(1) 事故调查；

(2) 支持安全审核；

(3) 评价安全程序。

MORT 实际上是一种推理技术，用一种预先设计好的基本树状图来表示。这种图称为 MORT 图，图中包括与故障树（见 11.3 节）类似的"门"符号。MORT 图中包括大约 100 个问题领域和 1500 个可能的事故原因，这些都是根据历史案例和多个研究项目总结出来的。

图 8.14 给出了一个 MORT 图的顶部结构①。这种树形结构非常复杂,通常需要搭配参考文件和检查表使用。如果要进行 MORT 分析,就需要完整的 MORT 图。MORT 图可以从网站(http://www.nri.eu.com)下载。

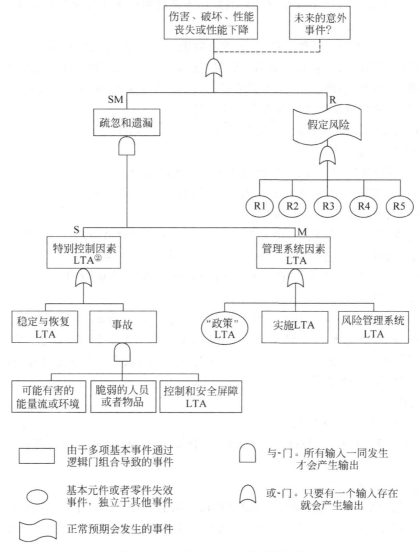

图 8.14 一般 MORT 图的顶部结构

MORT 的顶事件代表要分析的事故(已经发生或者可能发生)。一旦确定了事故的范围,分析人员便得到了第一个逻辑门,这是一个"或"门。"或"门的输入包括两个主要分支,在图 8.14 中分别使用 SM 和 R 来表示。SM 分支还可以进一步分解成两个分支,分

---

① 由于篇幅的要求,作者对这一顶部结构进行了微调。
② LTA: less than adequate,不足。——译者注

别使用 S 和 M 表示,通过"与"门连接,表示需要一起综合考虑的因素。这三种分支就涵盖了影响顶事件事故的各种问题。

S-分支。该分支包括与事故相关的疏忽和遗漏等方面的因素。

M-分支。该分支表示引起事故的管理体系的基本特征。

R-分支。该分支包括某些方面已知但是出于某些原因无法控制的假设风险。

8.9.2.1 S-分支

S-分支关注事故的事件和条件、潜在的有害能量流(危险源)或者环境条件、在意外能量流面前比较脆弱的人员或者有价值的物品(比如资产),以及保护资产免受伤害的控制设施和屏障。哈顿的事故预防 10 项策略(Haddon,1980)就是这一分支的关键元素。

MORT 中考虑的 3 种基本屏障类型分别是:

(1) 围绕在能量源(即危险源)周围、对其进行限制的屏障。

(2) 保护资产的屏障。

(3) 在时间和空间上对危险源和资产进行分离的屏障。

虽然 MORT 图没有明显地显示出时间,但是图的设计是按照从左至右的时间先后顺序,事件的发展次序则是从下到上。

在 S-分支的下一个层次上(图 8.14 没有显示)可以识别出与系统不同生命周期阶段有关的因素。这些阶段包括项目规划阶段(设计和计划)、启动阶段(完好运行)和运营阶段(监控和维护)。MORT 采用的方法就是找到在生命周期中屏障的第一次失效。

8.9.2.2 M-分支

M-分支用来评价 S-分支中发现的缺陷为什么会存在。因此,S-分支上的事件和条件都可以对应到 M-分支上。在 M-分支上,分析人员考虑的是整个管理体系,因此任何建议都可能会影响到其他可能的事故场景。M-分支中表示的最重要的安全管理功能包括:

(1) 政策、目标、要求等。

(2) 实施。

(3) 后续工作(包括风险评估)。

在 ISO 质量管理标准(ISO 9000,2015)的质量保证原则当中,我们可以找到类似的基本元素。

8.9.2.3 R-分支

R-分支的组成元素是假设风险,即管理层了解且在 MORT 分析之前就已评价并接受的事件与状况。在 S-分支和 M-分支中通过评价发现的事件和条件都会标注出"不足"(LTA)。

MORT 的用户手册包括很多与指定事件和条件是否"足够"有关的问题。用户手册中包括关于安全文献和准则最佳实践情况的注释,这些注释也会帮助分析人员进行判断。尽管分析人员的判断不可避免会存在一些主观成分,Johnson(1980)还是指出 MORT 可以非常有效地帮助分析人员找到事故的成因。

MORT 方法得到了很多国家的认可,并且已经应用到包括职业事故调查和危险识别在内的很多项目当中。荷兰风险行动基金会(NRI)对于 MORT 的普及起到了巨大的作用,该基金会已经出版了全新升级版的 MORT 手册(NRI,2009),并在其网站(www.nri.

ed.com)上提供了很多资源。

8.10 系统事故模型

系统事故模型指出,事故是因为多种因素(如人、技术和环境)在特定的时间和空间共存导致的(Hollnagel,2004)。

8.10.1 人为灾难论

Turner(1978)、Turner 和 Pidgeon(1997)提出的第一个专门针对重大事故的事故模型是 MMD 理论。在此之前,重大事故一直被视为是上帝的行为或完全随机的事件。Turner 是第一个将重大事故视为可以系统分析现象的人。他回顾了 84 起事故,并根据从研究这些事故中获得的知识发展了他的理论。Turner 将事故分为 4 个阶段。

(1) 正常情况。起点是正常情况,研究的系统中没有重大问题。

(2) 潜伏期。从正常情况来看,系统状态会慢慢朝可能发生事故的状态移动,这种移动可能是由一些小事件引起的。这些小事件改变了屏障的状态或者其他影响风险的因素。这些变化可能会被认为是无关紧要的,也可能相关信息没有传递给合适的人。比如,工厂操作员注意到压力指示器工作不正常,但是由于他们知道其他指示器也可以提供所需的信息,因此他们不会将其视为紧迫问题,也不会对此进行标记。因此,这个问题没有引起其他人的注意。另一个例子是,所完成的工作没有遵照操作流程,但被相关人员所接受,因此它实际上成了正常的工作方式。在潜伏期,存在许多类似这样的问题。

(3) 事故发生。Turner 将其分为三个子步骤:引发事件、发作和抢救。实际上,这些代表事件的发展、损失的发生以及事故发生后立即采取的纠正措施。

(4) 文化调整。这个阶段涉及事故发生后社会中发生的事情,通常会调查重大事故,这常常导致人们意识到风险没有得到适当的管理,因此有必要进行改进。Turner 将这个过程称为"文化调整"。

MMD 理论表明,如果有适当的人员可以访问组织内已有的信息,并能够采取行动,则可以避免发生事故。那么,潜在的假设当然就是我们知道何种信息会预示即将发生事故。这很难验证,因为当我们分析已发生的事故时,我们总是会"事后诸葛亮",这意味着我们确切知道发生了什么,并且可以断言忽略这些信息或做出某种决定是错误的。尽管如此,即使我们不能指望能够预测出所有可能出错的地方,系统地了解可能影响风险相关因素的状况,对风险管理也是有利的。

Turner 的理论现在已经不再使用了,但它对以后重大事故的研究产生了重要影响。

8.10.2 拉斯姆森的社会技术框架

我们在第 1 章中介绍了现代社会技术系统风险日益增加的原因。拉斯姆森(Rasmussen,1997)对这些主要的风险成因进行了研究,他指出本章前面介绍的事故模型对于研究现代社会技术系统的事故仍然存在不足。因此,拉斯姆森推荐使用基于控制理论、以系统为导向的方法,并提出了一个框架,可以对构成事故前提条件的组织、管理和运行结构进行建模。

本节的内容正是基于 Rasmussen(1997)、Rasmussen 和 Svedung(2000)的著作以及 Qureshi(2008)后续进行的比较研究。

8.10.2.1 结构性的层次结构

拉斯姆森(Rasmussen,1997)将风险管理视为社会技术系统中的一个控制问题,而意外后果的产生则是由对实际过程缺乏控制造成的。安全取决于我们控制这些过程以及避免事故伤害到资产的能力。

拉斯姆森将风险管理所涉及的社会技术系统分成了几个层次,从立法机构到组织、运营管理和系统操作等。图 8.15 描述了社会技术系统的 6 个层次,当然在各个行业当中层次的数量和内容都会有所不同(Qureshi,2008)。

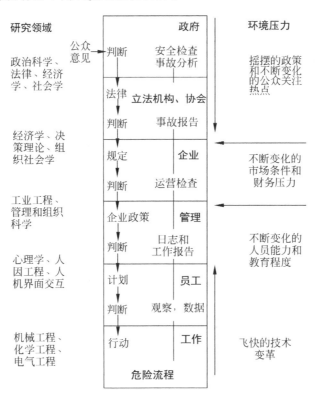

图 8.15 风险管理涉及的社会技术系统层次模型[摘自 Rasmussen 和 Svedung(2000)的报告,已得到瑞典内务部的许可使用]

图 8.15 中给出的 6 个层次包括(可参见 Rasmussen,1997;Qureshi,2008):

(1) 政府。这一层次描述了政府的行为。政府可以通过政策、法律和预算等多种方法控制社会安全。

(2) 立法机构和协会。这一层次描述了立法机构、行业协会和组织的行为,这些机构负责各自领域的法规实施。

(3) 企业。这一层次关注具体企业的行为。

（4）管理。这一层次关注具体企业中的管理层，以及他们管理和控制员工的政策和行为。

（5）员工。这一层次描述了具体员工的行为，他们与受控的技术和（或）流程直接打交道。这些员工包括控制室操作员、机器操作员、维护人员等。

（6）工作。这一层次描述了在设计可能的危险设备和控制流程的时候如何使用工程规范。如核电站如何发电、飞机如何安全飞行。

图8.15在每一个层次的左侧列出了评价不同层次所需要的知识类型，在右侧则列出了影响这些层次的外界压力。从传统上来讲，人们在每一个层次都是采用独立的学科标准进行研究，没有考虑较低层次上的流程。图8.15的框架指出了横向研究工作中忽略的一个关键性问题：需要将各个层次在"纵向"上串联起来。更高层次上作出的组织和管理决策应该能够向下传递，而较低层次上的信息也应该向上反馈。这种信息的纵向流动形成了一个闭环反馈系统，它对于整个社会技术系统的安全性至关重要。因此，事故与所有层次上的决策者的决策和行动有关，而不能全部归咎到流程控制层的工作人员身上（参见Qureshi,2008）。

8.10.2.2 系统动力学

为复杂的动态社会技术系统中的每一个可能条件都建立相应的流程并不现实，尤其是对于那些紧急、高风险和意外的情况（Rasmussen,1997）。

决策和人工活动必须保持在工作域内，而工作域的边界是由管理要求、功能和安全限制来定义的。拉斯姆森（1997）指出，为了分析工作域中的安全问题，很重要的一项工作就是要识别出安全运营的边界，以及可能会引起社会技术系统向边界移动甚至跨过边界的动力。图8.16就给出了可能引起一个复杂社会技术系统随着时间出现结构和行为变化的动力。

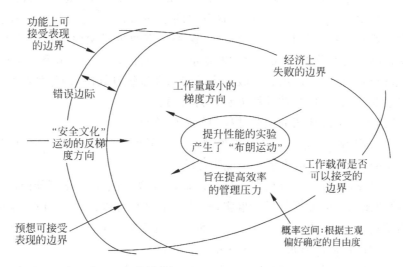

图8.16　安全运营的边界［摘抄自Rasmussen(1997)，得到了爱思唯尔的许可］

在边界内的安全空间里，每一个点都是安全的。而定义空间的三条边界分别与下列因素相关：

(1) 个人无法接受的工作荷载。
(2) 经济失败。
(3) 功能上可接受表现(比如安全规定和操作流程)。

如果超出了可接受功能绩效的范围，那么事故就会发生。

由于管理上希望提高效率和减少工作量的压力同时存在，拉斯姆森(Rasmussen，1997)认为行为也许会向可接受风险的边界移动。可接受和不可接受风险的准确边界对于参与者来说可能并不明显，尤其在一些复杂的系统当中更是如此。每一个参与者都希望优化自身的表现，但是他们缺乏足够的知识，而他们的决策又会对其他参与者的决策造成影响。在社会技术系统的每一个层次上，人们都会面对来自成本效益的压力而努力工作，但是他们并不知道自己的决策对于系统其他层次上其他参与者会造成怎样的影响。拉斯姆森认为，缺乏协调的工作进展虽然进展缓慢，但终究会"引发事故"。因此，他指出如果要提升安全关键性决策的水平，就需要确定不可接受风险的边界，并做出标注。这样，参与者就可以在边界上注意控制自己的行为。而传统的保证安全的策略在处理彼此存在冲突目标的时候，很难做到统筹兼顾(Qureshi，2008；Størseth 等，2010)。

8.10.3 事故地图

事故地图(AcciMap)是拉斯姆森在1987年提出的一种事故分析图。事故地图描述了在图8.15中所有6个层次上的各种事故原因以及彼此之间的相互关系。因此，它可以指出需要解决哪些问题才能避免在未来发生类似的事故。

在进行分析的时候，我们需要询问事故为什么发生，即识别引起事故或者导致未能避免事故的原因。对于每一个事故原因，我们都应该重复上述工作，这样才能理解事件链发生的环境。事故地图不仅仅包括直接导致事故的事件和行为，还可以识别社会技术系统中更高层次上影响这些事件和行为的决策。这些决策通过影响他们正常的工作活动，以及与其他事件和状况交互的方式导致了发生事故的条件(Rasmussen 和 Svedung，2000)。因此，使用事故地图能够指出增大事故概率的组织和系统性缺陷，确保关注的重心不仅仅局限在直接引起事故的事件、技术故障和人为错误。

图8.17给出了事故地图的主要结构和使用的符号。

Rasmussen 和 Svedung(2000)分步骤详细描述了事故地图的构建过程，并给出了一些案例。Qureshi(2008)也给出了一个说明性的案例。

构建事故地图的目的，不仅仅在于事故追责，更重要的是识别出可能的改进机会。因此，建立事故地图的目的并不是反映事实，而是确定那些可以改进的因素，从而避免未来的事故。出于这个原因，事故地图并不是一种纯粹的事故调查工具，而是在不断变化的社会环境中进行预防性风险管理的方法(Rasmussen，1997)。

Rasmussen 和 Svedung(2000)设计了一种基本事故地图来表示上述这些因素，尤其是在特定的应用领域中能够导致典型事故场景(在这里，场景代表多个事故)的决策。这两位研究者还建立了参与者地图(actor map)，以列出基本事故地图中从公司管理层到最

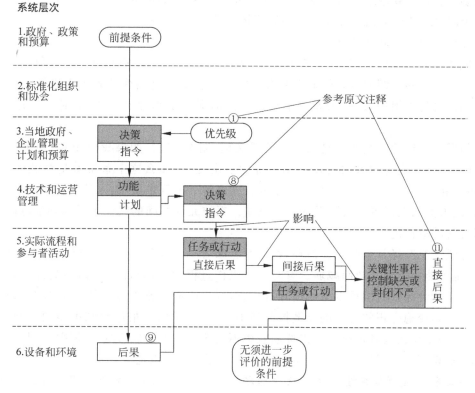

图 8.17 事故地图的主要结构和使用的符号[摘自 Rasmussen 和 Svedung(2000)的报告，已得到瑞典内务部的许可使用]

高层(如政府)的所有参与者。另外,他们还提出了信息地图,用来处理参与者之间的沟通问题。信息地图考虑了在不同决策者之间进行交流的形式和内容。

8.10.4 正常事故

查尔斯·佩罗(Charles Perrow)1979 年在参加美国总统顾问委员会调查哈里斯堡三里岛核电站事故的时候,提出了正常事故理论。稍后,佩罗(1984)在论文中指出,某些社会技术系统自身拥有一些自然会引发事故的特性。他发现了两个重要的系统特征会导致复杂系统更容易发生重大的事故,这两个特征分别是交互复杂性和紧耦合性。作者认为,像三里岛这样的事故,必须被看作是社会技术系统中的复杂相互作用和紧耦合性导致的"正常"后果。因此,佩罗的理论被称为正常事故理论。

定义 8.5(正常事故理论):很多失效事故的发生是由于存在无法预知的相互作用。很难甚至不可能(根据我们对系统现有的理解程度)去判断这些相互作用。

正常事故也被称为系统事故。当然,即便正常事故理论认为事故的发生是不可避免的,它也并不意味着我们无能为力或者无事可做。事实上,正常事故理论的精髓是要将事故预防的重心转移。事故分析的"重心应该放在系统自身的属性,而不是关注所有者、设计者或者操作员运行系统时犯下的错误"(Perrow,1984)。佩罗的结论就是,在分析事故的时候,"我们需要基于系统特征做出的解释"[黄育信(Huang,2007)]。简单地说,佩罗用两个属性来描述系统:交互复杂性和紧耦合性。

8.10.4.1 交互复杂性

佩罗(1984)指出,某些社会技术系统,例如大型核电厂,具有很高的交互复杂性,这一概念与第4章中介绍的复杂性概念略有不同。具有交互复杂性的系统很难控制,不仅因为它们包含许多组件,还因为要理解组件之间的交互是非常困难的,有时甚至是无法理解的。

佩罗使用线性系统作为复杂系统的反义词(图8.18)。如果我们能够"理解"一个系统,并且能够在改变输入的时候预测系统的输出变化,那么这个系统就是线性的。在这里,输入和输出这两个词可以按照通常的方式理解。举例来说,输入的变化可能是一个元件故障、人为错误或者压力开关的错误设置。系统元件之间的线性关系会导致可以预测、可以理解的事件链。

非线性交互经常会存在反馈环,这也就意味着一个元件的变换可能会由于正反馈而放大,也可能由于负反馈而减弱。有时候在工作过程中,需要加入反馈环提升效率,然而交互的复杂性导致我们难以诊断出异常状态,因为引起异常的条件可能隐蔽在那些原本用来保证系统稳定正常运行的反馈控制当中。并且,我们也很难预测可能的控制行为的效果,因为正反馈或者负反馈可以按照意想不到的方式放大或者减小控制的效果,甚至使效果与初衷截然相反(Rosness等,2004)。交互复杂性可以定义如下:

定义8.6(交互复杂性):由于大量的联系和相互关系,两个或者更多元件的失效会以一种意想不到的方式相互影响。

表8.5中列出一些交互复杂性的特点。这种复杂性可能是技术性的,也可能是组织性的,也可能二者兼而有之。

表8.5 交互复杂性的特征

复杂系统的特征	评 价
接近性	物理元件或流程步骤之间非常接近,几乎没有剩余空间
共因关系	很多共因关系
互联子系统	很多子系统之间的相互连接,失效可以"跨越"子系统的边界
替换	替换人员、软件或者硬件的概率不大。对于每一个元素都有严格的要求
反馈环	不熟悉以及无意识的反馈环
控制参数	多个控制参数并且参数之间相互影响
信息质量	间接、需要推理或者不完整的信息
系统结构和行为的理解	对于系统及其结构的理解有限、不完整或者不正确

来源:摘自Sammarco的论文(2003)。

8.10.4.2 紧耦合性

另外一个造成控制难以进行的特征是紧耦合性。紧耦合性系统的特征是缺乏"自然"缓冲,而且几乎没有松弛的地方。这些系统对于任何的扰动反应都会快,并且会立刻将扰动传播开来,因此操作员没有时间也没有能力确定问题所在,工作人员对系统的干预既不现实也不合适(Sammarco,2005)。

紧耦合性有时候被认为是提高系统效率的一种代价。比如及时生产(just-in-time, JIT),这是一种帮助企业削减库存成本的生产理念,但是与此同时一旦生产链条中的某个环节出现问题,企业的生产链条反而会变得更加脆弱。此外,紧耦合性的出现也可能是受到空间和重量上的限制。例如,在海洋油气平台上,技术系统必须要相当紧凑,这样就对防火防爆工作提出了更高的要求(Rosness 等,2004)。紧耦合性可以定义如下:

定义 8.7(紧耦合性):由于与其他元件之间存在直接和即时的连接和交互,作为系统一部分的过程发生迅速并且无法关闭或者隔离。

如图 8.18 列出了交互和耦合之间的关系的示例。佩罗对紧耦合性的担忧在以下引文中得以体现(Perrow,1984):

> 紧耦合的系统的子组件相互之间的影响迅速而重大。如果某个部分发生的事情对另一部分几乎没有影响,或者如果一切都进展缓慢(特别是在人类思维的尺度上进展缓慢),那么该系统就不会被描述为紧耦合。紧耦合性也增加了操作员的干预使事情变得更糟的可能性,因为问题的真实性可能没有被正确理解。

图 8.18 关联与耦合

表 8.6 列出了紧耦合的一些属性,而在表 8.7 中突出显示了紧耦合和松耦合之间的一些差异。

表 8.6 紧耦合的特性

紧耦合特性	评 价
时间依赖性	无法容忍过程中的延迟
顺序	流程需要严格按照顺序进行,不能更改(比如 A 必须在 B 之后)
灵活性	获得理想结果和实现某种功能只有一条途径
松弛度	在供应、设备、人员以及系统结构和行为当中几乎甚至根本不允许存在松弛,某些资源的数量需要非常精确,才能保证良好的结果
替换	也许可以替换供应商、设备和人员,但会受到非常多的限制

来源:摘自 Sammarco 的论文(2003)。

表 8.7 紧耦合和松耦合的特性

紧 耦 合	松 耦 合
不可能处理延迟	可能处理延迟
无法更改序列的顺序	序列的顺序可以改变
只有一种方法可以实现这个目标	有替代方法
供应、设备、人员几乎没有余地	可以允许资源短缺
缓冲和冗余可能可用,但都是特意设计的,而且没有灵活性	缓冲和冗余间或可用
可以更换供应品、设备和人员,但数量有限	替代品间或可用

注释 8.2(对正常事故理论的批评):正常事故理论引发了很多争论,主要的原因是佩罗认为一些技术应该摒弃其现有的形式,因为可能任何组织都无法充分地驾驭这些技术。一些分析师对正常事故理论持批评的态度,因为该理论没有包括任何测量复杂性和耦合度的准则。不过在 Sammarco(2003,2005)的论文当中,作者讨论了复杂性的测量方法。

8.10.5 高可靠性组织

高可靠性组织(high-reliability organizations,HRO)理论的提出,是为了解决正常事故理论中提出的一些问题(La Porte 和 Consolini,1991;Weick 和 Sutcliffe,2007)。提出 HRO 理论的另外一个背景,是有很多复杂、高风险性的组织(如航空母舰、核潜艇和空中管制系统)都已安全运营数十年,而没有发生重大事故。这看起来有悖于正常事故理论,而我们可以通过有效的管理组织流程和运作来避免严重事故。

HRO 理论关注的是采取主动措施进行预测,尽可能早地避免可能的危险情况。因此,它实际上不是一个事故模型,而是一个关于如何避免事故的方案。正如哈顿意识到的一样,这种方案当然也可以反过来使用,用来描述弱点。组织性冗余是降低风险的核心策略。该策略需要有足够量的称职人员,以便在能力、职责和观察的可能性上实现重叠。工作区设计应该允许甚至鼓励去咨询顾问人员、观察其他人的工作情况以及在出现错误操作的时候进行干预。并且,也有必要建立一个鼓励提问和干预的企业文化。另外一种策略是建立具有自发性和适应性的组织(Rosness 等,2004)。

Weick 和 Sutcliffe(2007)提出,HRO 理论是基于以下 5 个原则:

(1) 优先关注失效。这一原则意味着 HRO 重视所有失效,无论大小,将它们作为任何时候都可能发生事故的预警。这与尽早检测到尽可能多的失效有关,但也与预测可能发生的和可能导致严重后果的失效有关。

(2) 尽量不要简化。这关系到我们如何解释我们所遇到的情况。在现实中,在我们解释一种情况或一类事件之前,我们很少能完整、详细地分析我们所面临的情况。相反,我们通常会识别一些特征,并尝试与我们之前经历过的事情,或者某种分类进行匹配。这有助于我们更快理解情况,但我们也有失去关键信息的风险。如果我们简化得太多,则可能会忽略信号和症状,而这些信号可能试图告诉我们,这是一种我们需要以不同方式来处理的情况。

（3）对操作的敏感性。在许多情况下，我们对运营的看法和运营的实际发生方式是有区别的。这可能会导致管理层做出错误的决定，因为他们认为作业正在以一种特定的方式完成（例如，作业都是按照流程来的），而现实是不同的。因此，了解实际操作是 HRO 的第三个原则。

（4）致力于弹性。弹性有多种定义。我们之前将其定义为"在没有灾难性失败的情况下适应变化的能力，或者体面地吸收冲击的能力。"Weick 和 Sutcliffe(2007)描述了弹性的 3 个主要要素：①能够吸收事件的影响并继续工作；②能够从负面影响中恢复；③从以往的经历中学习。关键是组织不仅能够确保它们按照前 3 个原则进行工作以避免事故，而且还需要为可能出错的情况做好准备。弹性是其中的一个重要因素，能够处理好事故而不发生灾难性损失。组织冗余是建立弹性的一种方法。

（5）尊重专业知识。最后的原则是关于一个组织如何灵活地根据情况做出决定。专业知识在组织中无处不在，并不遵循上下级关系。真正的运营专家通常在作业端，而不是高层管理层。HRO 能够让最好的专业人员在所有情况下做出决策，而不是遵循固定的上下级关系。

HRO 理论受到了一些批评，因为它所使用的例子是在高度不寻常的情况下运作的组织，这并不适用于大多数组织。一个常见的 HRO 例子是航空母舰，而它并不在必须盈利的市场上运作。因此，安全可能始终是他们的一个高度优先事项。同样也适用于医院急诊室，可以视为持续处于紧急状态，具有独特的操作规则。Sagan(1995)在他的著作《安全的极限：组织、事故和核武器》中提出了对正常事故理论和 HRO 理论的有趣比较，他从这两种理论的不同角度讨论了核武器事故。

8.10.6 STAMP

STAMP 是一种应用控制理论的事故因果关系模型(Leveson,2011)。STAMP 将事故视为由系统开发、设计和操作时对安全限制的不适当、不充分控制、执行而造成的事故。STAMP 的标准控制回路如图 8.19 所示。组织的管理职能以及组织存在的社会和政治制度也在控制回路中。在事故分析中，必须考虑所有这些因素的作用。STAMP 的主要要素如下：

- 安全约束。Leveson 并没有明确定义什么是安全约束，而是间接地将其解释为，事故的发生是因为安全约束没有被执行。例如，安全约束可以是在受控空域中飞行的飞机之间的最小分离距离，或在压力容器中允许的最大压力。
- 分层安全控制结构。这个概念来自图 8.15 中的拉斯姆森社会技术系统模型。
- 过程模型。最后的主要要素是过程模型，它是控制过程的基础。过程模型需要 4 个条件：

（1）目标条件。需要定义一个或多个目标，例如，在一定程度上保持压力或确保所有人员都有足够的工作培训。

（2）行动条件。控制器必须能够通过执行器来控制该过程。例如，可以通过增加或减少流入压力容器的流体的压力来实现保持给定水平的压力。通过定期安排课程，确保能够获得充分的培训。

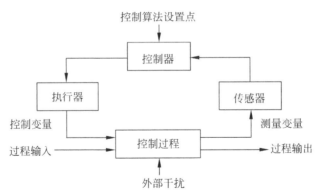

图 8.19　标准控制流程[来源：改自 Leveson(2011)]

(3) 模型的条件。必须有一个系统模型，它可以描述采取行动对整个过程的影响。控制器必须了解流量压力的变化对容器内压力的影响，从而得知流入量需要变化多少。同样，它需要了解进行多少培训才能达到覆盖所有人员的目标。

(4) 可观察性的条件。控制器需要能够看到这些操作的效果。对压力容器的例子来说，这可以通过压力传感器来实现。对培训来说，可以用测试的方式来检查培训是否达到预期的效果。

CAST(基于 STAMP 的致因分析)是一种基于 STAMP 的事故分析方法(Leveson, 2011)。CAST 包括以下 9 个步骤：

(1) 描述所涉及的系统以及造成损失的危害。
(2) 确定相关的安全约束条件和要求。
(3) 描述现有的分层控制结构。
(4) 确定导致损失的事件链(事故场景)。
(5) 在分层控制结构的最低层次、物理系统层次上分析事故。
(6) 在分层控制结构中不断向上移动，并从一个级别到下一个级别识别可能的控制失效。
(7) 分析各层次之间的沟通和协调，以确定事故的原因。
(8) 识别控制结构中的弱点，这些弱点经过长期的发展最终导致了事故的发生。
(9) 提出建议。

CAST 已经被用来分析一些重大事故，如中国的高铁事故(Ouyang et al.,2010)和韩国的渡轮事故[金炯柱(Kim et al.,2016)]。还有学者使用澳大利亚交通安全局(ATSB)事故分析模型、事故地图和 CAST 一起分析了发生在英国的火车事故，并对这些方法进行了比较(Underwood et al.,2014)。

8.11　混合事故模型

本章中提出的事故模型对事故是什么、事故发生的原因、如何避免和控制事故提出了不同的看法。在某些方面，它们可能被视为"竞争模型"，我们必须决定我们要相信哪一种模型,并基于此模型进行分析。实际上,最好是我们可以理解所有这些模型,因为从不同的观点看待问题,使用不同的模型,能够给问题提供更多的见解。

表 8.8 简要总结了一些最重要的事故模型,包括它们如何描述事故,以及这些模型对风险管理的影响。这表明,不同的视角提供了不同的风险管理方法。不可能说其中一个是"对"或"错";相反,它们告诉我们,我们需要考虑系统的许多不同方面,这样才能以稳健的方式管理风险。

表 8.8 事故模型的简要对比

模 型	事故是如何发生的	对风险管理的启示
能量与屏障模型	意外事故是由危险(能量)失控造成的结果。这是由保护资产的屏障不足或失效造成的	在已有屏障基础上增加屏障或改进屏障
事件序列模型	事故发生的原因是系统弱点的相关信息流通不畅,也没有进行协调以采取行动	改善信息流
正常事故理论	事故的原因是系统复杂且紧耦合	降低系统的复杂性和耦合性
高可靠性组织模型	这一理论关注的是有利于避免事故的组织的 5 个特性,而不是事故发生的原因	确保组织按照 5 项 HRO 原则进行运作
系统事故模型	事故是由控制不足造成的。控制结构可能受到相互冲突的目标的影响	确保实施适当的控制,并确保安全目标的优先级

8.12 思考题

(1) 将詹姆斯·雷森的事故类别(8.2.2 节)与拉斯姆森的分类(8.2.1 节)进行比较,请尝试根据雷森分类方法对拉斯姆森的各个类别进行继续分类。

(2) 如何定义重大事故?

(3) 在美国国家运输安全委员会的网站上(https://www.ntsb.gov/investigations/AccidentReports/Pages/AccidentReports.aspx),我们可以找到大量来自美国交通事故的事故报告。这些报告通常会总结出事故的致因,但当阅读完整的报告时,我们可能会发现更多影响事故的因素。试着阅读其中一份报告,并确定报告中提到的确定性原因和概率原因。

(4) 为什么我们需要事故模型?它们的用途是什么?

(5) 事故模型的主要类型有哪些?

(6) 如本章所述,事故可以以多种不同的方式进行分类。对船舶事故进行分类,并给出每一类的一些具体例子。

(7) 从哈顿的 4E 模型中得到的视角如何能用在风险分析中?

(8) 描述能量-屏障模型和链式模型之间的主要区别。

(9) 参考报纸上的一起交通事故,将信息填写成哈顿矩阵。讨论你通过使用这种方法所获得的见解。

（10）应用哈顿的10项对策来分析交通事故，并提出具体的降低风险措施/策略。

（11）风险分析和事故分析的主要区别是什么？

（12）本章描述了5种主要类型的事故模型：能量与屏障模型、事件序列模型、事件因果和序列模型、流行病学事故模型与系统事故模型。这些类型事故模型的主要特征和区别是什么？

（13）将能量-屏障模型和拉斯姆森的社会技术框架模型应用于一起交通事故。应用不同的事故模型时，是否得到事故的不同致因？

（14）在佩罗的关联与耦合的框架中（图8.18），你会把火车站放在哪里？

参考文献

Alizadeh, S. S. and Moshashaei, P. (2015). The bowtie method in safety management system: a literature review. *Scientific Journal of Review* 4: 133-138.

Attwood, D., Khan, F. I., and Veitch, B. (2006). Occupational accident models: where have we been and where are we going? *Journal of Loss Prevention in the Process Industries* 19(6): 664-682.

Bird, F. E. and Germain, G. L. (1986). *Practical Loss Control Leadership*. Loganville, GA: International Loss Control Institute.

Energy Institute (2017). *Guidance on Using Tripod Beta in the Investigation and Analysis of Incidents, Accidents, and Business Losses*. Technical Report 5.1. London: Energy Institute.

Gibson, J. J. (1961). The contribution of experimental psychology to the formulation of the problem of safety. In: *Behavioral Approaches to Accident Research*, 296-303. New York: Association for the Aid of Crippled Children.

Groeneweg, J. (2002). *Controlling the Controllable: Preventing Business Upsets*, 5e. Leiden, The Netherlands: Global Safety Group Publications.

Haddon, W. (1970). On the escape of tigers: an ecologic note. *American Journal of Public Health and the Nation's Health* 8(12): 2229-2234.

Haddon, W. (1980). Advances in the epidemiology of injuries as a basis for public policy. *Landmarks in American Epidemiology* 95(5): 411-421.

Heinrich, H. W. (1931). *Industrial Accident Prevention: A Scientific Approach*. New York: McGraw-Hill.

Hendrick, K. and Benner, L. (1987). *Investigating Accidents with STEP*. New York: Marcel Dekker.

Hollnagel, E. (2004). *Barriers and Accident Prevention*. Aldershot: Ashgate.

Huang, Y. H. (2007). *Having a new pair of glasses: applying systematic accident models on road safety*. PhD thesis. Linköping, Sweden: Linköping University.

IFE (2009). *Assessing Organizational Factors and Measures in Accident Investigation*. Technical Report IFE/HR/F-2009/1406. Kjeller, Norway: Institutt for Energiforskning (IFE) (in Norwegian).

ISO 9000 (2015). *Quality Management Systems: Fundamentals and Vocabulary*. Tech. Rep. Geneva: International Organization for Standardization.

Johnson, W. G. (1980). *MORT Safety Assurance System*. New York: Marcel Dekker.

Khan, F. I. and Abbasi, S. A. (1999). Major accidents in process industries and an analysis of causes and consequences. *Journal of Loss Prevention in the Process Industries* 12: 361-378.

Kim, T-e., Nazir, S., and Øvergård, K. I. (2016). A STAMP-based causal analysis of the Korean Sewol ferry accident. *Safety Science* 83: 93-101.

Kjellén, U. (2000). *Prevention of Accidents Through Experience Feedback*. London: Taylor & Francis.

Klinke, A. and Renn, O. (2002). A new approach to risk evaluation and management: risk-based, precaution-based, and discourse-based strategies. *Risk Analysis* 22(6): 1071-1094.

Kontogiannis, T., Leopoulos, V., and Marmaras, N. (2000). A comparison of accident analysis techniques for safety-critical man machine systems. Industrial Ergonomics 25: 327-347.

La Porte, T. R. and Consolini, P. M. (1991). Working in practice but not in theory: theoretical challenges of "high-reliability organizations". *Journal of Public Administration Research and Theory* 1: 19-47.

Leveson, N. (2004). A new accident model for engineering safer systems. *Safety Science* 42(4): 237-270.

Leveson, N. (2011). *Engineering a Safer World*. Cambridge, MA: MIT Press.

Lundberg, J., Rollenhagen, C., and Hollnagel, E. (2009). What-you-look-for-is-what-you-find: the consequences of underlying accident models in eight accident investigation manuals. *Safety Science* 47(10): 1297-1311.

Niwa, Y. (2009). A proposal for a new accident analysis method and its application to a catastrophic railway accident in Japan. *Cognition, Technology & Work* 11: 187-204.

NRI(2009). *NRI MORT user's manual. Technical report NRI-1*. The Noordwijk Risk Initiative Foundation.

Okoh, P. and Haugen, S. (2013). Maintenance-related major accidents: classification of causes and case study. *Journal of Loss Prevention in the Process Industries* 26(6): 1060-1070.

Ouyang, M., Hong, L., Yu, M. H., and Fei, Q. (2010). STAMP-based analysis on the railway accident and accident spreading: taking the China Jiaoji railway accident for example. *Safety Science* 48: 544-555.

Perrow, C. (1984). *Normal Accidents: Living with High-Risk Technologies*. New York: Basic Books. P232

Qureshi, Z. H. (2008). *A Review of Accident Modelling Approaches for Complex Critical Sociotechnical Systems*. Technical report DSTO-TR-2094. Edinburgh, Australia: Defence Science and Technology Organization.

Rasmussen, J. (1997). Risk management in a dynamic society: a modelling problem. *Safety Science* 27: 183-213.

Rasmussen, J. and Svedung, I. (2000). *Proactive Risk Management in a Dynamic Society*. Karlstad, Sweden: Swedish Rescue Services Agency(Currently: The Swedish Civil Contingencies Agency).

Reason, J. (1990). *Human Error*. Cambridge: Cambridge University Press.

Reason, J. (1997). *Managing the Risks of Organizational Accidents*. Aldershot: Ashgate.

Reason, J. (2016). *Organizational Accidents Revisited*. Boca Raton, FL: CRC Press.

Rosness, R., Guttormsen, G., Steiro, T. et al. (2004). *Organizational Accidents and Resilient Organizations: Five Perspectives. STF38 A04403*. Trondheim, Norway: SINTEF.

de Ruijter, A. and Guldenmund, F. (2016). The bowtie method: a review. *Safety Science* 88: 211-218.

Sagan, S. D. (1995). *The Limits of Safety: Organizations, Accidents and Nuclear Weapons*. Princeton, NJ: Princeton University Press.

Sammarco, J. J. (2003). *A normal accident theory-based complexity assessment methodology for safety-*

related embedded computer systems. PhD thesis. Morgantown, WV: *College of Engineering and Mineral Resources*, West Virginia University.

Sammarco, J. J. (2005). Operationalizing normal accident theory for safety-related computer systems. *Safety Science* 43: 697-714.

Sklet, S. (2002). *Methods for Accident Investigation*. ROSS report 200208. Trondheim, Norway: Norwegian University of Science and Technology.

Sklet, S. (2004). Comparison of some selected methods for accident investigation. *Journal of Hazardous Materials* 111: 29-37.

Størseth, F., Rosness, R., and Guttormsen, G. (2010). Exploring safety critical decision-making. In: *Reliability, Risk, and Safety: Theory and Applications* (ed. R. Bris, C. G. Soares, and S. Martorell), 1311-1317. London: Taylor & Francis.

Svedung, I. and Rasmussen, J. (2002). Graphic representation of accident scenarios: mapping system structure and the causation of accidents. *Safety Science* 40: 397-417.

Tripod Solutions (2007). *Tripod beta, User guide. Tripod Solutions*, Den Helder, The Netherlands.

Turner, B. A. (1978). *Man-Made Disasters*. London: Wykeham Publications.

Turner, B. A. and Pidgeon, N. F. (1997). *Man-Made Disasters*, 2e. Butterworth-Heinemann/Elsevier.

Underwood, P. and Waterson, P. (2014). Systems thinking, the Swiss Cheese Model and accident analysis: a comparative systemic analysis of the Grayrigg train derailment using the ATSB, AcciMap and STAMP models. *Accident Analysis and Prevention* 68: 75-94.

P233

U. S. AEC (1973). *MORT - The Management Oversight and Risk Tree. Tech. Rep. AT (04-3)-821*. Washington, DC: U. S. Atomic Energy Commission, Division of Operational Safety.

U. S. DOE (1999). *Conducting Accident Investigations*. Tech. Rep. Washington, DC: U. S. Department of Energy.

Vincoli, J. W. (2006). *Basic Guide to System Safety*, 2e. Hoboken, NJ: Wiley.

Wagenaar, W. A., Hudson, P. T. W., and Reason, J. T. (1990). Cognitive failures and accidents. *Applied Cognitive Psychology* 4: 273-294.

Weick, K. E. and Sutcliffe, K. M. (2007). *Managing the Unexpected: Resilient Performance in an Age of Uncertainty*, 2e. San Francisco, CA: Jossey-Bass.

第 9 章

风险分析数据

9.1 数据类别

任何风险评估都需要各种类型的广泛信息,尤其是定量风险评估对数据的要求更加苛刻。总体来说,风险评估需要的数据可以分为两大类:

(1) 描述性数据。这类数据描述了研究对象及其所处的环境,比如能够影响研究对象的技术系统、组织、运营、输入和输出、环境因素。描述性数据可以认为是与现在情况相关的现实,一般来说,如果付出更多的努力就可以收集到更为详细的信息。但是因为各种原因,创建这类数据的时候还是会允许一定的不确定性存在。在分析中使用描述性数据之前,我们需要假设研究对象及其相关环境的未来状态,并根据这些假设修正数据。很显然,这样做会给风险评估中使用的数据带来不确定因素。比如,因为生产调整的原因,今天的运营数据可能会在未来发生变化。我们当然可以获取新的信息,但是对于未来状态的假设是风险分析人员工作的一部分。

(2) 概率数据。风险分析人员遇到的大多数麻烦都是这一类数据引起的。它们与各种在未来发生的负面事件的可能性有关。比如危险事件发生的频率、元件和系统失效的频率、操作失误的频率等。

接下来,我们会分别对这两大类数据进行更加详细的介绍。在介绍具体的数据来源和数据处理方法的时候,我们会更加关注第二类,也就是概率数据。

9.1.1 描述性数据

描述性数据主要包括:

(1) 技术数据。如果要理解技术系统的全部功能,建立诸如故障树和事件树这类系统模型,就需要多种类型的技术数据(见第 11 章和第 12 章)。

比如对于一个化工厂来说,研究团队需要查看工艺管道与流程仪表图,需要了解系统中存在哪些危险物品,这些危险品储藏在何处并会在哪里使用。通常,系统所有者、设备制造商和技术手册可以提供技术数据。

（2）运行数据。为了便于理解元件和子系统如何运行，需要建立流程和系统模型，需要大量的运行数据。系统正常运行、启动和关闭的过程，就属于这种类型的数据。而处理异常情况的过程则属于另一类。

（3）生产数据。生产数据涵盖了描述研究对象输出的所有数据类型，它可能是每年的乘客数量、一家汽车厂每年生产的汽车数量等。

（4）维护数据。这些数据可以告诉我们需要如何对技术元件和子系统进行维护、如何制定维护计划，以及修理和停产的时间应该是多久。例如，火焰和气体检测系统、紧急停车系统等这些安全设备，一般都属于被动系统，我们需要进行测试才能确定其功能是否正常。这时，就有必要了解如何测试系统、测试间隔以及测试可以发现的失效比例等信息。

（5）气象数据。天气条件既可以影响危险事件的概率，也可以影响这些事件的后果。比如主要的风向可以确定危险气体云移动的方向。

（6）暴露数据。为了确定危险事件的后果，有必要掌握人员方位、他们到访不同位置的频率以及他们停留的时间等信息。此外，我们还需要了解系统中工作人员正在使用何种防护设备。

（7）外部安全功能。很多时候，像消防车、救护车和医院这些外部安全功能实体对于缓解事故的后果也会起到举足轻重的作用。因此，与这些系统的能力和可用性相关的数据，也是风险分析的重要输入数据。

（8）利益相关者数据。通常，风险评估工作存在多个利益相关者。这些利益相关者可能会影响风险分析的过程以及最终生成的分析报告。因此，找到事故有哪些重要利益相关者，了解他们对于风险分析过程和分析报告有怎样的需求也非常重要。

9.1.2　概率数据

概率数据主要包括：

（1）事故数据。研究团队应该已经拥有过往事故、最近发生的相同类型事故以及相似系统的知识。现在，各个行业都已经建立了很多描述过往事故的数据库（详见9.3节和第20章）。

（2）自然事件数据。对于一些系统来说，像洪水、山体滑坡、暴雨、地震、雷击这些自然事件是出现事故的重要原因。对于这种情况，预测此类自然事件的规模和频率就显得非常关键。

（3）危险数据。危险数据主要采用两种方法表示：相关危险清单，以及能够伤害人员和环境的危险品和药品的信息（比如情况说明书）。

很多领域都使用相关危险清单。比如，ISO 12100（2010）国际标准中就包括与机械系统相关的危险列表。另外，有多家机构都在维护包含危险品信息的数据库，有时可以为研究团队提供相关和最新的信息进行风险分析。如果要考虑与多种危险品混合有关的危险，那么就需要更多的知识。

（4）可靠性数据。这是关于系统中的元件和子系统如何失效以及失效频率的信息。

现在，已经有多个可靠性方面的数据库：既包括普通数据库，也包括一些公司自己的数据库。普通数据库可以提供一个相当宽泛的领域中的平均数据，而公司自己的数据库内容则主要是根据某些设备实际应用中报告的失效和其他事件（见 9.3.3 节）。在一些领域，还会有几家公司建立联合数据库的情况，比如海洋油气行业的海洋设备可靠性数据库（OREDA, 2015）。

一些可靠性数据库提供各种失效模式的失效率，而另外一些数据库则只提供总体失效率。有时候，可能会有多个元件出现共因失效（详见第 13 章），在这种情况下，也有必要估计这种类型失效的发生频率。很少有数据库包括失效频率估计值，一般我们都必须使用检查表与进行估计（详见第 13 章）。

（5）人为错误数据。在社会技术型系统当中，有必要估计人为错误的概率。人为错误的数据一般采用"常见"行为和任务这样的形式，细节程度很低，或者会涵盖多个类型的任务。我们会在第 15 章讨论人为错误概率（human error probabilities，HEP）相关的问题。

（6）后果数据。除了失效数据之外，风险评估还需要与后果相关的各类数据，如某种物理现象发生的频率（点燃概率）、后果超过某一个阈值的频率（爆炸超压超过 100kPa 的概率）。这些数据通常需要根据物理过程模型来进行计算，比如使用计算点燃概率的模型（Cox 等 1990）。

风险评估所需要的数据类型还远不止这些，但是本书没有足够的篇幅讨论所有可能需要的数据类型。具体分析中需要的数据取决于研究对象和风险建模的方法，一般来说建模越完备需要的数据就越详尽。有兴趣的读者可以从挪威风险评估标准 NS 5814（2008）中找到有关风险分析所需数据的调查报告。

9.2 数据质量和可用性

寻找风险评估中使用的概率数据，一直以来就是一个问题。近几十年来，人们已经在收集和处理可靠性以及事故数据方法方面进行了大量的工作，尽管如此，可用数据的质量仍然不尽如人意。事实上，数据质量可能永远也不会变得"足够好"，因为我们要做的是根据历史预测未来。我们所研究的技术和系统都在不断演变，所以历史无法保证它能够告诉我们有关未来的全部真相。

在发现一个与我们要做的风险评估相关的数据源的时候，我们需要首先考虑以下一些问题然后才能决定是否采用其中的数据：

（1）行业与应用。第一个问题就是要考虑这些数据是否来自我们计划使用的相同行业或者相同类型的应用。比如，有关泵体失效的数据源有很多，但是如果我们采用核能行业的数据来分析海洋工程中的设备，它们的相似度到底有多大？为了评估这个问题，我们需要了解这些泵安装在哪里（封装区域或者安装地区的天气情况）、它们用于哪些应用（水还是油）、它们是如何进行维修的（是直到损坏才进行修理还是会定期维修防止停机），还有一些其他的因素也需要考虑其中。通常，这些有关我们正在使用的数据源的问题很难得到精准的答案。

(2)数据时限。有些数据源的数据过于陈旧,比如已经是二三十年前甚至更老的数据。在很多情况下,无论是技术还是运营手段都已经在这段时间发生了天翻地覆的变化,这也就意味着30年之前制造的泵和今天制造的泵完全不同。数据越陈旧,我们就越需要详细评估它是否有使用价值。

(3)当前和未来的技术趋势。和上一点类似,我们需要判断今天我们所看到或者知道的技术趋势是否会对数据应用造成影响。比如电动汽车现在越来越普及,那么汽油车火灾的数据是否还适用于电动车?再次重申,我们必须考虑这些变化是否会影响到我们对未来的预测。

(4)数据的完整度和准确度。数据库和其他一些数据来源的一个主要问题,就是数据不够完整。很多时候,我们都会发现漏报的情况很严重,这会让我们怀疑报告的失效率是否真实,或者它们是不是太低了(Hassel,2011)。报告中的错误也是一个常见的问题,这可能会导致报告事件的错误分类。这两个问题都难以衡量,即便是我们了解了很多报告产生和数据记录的细节,我们也很难知道是否存在大量的漏报。

(5)数据范围。最后需要考虑的是计算事故和失效率所依赖的数据范围。很多有关失效率的公开数据源都是基于单一事故,统计上的不确定性会导致巨大的预测偏差。

在本章的后续部分,我们将会继续讨论可靠性数据库的质量问题。

9.3 数据来源

在本节中,我们将会介绍风险评估中一些有用的数据源。如果读者想要了解具体行业的更多信息,请阅读第20章。本章所列出的数据源都是在本书写作期间对于风险评估工作最好的资源,但是未来可能会有很多变化,因为有些提到的数据源可能今后只提供线上的版本,有些则不再继续更新。

9.3.1 法规强制收集数据

在一些行业里,有强制性的规定要收集、分析并储存与事故和意外有关的数据。以下就是一些行业的要求。

(1)核电工业。在这个行业中,为了保证安全,收集数据早已经是国际惯例。根据惯例,协议当中的任意一方都需要采取行动保证。

……持有相关牌照的单位必须按时向执法机构报告对于安全有重大影响的意外情况,(并且)需要建立收集和分析运营经验数据的程序,取得的结果和得到的结论应该发挥作用,同时应该与国际机构以及其他运营机构和执法机构分享重要的经验[国际原子能机构(IAEA),1994]。

(2)航空业。根据欧盟2003/42/EC号指令《民用航空事故报告》(EU,2003),航空公司必须收集、报告并分析所有与民用意外和事故相关的数据。欧盟已经建立了ECCAIRS组织,"帮助所有欧洲国家进行国内和跨国运输机构收集、分享和分析它们的安全信息,以提升公共运输的安全性。"

(3)欧盟《塞维索三号指令》覆盖的行业。欧洲的企业必须遵守《塞维索三号指令》

(EU,2012),它们还被强制要求收集并使用指定的格式向各国有关部门报告数据,同时将数据上传到 eMARS 数据库中。①

(4) 海洋油气行业。在全世界范围内,海洋油气行业都需要在运营过程中进行数据收集。美国在墨西哥湾深水地平线井喷事故之后,建立了安全和环境执法局(BSEE),并且要求石油公司报告所有事故和意外状况,包括致死性事故、受伤情况、火灾、爆炸、井损、结构损坏等。在英国,《伤亡与危险事件报告规则》(RIDDOR)也有类似的要求,而且该法规的适用范围不止局限于油气行业。

欧洲安全、可靠性与数据协会(The European Safety, Reliability and Data Association, ESReDA)于 1992 年成立②,这是一个交流安全和可靠性研究信息、数据和成果的平台。ESReDA 已经出版了多本与安全和可靠性数据有关的手册。

在本章中,数据库一词可以表示任何类型的数据源,既包括简明数据手册,也包括全面的计算机化数据库。

9.3.2 事故数据

事故数据库可能是一种非常有用的信息源,但是作为定量风险评估输入又显得有些不足,因为这类数据库列举描述了事故,但是并没有涵盖总体信息(即没有发生任何事故的系统)。因此,事故数据库并不能帮助我们预估事故率。尽管有些事故数据库带有暴露数据,但是绝大多数并没有覆盖相关信息,因此我们必须要求助于其他数据源。这也就带来了一个问题,我们很难精准地了解事故数据是基于哪些样本,以及我们是否需要进一步的暴露数据来匹配事故数据。

事故数据库一般提供来自于实际事故的经验教训,作为改进技术系统、运营方式、管理体系和组织架构的基础。在进行风险分析的时候,我们可以从事故数据库中了解有哪些负面事件。这些数据当然是有价值的,但是通常它们对于风险管理的作用要大于对风险分析的作用。根据 Kvaløy 和 Aven(2005)的研究,事故数据可以用来:

(1) 监控风险和安全水平;
(2) 为风险分析提供输入;
(3) 识别危险;
(4) 分析事故原因;
(5) 评价风险降低措施的效果;
(6) 比较不同的方法和措施。

现在有很多涵盖事故和意外信息的数据库,其中的一些属于官方数据库,由权威机构建立,可以保证良好的数据质量。而另外还有一些数据库则是由咨询公司、兴趣团体或者个人建立,这些数据库的质量就参差不齐了。有些数据库非常详细,而有一些只是对事故/意外进行了简要的描述,没有提供任何关于事故/意外原因的信息。一些数据库只涉及重大事故,而另外一些则关注职业事故或者那些每次只会造成一人死亡的事故。

---

① 参见 http://emars.jrc.ec.europa.eu/.
② 参见 http://www.esreda.org.

9.3.2.1 一些事故和意外数据库

我们在本节中会列出一些提供事故和意外数据的数据库,当然这份名单只能算是沧海一粟。

重大事故报告系统(major accident reporting system,eMARS)。该数据库的创建初衷是为了支持欧盟的《塞维索指令》(EU,2012),由位于意大利伊斯普拉的欧盟联合研究中心重大事故危险研究所(The major Accident Hazards Bureau,MAHB)代表欧盟进行维护。在欧洲,《塞维索三号指令》涉及的工厂都根据一份非常细致的报告格式,向 eMARS 报告所有的事故和意外。这一在线数据库涵盖了欧盟内部所有的工业事故以及包含危险材料的未遂事故。截至 2018 年年底,该数据库包括了从 1979 年以来的超过 900 次事故。eMARS 中的信息面向公众开放,只有一些受限数据仅面向欧盟成员国开放。

eMARS 数据库中的数据包括以下方面的信息:
(1) 事故/意外的类型;
(2) 事故/意外的发生行业;
(3) 事故发生时的活动;
(4) 直接包括的元件;
(5) 事故原因(直接原因和根本原因);
(6) 影响到的生态系统;
(7) 采取的紧急措施。

多个欧盟成员国已经建立本国的事故和意外数据库,作为 eMARS 数据库的补充和扩展。

过程安全意外状况数据库(process safety incident database,PSID),可以提供与危险材料相关的事故和意外的信息。该数据库由美国化学工程师学会(the American Institute of Chemical Engineers,AIChE)的化学流程安全中心(the Eenter for Ehemical Process Safety,CCPS)运营。到本书截稿之日(2019 年 6 月),该数据库已经包含了大约 700 起事故的信息。

意外状况报告系统(the incident reporting system,IRS),是记录核电站事故和意外的数据库。该数据库由国际原子能机构委托奥地利核安全部运营,地点设在奥地利维也纳。几乎所有国家的核电项目都参与到 IRS 当中。

航空事故数据库。该数据库是提供航空业事故和意外数据的数据库之一。航空事故数据库由美国国家交通安全理事会航空安全办公室管理。在欧洲,负责协调事故和相关工作的是欧洲事故和意外协调中心(ECCAIRS)。该中心的工作主要与两项欧盟法规相关:关于民用航空业事故和意外调查与防护的 996/2010 号法案,以及民用航空事件报告、分析和跟踪的 376/2014 号法案。ECCAIRS 由欧盟联合研究中心(JRC)主持,他们现在在运行两个数据库,一个关于航空事故,另一个关于安全建议。非常遗憾的是,这两个数据库都没有对公众开放。国际民航组织(International Civil Aviation Organization,ICAO)也在运行一个数据库,并在其网站上(http://www.icao.int)发布事故统计数据。此外,有兴趣的读者还可以阅读澳大利亚航空安全管理局的相关文件(ATSB,2006)。

国际铁路交通和事故数据库(international road traffic and acident dalabase,

IRTAD)。该数据库建立于 1998 年,是国际经合组织道路交通研究项目的一部分。IRTAD 管理团队从很多国家收集数据,按照统一的格式进行存储和分析。所有的 IRTAD 成员都可以使用这个数据库。

世界海上事故数据库(world offshore accident database,WOAD)。该数据库可以提供 1970 年以来超过 6000 起海洋工程领域的事故信息。该数据库由挪威船级社(DNV)负责运营,使用该数据库需要缴纳年费。WOAD 使用的是经过 DNV 处理过的大众可以阅读的数据。

SINTEF 海上井喷数据库。该数据库包括海上井喷的数据,由挪威研究机构 SINTEF 负责运营。其中的数据来自公共资源,使用数据需要具有相关项目的成员资格。

HSE RIDDOR。该数据库包含英国境内报告的伤亡和危险性事件的信息。数据库网站(http://www.hse.gov.uk/)会定期发布统计数据,公众可以下载这些数据。

9.3.2.2 事故调查报告

事故调查报告是非常有用的信息源,尤其是可以帮助我们获取负面事件和事故如何发展的经验教训。我们可以通过报告识别出在我们的研究对象身上可能会发生哪些问题,但是事故调查报告本身并不提供能够直接用于风险量化的数据。

一般来说,独立机构进行重大事故调查,调查结果大都向大众公开。比如我们可以在美国化学安全理事会的主页(http://www.csb.gov)上找到美国化学行业事故的调查报告。很多报告都非常详细,其中一些还配有视频。美国国家交通安全理事会也会在其网站(https://www.ntsb.gov)上发布类似的报告,它们涵盖了各种交通类型,包括公路、铁路、海运、航空等。

有些事故报告的影响极为深远,比如,卡伦爵士参加了 1988 年北海派珀·阿尔法灾难的事故调查。他所撰写的报告(Cullen,1990)重构了立法、运营程序以及风险评估的方式。很多后来从事风险评估工作的人员都从这份报告中获益匪浅。

另外一个例子是深水地平线井喷事故的调查。那时候,有很多机构都对这起事故进行了调查,包括美国海岸警卫队、总统特别任命的国家委员会、美国国家工程院以及作为钻井运营商的英国石油公司。我们可以在互联网上找到所有这些报告。这起事故对美国和欧洲后续的立法工作都产生了重大影响。

在挪威,是由政府执行重大事故的调查,调查报告以官方格式的 NOU 报告出版。这些报告经常会在议会上宣读,作为法律法规修改的依据。

9.3.3 元件可靠性数据

元件可靠性数据主要包括两类:单一失效事件的描述以及失效频率/速率的预测。

9.3.3.1 元件失效事件数据

很多企业都会将元件失效事件数据库视为自身计算机化维护报告系统的一部分加以维护。在数据库中,将会记录与不同元件有关的失效和维护活动。这些数据将会用于维护计划,同时也可以作为系统变更的依据。有些时候,企业之间可以交流各自记录在元件失效报告数据库中的信息。比如美国和加拿大的政府与工业界合作的政府工业数据交流项目(gvernment industy data echange Progran,GIDEP),请参见 http://www.gidep.org。

还有一些行业已经开始实施 MIL-STD-2155(1985)标准中所描述的失效报告分析及修正行动系统(failure reporting, andysis, and correaive action system, FRACAS)。通过使用 FRACAS 或者类似的方法，企业可以在报告存储在失效报告数据库之前就对失效进行正式的分析和分类。

9.3.3.2 元件失效率

现在有很多元件失效率(速率)数据库。元件失效率数据库可以提供每个元件失效率的预测值。有些数据库还可以给出失效模式分布和维修时间。数据库包括制造商的信息，需要确保元件信息对于企业或者企业群以外的人员保密。

一般来说，失效率的预测可以根据：

(1) 记录的失效事件；

(2) 专家判断；

(3) 实验室测试。

或者是上述这些方法的综合。

通常，我们可以假设元件具有固定的失效率 λ，这就是说失效的发生是一个强度为 λ 的齐次泊松分布(homogeneous poisson process, HPP)。令 $N(t)$ 表示在累计服务时间 t 内的失效次数，根据 HPP 的假设，可以得到：

$$\Pr[N(t)=n] = \frac{(\lambda t)^n}{n!} e^{-\lambda t}, \quad n=0,1,2,\cdots \tag{9.1}$$

那么，在累计服务时间 t 内的平均失效次数是：

$$E[N(t)] = \lambda \cdot t \tag{9.2}$$

参数 λ 的含义是：

$$\lambda = \frac{E[N(t)]}{t} \tag{9.3}$$

式中，λ 表示每单位运行时间的平均失效数量。

很显然，λ 的估计值可以表示为：

$$\hat{\lambda} = \frac{N(t)}{t} = \frac{\text{观测到的失效数量}}{\text{累计服务时间}} \tag{9.4}$$

这个估计值可以看作是无偏估计，如果截止到运行时间 t 观察到 n 次失效，当置信度为 90% 的时候，λ 的置信区间是：

$$\left(\frac{1}{2t} z_{0.95, 2n}, \frac{1}{2t} z_{0.05, 2(n+1)} \right) \tag{9.5}$$

式中，$z_{\alpha, m}$ 表示自由度为 m 的卡方分布上侧 α 分位数，定义为 $\Pr(Z > z_{\alpha, m}) = \alpha$。我们可以从表格程序或者是绝大多数统计计算程序(比如 R)[①]中找到卡方分布的百分位数，关于不同 α 值和 m 值的百分位数也可以在互联网上查到。需要注意的是，一些表格和程序给出的下侧 α 百分位数，定义为 $\Pr(Z \leqslant z^L_{\alpha, m}) = \alpha$。在使用百分位数之前，我们需要检查自己的表格或者计算机程序给出的是上侧百分位数还是下侧百分位数。

---

① https://www.r-project.org/.

9.3.3.3 通用可靠性数据库

绝大多数可靠性数据源都维护着自己的网页,显示有关数据源以及如何使用信息。我们会在本节中介绍一些常用可靠性数据源。

流程设备可靠性数据库(process equipment reliability database,PERD),由 AIChE 化学流程安全中心负责运营,包含流程设备的可靠性数据。只有参与 PERD 项目的成员才可以使用相关的数据。

电子部件可靠性数据(electronic parts reliability data,EPRD),来自 Quanterion Solutions 公司[1]。这本手册的厚度超过了 2000 页,内容包括根据电子元件的现场使用情况对集成电路、分立半导体(二极管、三极管、光电设备)、电阻、电容、感应器/变压器等设备失效率的估计值。

非电子部件可靠性数据(nonelectronic parts reliability data,NPRD),同样也来自 Quanterion Solutions 公司。这本大约 1000 页的手册提供了很多类型元件的失效率,包括机械、机电、分立电子部件和装配体。

MIL-HDBK-217F《电子设备可靠性预测手册》。该手册包括使用在电子系统中的各种类型部件,比如集成电路、晶体管、二极管、电阻、电容、继电器、开关和连接器的失效率估计值。这些估计值主要依据控制环境压力的实验室测试结果,因此 MIL-HDBK-217F (1991)中的失效率只与元件的指定(主要)失效有关。实验室正常压力水平下元件基本失效率标记为 λ_B,MIL-HDBK-217F 表格中还给出了影响因子 π,比如质量水平、温度、湿度等,可以用来确定特定应用和环境下的失效率 λ_P:

$$\lambda_P = \lambda_B \cdot \pi_Q \cdot \pi_E \cdot \pi_A \cdots \tag{9.6}$$

这里没有考虑外部压力和共因失效的情况,数据也与具体的失效模式无关。

MIL-HDBK-217F 一直都是美国国防部的常备手册,但是现在已经不再进行经常性的维护和更新了。

法国的 FIDES 数据库则是对 MIL-HDBK-217F 的扩展[2]。

海洋设备可靠性数据(offshore and onshore reliability data,OREDA),包括从多个地区收集到的海洋油气设施中使用的很多种元件和系统的数据。这个计算机化的数据库仅面对 OREDA 项目的参与者开放,但是现在已经出版了多本 OREDA 手册,可以查看常用数据。数据按照以下的几种类别进行分类:①机械装置;②电子设备;③机械设备;④控制和安全设备;⑤水下设备。

NSWC。这是指美国海军水面作战中心开发的机械设备可靠性预测方法(NSWC,2011)。

《控制与安全系统可靠性数据手册》,旨在支持安全仪表系统的可靠性评估,帮助这些系统遵循 IEC 61508(2010)的要求。该手册有一部分采用了 OREDA 的数据,由挪威研究机构 SINTEF 开发完成。

《安全设备可靠性手册》(Safety Equipment Reliability Handbook,SERH),总共有

---

[1] https://www.quanterion.com.
[2] http://www.fides-reliability.org/.

3卷,主要涵盖安全仪表系统的可靠性数据。该手册是由 exida.com 开发,3卷的内容分别是传感器、逻辑控制器和接口模块、执行元件。

《IEEE STD 500》标准手册,可以提供多种电气、电子、传感、机械元件的失效率估计值(IEEE Std. 500,1984)。该手册使用德尔菲方法(详见 9.4.2 节)结合现场数据估计元件的失效率。手册中的数据采自核电站,但是类似的应用也可以考虑使用德尔菲法。当然,现在这个手册中的数据已经是非常陈旧了。

国际共因数据交流(international common cause data exchange,ICDE)数据库。该数据库由总部位于法国巴黎的国际核能理事会(the Nuclear Energy Agercy,NEA)代表多个国家的核能工业机构运营。非会员也可以从互联网上找到很多基于这个数据库的总结性报告。

共因失效数据库(commoncause failure data base,CCFDB)。这是一套数据收集和分析系统,由美国核能管理委员会(NRC)负责运营。CCFDB包括有识别共因失效(CCF)事件的方法、在 CCF 研究中对相关事件进行编码和区分的技术,以及储存和分析数据的计算机系统。NUREG/CR-6268(2007)对 CCFDB 进行了全面的描述。

欧洲工业可靠性数据(European industry reliability data,EIReDA)。这是 EDF 公司对于法国核电站中元件的失效率预测。EIReDA PC 则是该数据库的计算机化版本。EIReDA 中的数据主要涉及核电站中的电气、机械以及机电设备。

可靠性及可用性数据系统(reliability and availability data system,RADS)。这套系统由美国核能管理委员会开发,可以提供一般性评估和具体工厂评估时所需要的可靠性和可用性数据,支持概率风险分析以及已知风险的法规应用。沸水反应堆和压水反应堆中风险最高的重要系统中的主要组件都可以使用这些数据。

9.3.4 数据分析

很显然,数据库中的数据质量取决于收集和分析数据的方式。业界已经发布了多份指南和标准,旨在实现高质量的数据收集和分析。这其中包括:

(1)《可靠性数据质量手册》(ESReDA,1999);
(2)《通过数据收集和分析提升工厂可靠性指南》(CCPS,1998);
(3)《ISO 14224 石油、石化和天然气行业:设备可靠性和维护数据收集与交换》(ISO 14224,2016);
(4)《概率风险评估参数估计手册》(NUREG/CR-6823,2003)。

9.3.5 数据质量

风险分析对于良好的可靠性数据源,有多项质量要求,其中包括:

(1)可达性。用户能够轻易接触到数据库,这样就不会把资源浪费在搜索数据上。

(2)用户界面友好。数据库的用户界面应该非常友好,为用户提供足够的帮助,这样他才不会对数据库中的估计值做出错误的解释。

(3)系统/元件范围。必须要限定数据库中系统和元件的物理和运营范围,这样用户才能知道预测覆盖了哪些失效。

(4)可溯源。必须要确定出初始数据的来源,这样用户可以检查自己的系统和元件的应用是否与所收集数据的应用匹配。

（5）失效率函数。现在，几乎所有的商用可靠性数据库都只提供固定失效率，即便对于那些由磨损、腐蚀、疲劳等导致机能不断退化的机械设备也是如此。如果假设失效率函数是一个固定值，那么应该尽量能够在数据库中证明其合理性，比如进行趋势测试。

（6）同质性。如果初始数据来自不同的样本（如不同的设备），那么数据库应该尽量验证这些样本是同质的。

（7）升级。数据库必须定期升级，这样失效率的预测值才可以尽可能地使用于当前的技术中。

9.3.5.1 失效模式和机理分布

一些可靠性数据库包括了对每一种失效模式失效率的预测，但是大多数数据库只给出了总体失效率。为了能够在具体的风险分析中使用这些数据，我们可能需要估计某一种具体的失效模式在总体失效率中的比例。有一本手册专门讲述这个方面的内容：《失效模式/机制分布》。这本手册（FMD，2013）提供了包括电气、电子、机械以及机电部件和装配体在内的多种产品的不同失效模式和失效机制发生的相对概率。

9.3.5.2 工厂级可靠性数据

我们在式（9.6）中给出的 MIL-HDBK-217F 中的方法，就是比例危险模型的一个简单例子，其中对于具体运营和环境条件的实际失效率 λ_P，就是由基本失效率 λ_B 乘上一系列影响系数得到的。这些系数也可以称为协变量或者相伴变量。

MIL-HDBK-217F 方法看起来简单，但是研究人员还是花费了很大的精力讨论如何确定各种系数。举例来说，如果给定环境的温度是 90℃，MIL-HDBK-217F 中的影响系数既包括温度提升的影响，也包括温度作为影响因素本身的重要程度。对于机械、机电和更加复杂的设备来说，类似的影响系数都还没有确定出来。

如果能够假设基本失效率是固定的（也就是说没有损耗方面的影响），比例危险模型的基本形式可以表示为：

$$\lambda_P = \lambda_B \cdot h(\pi_1, \pi_2, \cdots, \pi_m) \tag{9.7}$$

式中，$\pi_1, \pi_2, \cdots, \pi_m$ 是影响系数。有时候，这些系数可能会随着时间发生改变。

9.3.6 人为错误数据

我们将在第 15 章中讨论人为错误和人因可靠性，也有一些数据库提供与人为错误有关的数据。和技术失效类似，这些数据也可以分为两大类：人为错误的描述和在特定环境中典型人为错误的概率。第二种数据也常被称为人为错误概率（human error probabilities，HEP）。

9.3.6.1 人为错误数据库

人为错误数据库描述了在某一系统内部已经发生的各种错误，以及它们的成因和后果。绝大多数安全关键性系统都会有某种类型的错误数据库。

计算机化操作员可靠性和错误数据库（the computerized operator reliability and error database，CORE-DATA）由英国伯明翰大学创建（HSE，1999），是有关核能、化工和海洋石油领域发生的人因或操作员错误的数据库。CORE-DATA 使用下列数据源。

（1）意外和事故报告数据；

(2) 来自培训和实验模拟的仿真数据；
(3) 实验数据；
(4) 专家判断数据。

有研究人员对 CORE-DATA 数据库中的信息进行了分析，总结出该数据库包括以下一些信息要素（摘自 Basra 和 Kirwan 在 1998 年发表的论文）。

(1) 任务描述，对正在执行的任务及其运行条件进行一般性描述。

(2) 人为错误模式，与元件失效模式类似，是对观察到的错误行为的描述：比如行动时间太晚、行动时间太早、行动次序错误等。

(3) 心理错误机制，描述了操作员自身的错误，比如注意力不集中、认知能力有限、判断出现偏差等。

(4) 绩效影响因素，描述了那些会对操作员的错误模式产生影响的因素，比如人机工程设计、任务复杂程度等。

(5) 错误概率，用量化的方法描述了任务完成的次数，以及操作员有多少次没有取得预期的效果：比如 50 次当中有 1 次。

(6) 名义 HEP，是给定任务的 HEP 平均值，由观察到的错误次数除以可能犯错的机会计算得到。

⋮

美国核能管理委员会曾经收集了核电站中人为错误数据。尽管这些数据没有公开，但是相关人员还是可以查阅这个数据库。[①]

9.3.6.2 人为错误概率

现在关于人为错误有多个数据源，其中包括：

人员绩效评价系统（human performance evaluation system，HPES），由位于美国佐治亚州亚特兰大的核电运营研究院创建，需要缴纳会费才能够使用数据……

……但是该数据库每年都会出版年度总结报告。HPES 提供核电行业中有关人为错误的数据，并提供人为错误概率预测以及错误根本原因的信息。

《核电厂人员可靠性分析手册》（Swain 和 Guttmann，1983），内容包括 27 个人为错误概率表格，并介绍了所谓的绩效影响因素（performance shaping foutors，PSFs），它可以用来根据特定的情况/应用对人为错误概率进行调整。该手册中的数据绝大部分都与核能行业有关。

人为错误评估与降低技术（human error assessment and reduction technique，HEART）包括一个列出了常见人为错误概率的表格，并且带有绩效影响因素和针对特定应用调整人为错误概率的步骤。HEART 的计算步骤比 Swain 和 Guttmann（1983）提出的方法要简单。

《实用人为错误评估指南》（Kirwan，1994）在附录Ⅱ中列出了从常见数据源、工厂、人机工程实验和仿真中得到的人为错误概率值。

《人员可靠性与安全性分析数据手册》（Gertman 和 Blackman，1994）对与人员可靠性

---

① 参阅 https://www.nrc.gov/reactors/operating/ops-experience/human-factors.html。

数据有关的挑战和问题进行了全面的讨论,并给出了一些数据。

计算机化操作员可靠性和错误数据库(CORE-DATA),我们曾经在 9.3.6 节中进行过描述,它可以提供定量数据,也是人为错误概率预测的数据源。

还有很多有关人为错误的数据源。有兴趣的读者可以在互联网上搜索这些数据源。最简单的方法是可以访问维基百科:http://en.wikipedia.org/wiki/Human_error。

9.4 专家判断

在整个风险评估的过程当中,都需要使用专家判断,判断的对象既可以是建模过程,也可以是数据。在这里,我们关注专家判断在构建数据的过程中如何发挥作用。概括来说,我们使用专家判断的方式主要有两种:

(1) 如果可以得到数据,但是数据并不完全相关,那么专家就要对数据进行修正使其更加适合分析使用。

(2) 如果无法得到数据,那么专家就需要给出参数数值的建议。

在第一种情况里面,我们需要问询专家提供调整因子,修正现有数据让它们能够更好地反映未来的状况。在第二种情况里面,专家则必须根据自己的经验和知识给出一些全新的数值。

对于专家判断方法,经常出现的一类疑问是:基于专家判断得到的数据是否是"有效"数据,它们是否能够被"允许"用于风险评估。在我们应对社会上复杂现象进行大多数预测的时候,使用专家判断都是必要的。我们每天都需要根据预测进行很多决策,比如经济将会如何发展、我们在未来的收入会怎样、一个国家或者一座城市的人口会发生怎样的变化、污染会如何影响气候等。这些决策也可以根据各种模型、收集来的数据以及专家判断进行,这和风险评估的过程是一模一样的。即便有时候预测并不准确,从长期来说,它还是对我们的决策有益。风险评估也是如此,需要借助可以获得的最佳的知识,通常都会包括专家判断。

9.4.1 调整现有数据

在绝大多数定量风险评估当中,调整现有数据都是很常见的工作,因为它们无法完全展示出我们对其未来状态的期待。这项工作一般都是由风险分析人员自己完成的,因此也可以显示出一定的"专业能力"。很多时候,调整的方式非常简单。然而,如果按照如下系统化的步骤调整数据,对于建档和后续的审计工作都有好处。

(1) 从相关的数据库中选择"有前景的"数据,假定它是失效率 λ。

(2) 识别研究对象与我们采集数据的样本之间的差别。差别应该尽可能具体,比如不要仅仅是"老技术"和"新技术",而是"使用不同的材料"或者"对最近操作流程进行了改进"。我们可以将这些差别命名为 D_1、D_2、D_3 等。我们只需要将对风险(失效率)比较重要的方面识别并描述出来。差别的数量可以限制在 3~5 个。在这一步经常会遇到的问题是,很难根据收集的数据界定出样本的特性,从而很难确定是否存在差别或者差别到底是什么。

(3) 识别这些已界定差别之间可能的关联。如果我们采用一些腐蚀性较小的材料制造系统中的一些元件,系统自然地处于腐蚀性较小的环境当中,因此我们在考虑因腐蚀引起的失效率降低了多少的时候,就不能针对上述两项改善进行重复计算。

(4) 分别评估每一项差别 D_i 的量化影响,分配调整因子 k_i。这些因子可以是一个正数或者是 0,数值 1 表示没有调整,而 0 则表示我们认为这个变化消除了失效的可能。

(5) 根据识别出的关联性,确定是否有调整因子需要修改。修改后的因子被指定为 k_i^*。

(6) 将数据库中得到的失效率与前面步骤中得到的所有调整因子相乘,计算升级失效率 λ^*,即

$$\lambda^* = \lambda \prod_i k_i^* \tag{9.8}$$

(7) 比较计算值和初始值,根据现有证据评价计算是否合理。如果初始数据是以概率的方式给出,那么就应该确定最终的计算结果不会大于 1。如果有必要的话,还可以进行最终的调整。

(8) 对上述步骤建档,确保其他人员也可以理解,并在稍后重新审视计算中的假设。

我们可以发现,这种方法和 MIL-HDBK-217F 中使用的式(9.6)非常类似。除了 1、6 和 8 之外,其他各个不同的步骤可以使用不同形式的专家判断方法。我们接下来用一个案例说明整个分析过程。

案例 9.1(调整流程系统中阀门的失效数据):假定我们正在开发一套全新的流程系统,用于在高温和高压下处理轻质烃。该系统将配备用于控制系统液流的阀门。这些阀门采用耐腐蚀的新材料设计,需要进行风险分析。我们发现了一个数据库,其中包含传统石油加工系统中阀门的故障数据。从该数据库中,我们发现发生外部泄漏的频率 $\lambda = 3 \times 10^{-4}$ 次/年。

在本例中,我们考虑的关键性差别在于新材料高度耐腐蚀(D_1)、系统处理的是轻质烃而不是石油(D_2),以及系统运行的温度压力都很高(D_3)。这三项差别之间可能存在着关联,因为它们全都会影响腐蚀的程度。

根据专家判断,我们得到结论:相比石油而言轻质烃对于阀门可靠性有正面影响,因此调整因子 $k_1 = 0.7$(即失效率比现有数据更低);而温度和压力升高可能会增加失效的概率,因此调整因子 $k_2 = 1.5$;最后,抗腐蚀材料的影响理想上取决于总体失效有多大比例由腐蚀造成的,如果我们知道有 50% 的失效是因为腐蚀,我们假设新材料可以将腐蚀减少 90%,那么我们就可以采用调整因子 $k_3 = 0.55$(即失效率降低了 45%)。

因为关键性差别对于腐蚀的影响一部分为正面,一部分为负面,我们可能可以保留这些调整因子,不考虑其内在的关联性,即 $k_i^* = k_i$。

那么,升级失效率就可以计算得到:

$$\lambda^* = \lambda \times k_1 \times k_2 \times k_3 = 3 \times 10^{-4} \times 0.7 \times 1.5 \times 0.55 \approx 1.7 \times 10^{-4}$$

根据这些信息我们有理由相信,相对于历史数据,新阀门的失效率会有所降低,这个新的数值就可以应用在风险分析当中。

9.4.2　在没有数据的时候提供新的数据

如果可以作为分析起点的数据非常少，那么我们就需要依赖专家提供一些基础数值，直接用来进行风险评估。在这种情况下，尤其是事关重大的时候，我们一般需要组织一组专家一起来确定可以使用的数值。

这个过程分为三个步骤：
（1）挑选专家；
（2）征集专家意见；
（3）分析专家提供的数据。

征集专家意见是一个针对具体问题直接从专家那里获得数据的过程。专家判断的内容可能包括模型的结构，也可能包括模型中使用的参数和变量。专家判断的过程可能是非常正式的，也可能不需要特别正式；可能只邀请了一名专家，也可能邀请来自不同领域的多名专家。一些研究提出了专家意见征集的结构化过程，并且已被证明在实际的风险分析中是有用的。

我们在本章并不会全面介绍专家意见征集的过程，有兴趣的读者可以阅读相关文献，比如 Cooke(1991)和 Ayyub(2001)的论文。

正如 9.3.3 节所提到的，IEEE Std. 500(1984)中的失效率预测采用的就是德尔菲法。所谓的德尔菲法就是一种特别的专家意见征集过程，其中每一个专家都需要回答两轮甚至更多轮问卷。在每轮回答之后，评价小组会根据前一轮的专家预测制作一份匿名的总结报告，并会在报告中附上专家进行如此判断的原因。按照这种方式，评价小组接下来会鼓励专家根据专家组其他成员的反馈对自己早先的回答进行修正。在这个过程中，可以确信意见会逐步趋于"正确"的答案。当预先设定的停止条件满足的时候(比如回答足够的轮次、结果比较稳定)，判断的过程就会结束，而最后一轮判断的中间值或者平均值可以用来确定结果。①

风险评估中另外一个日益受到关注的方法是层次分析法(the analytic hierarchy process, AHP)，它最早是用来支持一般性的决策(Saaty,1980)。AHP 方法对专家进行配对比较，可以用来支持我们上面谈到的调整因子的确定过程。这种方法对于获取贝叶斯网络(见第 11 章)中使用的数据也很有用。

9.5　数据档案

在进行风险分析报告的时候，有时候会有人问道："这个风险分析基于什么样的数据"。因此，将输入数据全部归档是一项非常重要的工作，尤其是可靠性数据。我们推荐建立数据档案，展示并证明风险分析中为每一个元件和输入事件选择的数据。图 9.1 就是这样的一个数据档案。在很多应用中，如表 9.1 所示，实际上还可以使用更加简洁的数

---

① 了解更多有关德尔菲法的信息，可以访问：http://en.wikipedia.org/wiki/Delphi_method（也可以访问百度百科中有关德尔菲法的介绍页面：http://baike.baidu.com/view/41300.htm。——译者注）。

据档案。

数 据 档 案	
元件：液压闸阀	系统：向压力容器 A1 输送的管道
描述： 这是一个带有液压"故障安全"执行机构的 5in(1in=2.54cm)闸阀。故障安全功能通过一根由液压压缩的铁质弹簧来实现。这个阀门通常处于开启的位置，只有在容器中的压力超过 150bar(1bar=100kPa)的时候，才会激活关闭。阀门每年进行功能测试。在功能测试之后，我们可以认为阀门"完好如初"。该阀门位于保护区域，并不会暴露在严寒或者冰冻的环境下	
失效模式　　　　　　　　　　失效率/h^{-1}　　　　　　　来源 - 需要的时候没有关闭　　　　3.3×10^{-6}　　　　　　　数据源 A 　　　　　　　　　　　　　　1.2×10^{-6}　　　　　　　数据源 B - 在关闭位置阀门出现泄漏　　2.7×10^{-6}　　　　　　　数据源 A - 阀门外部泄漏　　　　　　　4.2×10^{-7}　　　　　　　数据源 A - 不需要的时候关闭　　　　　3.8×10^{-6}　　　　　　　数据源 A 　　　　　　　　　　　　　　7.8×10^{-6}　　　　　　　数据源 B - 关闭之后无法开启　　　　　1/300　　　　　　　　　　　专家判断	
评估： 失效率来自数据源 A 和 B，而对于失效模式"关闭之后无法开启"的失效率，则是根据 3 名具有使用相同类型阀门经验丰富的人员进行的判断，他们预计每关闭 300 次之后的开启会有 1 次出现失效。数据源 B 比数据源 A 的相关度更高，但是数据源 B 只提供了两种失效模式的数据。因此，数据源 B 用于失效模式"需要的时候没有关闭"和"不需要的时候关闭"，而数据源 A 则用于其他的失效模式	
测试和维护： 阀门会在安装之后进行功能测试，之后每年进行 1 次。假设功能测试就是 1 次真实的测试，所有在测试当中发现的可能失效都会及时得到修复，这样阀门在测试之后可以被认为是"完好如初"的。不会对阀门进行诊断性测试	
评价： 该阀门是一款标准闸阀，已经在类似的系统中使用了很长时间。因此，使用的数据非常合理，与实际情况非常相关	

图 9.1　可靠性数据档案举例

表 9.1　风险分析的一份简单数据档案

数　　据	数　据　库	评　　论
泄漏频率	HSE UK 数据库(2000—2017)	数值已根据当地泄漏数据进行了调整
安全系统失效概率	系统需求文件×××-25-18 430-2015	数值直接使用，除了气体检测仪的失效概率假定降低了 50%
井喷频率	SINTEF 井喷数据库(2016 版)	
……		

9.6 思考题

(1) 在 9.1.1 节中,我们列出了很多描述性数据。我们在哪里可以获取所有这些类型的数据?

(2) 在 9.3.2 节中,我们列出了事故数据的不同用途。请讨论一下不同的使用目的对于相关数据库收集数据会有怎样的影响。

(3) 查看 eMARS 数据中包含的信息(https://emars.jrc.ec.europa.eu/en/emars/content),讨论这些信息是否足够满足 9.3.2 节中列举的所有数据库的用途。

(4) 假定你现在要对一座建筑塔吊进行风险分析。给出一些分析中会用到的技术数据、运行数据、可靠性数据、气象数据和暴露数据的例子。

(5) 可靠性数据库的质量标准是什么?

(6) 如果我有一套数据计划来进行风险评估,我们在对这套数据进行评价的时候都需要做什么工作?

(7) 现在你要为一个新的轮船设计概念进行风险分析,它将采用一种新型混合机械结构,包含了传统柴油发动机和电池驱动的电力驱动。如果电池中的电力充足,那么船就会由电机驱动,否则柴油发动机就会介入。概念中使用的电机是全新的,从来没有在海事领域使用过,而柴油发动机就是标准的船用发动机。

你希望确定停电的概率,并且发现了两个可用的数据源。一个数据源包括传统的船用柴油发动机,而另外一个数据源则涵盖了通用的电机数据(用于陆地场景,而不是在船上)。第一个数据源包括到目前为止 20 年的数据,而第二个数据源更为局限,仅有 5 年的数据。评估这两个数据源,识别并描述需要在风险分析之前对这两类数据进行调整时会有什么差别。仅需要进行定性描述这些差别就可以。

(8) 我们已经从很多相同的零件那里收集了数据。假定在累计 978 850h 的服务时长里,我们观察到了 5 个失效。

① 估计这类零件的失效率 λ。

② 无偏估计是什么意思?请给出详细的解释。

③ 卡方分布的上侧百分位数和下侧百分位数的区别是什么?

④ 请描述上侧百分位数和下侧百分位数的联系(使用公式)。

⑤ 使用表格或者计算机程序寻找卡方分布相应的百分位数,并确定失效率 λ 的 90% 置信区间[使用式(9.5)]。

⑥ 详细解释本例中执行区间的含义。

参考文献

ATSB(2006). *International Fatality Rates: A Comparison of Australian Civil Aviation Fatality Rates with International Data*. B2006/0002. Canberra, Australia: Australian Transport Safety Bureau.

Ayyub, B. M. (2001). *Elicitation of Expert Opinions for Uncertainty and Risks*. Boca Raton, FL: CRC Press.

Basra, G. and Kirwan, B. (1998). Collection of offshore human error probability data. *Reliability Engineering & System Safety* 61: 7793.

CCPS(1998). *Guidelines for Improving Plant Reliability Through Data Collection and Analysis*. New York: Center for Chemical Process Safety, American Institute of Chemical Engineers.

Cooke, R. M. (1991). *Experts in Uncertainty: Opinion and Subjective Probability in Science*. New York: Oxford University Press.

Cox, A. W., Lees, F. P., and Ang, M. L. (1990). *Classification of Hazardous Locations*. Report. Rugby, UK: IIGCHL, IChemE.

Cullen, W. D. (1990). *The Public Inquiry into the Piper Alpha Disaster on 6 July 1988*, HM. London: Stationary Office.

ESReDA(1999). *Handbook on quality of reliability data*. Working Group Report. DNV GL, Høvik, Norway: European Reliability Data Association.

EU(2003). Council Directive 2003/42/EC of 13 June 2003 on Occurrence Reporting in Civil Aviation, Official Journal of the European Communities, L167/23(2003).

EU(2012). Council Directive 2012/18/EU of 4 July 2012 on the control of major-accident hazards involving dangerous substances, Official Journal of the European Union L197/1.

FMD(2013). *FailureMode/Mechanism Distribution*. Utica, NY: Quanterion Solutions.

Gertman, D. I. and Blackman, H. S. (1994). *Human Reliability & Safety Analysis Data Handbook*. New York: Wiley.

Hassel, M., Asbjørnslett, B. E., and Hole, L. P. (2011). Underreporting of maritime accidents to vessel accident databases. *Accident Analysis and Prevention* 43(6), 2053-2063.

HSE(1999). *The Implementation of CORE-DATA, A Computerized Human Error Probability Database*. Research report 245/1999. London: Health and Safety Executive.

IAEA(1994). *Convention on Nuclear Safety*. INFCIRC/449. Vienna, Austria: International Atomic Energy Agency.

IEC 61508(2010). *Functional safety of electrical/electronic/programmable electronic safety-related systems, Parts 1-7*. Geneva: International Electrotechnical Commission.

IEEE Std. 500(1984). *IEEE guide for the collection and presentation of electrical, electronic, sensing component, and mechanical equipment reliability data for nuclear power generating stations*. NewYork: IEEE andWiley.

ISO 12100(2010). Safety of machinery-general principles for design: risk assessment and risk reduction, *International standard ISO 12100*. Geneva: International Organization for Standardization.

ISO 14224(2016). *Petroleum, Petrochemical, and Natural Gas Industries: Collection and Exchange of Reliability and Maintenance Data for Equipment*. Tech. Rep. Geneva: International Organization for Standardization.

Kirwan, B. (1994). *A Guide to Practical Human Reliability Assessment*. London: Taylor & Francis.

Kvaløy, J. T. and Aven, T. (2005). An alternative approach to trend analysis in accident data. *Reliability Engineering & System Safety* 90: 75-82.

MIL-HDBK-217F(1991). *Reliability prediction of electronic equipment*. Washington, DC: U. S. Department of Defense.

MIL-STD-2155(1985). *Failure reporting, analysis and corrective action system*. Washington, DC: U. S. Department of Defense.

NS 5814(2008). Requirements for Risk Assessment. Oslo, Norway, Norwegian edn: Standard Norge.

NSWC(2011). Handbook of reliability prediction procedures for mechanical equipment. Handbook NSWC-11. West Bethesda, MD: Naval Surface Warfare Center, Carderock Division.

NUREG/CR-6268(2007). *Common-cause failure database and analysis system: event data collection, classification, and coding*. Washington, DC: U. S. Nuclear Regulatory Commission, Office of Nuclear Regulatory Research.

NUREG/CR-6823(2003). *Handbook of parameter estimation for probabilistic risk assessment*. Washington, DC: U. S. Nuclear Regulatory Commission, Office of Nuclear Regulatory Research.

OREDA(2015). *Offshore and Onshore Reliability Data*, 6e. DNV GL. 1322 Høvik, Norway: OREDA Participants.

Saaty, T. L. (1980). *The Analytic Hierarchy Process*. New York: McGraw-Hill.

Swain, A. D. and Guttmann, H. (1983). *Handbook of Human Reliability Analysis with Emphasis on Nuclear Power Plant Applications*. Technical report NUREG/CR-1278. Washington, DC: Nuclear Regulatory Commission.

第 10 章

危险识别

10.1 简介

本章主要处理风险三元定义中的第一个问题：会有什么不好的事情（问题）发生？回答这个问题，意味着要识别出能够对至少一项资产造成伤害的所有危险、威胁、初始事件和危险事件。现在已经有很多的方法进行这些工作，而这些方法一般被称为风险识别方法。

定义 10.1（**危险识别**）：识别并描述所有与系统相关的显著危险、威胁和危险事件的过程（DEF-STAN 00-56，2007）。

有些危险识别方法的应用不仅仅局限于发现危险，还可以用来回答风险定义中的其他两个问题。因此它们可以称为"完整的"风险分析方法。读者可以从英国健康与安全实验室出版的《危险识别手册（2005）》和国标 ISO 31010（2009）中对风险识别方法有更加全面的了解。

10.1.1 危险识别的目标

危险识别的目标包括：

（1）识别出所有在研究对象中有目的使用、可预见的误用过程中以及所有与研究对象互动过程中出现的危险和危险事件；

（2）描述每一项危险的特征、形式和数量；

（3）描述危险何时以及在研究对象的何处出现；

（4）识别每一项危险的触发事件和条件；

（5）识别出在什么样的条件下会产生初始/危险事件，以及危险发展的路径；

（6）识别由危险（或者与其他危险的共同作用）引发的潜在危险事件；

（7）让操作人员和研究对象拥有者都认识到危险和潜在的危险事件。

10.1.2 危险分类

危险可以按照不同的方式进行分类,现在并没有什么统一的标准,但是针对不同的应用采取不同分类方式是有一定道理的。这里我们给出一些分类方式。

根据事故的主要原因,危险可以分为:
(1) 技术危险(如与设备、软件、结构和交通相关的危险);
(2) 自然(或者环境)危险(如洪水、地震、闪电、风暴、高温或者低温);
(3) 组织危险(如工作时间过长、竞争力不足、程序缺失、维护不力、安全文化缺乏);
(4) 行为危险(如酒精/药物滥用、注意力不够集中);
(5) 社会危险(如网络攻击、偷盗、纵火、蓄意破坏、恐怖主义和战争)。

根据技术危险的来源(能量源),危险可以分为:
(1) 机械类;
(2) 电器类;
(3) 放射类;
⋮

根据潜在伤害的属性,危险可以分为:
(1) 癌症危险;
(2) 窒息危险;
(3) 触电危险;
(4) 污染危险;
⋮

根据研究对象的范围,危险可以分为:
(1) 内在危险(endogenous hazards,即危险来自研究对象内部);
(2) 外在危险(exogenous hazards,即危险来自研究对象外部)。

我们在表 2.5 中给出了危险的基本列表。

案例 10.1(船只可能遭受的危险):表 10.1 列出了一些船只可能会遭受的典型危险,按照内在和外在进行分类。

表 10.1 船只可能遭受的危险列表(案例 10.1)

外 在 危 险	内 在 危 险
来自船只外部的危险包括: (1) 风暴、闪电和巨浪 (2) 能见度低 (3) 暗礁和其他船只 (4) 战争和蓄意破坏 ⋮	船上的危险包括: (1) 在生活区,易燃的装修材料、商店中的清洁材料、厨房设备中的油脂等 (2) 在甲板上,电缆、燃料和材料、燃油管道和阀门、制冷剂等 (3) 火源:明火、电器、高温表面、高温作业产生的火花、木质甲板以及发动机室的设备 (4) 操作过程中的危险:工作时间过长、甲板上的作业、货运、油罐运输、维修等

10.1.3 危险识别方法

本章介绍的危险识别方法包括：

(1) 检查表和头脑风暴。在很多情况下，分析人员需要在开始的时候列出常见危险和(或)常见危险事件的清单，然后再确定这些事件是否、如何、在哪里会影响到正在分析的系统。举例来说，英国健康与安全执行委员会(HSE,2001a)就给出了一个用于海上油气设施风险分析的常见事件清单，如表 10.2 所示。我们还可以通过团队合作或者利用头脑风暴挖掘事件的更多细节。

表 10.2 海上油气设施常见危险事件列表

井喷 (1) 钻井过程中发生井喷 (2) 完工过程中发生井喷 (3) 生产过程中发生井喷 (4) 维修过程中发生井喷 ⋮	意外溢出 (1) 化学品溢出 (2) 甲醇/柴油/航空机油溢出 (3) 瓶装气体溢出 (4) 放射性材料泄漏 ⋮
过程泄漏——从下列设备发生油气泄漏 (1) 井口设备 (2) 分离机和其他流程设备 (3) 压缩机和其他天然气处理设备 (4) 工艺管道、法兰、阀门、泵 ⋮	海事碰撞 (1) 补给船 (2) 巡逻船 (3) 过往商船 (4) 渔船 (5) 钻探设备 ⋮
意外起火 (1) 燃气起火 (2) 电气起火 (3) 居住设施失火 (4) 甲醇/柴油/航空机油起火 ⋮	

来源：摘自英国健康与安全执行委员会的报告(HSE,2001a)。

(2) 初步危险分析(PHA)。PHA[①] 是一种相当简单的方法，通常在系统的设计阶段用来识别危险。之所以被称为"初步"分析，是因为它的结果会随着全面风险分析的展开而不断更新。对于相对简单的系统来说，PHA 也可以是全面、充分的风险分析，在系统生命周期稍后的阶段使用。有时候，简化的 PHA 也被称为危险识别(HAZID)。

(3) 工作安全分析(job safety analysis, JSA)。JSA 是一种简单的方法，它与 PHA 类似，目标是分析工作流程和步骤。JSA 在实际操作开始之前应用最为普遍，一方面为工作进行准备，另一方面能够引起参与人员对安全的重视。

[①] PHA 也被用作"过程危险分析"，尤其在美国。

(4) 失效模式、效用与临界状态分析(failure modes, effects, and criticality analysis, FMECA)。FMECA(或 FMEA)诞生于 1949 年,是最早的系统可靠性分析方法之一。[①] 技术系统 FMECA 的目标是识别系统元件所有可能的失效模式,寻找这些失效模式的成因,评估每一种失效模式对整个系统的可能影响。

(5) 危险与操作性(HAZOP)研究。HAZOP 方法是用来识别流程工厂中的偏移和危险情况。这种方法是基于团队合作以及采用引导词进行结构化的头脑风暴法。这种方法的应用已经取得了巨大的成功,并成为当今在设计流程工厂时进行风险评估的标准方法。HAZOP 方法还可以应用在系统生命周期稍后的阶段,尤其是在系统发生变更的时候。此外,HAZOP 方法的一种衍生方法能够用来识别复杂工作流程中的危险。

(6) 系统理论过程分析(systems-theoretic process analysis, STPA)。STPA 的产生是为了克服现有方法的局限,尤其适用于装备软件的复杂系统。STPA 基于控制理论,将研究对象描述成一个分层控制系统。这种方法可以用于早期设计阶段,也可以用于细节设计。

(7) 结构化假设分析技术(structured what-if technique, SWIFT)。在头脑风暴环节召集一组专家,提出并回答一系列因果(what-if)问题,这就是 SWIFT。这是一种结构化的方法,采用专门的检查表,因此先前也被称为"因果/检查表"方法。SWIFT 可以看作简化版的 HAZOP 方法,与 HAZOP 方法应用的系统类型也相同。

(8) 主逻辑图(MLD)。MLD 可以用于识别暴露在很多危险和失效模式中的复杂系统内部的危险。这种方法与故障树分析(见第 11 章)类似,但二者还是存在多个明显的特征区别。我们在本章只会简单地提及 MLD,有兴趣的读者可以阅读相关的文献(Modarres, 2006)。

(9) 变更分析。变更分析用来识别与系统计划修正行动有关的危险和威胁。分析会对修改之后的系统与基本(已知)系统进行比较。变更分析还可以用来评价对操作流程所做的修改。

本章在最后还将会介绍危险日志方法。这并不是一种危险识别方法,但却是记录危险和危险事件相关信息的实用工具,可以保证信息及时更新。

本书的其他章节还会讨论几种包括危险识别模块的方法,比如第 13 章和第 15 章,都会涉及相关的内容。实际上,没有哪种方法能够识别出系统中可能出现的所有危险事件,总是会有未识别危险事件发生的情况。如果一个危险事件没有识别出来,也就无法对它进行控制,因此会带来意想不到的风险。

任何危险识别分析的有效性都要完全取决于研究团队的经验和创造性,所有的方法只是为相关的工作制定了一个标准的架构。

注释 10.1:危险识别方法有时候可以分为头脑风暴法和功能方法(de Jong, 2007)。头脑风暴法是召集一组专家,召开一些专门会议。常见的头脑风暴法包括 HAZOP 方法和 SWIFT。功能方法是对系统结构和功能进行详细分析,主要的例子是 FMECA。事实上,绝大部分识别方法同时具有这两种类型的元素,因此我们在本章中没有使用这种分类。

---

① 本书中对于 FMECA 和 SWIFT 术语的翻译参考了中国船级社《船舶综合应用指南》中的翻译方法。——译者注

10.2 检查表方法

危险检查表是一份根据过去经验制作的有关危险或危险事件的书面清单。清单中的条目通常是以问题的形式出现,旨在帮助研究团队考虑到与研究对象相关的每个方面。用于危险识别的检查表分析也被称作流程审查。

检查表可以根据以前的危险日志制作,也可以针对某一流程或者项目专门制作。检查表应该是一个动态文件,需要进行审计并定期更新。

10.2.1 目标与应用

检查表分析的目标是:
(1) 识别在有目的使用、可以预见的研究对象误用过程中,以及与研究对象的所有交互中出现的全部危险;
(2) 识别需要进行的控制和防护措施。

检查表方法可以在很多领域用于不同的目的。然而,它主要关注的还是早期设计阶段以及工作程序的建立(HSE,2001)。很多企业现在都在使用检查表,确保自己能够遵守标准的要求。此外,危险检查表也可以作为其他更加详细的危险识别方法的一部分。

大多数的检查表不仅涵盖本章所定义的危险,还囊括了初始事件、危险事件、激发条件和事件,这是因为检查表分析的主要目的就是为了识别尽可能多的潜在问题。表格越长,就越会激发出更多的想法,让危险识别更加全面。

在危险识别工作完成之后,需要对识别出的危险和事件进行分类和排序。因为大多数重大事故都是通过一系列事件(即事故场景)发生的,我们需要仔细地检查识别出事件是否已经包含在事故场景的结构当中。

案例 10.2(危险识别中的信息结构化):假定我们使用检查表识别出了几项危险,包括可燃材料、火苗、点火装置和维护不力。在本例当中,我们可以构建这样的事故场景:
(1) 在某地,储罐中储存着可燃性液体;
(2) 因为维护不足,储罐出现腐蚀并发生了泄漏;
(3) 泄漏的液体被点燃;
(4) 火灾发生了。

在很多时候,对信息进行结构化有意义甚至必要,这样做可以帮助分析人员理解危险是如何失控进而导致损失的。

10.2.2 分析步骤

虽然检查表分析并没有任何严格的程序要求,但是我们的一项重要任务就是准备合适的检查表。检查表一般是一个与潜在危险事件范畴相关的问题列表,根据系统分析、运行历史、过去事故和未遂事故的经验进行开发。

有些情况下,不使用书面检查表也可以检查整个流程,这时就需要研究团队采用"心理检查表"。当然,这种方法更有可能忽略掉一些潜在的危险事件。表10.3就是某检查表的一部分。

表 10.3 设计阶段流程/系统检查表

材料。检查流程中所有材料的特性，包括原料、催化剂、半成品和最终成品。获取这些材料的细节数据，比如：

可燃性
(1) 自燃温度是多少？
(2) 闪点是多少？
(3) 应该如何灭火？

爆炸性
(1) 爆炸极限的上限和下限分别是多少？
(2) 材料是否会爆炸分解？

毒性
(1) 呼吸暴露极限是多少（比如立刻会对生命和健康造成伤害的阈值）？
(2) 需要哪些人员保护设备？

腐蚀性和兼容性
(1) 材料具有强酸性或者强碱性吗？
(2) 是否需要存放特殊材料？
(3) 需要何种人员防护设备？

废物处理
(1) 气体可以直接排放到大气当中吗？
(2) 液体可以直接排放到水中吗？
(3) 是否有清洗设备需要的惰性气体？
(4) 如何检测泄漏？

储存
(1) 是否有溢出物需要盛放？
(2) 储存的材料稳定吗？

静电
(1) 是否需要连接或者接地设备？
(2) 材料的导电性能如何？是否容易积累静电？

活性
(1) 自动反应的关键温度？
(2) 存在中间体的情况与其他元件之间的活性？
(3) 杂质的影响？

来源：摘自美国化学工程师学会化工流程安全中心的报告（CCPS，2008）。

10.2.3 需要的资源和技术

检查表方法并不需要特殊技能，但是研究团队必须要始终高度关注细节，坚持不断地收集信息。分析需要的信息则取决于选择了什么检查表。

10.2.4 优势和局限

优势 检查表方法的主要优势包括：
(1) 非系统专家可以使用；
(2) 可以利用之前风险评估中积累的经验；
(3) 可以保证常见和比较明显的问题不会被忽略；
(4) 可以在设计阶段发现危险，在此阶段后这些危险就很容易被忽略；
(5) 只需要最少量的设置信息，适用于概念设计阶段。

局限 检查表方法的主要局限包括：
(1) 受到以前经验的限制，因此无法发现新型设计中的危险或者现有设计中的新型危险；
(2) 会漏掉一些之前没有见过的危险；
(3) 不鼓励创造性思维和头脑风暴，对于研究对象相关风险的本质认知也有限。

总而言之，常见的危险检查表对于大多数风险评估都是有意义的。但是除了那些危险细节已经研究的相当充分的标准设施之外,我们在大多数实际工作中都不应该把检查表作为唯一的危险识别方法。

10.3 初步危险分析

初步危险分析(PHA)可以用来在系统设计的早期识别危险和潜在事故,对非受控环境下的能量或者危险材料的泄漏地点会有一个基本的检查。PHA 技术最早由美国陆军开发(MIL-STD-882E),后来成功应用于国防工业以及机械和化工企业的安全分析当中。PHA 之所以称为"初步",是因为它通常还需要更多、更加全面的研究加以完善。现在,人们已经在 PHA 的基础上开发出了很多种衍生方法,比如 HAZID 和快速风险评级(RRR)。需要注意的是,流程危险分析(process hazard analysis)的缩写同样也是 PHA,这是职业安全与健康管理委员会(OSHA)在美国相关行业的一项要求。

10.3.1 目标和应用范围

PHA 的总体目标是在系统开发过程早期发现潜在的危险、威胁和危险事件,这样人们就可以在项目的后续阶段消除、缓解或者控制这些危险。

PHA 更加具体的目标包括:
(1) 识别需要保护的资产;
(2) 识别可能会发生的危险事件;
(3) 确定每一个危险事件的主要原因;
(4) 确定每一个危险事件可能发生的频率;
(5) 确定每一个危险事件的严重程度;
(6) 识别每一个危险事件相关的防护措施;
(7) 评估与每一个危险事件有关的风险;
(8) 确定风险的最重要来源(对各种风险影响因子进行排序)。

PHA 最好是在系统设计的早期使用,也可以用于生命周期后期。PHA 可以是一项独立的分析,也可以是一个更加全面的风险评估中的一部分。如果 PHA 属于后者,那么它的分析结果可以用来筛选哪些事件需要进一步的研究。

10.3.2 分析步骤

PHA 可以分 7 步执行。我们在第 3 章中描述了第一步,这里就不再对细节进行重复了。在本节中,我们首先列出 7 个步骤,然后对第二步到第七步做更加全面的描述。

(1) 计划和准备;
(2) 识别危险和危险事件;
(3) 确定危险事件的频率;
(4) 确定危险事件的后果;
(5) 提出风险降低措施的建议;
(6) 评估风险;

（7）报告分析结果。

分析的步骤如图 10.1 所示。

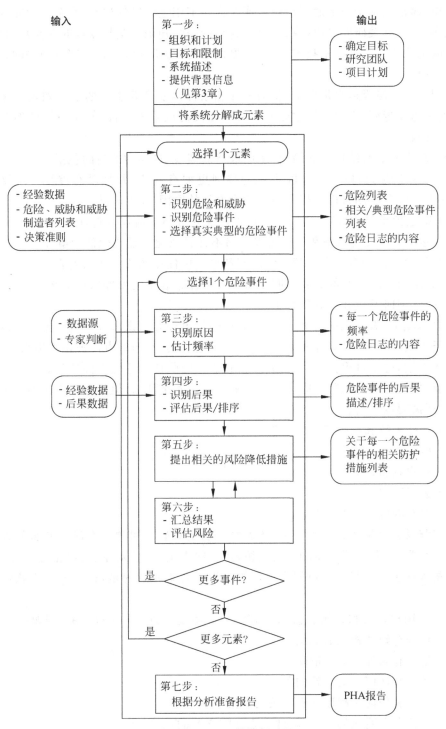

图 10.1　PHA 的分析过程

10.3.2.1 第二步：识别危险和危险事件

这一步的目标是建立一个可以用来进行深入分析的危险事件列表。PHA 中的危险识别工作，通常是基于一个通用检查表或者为特定用途开发的列表，在会议中完成。这一步的工作，是把有关研究对象（或者类似系统）的经验知识与参与专家的专业知识相结合。会议采取结构化的头脑风暴技术，由列表提供结构，与研究对象各个部分相关的人员都应该参与其中。

识别工作的结果通常是危险、驱动事件和条件以及危险事件的混合列表。在开始的时候，列表越长越好，因为这样才能涵盖所有相关的危险事件，因此应该鼓励参与人员考虑得越全面越好。

接下来需要进行结构化和筛选，形成最终的列表，这样做的目的包括：

（1）对列表进行排序，让危险事件的排列更加有规律，并且没有重复。需要注意的是，某一个危险和驱动条件可能是多个危险事件的原因（反之亦然）。

（2）筛选掉重复的危险事件，这样可以避免在分析的时候双重计算。

（3）移除那些发生概率和后果可以忽略不计且风险明显比较低的事件。

减少风险事件的数量有助于节约时间和分析中使用的资源。从列表中移除的事件应该建档，并给出移除原因的简要说明。每一个留存在表中的事件信息都必须清晰，尤其是发生了什么、何时发生和在哪里发生。

很多情况下，需要识别出事件的类别，如随机事件和预谋事件。这些类别可以进一步划分成子类别，这样就更加容易发现相关的事件。一旦有新的事件被识别出来，通常也会有新的子类别，这个过程会是一个循环，直到研究团队认为危险事件的列表已经足够了。

在此过程中，研究团队还应该识别未来可能会发生什么，但是这项工作不但需要使用检查表，还需要以下内容：

（1）过往事故和意外情况的报告；

（2）事故统计；

（3）专家判断；

（4）运营数据；

（5）现有的应急方案。

为了能够发现那些蓄意的行为，还需要识别出对研究对象具有潜在威胁的人。将这些人进行分类，如网络罪犯、普通罪犯、访客、外部人员、竞争对手、药物上瘾者和员工等，这样分析人员就更容易甄别可能会出现的行为。需要注意的是，行为描述应该包含行为模式。

除了使用检查表和其他信息，下列的这些问题也会对 PHA 有帮助，例如：

（1）是否有硬件相关的危险？

（2）是否有软件相关的危险？

（3）是否有任何人员导致的危险？

（4）是否有任何与程序步骤有关的危险？

（5）是否存在明显的软件、硬件和人之间交互的危险？

图 10.2 所示的矩阵图可以作为一种纵览全部危险事件的工具。如果一个危险事件

和某一个具体地点相关,就在矩阵中二者相交的位置打一个叉号,表示这一事件必须在未来的分析中加以考虑。

位置	危险/威胁								
	失火	压碎	爆炸	人员跌落	货物掉落	偷盗			
实验室	×		×						
化学品仓库	×		×			×			
车间	×	×	×		×	×			
修理站	×	×		×	×	×			
数据服务器	×								
行政办公室	×			×	×				

图 10.2　研究对象不同位置上的危险和威胁

为了协助未来的分析,还可以使用像图 10.3 这样的 PHA 工作表。在开始下一个事件之前完成对上一个事件的评价(包括频率和后果),通常是效率最高的方式。

10.3.2.2　第三步:确定危险事件的频率

在这一步当中,研究团队需要识别并讨论事件的成因,预测在第二步中发现每一个危险事件的频率。这一步的致因分析通常非常简单粗糙,仅仅记录每个事件的显著原因,并且主要使用频率分级的方法估计频率,如使用表 6.8 中的分级方法。

频率估计一般都要基于历史数据(如之前是否有类似的事件发生)、专家判断以及对于未来的假设。历史数据可以包括本企业(工厂)或者其他行业、其他组织和权威机构的有关特殊事件和未遂事故的统计和报告。

除了上述原因之外,研究团队还需要评估已经实施的用来阻止危险事件的防护方法。了解更多有关防护(安全屏障)的信息,请阅读第 14 章。

10.3.2.3　第四步:确定危险事件的后果

在这一步中,我们需要识别并评估第二步中每一个危险事件引发的可能后果。评估既需要考虑即时后果,也需要考虑将来一段时间以后出现的后果。和处理频率时一样,通常我们也使用分类的方法处理后果,比如使用表 6.9 中的方法。

我们可以使用多种方法进行后果评估,其中包括:

(1)评估最可能的情况。

(2)评估可以想象的最坏情况。

(3)评估可能的最坏情况(即确实有可能发生的最坏情况)。

具体选择哪一种方法，需要取决于 PHA 的目标，以及 PHA 是否能够成为一个更加全面的风险分析的第一步。非常重要的一点，是要考虑如何获取风险的实际情况，即连接频率和后果的估计结果，这是因为危险事件所代表的是可能会导致损失的事件，而后果则是真正的损失。很多时候，即便是出现了危险事件，造成严重损失的可能也非常小。如果我们在评估中使用可以想象的最坏情况，我们就可能会将极端事件的严重程度高估几个数量级。案例10.3就是关于这种情况的评估误差。

案例10.3（在楼梯上跌倒）：假设我们正在为一艘渡轮进行 PHA，并且识别出"在甲板的楼梯上跌倒"是一个危险事件。在渡轮航行的时候，这是比较常见的事件，据说至少每年都会发生一次。如果我们考虑这类事件的后果，想象的最坏情况，那很显然跌倒可能会造成人员死亡，比如有一个不幸的家伙正好在摔倒的时候折断了脖子。然而，如果我们考虑最可能发生的情况，人们根本不会受任何严重的伤（伤自尊除外）。按照第一种方法，我们的结论可能是每年至少会有一起致命事件；而按照第二种方法，结论则是每年至少有一起轻伤。因此，我们可以看出，使用不同的方法进行风险管理评估后果会非常不一样。

很多时候，根据风险分析的范围不同，我们可能需要对各种类别的资产分别进行评估。这些资产可能与人员相关（雇员、第三方人员），也可能是环境、设施、设备、声誉等。我们在本书的第2章已经讨论过可能会被伤害的资产。在这些情况下，我们需要鉴别每一种资产的类别，并对每一种资产进行相应的后果评估。

在评估后果的时候，还应该考虑用来减轻后果的安全措施。

注释10.2（后果排序的作用）：Hammer（1993）认为，对后果的严重程度进行排序没有意义。他建议应该利用现有的时间消除或者减轻后果，而不是沉迷于排序。然而，MIL-STD-882E（2012）则要求 PHA 工作表中应该包括后果排序。

10.3.2.4　第五步：提出风险降低措施的建议

在研究团队考虑现有防护措施的时候，可能经常会有全新的或者改进的措施，以及其他风险降低的手段涌现出来，研究团队也可以在方法建议当中提到这些新的措施。当然，最终还是应该根据分析的目标，来确定是否采用这些全新或者改进的措施。研究团队应该把注意力放在发现危险、威胁和危险事件上，并描述出研究对象的风险等级。制作新的风险降低措施的完整名单，并不是 PHA 的重要目标，尽管识别和分析危险事件的过程通常对识别风险降低的措施也是有帮助的。

使用 PHA 的一项挑战是很难在风险矩阵中表示风险降低措施的效果，因此也就很难对这些措施进行排序。这是因为我们用来进行频率和后果排序的类别都相当宽泛，所以如案例10.4中的情况，改变任何一个类别都有很多风险需要处理。

案例10.4（频率类别变更）：假设我们定义如下的频率类别。

(1) 事件频率低于每年0.001次；

(2) 事件频率介于每年0.001～0.01次之间；

(3) 事件频率介于每年0.01～0.1次之间；

(4) 事件频率介于每年0.1～1次之间；

(5) 事件频率超过每年1次。

接下来,我们假设某一个危险事件被归为第(3)级,如果我们发现了一种措施可以降低该事件的频率,能够将频率降低 1/10(即一个数量级),那么这个事件就可以从第(3)级被调整到第(2)级。然而,实际当中并没有什么措施能够有这样显著的效果。

研究团队应该整理出风险降低措施的名单,确定是否有一些措施会对多个危险事件产生影响。最后,研究团队还应该对每一项推荐措施进行粗略的成本/收益评估。我们将在第 14 章中进一步讨论与防护(安全屏障)相关的内容。

10.3.2.5 第六步:评估风险

在这一步中,分析人员需要列出所有的潜在危险事件,以及它们的相应频率和后果,从而描述出与研究对象有关的风险。有时候,还需要计算每一个危险事件的风险优先级(RPN)(详见 6.4.4 节)。

接下来,通常的做法是将危险事件写到风险矩阵当中表示风险情况。如果需要评价或者对改进措施的优先级进行排序,上述的工作就会很有帮助。我们在第 6 章中已经对风险矩阵进行了详细的讨论。

10.3.2.6 第七步:报告分析结果

必须向管理层、安全人员和其他责任方报告从 PHA 中得到的结果和教训,只有这样分析的结果才能为安全管理所用。如图 10.3 所示,通常企业都会使用专门的 PHA 工作表来显示 PHA 的分析结果。PHA 工作表并没有一个标准格式,而是需要根据具体应用情况进行设计、添加或者删减一些项目。

案例 10.5(液化天然气运输系统):储罐车是将液化天然气(LNG)从气站运送给客户的常用工具,我们的研究对象包括以下过程:将天然气充填到储罐车里、运送给客户、排空液化天然气以及空车回到气站。在充填和排空液化天然气的时候,都是储罐车司机使用一条软管将储罐和气站或者客户的接收端连接起来。同时,我们假设储罐车是在正常交通状况下的公路上行驶。

与储罐车有关的潜在危险事件可以分为两类。

(1) 不会导致液化天然气泄漏的事件,包括:

① 一般交通事故;

② 在充填和排空液化天然气的过程中伤害到司机的事故。

(2) 会导致液化天然气泄漏的事件,包括:

① 软管破裂;

② 储罐出现裂纹和穿孔;

③ 安全阀泄漏;

④ 软管拧紧或松开过程中发生的液化天然气泄漏。

我们在图 10.3 中制作的 PHA 工作表给出了液化天然气运输系统的一些相关危险。这个工作表只是起到介绍的作用,并没有给出有关液化天然气运输系统的全面研究结果。

注释 10.3(扩展 PHA 工作表):有一些 PHA 指南建议在工作表中使用单独的两列来指示风险(包括频率、后果和风险优先级),一列是现有 PHA 工作表的设计,而另外一列是在实施防护措施之后的情况。按照这种方法,可以研究使用防护措施的影响。我们在图 10.3 中并没有这么做,但是加上这一列是非常简单的事情。

研究对象：使用储罐车运输液化天然气

索引编号：

日期：2019年6月20日

制作人：斯坦·蒙根

系统元素或行为	危险/威胁	编号	危险事件（内容，地点，时间）	原因（触发事件）	后果（伤害了什么？）	风险			风险降低措施	负责人	备注
						频率	后果	RPN			
软管	人为错误	1	司机在没有断开储罐充填管的情况下就离开了液化天然气气站	- 没有注意到 - 工作受到了干扰	- 液化天然气泄漏（没有被点燃） - 火灾/爆炸	3 1	2 5	5 6	在储罐车前方安装安全屏障，只有在软管拔掉的情况下车辆才能启动 在储罐车上安装警报器，在软管连接的情况下会发出警报信号		
储罐车	驾驶路线	2	储罐车倒车时撞到液化天然气气站内部倒车视线天然气气站的水泥柱上	通道狭窄；在液化天然气气站内部倒车视线不佳	- 储罐车受到损坏，没有液化天然气泄漏 - 储罐上出现被穿孔 - (1) 没有被点燃 - (2) 火灾/爆炸	2 2 1	2 3 5	4 5 6	对气站区域进行重新设计		

图10.3 PHA工作表样例

10.3.2.7 HAZID

有时候,我们可以使用图 10.4 这样的简化工作表。根据这种简化工作表进行的分析有时候也称为简化 PHA,或者 HAZID。图 10.4 给出了 HAZID 工作表的应用,其中一些危险来自案例 10.5。HAZID 的目标是发现那些需要在更加详细的风险分析中进行深入研究的危险事件。

从两张工作表中,我们都可以看出,估计频率和后果是最麻烦的事情。要知道,同一个危险事件可能会产生不同的后果。我们需要找出最可能出现的后果,对后果的等级进行划分,并估计它们的频率。图 10.3 的 PHA 工作表可以完成这些工作,而图 10.4 的 HAZID 工作表仅仅显示了后果的平均水平,这些信息还不足以确定风险。但是,如果考虑到这一步的分析主要是为了发现深入分析中需要关注的事件,HAZID 也就足够用了。还有一种方法是将一个危险事件分成两个事件,一个的后果影响有限,而另一个后果很严重。通常,后果较轻事件的频率要比后果严重事件的频率等级更高。

研究对象:使用储罐车进行的液化天然气运输　　　　日期:2019 年 4 月 20 日
索引编号:　　　　　　　　　　　　　　　　　　　　制作人:斯坦·豪根

编号	危险事件 (内容、地点、时间)	频率类别解释	频率类别	后果类别解释	后果类别	RPN 颜色代码
1	储罐车与其他车辆发生碰撞	道路上的视线较差,路口较多。交通繁忙,道路有时候出现湿滑	4	最常见的破坏主要发生在储罐车车身。平均在 50 起碰撞当中,会有 1 起出现储罐穿孔(储罐内罐和外罐都出现穿孔)的事故。在这种情况下,气体有 40% 的可能会被点燃	2	6 (黄色)
2	在安全阀处有气体泄漏	安全阀会定期接受测试和维护(每 3 个月 1 次)。运输公司拥有这类阀门的丰富数据	3	最常见的破坏是气体泄漏,但是没有被点燃。平均 100 次这类事件会有 1 次气体被点燃。这最有可能发生在充填和排空的过程当中,这时因为卡车停驶、气站区域又被遮挡,气体的密度达到最高值	2	5 (黄色)

图 10.4　HAZID 工作表举例

10.3.3　需要的资源和技术

PHA 需要理解研究对象以及相关的经验,因此分析团队经常会涵盖不同背景、经验和专业能力的人员。PHA 的团队规模不定,但是一般 4~10 个人情况比较常见,偶尔也需要更大的团队。分析工作也可以由 1~2 名经验丰富的工程师来进行,在这种情况下他们当中的至少 1 人要拥有安全工程师的背景。

如果 PHA 是在项目早期阶段进行的,我们可以得到的系统信息量一般十分有限。对于一家化工厂来说,分析人员必须要在工作开始之前就明确流程的概念。在这个时间节点上,我们还需要了解最重要的化学品、化学反应以及流程设备中的主要元件(如容器、泵等)。因为PHA具有通用性,也可以用于项目后续阶段甚至是运营阶段,彼时分析人员可以掌握更多的细节信息。因此,PHA的目标可以是建立对风险的第一印象,作为使用其他方法进行深入分析的基础。

PHA必须基于所有与系统有关的安全相关信息,比如设计准则、设备规范、材料和化学品规范、以前发生的事故情况、类似系统之前进行过的危险分析等。在进行分析的时候,上述这些信息都可以使用(也可参见 MIL-STD-882E,2012)。

计算机化工具和各种危险检查表也可以帮助研究团队进行PHA。很多时候,电子表格和文字处理器都可以用来记录信息。

10.3.4 优势和局限

优势。PHA的主要优势包括:
(1) 简单易用,不需要很多培训;
(2) 是绝大多数风险分析中不可缺少的第一步,在国防和流程工业中已经广泛使用;
(3) 识别并提供危险以及相应风险的日志;
(4) 可以在项目早期阶段使用,也就是说可以早到允许设计变更;
(5) 是一种通用型方法,可以解决很多问题。

局限。PHA的主要局限包括:
(1) 难以表示可能出现很多不同后果的事件;
(2) 无法评价危险组合或者共存型系统失效模式的风险;
(3) 很难显示补充防护措施的作用,也就无法为防护措施排序。

10.4 工作安全分析

工作安全分析(JSA)是一种简单的风险分析方法,用来审核工作过程和情况,识别潜在危险,确定风险降低措施。每一项工作都可以分解成若干具体任务,根据观察、以往经验和检查表,我们可以识别出危险以及相关的控制和防护措施。JSA分析需要一个团队来执行,分析的大部分工作都是在JSA会议完成。研究团队会将分析结果记录在JSA表格当中。JSA方法的其他名称还包括安全工作分析(safe job analysis,SJA)、工作危险分析(job hazard analysis,JHA)和任务风险分析(task hazard analysis,THA)。

10.4.1 目标和应用

JSA分析的对象主要有三类。
(1) 非常规工作。对于可能具有高风险的新工作和非常规工作,进行JSA分析是为了:
① 让操作人员认识到他们在进行工作的时候可能会遇到的内在和可能的危险;
② 工作在不同操作员之间协调进行时确保权责清晰;
③ 提供工作前的安全说明;
④ 向操作人员提供危险事件发生应该如何处理的指南性意见;

⑤ 教育操作人员和监督人员如何以最安全的方式正确进行工作。

(2) 危险的常规工作。对于那些曾经导致多起意外或者事故的工作,需要进行JSA分析,仔细检查并提出整改建议。具体的目标包括:
① 发现每个员工的危险动作、姿势、行为和工作习惯;
② 帮助确定如何在工作环境中控制危险;
③ 教育操作人员和监督人员如何正确进行工作;
④ 加强管理层和员工之间在安全方面的交流;
⑤ 让员工更多地参与到安全流程当中;
⑥ 为新员工提供工作安全培训;
⑦ 确立培训的基本框架,帮助新员工迅速融入工作环境。

(3) 新的工作流程。JSA可以为建立新的常规工作指南打下良好的基础。在这类情况下,分析的主要目标是确保事先识别出每一名会暴露在危险中的人员,并将合适的控制措施预制在新的流程之中。

10.4.2 分析步骤

JSA根据不同的研究对象分析过程略有差别,但是基本上,JSA分析包括下面的7个步骤。
(1) 计划和准备;
(2) 熟悉工作情况;
(3) 对工作进行分解;
(4) 识别危险;
(5) 对频率和后果进行分类;
(6) 提出解决方案;
(7) 报告分析结果。

这7个步骤需要按照顺序完成,接下来我们会详细地介绍每一个步骤,而图10.5给出了整个JSA过程的简单流程。

10.4.2.1 第一步:计划和准备

我们在第3章中已经讨论过这个话题。对于JSA分析来说,应该使用下列准则确定哪些工作需要包含在分析当中:
(1) 非常规工作
① 系统危险分析已经显示这项工作非常关键或者非常危险;
② 这项工作在过去曾经在相同或者类似的系统中导致过工作人员死亡或者严重伤残;
③ 这项工作包含危险材料或者危险能量源;
④ 这项工作非常复杂。
(2) 危险的常规工作
① 这项工作经常出现意外或者事故;
② 这项工作曾经导致过一起甚至多起严重事故或者可能非常严重的意外;

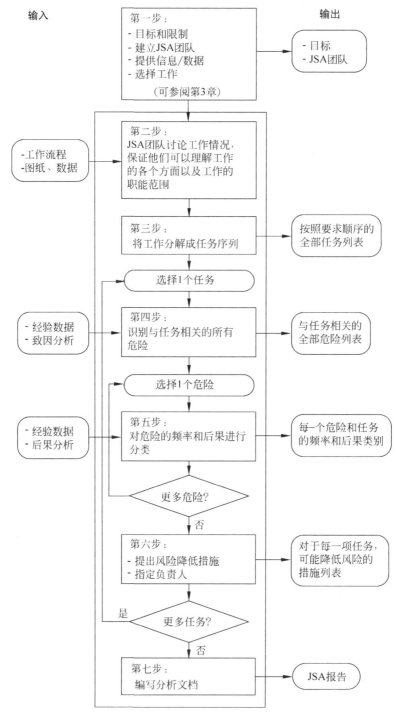

图 10.5 JSA 分析流程

③ 这项工作与多人有关,需要沟通和协作;
④ 这项工作包含危险材料;
⑤ 这项工作包含危险能量源;
⑥ 这项工作非常烦琐。

(3) 新的工作流程

所有可能引起伤害的工作。

JSA 团队。执行分析工作的 JSA 团队应该包括以下成员。

(1) JSA 负责人(最好是可以进行分析工作的主管领导);

(2) 负责这项工作的生产线经理;

(3) 健康、安全及环境部门(HSE)代表;

(4) 即将从事这项工作的员工。应该根据工作的类型确定参与员工的数量。如果只有少量员工将要从事这项工作,那么全部这些人都应该参与到 JSA 分析当中。如果 JSA 的目标是建立一个面向大量工作人员的安全工作流程,则只需要有 2~3 名对这项工作非常熟悉的员工参加就可以。

如果分析的工作非常烦琐,最后要指派一名秘书,负责将结果记录到 JSA 工作表当中。

非常重要的一点是,团队成员中间必须至少有一个人具备 JSA 的知识,并拥有相关经验。如果团队当中没有人能够满足这个要求,就应该再邀请一个具有相关知识的人员加入团队。

JSA 会议。大部分 JSA 分析都是在 JSA 会议上完成的,会议要求所有的团队成员都必须参加。非常规工作的 JSA 会议应该尽可能在工作进行的同时召开。

背景信息。在 JSA 会议之前,JSA 负责人应该:

(1) 提供书面工作流程、手册、图纸和其他与工作有关的信息。保持信息及时更新并能够反映当前状况是非常重要的。

(2) 将工作序列初步分解成具体任务,再根据执行的顺序将这些任务列表。

JSA 工作表。JSA 负责人必须要准备一份可以在 JSA 会议过程中记录要点的 JSA 工作表。图 10.6 和图 10.7 分别给出了两个工作表可供选择。

10.4.2.2 第二步:熟悉工作情况

JSA 负责人需要向团队成员介绍工作情况和工作的职能范围。团队则需要讨论工作的方方面面,保证所有的成员都可以理解工作本身及其各方面的情况。如果存在疑问,就需要提供更多的信息,还需要到工作现场进行观察和调查。JSA 分析不适合定义太过宽泛的工作,比如"维修发动机",也不适合过于具体的工作,比如"打开阀门"。

10.4.2.3 第三步:对工作进行分解

大多数工作都可以分解成一个任务序列。JSA 负责人在会议之前就应该对工作进行初步分解,每一项任务都应该进行简要的描述,并以动作为导向。研究团队应该描述出每一个任务的内容,比如使用提升、放置、移动、定位、安装、开启这些词汇。注意,这里需要描述的是任务的内容,而不应该是这些任务是如何完成的。描述的细节程度由危险级别决定,那些不会引起重大危险的任务也就不需要再进一步分解。在工作分解完成之后,工

工作：将集装箱从货船上吊起安放在码头　　　　　　　　日期：2019 年 1 月 20 日
参考编号：Job 14/C　　　　　　　　　　　　　　　　制作人：JSA 团队成员

编号	任务	危险/原因	潜在后果	风险 频率	风险 后果	风险 RPN	风险降低措施	负责人
1	将 4 个吊钩挂在集装箱上	吊钩过重	背部拉伤	3	1	4	更好地设计吊钩和吊钩紧固件	
		吊钩和集装箱发生碰撞	碰撞伤到手指和(或)胳膊	3	1	4	强制使用防护手套	
		掉落在同一平面上	跌落受伤	4	1	5	让工作区更加整洁	
		掉落在更低处	严重的跌落受伤	2	3	5	改善梯子的设计	
2	将集装箱吊起	集装箱冲向工人	严重的碰撞伤害，可能会引起工人死亡	2	4	6	在吊起作业开始的时候，工人必须站在栅栏后面。集装箱的吊起过程中必须始终保持竖直	
		集装箱与其他物品碰撞，砸向工人	严重的碰撞伤害，可能会引起工人死亡	3	4	7	移走在集装箱吊起过程可能会碰到的物品。在作业开始的时候，工人必须站在栅栏后面	
		集装箱掉落，绳索断裂	严重的碰撞伤害，可能会引起工人死亡	2	4	6	在集装箱吊离地面的时候，工人必须后撤到安全位置	

图 10.6　JSA 工作表(示例 1)

工作安全分析（JSA）		编号
工作顺序：		
任务：		编号
JSA 团队成员：		
任务描述：		
危险：		
可能后果：		
风险降低措施：		
需要的安全设备：		
需要的人员防护装备：		
日期和签名：		

图 10.7　JSA 工作表(示例 2)

人们应该对相关的任务序列进行确认,保证分解完整准确。这一步我们需要遵守拇指规则,即大部分工作都应该分解成不到10个任务。如果规模过大,比如超过20个任务,工作对JSA而言就过于烦琐了。

在进行工作分解的时候还需要考虑以下几点:
(1) 任务应该按计划完成;
(2) 在任务开始之前的准备工作,以及任务结束之后的收尾工作;
(3) 在任务期间进行沟通和协调;
(4) 一些特殊作业,比如工具提供、清洗等;
(5) 纠正可能出现的偏差;

还有两个方面也应该注意:
(6) 设备和工具的维护和检测/测试;
(7) 修复性维护任务。

这个分析步骤会比第四步中危险识别需要更多的时间。研究团队要注意,任务描述应该尽可能简短,但是保证能够覆盖到所有的任务。在开始第四步的危险识别之前,JSA团队还需要保证任务列表尽可能完整。

10.4.2.4 第四步:识别危险

一旦工作分解成任务,就需要检查每一项任务,识别任何实际存在和潜在的危险。为了做到这一点,研究团队可能要去观察一个正在进行的相似工作,还需要阅读事故报告,咨询相关员工、经理/主管、工业或者制造机构以及其他运营方式类似的公司。在这一步中,研究团队应该使用与初步危险分析中使用的(见第9章)类似的危险检查表。例如,ISO 12100(2010)中就给出了这样的一个检查表。OSHA在其2002年报告的附录2和NOG-090的附录C中,也给出了一个简要的检查表供分析人员参考。我们在表10.4中同样列出了检查表中一些用来识别危险的问题。

表10.4 用来识别危险的问题[部分来自CCOHS(2009)的报告]

(1) 存在冲撞、被撞击或者与其他物品发生有害接触的危险吗?
(2) 肢体会不会被卷入或者夹在物品中间?
(3) 存在危险工具、机器或者设备吗?
(4) 会不会有工人与移动物品发生有害接触?
(5) 会不会有工人滑到或者摔倒?
(6) 会不会有工人从一个平面摔落到另一个平面或者在同一个平面上跌倒?
(7) 会不会有工人在提升、推拉或者弯腰的过程中出现拉伤?
(8) 工人需要在极冷或者极热的环境当中工作吗?
(9) 有没有噪声或者振动问题?
(10) 有没有物品掉落的危险存在?
(11) 有没有照明问题?
(12) 天气条件会不会影响到安全?
(13) 有没有燃烧、爆炸或者电气方面的危险?
(14) 有没有有害放射性物质存在?
(15) 会不会接触到过热、有毒或者腐蚀性物品?
(16) 空气中是否有灰尘、烟雾或者蒸汽?

10.4.2.5　第五步：对频率和后果进行分类

为了能够为不同的风险降低活动确定优先级，研究团队需要从频率和潜在后果两个方面对每一个危险进行评价。可以使用表6.8和表6.9中的类别对频率和后果进行划分，当然，我们也可以使用"高""中""低"这些更为简单的分类方式。

很多JSA分析都没有对频率和后果分类，JSA工作表也没有相关的记录。我们在图10.7中给出了一个没有风险评价环节的JSA工作表。

10.4.2.6　第六步：提出解决方案

在完成危险识别和评估之后，JSA应该提出一项或者多项措施，控制甚至消除工作相关的风险。

（1）工程控制

① 通过设计变更消除危险或者尽可能将危险降低。可以改变那些可能会产生危险的物理条件，使用那些危险性更低的物品，修改或者更换设备和工具。

② 控制危险或者人员。

③ 采用防护、互锁或者安全屏障等方式将危险隔离。

（2）管理控制

① 使用书面程序、工作许可和安全规章；

② 对各种有害的暴露和接触进行限制；

③ 加强培训；

④ 加强工作中的监控；

⑤ 降低相关工作或者任务的频率；

⑥ 寻找一种更加安全的工作方式。

（3）个人防护装备

① 安全帽；

② 安全眼镜；

③ 防护服；

④ 手套；

⑤ 防护耳塞；

⋮

采用何种措施需要取决于分析的目标。如果分析是为了开始一项工作做准备，那么选取的主要措施应该能够在工作开始之前立即执行。如果分析是为了长期地提升安全绩效，那么就应该选择那些能够长期降低风险的措施。如果读者想要了解更多信息，请阅读OSHA(2002)、CCOHS(2009)和NOG-090(2017)的报告。

10.4.2.7　第七步：报告分析结果

通常，需要在图10.6和图10.7给出的工作表中记录JSA的结果，要了解更多细节信息请阅读第3章。

案例10.6（吊起重型集装箱）：物流企业需要将很多重型集装箱从货船甲板上吊起，然后摆放在码头。一般搬运集装箱的都是大型塔吊。工人需要在每个集装箱上挂4个吊钩，因此他要使用一个便携式的梯子爬到集装箱顶部，抓住吊钩然后把它挂在集装箱上。

吊钩同样非常沉重,工作位置非常别扭,所以很容易发生工人背部拉伤的问题。并且,工人还有可能把手指甚至整个手掌夹在吊钩和集装箱之间。在吊钩挂好之后,工人需要给塔吊操作员发送信号,告诉他可以开始提升集装箱。在提升的过程中,集装箱可能会发生摆动,撞到工人。另外,工人也有可能在集装箱表面摔倒或者从集装箱上跌落。

图 10.6 列出了与这项工作相关的一些危险,这幅图只是起到一个说明的作用,并没有进行全面的分析。

10.4.3 需要的资源和技术

JSA 是一种简单的分析方法,不需要正式的培训或者精深的分析技巧。但是,分析人员必须要对所研究的具体工作非常了解,也需要熟悉工作所属的系统。

JSA 需要根据工作的复杂程度确定团队成员的数量。JSA 团队最少应该包括 2 个人,最多可以达到 12 个人。至少应该有 1 名成员熟悉 JSA 分析方法,或者拥有相关的经验。

进行 JSA 分析所需的时间,同样也要取决于工作的复杂程度和团队成员的经验。就单独的一个任务,可能只需要 5~10min 就可以完成分析,但是对于一个包含 10 个任务的工作,JSA 分析可能就需要 2~3h。

JSA 需要收集大量的信息,这其中包括理解任务和识别危险时必要的信息。对于那些已经运行了一段时间的系统,人们已经有了很多相关的经验,那么最为重要的工作,就是要让那些从事这项工作或者管理这项工作的人提供有价值的信息。JSA 中使用的信息可以通过下列方式收集:

(1) 采访;
(2) 书面工作说明(可能并不准确,而且在大多数情况都不完整);
(3) 机器使用手册;
(4) 工作研究(如果有的话);
(5) 任务的直接观察报告;
(6) 多媒体帮助文件(照片或者视频记录);
(7) 事故或者未遂事故报告。

观察和采访对于成功进行分析十分必要。另外非常重要的一项工作,即要与那些从事我们所分析的工作的人员建立通畅互信的沟通机制。

10.4.4 优势和局限

优势。JSA 的主要优势包括:
(1) 为工作人员提供安全培训和高效工作流程;
(2) 提升工作人员的安全意识;
(3) 向新员工介绍任务和安全工作流程;
(4) 为非常规工作提供工作前的说明;
(5) 识别需要部署的防护措施;
(6) 加强员工对工作场所安全的参与度;

(7) 帮助人们对安全有正面认识。

局限。JSA 的主要局限包括：
(1) 对于复杂工作分析会非常耗时；
(2) 需要大量的协调工作，有些问题无法涵盖；
(3) 算不上一种非常结构化的方法，因此有些情况分析流于表面。

10.5 失效模式、效用和临界状态分析

失效模式与效用分析（FMEA）是最早用于技术系统失效分析的系统化方法。可靠性分析人员在 20 世纪 40 年代后期开发出了这项技术，用来发现军事系统中存在的问题。传统上，分析人员需要在技术系统中每一个元件上进行 FMEA，寻找并描述可能的失效模式、失效原因和效用。另外，如果我们描述的是不同失效模式，或者是对各种失效模式排序，这种技术就称为失效模式、效用和临界状态分析（FMECA）。FMEA 和 FMECA 两者之间的差别非常模糊，并不需要进行严格的区分。在本节后续的部分中，我们将使用 FMECA 这个词汇。

FMECA 是一种简单的技术，不需要建立任何特别的算法。研究团队需要分析尽可能多的元件、装配体和子系统，进行分析，识别失效模式、原因和这些失效的影响。此外，专门的 FMECA 工作表中还应该列出每一个元件的失效模式，以及它们对于系统其他部分的影响。

FMECA 主要是一种有效的可靠性工程技术，但是通常也可以在风险分析当中使用。事实上，在风险分析当中有几种类型的 FMECA，最常用的类型是产品或者硬件 FMECA，它也被称为自下而上型 FMECA，本节讲述的就是这种类型。因为 FMECA 一直是作为一项可靠性技术，它也可能会覆盖到那些与系统风险无关或者几乎无关的失效模式。因此，如果 FMECA 的目标是支持风险分析的话，就应该在分析中忽略掉上述这些失效模式。

在进行 FMECA 分析的时候，很重要的一点是要时刻铭记失效模式的概念。正如我们在第 2 章中所解释的那样，失效模式实际上是同元件/物品性能要求之间的偏差。

10.5.1 目标和应用

FMECA 的目标是：
(1) 找到系统中每一个元件可能会失效的方式（也就是失效模式是什么）；
(2) 确定这些失效模式的原因；
(3) 识别每一种失效模式对系统其他部分的影响；
(4) 描述如何检测失效模式；
(5) 确定每一种失效模式的发生频率；
(6) 确定不同失效模式的严重程度；
(7) 评估与每一种失效模式相关的风险；
(8) 寻找相关的风险降低措施或者方法。

FMECA 主要在技术系统的设计阶段使用，识别并分析潜在的失效。这是一种定性分析，但是也可以包含一些定量元素，比如确定失效模式的失效率、为失效影响的严重程度进行排序。FMECA 还可以用在系统生命周期稍后的阶段，目标是确定应该对系统的哪些部分进行改善才能满足安全性和可靠性方面的要求，同时也可以为维护计划提供信息。

很多行业都要求将 FMECA 作为技术系统设计阶段一项必不可少的工作，也要求FMECA 工作表作为系统文档。比如，国防、航天、汽车行业的供应商就都需要这样做。FMECA 在海洋油气行业的应用已经非常普遍。

10.5.2 分析步骤

FMECA 可以分 7 步进行：
（1）计划和准备；
（2）进行系统分解和功能分析；
（3）识别失效模式和原因；
（4）确定失效模式的后果；
（5）评估风险；
（6）提出改进建议；
（7）报告分析结果。

我们在第 3 章中已经对第一步和第七步进行了详细介绍，这里就不再赘述。但是，我们还会给出关于第三步的一些注释。相关的分析步骤请参见图 10.8。

我们使用专门的 FMECA 工作表进行分析，图 10.9 列举了这样一个典型的 FMECA工作表，记录了第三步到第六步的分析结果。

10.5.2.1 第二步：进行系统分解和功能分析

这一步的主要任务包括：
（1）定义系统的主要功能（目标），确定这些功能的绩效评价准则；
（2）描述系统的各种运行模式；
（3）将系统分解成可以有效进行处理的子系统。比如，可以建立图 4.1 这样的一个层级架构；
（4）检查系统的功能图和图纸，确定不同子系统之间的相互关系。可以绘制功能模块图来描述这些相互关联，其中每一个模块对应一个子系统；
（5）为每一个子系统准备完整的元件清单，每一个元件都应该分配唯一识别编号。这些编号有时候就是我们常说的标签编码；
（6）描述可能会对系统及运营造成影响的运营和环境压力。需要进行检查，确定对系统及其元件可能的负面影响。

我们在这里将这个层级系统最底层的条目称为元件。图 4.1 中的结构只有 3 个层级，而实际系统的层级数量需要取决于系统的复杂程度。在进行分解的时候，各个子系统分解的层级数量不一定相同。

研究团队应该讨论并理解每一个元件的功能和性能要求。对于所有的子系统以及子

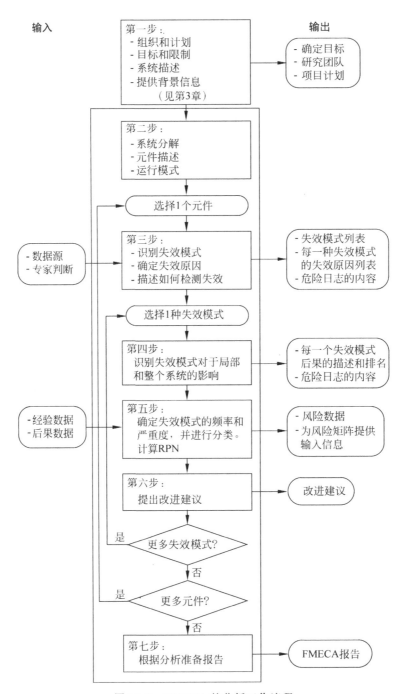

图10.8 FMECA的分析工作流程

系统的子系统，都要这么做。

FMECA 一般情况是应用在系统最底层的元件上，但是也可以用于其他层级，比如子系统层级。然而，我们在工作表的描述中都使用"元件"这个词汇。

图 10.9 中第一列到第三列的内容就是来自第二步分析的结果。

索引编号（第一列）。在这一列中，每个元件都被赋予一个唯一的索引编号。相应的参考文件可以是图纸或者其他形式的文件。

功能（第二列）。在本列中需要描述元件的功能。

运行模式（第三列）。一个元件可能具有多种运行模式，比如工作和待机。举例来说，飞机的运行模式就包括滑行、起飞、爬升、巡航、拉直、转向、下降、着陆等。

10.5.2.2 第三步：识别失效模式和原因

FMECA 分析人员需要为每一个元件识别出相关的失效模式和失效原因，经验数据和常见失效模式检查表可以为此提供很多帮助。第三步的结果将会成为图 10.9 中第四列到第六列中的内容。

失效模式（第四列）。需要逐一为每种功能和运行模式找出相关的失效模式，并记录下来。此外，还需要将失效模式与元件的功能和绩效评价准则联系起来。

失效原因（第五列）。对于第五列中的每一种失效模式，需要记录可能的失效原因和失效机制。相关的失效原因可能是腐蚀、磨损、疲劳、过应力、维护措施、操作员错误等。

失效检测（第六列）。接下来，还需要记录已识别失效模式可能的检测方法。这些方法包括条件监控、诊断测试、功能测试、专家推断等。有一种失效模式称为"显性失效"，它们可以在发生的时候被即时检测出来。平时状态为"运转"的水泵出现的"假停"，就是一种显性失效。另外一种失效是"隐性失效"，只有在对元件进行检测的时候才能发现。平时状态为"备用"的消防泵出现的"无法启用"，就是一种隐性失效。当 FMECA 在设计阶段使用的时候，工作表的第六列将会记录设计人员关于条件监控、功能测试等检测方法的建议。

10.5.2.3 第四步：确定失效模式的后果

分析人员需要在图 10.9 的 FMECA 工作表第七列和第八列中记录每一种失效模式可能的后果。

失效的局部影响（第七列）。在这里，我们需要记录失效模式对系统层级架构中更高一个层级的影响。

失效的系统影响（第八列）。现在，需要记录该失效模式对系统关键性功能的主要影响。还应该记录在失效发生之后系统的运行状态，即系统是否仍然功能正常，或者是否会改变成另外一种状态。

10.5.2.4 第五步：评估风险

在这一步中，需要考虑每一种失效模式的频率和后果的严重程度，并分类进行记录。有时候，还需要记录这种失效模式的检测难度，或者计算 RPN 的值。这些结果将会出现在图 10.9 中 FMECA 工作表的第九列到第十二列。

研究对象：流程系统-部分
索引编号：流程图 14.3-2019
日期：2019 年 12 月 20 日
制作人：马文·拉桑德

索引编号	单位描述			失效描述			失效影响		风险					备注
	功能	运行模式	失效模式	失效原因	失效检测	失效的局部影响	失效的系统影响	失效速率	严重度	检测难度	RPN	风险降低措施	负责人	
(1)	(2)	(3)	(4)	(5)	(6)	(7)	(8)	(9)	(10)	(11)	(12)	(13)	(14)	(15)
4.1	切断气流	正常运行	阀门在需要的时候没有关闭	弹簧损坏 阀门中含水 执行元件磨损过于严重	周期性功能测试中发现	关闭功能失效	生产必须停止	2	4	4	10	弹簧的周期性控制 阀门的周期性操作		
			阀门泄漏	阀门底座腐蚀 底座和阀门之间有沙粒	周期性功能测试中发现	关闭功能退化	系统必须在一个月之内修复	2	3	5	10	改进启动控制，避免产生沙粒		
4.2	开启气流	关闭	阀门在需要的时候无法开启	液压系统泄漏 执行元件磨损过于严重	立刻可以检测到	无法开始生产	系统无法生产							

图 10.9 FMECA 工作表举例

失效速率(第九列)。接下来,需要记录每一种失效模式的失效速率。很多时候,使用非常宽泛的分类方法对失效速率进行划分比较合适(可参见表 6.8)。需要注意的是,与一种失效模式对应的失效速率可能会因为运行状态的不同而不同。如阀门的失效模式"向外部泄漏",就更有可能发生在阀门关闭或者加压的情况下,而在阀门开启的情况下发生概率则比较低。

严重度(第十列)。失效模式的严重度一般可以用该失效最糟糕的可能后果来表示。所谓失效的严重度是由伤亡情况、对环境的破坏情况以及对系统最终的破坏情况决定的(可参见表 6.9)。

检测难度(第十一列)。1 个失效的后果有时候取决于它会在多长时间内被检测出来。我们将检测难度分成 5 个等级,其中 1 级意味着失效可以立刻被检测出来,而 5 级则表示一般这种失效模式是无法检测出来的。在图 10.9 的例子中,失效模式"阀门在需要的时候没有关闭"的检测难度为 4 级,因为这种失效模式只有在进行功能测试(可能每 6 个月进行 1 次)的时候才会发现。

RPN(第十二列)。我们在 6.4.4 节中定义了风险优先级(RPN)的概念,它是对前面 3 列的综合考虑。一种失效模式的 RPN 是对该失效模式的频率、严重度和检测难度等级求和得到的。

10.5.2.5 第六步:提出改进建议

风险降低措施(第十三列)。接下来,需要记录修正失效、恢复功能或者避免严重后果可能采用的措施,同时还需要记录可能会降低失效模式频率的措施。

负责人(第十四列)。应该记录下负责失效模式后续跟进以及管理现有风险降低措施的人员的名字。

备注(第十五列)。这一列用来记录那些没有包括在其他列当中的相关信息。

10.5.2.6 第七步:报告分析结果

FMECA 的分析过程会产生大量的结果信息,因此在 FMECA 报告中对过程和结果进行归纳总结是一项非常重要的工作。在分析大型或者复杂系统的时候,可能会有同时运行多个 FMECA 流程的情况。FMECA 报告的作用就是要将这些分析的结果汇总。在 FMECA 分析过程中发现的危险需要写入危险日志,并作为日志的一部分保存。正如我们在本节前面的部分中所提到的,可以使用多种方案制作 FMECA 工作表,但是图 10.9 的工作表示例已经包含了主要的项目。我们也可以采用与 PHA 同样的方式,将各种不同的失效模式输入风险矩阵(见 6.4 节)。

10.5.3 需要的资源和技术

FMECA 可以由一个人完成,也可以由一个团队完成,具体的情况需要取决于系统的复杂程度。FMECA 并不需要任何深入的分析技巧,但是要求分析人员对研究对象以及它的应用、运行和环境情况充分了解。

尽管 FMECA 的过程本身十分简单,但是它却是一项非常费时费力的工作。因为需要评估和记录的数据量巨大,分析过程看起来也十分繁杂。如果想要充分发挥 FMECA 的优势,就必须使用结构化、系统化的方法。

现在，人们已经为 FMECA 开发了多款计算机程序。合适的程序可以显著减少 FMECA 导致的工作负担，让分析更加简单。

注释 10.4（另外一种略有差异的方法）：复杂系统的 FMECA 是一项冗长枯燥的工作，经常都是交给初级人员完成。然而有些公司已经认识到这种方式会影响到 FMECA 的总体质量，因此开始使用另外一种与 HAZOP 分析（见 10.6 节）比较相似的方法。在后一种方法当中，首先有一组专家进行严密的 FMECA，在识别出重要的危险并对它们进行优先排序之后，再将其他后续工作交给初级人员完成。

10.5.4　优势和局限

优势。FMECA 的主要优势包括：
（1）应用广泛，易于理解和解释；
（2）对硬件进行了全面的检查；
（3）适用于复杂系统；
（4）比较灵活，分析的细节程度可以根据研究对象进行调整；
（5）系统且全面，应该能够识别出机械或者电子系统中所有的失效模式；
（6）有良好的计算机软件工具支持。

局限。FMECA 的主要局限包括：
（1）结果取决于分析人员的经验；
（2）需要绘制系统层级架构图作为分析基础，这个架构图需要分析人员在分析开始之前就制作完成；
（3）仅仅考虑了单点失效，通常无法识别由失效组合引发的危险情况；
（4）需要耗费大量时间且成本高昂。

FMECA 的另外一个缺点，就是它需要检查所有的元件是否失效并建档，这其中也包括那些没有任何显著后果的失效。对于大型系统，尤其是那些存在高度冗余的系统来说，大量不必要的建档工作会成为研究团队一项沉重的负担。

10.6　HAZOP

危险与可操作性（HAZOP）分析是一个系统化的危险识别过程，需要一组专家（HAZOP 分析团队）探讨系统或者工厂是否背离了设计初衷以及危险和操作问题的产生机制。这一类分析需要召开一系列的会议，根据一组引导词进行头脑风暴。HAZOP 方法最初是由 ICI 在 1963 年开发出来的，最早的目标行业是化学工业（Kletz，1999）。现在常用的 HAZOP 分析国际标准为 IEC 61882(2016)。

10.6.1　引导词

一般认为，引导词和流程参数可以刺激人们的思维，并引发集体讨论。我们在表 10.5 中列出了一些典型的引导词。在文献当中，我们还会发现其他一些略有不同的引导词列表。引导词和流程参数应该以这种方式组合，才能得到有意义的流程偏差。需要注意的是，没有哪个引导词能够适用于所有的流程参数（比如"反向"和"温度"就不搭配）。

表 10.5 常用 HAZOP 分析引导词

引 导 词	偏 差
无/没有	没有实现任何设计意图（比如，在应该有的时候没有流量、没有压力）
过多/数量增加	实际情况超过设计意图，物理性能参数比应有的情况要大（比如更大的流量、更大的压力、更高的温度）
过少/数量减少	实际情况低于设计意图，物理性能参数比应有的情况要小（比如更小的流量、更小的压力、更低的温度）
伴随	设计意图实现，但是还有一些其他情况存在
部分	只实现了一些设计意图，过程流的成分错误。某些元素可能丢失，或者所占的比例过高/过低
反向	设计意图与实际情况相反
不是/不同于	设计意图被其他情况所取代
早	一些情况发生时间比预想的要早
晚	一些情况发生时间比预想的要晚
先	与工作次序有关，一些情况在预计次序之前发生
后	与工作次序有关，一些情况在预计次序之后发生

10.6.2 流程参数

化学流程的典型流程参数包括：
(1) 流量；
(2) 压力；
(3) 温度；
(4) 液位；
(5) 成分。

案例 10.7（HAZOP 问题）：在头脑风暴环节当中，HAZOP 项目负责人（即 HAZOP 团队领导人）需要提出如下的这些问题来引导成员进行讨论。
(1) 会出现"没有流量"的情况吗？
(2) 如果有，它是怎样产生的？
(3) "没有流量"的后果是什么？
(4) 这些后果严重吗，或者它们会阻碍正常工作吗？
(5) 是否可以通过设计或者操作程序的变更来防止"没有流量"的情况？
(6) 是否可以通过设计或者操作程序的变更来避免"没有流量"导致的后果？
(7) 危险或者问题的严重程度值得进行额外投资吗？

10.6.3 目标和应用

HAZOP 分析的目标包括：
(1) 识别系统所有的功能偏差，包括产生偏差的原因以及和这些偏差相关的所有危险和操作问题。

（2）确定是否需要采取行动控制危险和（或）操作问题。如果需要的话，识别出所有可以解决问题的方法。

（3）识别出不能立刻进行决策的情况，并确定出还需要哪些信息和行动。

（4）保证已经决定的措施能够执行。

（5）让操作人员意识到危险和操作问题。

HAZOP 分析已经在化工和石油行业取得了巨大的成功。这种方法可以用来检查流程设计的情况，让工厂更加安全、更加高效、更加可靠。比如，HAZOP 分析已经是北海海洋油气平台上流程系统设计工作的标准程序。现在，HAZOP 分析正在很多不同的领域应用以识别各种危险。

HAZOP 方法最初只是在设计阶段使用，但是也可以应用于运行中的系统。人们还在原始 HAZOP 方法的基础上开发了多种衍生方法。现在以 HAZOP 分析为基础的方法包括：

（1）流程 HAZOP。最早的 HAZOP 方法，用来评估流程工厂和系统。本节的后续部分主要讲述的就是这种方法。

（2）人员 HAZOP。这实际上是"一组"更为具体的 HAZOP 方法，主要关注人为错误而不是技术失效（详见第 13 章）。

（3）程序 HAZOP。这种 HAZOP 方法用来检查程序或者操作顺序（有时它也被称为 SAFOP——安全操作研究）。程序 HAZOP 也可以看作工作安全分析（见第 14 章）的一种扩展。

（4）软件 HAZOP。这种 HAZOP 衍生方法可以用来识别软件开发过程中可能出现的错误。

（5）计算机危险与可操作性（CHAZOP）。这种 HAZOP 衍生方法用来分析控制系统和计算机，主要可以识别由控制系统失效造成的过程紊乱。

（6）网络 HAZOP。这种衍生方法用来识别和评估网络威胁，我们将在第 17 章进行更多的讨论。

10.6.4　分析步骤

最常见的 HAZOP 分析是在细节工程阶段进行的，包括如下 8 个步骤：

（1）计划和准备；

（2）识别可能的偏差；

（3）确定偏差的原因；

（4）确定偏差的后果；

（5）识别现有的安全屏障/防护措施；

（6）评估风险；

（7）提出改进建议；

（8）报告分析结果。

我们已经在第 3 章中阐述了第一步和第八步的内容，这里只讨论其他几个步骤中的一些要素。HAZOP 分析程序详见图 10.10。

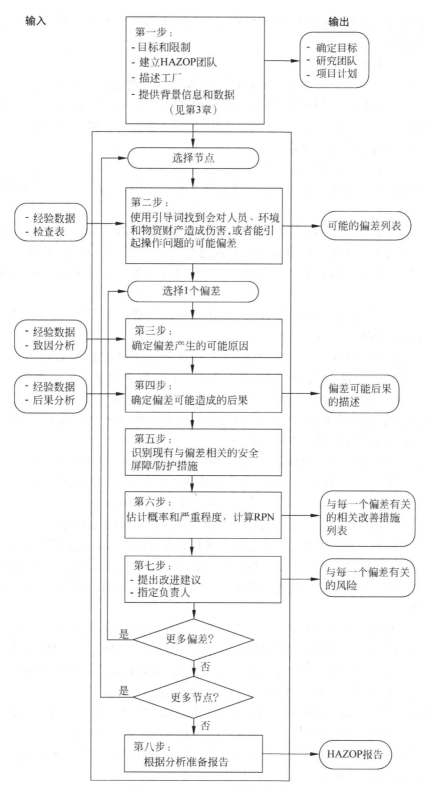

图 10.10　HAZOP 分析工作流程

英国民用航空局给出的 HAZOP 程序(2006)和本书描述的略有不同,感兴趣的读者请阅读相关报告。

10.6.4.1 HAZOP 工作表

HAZOP 分析的结果通常是以专门的工作表形式呈现,图 10.11 就是一个 HAZOP 工作表的例子。工作表中列的编号从 1 到 13,用来描述 HAZOP 分析的各个步骤。事实上,在 HAZOP 分析中并没有一个标准的工作表,业界现在正在使用的有多种表格,其中有一些表格并不包含风险排序这一列。

10.6.4.2 第一步:计划和准备

这一步骤中的一些主要内容我们已经在第 3 章中讨论过,但是还有一些问题需要补充说明。

建立 HAZOP 团队。 HAZOP 团队的构成和成员的知识结构,对于分析能否成功至关重要。HAZOP 团队应该包括各个领域的专家,一般由 5~8 名具有丰富的工厂设计、运行和维护方面知识的工程师组成,这样他们才能够评价所有设计意图偏差的可能影响。

举例来说,一家新建化工厂的 HAZOP 团队可能包括以下人员[可参见新南威尔士州政府的报告(NSW,2008)]:

(1) HAZOP 项目负责人。HAZOP 项目的负责人必须熟悉 HAZOP 技术,他还要能够保证分析中的计划、运行、记录、实施等工作都可以顺利完成。负责人在会议期间的主要任务,是要保证整个团队围绕一个共同的目标工作。他应该独立于项目之外,但是对设计表达(比如管道和仪表图(P&ID)和框图)以及系统的技术和操作方面都非常熟悉。HAZOP 项目负责人应该具有丰富的经验。

(2) 设计工程师。参与到设计活动中的项目设计工程师,他会考虑项目的成本。

(3) 流程工程师。通常是化学工程师,负责流程图和管道仪表图的绘制。

(4) 电气工程师。这名工程师一般负责工厂中电气系统的设计。

(5) 仪表工程师。这名工程师应该参与设计并选择工厂的控制系统。

(6) 运营经理。这个人在工厂从试运行转换到运营阶段的时候能够担负起责任。

(7) HAZOP 秘书。需要在会议期间做记录,协助项目负责人管理 HAZOP 分析。

HAZOP 团队当中至少应该有一名成员拥有足够大的权力,做出的决策可以影响系统设计或者运行。

提供所需信息: 在第一次 HAZOP 会议召开之前,需要收集到很多方面的信息,如过程流量表、管道仪表图、设备、管道和仪表规范、控制系统逻辑图、位置图、操作和中断程序、紧急程序、实用指南等。对于运行中的系统而言,我们还必须检查真实系统与设计图纸上的是否一致(在实际当中,经常会出现不一致的情况)。

将系统分为多个部分和研究节点: 每一个系统和(或)活动都应该被分解成一些主要的元素进行分析,同时需要确定这些部分的设计意图和正常运行条件。

流程系统的分析一般都是基于流程元素,如容器、泵、压缩机等。需要逐个分析进出每个元件的过程流,这些过程流通常也被称为研究节点。

研究对象：水桶接水
索引编号：

日期：2019 年 8 月 20 日
制作人：斯坦·豪根

序号	研究节点	引导词	偏差	可能的原因	可能的后果	现有安全屏障	风险 频率	风险 严重度	RPN	改进建议	负责人	备注
(1)	(2)	(3)	(4)	(5)	(6)	(7)	(8)	(9)	(10)	(11)	(12)	(13)
1	水龙头（流量）	没有	没有流量	水龙头关闭	水桶中没有水	无	1	1	2			
2		过多	流量过多	水龙头打开得太多或者太快	水桶装水速度过快，存在水溅到桶外的风险	目测	2	2	4	在装水的时候更加注意		
3		过少	流量过少	水龙头没有充分打开	水桶装水的速度太慢	目测	2	1	3			
4		部分	部分流量	水龙头有故障，比如冷水或者热水无法流出	水桶中的水太凉或者太热	周期性控制维护	3	2	5	用手指（小心）检查		
5		不是	不是液流	水中的空气形成冲压	水溅到桶外，装水过慢	无	1	3	4			
6	水龙头（温度）	过多	温度过高	水龙头调的水温过高	水桶中的水太热，有烫伤风险	无	2	3	5	用手指（小心）检查		
7		过少	温度过低	水龙头调的水温过低	水桶中的水太凉	无	2	1	3	用手指（小心）检查		

图 10.11　用水桶接水的 HAZOP 工作表

10.6.4.3 第二步：识别可能的偏差

HAZOP团队首先需要就研究节点的目的和正常状态达成一致意见，才能对节点进行检查。接下来，HAZOP团队负责人应该给出合并关键词和流程参数的建议，带领团队识别流程偏差和这些偏差产生的原因。

第二步的分析结果会出现在图10.11所示表格的第一到第四列当中。

序号（第一列）。在这一列中，每个偏差都会对应唯一的索引编号。现在最常见的索引编号是数字。

研究节点（第二列）。研究节点的名称（或者标识），可能还包括流程参数，会出现在第二列当中。如果有必要的话，每一个研究节点还可以有一张参考图（比如管道仪表图）。

引导词（第三列）。我们将分析中使用的引导词记录在表格的第三列。

偏差（第四列）。把引导词应用到研究对象（和流程参数）身上，产生偏差，并在第四列中对偏差进行简要的描述。我们还可以创建一份独立文件对偏差进行更加细致的描述。

10.6.4.4 第三步：确定偏差的原因

识别每一个偏差的可能产生原因，是HAZOP分析中的一项重要工作。我们需要将识别出的原因放在表格的第五列当中。

可能的原因（第五列）。对应第四列中的每一个偏差，需要记录它们产生的原因。

10.6.4.5 第四步：确定偏差的后果

对于每一个偏差，我们都需要在图10.11所示的HAZOP工作表中记录它实际可能发生的后果。

可能的后果（第六列）。现在需要记录识别出偏差的所有主要后果，既要记录与安全相关的后果，也要记录可能的操作性问题。

10.6.4.6 第五步：识别现有的安全屏障/防护措施

为了能够提出相关的改进方案，HAZOP团队必须熟悉现有已经整合在系统当中的安全屏障（防护措施）。

现有安全屏障（第七列）。需要记录与偏差相关的现有安全屏障。

10.6.4.7 第六步：评估风险

在这一步中，需要评价与每一个偏差有关的风险。并不是所有的HAZOP分析都包括这一步骤。

频率（第八列）。按照广义的频率类别，对每一个偏差的发生频率进行粗略估计（表6.8）。

严重度（第九列）。根据最终的人员受伤程度，对环境、物资的破坏，或者对系统/生产的干扰程度，确定偏差的严重程度。在这里，需要考虑每一个偏差可能出现的最坏后果（表6.9）。

RPN（第十列）。我们需要对每一个偏差的频率和严重度级别求和，计算该偏差的风险优先级（RPN）。

风险矩阵。根据6.4节的描述，每一个偏差的频率（第八列）和严重度（第九列）都需要输入风险矩阵中，这样才可以使用某些相关的接受准则对偏差的风险进行比较。风险矩阵还可以用来评价改进建议（即风险降低方法）。

10.6.4.8 第七步：提出改进建议

我们需要在图 10.11 所示 HAZOP 工作表的第十一列记录提出的改进建议。

改进建议（第十一列）。需要记录可以避免偏差或者减轻后果的可能措施。

负责人（第十二列）。需要记录对偏差后续状况和(或)改进措施负责的人员姓名。

备注。在表格的第十三列记录与前十二列有关的备注。

10.6.4.9 第八步：报告分析结果

HAZOP 分析可能会耗费大量的时间，因此很多时候报告只需要汇报可能出现的问题，这样就避免了大量重复工作。然而，这样做可能会让人们怀疑是否有偏差被忽略掉了，或者有些偏差因为不太重要而从表格中删除了。

因此，我们建议准备一份涵盖所有对偏差反馈的表格，并指出那些危险并且确实会发生的偏差。除此之外，研究团队还需要添加有关如何检测和(或)避免偏差的注释。

如果问题系统已经有风险日志的话，研究团队也应该将其他的危险记录到风险日志当中。

案例 10.8（用水桶接水）：考虑这样一个"流程"，打开浴室里水龙头，把一个水桶装满水，同时保证水桶中的水温适中（大概 50℃）。我们在图 10.11 中对这个工作流程（部分）进行了简单的 HAZOP 分析，并制作了相关的工作表。

10.6.5 计算机危险与可操作性分析

计算机危险与可操作性(CHAZOP)分析衍生于传统的 HAZOP 方法，主要关注包含软件的控制系统。CHAZOP 有时也称为 PES HAZOP，这里 PES 是可编程电子系统的缩写。在 HAZOP 技术最初发明出来的时候，现在的很多控制系统还不存在，因此这种传统和它所使用的引导词在应用于新技术的时候就会碰到很多问题。

英国健康与安全执行委员会(HSE)曾经在 1991 年发布了一份有关 CHAZOP 分析的指南性报告(Andow,1991)，另外一些稍晚的论文细化了这种方法的使用，并给出了一些案例(Kletz 等,1995；Schubach,1997；Redmill 等,1997；Chung 等,1999)。

CHAZOP 分析的绝大部分步骤和传统流程 HAZOP 分析类似，但还是存在一些差别。CHAZOP 分析的主要程序包括(Schubach,1997)：

(1) 与传统 HAZOP 分析相似，流程系统被分为若干节点。

(2) 对于第一个节点，要选择第一个仪表或者控制元件。

(3) 描述控制回路中元件的数据流入和流出状况。

(4) 明确控制回路及其元件的设计意图和目的。

(5) 对每个控制回路的讨论都应该包含对危险和事件的总体讨论，然后对元件、控制、顺序和操作人员使用引导词。

(6) 对于每一个危险和事件组合，分析团队应该考虑一系列标准问题，包括：这个组合可能存在吗？原因是什么？影响是什么？影响会扩散吗？它重要吗？我们有相关系统的知识（硬件、顺序和操作员）吗？这个事件能够避免、保护或者缓解吗？

(7) 记录讨论的结果，返回到步骤(2)，直到所有的节点和控制都已经讨论结束。

在 CHAZOP 分析中，传统技术里将系统分解成节点的方法依旧适用，同时还需要考虑控制回路。

研究人员还提出了一些其他方法,比如 Chung 等(1999)建议使用所谓的流程控制事件图方法,系统性地表示控制逻辑。

CHAZOP 分析的引导词和传统 HAZOP 分析的有所不同,英国 HSE 给出了一份新的引导词列表,而另外一些研究人员(比如 Chung 等,1999)则建议使用流程 HAZOP 分析的标准引导词,但是要对它们进行相应的解释。我们在表 10.6 中给出了 CHAZOP 分析的引导词。

表 10.6　HZAOP 分析引导词在 CHAZHOP 中使用时的释义

属性	引导词	解释
数据/控制流	无	没有数据流
	过多	传输的数据多于预期
	部分	传输的数据不完整
	反向	数据流方向错误
	⋮	
数据速率	过多	数据速率过高
	过少	数据速率过低
事件或行动的时效	无	没有发生
	早	发生早于预期
	晚	发生晚于预期
	⋮	

10.6.6　需要的资源和技术

HAZOP 分析包括很多头脑风暴环节,需要一个由 5~8 名专家组成的团队,在 1 名具有丰富 HAZOP 项目经验的负责人引导下,通力合作才能完成。HAZOP 项目秘书负责记录团队的讨论情况和做出的决定。

每次会议的时间都不应该超过 3h,因为绝大多数人的注意力会在 3h 之后开始减退。为了让团队成员还可以有时间从事其他工作,会议的频率每周最好不要超过 2~3 次。大部分 HAZOP 分析可以在 5~10 次会议当中完成,但是对于一些大型项目而言,可能需要 2~3 个团队在工厂的不同部门并行工作长达数月的时间(RSC,2007)。

现在研究人员已经开发出多个计算机程序支持 HAZOP 分析,另外还有一些 HAZOP 专家系统可以帮助 HAZOP 项目负责人进行整个过程分析。

10.6.7　优势和局限

优势。HAZOP 分析的主要优势包括:
(1) 应用广泛,人们对于它的优势和限制都有着充分了解;
(2) 可以利用团队中操作人员的经验;
(3) 系统并且全面,可以识别出所有的危险流程偏差;
(4) 对于技术故障和人为错误都有效;

(5) 可以识别现有的安全屏障,提出添加新安全屏障的相关建议;
(6) 适用于存在多种规则和多个组织的系统。

局限。HAZOP 分析的主要局限包括:
(1) 对项目负责人的个人能力和团队知识水平具有很强的依赖性;
(2) 主要面向流程危险,需要进行修改才能兼顾到其他类型的危险;
(3) 需要对程序进行描述,但是一般很难把握描述的细节程度,使用现有文档可以简化相关的工作;
(4) 会生成一份冗长的文档(全面记录各种情况)。

系统或者流程的 HAZOP 分析采用"分步进行"的方法,这样做的一个缺点就是可能无法识别出与不同节点之间相互作用有关的危险。

10.7 STPA

系统理论过程分析(STPA)方法是由麻省理工学院的南希·莱文森(Nancy Leveson)教授于 2011 年提出,是基于第 8 章中介绍的系统理论事故模型和过程(STAMP)方法的危险识别工具。除了能够识别元件失效之外,STPA 还可以甄别系统元件之间的不安全交互。这些交互即便是在没有失效的情况下也可能发生。STPA 可以覆盖社会技术系统,而我们通常讨论的技术系统只是其中的一部分。由于 STPA 的应用范围更加宽泛,这种方法最近不断受到各界的推崇。[①]

STPA 假设事故是因为对研究对象的控制不足造成的,所以需要识别那些能够导致事故的不安全控制。系统控制行为的主体可以是一个技术系统、个人或者一个组织,如果我们发现控制存在不足的情况,就可以对系统提出新的需求以保证正常的控制。

10.7.1 目标和应用

STPA 的目标包括:
(1) 识别与研究对象所有有目的的使用以及可以预见的误用情况相关的危险事件;
(2) 识别系统控制中可能会导致事故的潜在的不足之处;
(3) 制定可以用作设计或者运营目标的新需求。

10.7.2 分析步骤

现在并没有一个标准的 STPA 过程,具体的分析过程经常要取决于方法的应用场景(Dakwat 和 Villani,2018)。最初,Leveson(2011)仅仅使用了两个步骤描述整个方法,而在 Leveson 和 Thomas 在 2018 年编订的《STPA 手册》当中,作者对分析过程做了进一步细化,将其分为 4 个步骤。近 10 年来,有很多关于 STPA 应用的论文发表,比如本书采用的分析步骤就是基于 Rokseth 等在 2017 年的工作,如图 10.12 所示。

---

① 挪威科技大学的博士后研究员 Børge Rokseth 对本节有所贡献。
本节部分术语参考了由中国民航大学王鹏博士翻译的《STPA 手册》中文版。——译者注

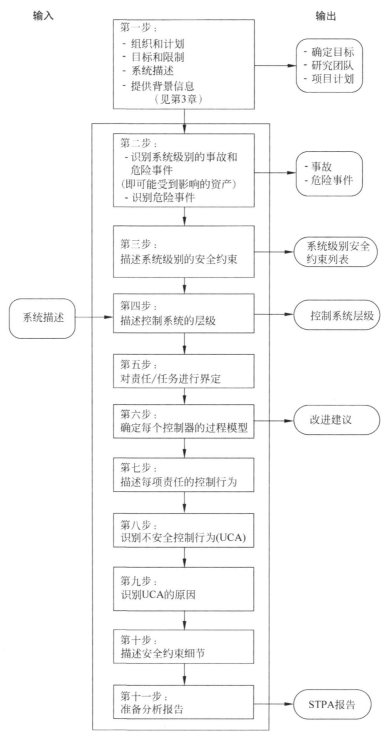

图 10.12　STPA 的分析流程

STPA 的主要步骤可以概括为：
(1) 计划和准备；
(2) 识别系统级别的事故和危险事件；
(3) 描述系统级别的安全约束；
(4) 描述控制系统的层级；
(5) 对责任/任务进行界定；
(6) 确定每个控制器的过程模型；
(7) 描述每项责任的控制行为；
(8) 识别不安全控制行为(UCA)；
(9) 识别 UCA 的原因；
(10) 描述安全约束细节；
(11) 撰写报告。

我们在第 3 章中已经介绍了第一步，这里就不再赘述。接下来我们会对第二步到第十一步进行详细介绍。

10.7.2.1 第二步：识别系统级别的事故和危险事件

这一步主要包括两个部分的工作：

(1) 我们需要识别出有哪些损失可能会发生（也就是事故）。这些损失可能是"人员伤亡""对环境造成了破坏""项目停滞"等。实际上，这恰好对应着风险评估中考虑的各种类型的资产。

(2) 我们需要识别是什么样的危险事件能够造成这些损失，比如"汽车在需要的时候停不下来"。

Leveson(2011)在 STPA 中所表达的"危害"实际上含义和我们定义的危险事件类似。为了保持和本书其他章节的一致性，我们在这里仍然使用危险事件这个词汇。

在这一步，危险事件通常是系统层面上的概括性描述，但是也可以分解为更加具体的子事件。这是 STPA 的一大优势，因为分析的过程可以从设计早期开始，仅包含系统级的危险事件。随着系统开发的不断进行，更多的细节事件就可以被识别出来。也就是说，STPA 会随着设计过程的不断深入而变得更加精细。

Leveson 和 Thomas 在 2018 年编订的《STPA 手册》并没有给出如何识别危险事件的指导意见，但是这里检查表就可以发挥它的作用。

10.7.2.2 第三步：描述系统级别的安全约束

安全约束是 STAMP 方法的重要元素，Leveson 和 Thomas(2018)将其定义为：

定义 10.2（安全约束）：界定系统环境或者行为的系统级约束，只有满足这些约束才能避免危险事件和（或）损失。

根据这个定义，安全约束可以被看作是对系统的一项需求。在分析的这个阶段，只需要识别所谓的高阶约束，对应的是系统级的危险事件。识别约束条件通常很简单，只需要把危险事件转化为需求，即避免这个事件发生。比如，"汽车在需要的时候停不下来"是一个危险事件，那么转化为约束就是"汽车必须在需要时候能够停下来"。有些特殊的约束可能会与多个危险事件相关，也可能会出现多个约束条件关联同一个危险事件的情况。

案例 10.9（与飞机相关的危险事件和安全约束）：以下是与飞机相关的危险事件（Leveson 和 Thomas，2018）。

(1) H-1：飞机在飞行中违反了最低间隔标准。

(2) H-2：飞机机体完整性受损。

(3) H-3：飞机脱离滑行道、跑道或停机坪。

(4) H-4：飞机与地面上其他物体距离过近。

相关的安全约束包括：

(1) SC-1：飞机在飞行中必须保持与其他物体的最低间隔标准。

(2) SC-2：飞机必须保持机体完整性。

(3) SC-3：飞机不能离开滑行道、跑道或停机坪。

(4) SC-4：飞机不能与地面上的其他物体距离过近。

在本例当中，所有的安全约束都可以表述为飞机设计或者运营过程中的要求。

10.7.2.3 第四步：描述控制系统的层级

STPA 中的一个关键步骤，是将研究对象描述成具有层级架构的控制回路，我们接下来描述这种层级。

总体来说，层级控制结构包括下列元素：

(1) 控制器：控制器是过程行为的控制实体，它可以是物理系统、个人、元件、组织等。比如，可以通过踩压刹车踏板降低（控制）汽车行驶的速度。踏板会加大刹车液系统中的压力，从而在刹车片与轮毂之间产生摩擦力。在这个场景里，司机就是刹车液系统压力的控制器，而刹车踏板就是执行机构。接下来，我们也可以把刹车踏板看作是刹车片的控制器，而刹车液是执行机构。此外，现在的汽车还安装有防抱死系统（ABS）和电子稳定程序（ESP），同样也可以控制刹车。

(2) 过程模型。过程模型反映的是控制器如何理解整个控制过程。汽车司机刹车的过程模型可以包含不同方面，比如当司机看到红灯或者前方的车辆停车的时候，他就会知道自己的车必须减速了。

(3) 控制行为。控制行为/动作是指那些调整受控过程的具体操作。汽车司机的控制行为就包括踩压刹车踏板。

(4) 执行机构。执行机构指的是在物理层面上执行控制行为的实体。刹车系统，包括刹车踏板，就是汽车这个例子里的执行机构。

(5) 反馈。为了能够正确地控制过程，控制器需要关于过程状态的反馈。在司机踩刹车的时候，他至少能够获得两种不同类型的反馈：身体上感觉出汽车在减速，以及速度表读数显示速度在下降。

(6) 传感器。传感器是提供受控过程反馈的元件。汽车上安装有监控轮毂转速的传感器，可以用来获取速度信息。

(7) 来自元件的其他输入输出（既不是控制也不是反馈）。还有一些外部因素会影响受控过程，比如道路的粗糙程度就是一个会影响刹车效率的因素。如果司机（控制器）没有考虑道路结冰的情况，在踩刹车的时候，他的过程模型就会假定车辆会在一定的时间或者距离内停下来。但是一旦路面结冰导致摩擦力下降，这个过程模型就必须进行修正，即增加假定的刹车时间和距离。

在控制结构构建完成之后,分析人员需要考虑下面两个维度的问题:

(1) 权限等级。控制结构和任何组织结构都有异曲同工之处,即等级越高往往意味着权限越大。控制结构需要按照这个思路构建,图 8.15 中所示的由 Rasmussen 和 Svedung(2000)提出的层级系统,就是一个关于如何建立控制等级的好例子。

(2) 抽象程度。在构建控制结构的时候,还需要考虑抽象的程度。在开始的时候,抽象的程度很高,这一点和我们在识别危险事件的时候从系统级事件和安全约束开始的方法相同。在抽象程度最高的时候,我们可以引入一些现实世界不一定存在的概念。比如,我们可以在抽象程度最高的时候使用所谓"汽车自动系统"这样的概念,接下来再对这个词汇进行解构,细化为"刹车控制系统""牵引控制系统"等。

经验显示,构建层级化的控制结构工作非常繁琐。在层级结构里,实际上很少会只有一个控制结构凌驾于其他结构之上,而常见的情况是不同层级之间存在着复杂的交互关系。构建的过程可能需要相当多的细节,但是我们在开始的时候只需要有限的信息,然后在能收集更多信息的时候再添加到结构当中。这也意味着我们可以在设计阶段的早期开始比较粗浅的 STPA。

10.7.2.4 第五步:对责任/任务进行界定

责任与安全约束紧密关联。对于每一条约束而言,在系统中至少需要有一个控制器负责管理。有时也可以由多个控制器共同承担一项责任,尤其是这项责任与系统级约束条件相关的时候。与之相对应的是,一个控制器也可以管理多个约束条件。

比如,汽车司机的责任包括决定何时刹车以及刹车的力度,ABS 的责任则是防止刹车被锁死。司机的责任还包括在车辆行驶之前检查刹车系统是否正常工作,以及识别与很多其他危险事件相关的责任。

10.7.2.5 第六步:确定每个控制器的过程模型

过程模型是有关受控过程"行为"的模型。比如一个简单的过程模型可以是:如果我们踩了刹车,车辆的行驶速度应该变慢。长期的驾驶经验可以告诉司机应该用多快的速度对刹车做出反应。与过程模型相对应的是过程变量,在这个例子里,汽车的行驶速度就是变量。

过程模型的重要性在于,如果模型有错误,我们就无法合理地控制过程。如果我们没有理解到刹车踏板的作用,我们就不能恰到好处地控制速度。

案例 10.10(压力容器):在流程行业,有很多压力容器用来储存各种流体。这些容器的工作压力很不相同。压力容器的一个常见特征,是它们都有工作压力的上限。为了避免压力容器出现破裂,容器内部流体的压力不能超过这个规定的阈值。

(1) 我们可以将高阶危险事件定义为"压力容器破裂"。这一事件可以进一步分解为若干子事件,比如"因为超压导致的压力容器破裂"和"因为腐蚀导致的压力容器破裂"。

(2) 与第一个子危险相关的安全约束是"压力容器中的压力必须低于最大可接受压力",而最大可接受压力可以在设计要求文件中查询。

(3) 我们假设压力可以人为控制,那么本例中的控制器就是正在操作系统的流程操作员。

(4) 我们可以使用一个简单的过程模型：如果压力升高，需要采取一个控制动作降低容器内部的压力，比如减少进入容器的液流。本例中唯一的过程变量是压力。如果采用更加复杂的过程模型，还可以引入温度、容器中的流速以及其他一些相关的参数。

需要注意的是，控制层级实际上与目标层级和责任层级是紧密相关的。

10.7.2.6 第七步：描述每项责任的控制行为

接下来，我们应该针对每一项识别出来的责任确定控制器的控制行为。根据过程模型，我们可以确定如何才能控制整个过程，即控制的目的，以及相应的动作或者行为。在很多情况下，可以采用多种控制行为实现同一个目的。

我们已经在汽车的例子里面描述一些控制行为，比如"踩压刹车踏板"来减速。

10.7.2.7 第八步：识别不安全控制行为（UCA）

责任、安全约束和控制行为能够反映出我们对于系统控制结构实现风险控制有怎样的期望。有一种特殊的行为可以被称作不安全控制行为（UCA）。

定义 10.3（不安全控制行为，UCA）：在特定环境以及最坏的条件下会引起危险事件发生的控制行为（Leveson，2011）。

注意这个定义指出危险事件是在特定的环境下发生的，因此我们还需要界定这个所谓的特定环境。比如，在车辆停在车库里的时候，即便出现了刹车失效也不会造成什么伤害，所以在这个例子里，特定环境指的是汽车正在行驶。

Leveson（2011）根据危险事件的原因定义了四种基本的 UCA 类型：

（1）未提供控制行为；
（2）提供控制行为导致危险事件；
（3）提供控制行为过早、过晚或顺序错误；
（4）控制行为持续太久或太短（这里可以包括两种不同 UCA）。

当然，这个分类并没有涵盖所有 UCA 类型。

案例 10.11（刹车场景中的 UCA）：如果我们在刹车的例子中识别基本的 UCA 类型，那么分析结果如下。

（1）未提供控制行为。这意味着在需要的时候我们没有踩刹车，这个 UCA 很显然会导致危险事件发生。

（2）提供控制行为。在需要的时候刹车大多数情况都不会产生危险，但是一个例外的情况可能是在湿滑的路面上踩刹车，即便是刹车的行为正确，汽车也可能会失去控制。可以看出，特定环境对于 UCA 的影响非常大。

（3）提供控制行为过早、过晚或者顺序错误。刹车太早有时候会吓到后车的司机，而刹车太晚和没有踩刹车类似，可能会导致危险事件。顺序错误在本例中只有在极为特殊的情况下才会发生，比如司机需要同时处理几个事件，但是没有把刹车看成是应该优先完成的动作。

（4）控制行为持续太久或太短。刹车时间太长并不会导致危险事件，但是刹车时间太短意味着汽车没有完全停住，这时候可能会有危险发生。

Leveson 和 Thomas（2018）建议分五个部分描述 UCA：

（1）来源。控制器就是 UCA 的来源。

(2) 类型。即上述的 UCA 基本类型。

(3) 控制行为。哪一个控制行为是不安全的？

(4) 环境。什么样的环境与 UCA 相关？

(5) 与危险事件的联系。应该在描述中包括 UCA 与相关危险事件的联系,这样才能在分析当中实现追溯。

UCA 的描述并不一定需要遵循上面的次序,有时候我们还需要将其与相应的安全约束关联在一起。

案例 10.12（不安全控制行为的界定）：下面的例子描述了两种不安全控制行为。

(1) 在汽车接近红灯的时候,司机没有踩刹车(与危险事件"汽车在需要的时候没有停下来"相关)。

(2) 在汽车接近红灯的时候,汽车踩刹车的时间太短(与危险事件"汽车在需要的时候没有停下来"相关)。

10.7.2.8 第九步：识别 UCA 的原因

在了解了控制行为是如何失效之后,下一步就是要识别 UCA 的原因。想要精准地找出失效原因,最好对整个控制回路中所有的元素做一个系统的检查。失效原因可能不只是控制回路元件自身的失效,还可能是元件之间信息传输时出现了错误,比如信息传输完全失败、传输不及时或者中间出现了通信崩溃。2018 版的《STPA 手册》中列举了一些基本失效原因,如表 10.7 所示。当然在实际操作当中,分析人员还需要进行更加深入的挖掘。

表 10.7　不安全控制行为的基本原因

(1) 控制器的物理失效	(8) 执行机构的信号没有传递给受控过程
(2) 过程模型设计错误	(9) 受控过程没有发送反馈
(3) 过程模型实施错误	(10) 传感器失效
(4) 过程模型不再适用(因为其他变更)	(11) 传感器没有发送反馈
(5) 控制器的控制行为没有传达到执行机构	(12) 传感器发送错误信息
(6) 执行机构没有接收到控制行为指令	(13) 控制器没有接收到反馈
(7) 执行机构失效或者出现异常行为	

10.7.2.9 第十步：描述安全约束细节

在进行报告之前,分析的最后一步就是要描述安全约束条件的细节以及相应的要求。根据对 UCA 的发生及其溯源分析,我们能够识别出可以采用的具体措施,来降低 UCA 发生的概率。这些措施可能是提升相关设备的可靠性、改进过程模型、促进控制回路中的信息流动等。所有的这些改进措施都已描述为安全约束细节,并转化为系统的设计和运营要求。

10.7.2.10 第十一步：撰写报告

在大多数出版物中,STPA 报告都附有大量的图表描述分析的各个步骤。图表的做法各不相同,其中的一种是使用三个不同的表格来分别描述。

(1) 损失、危险事件和系统级安全约束；

(2) 控制器、责任、过程模型、过程变量和控制行为；
(3) UCA、UCA 的原因和安全约束细节。

图 10.13 给出了这三个表格的关系。

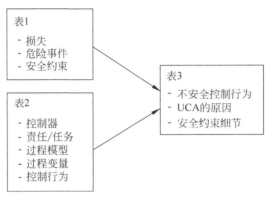

图 10.13　STPA 报告表

10.7.3　需要的资源和技术

STPA 是一种比较复杂的方法，需要在一定程度对系统进行抽象，因此并不容易使用。分析人员如果拥有控制论方面的背景，在分析的时候会有所帮助。同时，尽管关于 STPA 的文献越来越多，但是仍然缺乏具体的方法描述，这也给使用带来了些许困难。很多用户还认为 STPA 是一项非常耗时的工作。

10.7.4　优势和局限

有一些文献将 STPA 和其他的方法（比如 FMECA、HAZOP 分析和领结图）进行了对比，认为前者是后者的有益补充。STPA 并不一定会识别出更多的问题，但是很多时候还是可以帮助到分析人员。事实上，这种方法为风险分析提供了一个不同的视角，可以识别出系统更多的长处和不足。如果产品设计人员在审视一个新的系统，他可能会看到这个系统对用户不是非常友好，而同时结构工程师则会发现系统对于某种荷载的承压能力不足。STPA 和 FMECA 的作用就是给出这样不同的观察角度。

优势。STPA 的主要优势包括：
(1) 对复杂系统有效，可以涵盖自动化、软件、人员和技术系统；
(2) 有别于其他方法，提供了一个认识系统的全新视角；
(3) 能够识别出其他方法难以找到的系统弱点。

局限。STPA 的主要局限在于：
(1) 无法为危险事件排序；
(2) 没有标准化的易于掌握和使用的流程；
(3) 非常耗时；
(4) 需要专业能力和经验才能构建控制层级进行分析。

10.8 SWIFT

结构化假设分析技术(SWIFT)是一种系统化的头脑风暴方法,一组对于研究对象充分了解的专业人员会提出一系列假设(what-if)问题,来识别可能的危险事件,以及这些事件的原因、后果和相关的安全屏障,接下来他们还会提出降低风险的方法。此外,SWIFT 也可以包括对不同危险事件频率和严重程度的估计工作。

假设分析方法在简单的风险分析中有着悠久的应用历史(CCPS,2008)。SWIFT 与传统假设分析的主要差别在于,SWIFT 在提出问题的时候,使用的是标准化检查表,因此这种方法先前也曾经被称为"假设/检查表"分析(CCPS,2008)。当然,SWIFT 和传统假设分析之间的界限还是相当模糊的。

SWIFT 与 HAZOP 分析也有一些相似之处,二者的主要区别是 SWIFT 考虑的是更大的系统,使用检查表和假设问题而不是用引导词和流程参数。因此,SWIFT 不可能像 HAZOP 分析那样细致和全面,当然分析过程也就更简洁、更快速。

SWIFT 的分析团队会议一般首先要详细讨论要研究的系统、功能和操作。会议上需要用到图纸和技术描述,而团队成员可能需要互相讲解,弄清系统功能的细节和失效情况。

会议的下一步就是头脑风暴环节,团队负责人需要提出"如果……会发生什么"这类因果关系问题,来引导接下来的讨论。负责人应该根据检查表提出问题,涵盖操作错误、测量错误、设备功能失效、维护、供电故障、容量损失、紧急操作和外部压力等诸多方面。如果讨论过程中出现词穷的状况,也可以借鉴之前的事故经验。

案例 10.13(一个假设问题的例子):如果……
(1) 提供的是错误化学原料;
(2) 水泵失效;
(3) 操作员忘记关闭电源;
(4) 阀门不能开启;
(5) 发生火灾;
(6) 某个事件发生的时候操作员不在现场。
那么会发生什么?

10.8.1 目标和应用

SWIFT 分析的目标与 HAZOP 分析类似,但是一般不那么关注操作性相关的问题:
(1) 识别所有的危险事件,以及它们的原因和后果;
(2) 评价现有的防护措施是否足够;
(3) 确定是否还需要采取行动控制危险事件,有必要的时候是否应该提出降低风险的措施。

SWIFT 的适用范围与 HAZOP 分析基本一致,判断采用 SWIFT 还是 HAZOP 分析主要是根据分析所需的细节程度。SWIFT 与 HAZOP 分析类似,都可以分析工作程序,一般也都是以任务分析为基础(见第 13 章)。

SWIFT分析通常都是在初步危险分析(PHA)之后进行。

有时候,SWIFT分析也可以使用"……会怎样?"和"……可能吗?"这类问题。在回答这些问题之前,分析团队可以在头脑风暴环节先把所有的问题都列出来。

10.8.2 分析步骤

SWIFT分析可以按照8个步骤进行:

(1) 计划和准备;
(2) 识别可能的危险事件;
(3) 确定危险事件的原因;
(4) 确定危险事件的后果;
(5) 识别现有安全屏障;
(6) 评估风险;
(7) 提出改进建议;
(8) 报告分析结果。

我们在第3章中已经讲述了第一步和第八步,这里就不再赘述。其他的各个步骤与HAZOP分析中相应的步骤类似,整个分析过程如图10.14所示。

可能后果(第四列)。现在需要记录由假设问题答案导致的危险事件的所有主要后果。

10.8.2.1 SWIFT工作表

SWIFT分析的结果一般需要记录在一个特别的工作表当中,图10.15中就是一个SWIFT工作表样例。工作表的列编号从1到11,其中的内容可以对应SWIFT分析的相应步骤,事实上,业界并没有标准的工作表格式,分析人员目前使用几种不同的表格,有一些表格中不包括风险排序。

10.8.2.2 第二步:识别可能的危险事件

这些问题可能在PHA中就已经被发现,分析人员需要给出假设问题(因果问题)的答复。另外,研究团队还可以加入一些新的问题,并给出答复。

序号(第一列)。在这一列中,每个假设问题都会对应唯一的索引编号。现在最常见的索引编号是数字。

因果问题(第二列)。需要将假设问题记录在第二列。

10.8.2.3 第三步:确定危险事件的原因

在第三列中记录已经发现的危险事件原因(即第二列中因果问题的答案)。

可能原因(第三列)。对于第二列中的每一个假设问题,都需要记录可能的发生原因。

10.8.2.4 第四步:确定危险事件的后果

对于每一个假设问题,图10.15中SWIFT工作表的第四列中用来记录实际可能发生的后果。

10.8.2.5 第五步:识别现有安全屏障

要想提出改善建议,分析人员必须对系统中业已存在的安全屏障(防护措施)非常熟悉。

现有安全屏障(第五列)。需要记录与危险事件有关的现有安全屏障。

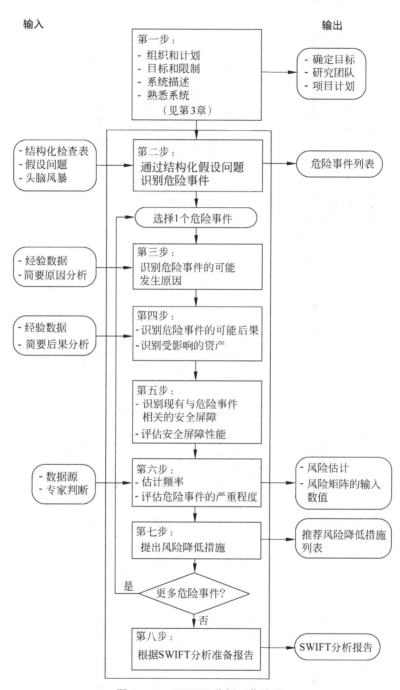

图 10.14 SWIFT 分析工作流程

研究对象：LNG 运输系统
索引编号：
日期：2019 年 12 月 20 日
制作人：马文·拉桑德

序号	因果问题？	可能原因	可能后果	现有安全屏障	风险			改进建议	负责人	备注
					频率	严重度	RPN			
(1)	(2)	(3)	(4)	(5)	(6)	(7)	(8)	(9)	(10)	(11)
1	如果司机在没有断开储罐充填管的情况下离开	- 时间压力 - 司机注意力分散	- 软管损坏 - 气体泄漏 - 可能发生火灾/爆炸	工作程序	3	3	6	在卡车前方安装安全屏障，这样只有软管断开的情况下车辆才能启动		
2	如果在填充的过程中连接处发生泄漏	- 没有连接好 - 连接出现技术故障	- 司机被打到 - 气体泄漏 - 可能发生火灾/爆炸	对连接进行预防性维护	3	2	5	- 采用更新/更好的连接件 - 改进维护工作 - 对司机进行培训		
3	如果储罐车行进时偏离"主路"	- 路滑（结冰） - 负载过重 - 很多孩子横穿马路 - 技术故障 - 受其他车辆影响	- 储罐出现裂缝（内部或者外部） - 可能发生火灾/爆炸 - 大量受害者	- 司机培训 - 交通管制	2	4	6	- 改进司机培训 - 更改路线		

图 10.15 案例 10.14 的 SWIFT 工作表样例

10.8.2.6 第六步：评估风险

在这一步中，分析人员需要评价与每一个危险事件有关的风险，并不是所有的 SWIFT 分析都包括这一步。

频率（第六列）。按照广义的频率类别，对每一个危险事件的发生频率进行粗略估计（见表 6.8）。

严重度（第七列）。根据最终的人员受伤程度，对环境、物资的破坏或者对于系统/生产的干扰程度，确定危险事件的严重程度。在这里，需要考虑每一个危险事件实际可能出现的最坏后果（见表 6.9）。

RPN（第八列）。我们需要对每一个危险事件的频率和严重度级别求和，计算该危险事件的风险优先级（RPN）。

风险矩阵。每一个危险事件的频率（第六列）和严重度（第七列）都需要输入 6.4 节中介绍的风险矩阵当中，这样才可以使用某些相关的接受准则对危险事件的风险进行比较。风险矩阵还可以用来评价改进建议（即风险降低方法）。

10.8.2.7 第七步：提出改进建议

我们需要在图 10.15 中 SWIFT 工作表的第九列记录提出的改进建议。

改进建议（第九列）。需要记录可以避免危险事件或者减轻后果的可能措施。

负责人（第十列）。需要记录对危险事件后续状况和(或)改进措施负责的人员姓名。

备注。还可以在表格的第十一列记录与前十列有关的备注。

案例 10.14（储罐车运输液化天然气）：再次考虑案例 10.5 中的液化天然气运输系统。图 10.15 中的 SWIFT 工作表中给出了一些分析系统需要的因果问题。需要注意的是，图中所示的结果并不是来自一个全面的分析，只是起到一个说明的作用。

10.8.3 需要的资源和技术

假设分析需要专家团队进行头脑风暴，对研究对象形成一个全面的认识。因此，分析的相关性和完整性依赖于团队成员的能力和经验。至少应该有一名团队成员熟悉这个分析过程，并能够回答这一系列因果问题。团队成员的数量多少，则要取决于系统或者流程的复杂程度。对于相对简单的系统/流程而言，3~5 名成员就足够了。

10.8.4 优势和局限

假设分析主要适用于相对简单的系统。这类分析并不会揭示那些同时存在多个故障或者相互作用的问题。实际上，假设分析几乎可以在任何领域使用，尤其是那些主要事故场景相对简单的情况。

优势。使用 SWIFT 的主要优势包括（HSE，2001a）：

（1）非常灵活，适用于任何类型的设备、应用和流程，并且可以在生命周期的任何阶段使用；

（2）详细记录了危险识别过程，日后可以进行审核；

（3）利用了团队中操作人员的经验；

（4）快速，避免了对偏差的重复性思考；

（5）相对其他系统性技术（比如 HAZOP 分析）更加节省时间。

局限。SWIFT 的主要局限包括：
(1) 本质上不全面，无法做到万无一失；
(2) 适用于系统级别，因此忽略了一些更低层级的危险；
(3) 难以审核；
(4) 必须在事先准备好检查表；
(5) 对项目负责人的经验和团队知识水平的依赖度非常高。

10.9 半定量方法的比较

上述的各种方法有很多相似之处，但是人们在发明这些方法的时候出发点并不相同，因此识别错误的方式也不一样。我们在图 10.16 中对本章之前介绍的 6 种方法进行了比较：
(1) 应用领域，即该方法适用的问题类型；
(2) 系统分解方式，即该方法是如何描述系统和系统结构的；
(3) 识别方式，即该方法是如何以结构化的方式识别危险和危险事件的；
(4) 识别结果，即该方法可以识别出什么样的问题，也就是使用什么样的词汇描述危险识别过程的结果；
(5) 风险排序方式，即该方法是否以及如何对风险进行排序的。

方法	应用领域	系统分解方式	事件识别方式		风险排序方式
			识别方式	识别结果	
PHA	所有系统	物理分解或者功能分解	检查表，头脑风暴	危险事件	采用分类和风险矩阵
JSA	简单的操作和流程	将操作分解为详细的任务	检查表，头脑风暴	危险和危险事件	有时采用分类和风险矩阵，但是一般不进行排序
FMECA	技术系统，尤其是安全系统	将系统分解为子系统和元件	失效模式检查表，头脑风暴	失效模式	有时采用分类和风险矩阵，有时候不排序
HAZOP	流程系统	根据通过系统的物流进行功能分解	引导词和流程参数	偏差	有时采用分类和风险矩阵，但是一般不进行排序
STPA	所有系统	控制回路的层级结构	没有特定方法	不安全的控制行为	没有排序
SWIFT	所有系统	没有特定方法	询问假设的问题	危险和危险事件	没有排序

图 10.16 危险识别方法比较

10.10 主逻辑图

主逻辑图(master logic diagram, MLD)是一种图形化技术，可以用来识别危险以及可以导致系统中某一顶事件(即事故)发生的危险路径。MLD 能够对危险和路径的细节进行追溯,全面考虑所有的重要安全功能和安全屏障。在这些工作完成之后,我们就可以列出可能会威胁到安全屏障和功能的原因事件。MLD 的形式是故障树(见第 11 章),但是二者还是存在区别:MLD 中定义的动因并不一定是失效或者基本事件。

本书不会对 MLD 进行更多的描述,有兴趣的读者可以参考 Modarres(2006)以及 Papazoglou 和 Aneziris(2003)的论文。Brissaud 等在 2011 年的文献当中也给出了一个案例,说明如何使用 MLD 识别智能探测器的故障模式。

10.11 变更分析

变更分析用来评价一些系统或者流程建议修改方案的可能影响。分析需要对新系统(变更之后)和基本(已知)系统或者流程进行比较。

变更经常会导致系统在运行中出现偏差,甚至会引发流程扰动和事故。因此,识别出变更的可能影响非常重要,这样才能采取必要的防范措施。在后面的章节中,我们将会使用关键性差别这个词,来表示新系统和基本系统之间可能引发危险事件或者影响系统相关风险的差别。这里所说的系统可以是社会技术系统、流程,也可以是一个程序步骤。

10.11.1 目标和应用范围

变更分析的主要目标包括:
(1) 识别新系统(变更之后)和基本(已知)系统之间的关键性差别;
(2) 确定每一个差别的影响;
(3) 识别由这些差别引起的系统的主要弱点;
(4) 确定每一个差别对于风险的影响;
(5) 识别控制风险影响所必需的新的防护措施和其他预防手段。

无论是简单还是复杂的系统都可以使用变更分析,适用的场合包括系统配置改变、运营过程或者策略发生变化、出现新的或者不同的活动。

10.11.2 分析步骤

变更分析分 6 步进行,我们已经在第 3 章中介绍了第一步到第六步,这里就不再赘述。
(1) 计划和准备;
(2) 找到(新系统和基本系统之间的)关键性差别;
(3) 评价这些差别可能会造成的影响(对于风险的正面或者负面影响);
(4) 确定差别的风险影响程度;
(5) 更加细致地对重要问题进行检查;
(6) 报告分析结果。
图 10.17 给出了变更分析的工作流程。

10.11.2.1 第二步:找到关键性差别

这一步需要基于基本(已知)系统和新(改变后的)系统的详细描述。可以通过比较和头脑风暴的方法识别两种系统之间的差别,还可以使用各种检查表。在这里,各种差别,

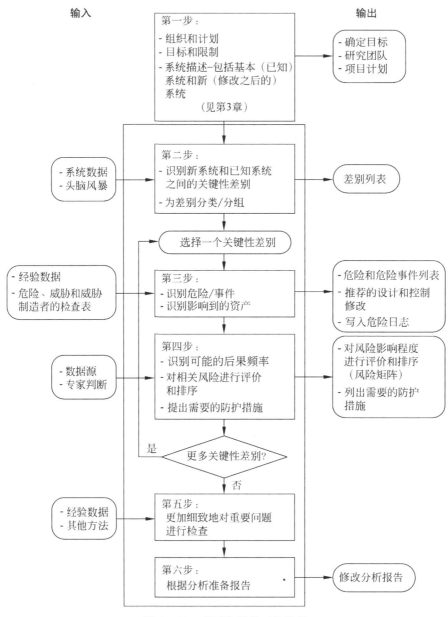

图 10.17 变更分析的工作流程

无论大小都应该识别并列出。

10.11.2.2 第三步：评价这些差别可能会造成的影响

在这一步中，需要逐一对第二步中发现的差别进行评价。对于每一种差别，研究团队都需要确定它是否会对某些资产造成伤害。无论是对于风险正面还是负面的影响，都应该记录下来。那些会引发或者影响危险的差别，就需要列为关键性差别，分到相关的组别当中并赋予唯一的索引编号。这个过程经常会给出如何进行设计变更，以及如何对关键性差别进行更好控制的建议。

10.11.2.3　第四步：确定差别的风险影响程度

这里，研究团队需要评价每一个关键性差别的风险影响程度。可以使用诸如风险矩阵这样的风险评价方法，指出这些差别是如何影响不同资产的风险。在需要的时候，研究团队还应该提出对现有防护措施的修改意见以及更多的防护方法。

10.11.2.4　第五步：更加细致地对重要问题进行检查

在变更分析的过程当中，可能会发现有一些重要的问题需要进一步分析。研究团队应该描述出这些问题，并给出使用其他风险评估工具进行进一步分析的建议。有时候，这些分析也是变更分析的一部分，会由同一个研究团队完成。

10.11.3　需要的资源和技术

变更分析需要至少 2 名具有丰富经验的工程师才能完成。分析需要对系统以及基本系统的风险问题有充分的了解，同时团队中至少应该有 1 名成员具有安全工程师的背景。

10.11.4　优势和局限

只有在那些已经根据经验建立了风险基准的系统中，进行变更分析才是有意义的。或者至少企业在之前已经做过了风险分析。

优势。变更分析的主要优势包括：
(1) 高效且不需要大量培训；
(2) 系统地研究可能会导致显著风险或者可能会引起实际事故的所有差别；
(3) 对于不同条件和情况下的主动风险评估都是有效的。

局限。变更分析的主要局限包括：
(1) 依赖两个系统的比较。因此，掌握与基本系统有关的风险问题的全方位的知识非常关键。
(2) 并不能量化风险水平（但是变更分析的结果可以与其他风险评估方法一起进行定量风险评估）。
(3) 研究团队的经验对结果影响很大。

注释 10.5：变更分析的另外一项用途，变更分析的基本前提是如果系统在一段时间内一直按照特定的标准运行然后突然失效，那么这一失效就是由系统中的变化或者变更引起的。通过识别出这些变化，我们也许可以发现导致失效的原因。

10.12　危险日志

将危险识别过程的结果记录到危险日志当中，是一项很有意义的工作。危险日志也可以称为危险记录簿或者风险记录簿。危险日志可以定义为[也可参阅英国基尔大学控制保证支持团队（CASU）在 2002 年的报告]记录能够威胁到系统成功实现安全目标的所有危险的日志。这是一份动态资料，在组织的风险评估过程当中生成。日志可以提供风险分析和系统风险管理中使用的有关风险的对照信息。

危险日志应该在系统设计早期或者项目的开始阶段建立，在系统或者项目的整个生命周期过程中作为一份动态资料不断更新。如果发现了新的危险、对已识别的危险做出变更或者出现新的事故数据,我们就应该更新危险日志。

危险日志通常都是一个计算机化的数据库,也可以采用文档的形式。危险日志的格式根据日志目标以及系统的复杂性和风险级别的不同而有所差别,它可能只是列出与系统相关主要危险的表格和清单,也可能是包含多个子数据库的大型数据库。(全面的)危险日志中通常包括下列元素:

(1) 危险

① 危险的唯一索引标识。(编号或者名称)

② 危险的描述。(如压力过大)

③ 危险在哪里出现?(如在实验室内部)

④ 哪里可以找到更多有关危险的信息?(如毒性相关数据)

⑤ 危险的数目/数量?(如 $200m^3$ 柴油、压力为 $3444.78kPa$)

⑥ 危险何时出现?(如在起吊重物的时候)

⑦ 危险的触发事件是什么?(如操作员失误)

⑧ 针对上述危险,可以实施哪些风险降低措施?(如使用毒性较低的液体替换现有流体)

(2) 危险事件

① 危险事件的唯一索引标识。(编号或者名称)

② 危险事件的描述。(如位置 B 处的管道 A 发生气体泄漏)

③ 哪些危险和触发事件可以导致危险事件?(如增压燃气管道上的起吊物品掉落)可以使用链接,与危险子日志中的相关危险进行关联。

④ 危险事件发生在运营的哪个阶段?(如在维护过程中发生)

⑤ 危险事件发生的频率如何?(如第二等级的频率)

⑥ 危险事件实际当中可能出现的最糟糕后果是什么?(如发生重大火灾)

⑦ 危险事件实际当中可能出现的最糟糕后果有多么严重?(如第四等级的后果)

⑧ 可以实施哪些预防措施降低危险事件的频率?(如改善检测工作)

⑨ 可以采取哪些响应或者缓解措施?(如使用改进的消防系统)

⑩ 提出的防护措施可以在多大程度上降低风险?(如可以将 RPN 从 6 降到 4)

所有可能发生的危险事件都应该包括在日志当中,而不应仅仅涵盖那些已经发生过的事件。

危险日志还应该包括已经发生或者可能的意外(或者事故场景)日志。该日志的内容包括:

(3) 意外(或者事故场景)

① 意外的唯一索引标识。(编号或者名称)

② 意外的描述。(事件序列或者事故场景)

③ 该意外情况是否曾经在本系统或者其他任何类似系统中发生过?如果情况确实发生过并且有相关报告的话,请给出相关意外调查报告的索引编号。

④ 意外发生的频率如何?

⑤ 意外发生的后果是什么(使用事故场景实际可能出现的最糟糕后果)?

⑥ 可以采取哪些被动型安全屏障或者缓解措施?

⑦ 如果曾经对这个事故场景进行过定量风险评估,请指出当时使用的方法。

注释 10.6:很多数据库都包含以前发生的事故和未遂事故的信息(见第 9 章),这可以告诉我们事故是如何真正发生的。除了操作员自己和公司收集到的信息之外,上述数据源中的相关信息也应该反映在危险日志当中。然而,不能仅仅依靠历史数据,这是因为已经发生的事故并不能代表所有可能发生的事故,尤其是在防范重大事故的时候更是如此。

危险日志有时候还需要包括故意和敌对行为的子日志,比如:

(4) 威胁和弱点

① 威胁的唯一索引标识。(编号或者名称)
② 威胁的描述。(比如纵火、故意破坏公物、电脑黑客)
③ 哪里受到威胁?(比如计算机网络)
④ 我们的主要薄弱环节是什么?(比如没有接入控制)
⑤ 谁是威胁制造者?(比如访客)
⑥ 会发生哪些意想不到的事件?(比如保密信息丢失)
⑦ 此类事件发生的频率是多少?
⑧ 事件的严重程度如何?(使用可以接受的最糟糕后果)
⑨ 可以采用哪些防护措施?

制作一份有关危险日志历史记录的定期刊物也是很有帮助的。这份刊物可以包括以下内容:

(5) 定期刊物

① 危险日志开始的日期;
② 与系统风险相关的法律、法规和企业目标的参考;
③ 日志中每一项录入的日期和原因;
④ 每一项修改的日期和原因;
⑤ 危险日志和更加详细风险分析之间的参考;
⑥ 安全注释和项目决策之间的参考。

当然,根据意愿,分析人员还可以向危险日志中添加更多的信息。

危险日志在设计阶段的作用尤其明显,但是在运行阶段发生的事故和未遂事故也可以同危险日志进行比较,日志需要依此进行更新。

图 10.18 给出了一个非常简单的危险日志示例。图 10.19 则是一个稍微复杂一点的危险日志结构。我们在编写这些日志的时候并没有对案例中的流程工厂进行全面的分析,这两张图只是起到一个说明的作用。如果要了解对每个条目进行解释的更加详细的危险日志结构信息,请参阅英国民用航空局的报告(UK CAA,2006 年,附录 F)。

系统:过程工厂× 制作人:马文·拉桑德
索引: 制作日期:2019 年 8 月 20 日

危险/威胁	发生地?	数量	防护	评论
三氯乙烯	2 号仓库	1 桶	紧锁房间	
增压气体	3 号压力容器	$10m^3$	防护栏	
汽油	下油泵	3000L	掩埋	

图 10.18 简单危险日志(示例)

系统：过程工厂×
索引编号：
创建日期：2019 年 5 月 17 日
修改日期：2019 年 8 月 20 日
修改人：马文·拉桑德

编号	危险描述	危险发生 何地	危险发生 何时	危险数目/数量	可能的危险事件	后果（会产生哪些伤害？）	风险 频率	风险 严重度	风险 RPN	风险降低措施	剩余风险	计划日期	负责人
1	A1 号硫磺酸储罐	2 号生产车间	经常	10m³	储罐破裂（由于负载跌落）	直接影响——皮肤灼伤（5 名操作员）硫磺挥发——刺激眼睛和呼吸道（大约 25 名操作员受影响）	1	4	5	采用吊车操作限定区域			
2					输出管道破裂	生产停顿（>2 天）直接影响——皮肤灼伤（2 名操作员）硫磺挥发——刺激眼睛和呼吸道（大约 5 名操作员受影响）生产停顿（1 天）	2	2	4	自动关闭储罐附近的阀门			

图 10.19 危险日志（样例）

10.13 思考题

(1) 表 2.5 是一个通用的危险列表,请将表 2.5 中的各项与第 2 章的危险定义进行比较,并讨论它们是否符合定义,尤其考虑"组织危险"一栏。

(2) 根据一个事故场景的主要原因,危险可以分为①技术危险,②自然(或者环境)危险,③组织危险,④行为危险和⑤社会危险。根据这个分类体系,对表 2.5 中的危险类别进行重新划分。

(3) 列出骑自行车的时候可能遇到的危险。

(4) 发挥你的想象力识别图 10.20 中可能存在的危险,可以参考表 2.5。做出必要的假设,界定一些事故场景(见第 2 章)并把它们在领结图中描绘出来。

图 10.20　建筑施工现场(来源:fancycrave.com)

(5) 使用 SWIFT 方法对图 10.20 进行分析,并使用图 10.15 中的工作表编写报告。接下来,比较本题和上一道的分析结果,看一看有哪些相似和不同之处。

(6) 参考在思考题(3)中列出的骑自行车时可能遇到的危险,识别可能会触发意外事件的失效,以及现在还未出现但是在将来可能会造成事故的潜在危险。

(7) 假设你正在一条湿滑的乡间公路上驾车行驶。汽车的前胎被扎破,所以你必须要换胎,好在车上有一个备胎。

① 将必须做的工作分解为一系列任务,按照顺序列出任务。

② 进行工作安全分析,在JSA工作表中报告分析结果。检查在进行分析的时候你必须做的假设。

(8) 重新思考案例10.6中的吊装操作,但是这一次需要考虑整个的操作过程,包括轮船甲板上的工人以及码头上安放集装箱和拆卸吊钩的工人。注意在分析的时候你必须做的假设。

① 将工作分解为一系列任务,并将任务按照其执行的顺序进行排列。

② 进行工作安全分析,并在合适的JSA工作表中记录结果。

(9) 假设有一个热水壶,我们用它来沏茶。采用FMECA以及另外一个你熟悉的模型对这个热水壶进行分析。

(10) 对建筑吊车及其运行进行PHA。你可以将分析的对象限制在吊车本身(当然也要考虑它对其他物品和人员的影响),并且只考虑正常运营时间(即忽略吊车安装和拆卸的过程,也不需要考虑维护)。如果需要的话,你还可以给出其他的限制条件。接下来,考虑如何对系统进行分解。对于危险识别工作,我们建议使用表10.1中的检查表。除此之外,我们也推荐到施工现场去看看实际的情况。可以使用表6.8和表6.9中的方法对频率和后果进行分类,也可以自己发明一个分类法。可以使用图10.3中的PHA工作表,在风险矩阵中标记中识别出的危险事件。

(11) PHA、HAZOP、FMEA和JSA是4种用来进行危险识别的方法。请点评一下这些方法是否适用于下列系统(或者你认为其中的哪种方法更合适):

① 汽车内部的水冷系统;

② 汽车发动机;

③ 赛车的赛道;

④ 汽车内部的电气系统;

⑤ 更换汽车变速箱的操作。

(12) 图10.21描述了一个"流程系统"。该系统主要是一个水箱,它的入水口在右上角,而出水口位于底部。通常情况下,水箱装满水,入口和出口都处于关闭状态(即这些阀门的正常工作状态是关闭)。系统采用人工按钮的方式放水,即操作人员打开出水口的阀门让水流出。如果水箱中的水位低于低位警戒线(LC2),出水口阀门关闭,同时进水口阀门开启。直至水位达到高位警戒线(LC1),进水口阀门关闭。

① 对该系统进行一个HAZOP分析。HAZOP工作表应该至少包括以下几列:节点、引导词、流程参数(偏差)、偏差的可能成因以及偏差可能导致的后果。我们可以只考虑几类后果,包括洒水、系统失效、系统部分失效以及没有后果。

② 对同一个系统进行FMECA。FMECA工作表至少应该包括以下几列:元件、运行模式、失效模式、失效机理、局部影响、全局影响和检测方法。

③ 对该系统进行STPA。

④ 比较 3 项分析的结果有何差异和相同之处。

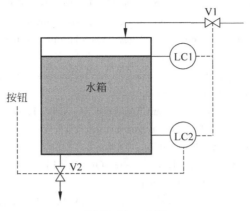

图 10.21 水箱

参考文献

Andow, P. (1991). Guidance on HAZOP Procedures for Computer-Controlled Plants. Report 26. London: Health and Safety Executive.

Brissaud, F., Barros, A., Bérenguer, C., and Charpentier, D. (2011). Reliability analysis for new technology-based transmitters. *Reliability Engineering & System Safety* 96(2): 299-313.

CASU(2002). Making it Happen: A Guide to Risk Managers on How to Populate a Risk Register. Tech. Rep. Staffordshire, UK: The Controls Assurance Support Unit, University of Keele. ISBN: 1-904276-02-4.

CCOHS(2009). Job Safety Analysis Made Simple. Tech. Rep. Canadian Centre for Occupational Health and Safety. http://www.ccohs.ca/oshanswers(accessed 03 October 2019).

CCPS(2008). *Guidelines for Hazard Evaluation Procedures*, Wiley and Center for Chemical Process Safety, 3e. Hoboken, NJ: American Institute of Chemical Engineers.

Chung, P. W. H., Yang, S. H., and Edwards, D. W. (1999). Hazard identification in batch and continuous computer-controlled plants. *Industrial and Engineering Chemistry Research* 38(11): 4359-4371.

Dakwat, A. L. and Villani, E. (2018). System safety assessment based on STPA and model checking. *Safety Science* 109: 130-143.

DEF-STAN 00-56(2007). Safety management requirements for defence systems, Standard. London, UK: Ministry of Defence.

Hammer, W. (1993). Product Safety Management and Engineering, 2e. Des Plaines, IL: American Society for Safety Engineers.

HSE(2001). Marine Risk Assessment. London: HMSO.

HSL(2005). Review of Hazard Identification Techniques. Report HSL/2005/58. Sheffield, UK: Health and Safety Laboratory.

IEC 61882(2016). Hazard and operability studies(HAZOP studies)-application guide, International standard. Geneva: International Electrotechnical Commission.

IMO(2015). Revised Guidelines for Formal Safety Assessment(FSA) for Use in the IMO Rule-Making Process, Guideline. London, UK: International Maritime Organization.

ISO 12100(2010). Safety of machinery-general principles for design: risk assessment and risk reduction, International standard. Geneva: International Organization for Standardization.

ISO 17776(2016). Petroleum and natural gas industries—offshore production installations-major accident hazard management during the design of new installations. International standard. Geneva: International Organization for Standardization.

ISO 31010 (2009). Risk management-risk assessment techniques, International standard. Geneva: International Organization for Standardization.

de Jong, H. H. (2007). Guidelines for the Identification of Hazards. How to make unimaginable hazards imaginable? NLR-CR-2004-094. Brussels: Eurocontrol.

Kletz, T. (1999). Hazop and Hazan, 4e. London: Taylor & Francis.

Kletz, T., Chung, P. W. H., Broomfield, E., and Shen-Orr, C. (1995). Computer Control and Human Error. Houston, TX: Gulf Publishing Company.

Leveson, N. (2011). Engineering a SaferWorld. Cambridge, MA: MIT Press.

Leveson, N. and Thomas, J. P. (2018). STPA Handbook. Technical Report. Cambridge, MA: MIT.

Maragakis, I., Clark, S., Piers, M. et al. (2009). Guidance on Hazard Identification. Report. European Civil Aviation Safety Team(ECAST).

MIL-STD-882E(2012). Standard Practice for System Safety. Washington, DC: U. S. Department of Defense.

Modarres, M. (2006). Risk Analysis in Engineering: Techniques, Tools, and Trends. Boca Raton, FL: Taylor & Francis.

NOG-090(2017). Norwegian Oil and Gas Recommended Guidelines on a Common Model for Safe Job Analysis(SJA), Guideline. Stavanger, Norway: The Norwegian Oil and Gas.

NSW (2003). Hazard Identification, Risk Assessment, and Risk Control No. 3. Technical report. Sydney, Australia: New SouthWales, Department of Urban and Transport Planning.

NSW (2008). HAZOP Guidelines: Hazardous Industry Planning Advisory Paper No. 8. Technical report. Sydney, Australia: New SouthWales, Department of Planning.

OSHA(2002). Job Hazard Analysis. Technical report OSHA 3071. Washington, DC: Occupational Safety and Health Administration.

Papazoglou, I. A. and Aneziris, O. N. (2003). Master logic diagram: method for hazard and initiating event identification in process plants. Journal of Hazardous Materials 97, 11-30.

Rasmussen, J. and Svedung, I. (2000). Proactive Risk Management in a Dynamic Society. Karlstad, Sweden: Swedish Rescue Services Agency(Currently: The Swedish Civil Contingencies Agency).

Redmill, F. J., Chudleigh, M. F., and Catmur, J. R. (1997). Principles underlying a guideline for applying HAZOP to programmable electronic systems. Reliability Engineering & System Safety 55 (3): 283-293.

Rokseth, B., Utne, I. B., and Vinnem, J. E. (2017). A systems approach to risk analysis in maritime operations. Journal of Risk and Reliability 231(1): 53-68.

RSC(2007). Note On: Hazard and Operability Studies(HAZOP). Technical report. London: Royal Society of Chemistry, Environmental Health and Safety Committee.

Schubach, S. (1997). A modified computer hazard and operability study procedure. Journal of Loss Prevention in the Process Industries 10(5-6): 303-307.

UK CAA(2006). Guidance on the Conduct of Hazard Identification, Risk Assessment and the Production of Safety Cases—for Aerodrome Operators and Air Traffic Service Providers. Technical report CAP 760. Gatwick Airport, UK: Civil Aviation Authority.

第 11 章

致因与频率分析

11.1 简介

本章将要回答的是风险三元定义中的第二个问题：危险事件发生的可能性有多大？如果我们将第 10 章介绍的领结图模型以及一系列危险事件识别方法作为出发点，实际上这个问题可以转化为：每一个危险事件的发生频率是多少？在大多数情况下，答案就是事件的频率估值。为了确定这个频率，我们通常必须要对每一个危险事件进行致因分析，寻找并且理解导致危险事件的原因。和其他分析类似，致因分析也可以逐层分解为对其组成元素具体问题的分析（见第 4 章）。首先，我们要分析直接原因也就是近因，然后再对每一个直接原因进行分析和拆解。

因果逻辑实际上是一个复杂的哲学命题，有兴趣的读者可以在互联网上搜索更多的信息，也可以阅读 Pearl 于 2009 年出版的相关著作。

11.1.1 致因与频率分析的目标

致因与频率分析的目标包括：

（1）确定已定义危险事件的成因，致因分析的深度需要取决于分析的目标和现有的数据；

（2）建立危险事件与基本原因之间的联系；

（3）通过对基本原因和因果序列的仔细检查，确定危险事件的频率；

（4）确定每一个原因对于危险事件频率的影响程度；

（5）识别现有以及可能的防护型安全屏障，评价每一个安全屏障的效果和所有安全屏障的总体效果。

11.1.2 致因与频率分析方法

本章将介绍 4 种不同的致因与频率分析方法。

(1) 因果图(cause and effect diagrams)

因果图最早起源于质量工程，可以用来识别危险事件的成因。这种方法易于使用，不需要对相关人员进行大量培训，但是它只能用于原因分析，不能提供定量结果。

(2) 故障树分析(fault tree analysis)

故障树分析是危险事件原因分析最常用的一种方法。人们对这种方法已经进行了大量的研究，并把它应用在各种领域当中。故障树分析对于复杂系统的定性和定量分析都适用，但是不太适合处理动态系统以及需要复杂维护活动的系统。有的时候，这种方法对于应用来说还显得过于死板，因为它只使用二元分析和布尔逻辑。

(3) 贝叶斯网络(Bayesian networks)

贝叶斯网络正变得越来越普及，在很多领域它已经成为故障树分析的良好替代方案。贝叶斯网络可以完全替换任何一个故障树，并且比后者更加灵活。然而贝叶斯网络的一个主要缺点是相对复杂，并且需要大量的时间进行量化。

(4) 马尔可夫方法(Markov methods)

马尔可夫方法主要用来分析小型但是具有动态效果的复杂系统。因此，马尔可夫方法可以与故障树分析一同使用，并且弥补后者存在的某些不足。马尔可夫方法的相关研究同样非常丰富，它可以让分析人员深入地了解系统的属性和运行方式。但是，马尔可夫方法并不适用于识别危险事件的原因。

我们可以从前面的3种方法当中选择1种进行致因分析。在很多情况下，最合适的方法可能就是故障树分析或者是基于贝叶斯网络的分析。但是具体选择哪种方法，则要取决于研究团队相关的知识和经验，以及可以使用的有效计算机程序。

如果是确定危险事件的频率，后面的3种方法都适用。而对于选择哪种方法，要取决于系统和因果序列的复杂程度。故障树分析或者贝叶斯网络可以解决大多数的问题，但是如果系统相对复杂、具有动态特性，那么马尔可夫方法可作为有益的补充。

后面的两种方法都属于通用型方法，可以用于不同的目的，但是它们已经超出了本书的范围。我们只是对每种方法进行简要的介绍，并给出它们在风险分析中致因分析环节的应用。我们建议有兴趣的读者可以参考本章最后延伸阅读一节所列出的文献，对相关方法有一个更加深入的了解。

实际上，致因分析适用于系统中的任何事件，但是在本章中，我们仍然对分析的起点使用危险事件这个词。

11.2 因果图分析

使用因果图(也可以称作石川图[①]或者鱼骨图)分析，可以识别某一特定事件的原因，并对原因进行分类和描述。

因果图分析并不需要高深的理论，它只是采用了结构化和图形化的方法，表达出研究团队头脑风暴环节中产生观点和知识。我们可以根据原因的重要程度或者细节对其进行

---

① 这种方法以其发明人日本管理大师石川馨(Kaoro Ishikawa, 1915—1989)的名字命名。

排列,这样就可以生成一个树状结构,就仿佛鱼的骨骼一般,主要的因果类别就是长有鱼刺的躯干。因此,这种模型也就被称为鱼骨图。

11.2.1 目标和应用

因果图分析的主要目标是:
(1) 识别系统中已定义关键事件的原因;
(2) 将这些原因分组;
(3) 获取研究团队的相关知识和经验并进行整理。

因果图分析需要一个研究团队通过头脑风暴法完成,这种方法一般用于产品设计环节,但是也可以用来作为简单系统风险分析的一部分,对关键事件进行简要的致因分析。而对于复杂系统来说,故障树分析则是更好的解决方案。因果图和故障树有一些相似之处,但是前者完全是一种定性分析,缺乏系统结构,不能作为定量分析的基础。

对于因果图来说,现在还没有国际性的标准,但是在很多质量工程和管理类的教科书中,对因果图都有详细的描述和讨论。比如,读者可以参考石川馨(1986)以及 Bergman 和 Klefsjö(1994)的著作。

11.2.2 分析步骤

因果图分析主要按照下列 4 个步骤进行:
(1) 计划和准备;
(2) 建立因果图;
(3) 对图进行定性分析;
(4) 报告分析结果。

我们在第 3 章中已经讨论过第一步和第四步,这里就不再赘述。

11.2.2.1 第二步:建立因果图

因果图的主要元素如图 11.1 所示。要建立因果图,研究团队首先需要从某一特定关键事件开始。关键事件需要在图右端"鱼头"部分的一个方框中进行简要描述。鱼的躯干从左至右,采用粗线描绘,指向这个方框,而主要的潜在原因类别(表 11.1)则是长在躯干上的鱼刺,如图 11.1 所示。在分析技术系统的时候,一般人们使用下列的 6M 分类方法。
(1) 人(man,即人员);
(2) 方法(method,如工作步骤、法规和规则);
(3) 物料(material,如原材料、零件);
(4) 机器(machinery,如技术设备、计算机);
(5) 环境(milieu,如内部/外部环境、位置、时间、安全文化);
(6) 维护(maintenance)。

当然,这些类别还需要适合实际的应用。正常情况下,我们不推荐使用 7 种或者更多的类别。

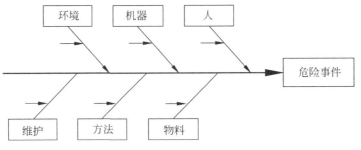

图 11.1　因果图的主要元素

表 11.1　一些基本失效原因

人	机器
(1) 操作员失误	(1) 不良设计
(2) 知识缺乏	(2) 设备或工具摆放有问题
(3) 技术缺乏	(3) 设备或工具有缺陷
(4) 压力	(4) 工具选择错误
(5) 能力不足	环境
(6) 不合理的激励	(1) 工作区不整洁
方法	(2) 工作设计或者工作安排不够
(1) 缺少程序	(3) 表面没有得到很好维护
(2) 程序不足	(4) 任务对环境的要求太高
(3) 实际和书面程序不符	(5) 自然因素
(4) 沟通不畅	维护
物料	(1) 不良维护程序
(1) 缺乏原材料	(2) 维护能力不足
(2) 物料质量差	(3) 维护绩效不佳
(3) 不符合工作要求	(4) 缺乏维护程序

头脑风暴可以识别在每一个 M 类别中可能会影响关键事件的因素(或者问题)。比如说，研究团队可能会问道："机器的问题会导致/影响到什么？……"，这个问题可以在每个 M 类别当中重复，直到找到相关的因素/问题，并将它们写到指向相关 M 类别的箭头一侧。比如表 11.1 这样的检查表，可以帮助这个过程有序进行。

接下来，采用相同的方式分析每一个因素，进而生成指向相关因素箭头所代表的子因素。我们还需要了解这些因素/问题为什么会存在，推动分析继续进行。如果需要的话，在每一个子因素下面，还可以包括更多的层级。直到我们无法再获得更多有关"它为什么会发生"的信息，分析才会告一段落。

因果图分析的主要价值就在于生成图形的过程。这个过程会产生很多你之前无法想到的观点和看法。

11.2.2.2　第三步：对图进行定性分析

如果研究团队一致认为每个主要类别的细节信息已经足够，就可以对这些原因进行分组了。我们应该重点关注那些不止出现在一个类别中的原因。而对于那些被认为是

"最可能的"原因,研究团队应该同意将这些原因按照可能的程度由高到低逐个列出。

11.2.3 需要的资源和技术

进行因果图分析,并不需要任何特殊的培训。团队成员在听取一个简要的介绍之后,就可以进行工作了。根据系统的复杂程度以及关键事件的重要程度不同,因果图分析团队成员的数量也会有所不同。

进行分析的时候需要纸笔或者马克笔和白板。很多计算机化绘图程序都有相应的模板,可以帮助绘制因果图。

11.2.4 优势和局限

优势。因果图技术的主要优势包括:
(1) 简单易学,不需要深入培训;
(2) 可以帮助确定偏差的成因;
(3) 鼓励团组参与;
(4) 增加有关流程的知识;
(5) 帮助研究人员将偶然因素组织和关联起来;
(6) 使头脑风暴结构化;
(7) 可以涵盖方方面面的人员;

局限。因果图技术的主要局限包括:
(8) 可能会变得非常复杂;
(9) 参与人员需要足够的耐心;
(10) 无法按照"如果-那么"的习惯对原因进行排序;
(11) 不能用于定量分析。

11.3 故障树分析

故障树是一种自顶向下的图形化逻辑方法,描述系统可能的关键性事件与这一事件原因之间的相互关系。故障树中最底层的原因被称为基本事件,它可能是元件失效、环境条件、人为错误,也可能是某一平常事件(即在系统生命周期之中预计会发生的事件)。

故障树分析(faulty tree analysis,FTA)最早诞生于 1962 年,是由美国贝尔电话实验室的科技人员在进行民兵洲际导弹发射控制系统安全性评价的时候提出的。FTA 现在已经成为风险和可靠性分析最常使用的一种方法。

2006 年出版的 IEC 61025《故障树分析》,是故障树分析主要的国际标准,其他的一些有关 FTA 的重要文献还包括美国核标准委员会于 1981 年出版的《故障树手册》、美国宇航局(NASA)于 2002 年编写的《航天应用中的故障树手册》以及化学流程安全中心(CCPS)于 2008 年出版的《危险评价程序指南》。

11.3.1 目标和应用

根据分析的范围不同,故障树分析可以是定性的和定量的,也可以是二者兼而有之。故障树分析的主要目标包括:

(1) 识别可能导致系统关键性事件的所有可能的基本事件组合;

(2) 确定特定时间间隔或者在特定时间点 t 关键事件的发生概率,或者是关键事件的频率;

(3) 识别系统需要改善以降低关键事件发生概率的各个方面(如元件、安全屏障、结构)。

故障树分析是风险和可靠性研究中最为常用的一种方法,它尤其适用于带有一定程度冗余的大型和复杂系统。比如说故障树分析已经成功地应用在核能(可参见 NUREG-75/014,1975)、化工(可参见 CCPS,2000)和航天工业(参见 NASA,2002)当中。

传统上故障树一般应用于机械和机电系统,但是实际上我们相信,没有哪个类型的系统不可以使用这种方法。

11.3.2 方法描述

故障树分析是一种演绎推理方法,这也就是说我们需要去逆推某一特定事件发生的因果次序。分析首先从系统某一特定的潜在关键事件开始,这一事件被称为故障树的顶事件。一些直接原因事件 $E_1,E_2,\cdots$,可以单独或者共同导致顶事件发生,在模型中这些事件通过逻辑门(见表 11.2)与顶事件连接。接下来,又有潜在的原因事件 $E_{i,1},E_{i,2},\cdots$,可能会导致事件 $E_i(i=1,2,\cdots)$ 发生,它们同样也是通过逻辑门与事件 E_i 连接。这个演绎推理过程可以一直持续,直到某个层级上可以获得足够多的细节信息。而在这个层级上的事件就是故障树的基本事件[①]。

表 11.2 给出了最常用的故障树符号,以及对这些符号的简单解释。当然,还有很多更加复杂的故障树符号,本书没有全部列出。有兴趣的读者,可以阅读 NASA(2002)的文献。

表 11.2 故障树符号

	符 号	描 述
逻辑门	或-门 A $E_1\ E_2\ E_3$	或-门表示只要有任意一个输入事件 E_i 发生,顶事件 A 就会发生

---

① 基本事件也被称为树的根节点。

续表

	符 号	描 述
逻辑门	与-门 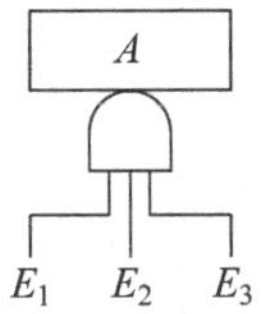 A $E_1\ E_2\ E_3$	与-门表示只有所有的输入事件 E_i 同时发生,顶事件 A 才会发生
输入事件	基本事件 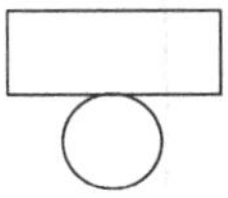	基本事件表示不需要进一步细分失效原因的基本设备失效
	未探讨事件 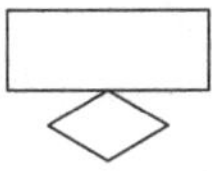	未探讨事件表示由于缺乏信息或者后果不重要不需要进一步分析的事件
描述	注释框 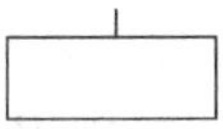	注释框用来表示补充信息
传递符号	传出  传入	传出符号表示故障树可以在相对应传入符号发生的位置上进一步展开

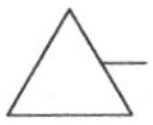

故障树分析是一种二元分析。对于从顶事件到基本事件在内的所有事件,我们都假设它们是二元事件,即只存在两个状态:发生或者不发生。因此,故障树分析不允许存在中间状态(如完好程度是 80% 的状态)。

故障树图是一种确定性模型,这也就是说在故障树建立起来之后,我们知道所有基本事件的状态,同时顶事件和所有中间事件的状态也是已知的。

故障树以单一事件为导向,因此对于系统中每一个潜在的顶事件都需要建立独立的故障树。

案例 11.1(油气分离器):考虑如图 11.2 所示的一台油气分离器。分离器当中装满了高压的油、气、水混合物。

如果在气口处出现堵塞,分离器中的压力就会快速增加。为了避免压力过大的情况出现,分离机当中安装了两个高压开关 PS_1 和 PS_2。出现高压的时候,压力开关应该发送

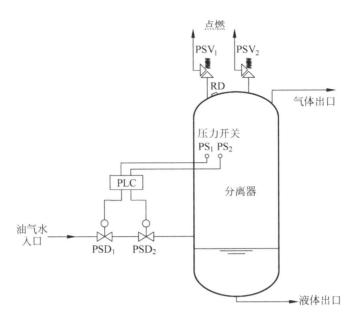

图 11.2　案例 11.1 中的油气分离器

信号给可编程逻辑控制器(PLC)。如果 PLC 接收到至少一台压力开关发来的信号,它就会向流程关闭阀 PSD_1 和 PSD_2 发送一个关闭信号。如果两台压力开关都没有发送信号、PLC 处理信号失败、PLC 没有向阀门发送关闭信号或者 PSD_1 和 PSD_2 没有按照要求关闭,这个停机功能都会宣告失效。图 11.3 中描述了顶事件"在出现高压的时候进入分离器的液流没有停止"发生的各种原因。

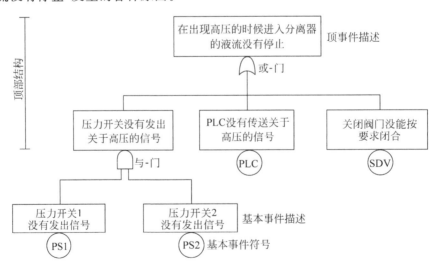

图 11.3　案例 11.1 中停机系统的故障树

图 11.3 中故障树的最底层是元件失效。有时候,可能需要识别这个元件失效的潜在原因。失效的种类有很多,如图 11.4 中给出的压力开关的几种失效:潜在的初级失效、次级失效和指令错误。这个层级也可以继续分析,比如寻找"压力开关校准错误"的可能

原因。事实上,分析在哪个层级上停止是由故障树分析的目标决定的。

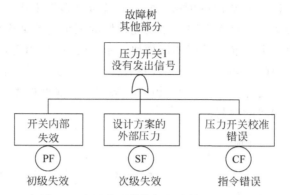

图 11.4 案例 11.1 中压力开关的初级失效、次级失效和指令错误

11.3.2.1 共因失效

共因失效是指两个或者更多元件由于某一个特定事件或者原因,在某一时间段内发生的失效。有时候,我们可以找到明显的共因失效,并把它放到故障树当中。图 11.5 中的故障树就给出了这样的一个例子。两个压力开关组成的并行系统可以按照两种不同的方式失效,既可以是同时发生的独立失效,也可以是共因失效。在这个例子当中,共因失效是两个压力开关共用的水龙头堵塞。我们将在第 13 章中详细讨论共因失效问题以及它的建模方法。

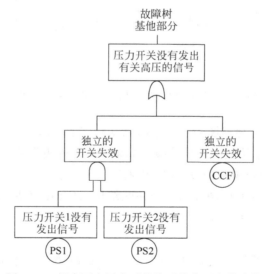

图 11.5 拥有两个压力开关的系统共因失效建模

注释 11.1（FTA 和系统分析）：故障树图能够清晰地描述 4.4.3 节中系统分析的概念。系统故障可以分解为子系统故障以及更低级别子系统的故障,直到基本事件。如果已知故障树的结构和基本事件概率,分析人员就可以使用综合方法确定系统故障属性,比如顶事件概率、各个子系统和基本事件的重要度排序等。

11.3.2.2 可靠性框图

故障树图(只有与-门和或-门的时候)通常可以与可靠性框图相互转换。图11.6描述的就是这种转换关系。可靠性框图是用功能模块的逻辑连接结构描述这些模块执行的某一项系统功能。每一个功能都采用功能模块表示,在图中使用矩形描述(图11.6)。如果我们可以从功能模块的一端到达另一端,我们就说这个模块是在正常工作。附录A对可靠性框图有一个简要的介绍,如果读者想要了解有关可靠性框图更加全面的信息,可以阅读拉桑德等(2020)编写的教材。

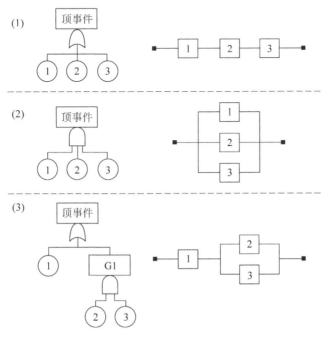

图 11.6　一些简单故障树图和可靠性框图之间的关系

图 11.6(1)中的可靠性框图表示一个串联结构,如果模块1、模块2或者模块3当中有一个出现故障,整个系统就会出现故障。如果基本事件表示的是模块故障,可靠性框图中的串联结构通常和故障树中的或-门互相对应。

图 11.6(2)中的可靠性框图表示一个并联结构,只有在模块1、模块2和模块3同时出现故障的情况下,整个系统才会出现故障。因此很明显,并行结构对应故障树中的与-门。

需要注意的是,为了节省篇幅,我们在图11.6的故障树中省略了描述基本事件的矩形。在实际应用当中,我们一般要对故障树中的事件进行相应的描述。

11.3.2.3 最小割集

故障树主要提供可能会引起顶事件发生的所有基本事件集合的信息,这些基本事件的集合就称为割集,它的定义如下:

定义 11.1(割集):故障树中的割集是一系列基本事件,它们的(同时)发生会导致顶事件发生。而对分析最有价值的割集是最小割集。

定义 11.2（最小割集）：如果一个割集继续分解的话就不能再导致顶事件发生,那么这个割集就是最小割集(即能够引起顶事件发生的基本事件的最低限度的集合)。

令 $C_1, C_2, \cdots, C_k$ 代表一个故障树的 k 个割集,最小割集中不同基本事件的数量称为这个割集的阶。如果一个割集中的基本事件同时发生,我们就说这个最小割集失效了[①]。因此,最小割集也可以采用一个只有与-门的故障树来表示,如图 11.6(2)。在可靠性框图中,最小割集可以表示成一个带有 r 个元件的单一并联结构,其中 r 就是最小割集的阶。只有并联结构中所有 r 个元件同时失效,最小割集才会失效。

令 $C_j(t)$ 代表最小割集 C_j 在时间点 t 失效这一事件,$j=1,2,\cdots,k$。如果至少有一个最小割集在时间点 t 失效,那么顶事件就会在时间点 t 发生,因此有：
$$\text{TOP}(t) = C_1(t) \bigcup C_2(t) \bigcup \cdots \bigcup C_k(t) \tag{11.1}$$

因此,故障树也可以采用一种只有顶层结构的树表示,所有的最小割集故障树都通过一个或-门与顶事件连接,如图 11.7 所示。

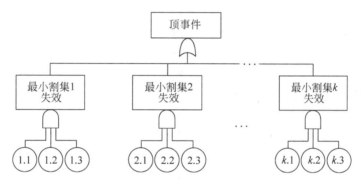

图 11.7　如果 k 个最小割集中至少有一个失效,顶事件就会发生

为了节约空间,图 11.7 同样省略了描述基本事件的矩形。这里每一个最小割集我们都只画出了 3 个基本事件。最小割集 j 中的基本事件可以使用符号 $j.1$、$j.2$ 和 $j.3$ 表示,其中 $j=1,2,\cdots,k$。在一个真正的故障树当中,最小割集的阶数会有所不同,而同一个基本事件可能同时出现在几个最小割集当中。

对于小型简单的故障树来说,不需要正式的步骤/算法,只是通过检查,就可以找到最小割集。然而对于大型或者复杂的故障树,就需要有专门的算法了。

11.3.2.4　使用 MOCUS 识别最小割集

MOCUS(割集获取方法)是一种简单的算法,可以用来在故障树中找到最小割集。我们可以通过一个例子来解释这个方法。比如图 11.8 中的故障树,其中的逻辑

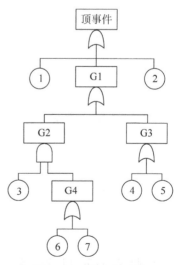

图 11.8　故障树示例

---

① 如果我们使用"发生"这个词来描述失效,可能会产生误导。因为并不一定某个基本事件在时间 t 的时候正好发生,这个词汇描述只是这个基本事件在时间 t 的时候处于某个状态(比如元件在时间 t 的时候处于故障状态)。

门包括 TOP(顶事件)以及 G1~G4。

算法从顶事件开始。如果 TOP 门是一个或-门,这个门的每一个输入都需要单独记录一行。类似的,如果 TOP 门是一个与-门,则需要将门的每一个输入单独记入一列。在我们的例子中,TOP 门是一个或-门,因此,我们记录:

$$
\begin{array}{c}
1 \\
G1 \\
2
\end{array}
$$

因为 1、G1 和 2 这三个输入每一个都可以导致顶事件发生,它们中的任何一个都可以自己构成一个割集。

我们继续使用输入代替每一个门,直到整个故障树中所有的门都被基本事件所替代。在这个过程完成之后,所建立矩阵中的各行即为故障树的割集。

因为 G1 是一个或-门:

$$
\begin{array}{c}
1 \\
G2 \\
G3 \\
2
\end{array}
$$

因为 G2 是一个与-门:

$$
\begin{array}{c}
1 \\
3, G4 \\
G3 \\
2
\end{array}
$$

因为 G3 是一个或-门:

$$
\begin{array}{c}
1 \\
3, G4 \\
4 \\
5 \\
2
\end{array}
$$

因为 G4 是一个或-门:

$$
\begin{array}{c}
1 \\
3, 6 \\
3, 7 \\
4 \\
5 \\
2
\end{array}
$$

因此,我们可以找到故障树的 6 个割集:

$$\{1\}, \{2\}, \{4\}, \{5\}, \{3,6\}, \{3,7\}$$

需要注意的是,或-门会增加系统中最小割集的数量,而与-门则会增加最小割集的阶数(即增加割集中基本事件的数量)。

如果有同一个基本事件出现在故障树中多个地方,MOCUS 方法一般就无法给出最小割集了。因此,有必要检查找到的割集是否真的已经是最小割集。这样的一个步骤已经包含到了 MOCUS 故障树分析计算机程序当中。在上面的例子中,所有的基本事件都是唯一的,因此算法可以找到最小割集。

案例 11.2(非最小割集):假定我们使用 MOCUS 方法分析一棵故障树,并且已经得到了以下割集$\{B_1,B_2,B_5\}$、$\{B_3,B_5,B_6\}$、$\{B_1,B_2\}$和$\{B_1,B_4\}$。

在本例中,我们可以发现第 1 个割集中包含 3 个基本事件,但是由其中的两个可以独自构成一个割集$\{B_1,B_2\}$,那么我们就可以移除第 1 个割集中的第 3 个基本事件 B_5,同时并不会让这个集合失去割集的身份。因此,第 1 个割集就不是最小割集,而本例中的最小割集为$\{B_3,B_5,B_6\}$、$\{B_1,B_2\}$和$\{B_1,B_4\}$。

在图 11.9 中,图 11.8 的故障树被转化为可靠性框图,这样我们可以很轻松地看到都有哪些最小割集。然而,这种方法并不适用于大型故障树,因此我们还需要更加高效的算法。

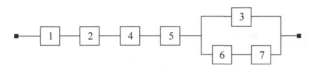

图 11.9 与图 11.8 中故障树对应的可靠性框图

现在,研究人员已经开发出了很多种更加高效的寻找最小割集的算法,并且也已经有计算机程序可以进行故障树分析。

11.3.2.5 只有一个与-门的故障树

考虑如图 11.10 所示只包含一个与-门的故障树。

令 $E_i(t)$ 代表事件 E_i 在时间点 t 发生,其中 $i=1,2,\cdots,n$。对于这棵故障树来说,当且仅当所有基本事件都发生的时候,顶事件才会发生,因此它的布尔表达式为:

$$\mathrm{TOP}(t)=E_1(t)\bigcap E_2(t)\bigcap \cdots \bigcap E_n(t) \tag{11.2}$$

事件在时间点 t 发生的概率可以表示为:

$$q_i(t)=\mathrm{Pr}[E_i(t)]$$

图 11.10 只有一个与-门的故障树

如果事件 E_i 是一个元件失效,那么 $q_i(t)$ 就可以表示元件的不可靠性或者不可用性。我们假设事件 $E_1(t),E_2(t),\cdots,E_n(t)$ 是彼此独立的,顶事件在时间 t 的概率 $Q_s(t)$ 就是:

$$\begin{aligned}Q_s(t) &= \mathrm{Pr}(E_1(t)\bigcap E_2(t)\bigcap \cdots \bigcap E_n(t)) \\ &= \mathrm{Pr}(E_1(t))\cdot \mathrm{Pr}(E_2(t))\cdots \mathrm{Pr}(E_n(t)) \\ &= q_1(t)\cdot q_2(t)\cdots q_n(t) \\ &= \prod_{i=1}^n q_i(t)\end{aligned} \tag{11.3}$$

11.3.2.6 只有一个或-门的故障树

考虑如图 11.11 所示只包含一个或-门的故障树。

在这个例子中,任何一个基本事件都会引起顶事件的发生,其布尔表达式为:
$$\text{TOP}(t) = E_1(t) \bigcup E_2(t) \bigcup \cdots \bigcup E_n(t) \tag{11.4}$$

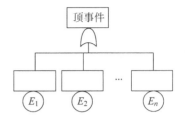

图 11.11 只有一个或-门的故障树

如果所有的事件 $E_1(t), E_2(t), \cdots, E_n(t)$ 都是彼此独立的,顶事件在时间 t 的概率 $Q_s(t)$ 是:

$$\begin{aligned} Q_s(t) &= \Pr(E_1(t) \bigcup E_2(t) \bigcup \cdots \bigcup E_n(t)) \\ &= 1 - \Pr(E_1^*(t) \bigcap E_2^*(t) \bigcap \cdots \bigcap E_n^*(t)) \\ &= 1 - \Pr(E_1^*(t))\Pr(E_2^*(t)) \cdots \Pr(E_n^*(t)) \\ &= 1 - \prod_{i=1}^{n}(1 - q_i(t)) \end{aligned} \tag{11.5}$$

11.3.3 顶事件概率

如式(11.1)和图 11.7 所示,任何故障树图都可以转换为它的所有最小割集作为输入事件,只有一个或-门的故障树。根据式(11.1),顶事件在时间点 t 的概率 $Q_0(t)$ 可以表示为:

$$Q_0(t) = \Pr(\text{TOP}(t)) = \Pr(C_1(t) \bigcup C_2(t) \bigcup \cdots \bigcup C_k(t)) \tag{11.6}$$

其中,$C_j(t)$ 是最小割集 j 在时间点 t 处于失效状态的概率,$j = 1, 2, \cdots, k$。如果 C_j 中所有的基本事件 $E_{j,i}$ 在时间点 t 发生,最小割集 j 就会在时间点 t 失效。因此,最小割集失效 $C_i(t)$ 可以表示成一个只有与-门的故障树。最小割集 C_j 在时间点 t 失效的概率表示为 $\check{Q}_j(t)$。如果最小割集 C_j 中所有基本事件都是独立的,我们可以从式(11.3)中得到:

$$\check{Q}_j(t) = \Pr(E_{j,1}(t) \bigcap E_{j,2}(t) \bigcap \cdots \bigcap E_{j,n_j}(t)) = \prod_{i \in C_j} q_i(t) \tag{11.7}$$

其中,n_j 是最小割集 C_j 中基本事件的数量,$j = 1, 2, \cdots, k$。

如果所有的最小割集都是独立的,我们可以使用式(11.5)确定顶事件在时间点 t 的概率

$$Q_0(t) = 1 - \prod_{j=1}^{k}(1 - \check{Q}_j(t))$$

然而,如果有基本事件同时出现在多个最小割集当中,那么这些最小割集就不再是独立的了。这样的依赖关系让最小割集之间存在一种正关联(Barlow 和 Proschan, 1975),于是我们可以演绎出下面的近似表达式:

$$Q_0(t) \leqslant 1 - \prod_{j=1}^{k}(1 - \check{Q}_j(t)) \tag{11.8}$$

这个公式称为上限近似方程,在绝大多数故障树分析程序中都有使用。使用式(11.8)的右半部分,可以给出足够的近似。这种近似比较保守,也就是说顶事件的概率 $Q_0(t)$ 要比计算的数值略小。

11.3.3.1 容斥方法

容斥方法是上限近似方程的一种替代方法,可以给出顶事件概率更准确的值。与此同时,这种方法也需要使用更多的计算资源。

通过将概率的加法法则应用于式(11.6),我们可以得到:

$$Q_0(t) = \sum_{j=1}^{k} \Pr(C_j(t)) - \sum_{i<j} \Pr(C_i(t) \cap C_j(t)) +$$
$$\sum_{i<j<l} \Pr(C_i(t) \cap C_j(t) \cap C_l(t)) - \cdots +$$
$$(-1)^{k+1} \Pr(C_i(t) \cap C_j(t) \cap \cdots \cap C_k(t)) \quad (11.9)$$

我们定义:

$$S_1(t) = \sum_{j=1}^{k} \Pr(C_j(t))$$
$$S_2(t) = \sum_{i<j} \Pr(C_i(t) \cap C_j(t))$$
$$S_3(t) = \sum_{i<j<l} \Pr(C_i(t) \cap C_j(t) \cap C_l(t))$$
$$\vdots$$
$$S_k(t) = \Pr(C_1(t) \cap C_2(t) \cap \cdots \cap C_k(t))$$

现在,式(11.9)可以写成:

$$Q_0(t) = S_1(t) - S_2(t) + S_3(t) - \cdots + (-1)^{k+1} \cdot S_k(t) = \sum_{j=1}^{k} (-1)^{j+1} S_j$$

可以使用容斥原则找到顶事件概率的近似值:

$$Q_0(t) \leqslant S_1(t)$$
$$S_1(t) - S_2(t) \leqslant Q_0(t)$$
$$Q_0(t) \leqslant S_1(t) - S_2(t) + S_3(t)$$
$$\vdots \quad (11.10)$$

例如,我们可以使用第一个不等式计算顶事件概率的保守近似值:

$$Q_0(t) \leqslant \sum_{j=1}^{k} \check{Q}_j(t) \quad (11.11)$$

这是因为 $S_1(t) = \sum_{j=1}^{k} \Pr(C_j(t)) = \sum_{j=1}^{k} \check{Q}_j(t)$。这个近似方程称为小概率事件近似。它是基于这样的一个假设:两个或者更多最小割集同时失效的概率要比单独一个最小割集失效的概率小得多。

小概率事件近似看起来要比上限近似更加保守,这是因为:

$$Q_0(t) \leqslant 1 - \prod_{j=1}^{k}(1 - \check{Q}_j(t)) \leqslant \sum_{j=1}^{k} \check{Q}_j(t) \quad (11.12)$$

11.3.3.2 布尔代数分析

如果读者对于布尔逻辑和布尔代数①比较熟悉的话,就会发现上述定量分析的大部

---

① 布尔代数是根据发明人英国数学家乔治·布尔(1815—1865年)命名。

分都可以采用布尔代数进行描述。可以采用布尔变量真和假来替换事件发生与否的定性陈述,还可以写作 1 和 0。布尔代数中的逻辑运算符和(and)以及或(or)可以分别表示为 $A \wedge B$ 以及 $A \vee B$。下表给出了布尔代数的一系列运算法则:

布尔代数运算法则	
(1) 交换律 $A \vee B = B \vee A$ $A \wedge B = B \wedge A$	(5) 重叠律 $A \vee A = A$ $A \wedge A = A$
(2) 结合律 $(A \vee B) \wedge C = A \vee (B \wedge C)$ $(A \wedge B) \wedge C = A \wedge (B \wedge C)$	(6) 吸收律 $A \vee (A \wedge B) = A$ $A \wedge (A \vee B) = A$
(3) 分配律 $A \vee (B \wedge C) = (A \vee B) \wedge (A \vee C)$ $A \wedge (B \vee C) = (A \wedge B) \vee (A \wedge C)$	(7) 互补律 $A^* = 1 - A$ $A \wedge A^* = 0$ $(A^*)^* = A$
(4) 0-1 律 $A \vee 0 = A \wedge A \wedge 0 = 0$ $A \wedge 1 = A \wedge A \vee 1 = 1$	(8) 反演律 $(A \vee B)^* = A^* \wedge B^*$ $(A \wedge B)^* = A^* \vee B^*$

11.3.4 输入数据

故障树的基本事件一般可以分为 5 种类别:

(1) 不可修复技术元件的失效;

(2) 可修复技术元件的失效(出现失效的时候进行维修);

(3) 进行周期性测试的技术元件失效(也就是说该元件具有隐藏失效,这些失效只有在周期性测试当中才能发现);

(4) 按照某一频率发生的事件(如像闪电、暴雨、洪水这些自然事件);

(5) 在一定条件下发生的事件,一般也称为出现需求时发生的事件(比如人为错误和火灾)。

11.3.4.1 不可修复的元件

令基本事件 $E_i(t)$ = "在时间点 t,不可修复元件 i 处于失效状态"。这个元件假设具有固定的失效速率 λ_i,在时间 $t = 0$ 的时候投入运行,那么基本事件在时间 t 的概率为:

$$q_i(t) = \Pr(E_i(t)) = 1 - e^{-\lambda_i t} \tag{11.13}$$

如果 $\lambda_i t$ 的值"很小",就可以使用近似:$q_i(t) \approx \lambda_i t$。更多细节请阅读本书的附录 A。

11.3.4.2 可修复元件

令基本事件 $E_i(t)$ = "在时间点 t,可修复元件 i 处于失效状态"。令 MTTF_i 表示元件出现失效的平均时间,MTTR_i 表示一次失效后的平均停工时间,那么基本事件在时间 t 的概率为:

$$q_i(t) \approx q_i = \frac{\text{MTTR}_i}{\text{MTTF}_i + \text{MTTR}_i} \tag{11.14}$$

式中，$q_i(t)$ 是元件 i 在时间点 t 的不可用概率，这个不可用概率随着时间 t 增加会逐渐趋近于平均不可用概率 q_i，因此我们一般使用 q_i 来代替 $q_i(t)$。在式(11.14)中，我们假设元件 i 的失效可以被立刻检测到，并随机进行修复行动。在修复完成之后，元件可以达到"完好如初"的状态，所以无论是 MTTF_i 还是 MTTR_i 都没有变化的趋势。

令 λ_i 表示元件的固定失效速率，有 $\mathrm{MTTF}_i = 1/\lambda_i$。因为 $\mathrm{MTTR}_i \ll \mathrm{MTTF}_i$，元件的不可用概率可以表示为：

$$q_i = \frac{\mathrm{MTTR}_i}{\mathrm{MTTF}_i + \mathrm{MTTR}_i} \approx \lambda_i \cdot \mathrm{MTTR}_i \tag{11.15}$$

11.3.4.3 周期性测试的元件

令基本事件 $E_i(t)$ = "在时间点 t，进行周期性测试的元件 i 处于失效状态"。这里，元件 i 可能存在一个隐藏的失效，只有在进行周期性测试的时候才能被检测出来。前后两次测试之间的时间间隔表示为 τ，而隐藏失效模式相应的固定失效频率为 λ_i。在测试之后，我们假设元件是"完好如初"的，相比测试间隔，如果测试时间和修理时间（如果需要的话）短到可以忽略的话，基本事件的概率是：

$$q_i(t) \approx q_i = \frac{\lambda_i \tau}{2} \tag{11.16}$$

现在假设元件在平均维修时间 MTTR_i 期间无法发挥功效，而这段时间又是无法忽略的。

那么，维修事件就需要包含在概率当中：

$$\Pr(\text{"元件在测试中发现出于失效状态"}) = 1 - e^{-\lambda_i \tau} \approx \lambda_i \tau$$

这里，基本事件的概率是：

$$q_i(t) \approx \frac{\lambda_i \tau}{2} + \frac{\lambda_i \tau \cdot \mathrm{MTTR}_i}{\tau} = \frac{\lambda_i \tau}{2} + \lambda_i \cdot \mathrm{MTTR}_i \tag{11.17}$$

11.3.4.4 频率

这个词汇主要用于那些经常发生，但是持续时间可以忽略不计的事件。在时间点 t 基本事件概率是 $q_i(t) = 0$，而该事件的频率为 v_i。

注释 11.2（持续一段时间的事件）：持续一段时间的事件可以看作是一个可修复的元件，其失效速率就是事件的频率，修复时间就是事件的持续时间。

11.3.4.5 按需频率

令基本事件 $E_i(t)$ = "在时间点 t，基本事件 i 发生"。该词汇用于描述在某一特定环境下可能会发生的事件，比如"操作员没有启动人工停机系统"和"泄漏气体被点燃"。这类基本事件的频率一般假设和时间 t 无关。

$$q_i(t) = q_i \tag{11.18}$$

11.3.5 敏感性分析

我们需要进行敏感性分析（见第 19 章）来确定在有一个或者多个输入参数变化的时候，顶事件概率会发生怎样的变化。比如出现下列这样的情况，我们就要关注参数变化对于顶事件概率的影响：

- 某一类特定元件的失效速率比正常值高出至少 50%；
- 一组检测设备的测试间隔由 3 个月增加到 6 个月。

有时候，我们可能会对输入参数的不确定性如何影响顶事件概率比较感兴趣，这类分析称为不确定性或者错误传播分析，一般采用蒙特卡罗仿真方法。我们将在第 19 章中进一步讨论。目前绝大多数故障树程序中都包含有敏感性分析和(或)不确定性(错误)传播分析模块。

11.3.6 基本事件的重要度

现在有多种重要度测量方法可以测量一个基本事件在与其他基本事件比较时的相对重要度。确定基本事件的重要度需要取决于两个方面的因素：基本事件的概率和基本事件在故障树图中的位置。

11.3.6.1 伯恩鲍姆量度

伯恩鲍姆(Birnbaum)在 1969 年提出了下列故障树中基本事件 i 重要度的测量方法：

$$I^B(i \mid t) = \frac{\partial Q_0(t)}{\partial q_i(t)} \tag{11.19}$$

式中，$i = 1, 2, \cdots, n$。

因此，伯恩鲍姆量度是顶事件的概率 $Q_0(t)$ 对自变量 $q_i(t)$ 求偏导数得到的，这是一种标准的敏感度分析方法。如果 $I^B(i \mid t)$ 很大，即便是 $q_i(t)$ 一点很小的变化，也会导致顶事件概率 $Q_0(t)$ 发生相对较大的变化。

令 $Q_0(t \mid E_i)$ 和 $Q_0(t \mid E_i^*)$ 分别表示已知基本事件 i 发生(E_i)和基本事件 i 没有发生(E_i^*)时候的顶事件条件概率。我们现在可以将伯恩鲍姆量度表示为(详细推导过程可阅读拉桑德等 2022 年可靠性教材的 5.2 节)：

$$I^B(i \mid t) = Q_0(t \mid E_i) - Q_0(t \mid E_i^*) \tag{11.20}$$

很多故障树程序都使用这个公式计算伯恩鲍姆量度。首先，假设基本事件 i 已经发生，这样可以计算顶事件概率 $Q_0(t \mid E_i)$。接下来，再假设该基本事件没有发生，计算顶事件概率 $Q_0(t \mid E_i^*)$。与对 $Q_0(t)$ 相比，计算两次顶事件的概率在计算机程序中能更快地执行。

11.3.6.2 福塞尔-韦斯利量度

福塞尔(J. B. Fussell)和韦斯利(W. Vesely)建议使用下列方法测量故障树中基本事件 i 的重要度：

$$I^{FV}(i \mid t)$$
$= \Pr(\text{至少有一个包含基本事件 } i \text{ 的最小割集在时间点 } t \text{ 失效} \mid \text{顶事件在时间点 } t \text{ 发生}) \tag{11.21}$

令 C_j^i 表示包括基本事件 i 的最小割集 j，那么这个最小割集在时间点 t 失效的概率可以表示为：

$$\check{Q}_j^i(t) = \Pr(C_j^i(t)) \tag{11.22}$$

福塞尔-韦斯利量度现在可以表示为(拉桑德等，2020)：

$$I^{\mathrm{FV}}(i \mid t) \approx \frac{1 - \prod_{j=1}^{m_i}(1 - \breve{Q}_j^i(t))}{Q_0(t)} \qquad (11.23)$$

式中，m_i 是包含基本事件 i 的最小割集的数量，$i=1,2,\cdots,n$。

福塞尔-韦斯利量度的主要优势在于它的计算效率很高。

11.3.6.3 风险增加当量

基本事件 i 在时间点 t 的风险增加当量（risk achievement worth，RAW）可以定义为：

$$I^{\mathrm{RAW}}(i \mid t) = \frac{Q_0(t \mid E_i)}{Q_0(t)} \qquad (11.24)$$

因此，RAW 是假设基本事件 E_i 发生情况下（如元件 i 失效）的顶事件概率与实际顶事件概率之比。

对于关联系统来说，RAW 的值会大于 1。$I^{\mathrm{RAW}}(i \mid t)$ 的值越大，如果基本事件 E_i 发生，顶事件概率增加的就越多。因此，RAW 显示了需要在哪里采取预防措施才能保证失效不会发生。

11.3.6.4 风险降低当量

基本事件 i 在时间点 t 的风险降低当量（risk reduction worth，RRW）可以定义为：

$$I^{\mathrm{RRW}}(i \mid t) = \frac{Q_0(t)}{Q_0(t \mid E_i^*)} \qquad (11.25)$$

因此，RRW 是给定基本事件 E_i 被一个永远不会发生的基本事件取代情况下（如一个绝对可靠的元件），实际顶事件概率和顶事件概率的比值。RRW 总是大于 1 的。

要了解更多有关 RAW 和 RRW 的信息，请阅读相关的文献，如 NASA（2002）、Modarres（2006）以及拉桑德等（2020）的著作。

11.3.6.5 重要度量度的应用

有一种很常见的情况，就是只有较少的事件对顶事件概率有着显著的影响。通常我们还会看到，事件会按照数量级不同进行分类。在这些情况当中，各个事件的重要度差别巨大，以至于有些事件和计算顶事件概率和使用数据的精确度没有什么关系（NASA，2002）。

重要度量度的主要优势在于：

（1）可以识别最需要改进、保持和控制的基本事件；

（2）可以识别我们确实需要高质量数据的基本事件。重要度很低的基本事件对于顶事件概率基本没什么影响，在这些事件身上投入大量资源获取准确数据可能根本就没有意义。因此，有一种相关方法首先是基于近似的输入参数计算顶事件概率和至少一种重要度量度，然后再重点关注与那些最重要基本事件有关的数据获取源。

11.3.7 分析步骤

故障树分析一般由 5 个步骤构成（CCPS，2008）：

（1）计划和准备；

(2) 建立故障树；
(3) 定性分析故障树；
(4) 定量分析故障树；
(5) 报告分析结果。

11.3.7.1　第一步：计划和准备

我们在第 3 章中已经讨论了这一步中的常规任务，这里就不再赘述。然而对于故障树而言，还有两个非常关键的任务，分别是：

(1) 定义将要分析的顶事件；
(2) 定义分析的边界条件。

定义顶事件。顶事件需要有清晰明确的定义，这是非常关键的一项工作。如果没有清晰的定义，分析的价值可能就会大打折扣。举个例子来说，"工厂内起火"这一事件描述就过于宽泛和模糊。顶事件的描述一般应该回答出下列几个问题：

(1) 正在发生什么？
(2) 在哪里发生？
(3) 什么时候发生？

这 3 个问题有时候可以解释成什么、哪里以及何时的问题。仍然是上面的例子，顶事件更加精确的描述应该是"过程氧化反应炉在正常运行的过程中起火"。

确立边界条件。为了能够进行前后一致的分析，很重要的一点是要认真定义出分析的边界条件。通过边界条件，我们可以了解：

(1) 系统的物理边界。系统的哪些部分包括在分析当中，哪些部分在分析中没有涉及。

(2) 初始条件。当顶事件发生的时候，系统处于什么样的运行状态？系统是否在满负荷运行？哪些阀门正在处于开启（关闭）的状态，哪些泵的功能正常？

(3) 外部压力的边界条件。哪些类型的外部压力应该包含在分析当中？在这里，外部压力我们指的是来自闪电、暴雨、地震等现象对系统的冲击。

(4) 解析度。我们需要深入到何种程度，才能识别出失效状态的可能原因？举例来说，当我们识别出的原因是"阀门失效"，这样就可以了吗？还是说我们应该进一步将失效分解到阀套、阀杆或是执行元件？在确定理想解析度的时候，我们应该记住故障树的细节程度应该与可获得信息的细节程度相对应。

故障树分析的计算机程序。小型的故障树图采用笔纸或者绘图软件就可以完成，但是大型的故障树还是需要专业的故障树分析软件。现在我们可以使用多种故障树分析计算机程序。绝大部分这些程序都拥有图形界面，允许用户建立并修改故障树图，同时也可以按照常规的步骤识别出最小割集、计算顶事件概率和重要度量度等参数。

11.3.7.2　第二步：建立故障树

建立故障树一般首先是从顶事件开始。然后，我们需要识别出所有会产生直接、必要和充分原因导致顶事件发生的故障事件，这些原因通过逻辑门与顶事件连接。有一点必须要记住，就是我们需要按照结构化的方法排列顶事件下面第一层的原因，这个第一层级也被称为故障树的顶结构（如图 11.3 所示）。顶结构中的原因一般都是系统中主要模块或者系统主要功能的失效。接下来，我们逐层进行演绎推理，直到按照规定的解析度已经把所有的故障事件都识别出来。换句话说，这个演绎分析过程，就是不断地问"……的原因是什么？"故障树中最底层的事件就是基本事件。

故障树建立规则

（1）描述故障事件。每一个事件都必须要如图 11.3 所示在一个矩形框中仔细描述（是什么，何时何地发生）。如果矩形框的空间不够，也可以使用关联文件给出相应的信息。

（2）对故障事件进行评价。正如我们在 11.3.2 节中所讲述的，元件失效可能分为 3 类：初级失效、次级失效和指令错误。图 11.4 描述了这 3 类失效。

在评价元件故障事件的时候，我们会问"初级失效会引起这个故障吗？"如果答案是"会"，那么这个故障事件就被划分为一般基本事件；如果答案是"不会"，那么这个故障事件或者被划分为中间事件并且需要进一步探讨，或者可以划分为次要基本事件。次要基本事件也可以称为未探讨事件，表示不需要进一步分析的故障事件。不进行分析的原因可能是信息不足或者是事件的后果无关紧要。

（3）完善逻辑门。必须要定义出每一个逻辑门的所有输入，并在转向下一个门之前完善相关的描述。如果要建立完善的故障树，需要在开始下一个层级之前完善现有的层级。

针对某一个顶事件的故障树事件排列的方法并不是唯一的。有些看起来不同的故障树实际在逻辑上是等价的，表示同样的结构。案例 11.3 的两棵故障树就属于这种情况。

案例 11.3（消防泵失效）：考虑一个包含两台消防泵（FP1 和 FP2）的系统，如图 11.12 所示。这两个消防泵采用同一台发动机 EG 驱动，而阀门 V 负责打开水流。图 11.13 中的故障树就描述了一个顶事件——在需要的时候"消防泵系统中没有水"的可能原因①。

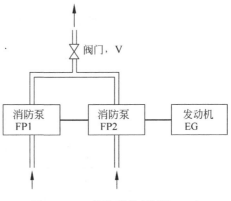

图 11.12　消防系统（案例 11.3）

可以将图 11.13 中故障树转换为图 11.14 中的可靠性框图，直接得到故障树的最小割集。我们可以看到，故障树的最小割集包括：

$$C_1 = \{V\}, \quad C_2 = \{EG\}, \quad C_3 = \{FP1, FP2\}$$

而图 11.15 中则给出了图 11.13 中故障树的等价故障树。

需要注意的是，虽然图 11.13 和图 11.15 的故障树不同，但是它们在逻辑上却是一致的，拥有同样的最小割集。选择哪一棵故障树作为未来分析的基础并不重要，因为它们的结果是一样的。

11.3.7.3　第三步：定性分析故障树

需要根据最小割集，对故障树进行定性评价。割集的危险程度主要取决于该割集的

---

① 本案例由 Safetec 公司的 Ragnar Aarø 建议提供。

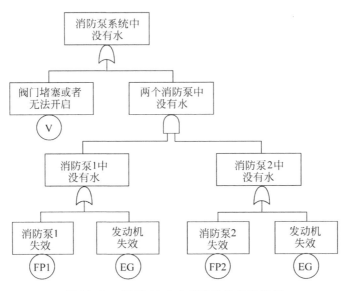

图 11.13　案例 11.3 中消防系统的故障树

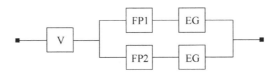

图 11.14　案例 11.3 中消防系统的可靠性框图

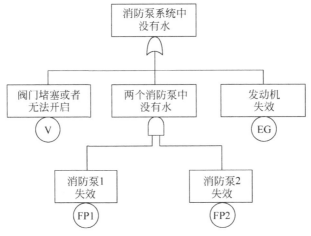

图 11.15　根据案例 11.3 建立的另外一棵故障树

阶数。一阶割集通常要比二阶或者高阶割集更加重要。如果我们找到了一阶割集存在,那么就意味着只要相应的基本事件发生,顶事件就会发生。如果一个割集中有两个基本事件,这两个事件必须同时发生才能导致顶事件发生。

还有一个重要的因素是最小割集中基本事件的类型。我们可以按照下列不同的基本事件类型对不同割集的危险程度排序：
(1) 人为错误；
(2) 主动型设备的失效；
(3) 被动型设备的失效。

这种排序方法假设人为错误发生的频率比主动型设备失效更加频繁，而主动型设备比被动型设备更加容易失效（如主动型或者一直运行的油泵，比被动使用的应急泵发生故障的机会更多）。

根据这个排序，表 11.3 列出了不同类型二阶最小割集的危险程度（排序第 1 名表示最危险）。

表 11.3 二阶最小割集危险程度排序

排序	基本事件 1（类型）	基本事件 2（类型）
1	人为错误	人为错误
2	人为错误	主动型设备的失效
3	人为错误	被动型设备的失效
4	主动型设备的失效	主动型设备的失效
5	主动型设备的失效	被动型设备的失效
6	被动型设备的失效	被动型设备的失效

11.3.7.4　第四步：定量分析故障树

如果可以假设故障树中的基本事件在统计上都是彼此独立的，并且已经知道每个基本事件的发生概率，我们就可以使用 11.3.3 节和 11.3.6 节中的公式，计算故障树顶事件的发生概率以及重要度量度等参数。在大多数情况下，可以采用故障树分析计算机程序进行分析。当然，不同的程序可以计算的参数的数量会有所不同。

11.3.8　二元决策图

故障树图也可以使用二元决策图（binary decision diagram，BDD）代替。BDD 是一个由节点和弧构成的网络，其中所有的弧都是有方向的，且网络当中不允许存在闭环（Andersen，1999）。

与直接分析故障树不同，BDD 方法是要将故障树图转化为二元决策图，它实际上是顶事件布尔方程的一种表达方法。这种方法并不使用最小割集。在很多情况下，它都要比传统方法效率更高，也不需要近似方程。然而，这种方法还是存在一些问题，需要进一步的研究。

NASA（2002）以及 Xing（邢留冬）和 Amari 在 2015 年著作对 BDD 方法有进一步的介绍，本书就不再涉及相关的内容。

11.3.9　需要的资源和技术

故障树分析需要一定的培训和经验。分析比较耗时，但是一旦技术掌握之后并不太困难。很多计算机程序可以帮助分析师建立、编辑故障树并进行相关的定量研究。

为了进行故障树分析,研究团队必须对系统及其运行方式有一个全面的了解。如我们在11.3.4节中讲述的,故障树的定量分析需要大量的输入数据。

11.3.10　优势和局限

优势。故障树分析的优势在于这项技术：
（1）易于使用,表达方式清晰且有逻辑性；
（2）应用广泛,深受认可；
（3）可以处理复杂系统；
（4）适合很多不同的危险事件；
（5）既适合技术故障也适合人为错误；
（6）让分析师可以更好地理解失效的可能源头,可以重新思考系统的设计和运行,消除很多潜在的危险。

局限。故障树分析技术的主要局限包括：
（1）如果系统不只有简单的失效和运行两种状态（如人为错误、恶劣天气）,使用故障树难以清晰表达系统特征；
（2）只能处理可以预见的事件；
（3）在处理对次序很敏感的事故场景时能力不足；
（4）无法在故障树中显示"参与者"；
（5）在处理大型系统的时候,会变得非常烦琐、耗时、难以理解；
（6）只提供了导致顶事件发生的失效和事件组合的静态图像,因此故障树分析并不适用于动态系统,如开关系统、多阶段任务系统以及使用复杂维护策略的系统。

11.4　贝叶斯网络

贝叶斯网络是一种图形化模型,可以描述系统中关键因素（原因）和一个或者多个最终输出结果之间的因果关系。网络由节点和有向弧组成,其中节点表示状态或者条件,弧表示直接的影响。

和故障树分析一样,贝叶斯网络中引入了概率,我们可以使用这些概率计算输出的概率结果。有时候,贝叶斯网络也称为贝叶斯置信网络、因果网络或者置信网络。

贝叶斯网络分析是一种非常全面的方法,可以用于各种不同的目的,有些目的不在本书的讨论范围之内。在本书中,我们首先会对贝叶斯网络进行一个基本的介绍,然后关注这种方法如何在风险分析的致因分析中使用,这种应用的目标和故障树分析有着一些相同的地方。希望深入了解这种方法的读者,可以阅读我们在本章结尾处列出的相关参考文献。

现在并没有通用的贝叶斯网络分析的国际标准,但是一些教科书为我们提供了详细的使用指南。如 Charniak 在 1991 年的著作中介绍了贝叶斯网络,该著作是相关学习的入门教程。Kjærulff 和 Madsen(2008)的著作则对贝叶斯网络有一个更加全面的介绍。

11.4.1 目标和应用

与风险分析相关的贝叶斯网络分析的目标包括：
(1) 识别出所有会对关键性事件(危险事件或者事故)具有重大影响的相关因素；
(2) 在一个网络中描述出不同风险影响因素之间的关系；
(3) 计算关键性事件的概率；
(4) 识别出对于关键性事件概率最重要的因素。

贝叶斯网络要比故障树更加灵活，可以在风险分析中取代故障树。目前，贝叶斯网络在统计、机器学习、人工智能以及风险和可靠性分析中都十分常见。

11.4.2 方法描述

贝叶斯网络是一个有向无环图，搭配一系列概率表格。图中包括一组节点和一组有向弧①。弧可以写为$<A,B>$，表示从网络节点A到另一个节点B的弧。贝叶斯网络是无环图意味着网络中没有环路。

在图中，节点可以表示成椭圆形或者圆形，弧可以采用箭头表示。每一个节点都代表一个具有离散分布的随机变量。当然，我们也可以采用连续分布，但是这样做会让分析更加复杂。随机变量的值称为由该节点所代表的这个因素的状态。每一个变量可以有两个或者更多的状态，但是我们建议使用尽量少的状态，因为随着状态的增多，计算的复杂性也会增加。节点可以代表任何一种类型的变量，如测得的数值、隐含变量，甚至可以是一个假设。

令A和B分别代表与节点A和B相关的随机变量。简而言之，我们使用相同的符号表示节点及其相关的随机变量。希望这不会让读者发生混淆。

从节点A到节点B的弧表示相应两个变量A和B之间的统计相关性。因此，从A到B的箭头，就表示变量B的取值取决于变量A的值，或者说变量A对于变量B有直接影响。

图11.16给出了一个可能是最简单的贝叶斯网络，其中节点A与节点B相连。在图11.16中，节点A被称为节点B的父节点，而节点B则被称为节点A的子节点。没有父节点的节点被称为根节点，因此在这幅图中A就是一个根节点。

图 11.16 一个简单的贝叶斯网络

从A通过有向路径可以到达的节点称为A的后裔节点，而那些通过有向路径可以到达A的节点则称为A的祖先节点。因为贝叶斯网络是一个无环图，一个节点永远不可能成为自身的后裔或者祖先节点。

考虑图11.16中这样一个贝叶斯网络图，令A和B分别为表示节点(因素)A和B的随机变量。在实际应用中，节点一般会被赋予一个名字，比如"天气"或者"元件的状态"。随机变量则代表这个因素的可能状态，比如对于天气因素：

---

① 弧也可以称为连接、箭头、矢量和边。

$$X_1 = \begin{cases} 1, & \text{下雨} \\ 0, & \text{不下雨} \end{cases}$$

图 11.16 中的节点 A 是一个根节点,我们将 A 的分布称为边际分布。

对于 A 和 B 分别的可能状态 a 和 b,A 和 B 的联合概率分布为:

$$\Pr(A=a \cap B=b) = \Pr(A=a) \cdot \Pr(B=b \mid A=a) \tag{11.26}$$

这个等式还可以写成一个更加紧凑的形式:

$$p_{A,B}(a,b) = p_A(a) \cdot p_{B|A}(b \mid a) \tag{11.27}$$

出于简化的目的,我们可以假设 A 和 B 都具有两个可能的状态 1 和 0。如果 $A=1$,因素 A 存在;如果 $A=0$,因素 A 不存在。因素 B 的情况与 A 相同。

案例 11.4(下雨时的工作绩效):假设我们准备在明天的某个时间段内做一项工作。工作成功的概率取决于在工作的时候是否会下雨。图 11.16 就描述了这样一种情况,其中 A 代表天气,而 B 代表工作结果。如果在这个时间段下雨,令 $A=1$;如果不下雨,$A=0$。如果工作成功,令 $B=1$,否则 $B=0$。根据天气预报的情况,我们相信:

$$\Pr(A=1) = 0.15, \text{因此} \Pr(A=0) = 0.85$$

同时,我们假设条件概率如下:

a	$\Pr(B=1\mid A=a)$	$\Pr(B=0\mid A=a)$
1	0.10	0.90
0	0.70	0.30

这说明如果我们知道明天会下雨的话,工作成功($B=1$)的概率是 $\Pr(B=1 \mid A=1) = 0.10$。

工作成功($B=1$)的总概率为:

$$\Pr(B=1) = \Pr(B=1 \mid A=1) \cdot \Pr(A=1) + \Pr(B=1 \mid A=0) \cdot \Pr(A=0)$$
$$= 0.10 \times 0.15 + 0.70 \times 0.85 = 0.61$$

在风险分析中使用贝叶斯网络的主要目的,是建立危险事件或者事故的影响网络模型。那些会影响输出结果的因素就是风险影响因子(RIF)。我们需要采用演绎的方法识别出 RIF 并利用有向弧将它们连接起来。

有时候,我们需要区别技术、人为、组织、环境和法规影响因素,图 11.17 描述的就是这种情况。根据这个模型,危险事件(如流程工厂中的气体泄漏)是由四个技术因素直接导致的,技术因素受到人为因素(如维护错误)的直接影响,而人为因素又会受到不同组织因素(如时间压力、维护程序不够)的直接影响。在这个贝叶斯网络中,我们没有考虑环境和法规因素。

11.4.2.1 假设

考虑图 11.18 中的贝叶斯网络图,我们利用这个图说明在进行定量网络分析的时候需要做出的假设。

(1)假设当节点 D 的状态已知时,有关节点 A 的知识无法给出有关节点 F 状态概率的任何信息。这说明:

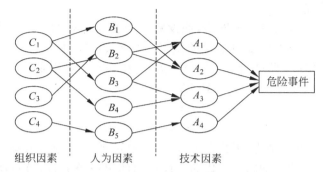

图 11.17　显示技术、人为和组织影响因素的贝叶斯网络示例

$$\Pr(F \mid A \cap D) = \Pr(F \mid D)$$

跳出这个例子,上述的假设可以写成:如果知道某一节点父节点的状态,我们可以假设该节点独立于其他更早的祖先节点。

这个假设同马尔可夫特性一致(见 10.5 节),因为每个节点的条件概率分布只依赖于它的父节点。

(2) 在图 11.18 中,节点 D 和 E 是相关的,因为它们都受到节点 B 的影响。

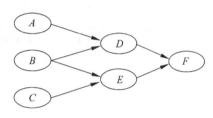

图 11.18　贝叶斯网络

为了能够计算贝叶斯网络中的概率,我们假设图中每一个节点(变量)都是条件独立的(在我们知道这些节点父节点状态的时候)。条件独立的概念可以定义如下:

定义 11.3(**条件独立**):考虑三个事件 K、L 和 M,如果我们知道事件 M 已经发生,给定 M,如果有:

$$\Pr(K \cap L \mid M) = \Pr(K \mid M) \cdot \Pr(L \mid M) \tag{11.28}$$

就可以认为事件 K 和事件 L 是条件独立的。

我们假设图 11.18 中的节点在给定父节点的情况下都是条件独立的。这也就意味着在我们已知节点 D 和 E 父节点状态(即节点 A、B 和 C 的状态)的时候,上述两个节点是彼此独立的。这也就是说:

$$\Pr(D \cap E \mid A \cap B \cap C) = \Pr(D \mid A \cap B) \cdot \Pr(E \mid B \cap C)$$

令 X 表示一个节点,$\text{Parent}(X)$ 表示节点 X 的父节点集合。在这个例子中,$\text{Parent}(D) = A \cap B$,$\text{Parent}(E) = B \cap C$。如果节点 D 和 E 是条件独立的,则有:

$$\Pr(D \cap E \mid \text{Parent}(D,E)) = \Pr(D \mid \text{Parent}(D)) \cdot \Pr(E \mid \text{Parent}(E))$$

在一般情况下,我们可以把上述等式写成:

$$\Pr(X_1 = x_1 \cap \cdots \cap X_n = x_n) = \prod_{i=1}^{n} \Pr(X_i = x_i \mid \text{Parent}(X_i)) \tag{11.29}$$

式中,我们使用变量 X_i 表示 n 个节点,x_i 是 X_i 的可能状态,$i = 1, 2, \cdots, n$。

(3) 如果两个节点之间没有弧,就意味着它们是条件独立的。

11.4.2.2　条件概率表

每一个节点都必须要关联一个条件概率表(conditional probability table, CPT)。条件概率表是基于之前的信息和过去经验的可能性。CPT 给出了每一种父节点状态组合条件下的变量分布情况。

我们回到图 11.18 的贝叶斯网络,假设每一个变量都有两个可能的状态 0 和 1。我们希望了解代表这些节点的随机变量的概率。在图 11.18 中,节点 A、B 和 C 没有父节点,因此我们必须确定这些变量的边际概率分布,比如它们可以是:

$$\begin{cases} \Pr(A=1)=0.85 \\ \Pr(B=1)=0.45 \\ \Pr(C=1)=0.70 \end{cases} \tag{11.30}$$

节点 D 和 E 存在父节点,所以随机变量 D 和 E 的概率分布依赖于它们相应父节点的状态,比如表 11.4 给出的状态。因为之前做出的第一条假设,节点状态只与它的父节点有关,而与更早的祖先节点无关。表 11.4 给出了节点 D 的条件概率表。在现有的文献当中,条件概率表有几种不尽相同的格式。

表 11.4 带有两个父节点的节点条件概率表 (CPT) 举例

父节点		$\Pr(D=d\mid$父节点$)$	
A	B	1	0
0	0	0.10	0.90
0	1	0.25	0.75
1	0	0.50	0.50
1	1	0.95	0.05

表 11.4 左侧列标题标记为父节点,下方列出的是对问题中子节点(D)有因果影响的节点名称。在本例中,该节点有两个父节点(A 和 B),所以占据了表格的左侧两列。在表格的右侧列标题给出了与这个表格关联的节点名称。表格的其他部分列出在了给定父节点状态的时候,节点 D 各种状态的条件概率。在本例中,子节点 D 只有两个状态,父节点每个状态的条件概率之和应该等于 1,因此表 11.4 的最后两列中有一列是多余的,可以删除。一般来说,如果子节点 D 有 r 个不同的状态,我们在表 11.4 中就需要 $r-1$ 个概率列。需要注意的是,表中的概率值是"杜撰"出来的,只是用来说明方法。也可以使用类似的方法建立节点 E 的条件概率表。

条件概率表的复杂程度随着状态的数量以及父节点数量的增加而增长。如果节点没有父节点(即根节点),条件概率表就会缩减为像式(11.30)这样,仅列出边际概率。

11.4.2.3 贝叶斯网络和故障树

故障树可以很容易地转化为贝叶斯网络。我们通过两棵故障树:只有一个与-门和只有一个或-门,分别来描述转化的过程。

只有单一与-门的故障树。图 11.19(a)描述了带有两个独立基本事件(A 和 B)和一个与-门的故障树。图 11.19(b)则是拥有两个根节点的贝叶斯网络,其输出节点为 C。

令 A 为与节点 A 和基本事件 A 关联的随机变量,具有下面两个状态:

$$A = \begin{cases} 1, & \text{如果基本事件 } A \text{ 发生} \\ 0, & \text{如果基本事件 } A \text{ 不发生} \end{cases} \tag{11.31}$$

随机变量 B 和 C 也采用同样的方法定义。

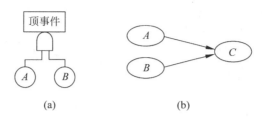

图 11.19 只有单一与-门的故障树及其对应的贝叶斯网络

因为故障树有一个与-门,只有两个基本事件(A 和 B)同时发生,顶事件(C)才会发生,表 11.5 对故障树的这个逻辑关系进行了解释。

表 11.5 拥有一个与-门和两个基本事件的故障树解释表

基本事件		顶事件
A	B	C
0	0	0
0	1	0
1	0	0
1	1	1

令基本事件 A 和 B 在时间点 t 的(边际)概率为 $q_A(t)$ 和 $q_B(t)$,这也就意味着在时间点 t:

$$q_A(t) = \Pr(A=1), \quad q_B(t) = \Pr(B=1)$$

现在,顶事件的概率可以使用下列公式进行计算:

$$\begin{aligned} Q_0(t) &= \Pr(C=1) = \Pr(A=1 \cap B=1) \\ &= \Pr(A=1) \cdot \Pr(B=1) = q_A(t) \cdot q_B(t) \end{aligned} \quad (11.32)$$

图 11.19 中与故障树对应的贝叶斯网络拥有相同的边际概率,表 11.6 即为节点 C 的条件概率表。

表 11.6 与拥有一个与-门和两个基本事件的故障树相对应的条件概率表

基本事件		顶事件(C)
A	B	$\Pr(C=1)$
0	0	0.00
0	1	0.00
1	0	0.00
1	1	1.00

只有单一或-门的故障树。图 11.20(a)描述了带有两个独立基本事件(A 和 B)和一个或-门的故障树,图 11.20(b)则给出了拥有两个根节点 A 和 B 以及输出节点 C 的贝叶斯网络。

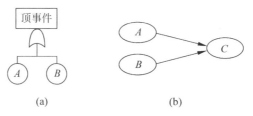

图 11.20 只有单一或-门的故障树及其对应的贝叶斯网络

我们需要注意的是,描述或-门的贝叶斯网络结构与描述与-门的结构一致,区别仅仅体现在条件概率表上面。表 11.7 就是本例的条件概率表。

表 11.7 与拥有一个或-门和两个基本事件的故障树相对应的条件概率表

基本事件		顶事件(C)
A	B	$\Pr(C=1)$
0	0	0.00
0	1	1.00
1	0	1.00
1	1	1.00

现在,顶事件的概率可以使用下列公式进行计算:

$$\begin{aligned}Q_0(t) &= \Pr(C=1) = 1 - \Pr(C=0) \\ &= 1 - \Pr(A=0 \bigcap B=0) \\ &= 1 - \Pr(A=0) \cdot \Pr(B=0) \\ &= 1 - (1-q_A(t)) \cdot (1-q_B(t)) \end{aligned} \tag{11.33}$$

案例 11.5(风险影响因子):令 A 表示一个危险事件,B 表示存在一个特定的风险影响因子(RIF)。假设我们已经估计出危险事件的发生频率为 $\Pr(A)=0.02$。此外,还假设我们根据事故报告估计出风险影响因子 B 的(边际)概率是 0.20,在危险事件发生的时候这个因子存在的概率是 $\Pr(B|A)=0.75$。现在,我们可以使用贝叶斯方程确定:

$$\Pr(A \mid B) = \frac{\Pr(B \mid A) \cdot \Pr(A)}{\Pr(B)} = \frac{0.75 \times 0.02}{0.20} = 0.075$$

这就是我们观察到风险影响因子 B 存在的时候,发生危险事件的可能性。

贝叶斯网络的一般化形式可以表示并解决带有不确定性的决策问题,这种网络模型也可以称为影响图。

11.4.3 分析步骤

贝叶斯网络分析包括下面 6 个步骤:
(1) 计划和准备;
(2) 建立贝叶斯网络;
(3) 定义节点状态;
(4) 建立条件概率表;

(5) 定量分析网络；

(6) 报告分析结果。

我们在第 3 章中已经讨论过第一步和第六步，这里不再赘述。

11.4.3.1　第二步：建立贝叶斯网络

和故障树分析类似，贝叶斯分析的一项重要工作是用清晰明了的方式确定最终节点（一个或者多个），然后识别出可能会影响最终节点的因素（父节点），并绘制出相关节点之间的弧。"影响"在这里意味着这些因素会改变最终节点位于某一状态的概率。因为最终节点通常是一个事件，很多时候可以定义为只有两个状态，即已发生或者没有发生。因此，首先要识别出能够直接影响该事件发生概率的因素，并将它们和最终节点连接。

最先识别出的节点，一般都与最终节点的直接原因相关，通常可以是元件/系统的某一类失效、人为错误或者导致该事件发生的外部条件。接下来，我们需要识别那些能够影响这些直接原因出现概率的因素（节点）。我们将每一个原因进行分解，这个过程会一直持续，直到达到理想的解析程度。我们可以将贝叶斯网络的第一"层"理解成直接原因（失效），第二"层"是直接影响失效概率的因素（影响人员或者技术系统绩效的因素），第三"层"是组织因素，而第四"层"则是相关的法规和外部因素。

案例 11.6（识别贝叶斯网络的节点）：理论上，我们可以识别出影响某一事件的全部直接和间接因素，然后绘制一个贝叶斯网络，最终节点是唯一的子节点，而所有其他的节点都直接影响最终节点，也就是它的父节点。然而，如果考虑实际应用和解释的难度，这样做的意义并不大。所以，我们应该仔细考虑哪些是直接影响，哪些是间接影响。如果我们说一个事件被某一正确与否的人为操作影响，我们可以说这个事件是受操作效果的影响，还是受操作人员专业水平的影响。然而，专业水平并不会产生直接影响，它实际上影响的是实现正确操作的概率。因此，我们在绘制贝叶斯网络的时候将该事件视为最终节点，将操作效果视为最终节点的父节点，然后将专业水平作为操作效果的父节点。

在建立贝叶斯网络时必须要考虑的一件事情是如果我们希望进行量化分析的话，不要为每一个节点设置过多的父节点。每增加一个父节点，就意味着需要考虑的概率的数量就会呈指数增加，从而带来的工作量也会相应大幅增长。

建立贝叶斯网络的开始步骤与建立故障树顶部结构类似，而它与故障树的一个重要不同是同一个节点不会在贝叶斯网络中出现多次，而故障树中的基本事件并没这方面的限制；另一个显著的不同是在故障树方法里我们只考虑确定的因果关系，而在贝叶斯网络中，因果关系可以是确定的，也可以是存在概率的不确定。

现在有很多贝叶斯网络的计算机程序。在绝大多数实际分析当中，都需要使用高效的软件程序。大部分计算机程序都拥有图形化的编辑器，可以用来绘制和编辑贝叶斯网络。

11.4.3.2　第三步：定义节点状态

在对贝叶斯网络进行量化分析之前，我们必须要对定义节点对应随机变量的状态。如上所述，随机变量不一定需要具备离散状态，它们可以是连续函数，但是在绝大多数应

用当中,定义离散状态更为实际。在定义状态的时候,我们需要考虑:

(1) 状态数量尽可能少。这个目标需要兼顾平衡建模精度,但是我们要了解到,分析中需要的数据量会随着状态的数量呈指数型增长(除了父节点的数量指数型增长之外)。

(2) 可以采用不同的方法定义状态,最简单的如二项法(是或否,1 或 0),也可以采用数值或者各种定性描述。

(3) 状态定义应该保证在该节点从一个状态跃迁到另一个状态的时候,子节点的状态能够出现变化。如果父节点的状态转移不会或者只会造成子节点非常微小的改变,那么定义这些不同的状态就没什么意义了。

(4) 在进行状态描述的时候,应该尽量精确,这样读者才不会对到底什么才是正确的状态感到疑惑。对于那些二项或者数目有限的状态,一般不会有描述方面的问题,但是如果采用定性描述,就要加倍小心。

案例 11.7(船只搁浅的贝叶斯网络模型):图 11.21 给出了一个真实事件的贝叶斯网络。网络右侧显示了模型关注的事件,即"船只搁浅"。这个示例并不算一个完整的模型,仅仅考虑了几个因素。为了避免图形过于复杂,我们只描绘了一个简化模型来介绍贝叶斯网络的基本特性。

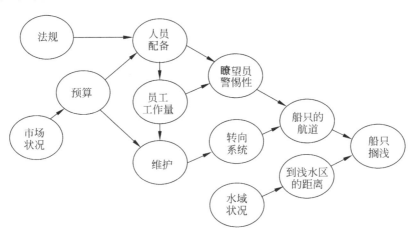

图 11.21　案例 11.7 的贝叶斯网络模型

(1) 网络的最终节点"船只搁浅"有两个父节点,包括"船只的航道"和"到浅水区的距离",其中的逻辑在于搁浅只发生在船只向浅水区航行,而浅水区与船只的距离又相当近的时候(否则任何向码头行驶的船只都将搁浅)。因此这两个节点是最终节点的直接原因,我们采用中立的态度进行描述。当然我们也可以将这两个节点描述为"船只驶向浅水区"和"浅水区就在附近",但还是把节点设为中立,然后定义节点的"失效"状态,这样做更加清楚。对于"船只的航道"这个节点,我们可以定义两个状态:①航道会造成搁浅;②航道不会造成搁浅。对于另外一个节点,我们可以定义超过两个状态,比如①距离大于 5m,②距离介于 1～5m 之间,③距离小于 1m。

(2) 节点"到浅水区的距离"在本例中只有一个父节点:"航行水域状况"。定义该节点状态最简单的方法,就是认为它有两个状态:开放水域和沿岸水域。

(3) 节点"船只的航道"有两个父节点:"瞭望员警惕性"和"转向系统"。在本例中,我们可以看到这两个节点分别与人员行为和技术系统性能相关。船只的航道会受到瞭望员的影响,如果他太忙或者在打瞌睡,船只可能就会误入歧途。与之类似的,如果转向系统存在故障,船只无法改变航向也可能会进入错误的航道。

(4) 如果我们在贝叶斯网络中继续进行回溯,"人员配备"是"瞭望员警惕性"和"员工工作量"这两个节点的父节点,这意味着"人员配备"既是"瞭望员警惕性"的直接原因,又是这个事件的间接原因。人员配备的直接影响体现在:如果人员配备水平低,塔桥上瞭望员的数量就少(反之亦然)。同时人员配备水平低的间接影响是增加了现有员工的工作量,导致瞭望员疲劳工作,进而降低了警惕性。

(5) 初始节点已经参考了一些建议,但是很多时候建议多多益善。这些节点很难精确地进行定义。通常,离最终节点和直接原因越远,定义就会越困难。我们经常只是使用"工作"和"失效"两个状态简单描述这些直接原因。比如,如果仅仅使用两个状态描述"瞭望员警惕性",就太过于粗糙了。我们还需要考虑瞭望员到底有多久没有注意观察周围的环境。如果这个时间很短,通常不是什么问题。但是如果已经持续了 15～30min,就需要引起重视。我们也许可以采用"缺乏警惕性的持续时间"这类说法来定义节点状态。但是这种定义方法的问题在于它过于依赖具体的事件,无法推而广之。像"法规"和"市场状况"这类节点也很难定义,同时它们与最终节点和直接原因的距离也会加大定义和概率量化的难度。然而尽管存在这些困难,包含这类节点也仍然是有用的,因为它们会指出高层管理人员的决策和态度会如何影响风险。对于风险管理来说,这些都是有益的定性信息。

11.4.3.3 第四步:建立条件概率表

在定义了节点状态之后,我们的下一步工作是要为节点分配概率。

分配概率的工作需要从根节点开始(即那些没有父节点的节点)。接下来在给定父节点的情况下,我们需要为下一个层级的节点分配条件概率。在各个层级上的操作相同,直到向最终节点的分配完成,从而建立所有的条件概率表。

在这个过程中,研究团队必须要确定条件概率表的输入值,这些值可以来自专家判断、一些外部数据源、根据数据进行估计,也可以综合使用上述方法得到。需要注意的是,对于贝叶斯网络来说,节点的父节点越多、状态越复杂,就需要指定更多的条件概率。

11.4.3.4 第五步:定量分析网络

现在我们可以计算不同的概率值。在绝大多数实际应用当中,计算机都是必需的工具。

敏感性分析可以为每一个变量相对我们感兴趣变量(一般就是最终节点)的重要度进行排序。这些变量可以说明网络中哪里需要进一步量化,并且可以识别出对模型最终节点影响最大的变量。随后,有些变量需要我们给予更大关注。对于管理层来说,这些变量可能代表着关键性的管理活动或者知识缺口。对于不同的兴趣领域和测试场景,敏感性分析的结果可能有所不同,因此关键性的知识缺口和风险优先级可能也有所不同。

11.4.4 需要的资源和技术

贝叶斯网络并不是很简单的方法,分析人员需要大量的培训和经验。

11.4.5 优势和局限

优势。贝叶斯网络的主要优势包括:
(1) 提供了一个直观表达的图形;
(2) 给予严格的数学理论;
(3) 在风险分析当中可以取代故障树;
(4) 比故障树更加灵活(因为不需要采用二元的方法描述事件);
(5) 可以融入定量和定性信息;
(6) 有新信息出现的时候可以升级。

局限。贝叶斯网络的主要局限包括:
(1) 随着节点数量的增加,工作量呈指数级增长;
(2) 即便是非常小的系统,也需要借助计算机程序。

11.5 马尔可夫方法

在本书中,马尔可夫方法是一种基于离散状态和连续时间的马尔可夫过程的分析方法[①]。Ross 在其 1996 年的著作中详细介绍了马尔可夫过程和一般随机过程,拉桑德在 2020 年编写的教材也对可靠性研究中使用马尔可夫方法进行了专题介绍。我们在本书中讨论马尔可夫过程的时候,都假设过程的状态数量有限,并且时间是连续的。马尔可夫过程是一个简单的随机过程,其中未来状态的分布仅取决于现在的状态,而与到达现在状态的过程无关。

我们可以采用下面一个简单的例子描述马尔可夫过程在风险分析中的应用。

案例 11.8(两台泵组成的简单系统):考虑一个由两台泵组成的并行系统,假设每台泵都有两个状态:功能正常状态和失效状态。因此,这个并行结构总计拥有 $2^2 = 4$ 个状态。我们在表 11.8 中列出了所有这些状态。在状态 3,泵系统的功能完全正常;而在状态 0,系统失效。在状态 1 和状态 2,系统可以运行,但是只有一台泵功能正常。

表 11.8 两台泵组成系统的可能状态

状态	1 号泵	2 号泵
3	功能正常	功能正常
2	功能正常	失效
1	失效	功能正常
0	失效	失效

---

① 该方法以俄罗斯数学家安德烈·马尔可夫命名。

系统可以在时间 $t=0$ 开始运行，进入状态3。如果在状态3的时候1号泵失效，那么系统就会进入状态1，我们说从状态3到状态1系统有一个状态转移。另外，如果1号泵得到修复的话，系统又可以从状态1切换回到状态3。当系统处于状态1的时候，1号泵失效而2号泵功能正常，如果在1号泵修好之前2号泵出现失效，那么系统就会转换到状态0。其他的转移也可以用类似的方法解释。

图11.22中的状态转移图可以描述系统的状态以及状态之间的转移。这个状态转移图也可以称为马尔可夫图。

失效发生的时间和修复完成的时间都是随机变量，并且都遵循指数分布。图11.22中的状态转移图给出了这些指数分布的速率，其中 λ_i 是第 i 号泵的失效速率，而 μ_i 则表示第 i 号泵的维修速率。这也就意味着第 i 号泵的平均失效时间（$MTTF_i$）是 $1/\lambda_i$，而平均修复时间（$MTTR_i$）是 $1/\mu_i$。

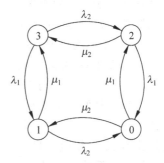

图11.22 案例11.8中泵系统的状态转换

IEC已经发布了关于马尔可夫方法的国际标准（IEC 61165，2006），还有一些教科书［如Ross(1996)、Pukite和Pukite(1998)、拉桑德等(2020)的著作］也都对马尔可夫方法的理论和应用进行了描述。

11.5.1 目标和应用

马尔可夫方法可以用来分析存在冗余、相互依赖、复杂维修策略和（或）依次失效的系统。随着系统元件数量的增加，状态的数量和状态转移图的复杂程度会快速增长。如果每一个元件都有两个状态，系统有 n 个元件的话，状态的数量就是 2^n。在一个马尔可夫模型中，实际上元件有时候状态不止两种，比如运行、待机和失效。如果是这样的话，状态的数量将会大幅增加，建模和计算的工作量也会随之迅速增长。

马尔可夫方法可以用来分析动态系统，如待机开关系统，还可以分析不同的维护策略，因此可以在故障树不适用的情况下作为方法补充。马尔可夫方法可以确定一系列可靠性参数，比如：

(1) 系统处于每一个状态的平均时间比例；
(2) 在某一个时间间隔内，系统到达每一个状态的平均次数；
(3) 系统失效的频率；
(4) 从状态3启动到系统进入状态0的平均时间（即系统的平均失效事件）。

马尔可夫方法可以用于很多不同的领域，比如发电和配电、流程工业和计算机系统。

11.5.2 方法描述

在很多应用中，我们可以确定系统的可能状态，还可以了解这些状态之间的转移。我们对这些可能的状态编号，比如 $0,1,\cdots,r$，这样系统总共就拥有 $r+1$ 个状态。令 $X(t)$ 表示在时间点 t 系统的状态。对于未来的某个时间点 t 来说，状态 $X(t)$ 是一个随机变量，$\{X(t);t\geq 0\}$ 被称为连续时间的随机过程。

令 H_s 代表到时间点 s 为止的过程"历史",这个历史包括系统从时间 0 投入运行到时间 s 所有到达过的状态信息。

如果对于所有的 s 和 $t \geqslant 0$,所有的非负整数 i 和 j,以及所有的可能历史 H_s,我们都有:

$$\Pr(X(t+s)=j \mid X(s)=i \cap H_s) = \Pr(X(s+t)=j \mid X(s)=i) \quad (11.34)$$

这个随机过程就是一个马尔可夫过程。

式(11.34)说明,如果我们考虑的系统在时间点 s 处于状态 i,那么系统在时间 $s+t$ 的时候进入状态 j 的概率,与系统在时间点 s 之前的状况(即系统的历史状态 H_s)无关。这也就意味着,上述的过程是没有记忆的。

另外,如果概率 $\Pr(X(s+t)=j|X(s)=i)$ 独立于时间 s,我们就可以说这个过程具有固定转移概率,可以写成:

$$\text{对于所有的 } s, P_{ij} = \Pr(X(s+t)=j \mid X(s)=i) \quad (11.35)$$

这意味着如果系统在时间点 s 处于状态 i,那么从 s 开始经过时间 t 系统从状态 i 转移到状态 j 的概率,与 s 本身无关。根据这个定义,我们可以推导出一系列结果(可参考拉桑德等 2020 年版教材)。

每一次系统进入状态 i,在它转移到其他状态之前,在状态 i 停留的时间都满足参数为 α 的指数分布。这也就是说,当系统进入状态 i 的时候,它在此状态的平均停留时间是 $1/\alpha$。当系统离开状态 i 的时候,它进入状态 j 的概率是 P_{ij},在这里 $P_{ii}=0$,$\sum_j P_{ij}=1$。

如果定义 $a_{ij}=\alpha_i P_{ij}$,那么就有 $\alpha_i = \sum_{j \neq i} a_{ij}$,我们可以得到:

$$\lim_{h \to 0} \frac{1-P_{ii}(h)}{h} = \alpha_i \quad (11.36)$$

以及

$$\lim_{h \to h} \frac{P_{ij}(h)}{h} = \alpha_{ij} \quad (11.37)$$

11.5.2.1 柯尔莫哥洛夫等式

为了能够保证在时间点 0 处于状态 i 的系统能够在时间点 $t+s$ 转移到状态 j,系统在时间点 t 一定处于某个状态 k。对所有的可能状态 k 求和,我们可以得到:

$$P_{ij}(t+s) = \sum_{k=0}^{r} P_{ik}(t) P_{kj}(s) \quad (11.38)$$

式(11.38)被称为查普曼-柯尔莫哥洛夫等式(Chapman-Kolmogorov equation)。

我们可以在式(11.38)中对时间求导,经过变换之后,得到:

$$\dot{P}_{ij}(t) = \sum_{\substack{k=0 \\ k \neq j}}^{r} a_{kj} P_{ik}(t) - \alpha_j P_{ij}(t) = \sum_{k=0}^{r} a_{kj} P_{ik}(t) \quad (11.39)$$

式(11.39)被称为柯尔莫哥洛夫前置等式[①]。

11.5.2.2 状态方程

假设我们已知一个马尔可夫过程在时间点 0 处于状态 i,那么有 $X(0)=i$。它可以

---

① 该等式以俄国数学家安德雷·柯尔莫哥洛夫命名。

表示成：
$$P_i(0) = \Pr(X(0) = i) = 1$$
$$P_k(0) = \Pr(X(0) = k) = 0, \quad k \neq i$$

因为我们知道在时间点 0 的系统状态，我们可以将 $P_{ij}(t)$ 写成 $P_j(t)$，对上述等式进行简化。因此，当我们已知马尔可夫过程在时间点 0 处于状态 i，那么向量 $\boldsymbol{P}(t) = [P_0(t), P_1(t), \cdots, P_r(t)]$ 表示这个过程在时间点 t 的状态分布。因为只有 $r+1$ 个可能状态，有 $\sum_{j=0}^{r} P_j(t) = 1$。

可以从柯尔莫哥洛夫前置等式中找到分布 $\boldsymbol{P}(t)$：

$$\dot{P}_j(t) = \sum_{k=0}^{r} a_{kj} P_k(t) \tag{11.40}$$

式中 $a_{jj} = -\alpha_j$。

我们在此引入转移速率矩阵 $\boldsymbol{A}$。

$$\boldsymbol{A} = \begin{pmatrix} a_{00} & a_{01} & \cdots & a_{0r} \\ a_{10} & a_{11} & \cdots & a_{1r} \\ \vdots & \vdots & & \vdots \\ a_{r0} & a_{r1} & \cdots & a_{rr} \end{pmatrix} \tag{11.41}$$

对于对角线上的元素，有以下特性：

$$a_{ii} = -\alpha_i = -\sum_{\substack{j=0 \\ j \neq i}}^{r} a_{ij} \tag{11.42}$$

根据矩阵的性质，式(11.39)现在可以表示为：

$$[P_0(t), \cdots, P_r(t)] \cdot \begin{pmatrix} a_{00} & a_{01} & \cdots & a_{0r} \\ a_{10} & a_{11} & \cdots & a_{1r} \\ \vdots & \vdots & & \vdots \\ a_{r0} & a_{r1} & \cdots & a_{rr} \end{pmatrix} = [\dot{P}_0(t), \cdots, \dot{P}_r(t)] \tag{11.43}$$

或者也可以写成一个更紧凑的形式：

$$\boldsymbol{P}(t) \cdot \boldsymbol{A} = \dot{\boldsymbol{P}}(t) \tag{11.44}$$

式(11.44)称为马尔可夫过程的状态方程。

案例 11.9（单一可修复元件）：考虑一个单独的元件，该元件具备两个可能的状态。

1 元件功能正常
0 元件处于失效状态

从状态 1 到状态 0 的转移意味着元件失效，而从状态 0 到状态 1 的转移则意味着元件被修复。因此，转移速率 a_{10} 就是元件的失效速率，而转移速率 a_{01} 是元件的修复速率。在本例中，我们使用下列标记：

$$a_{10} = \lambda, \quad \text{元件的失效速率}$$
$$a_{01} = \mu, \quad \text{元件的修复速率}$$

元件在状态 1 的平均停留时间即为平均失效时间 MTTF$=1/\lambda$，而在状态 0 的平均停留时间为平均修复时间 MTTR＝$1/\mu$。图 11.23 给出了这个单一元件的状态转移图。

该系统的状态转移方程是：

$$[P_0(t), P_1(t)] \cdot \begin{pmatrix} -\mu & \mu \\ \lambda & -\lambda \end{pmatrix} = [\dot{P}_0(t), \dot{P}_1(t)] \tag{11.45}$$

图 11.23 单一元件的状态转移（功能-修复循环）

假设这个元件在时间点 $t=0$ 的时候功能正常，

$$P_1(0) = 1, \quad P_0(0) = 0$$

因为式(11.45)中给出的两个等式是线性相关的，只需要使用其中的一个就足够了，比如

$$-\mu P_0(t) + \lambda P_1(t) = \dot{P}_0(t)$$

将上述等式与 $P_0(t) + P_1(t) = 1$ 合并，我们可以得到：

$$P_1(t) = \frac{\mu}{\mu+\lambda} + \frac{\lambda}{\mu+\lambda} e^{-(\lambda+\mu)t} \tag{11.46}$$

$$P_0(t) = \frac{\lambda}{\mu+\lambda} - \frac{\lambda}{\mu+\lambda} e^{-(\lambda+\mu)t} \tag{11.47}$$

想要了解更多有关微分方程求解方面的知识，请阅读 Ross 在 1996 年著作的第 243 页。

$P_1(t)$ 表示元件在时间点 t 功能正常的概率，即该元件的可用性(availability)。根据式(11.46)，我们可以得到元件的可用性极限 $P_1 = \lim_{t \to \infty} P_1(t)$：

$$P_1 = \lim_{t \to \infty} P_1(t) = \frac{\mu}{\lambda+\mu} \tag{11.48}$$

因此，极限可用性可以写成一个常见的公式：

$$P_1 = \frac{\text{MTTF}}{\text{MTTF} + \text{MTTR}} \tag{11.49}$$

如果不对元件进行修理的话($\mu=0$)，它的可用性就是 $P_1(t) = e^{-\lambda t}$，与该元件的存活率函数(survivor function)相同。图 11.24 给出了可用性函数 $P_1(t)$ 的图形。

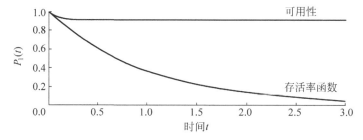

图 11.24 单一元件($\lambda=1, \mu=10$)的可用性和存活率函数随时间变化的趋势

11.5.2.3 稳态概率

很多时候，分析人员只对长期（稳态）概率感兴趣，即时间趋近于无穷条件下的 $P_j(t)$ 值。在案例 11.9 中，当 $t \to \infty$ 的时候，状态概率 $P_j(t)(j=0,1)$ 趋近稳态概率 P_j。事实上，无论系统最初是处于运行状态还是失效状态，我们可以得到的稳态概率值都是相同的。

求解稳态概率,我们必须要假设:

(1) 马尔可夫过程中的所有状态都是连通的。这也就是说如果一个过程在某个时间点 t 始于状态 i,它在将来的某一个时间总会有一个概率到达状态 j。这对于任何状态组合 i 和 j 都必须适用。

(2) 马尔可夫过程是正递归(positive recurrent)的,说明如果过程始于某一特定状态 i,系统都可以在有限的时间内返回到这个状态。对于所有的状态 i 都应该适用。

对于满足上述准则的一个马尔可夫过程,它的极限:

$$\lim_{t \to \infty} P_j(t) = P_j, \quad j = 0, 1, \cdots, r \tag{11.50}$$

总会存在,并且独立于过程的初始状态($t=0$)。如果读者想了解证明过程,请阅读 Ross 的著作(1996,第 251 页)。这些渐近概率一般被称为马尔可夫过程的稳态概率。

如果当 $t \to \infty$ 的时候,$P_j(t)$ 趋近一个固定值,那么有:

$$\lim_{t \to \infty} \dot{P}_j(t) = 0, \quad j = 0, 1, \cdots, r \tag{11.51}$$

因此,稳态概率 $\boldsymbol{P} = [P_0, P_1, \cdots, P_r]$ 必须满足下列等式:

$$[P_0, P_1, \cdots, P_r] \cdot \begin{pmatrix} a_{00} & a_{01} & \cdots & a_{0r} \\ a_{10} & a_{11} & \cdots & a_{1r} \\ \vdots & \vdots & & \vdots \\ a_{r0} & a_{r1} & \cdots & a_{rr} \end{pmatrix} = [0, 0, \cdots, 0] \tag{11.52}$$

这个等式可以简写为

$$\boldsymbol{P} \cdot \boldsymbol{A} = \boldsymbol{0} \tag{11.53}$$

其中

$$\sum_{j=0}^{r} P_j = 1$$

为了计算稳态概率,即这个过程的 $P_0, P_1, \cdots, P_r$ 的值,我们使用矩阵等式(11.53)中 $r+1$ 个线性代数等式中的 r 个等式,以及所有状态概率之和等于 1 这个等式。过程的初始状态对于稳态概率没有影响。需要注意的是,P_j 也可以解释为从长期看系统在状态 j 的平均停留时间比例。

案例 11.10(泵系统再研究):重新考虑案例 11.3 中的泵系统。每一台泵有两个状态:功能正常状态(1)和失效状态(0)。

在维修期间,泵也被认为处于状态(0)。1 号泵在功能正常的时候每分钟可以输出 100L,如果失效输出量是 0。2 号泵在功能正常的时候每分钟的输出量是 50L,失效的时候输出量也是 0。表 11.9 列出了系统可能的状态。

表 11.9 案例 11.10 中的泵系统的可能状态

系统状态	1 号泵的状态	2 号泵的状态	系统输出/(L/min)
3	1	1	150
2	1	0	100
1	0	1	50
0	0	0	0

我们假设两台泵的失效是彼此独立的,并且是连续运行。泵的失效速率是:

λ_1, 1号泵的失效速率

λ_2, 2号泵的失效速率

如果有一台泵失效,就开始维修行动,让泵回到正常运行状态。我们同样假设两台泵的维修也是互相独立的,使用两组独立的维修人员。那么,泵的维修速率是:

μ_1, 1号泵的维修速率

μ_2, 2号泵的维修速率

图 11.22 给出了这个系统的状态转移图,其相应的状态转移矩阵为:

$$\mathbf{A} = \begin{pmatrix} -(\mu_1+\mu_2) & \mu_2 & \mu_1 & 0 \\ \lambda_2 & -(\lambda_2+\mu_1) & 0 & \mu_1 \\ \lambda_1 & 0 & -(\lambda_1+\mu_2) & \mu_2 \\ 0 & \lambda_1 & \lambda_2 & -(\lambda_1+\lambda_2) \end{pmatrix}$$

我们使用式(11.53)寻找 $j=0,1,2,3$ 情况下的稳态概率 P_j 的值,可以得到下列等式:

$$-(\mu_1+\mu_2)P_0 + \lambda_2 P_1 + \lambda_1 P_2 = 0$$
$$\mu_2 P_0 - (\lambda_2+\mu_1)P_1 + \lambda_1 P_3 = 0$$
$$\mu_1 P_0 - (\lambda_1+\mu_2)P_2 + \lambda_2 P_3 = 0$$
$$P_0 + P_1 + P_2 + P_3 = 1$$

注意,我们只使用了式(11.53)中的三个稳态方程,以及 $P_0+P_1+P_2+P_3=1$。同样还需要注意的是,无论我们选择四个稳态方程中的哪三个,结果都是一样的。

方程组的解是:

$$\begin{cases} P_0 = \dfrac{\lambda_1 \lambda_2}{(\lambda_1+\mu_1)(\lambda_2+\mu_2)} \\ P_1 = \dfrac{\lambda_1 \mu_2}{(\lambda_1+\mu_1)(\lambda_2+\mu_2)} \\ P_2 = \dfrac{\mu_1 \lambda_2}{(\lambda_1+\mu_1)(\lambda_2+\mu_2)} \\ P_3 = \dfrac{\mu_1 \mu_2}{(\lambda_1+\mu_1)(\lambda_2+\mu_2)} \end{cases} \quad (11.54)$$

现在,对于 $i=1,2$,令

$$q_i = \frac{\lambda_i}{\lambda_i+\mu_i} = \frac{\mathrm{MTTR}_i}{\mathrm{MTTF}_i+\mathrm{MTTR}_i}$$

$$p_i = \frac{\mu_i}{\lambda_i+\mu_i} = \frac{\mathrm{MTTF}_i}{\mathrm{MTTF}_i+\mathrm{MTTR}_i}$$

式中,$\mathrm{MTTR}_i=1/\mu_i$ 是维修元件 i 时需要的停机时间,$\mathrm{MTTF}_i=1/\lambda_i$ 是元件 i 的平均失效时间($i=1,2$)。因此,q_i 代表元件 i 的平均或者极限不可用性,而 p_i 代表元件 i($i=1,2$)的平均(极限)可用性。于是,系统在各个状态的稳态概率可以写成

$$\begin{cases} P_0 = q_1 q_2 \\ P_1 = q_1 p_2 \\ P_2 = p_1 q_2 \\ P_3 = p_1 p_2 \end{cases} \tag{11.55}$$

假设我们有以下的数据：

	1号泵	2号泵
$MTTF_i$	6个月 ≈ 4380h	8个月 ≈ 5840h
失效率 λ_i/h^{-1}	2.3×10^{-4}	1.7×10^{-4}
$MTTR_i/h$	12	24
维修率 μ_i/h^{-1}	8.3×10^{-2}	4.2×10^{-2}

需要注意的是，稳态概率可以解释为系统在一个状态的评价停留时间比例。如系统处于状态1的稳态概率等于：

$$P_1 = \frac{\lambda_1 \mu_2}{(\lambda_1 + \mu_1)(\lambda_2 + \mu_2)} = q_1 p_2 \approx 2.72 \times 10^{-3}$$

因此

$$P_1 = 0.00272 \left(\frac{a}{a}\right) = 0.00272 \times 8760 \left(\frac{h}{a}\right) \approx 23.8 \left(\frac{h}{a}\right)$$

从长期来看，系统每年在状态1的停留时间大约为23.8h，但是这并不意味着系统平均每年进入状态1一次，每次持续23.8h。

根据给定数据，我们可以得到：

系统状态	系统输出/(L/min)	稳态概率	每年系统在此状态的平均时间/h
3	150	0.9932	8700.3
2	100	4.08×10^{-3}	35.8
1	50	2.72×10^{-3}	23.8
0	0	1.12×10^{-5}	0.1

注释11.3（独立失效和维修）：在这个简单的例子中，所有的失效和维修都是独立事件，我们不需要使用马尔可夫方法也可以求得稳态概率。使用独立事件的标准概率法则，同样也可以轻松地找到稳态概率。但是必须要注意的是，这种方法只适用于失效和维修都是独立的情况。

11.5.3 分析步骤

风险分析中的马尔可夫分析一般可以分为4个步骤。
(1) 计划和准备；
(2) 建立状态转移图和转移速率矩阵；
(3) 进行定量分析；
(4) 报告分析结果。

我们已经在第 3 章中讲解过第一步和第四步,这里就不再赘述。

11.5.3.1　第二步:建立状态转移图和转移速率矩阵

在这里,马尔可夫分析第一项工作是要识别并且描述出相关的系统元件,然后定义出每一个元件的状态。我们建议尽量不要使用太多的状态。在大多数时候,每个元件有两个状态也就足够了:一个功能正常状态和一个失效状态。

第二项工作是要在与表 11.9 相近的表格中列出元素和定义好的状态。不相关的状态应该移除,而相关状态应该添加到表格当中。

应该为系统状态分配识别代码(比如数字或者文字),但是很显然最简单的方法就是使用数字 $0,1,2,\cdots,r$,这样系统总计就拥有 $r+1$ 个状态。我们建议使用状态 0 作为最不愿发生的状态(如完全失效),状态 r 作为最期望的状态(如全部元件功能正常)。

研究团队应该对每一个状态进行描述和讨论,确保这个状态是可能存在的,同时研究团队应该充分理解每一个状态的含义。

现在,可以像图 11.21 这样用圆环将状态描绘出来。关于如何摆放圆环并没有具体的规定,但是如果处置不当就会让图看起来非常复杂。我们建议使用计算机绘图程序,尤其是使用市场上现在可以购买到的马尔可夫分析程序。

下一项工作是研究每一对状态,确定系统如何从一个状态转移到另一个状态。每一个转移都采用箭头描述,状态转移图会显示出在很短的时间间隔内发生的转移。这说明两个彼此独立的事件之间不会出现转移,比如在图 11.22 中,状态 1 和状态 2 之间就没有转移存在。这是因为如果这样的转移存在的话,就说明在 1 号泵完成修理的同时,2 号泵正好失效。由于这两个事件是独立发生的,这种转移实际上并不可能。

对于每一个转移(箭头),都有必要以固定失效速率(λ_i)和固定维修速率(μ_i)的形式提供转移速率,如图 11.21 所示。

现在,可以建立式(11.42)中的转移速率矩阵 $\mathbf{A}$。我们应该完成下列这两步程序:

(1) 与式(11.42)中的矩阵类似,为矩阵中每一个 $i \neq j$ 的元素确定转移速率 a_{ij}(先不必确定对角线上的元素 a_{ii})。

(2) 填充对角线元素 a_{ii},保证矩阵每一行所有元素值的和为 0。也可以使用式(11.43)计算对角线元素值。

分析人员应该对状态转移图和转移速率矩阵 $\mathbf{A}$ 进行仔细比较,并且在开始定量分析之前进行讨论。从矩阵 $\mathbf{A}$ 中,我们可以直接读出很多有用信息,对角线元素 a_{ii} 可以直接告诉我们从状态 i 的离开速率 $\alpha_i = -a_{ii}$。这说明,如果系统进入状态 i,它会在这里停留一段时间,而这段时间遵循速率为 α_i 的指数分布。因此,在状态 i 的平均停留时间就是 $1/\alpha_i$。当在状态 i 的停留时间结束,系统将会以概率 a_{ij}/α_i 进入状态 $j \neq i$。

11.5.3.2　第三步:进行定量分析

现在,求解状态方程并不困难。在很多时候,我们只需要求得稳态解就足够了,比如我们可以解式(11.54)。对于非常简单的系统,手工计算就可以完成,但是对于大多数实际案例来说,则需要计算机程序的帮助。你可以使用任何一种现在市场上的马尔可夫分析程序,像 MatLab、Scilab 和 Octave 这些软件具备相同的功能。

我们可以使用马尔可夫方法求得一系列可靠性参数,如:

(1) 每个状态的 P_i。P_i 是发现系统在未来的某个时间处于状态 i 的概率,它也可以被解释为系统在状态 i 的平均时间比例。

(2) 系统的可用性 A 和不可用性 A^*。

(3) 状态 i 的访问频率 v_i [了解相关的求解公式,可以阅读拉桑德和霍伊兰德(2004)编写的教材]。那么,在一段时间间隔 t 内,系统访问状态 i 的次数就是 $v_i t$。这个参数有很多的使用价值,如可以用来分配维修资源、确定需要的备件数量。

(4) 系统失效的频率。为了计算这个频率,我们首先必须确定哪些状态表示系统失效。比如说,如果系统在状态 0 和状态 1 失效,那么系统失效的频率就是访问这两个状态的频率,即 $v_0 + v_1$。

(5) 系统的残存函数 $R(t)$。

(6) 不同类型失效的预期数量。

(7) 系统的总体平均运行时间和停机时间。

(8) 第一次失效的平均发生时间。拉桑德等人 2020 年编写的教材中给出了相关的计算示例。

蒙特卡罗仿真。马尔可夫状态转移图也可以使用蒙特卡罗仿真处理,同样能够得到上面列出的各种可靠性参数。采用蒙特卡罗仿真方法,我们还可以使用速率不固定的转移时间。

11.5.4 需要的资源和技术

要理解马尔可夫分析的所有特征,使用者需要完成随机过程方面的基础课程。然而,马尔可夫方法的主要步骤却是很容易理解和操作的。对于经历过可靠性工程培训的人员来说,只需要一到两天的培训就足够了。

现在市场有一些专业计算机工具用于马尔可夫分析。但是实际上一个不错的绘图工具再加上像 MatLab 和 Octave 这些软件也可以进行工作。

11.5.5 优势和局限

优势。马尔可夫方法的主要优势是:

(1) 有完善的理论基础,已经在很多不同的领域使用并得到了大量验证;

(2) 是一种分析小型复杂具有动态特性系统的有效工具,而这些系统使用故障树是无法深入分析的;

(3) 提供了包含重要信息的状态转移图,易于非专业人员理解,并可以让分析人员更好地了解系统如何运行;

(4) 提供了一系列其他方法难以获取的系统性能参数。

局限。马尔可夫的主要局限是:

(1) 限于只有有限数量状态的小规模系统;

(2) 随着状态数量的增长,分析会消耗大量时间;

(3) 仅限于固定失效速率和固定维修速率的情况;

(4) 分析人员在将他们遇到的具体问题转化成马尔可夫模型的时候会遇到很多困难。

11.6 思考题

(1) 图 11.25 给出了一个消防系统的简单模型,其中 P1 和 P2 表示两台水泵,WS 表示供水系统。阀门 V 在水泵启动的时候开启,消防用水会流经这个阀门,然后进入配水系统。只要有一个水泵工作,就足以供应用水。这两台水泵由两台电机 M1 和 M2 驱动,事实上只要有一台电机正常运行,其功率就可以驱动水泵。电机可以采用自动(AS)或者手动(MS)的方式启动。

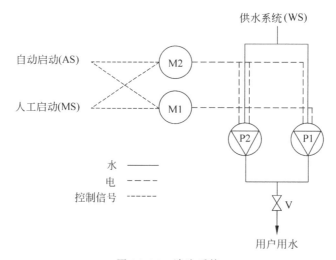

图 11.25 消防系统

采用因果图方法对系统进行分析,考虑题中描述的原因类别。

(2) 考虑图 11.25 中的系统,针对顶事件"按照需要的供水量不足"构建故障树。我们需要考虑如下元件的故障,包括 AS、MS、M1、M2、WS、P1、P2 和 V。

(3) 在一个化工厂当中,我们可以采用自动气体检测系统或者依靠在相关区域工作的操作人员发现意外泄漏的可燃气体。如果使用气体检测系统的话,该系统包括:

① 三台气体检测仪(Det1、Det2 和 Det3),每一台都能够独立进行检测。只要有一台检测到泄漏就可以。单一检测仪的失效概率是 0.1。我们假设这些检测仪彼此独立,不存在共因失效。

② 每一台检测仪都通过两条线路连接控制系统(线路 1 和线路 2)。检测仪连接两条线路的馈线在本例中被视作检测仪的一部分,每条主干线路的失效概率是 0.05。

③ 计算机控制系统可以接收并解释气体检测仪发来的信号,在检测到可燃气体的时候发出警报。控制系统的失效概率是 0.005。

图 11.26 是该系统简单示意图。操作员能够察觉到可燃气体,但是这取决于他是否在气体泄漏区工作。工厂中可能有几名操作员,但是同时只有一个人当班。如果他不在现场的话,自然无法察觉到泄漏,而即便他在现场,失察也有可能会发生。我们假设察觉到泄漏的可能性是 30%。

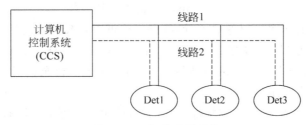

图 11.26 气体检测系统

（a）绘制顶事件为"没有发现泄漏气体"的故障树；
（b）使用 MOCUS 方法识别故障树的所有最小割集；
（c）采用布尔方法对(a)中的故障树进行描述，通过布尔代数尽可能让描述更简洁；
（d）计算顶事件概率。

（4）解释割集和最小割集的含义。

（5）根据图 11.25 中系统构建的故障树，使用 MOCUS 和可靠性框图识别故障树的最小割集。

（6）假设我们已知图 11.25 中系统各个元件的失效概率如下：

① $\Pr(\text{AS 失效}) = 0.002$；
② $\Pr(\text{MS 失效}) = 0.1$；
③ $\Pr(\text{M1 失效}) = \Pr(\text{M2 失效}) = 0.003$；
④ $\Pr(\text{WS 失效}) = 0.0001$；
⑤ $\Pr(\text{P1 失效}) = \Pr(\text{P2 失效}) = 0.05$；
⑥ $\Pr(\text{V 失效}) = 0.001$。

使用上限近似方程计算故障树顶事件的概率。

（7）用自己的语言解释伯恩鲍姆量度、福塞尔-韦斯利量度、风险降低当量、风险增加当量这些重要度量度的含义。

（8）考虑图 11.25 中所示系统，以及之前计算的基本事件概率和顶事件概率等信息，计算所有元件的伯恩鲍姆量度、福塞尔-韦斯利量度值。

采用这两种量度对元件的重要度进行排序，是否相同？

（9）考虑图 11.25 所示系统，构建系统的贝叶斯网络模型。不需要局限于图中给出的基本事件和元件，扩展思维，考虑更多可能相关的原因。可以采用因果图方法整理自己的想法。

（10）现在你已经使用了因果图、故障树和贝叶斯网络对图 11.25 中的系统进行了建模分析。根据分析结果，发现这些方法有哪些优点和缺点？

（11）一座小镇的自来水氯化系统包括两条分离的管道，每一套管道都配有一台供氯泵，按照规定的供气率工作。我们可以分别指定这两台泵为 A 泵和 B 泵。在系统正常运行的时候，两台泵同时启动，分担工作荷载。在本例中，每台泵都按照其额定功率的 60% 运行（cap% = 60%）。如果其中一台泵失效，相应的管道就会关闭，同时另一台泵需要满负荷（cap% = 100%）工作以保证足够的供气率。我们假设两台泵的失效率恒定：

$$\lambda_{cap\%} = cap\% \times 6.3 \text{ 失效/年}$$

我们假设共因失效的概率可以忽略不计,维修工作可以在泵失效之后立即展开,每台泵的平均维修时间预计为 8h,修复之后供氯泵就可以立刻投入工作。针对每一台泵的维修工作都是独立的(即维修人员的数量不是限制条件)。如果两台泵同时失效,小镇居民使用的就会是未加氯的自来水。

假设两台泵在时间 $t=0$ 的时候都正常工作,使用马尔可夫方法来分析这个系统:
① 确定整个自来水氯化系统的可能状态,并建立一个状态转移图;
② 按照矩阵的格式给出相应的状态方程;
③ 确定每一个系统状态的稳态概率;
④ 确定在 3 年的周期内针对系统的平均维修次数;
⑤ 确定正好有一台供氯泵处于失效状态的时间比例;
⑥ 确定第一次系统失效的平均时间,即从时间 $t=0$ 开始到小镇居民第一次使用未加氯自来水的平均时间;
⑦ 确定小镇居民使用未加氯自来水的时间比例。

(12)继续考虑图 11.25 中的系统,将该系统的故障树转化为一个贝叶斯网络模型,并根据基本事件的数据和你自己有关故障树逻辑的知识,建立相应的条件概率表。将这个模型与之前你面向同一个系统建立的贝叶斯网络进行对比,描述它们的差别。

参考文献

Andersen, H. R. (1999). *An Introduction to Binary Decision Diagrams*, Lecture Notes. Copenhagen: IT University of Copenhagen.

Barlow, R. E. and Proschan, F. (1975). *Statistical Theory of Reliability and Life Testing: Probability Models*. Holt, Rinehart, and Winston.

Bergman, B. and Klefsjö, B. (1994). *Quality: From Customer Needs to Customer Satisfaction*. London: McGraw-Hill.

Birnbaum, Z. W. (1969). On the importance of different components in a multicomponent system. In: *Multivariate Analysis* (ed. P. R. Krishnaiah), 581-592. San Diego, CA: Academic Press.

CCPS (2000). *Guidelines for Chemical Process Quantitative Risk Analysis*, Center for Chemical Process Safety, 2e. New York: American Institute for Chemical Engineers.

CCPS (2008). *Guidelines for Hazard Evaluation Procedures*, Wiley and Center for Chemical Process Safety, 3e. Hoboken, NJ: American Institute of Chemical Engineers.

Charniak, E. (1991). Bayesian networks without tears. *AI Magazine* 12(4): 51-63.

IEC 61025 (2006). *Fault Tree Analysis (FTA)*, 2e. Geneva: International Electrotechnical Commission.

IEC 61165 (2006). *Application of Markov Techniques*, 2e. Geneva: International Electrotechnical Commission.

Ishikawa, K. (1986). *Guide to Quality Control*. Cambridge, MA: Productivity Press.

Kjærulff, U. B. and Madsen, A. L. (2008). *Bayesian Networks and Influence Diagrams: A Guide to Construction and Analysis*. Berlin: Springer-Verlag.

Modarres, M. (2006). *Risk Analysis in Engineering: Techniques, Tools, and Trends*. Boca Raton, FL: Taylor & Francis.

NASA(2002). *Fault Tree Handbook with Aerospace Applications*, Handbook. Washington, DC: U. S. National Aeronautics and Space Administration.

NUREG-0492(1981). *Fault Tree Handbook*. Washington, DC: U. S. Nuclear Regulatory Commission, Office of Nuclear Regulatory Research.

NUREG-75/014(1975). *Reactor Safety: An Assessment of Accident Risk in U. S. Commercial Nuclear Power Plants*. Technical report. Washington, DC: U. S. Nuclear Regulatory Commission.

Pearl, J. (2009). *Causality: Models, Reasoning, and Inference*, 2e. New York: Cambridge University Press.

Pukite, J. and Pukite, P. (1998). *Modeling for Reliability Analysis: Markov Modeling for Reliability, Maintainability, Safety and Supportability Analyses of Complex Computer Systems*. Piscataway, NJ: IEEE Press.

Rausand, M., Høyland, A., and Barros, A. (2020). *System Reliability Theory: Models, Statistical Methods, and Applications*, 3e. Hoboken, NJ: Wiley.

Ross, S. M. (1996). *Stochastic Processes*. New York: Wiley.

Xing, L. and Amari, S. V. (2015). *Binary Decision Diagrams and Extensions for System Reliability Analysis*. Hoboken, NJ: Wiley

第 12 章

构建事故场景

12.1 简介

第 2 章中定义的事故场景,是指从初始事件到最终事件能够产生意外后果的事件序列。这个序列也可以看作是危险事件伤害到资产的路径。构建可能的事故场景,意味着识别和描述出从初始事件直到某一最终事件的可能路径。而关于相关危险和危险(即初始)事件识别的问题,我们在第 10 章中已经进行了讨论。

实际当中发生的危险事件可能会对资产有很多不同的影响(见第 2 章),在分析的时候具体要考虑哪些资产取决于分析的目标。风险分析可以关注某一项资产,也可能需要同时关注多项资产。有些研究人员倾向使用目标而不是用资产这个词,构建事故场景有时候也被称为事故序列分析。

12.1.1 构建事故场景的目标

构建事故场景的目标包括:
(1) 确定在一个特定的危险事件发生之后可能会出现的事故场景(事件序列);
(2) 识别可以停止或者延缓不同事故场景的现有以及可能的响应型安全屏障;
(3) 识别可以影响每一个事故场景的外部事件或者条件;
(4) 确定并描述每一个事故场景的可能最终事件;
(5) 确定每个最终事件(和事故场景)的后果;
(6) 确定每个最终事件的频率;
(7) 确定每个事故场景的后果范围。

12.1.2 构建事故场景的方法

常用的构建事故场景的方法包括以下几种:
(1) 事件树分析(event tree analysis)。到现在为止,事件树分析仍然是最常用的事故场景构建方法。自从20世纪70年代早期以来,这种方法已经在很多不同的领域得到了成功的应用。故障树可以很好地集成到事件树当中,分析安全屏障失效。同时,事件树结构也很适合进行定量分析。

(2) 事件序列图(event sequence diagram)。事件序列图与事件树几乎相同,唯一的区别就是使用了不同的图形。

(3) 因果分析(cause-consequence analysis)。因果分析图与事件树也非常类似,但是它还包括逻辑门,可以用来组合事件序列,使得图形更加紧凑。

(4) 混合因果逻辑(hybrid causal logic,HCL)。在HCL分析当中,事件树与故障树以及贝叶斯网络结合。通过这种方法,我们可以考虑那些不仅只有两个状态的影响因素。

为了确定事故场景的后果,我们需要采用多种后果模型和方法,包括那些确定燃料荷载、爆炸荷载以及毒气分布状况的模型/方法。在本章结尾,我们会提及一些与后果量化相关的问题,但是我们并不会详细介绍如何量化事故荷载对于资产的影响,如什么样的爆炸超压会造成人员死亡或者建筑物损坏。

危险类型和系统特性对于构建事故场景的影响非常大,本书不可能涵盖所有的这些问题。因为事件树是最为常用的方法,我们在本章中主要讨论这种方法。当然,我们也会简要介绍事件序列图、因果分析和混合因果逻辑分析。

12.2 事件树分析

事件树分析是一种图形化的概率方法,用于事故场景建模和分析。这是一种归纳性的方法,采用正向的逻辑推理。它的结果图会给出由某一特定危险事件导致的可能事故场景(即事件序列)。事件树中还会描绘出系统/工厂对于危险事件的反应。影响事故场景的外部事件也会包括在事件树当中。事件树的起源并不太清楚,但是它很早在核反应堆安全研究(NUREG-75/014,1975)中就有了应用。

12.2.1 目标和应用

事件树分析的主要目标包括:
(1) 识别可能是由危险事件引发的事故场景;
(2) 识别可以(或者计划)阻断或者减小事故场景有害影响的安全屏障;
(3) 评估这些安全屏障在相关事故场景中的适用性和可靠性;
(4) 识别可能会影响场景中事件序列或者后果的内部和外部事件;
(5) 确定每个事故场景的概率;
(6) 确定并评估每个事故场景的后果。

构建潜在的事故场景是风险分析中非常必要的一项工作,事件树分析通常是实现这一目标的主要方法。事件树分析可以用来分析所有类型的技术系统,无论这些系统是否包括操作人员。

我们可以单独建立事件树,也可以根据故障树分析建立事件树。故障树分析主要用来研究危险事件的成因,而事件树分析则是用来研究由相同事件引发的可能事故场景。因此,这两种方法可以在领结结构中相得益彰。

根据分析目标的不同以及是否能够获取相关数据,事件树分析既可以是定性的,也可以是定量的,还可以二者兼而有之。事件树分析已经成功地在核能、化工和其他很多领域应用,在评估人员可靠性的时候使用也很普遍(详见第 15 章)。

12.2.2　方法描述

事件树分析开始于已经识别出来的危险事件(如采用第 10 章中的危险识别方法)。通常,我们可以采用频率为 λ 的齐次泊松分布来对危险事件的发生建模,单位是每年(或者其他时间段)预期发生的次数。

12.2.2.1　安全屏障

对于绝大多数设计完善的系统,分析人员都可以在设计过程中识别出可能的危险事件,然后加入一系列安全屏障来阻止或者缓解此类事件的后果。安全屏障也被称为阻断、防护措施、安全功能或者保护层。我们在第 2 章中已经介绍了安全屏障的概念,并且将会在第 14 章中进行深入的讨论。

安全屏障可以是技术设备、人员干预、紧急程序,也可以是上述措施的集成。它既可以是简单的元件,也可以是复杂的安全系统。只要有可能,安全屏障就应该设计成彼此之间相互独立,这样一个安全屏障失效就不会对其他安全屏障造成影响。当然,要做到这一点并不容易,独立原则可能会降低系统的效率和灵活性。因此,有时候人们更希望通过共享计算机和网络集成多个安全屏障。这样做可以增加系统的灵活性,并间接地提升安全性能。

12.2.2.2　转折性事件

图 12.1 描绘了一个简单的事件树模型。事件树开始于一个危险事件,然后这个树结构在一定的阶段会开始分叉。实际上,分叉总是发生在有转折性事件出现的时候。我们在图 12.1 树结构的上方就列出了转折性事件。这些转折性事件可以是功能失效,也可以是安全屏障失效,但是应该注意的是它们是一些事件或者状态,比如:

(1) 人为错误;
(2) 气体被点燃;
(3) 台风正向居民区推进;
(4) 无法撤出受到影响的地区;
(5) 外部温度低于 0℃(水的凝固点);
(6) 夜晚在人们睡眠的时候有危险事件发生。

有时候,这些事件或者状态也被称为危险推动事件或者危险推动因素。在每一个转折性事件发生的地方,事件树至少会出现一个分叉。

12.2.2.3　图形化表示

事件树图一般都是从左向右绘制,危险事件就是模型的起点。树形图的上方会列出转折性事件。我们建议每一个转折性事件都采用一种"负面"的方式陈述,比如"安全屏障 A 在需要的时候失效"或者"气体被点燃了"。对于每一个转折性事件,都至少有一条事件树枝干分裂为两条新的分支：上分支表示节点（使用·表示）对应方框中的事件描述为"真（是）"，而下分支则表示该描述为"假（否）"。如图12.1所示，通过这种方法，最严重的事故场景会逐渐发展到事件树图最顶部的位置。绝大多数事件树都采用："真"和"假"这种二项分割方法，但是我们也可以构建一个节点有超过两个分支的事件树。在本章稍后的部分当中，我们将会给出这样的一个事件树。从同一个节点开始的事件是相互排斥的，它们相应的发生概率之和等于1。

根据事故场景中事件的时间和发生情况对转折性事件建模，这一点很重要。在大多数情况下，如果转折性事件的顺序不正确，分析的结果也会出现错误。如果有必要，转折性事件可以分为若干子事件，而这些子事件同样有着自己的顺序。另外，还需要牢记，事件树模型中的每一个事件都是由其先导事件决定的。

案例12.1（生产车间起火）：生产车间需要安装自动喷水消防系统，将火灾消灭在萌芽阶段。如果有火苗出现，它最终能够造成的后果取决于消防系统是否能够发挥作用，以及车间中的人员是否能够快速高效地撤离。图12.1给出了这个系统的一个简化事件树模型。我们在此识别了4个事故场景，其中，事故场景1包括下列事件：

(1) 生产车间里有火苗出现；
(2) 火势迅速蔓延；
(3) 消防系统失效；
(4) 有工人没有及时撤离。

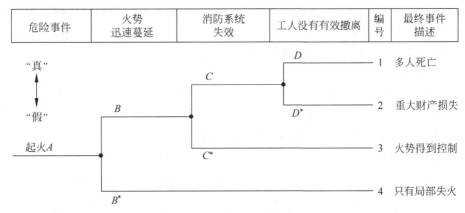

图12.1　案例12.1的事件树

可以使用这4个事件的布尔表达式来描述各种事故场景（即事件树的各个发展轨迹）。
场景1：多人伤亡（$A \cap B \cap C \cap D$）
场景2：严重的财产损失（$A \cap B \cap C \cap D^*$）
场景3：火势得到控制（$A \cap B \cap C^*$）
场景4：只有局部失火（$A \cap B^*$）

其中，A^*表示事件A没有发生，B^*、C^*、D^*的含义以此类推。

现在并没有关于绘制事件树的现成标准，我们可以在相关的文献中找到多种不尽相同的结构。例如图12.2也是一种常见的结构，但是与图12.1略有不同。在图12.2当中,我们引入了时间轴,表示不同转折性事件激活的时间间隔。在大多数情况下,不太可能准确地预计时间间隔,但是有时候我们可以进行粗略的估计,这对后续的分析还是有一定帮助的。

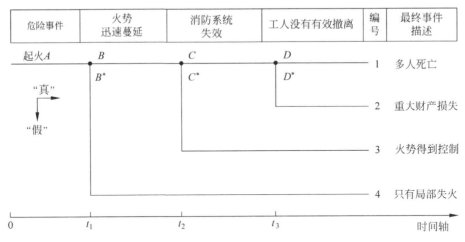

图 12.2 案例 12.1 带有时间轴的另外一种事件树结构

12.2.2.4 多分支结构

在图 12.1 中,每一个转折性事件都将至少一条枝干分成两个新的分支。有时候,新分支的数量也可以超过两个。比如,考虑储气罐泄漏这样一个案例,储气罐周围的区域可以分为互不重合的三个部分:第一部分有一所小学;第二部分是一个居民区;第三部分则无人居住。在这个例子中,我们就可以使用三个分支的事件树,如图 12.3 所示。图 12.3 中的事件树也可以采用图 12.4 中的二项分割方法描绘。然而,很显然图 12.3 的图形更加紧凑,这案例事件树可以采用的第三种结构。

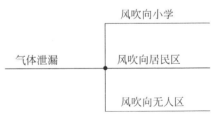

图 12.3 分成三个分支的事件树

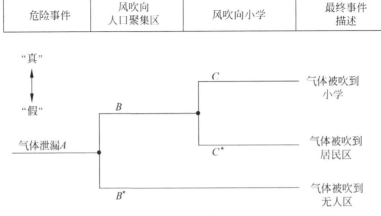

图 12.4 采用二项分割方法描绘图 12.3 中的事件树

12.2.2.5 使用故障树分析转折性事件

我们还可以使用故障树来对从事件树节点生成分支的过程进行建模。如图12.5所示,故障树的建立都是针对二项分割中的"真"输出。

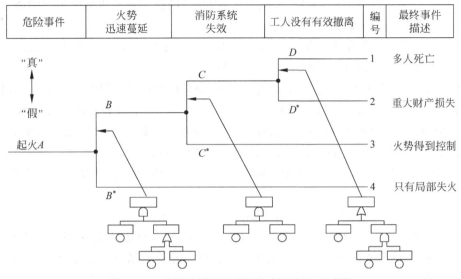

图 12.5　使用故障树分析事件树的转折性事件

如果有需要的输入数据,现在就可以采用我们在第11章中介绍的方法计算每个故障树的顶事件概率。

12.2.2.6 什么可以定义为最终事件

有时候,应该将什么定义成最终事件是一个让人感到困扰的问题。比如说,如果有人受到伤害,我们是不是就应该认为事件树已经完成了?或者我们是否应该考虑伤员能不能得到第一时间的救助,能不能被及时送到医院?……另外,如果有大规模爆炸发生,我们是不是应该认为模型就已经到达终点,或者我们还是应该研究一下爆炸的后果呢?一个常见的经验法则是,当事故场景发展到一定阶段,我们再也无法显著地改变后果,那么事件树就可以结束了。当然,在实际当中,我们经常会看到事件树在这个阶段之前结束。

确定事件树的边界是风险分析的一部分目标和任务。如果结束得太早,可能就会有一些事故后果被忽略。比如风险分析的目标是研究气体泄漏在流程工厂内部造成的影响,我们在结束事件树分析的时候可能就会忽略掉那些对工厂外部造成的危害。

我们将要在12.7节中介绍借助各种不同的计算机后果模型进一步分析最终事件。因为采用二项分割的方法,最终事件一定是互斥的,不可能同时发生。

注释 12.1(最终事件和最终状态):在本书中,我们主要使用最终事件(end event)来表示事件树的终点,还有另外一些学者使用最终状态(end state)这个词替换最终事件。如果我们需要从文字上理解事件和状态,那么我们在评价事件树某个事故场景后果的时候,关注的确实是状态而不是事件。最终事件可以被看作是一系列事件中的最后一个,而序列中的较早事件通常会对结果具有更加重要的影响。因此严格说来,使用最终状态的论证可以更加充分。但是,如果我们查看实际的事件树应用,我们经常会发现对于事故场景的描述并不会持续到最终状态,所以使用最终事件很多时候也不能算错。为了避免混淆,我们的结论就是在书中继续使用最终事件这个词。

12.2.2.7 定量分析

对于每一个转折性事件,事件(按照要求)为"真"的概率就是该危险事件的条件概率,而这个事件序列会导致转折性事件的发生。

我们可以用一个例子来清楚地讲述确定不同事故序列频率(或者概率)的过程。让我们重新考虑图12.1给出的案例12.1的事件树。

令λ_A代表危险事件A(起火)的频率。在这个案例当中,λ_A假设等于$10^{-2}/a$,这也就意味着平均每100年会有一次起火发生。事件树的第一个节点表示转折性事件(危险驱动事件/因素)B:"火势迅速蔓延"。假设我们已经确定$\Pr(B|A)=0.8$,条件概率$\Pr(B|A)$指的是在事件A已经发生的情况下,事件B发生的概率。

对于第二个节点C,它表示安全屏障故障——"自动消防系统失效",这一事件的条件概率是:

$$\Pr(C \mid A \cap B) = 0.01$$

第三个节点与工人撤离有关,事件D是"工人无法(足够迅速地)撤离"。必须给定火灾发生、火势已经迅速蔓延并且消防系统无法正常工作这些情况都已经存在,才能确定事件D的概率。我们可以假设工人受到了惊吓,都堵在门口无法依次撤离,或者有些出口已经被火焰挡住了。假设我们可以得到:

$$\Pr(D \mid A \cap B \cap C) = 0.30$$

和前面一样,我们令B^*、C^*和D^*分别代表事件B、C和D的对立面(即这些事件没有发生的情况)。我们知道,$\Pr(B^*)$等于$1-\Pr(B)$,对于C^*和D^*也是如此。

图12.1中4个最终事件或者事故场景的频率(每年)计算如下:

场景1:多人死亡

$$\lambda_1 = \lambda_A \cdot \Pr(B \cap C \cap D)$$
$$= \lambda_A \cdot \Pr(B \mid A) \cdot \Pr(C \mid A \cap B) \cdot \Pr(D \mid A \cap B \cap C)$$
$$= 10^{-2} \times 0.8 \times 0.01 \times 0.30 \approx 2.4 \times 10^{-5}$$

场景2:重大财产损失

$$\lambda_2 = \lambda_A \cdot \Pr(B \cap C \cap D^*)$$
$$= \lambda_A \cdot \Pr(B \mid A) \cdot \Pr(C \mid A \cap B) \cdot \Pr(D^* \mid A \cap B \cap C)$$
$$= 10^{-2} \times 0.8 \times 0.01 \times 0.70 \approx 5.6 \times 10^{-5}$$

场景3:火势得到控制

$$\lambda_3 = \lambda_A \cdot \Pr(B \cap C^* \cap A)$$
$$= \lambda_A \cdot \Pr(B \mid A) \cdot \Pr(C^* \mid A \cap B)$$
$$= 10^{-2} \times 0.8 \times 0.99 \approx 8.0 \times 10^{-3}$$

场景4:只有局部失火

$$\lambda_4 = \lambda_A \cdot \Pr(B^*)$$
$$= 10^{-2} \times 0.2 \approx 2.0 \times 10^{-3}$$

可以看出，特定事故场景的频率是危险事件频率与问题中通向最终事件路径（事故场景）上每一个转折性事件条件概率的乘积。我们可以在事件树图中增加一列，表示定量分析的结果，如图 12.6 所示。

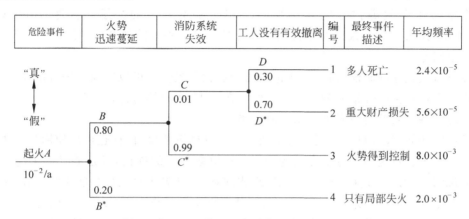

图 12.6　带有频率计算的事件树

如果我们假设危险事件的发生可以用齐次泊松过程来表示，那么所有的转折性事件的概率就都是与时间无关的常数，而每个事故场景的发生同样也遵循齐次泊松过程（可参考拉桑德等 2020 年编写的教材）。

注释 12.2（安全屏障激活的关联性）：在更加复杂的事件树中，可能会有多条途径都能够激活同一个安全屏障。这就意味着，在安全屏障被激活的时候，它的身上可能已经存在一些负载了，也就是说在不同的事件序列当中我们需要使用不同的安全屏障失效概率。比如自动消防系统的例子，爆炸可能会在消防系统启动之前就已经发生。我们可以假设，如果没有爆炸的话，消防系统的失效概率可能低于 1%，但是在爆炸发生之后，可能整个消防系统都已经被炸飞了，那么这个时候该系统的失效概率可能就接近 100%。

12.2.2.8　关联性

从原理上说，事件树当中所有的概率都是条件概率，这就说明在转折性事件之间甚至是转折性事件和危险事件之间，都存在着不同的关联。我们将在第 13 章着重讨论关联性和关联性建模的问题，在这里我们列出一些关联的类型：

（1）同一个元件可能出现在两个或者更多的安全屏障当中。这个问题实际上我们在前面安全屏障一段当中已经提到过。如果我们使用故障树分析安全屏障，这就意味着同一个基本事件可能进入两个或者更多"独立"的故障树当中。

（2）环境关联可能会导致多个"独立的"安全屏障失效。这些失效在建模的时候一般可以当作共因失效。

（3）同一故障树或者多个不同故障树之间基本事件的共因失效。如果我们使用 β-因子模型（见第 13 章），这种情况就与两棵或者更多故障树上存在相同基本事件的情况类似。

（4）其他系统、设施、元件或者操作员行为的功能关联。

（5）危险事件与转折性事件之间的关联。

（6）转折性事件之间的关联。尽管不是本质上的关联，但是却源于前一个转折性事件的物理后果。关键事件"气体被点燃"和转折性事件"消防泵无法启动"之间并没有直接关系,但是第一个事件引起的火灾/爆炸可能会破坏消防泵的控制电线。

上述的一些关联问题很难处理。在经典的故障树分析中,并没有直接的方法可以考虑两个或者更多故障树之间共享和(或)相关基本事件的问题。但是,Andrews 和 Dunnett 在 2002 年的一篇论文中提出了一种基于二项决策图的方法,可以在一定程度上解决这个问题。

在分析关联性的时候,另外需要记住的一点就是操作员可以对问题进行修复,这在一定程度上会弥补关联性带来的损害。我们将在第 13 章继续讨论这个问题。

12.2.2.2.9 故障树与事件树之间的转换

系统的功能/失效可以使用故障树或者可靠性框图建模,同样也可以使用事件树。我们在本书中不会对这两种方法之间的转换进行更多深入的探讨,只是通过一个简单的例子加以说明。考虑一个由三个独立元件组成的系统,如果 1 号元件功能正常,同时 2 号和 3 号元件其中至少一个功能正常的话,系统就可以正常工作。图 12.7 的可靠性框图就给出了这样的一个逻辑关系。与之相对应的,是图 12.8 中的故障树,它显示如果 1 号元件失效或者 2 号和 3 号元件同时失效,系统就会失效。

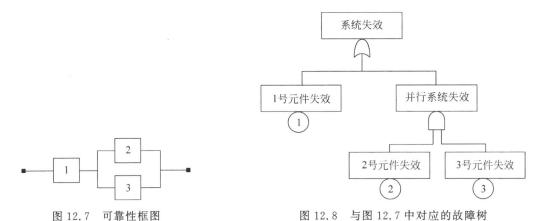

图 12.7 可靠性框图   图 12.8 与图 12.7 中对应的故障树

如果三个元件是彼此独立的,那么系统的失效概率为:

$$\begin{aligned}
\Pr(系统失效) &= \Pr(E_1 \cup (E_2 \cap E_3)) \\
&= \Pr(E_1) + \Pr(E_2 \cap E_3) - \Pr(E_1 \cap E_2 \cap E_3) \\
&= \Pr(E_1) + \Pr(E_2) \cdot \Pr(E_3) - \\
&\quad \Pr(E_1) \cdot \Pr(E_2) \cdot \Pr(E_3) \\
&= \Pr(E_1) + (1 - \Pr(E_1)) \cdot \Pr(E_2) \cdot \Pr(E_3)
\end{aligned} \tag{12.1}$$

式中,E_i 表示第 i 号元件失效这一事件,E_i^* 表示相关元件功能正常,$i=1,2,3$。

图 12.9 中的事件树表示了多个不同的系统事件。我们注意到系统有 4 个独立最终事件,其中 2 个最终事件表示系统功能正常,而另外 2 个表示系统失效。我们可以使用布尔代数表示这些独立最终事件:

场景1：E_1（即系统失效）

场景2：$E_1^* \cap E_2 \cap E_3$（即系统失效）

场景3：$E_1^* \cap E_2 \cap E_3^*$（即系统功能正常）

场景4：$E_1^* \cap E_2^*$（即系统功能正常）

如果我们按照另外一种次序对三个元件进行排列，事件树的形状会有所不同，但是我们同样会得到4个最终事件。

根据事件树，系统失效的概率是：

$$\begin{aligned}\Pr(\text{系统失效}) &= \Pr(\text{最终事件 1}) + \Pr(\text{最终事件 2}) \\ &= \Pr(E_1) + \Pr(E_1^* \cap E_2 \cap E_3) \\ &= \Pr(E_1)(1 - \Pr(E_1)) \cdot \Pr(E_2) \cdot \Pr(E_3)\end{aligned} \quad (12.2)$$

可以发现，这个结果与我们在式(12.1)中根据故障树得到的结果是一致的。

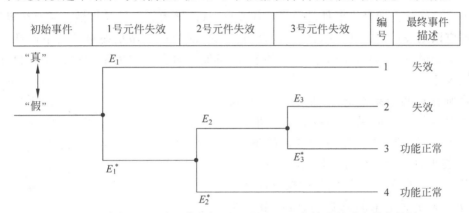

图12.9　与图12.7中可靠性框图以及图12.8中故障树对应的事件树

12.2.2.10　后果

在本书中，所谓后果指的是对一项或者多项资产的伤害。事件树的最终事件，一般是对事故场景结果的描述。有时候，将这种描述转化为定量结果是一项非常复杂的任务。

有一种方法，就是将事件树分析的最终事件按照多个后果类别进行划分，如图12.10所示。在本例中，可以使用下面的这些后果类别：

（1）人员死亡；

（2）物料损坏；

（3）环境破坏。

最终事件描述	频率	人员死亡					物料损坏				环境破坏			
		0	1~2	3~5	6~20	>20	N	L	M	H	N	L	M	H

图12.10　事件树分析结果显示

在每一个类别里面,我们都应当对后果排序。在图 12.10 中,"人员死亡"这个类别被划分为 0、1~2、3~5、6~20 以及 20 名以上人员死亡等几个子类别。而对于"物料损坏"和"环境破坏"这两个类别来说,它们的子类别包括可忽略(N)、轻微(L)、中等(M)和严重(H)。对于每一个具体的例子,都必须要对这些后果类别进行定义(见第 6 章)。如果我们无法将所有的后果划成一类,我们就需要给出各个子类别的概率分布。比如说,没有人死亡的概率是 50%,1~2 人死亡的概率是 40%,而 3~5 人死亡的概率是 10%。当我们已经估计了最终事件的频率,我们就可以进一步估计致死事故率(FAR)以及其他与指定危险事件相关的风险度量。

如果我们这样做,就可以有效地缩小事件树的规模。此外,对于事件树上的每一个最终事件,我们都可以添加一个转折性事件节点,从每一个现有的最终事件都延伸出 5 个分支,用来表示"生命损失"。各个分支可以分别表示死亡数量为 0、1~2、3~5、6~20 和 20 名以上。这样就会把最终事件的数量增加 5 倍,从而增大了事件的规模。需要注意的是,我们不应该把表示不同资产的分支"混合"到一起,因为这么做最终事件就不再具有互斥性了。比如说,一起导致 3~5 人死亡的事件,可能同时会引起大量的物料损失和可忽略的环境破坏。

将所有这些结果汇总,我们就可以得到与该危险事件相关的风险图或者后果集,如图 12.11 所示。其中,λ 是危险事件的频率,C_i 是最终事件 i 的后果(向量),p_i 是在危险事件已经发生的情况下 C_i 的条件概率,$i=1,2,\cdots,n$。关于后果集的概念,我们在第 2 章中已经进行过简要的介绍和讨论。

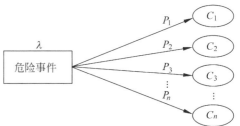

图 12.11 与危险事件有关的后果集

12.2.3 分析步骤

事件树分析通常分为 7 步(可参阅 CCPS 在 2008 年发布的报告):
(1) 计划和准备;
(2) 定义危险事件;
(3) 识别安全屏障和转折性事件;
(4) 建立事件树;
(5) 描述事故场景;
(6) 确定事故场景的概率/频率;
(7) 报告分析结果。

我们在图 12.12 给出了分析的步骤,因为第一步和第七步已经在第 2 章中进行过讨论,这里就不再赘述。

12.2.3.1 第二步:定义危险事件

通常需要在风险评估工作的早期就识别出危险事件,并对其进行描述和评价。对未来事件树分析有意义的危险事件,必须能够演化出多个事故场景。如果一个危险事件只有一个特定的事故场景,那么我们完全可以使用故障树分析来处理这个问题。

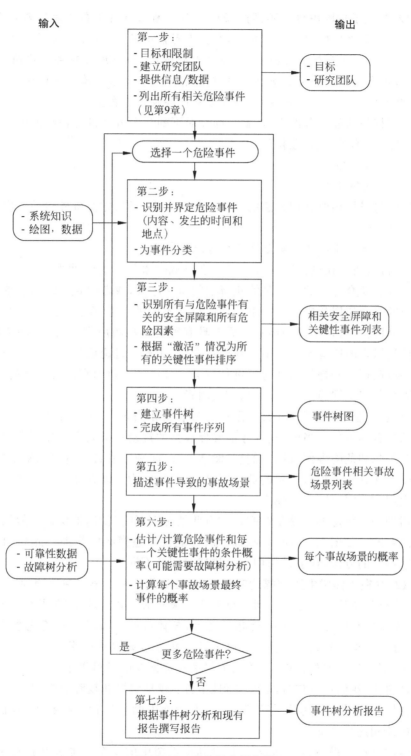

图 12.12 事件树分析步骤

注释12.3(关于危险事件的不同选择)：不同分析人员对于各个危险事件的定义也会有所不同。比如氧化反应炉的安全分析,有些人可能会将"反应炉冷凝水损失"视为一个危险事件,而另外一些分析人员则会将"冷凝水管破裂"作为危险事件。这两种看法可能都是正确的,但是从一般意义上来说,我们应该将正常状态第一次出现的明显偏差视为危险事件,如果不能终止偏差的发展,会不可避免的导致伤害发生。

在选择了相关的危险事件之后,就必须要对下列几个方面进行仔细的描述：

(1) 这是一个什么类型的事件？
(2) 事件在哪里发生？
(3) 事件何时发生？

我们建议将采用相似处理方法的危险事件划分成一组,方便事件树的再次使用,也可以让分析更加高效。

12.2.3.2 第三步：识别安全屏障和转折性事件

大多数时候,我们在设计阶段就可以识别出危险事件。这时就需要安装安全屏障来处理危险事件。安全屏障的目的是终止特定的事件序列,或者减轻最终的后果。

事件树的一个作用是描述危险事件的后果在不同的事故场景下会出现怎样的差异。因此,非常关键的一点是要识别出对于后果具有重要影响的所有系统、事件和因素,以及已经用于控制风险的所有安全屏障。我们将在第14章中讨论危险事件安全屏障(如物理屏障、安全系统、程序和操作),并对其进行分类。分析师必须识别出对一个危险事件的后果所有有影响的安全屏障,以及其他的相关因素。

很多时候,安全屏障、事件和其他因素的列表会相当长,我们可能有必要只选择一些最为重要的包含到事件树当中,这样才能确保模型的规模不会太大。接下来,我们应该尽可能将安全屏障和危险事件按照它们被"激活"的时间顺序或者在事故场景中的先后进行排序。这步工作其实并没有想象的那么容易,主要是因为可能存在多个次序,很难找到一个特定的次序作为"最佳"的建模方案。

事件树的一个特定要素就是时间。在有些情况下,如何快速地构建事故场景,能够影响到后果的判断。如图12.2所示的时间轴,可能会对建模有所帮助。此外,我们也可以按照下面案例中的方法,在事件树中直接描述时间的不同。

案例12.2(在事件树中直观描述时间)：假定从某处释放出了可燃气体,气体云正在膨胀,而气体云的特性也在随着时间不断变化。最初的气体云较小,但是它的尺寸不断变大,易燃属性也随之改变。经过一段时间之后,气体云的中心通常反而比较安全不易燃(因为浓度过高),但是边缘更加易燃。这也就意味着后果取决于引燃的时间。如果引燃的时间较早,那么爆炸的规模较小,造成的损失也会比较晚引燃更小。

在事件树中,我们可以包含两个转折性事件：较早引燃和较晚引燃(如图12.13所示的直观事件树)。如果较早引燃事件发生,那么较晚引燃事件就不再相关,我们也就不必在事件树中绘制这个分支。

这一步的分析结果,就是我们希望包含到事件树中的安全屏障和转折性事件的次序列表。

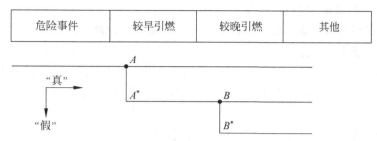

图 12.13　直观描述时间的事件树

12.2.3.3　第四步：建立事件树

事件树表示出从特定危险事件开始的事件序列随时间的发展情况。对于任意一个节点(转折性事件),研究团队都必须要确定是否有相关的安全屏障或者因素会影响到特定的事件路径。如果节点上有影响存在,事件树就会分成两个枝干;如果没有,事件树模型就会继续延伸,不会有分叉出现。

如果事件树的图形太大,无法在一张纸上描绘出来,也可以把一些枝干单独拿出来,在不同的页面上描绘。这时候,需要采用转换符号将这些页面连接起来。研究团队还应该尽量移除不合理的枝干以及后果可以忽略的枝干,避免事件树的分支过多。

为了保证树模型完整全面,研究团队应该反复考虑下列问题：

(1) 系统是按照事件树给出的路径运行吗？或者在指定的环境下,系统是否处于相应的事件序列当中？

(2) 系统的成功或者失效是否会影响到最终事件？

(3) 事故场景中节点上的系统,是否会安全运行？

(4) 该系统的运行是否会影响到其他系统？

通常,建立事件树是一个反复的过程,我们需要同时满足至少 2 个目标,即便有时候它们是彼此矛盾的：

(1) 事件树需要具有清晰的逻辑结构,按照时间顺序描述事故场景。

(2) 事件树不应该太大,因为这样很难管理也很难理解。

12.2.3.4　第五步：描述事故场景

这一步是定性分析的最后一步,用来描述由危险事件引发的不同事件序列(事故场景)。可能会有不止一个序列表示安全复原、恢复到正常运行或者常规停机。从安全的角度来说,我们需要关注的是那些可能伤害到资产的序列。

分析人员必须要尽量用清晰明确的方法描述事件后果。在描述后果的时候,分析人员还应该根据重要程度对这些后果排序。事件树图的结构应该能够清楚表示出事故的发生过程,帮助分析人员确定在哪里采取额外措施或者添加安全系统,可以最有效地防止事故发生。

12.2.3.5　第六步：确定事故场景的概率/频率

如果有相关的数据,我们就可以进行事件树的定量分析,给出危险事件后果的频率和概率。分析需要下列这些数据：

(1) 危险事件的频率(或者概率)。

(2) 每一个安全屏障在出现需求时候的(条件)失效概率(PFD)。

(3) 每一个事故驱动事件/因素的概率。

接下来,我们可以根据 12.2.2 节中给出的步骤进行计算。

案例 12.3(离岸油气分离器):重新考虑案例 11.1,它可以看作是海上油气生产设施的一部分。钻井平台的井口管汇采集到石油、天然气和水的混合物,然后将这些混合物输送到两个相同的流程当中。通常,会有多台分离器将气体、石油和水进行分离,然后再将流程中的气体收集到压缩机歧管当中,通过压缩机将气体输送到管道里面。分离出的石油进入储油罐,而水则会被重新注入储油层当中。①

图 11.2 简单描绘出了其中的一个流程。井口管汇中的油气水混合物流入分离器当中,在这里(一部分)气体被从液体当中分离出来。这个过程会采用流程控制系统进行整体控制,但是在我们的图中并没有体现出这个系统。如果流程控制系统失效,另外一套独立的流程安全系统将会阻止重大事故发生。本节中的这个例子仅限于给出的流程安全系统,它包括 3 个安全屏障。

(1) 采用串联方式安装在输入管道的两个流程关闭阀 PSD1 和 PSD2。这两个阀门采用液压(或者气压)驱动,平时保持开启状态,在出现危险情况的时候关闭,保证流程安全。如果液压(气压)消失,这两个阀门将会受到来自预充电执行器的外力作用闭合。图 11.2 并没有给出为阀门执行元件提供液压(气压)的系统。

分离器上装有两个压力开关 PS1 和 PS2。如果分离器中的压力超过事先设定的阈值,压力开关就会给逻辑元件(PLC)发送一个信号。如果 PLC 收到至少一个来自压力开关的信号,它就会发送信号给 PSD 阀门使其闭合。

(2) 分离器中安装有两个压力安全阀(PSV),可以在内部压力大于指定高压的时候释放压力。这两个 PSV 阀门(PSV1 和 PSV2)装有弹簧螺线管,能够将内部压力调整到预先设定值。

(3) 分离器顶部的爆破片(ruptuce disc,RD)是最后一道安全屏障。如果其他的安全屏障全部失效,爆破片就会开启,防止分离器破裂或者出现爆炸。如果爆破片开启,分离器顶部的气体就会随之溢出,可能会进入排放系统。

图 12.14 分别给出了该流程安全系统三个安全屏障的激活压力。根据三个保护系统是否能够正常工作的情况,我们可以得到不同的后果,因此这个系统适合进行事件树分析。假设危险事件是"气体输出管道堵塞",我们可以建立这个危险事件的可能事件树,如图 12.15 所示。我们可以看到,4 个事故场景会分别导致迥然不同的后果。如果气体发生燃烧的话,最严重的场景"分离器破裂或者发生爆炸"可能会导致整个生产设施损毁。但是,因为爆破片是一种非常简单并且高度可靠的元件,这个场景发生的概率是非常低的。图中第二严重的场景是"气体从爆破片溢出",该场景的重要度取决于系统的设计,如果溢出气体会发生燃烧的话,这个场景对于一些设施的影响也会非常严重。下一个场景"气体释放燃烧",一般情况下并不是很严重的事件,但是会带来一些经济上的损失(比如缴纳二氧化碳税)和生产停顿。而最后一个场景"流程受控停止,没有气体损失",则只会带来一段时间的生产停顿。

---

① 拉桑德等人 2020 年编写的系统可靠性教科书也讨论了一个类似的例子。

第 12 章 构建事故场景 307

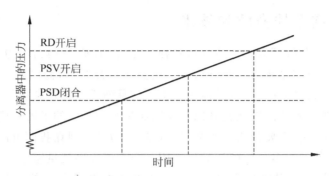

图 12.14 流程安全系统三个安全屏障的激活压力

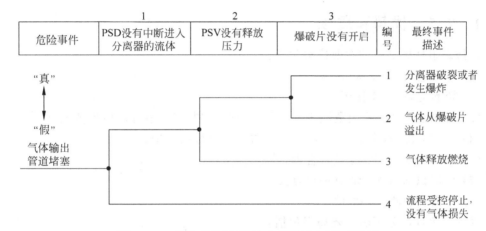

图 12.15 危险事件"气体输出管道堵塞"的事件树

事件树中的每一个安全屏障都可以采用与事件树连接的故障树来分析。图 12.16 就给出了自动停机系统 1 号安全屏障的故障树。

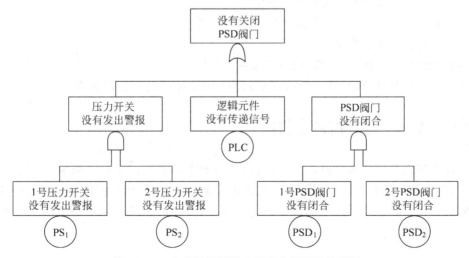

图 12.16 自动停机系统 1 号安全屏障的故障树

12.2.4 需要的资源和技术

有时候，事件树分析可以由一名分析师独立完成，但是 2~4 个人组成的研究团队是更加理想的选择。研究团队可以在分析中采用头脑风暴技术，而团队中应该至少有一名成员拥有事件树分析方面的经验，其他成员也应该是熟悉系统及其运行程序的技术人员。分析的工作量取决于系统的复杂程度以及团队成员对于系统的了解程度。

事件树的定量分析需要使用一些数据源（见第 9 章）。现在我们可以找到多款事件树分析计算机程序，然而很多分析师认为仅使用一个表格程序就足够了。

有兴趣的读者还可以阅读下列文献，了解更多事件树分析的信息：CCPS（2008）、Vinnem 和 Røed（2019）、NASA（2011）、Modarres（2006）和 Ericson（2016）。

12.2.5 优势和局限

优势。事件树分析的主要优势包括：
(1) 广泛应用，深受认可；
(2) 资料完备，易于使用；
(3) 可以清楚地表示由危险事件开始的事件序列，以及事件的后果范围；
(4) 为安全屏障（全新或者改进）评价打下了良好的基础；
(5) 可以用来证实资源是否合理，并进行相应改进；
(6) 可以识别系统的弱点和单点失效；
(7) 不需要预测最终事件。

局限。事件树分析的主要局限包括：
(1) 对于事件树的图形布局现在还没有统一的标准；
(2) 需要预测转折性事件的次序；
(3) 需要逐一分析危险事件；
(4) 无法考虑部分正常或者失效的情况；
(5) 并不太适用于处理定量分析中的关联问题；
(6) 不能显示省略的行为。

在实际使用的时候，很多事件树在"最终"后果没有得到之前就已经终止了。这并不是事件树方法的缺点，而只是人们适应实际情况需要采用的一种简化方式。

12.3 事件次序图

事件次序图与事件树类似，但是使用的符号和布局有些许不同。根据 NASA（2011）的报告，事件次序图对于实际使用的人员来说更加容易理解，但是在进行定量分析的时候比较困难。每一幅事件次序图都可以转化成事件树，我们在图 12.17 中给出了一个简单的事件次序图示例。

第 12 章 构建事故场景

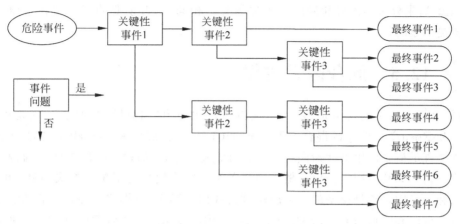

图 12.17 事件次序图示例

12.4 原因-后果分析

Nielsen(1971)将原因-后果分析方法引入核电站应用当中。原因-后果分析与事件树分析类似,但是采用了另外一种布局方式。这种方法将故障树分析与事件序列分析集成,可以将事件序列融合到一个更加紧凑的树结构当中。

图 12.18 给出了一个简单的原因-后果分析图。Andrews 和 Ridley(2002 年 b)对原因-后果分析进行了深入的讨论,但是他们采用的图形表达方式与本书给出的又有所不同。

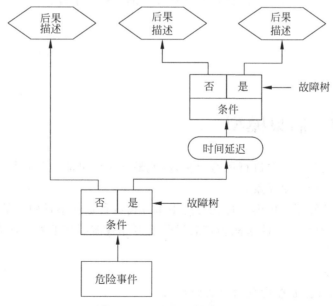

图 12.18 原因-后果分析图

原因-后果分析的优势和局限与事件树分析相同,二者主要的区别就在于原因-后果分析图更加紧凑。

12.5 混合因果逻辑

图 12.5 中所示的模型是事件树(或者事件次序图)和故障树的混合,它是由 Wang (2007)和 Røed 等(2009)的混合因果逻辑(HCL)方法扩展而来。在 HCL 方法当中,故障树基本事件的概率使用贝叶斯网络来进行补充建模分析,通过这样的扩展,我们就可以在模型中分析人为和组织因素以及概率因果关系。因为模型有了更高的灵活性,更多的细节可以涵盖其中。这种模型的一个应用就是我们在第 14 章即将介绍的屏障和运营风险分析(barrier and operational risk analysis,BORA)方法,不过后者中并没有在贝叶斯网络中进行定量分析。

根据第 11 章的介绍,我们已经知道任何一个故障树模型都可以转化为贝叶斯网络,而事件树和故障树也是可以互换的。这就意味着,使用 HCL 开发的风险模型同样也可以转化为贝叶斯网络。在实际当中,可能同时使用 3 种方法更加便捷,因为它们在图形化描述方面各具优势,可以帮助我们更好理解和解释风险问题。

12.6 恶化问题

有些事故场景的严重程度会快速升高,我们将这种现象称为恶化。从原理上来说,恶化现象是可以采用事件树建模的,但是在实际应用当中却问题多多,这是因为通常我们很难预测到未来会发生什么。一般会导致恶化发生的转折性事件包括:

(1) 爆炸;
(2) 火球;
(3) 喷火;
(4) 池火。

12.7 后果模型

我们可以在很多系统中进行风险分析,因此最终事件可能也具有很多不同的特征,本书不可能覆盖所有的后果元素。

后果建模包括使用分析模型量化可能由事件树各种最终事件引起的对资产造成的可能伤害。比如,一座化工厂的事故场景后果分析可能就需要与下列因素有关的后果模型:

(1) 火灾荷载;
(2) 爆炸荷载;
(3) 火焰分布(比如在建筑物中的分布);
(4) 有毒材料泄漏;
(5) 气体云扩散;

(6) 有毒液体在河流和海洋中的扩散；
(7) 流体毒性；
(8) 对人和牲畜的各种有毒材料剂量-反应模型；
(9) 人员疏散；
(10) 其他各种问题。

现在，绝大多数后果建模都可以使用计算机程序，计算机仿真已经非常普遍。我们使用这些模型的目的主要包括(Borysiewicz,2007)：

(1) 为危险事件分类，有可燃性材料泄漏、有毒材料泄漏、物品坠落；
(2) 确定对资产造成伤害的危险事件的传播模式，有空气传播、水传播、高温辐射；
(3) 计算对资产的影响，包括热辐射影响、接触危险品、压力过大引起爆炸的影响；
(4) 采取补救行动的效果，包括屏蔽、疏散人员、医学治疗；
(5) 评估后果，包括评估死亡、受伤、环境污染、经济损失的概率。

案例 12.4（气体泄漏场景）：在流程行业，比如在化工厂或者油气生产基地，可燃性和有毒材料泄漏是最重要的风险来源。在本例中，为了演示泄漏后果的计算方法，我们假设一座对可燃性天然气进行液化的工厂，这里可能会发生天然气泄漏事件。那么，我们需要下列计算。

(1) 我们需要确定泄漏速率、泄漏状况和泄漏的持续时间。这取决于压力、温度和泄漏容器/管道中的气体成分，还取决于漏洞的尺寸、形状以及容器的大小。这一步的计算结果包括初始泄漏速率（单位：kg/s），还有描述泄漏速率随时间递减的曲线。我们还可以计算气体的泄漏总量，或者也可以假设泄漏量等于泄漏容器的气体存量。这些计算可以采用相对简单的公式，也可以采用更加先进的流程仿真方法。

(2) 下一步是计算泄漏之后会发生什么。根据不同的风况，气体的扩散程度可大可小，扩散的方向也会不同。这对于理解泄漏气体是否会接触火源尤为重要，还可以确定哪些区域会受到泄漏气体的影响。我们同样可以使用简单的公式进行计算，但是现在更多的是采用计算流体力学（computational fluid dynamics,CFD）软件来模拟气体扩散。这一步的计算结果通常是处于可燃浓度范围的泄漏气体体积。可燃性气体一般只有在一定浓度范围内能够被点燃，如果浓度过低或者过高，都不会出现燃烧的情况。因此，我们需要关注两个边界值：可燃下限（low flammability limit,LFL）和可燃上限（upper flammability limit,UFL）。比如对于甲烷来说，LFL 大约为 5%，而 UFL 大约为 15%。

(3) 一旦气体被点燃，大多数情况就会引发火灾，燃烧的形式通常是受到泄漏处压力产生的喷射火焰。为了了解火灾的影响，我们必须要界定火焰的性质，比如规模、热荷载以及持续时间。这一步计算的结果可以采用热荷载图（单位：kW/m^2）表示出哪些地区受到了热荷载的影响。和前两步一样，我们可以使用简化公式和仿真软件来进行计算。

(4) 气体被点燃可能也会导致爆炸。爆炸计算需要的输入参数包括泄漏的气体量以及气云的尺寸，然后我们就可以计算爆炸超压和来自于"爆炸风"的牵引力。CFD 通常是进行此类计算的工具。

(5) 根据上面的计算，确定火灾和爆炸会对我们在风险分析中关注的资产造成怎样的影响。如果风险分析考虑的是对人员的风险，那么我们就需要了解人员能够承担的热荷载以及爆炸超压的信息,据此就可以确定人员受伤或者死亡的概率。

关于如何量化后果,有兴趣的读者可以参考很多资料,比如 CCPS(2000)、Spouge(1999)、Borysiewicz 等(2007)、VROM(2005)、Mannan(2012)以及 Hundseid 和 Ingebrigtsen(2001)。

12.8 思考题

(1) 假设你正在骑车下山,山路十分陡峭,在某个湿滑的地方你失去了对自行车的控制。那么,我们将危险事件定义为"骑车下山的时候自行车失控"。识别这个场景中的相关事件、因素以及能够影响危险事件发展的安全屏障。接下来,浏览这些因素,按照一定的逻辑关系把它们囊括到一个事件树模型当中。注意,我们只需要考虑最多8个因素。

(2) 假设你正在卧室中酣睡,这时厨房起火了。整间公寓里现在只有你一个人,并且只有一条逃生通道。烟雾报警器安装卧室外。针对此场景构建一个事件树,描述所有可能的最终事件。发挥你的想象力,识别出转折性事件、安全屏障和影响因素。注意:遵循教科书中事件树分析的第二步到第五步进行工作。

(3) 图 12.19 是一个事件树实例。我们假设如下事件概率:

① $A_1 = 0.01$
② $B_1 = 0.05$
③ $B_3 = 0.80$
④ $C_1 = 0.001$
⑤ $D_2 = 0.98$

根据上述信息,计算出现"事故"的概率。

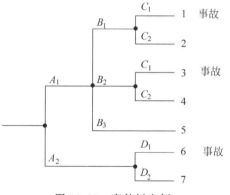

图 12.19 事件树实例

(4) 我们知道机场中部署了很多安全屏障,防止在飞机起飞或者降落的过程中有其他飞机进入跑道。如果出现了两架飞机相撞的事故,这就意味着下列安全屏障全部失效:

① 飞行员需要将飞机停泊在指定地点,等待清空信号才能进入跑道。相应的安全屏障包括标志和闪烁灯(STOP RWY)。

② 如果空管员发现有飞机越线,他应该与驾驶员取得联系让其停止前进(ATCWARNS)。

③ 如果驾驶员越线,空管员会收到警报。因为不同的原因,有时候这些警报会被关闭或者忽略(ALARM)。

④ 空管员还应该监控交通情况,即便是警报没有发出声响,也应该能够发现有飞机进入跑道(ATCDETECTS)。

⑤ 如果所有上述管控都失效,飞机会进入跑道。但是,是否会真正发生事故取决于这个时候是否有另外一架飞机正在起飞或者着陆,而这些事情并不是每时每刻都在发生(NO TRAFFIC)。

(a) 建立一个危险事件是"飞机进入跑道"的事件树,把"事故发生"和"没有事故"作为树的最终事件。

(b) 考虑下列概率：
- Pr(STOP RWY)＝0.995
- Pr(ATCWARNS)＝0.90
- Pr(ALARM)＝0.90
- Pr(ATC DETECTS)＝0.80
- Pr(NO TRAFFIC)＝0.70

计算在有飞机进入跑道的情况下，出现"事故"的概率。

(c) 假设每年有 10 000 架飞机进入跑道，计算每年出现"事故"的概率。

如果机场非常繁忙，假设 Pr(NO TRAFFIC)下降到 0.30。在这种情况下，空管员的工作压力也会相应增加，那么发现飞机越线并且发出警告的概率就会下降为：
- Pr(ATCWARNS|机场繁忙)＝0.6
- Pr(ATC DETECTS|机场繁忙)＝0.4

(d) 假定机场繁忙，有飞机进入跑道，计算事故概率。你是否需要在计算之前修改事件树？

(5) 假设一家化工厂使用塔吊吊装新设备。吊装机构包括吊索、吊钩和吊带。吊索上面安装有两套刹车系统：通常情况使用引擎刹车，一旦引擎刹车失效，刹车片会自动启用。假定每次只吊装一台设备。

如果被吊装的设备掉落，恰好又有人在下方工作，那么就可能发生人员伤亡。这类事故的出现一般因为如下两个原因：

① 掉落设备可能会砸中储存自燃液体的容器。假设如果容器被砸中，会出现液体泄漏并且被点燃的情况。如果有人员在现场，那么他们就会因此丧生。

② 如果掉落设备没有砸中容器，它可能会直接砸中现场人员。一旦人员被砸中，通常都会直接死亡。

吊索、吊钩和吊带都可能会发生故障，引擎刹车和刹车片也可能会失效。我们现在掌握如下信息：
- 塔吊下方有人员活动(概率为 0.1)。
- 砸中容器(概率为 0.1)。
- 直接砸中现场人员(概率为 0.1)。
- 吊索/吊钩/吊带故障(三者的概率和为 0.01)。
- 刹车引擎失效(概率为 0.02)。
- 刹车片失效(概率为 0.01)。

绘制危险事件为"吊装设备掉落"的事件树，两个最终事件分别是"出现致死性事故"和"没有致死性事故"。根据事件树，计算"致死性事故"的概率。

(6) 假设在一家化工厂，自动化气体检测系统和现场操作人员都可能会发现偶然泄漏的可燃性气体。操作员只有正好在气体泄漏区域工作的时候才会发现相关的状况。工厂有多名操作人员，但是同一时间只有一人当班。如果他不在现场，自然无法发现泄漏的情况。而即便操作员在现场工作，也存在一定的概率忽略气体泄漏。我们假设操作员在现场工作的时间比例是30%,他没有发现气体泄漏的概率是0.3。如果出现了气体泄漏,那么泄漏气体就有一定的概率被点燃,我们假设这个概率为0.1。化工厂发生气体泄漏的频率为每年0.5次。如果检测到气体泄漏(无论是通过自动化方法还是操作员),现场操作员有50%的可能性及时撤离。假定气体被点燃的时候有人仍然在现场,那么人员丧生的概率为0.2。

① 构建危险事件(顶事件)为"气体泄漏"、最终事件为"操作人员丧生"和"操作人员幸存"的事件树模型。

② 计算操作人员丧生的频率。

③ 计算因为气体泄漏导致的LSIR值。

④ 假设每名操作员在现场工作的时间为每年500h(一年的平均时长为8760h)。

⑤ 计算气体泄漏操作的操作员平均个体风险(AIR)。

⑥ 计算每年的潜在生命损失值(PLL)。

(7) 讨论12.2.2节中提到的几种安全屏障的优缺点。

参考文献

Andrews, J. D. and Dunnett, S. J. (2002a). Event-tree analysis using binary decision diagrams. *IEEE Transactions on Reliability* 49(2): 230-238.

Andrews, J. D. and Ridley, L. M. (2002b). Application of the cause-consequence diagram method to static systems. *Reliability Engineering & System Safety* 75: 47-58.

Borysiewicz, M. J., Borysiewicz, M. A., Garanty, I., and Kozubal, A. (2007). Quantitative Risk Assessment (QRA). Tech. Rep. Otwock-Swierk, Poland: CoE MANHAZ, Institute of Atomic Energy.

CCPS(2000). *Guidelines for Chemical Process Quantitative Risk Analysis*, Center for Chemical Process Safety, 2e. New York: American Institute for Chemical Engineers.

CCPS(2008). *Guidelines for Hazard Evaluation Procedures*, Wiley and Center for Chemical Process Safety, 3e. Hoboken, NJ: American Institute of Chemical Engineers.

Ericson, C. A. (2016). *Hazard Analysis Techniques for System Safety*, 2e. Hoboken, NJ: Wiley.

Hundseid, H. and Ingebrigtsen, K. (2001). Human Resistance Against Thermal Effects, Explosion Effects, Toxic Effects and Obscuration of Vision. Report. DNV Technica/Scandpower. http://preventor.no/u/tol_lim.pdf.

Mannan, S. (ed.) (2012). *Lee's Loss Prevention in the Process Industries: Hazard Identification, Assessment and Control*, 4e. Waltham, MA: Butterworth Heinemann/Elsevier.

Modarres, M. (2006). *Risk Analysis in Engineering: Techniques, Tools, and Trends*. Boca Raton, FL: Taylor & Francis.

NASA(2011). Probabilistic Risk Assessment Procedures Guide for NASA Managers and Practitioners. Guide NASA/SP-2011-3421. Washington, DC: U.S. National Aeronautics and Space Administration.

Nielsen, D. S. (1971). The Cause/Consequence Diagram Method as a Basis for Quantitative Accident Analysis. Technical report RISO-M-1374. Roskilde, Denmark: Danish Atomic Energy Commission, Risö.

NUREG-75/014(1975). Reactor Safety: An Assessment of Accident Risk in U.S. Commercial Nuclear

Power Plants. Technical report. Washington, DC: U. S. Nuclear Regulatory Commission.

Rausand, M., Høyland, A., and Barros, A. (2020). *System Reliability Theory: Models, Statistical Methods, and Applications*, 3e. Hoboken, NJ: Wiley.

Røed, W., Mosleh, A., Vinnem, J., and Aven, T. (2009). On the use of the hybrid causal logic method in offshore risk analysis. *Reliability Engineering & System Safety* 94(2): 445-455.

Spouge, J. (1999). A Guide to Quantitative Risk Assessment for Offshore Installations. Tech. Rep. London: DNV Technica. https://publishing.energyinst.org/__data/assets/file/0017/7811/Pages-from-Quantitative-risk-assessmentfor-offshore-installations-v1.pdf.

Vinnem, J. E. and Røed, W. (2019). *Offshore Risk Assessment: Principles, Modeling and Application of QRA Studies*, 4e. London: Springer.

VROM (2005). Guidelines for Quantitative Risk Assessment (The Purple Book). Tech. Rep. PGS 3. The Netherlands Ministry of Housing, Spatial Planning and the Environment.

Wang, C. (2007). Hybrid causal logic methodology for risk assessment. PhD thesis. College Park, MD: University of Maryland.

第 13 章

关联性失效和关联性事件

13.1 简介

事故场景是由一系列事件 $\{E_1, E_2, \cdots, E_n\}$ 构成的,其中的最终事件会伤害到一项甚至多项资产。一般来说,场景中的很多事件可能都是在统计上相互关联的。有时候,事件 E_i 的发生与否仅依赖于前一事件 E_{i-1} 的结果,有时候 E_i 则依赖于之前所有(或者一部分)事件的结果。

在一些系统当中,如输电系统或者其他基础设施网络,开始的一个扰动可能就会导致一系列失效。这样的系统失效被称作级联失效或者多米诺效应(失效)。

绝大多数设计完善的系统都装备有安全屏障,可以停止或者减轻事故场景中关联事件的影响。安全屏障可能是冗余的,也就是安装两个甚至更多的安全屏障用来实现相同或者相似的作用(比如火焰检测器和气体检测器)。这些冗余装置通常也是有关联性的,如会因为相同的原因失效。因为相同原因产生的关联性失效被称为共因失效(common-Cause failures,CCF)。

13.2 关联性事件

关联性可以定义为:

定义 13.1(关联性):两个部件之间有联系或者连接,基于此一个部件的状态会影响或者依赖于另外一个部件的状态。[①]

两个部件之间的关联性可以是有向的[②],也可以是无向的。

[①] 受 Rinaldi 等(2001)的论文启发。
[②] 在汉语中,有向的关联性很多时候可以翻译为依赖性。——译者注

13.2.1 确定关联性

技术系统和社会技术系统的元件之间存在着很多类型确定的关联性。我们在这里列出了一些类型。如果读者想要了解更多,可以阅读 Rinaldi 等(2001)的论文。

(1) 物理关联。两个元件的输入和输出之间存在的功能和结构上的连接,如果一个元件的运行状态依赖于另一个元件的物料输出,那么两者之间就存在物理关联。比如一个实体需要另一个实体作为输入才能运行提供商品或者服务。

(2) 控制关联。两个元件之间存在电子或者信息链这类的通信基础架构,如果一个元件的运行状态取决于来自另一个元件的信息和数据,那么两者之间存在控制关联。通信架构的输出是受控元件的输入,而两个元件关联的纽带就是信息。

(3) 地理关联。如果一个局部性的环境事件会造成几个元件运行条件发生改变,那么这几个元件就存在地理关联。通常如果几个元件在空间上比较接近,就容易出现地理关联。

(4) 逻辑关联。如果一个元件的运行状态依赖于另一个元件,而这种依赖性根据某一种机制而不是物理、控制或者地理上的连接,那么二者之间就存在着逻辑关联。逻辑关联可能来自一些人为决定或者行动。

13.2.2 随机关联性

考虑两个事件 E_1 和 E_2,如果:

$$\Pr(E_1 \cap E_2) = \Pr(E_1) \cdot \Pr(E_2) \tag{13.1}$$

那么,这两个事件(在统计上)彼此独立。

这也就意味着:

$$\Pr(E_1 \mid E_2) = \Pr(E_1) \quad 并且 \quad \Pr(E_2 \mid E_1) = \Pr(E_2)$$

其中,$\Pr(E_1|E_2) = \Pr(E_1)$ 表示无论事件 E_2 发生与否,事件 E_1 概率都相同。

遵循同样的思路,如果:

$$\Pr(E_1 \cap E_2) \neq \Pr(E_1) \cdot \Pr(E_2) \tag{13.2}$$

那么事件 E_1 和事件 E_2 就是存在关联的。

如果我们说事件 E_1 依赖于事件 E_2,那么就意味着 E_2 会影响 E_1 的发生(即 $E_2 \rightarrow E_1$)。$E_2 \rightarrow E_1$ 并不会自动暗示 $E_1 \rightarrow E_2$ 也同样会成立。很多实际中的情况都是这样,比如电力系统供电中断会导致我的洗衣机无法工作,但是反过来就没什么影响。

我们可以进一步区分出两种关联关系:

(1) 如果有 $\Pr(E_1|E_2) > \Pr(E_1)$,那么我们可以说 E_1 正向依赖于 E_2,或者说当 E_2 发生的时候,E_1 的概率会增加。

(2) 如果有 $\Pr(E_1|E_2) < \Pr(E_1)$,那么我们可以说 E_1 反向依赖于 E_2,或者说当 E_2 发生的时候,E_1 的概率会减少。

正向依赖会增加冗余结构的失效概率,因此是风险分析中最常见的一种关联方式,但是反向依赖有的时候也会在实际当中出现。比如,两个元件因为振动和发热互相影响,如果一个元件"损坏"需要修理,另外一个元件的运行环境反而会有所改善,因此它的失效概率也就有所降低。反向依赖很少会引发安全问题，因此对于风险分析师来说，这两个名词实际上有些绕嘴，也就是说正向依赖关系对于系统性能的影响是负面的，而反向依赖关系的影响是正面的。

注释 13.1（依赖和相依）：有些研究者会区分依赖性（dependency）和相依性（interdependency）这两个概念。如果事件 E_2 的发生会影响 E_1 的发生（$E_2 \rightarrow E_1$），即存在一个单向的影响，那么我们可以说事件 E_1 依赖于事件 E_2。如果影响是双向的，那么事件 E_1 和事件 E_2 就是相依的，可以写作 $E_1 \leftrightarrow E_2$，有时候相依也被称为双向依赖（mutual dependency）。

13.2.3　内在关联和外在关联

关联可以分为内在关联和外在关联，其中内在关联是指一个元件的状态和性能受到系统中另外一个元件状态的影响，这种关联性很多时候是精心设计到系统当中的，比如说只有一个元件失效的时候才启用另外一个元件。

外在关联则是源自外部，比如恶劣的环境或者人为干预。读者如果想要了解更多有关内在关联和外在关联的信息，请阅读报告 NUREG/CR-6268（2007）。

13.3　事故场景中的关联性

在第 12 章中，我们采用事件树来描述事故场景。事故场景通常是存在关联性的事件序列。关联的类别可以有很多，所以我们需要采用简单、通用的事件树来简要描述这些关联性（图 13.1）。

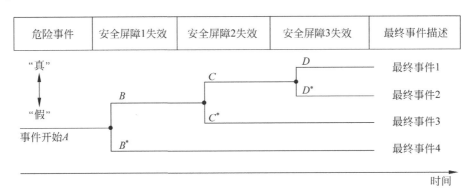

图 13.1　简单通用的事件树模型

（1）事件树中的安全屏障通常采用冗余结构，即存在两个或者多个相同或者相似的元件，比如冗余气体检测仪和冗余的消防泵。这些元件具备一些共有的特征，也就是耦合因素，这使得冗余元件之间存在正向依赖关系。我们把因为这种关联性产生的失效叫作共因失效。

（2）有一些安全屏障可能会相互依赖，它们可能有一些通用元件、依靠同一套电源或者液压控制、由同一个工程师进行维护和校准；它们还可能在位置上非常接近，在相同的环境条件(比如湿度)下运行。因此,这也就意味着,如果一个安全屏障失效,下一个很可能也会失效。

(3) 我们可以在事件树中对可能的事件序列直接明确地建模,比如图 13.1 中所示的事件 3 由 $A \cap B \cap C^*$ 导致。但是这种方法对于事件的定义非常敏感。比如,如果事件 C 是"火灾",那么火灾的规模不可能相同,如果安全屏障 3 表示消防系统,那么安全屏障 3 能够成功灭火的概率很明显就要取决于火灾的规模。

(4) 事件树描述的是事件在时间轴上的发展情况,而安全屏障的可靠性按照不同的方式与时间相关联。比如,我们可能只关心考虑操作人员在现场的时间,因为只有他们在场的时候才存在风险,因此每天存在风险的时间不同,那么安全屏障的可靠性也会有所不同。此外,安全屏障的可靠性也取决于它需要阻挡危险事件的持续时间,比如防火墙的可靠性就与消防系统启动之前火灾持续时间有关。

我们将在本章后续部分中讨论上述关联性其中的一部分。

13.4　级联失效

有一种特殊的内在关联,如果一个元件失效,就会增加系统中其他元件(一个或者多个)的荷载,从而引起这些元件失效。这种关联有时候被称为元件间关联或者级联失效(cascading failure)。

定义 13.2(级联失效):一系列元件失效,其中第一个失效会将荷载转移到一个或者多个邻近元件身上,导致这些元件失效。而在这些元件失效后,它们又将荷载转移到其他元件身上。

级联失效有时候也被称为多米诺效应(失效),这种失效在电网或者计算机网络当中较为常见,也有可能发生在机械和机电系统里面。

还有一些级联失效在分析的时候被视为事故的后果链,比如蒸汽云爆炸。

我们有一些简单的方法可以对级联失效进行建模和分析,比如马尔可夫链就可以用来分析只有几个元件的简单系统。而现在更常用的级联失效分析方法,一般都基于蒙特卡罗仿真。

有兴趣的读者可以阅读孙凯等 2019 年的著作,了解在电网中如何分析级联失效。

13.5　共因失效

从 20 世纪 70 年代开始(参阅 NUREG-75/014,1975),核电行业的概率风险分析就已经开始考虑共因失效(CCF)的影响。核电行业几十年来一直都在关注相关的问题,不断收集和分析与 CCF 相关的数据,并且已经开发出了相应的 CCF 分析模型。航空工业对于这一类失效高度重视,而挪威的海洋油气行业从 20 世纪 80 年代中期开始在安全仪表系统的可靠性评估当中关注共因失效(Hauge 等,2010)。

在风险分析当中,我们需要很多近似计算,并且通常会使用比较保守的近似方法。从这个角度来说,我们计算得到的风险都会比"真实的"风险略高一些。然而很多研究显示,如果我们"忘记了"共因失效，那么就毫无保守而言。

对于 CCF 而言现在并没有一个统一的定义。在本书中，我们将其作如下定义。

定义 13.3（共因失效）：导致两个或者更多元件因为共同原因在同一时间处于故障状态的关联性失效。

在航天工业中，CCF 事件被定义为"在系统执行任务期间，有超过一个元件因为共同原因发生的失效（或者处于不可用状态）"（NASA，2011）。CCF 这个词实际上意味着一个因果关系，但是这种关系在本章稍后将要介绍的大多数 CCF 模型中没有得到体现（有关这个问题，可以阅读 Littlewood 在 1996 年的论文）。

有些研究人员把那些因为共同原因产生的多重失效和共因失效区分开来，认为如果提到共因失效，那么一定意味着系统失效。比如，我们知道在一个 3oo4:F 结构里，4 个元件当中的至少 3 个失效，那么整个系统才会失效。如果有两个元件因为共同的原因失效，那么这只是一个多重失效，并不是共因失效，理由就是这并没有导致整个系统失效。

在定义 CCF 的时候，一个关键性的问题在于我们应该如何解释同步（simultaneous）这个词。很显然，即便两个失效不是在相同的时刻发生，它们之间也可能存在着很强的关联关系。在 NASA（2011）的定义当中，如果有多个失效在执行同一个任务的时候发生，那么这些失效都可以划为共因失效。实际上，这个任务可能会持续相当长的时间。在航空工业中，CCF 一词则是用来描述在一次飞行中发生的多个失效。而对于安全仪表系统而言，主要的失效经常都是隐性的，只有在进行周期性功能测试的时候才能被发现。因此，如果冗余元件的失效在同一个测试间隔内发生，就可以把这些失效归为共因失效（可参阅 Lundteigen 和 Rausand 在 2007 年撰写的论文）。测试间隔从几个月到几年不等，因为失效都是隐性的，只有测试时才能发现，我们就很难判断测试时候检测到的多个失效是因为相同的原因发生，还是它们只是碰巧在同一时刻发生。

一些实际数据显示，相同或者相似类型元件发生多重失效的比例还是比较高的。如果这些元件中的某一个元件发生了失效，那么有 5%～10%（甚至更高）的可能，存在至少一个其他的元件也失效了。

13.5.1 共因失效建模背景

现在我们有几个用来进行 CCF 分析的模型，它们几乎都局限于分析失效率固定的 n 个相同元件。绝大多数这些系统可以描述为 $k$oo$n$:F 结构，也就是说在有 k 个或者更多个失效的时候（$k \geq 2$），这个结构会失效。如同案例 13.1 中所描述的，串联结构实际上可以看作是 1oo$n$:F 结构，也在共因失效分析的兴趣当中。

有一些行业使用共因元件组（common-cause component group，CCCG）的概念，表示存在一个或者多个耦合因素的一组元件，它们容易出现共因失效。报告 NUREG/CR-5485（1998）对 CCCG 进行了全面的讨论，而 13.5.3 节将会对耦合因素进行更加清楚的定义和讨论。在本节中，CCCG 就表示由相同元件组成的 $k$oo$n$:F 结构。

一个元件的失效可能是单独失效，也可能是多重失效中的一重。单独失效也称为个体失效或者独立失效，而同时失效元件的数量就成为失效的阶数。

案例 13.1（只有一个或-门的故障树）：考虑一个包含三个相同元件（1、2 和 3）的串联结构。相应故障树的顶事件为"串联结构失效",故障树中只有一个或-门,用来连接三个事件 E_1、E_2 和 E_3,其中 E_i 表示"第 i 个元件失效",$i=1,2,3$。图 13.2 给出了本例串联结构的故障树以及与之对应的可靠性框图。当串联结构暴露在共因失效当中,这意味着在同一时间因为同一个原因可能会有两个或者更多失效发生。对于串联结构来说,一旦第一个失效发生(即 E_1、E_2 或者 E_3 当中的任何一个发生),整个结构就失效了,因此共因失效并不会让系统失效次数增加。

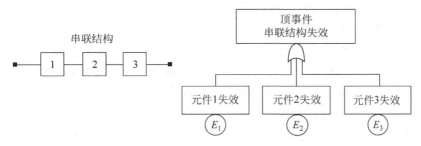

图 13.2 串联结构的可靠性框图和故障树模型

如果这三个元件是彼此独立的,那么系统失效的次数就等于元件失效的总次数。如果考虑共因失效,那么元件失效次数的总和就会高于系统失效的次数。因此绝大多数共因失效模型都会导致对于或-门顶事件概率的估计相对保守,这也是串联结构在共因失效分析中不那么重要的原因。

值得注意的是,共因失效会导致更多的元件失效,也就会导致串联结构的维修持续时间更长,所以如果共因失效的比例上升,系统的不可用性会上升。

案例 13.2(只有一个与-门的故障树):考虑一个包含 3 个相同元件(1、2 和 3)的并联结构。相应故障树的顶事件为"并联结构失效",故障树中只有一个与-门,用来连接 3 个事件 E_1、E_2 和 E_3,其中 E_i 表示"第 i 个元件失效",$i=1,2,3$。图 13.3 给出了本例中并联结构的故障树以及与之对应的可靠性框图。在本例中,只有故障树中的 3 个基本事件全部发生,才能导致顶事件发生。当并联结构暴露在共因失效当中的时候,顶事件发生的概率会显著增加。

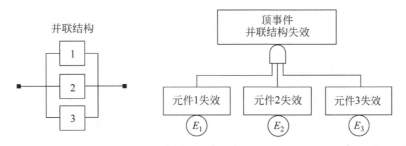

图 13.3 并联结构的可靠性框图和故障树模型

如果我们只使用公式计算基本事件,而"忘记"了共因失效的可能性,那么我们就会大大低估顶事件的概率。在大多数情况下,并联系统顶事件的发生概率主要由共因失效决定。

13.5.2 共因失效概率计算

考虑一个包含 3 个基本事件 E_1、E_2 和 E_3 的故障树,每个基本事件都表示一个相同元件的故障,因此它们发生的概率相同。令 E_i^* 表示第 i 条通道功能正常,而 E_i 表示这条通道失效,在这里 $i=1,2,3$。某一个基本事件的发生(比如 E_1)可以包含在 4 个独立的失效场景当中:

(1) 元件 1 的故障是一个个体故障(单独故障),即 $E_1 \cap E_2^* \cap E_3^*$;

(2) 元件 1 的故障和元件 2 的故障一起发生,属于一个双重故障,即 $E_1 \cap E_2 \cap E_3^*$;

(3) 元件 1 的故障和元件 3 的故障一起发生,属于一个双重故障,即 $E_1 \cap E_2^* \cap E_3$;

(4) 元件 1、元件 2 和元件 3 同时存在故障,这属于一个三重故障,即 $E_1 \cap E_2 \cap E_3$。

对于元件 2 和元件 3,我们也可以采用类似的表达方式。

令 $g_{k,n}$ 表示一个功能正常和失效元件的组合方式,也就是说(正好)有 k 个元件处于故障状态,而 $n-k$ 个元件功能正常。那么,(在时间点 t)存在某一个单独故障的概率是:

$$g_{1,3} = \Pr(E_1 \cap E_2^* \cap E_3^*) = \Pr(E_1^* \cap E_2 \cap E_3^*) = \Pr(E_1^* \cap E_2^* \cap E_3) \tag{13.3}$$

(在时间点 t)存在某一个双重故障的概率是:

$$g_{2,3} = \Pr(E_1 \cap E_2 \cap E_3^*) = \Pr(E_1 \cap E_2^* \cap E_3) = \Pr(E_1^* \cap E_2 \cap E_3) \tag{13.4}$$

而(在时间点 t)三重故障的概率是:

$$g_{3,3} = \Pr(E_1 \cap E_2 \cap E_3) \tag{13.5}$$

以元件 1 为例,如果它出现了失效,那么它必然处于单独故障、双重故障或者三重故障当中的某一个状态。

假设我们在时间点 t 观察或者测试元件 1,那么该元件在这个时间点处于故障状态的(总体)概率为:

$$Q = \Pr(元件 1 在时间点 t 处于故障状态) = g_{1,3} + 2g_{2,3} + g_{3,3} \tag{13.6}$$

对于一个包含 n 个相同元件的(通用)结构而言,某一个元件(比如元件 1)的总体失效概率可以写为:

$$Q = \sum_{k=1}^{n} \binom{n-1}{k-1} g_{k,n} \tag{13.7}$$

再次考虑 3 个相同元件的结构,基于式(13.6),我们可以得到:

$$Q = \binom{2}{0} g_{1,3} + \binom{2}{1} g_{2,3} + \binom{2}{2} g_{3,3} = g_{1,3} + 2g_{2,3} + g_{3,3}$$

结果和上面是一样的。因为所有的 n 个元件都相同,它们的失效概率一样,所以不需要在公式中特指某一个元件,也就是说 Q 在这里就表示一个元件的失效概率。

令 $Q_{k,3}$ 表示包含 3 个相同元件的系统出现 k 阶(意外)失效的概率,其中 $k=1,2,3$。1 阶和 2 阶失效分别有 3 种方式,因此:

$$\begin{cases} Q_{1,3} = \binom{3}{1} g_{1,3} = 3g_{1,3} \\ Q_{2,3} = \binom{3}{2} g_{2,3} = 3g_{2,3} \\ Q_{3,3} = \binom{3}{3} g_{3,3} = g_{3,3} \end{cases} \tag{13.8}$$

串联结构,即 1oo3:F 这样的结构,在至少有一个元件失效的时候整体就会失效。那么串联结构 $Q_{1oo3:F}$ 的失效概率为:

$$Q_{1oo3:F} = Q_{1,3} + Q_{2,3} + Q_{3,3}$$

2oo3:F 结构意味着至少有两个元件失效才能导致整体失效,那么它的失效概率为:

$$Q_{2oo3:F} = Q_{2,3} + Q_{3,3}$$

并联结构,即 3oo3:F 结构意味着全部元件失效才能导致整体失效,它的失效概率为:

$$Q_{3oo3:F} = Q_{3,3}$$

现在,$koon:F$ 结构失效概率的计算就很直观了:

$$Q_{koon:F} = \sum_{i=k}^{n} \binom{n}{i} Q_{i,n} \tag{13.9}$$

上面描述的方法称为直接方法,也可以称为基本参数方法。

从理论上来说,如果我们掌握这种同质元件 $koon:F$ 结构的数据,而数据又已经涵盖了单独故障、双重故障和三重故障这些类型,那么这些故障的频率就可以被看作是概率 $Q_{i,n}$,用来计算 $koon:F$ 结构的失效概率。然而,我们通常收集到的都是每个元件的失效数据,多重失效的相关信息则少之又少,相关的数据也很难获取,所以这种方法并不是很实用。

重新考虑拥有三个相同元件的结构,假设我们在时间点 t 观察到有一个元件失效,那么现在我们可以提问:这个失效是单独失效、双重失效还是三重失效?

如前所述,我们可以令某一个元件在时间点 t 处于失效状态的概率为 Q。因为所有的元件都相同,在不失一般性的前提下,我们可以假设这个元件是元件 1。为了简化标注,在下面的算式中时间 t 可以先忽略掉。

假设我们观察元件 1 的失效情况,并且知道失效的阶数可以是 1、2 或者 3。令 $f_{k,3}$ 表示在我们已知某一通道失效的情况下,k 阶失效的条件概率,其中 $k=1,2,3$。对于三重失效而言,通道 1 的失效包含在这个三重失效事件当中,我们有:

$$f_{3,3} = \Pr(E_1 \cap E_2 \cap E_3 \mid E_1) = \frac{\Pr(E_1 \cap E_2 \cap E_3)}{\Pr(E_1)} = \frac{g_{3,3}}{Q} \tag{13.10}$$

而对于双重失效,元件 1 的失效会出现在式(13.5)的三种可能失效组合中的两种里面。根据上面的讨论,我们可以得到包含元件 1 失效和元件 2 失效的双重失效的条件概率是:

$$\frac{g_{2,3}}{Q}$$

而包含元件1失效和元件3失效的双重失效的条件概率是：

$$\frac{g_{2,3}}{Q}$$

那么包含元件1失效和其他任意一个元件失效的双重失效的条件概率是：

$$f_{2,3} = \frac{g_{2,3}}{Q} + \frac{g_{2,3}}{Q} = \frac{2g_{2,3}}{Q} \tag{13.11}$$

对于一个单独失效而言，元件1的失效只可能出现在式(13.6)中的一个失效组合当中，因此元件1失效是一个单独失效的条件概率是：

$$f_{1,3} = \frac{g_{1,3}}{Q} \tag{13.12}$$

我们还应该注意到，因为系统只有三种独立的失效方式，$f_{1,3} + f_{2,3} + f_{3,3} = 1$。对于包含$n$个相同元件的系统，我们都可以建立出与本节类似的公式。

13.5.3 共因失效的原因

通常，我们可以将共因失效的原因分为共有原因(shared causes)和耦合因素(coupling factors)两类(Parry, 1991; Paula等, 1991)。

共有原因可以是一个元件失效的基本原因，比如高湿度和腐蚀性环境。有些学者使用根本原因(root cause)这个词来代替共有原因，但是这种说法可能会带来混淆，因为根本原因一般表示更为基础的原因，比如管理上的缺失或者是培训不够。

耦合因素解释了为什么几个元件会受到同一个共有原因的影响。

如图13.4所示，共有原因和耦合因素共同作用导致了共因失效的发生。

图13.4 共有原因和耦合因素共同作用，导致共因失效发生(E_i表示第i个元件失效，$i=1,2,3$)

13.5.3.1 共有原因

我们可以在很多研究当中发现共因失效事件的共有原因，研究人员也提出了若干分类方法对这些事件进行划分(可参阅的文献包括：Paula等, 1991; NEA, 2004; 美国能源部, 1992; Rasmuson, 1991)。有多个研究显示，复杂系统中大部分的根本原因都与人员活动和流程缺陷相关。把共因失效描述成来源于单独一个共有原因，在很多时候都是把问题理解的过于简单了(Parry, 1991)。

我们经常可以为一起事故(或者顶事件)找到一系列原因，找到一个原因之后还会找到产生这个原因的原因。这项追本溯源的工作直到发现了基础性、可纠正的原因才会结束(美国能源部, 1992)。根本原因的概念与防护连接在一起，这是因为很多时候我们可以采取多种修正措施(即防护)避免其再次发生。了解了根本原因，系统设计者就可以加入安全屏障，提高系统对于单一失效和共因失效的免疫力。

13.5.3.2 耦合因素

定义 13.4（耦合因素）：导致多个元件因一个共同原因失效的属性。

我们可以列举一些耦合因素的例子,比如[①]：

(1) 相同的设计；
(2) 相同的硬件；
(3) 相同的软件；
(4) 相同的安装人员；
(5) 相同的维护或者运营人员；
(6) 相同的流程；
(7) 相同的环境；
(8) 相同的位置。

有关核电站共因失效的研究显示,大部分影响到共因失效的耦合因素都出现在运营方面（Miller 等,2000）。

为了节约开支、简化运营和维护,很多行业中的技术解决方案都变得越来越标准化,无论是硬件还是软件都是如此。而这样做的一个结果却是增加了耦合因素。挪威研究机构 SINTEF 曾经在挪威海洋油气设施当中进行过多次有关标准化影响的调查。研究发现,新的标准化运营理念和人员的削减,都使得耦合因素不断增加（Hauge 等,2006）。

13.5.4 共因失效建模

共因失效可以采用显性和隐性两种建模方式。如果我们可以识别并且定义出共因失效的具体原因,这个原因就可以在系统逻辑模型中明确表示出来,如图 13.4 中事件树模型上的基本事件或者可靠性框图中的功能框（可参阅 NASA,2002；拉桑德等 2002 年的著作）,这就是显性建模。同样,显性原因还可以包含在事件树当中,下面的一些原因都可以采用显性建模方式：

(1) 人为错误；
(2) 设施失效（比如供电、制冷、加热）；
(3) 环境事件（比如地震、闪电）。

案例 13.3（共因失效的显性建模）：有两个压力传感器安装在压力容器上,如果两个传感器同时失效,那么这个压力传感系统即告失效。如图 13.5 中的故障树所示,失效可能是由两个独立失效或者两个传感器的共因失效引起。压力传感器安装在容器中同一个气嘴（细管）上面,如果气嘴被固体堵塞,传感器就无法检测到容器中的高压。同一个测试团队定期对两个传感器进行校准,如果他们在一个传感器上出现了校准错误,他们也很容易在另外一个传感器上出现同样的错误。图 13.5 的故障树指出了共因失效的显性原因。

[①] NEA(2004)、NUREG/CR-5485(1998)以及 Childs 和 Mosleh(1999)都曾经对耦合因素做过更加详细的调查。

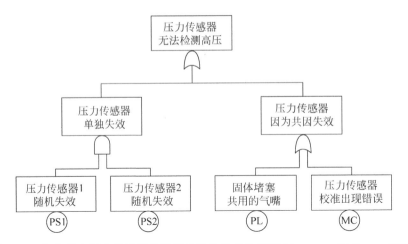

图 13.5　包含两个压力传感器的系统共因失效显性模型(Summers 和 Raney,1999)

此外,有些关联原因很难或者根本不可能被发现,我们也就难以明确地给出模型。我们称这些原因为残存原因,只能采取隐性建模的方式。残存原因包括很多共有原因和耦合因素,比如相同的制造商、相同的环境和维护错误等。这种原因有很多,我们很难在一棵故障树或者事件树当中很好地表达。

在建立隐性模型的时候,我们需要牢记哪些原因已经出现在显性模型当中,不需要重复考虑它们。

13.5.5　建模方法

共因失效的建模和分析是风险或者可靠性研究的一部分,因此至少需要包括以下几个步骤(Rasmuson,1991；Johnston,1987):

(1) 建立系统逻辑模型。这一步包括熟悉系统、系统功能失效分析、建立系统逻辑模型(如故障树、可靠性框图和事件树)等任务。

(2) 识别共因元件组。需要识别出不能假设彼此独立的一组元件。

(3) 识别共有原因和耦合因素。需要为每一个共因元件组识别出共有原因和耦合因素,并进行描述。在这一步可以使用检查表和共有原因分析。

(4) 评估元件防护措施。需要评价共因元件组的防护措施是否能够有效地阻止在上一步中识别出的根本原因发展成失效。

(5) 建立显性模型。识别出每一个共因元件组的明显共因失效,并把它包含到系统逻辑模型当中。

(6) 涵盖隐性模型。第(5)步中没有涉及的残存共因失效应该包含在隐性模型当中,我们将在下一节当中讨论这部分内容。需要使用检查表(如 IEC 61508,2010)或者现有数据,预测隐性模型中的参数。

(7) 量化并解释结果。我们应该将上一步中的结果运用到系统整体评估当中。这一步还包括重要度、不确定性和敏感性分析,另外还需要编写分析报告。在大多数情况下,我们都无法找到显性模型中共因失效原因的高质量输入数据。但是,即便是质量较低的输入数据,或者干脆靠"猜",这样分析的结果也要比将明显原因包含在通用(隐性)共因失效模型中所获得的结果更加准确。

本节后面部分讨论的共因失效模型主要关注的都是共因失效的隐性原因。

13.5.6 模型假设

在很多共因失效模型中,我们都需要做出如下假设:

(1) 研究对象为一组 n 个完全相同的元件,采用 k oon:F 的结构配置。

(2) 系统的 n 个元件是完全对称的,也就是说每个元件都具有相同的固定失效率。

(3) 对于 k 个元件都失效,$n-k$ 个元件没有失效的情况,各种元件组合的概率都是相同的。

(4) 如果从 n 个元件中去除 j 个,对于剩下的 $n-j$ 个元件的失效概率没有影响。

这些假设意味着,我们不必为不同的 n 值设定全新的参数。处理 $n=2$ 的共因失效的参数对于 $n=3$ 或者其他数值的情况也适用。

13.6 β 因子模型

Fleming 在 1975 年提出的 β 因子模型至今仍然是最常用的共因失效模型。我们可以使用一个简单的例子解释 β 因子模型:假设有一个系统包含 n 个相同的元件,每个元件都有固定失效率 λ。假定某一个元件已经失效,这个失效会以概率 β 引发所有 n 个元件失效,而仅引起自身失效的概率就是 $1-\beta$。那么系统的共因失效概率 $\lambda_C = \beta \lambda$,出现这种失效的时候所有的 n 条通道都无法工作。除此之外,每个元件还有一个独立失效率 $\lambda_I = (1-\beta)\lambda$。那么对于一个元件来说,它的总体失效率可以写成:

$$\lambda = \lambda_I + \lambda_C \tag{13.13}$$

参数 β 可以表示为:

$$\beta = \frac{\lambda_C}{\lambda_I + \lambda_C} = \frac{\lambda_C}{\lambda} \tag{13.14}$$

因此,β 可以解释成共因失效占一个元件全部失效的相对比例。β 因子还可以看作,当已知一个元件失效时,该失效属于共因失效的条件概率,即:

$$\Pr(\text{共因失效} \mid \text{元件失效}) = \beta$$

β 因子模型也可以看作一个冲击模型,其中冲击按照一个速率为 λ_C 的齐次泊松过程的随机发生。每一次在有冲击发生的时候,无论通道当时的状况如何,系统中所有的元件都会失效。因此,每个元件可能会因为两个独立的原因失效:冲击以及通道自身(个体)的原因。速率 λ_I 有时候也被称为个体失效率。

13.5.2 节中的注释也可用来描述 β 因子模型。因为这些模型假设,所有的失效要么是个体失效,要么是阶数为 n 的总体失效。因此,在特定时间点 t 某一个元件被发现失效的概率是:

$$Q = \Pr(\text{元件 1 在时间点 } t \text{ 失效}) = g_{1,n} + Q_{n:n}$$

我们在这里可以忽略掉时间。注意 $g_{1,n}$ 是该元件(这里是元件 1)的个体失效概率,

而 $Q_{n:n}$ 是这个结构体正好存在一个导致全部元件都失效的共因失效的概率。

个体失效和总体失效的比例是：

$$Q = g_{1,n} + Q_{n:n} = \underbrace{(1-\beta)Q}_{\text{个体失效}} + \underbrace{\beta Q}_{\text{共因失效}}$$

现在，参数 β 可以表示为：

$$\beta = \frac{Q_{n:n}}{g_{1,n} + Q_{n:n}} = \frac{Q_{n:n}}{Q}$$

其中：

$$Q_{n:n} = \beta Q$$

我们可以得到：

$$g_{1,n} = (1-\beta)Q$$
$$Q_{i:n} = 0, \quad i = 2, \cdots, n-1$$
$$Q_{n:n} = \beta Q \tag{13.15}$$

给定我们已经观测到第一个失效的时候，不同的失效阶数会有如下的条件概率（参考式(13.10)～式(13.12)）：

$$f_{1,n} = (1-\beta)$$
$$f_{k,n} = 0, \quad k = 2, \cdots, n-1$$
$$f_{n,n} = \beta \tag{13.16}$$

图 13.6 给出了包含 3 个相同元件的系统的失效概率分布。在这个系统中，E_i 表示第 i 个元件失效，$i=1,2,3$。假设我们已经观察（检测）到其中一个元件，比如通道 1，处于失效状态，这时我们就处在圆圈 E_1 当中，而圆圈中的数字 0、β 和 $1-\beta$ 分别表示失效中包含的元件数量的条件概率。$1-\beta$ 表示已经观察到的失效是单独（个体）失效的概率，β 表示已经观察到的失效是一个阶数为 3 的系统完全失效的概率，而 0 表示阶数为 2 的失效不可能发生。

案例 13.4（包含相同元件的并联系统）：考虑一个包含 n 个相同元件的并行系统，每个元件的失效率为 λ。可能会有外部事件能够引起系统中所有的元件都失效。这个外部事件可以用一个"假定"元件(C)表示，该元件与系统的其他部分串联。图 13.7 的可靠性框图描述的就是这样一个系统。如果我们使用 β 因子模型，元件 C 的失效率就是 $\lambda_C = \beta\lambda$，而图 13.7 中并联结构里的 n 条通道可以认为是独立的，个体失效率为 $\lambda_I = (1-\beta)\lambda$。

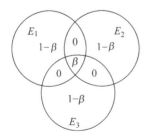

图 13.6 使用 β 因子模型时，拥有 3 个相同元件的系统不同失效阶数的比例

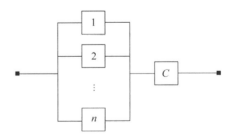

图 13.7 包含共因"元件"的并联系统

那么系统的可靠度函数(也称为生存函数)就是(具体推导过程见附录 A)：
$$R(t) = (1-(1-R_I(t))^n) = (1-(1-e^{-(1-\beta)\lambda t})^n) \cdot e^{-\beta \lambda t} \quad (13.17)$$

注释 13.2(**失效更多意味着维护更多**)：对于固定的 β 值,在 β 因子模型中共因失效的速率为 $\lambda_C = \beta\lambda$,随着总体失效率 λ 增加而增加。因此,会出现很多失效的系统,在这里认为也会有很多共因失效。因为修理和维护经常被当作是共因失效的主要原因,也就可以认为需要很多修理的系统就会有很多共因失效。

因为 β 因子模型非常简单,人们在实际的共因失效建模当中会经常使用这个模型。比如,IEC 61508 就建议在进行安全仪表系统 PFD 量化的时候使用 β 因子模型(见第 14 章)。参数 β 很容易解释和理解,如果有相关数据可以利用,那么 β 的数值也很容易估算。

我们需要注意,有一些数据库,比如 OREDA,给出了总体失效率 λ 的估计值,很多分析都接受这个失效率,并把它当作一个常数。这种方法意味着,如果我们增加 β 的值,个体(单独)失效的速率 λ_I 就会随之变小。而另外还有一些数据库,比如 MIL-HDBK-217F,只给出了个体失效率 λ_I,因此需要加入共因失效的速率,才能得到总体失效率。

β 因子模型足以分析包含两个元件的并联结构,但有时候应对更加复杂的结构会出现一些问题。NUREG/CR-4780 对此进行了分析：

尽管在核电站运营中收集的历史数据显示共因事件并不总造成所有冗余元件失效,但是在很多情况下,比如使用这个简单的 β 因子模型,可以得到包含 3 个或者 4 个元件的冗余结构相对准确的估计结果(可能略显保守)。然而我们需要注意的是,如果冗余的程度超过上述范围,β 因子模型的预测结果通常会相当保守。

13.6.1 包含不同元件的系统

最初,β 因子的定义是针对具有同样固定失效率 λ 的同质元件。然而,很多情况下,一个系统中可以使用不同的元件实现同一功能。在这种情况下,定义并解释 β 因子则要困难得多。因此,我们可以考虑将共因失效的速率定义为元件失效率几何平均数的一部分(比例为 β),即：

$$\lambda_C = \beta \cdot \left(\prod_{i=1}^{n} \lambda_i\right)^{1/n} \quad (13.18)$$

13.6.2 C 因子模型

Evans 等人在 1984 年提出了 C 因子模型,这个模型与 β 因子模型几乎相同,但是使用另外一种方式定义共因失效的比例。在 C 因子模型中,共因失效的速率定义为 $\lambda_C = C \cdot \lambda_I$,也就是个体失效率 λ_I 的一定比例。相应的,我们需记住,当使用 β 因子模型时,$\lambda_C = \beta\lambda$,因此,总体失效概率就可以写成 $\lambda = \lambda_I + C \cdot \lambda_I$。在这个模型当中,个体失效率 λ_I 为常数,而共因失效的速率加到这个速率上面就得到总体失效率。

13.6.3 针对具体情况 β 因子

在工厂当中实施的共因失效事件的防护措施,会影响共因失效事件的比例。因此,根

据通用数据得到的 β 估计值的作用有限。根据 NUREG/CR-6268(2007)，这些防护措施可以分为：

(1) 功能安全屏障；
(2) 物理安全屏障；
(3) 监控和注意；
(4) 维护人员任用和计划；
(5) 元件识别；
(6) 多样性。

根据采用的防护措施以及实际系统可能出现的共因失效，关于如何选择"正确的"β 值，各种研究都提出了很多建议。我们在这里简要介绍 3 种方法，它们都用来在具体情况下确定 β 的值。

(1) 汉弗莱方法。汉弗莱(Humphreys)在 1987 年提出了一种确定具体情况 β 值的方法。他识别出 8 种对于 β 的实际值具有重要影响的因素(设计、运营和环境)。我们对各个因素进行评估，确定其权重。然后采用一个标准流程估计 β 值。

(2) IEC 方法。IEC 标准(IEC 61508,2010；IEC 62061,2005)给出了两种略微不同的方法确定安全仪表系统的 β 值。这两种方法都是采用针对系统相关方面的详细问题列表。遵循标准步骤回答问题，就可以得到合适的 β 值。

(3) 整合部分法(unified partial method, UPM)。UPM 是面向英国核电工业开发(Zitrou 和 Bedford, 2003)的方法，同样也是基于预防共因失效的 8 类防护措施。采用 5 级得分制，每个系统都在每一类防护措施的考评中对应一个相应的等级，分析人员可以使用基于过往研究的通用打分表进行评分，而系统总体的 β 值就是这些得分的总和。

13.7 二项失效率模型

Vesely 在 1977 年提出了二项失效率(the binomial failure rate, BFR)模型，用于研究以下情况：系统包含 n 个相同的元件，每个元件都是随机失效，元件之间彼此独立，并且假设它们具有相同的个体(独立)失效率 λ_I。

BFR 模型的前提是共因失效来自对系统的冲击(Evans 等 1984)。这些冲击遵循速率为 v 的齐次泊松过程随机发生。一旦有冲击发生，假设每一条通道的失效概率为 p，失效与否与其他通道的状态无关。我们可以进一步假设：①冲击和个体失效彼此独立；②所有的失效都可以立即发现并且修复，修复时间可以忽略不计。

根据上述假设，冲击之后失效通道的数量 Z 是一个二项分布 (n,p)。由于冲击导致的失效阶数 Z 等于 z 的概率是：

$$\Pr(Z=z) = \binom{n}{z} p^z (1-p)^{n-z}, \quad z=0,1,\cdots,n \tag{13.19}$$

因此，在一次冲击中平均的失效通道数量是 $E(Z)=np$。这些假设暗示，在没有冲击的情况下，一条通道发生独立失效的时间间隔遵循失效率为 λ_I 的指数分布，而两次冲击之间的时间遵循速率为 v 的指数分布。因此，在任何一个时间区间 t_0 内，某一条通道发生独立失效的数量是参数为 $\lambda_1 t$ 。的泊松分布,在相同时间区间内的冲击次数是参数为 vt 。的泊松分布。

所以,由于冲击导致的通元件失效率等于 pv,那么一个元件的总体失效率就是:

$$\lambda = \lambda_1 + pv \tag{13.20}$$

如果使用这个模型,我们必须估计独立失效率 λ_1 以及另外两个参数 v 和 p。参数 v 和系统受到的"压力"程度有关,而 p 的取值依赖于系统针对外部冲击内置的元件保护程度。注意,如果系统只有 2 个元件,BFR 模型和 β 因子模型就是一样的。

在这里,我们假设在发生冲击之后,各个元件的失效彼此独立。但是实际上这个假设有很大的局限,经常不符合实际的情况。要解决这个问题,我们可以将冲击的一部分定义为"致命"冲击,也就是说这部分冲击会导致所有元件失效,即 $p=1$。如果所有的冲击都是"致命"的,那么我们就又回到了 β 因子模型。从这个例子中,我们可以观察到 $p=1$ 意味着,系统对外部冲击没有采取任何内置的防护措施。

在实际当中,更常见的情况是个体失效同时伴随着致命冲击和非致命冲击。因此,即便是在致命冲击和非致命冲击彼此独立发生的情况下,模型也会变得相当复杂。

13.8 多希腊字母模型

多希腊字母(the multiple Greek letter, MGL)模型最早是由 Fleming 等人于 1986 年在 β 因子模型的基础上所提出的,这种方法对于高阶冗余结构的预测保守程度较低。MGL 模型中的假设与 β 因子模型相同。

我们令 E_i 表示第 i 个元件失效,令 Z 表示失效阶数。假设已经观察到通道 1 失效,可以采用希腊字母定义新的参数:

$$\beta = \Pr[Z \geqslant 2 \mid E_1 \cap Z(Z \geqslant 1)] = \Pr[Z \geqslant 2 \mid E_1]$$
$$\gamma = \Pr[Z \geqslant 3 \mid E_1 \cap Z(Z \geqslant 2)]$$
$$\delta = \Pr[Z \geqslant 4 \mid E_1 \cap Z(Z \geqslant 3)]$$

甚至我们还可以使用更多的希腊字母来表示高阶冗余结构的相关失效。字母的含义如下:

(1) 如果我们已经发现结构中的 1 个元件失效,β 是至少还有 1 个失效的概率。

(2) 如果我们已经发现结构中的 2 个元件失效,γ 是至少还有 1 个失效的概率。

(3) 如果我们已经发现结构中的 3 个元件失效,δ 是至少还有 1 个失效的概率。

可以发现,β 因子模型实际上就是 MGL 模型在 $n=2$ 的时候的一个特例。即除了 β 之外,MGL 模型中其他所有的参数都等于 1。

我们使用一个包含 $n=3$ 个元件的系统来解释 MGL 模型。设定图 13.8 中所示各种多重失效的概率是 $g_{k,3}$,其中 $k=1,2,3$。在不失一般性的前提下,我们令 E_1 表示第一个元件失效,那么事件 E_1 的概率是:

$$Q = \Pr(E_1) = g_{1,3} + 2g_{2,3} + g_{3,3} \tag{13.21}$$

如图 13.8 所示,所有的 3 个元件都有着相同的失效概率。

首先,我们将注意力都集中在图 13.8 中表示第一个元件的圆圈当中,那么参数 β 可以表示为：

$$\beta = \Pr(Z \geqslant 2 \mid Z \geqslant 1) = \frac{\Pr(Z \geqslant 2)}{\Pr(Z \geqslant 1)} = \frac{2g_{2,3} + g_{3,3}}{Q} \tag{13.22}$$

对于一个只包含 3 个元件的系统，$Z \geqslant 3$ 就意味着 $Z = 3$，那么参数 γ 可以表示为：

$$\gamma = \Pr(Z = 3 \mid Z \geqslant 2) = \frac{\Pr(Z = 2)}{\Pr(Z \geqslant 2)} = \frac{g_{3,3}}{2g_{2,3} + g_{3,3}} \tag{13.23}$$

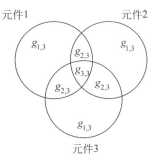

图 13.8 多重失效概率

合并式(13.22)和式(13.23)可以得到：

$$g_{3,3} = \beta \gamma Q \tag{13.24}$$

将这个结果输入到式(13.23)，得到

$$g_{2,3} = \frac{1}{2}\beta(1-\gamma)Q \tag{13.25}$$

那么事件 E_1 是一个个体(单独)失效的概率是：

$$g_{1,3} = Q - 2g_{2,3} - g_{3,3} = Q[1 - \beta(1-\gamma) - \beta\gamma] = (1-\beta)Q \tag{13.26}$$

在这个三元件系统中存在单独故障、双重故障和三重故障的概率分别是：

$$Q_{1,3} = \binom{3}{1} g_{1,3} = 3(1-\beta)Q$$

$$Q_{2,3} = \binom{3}{2} g_{2,3} = \frac{3}{2}\beta(1-\gamma)Q$$

$$Q_{3,3} = \binom{3}{3} g_{3,3} = \beta \gamma Q \tag{13.27}$$

因此，这个 2oo3:F 结构的失效概率是：

$$Q_{2oo3:F} = Q_{2,3} + Q_{3,3} = [3\beta(1-\gamma) + \beta\gamma]Q = [3\beta - 2\beta\gamma]Q \tag{13.28}$$

13.9 α 因子模型

Mosleh 和 Siu 在 1987 年面向包含 n 个相同元件结构提出了 α 因子模型。假设我们在时间点 t 观察到一个失效，它可能是单独失效也可能是多重失效。令 Q_{tot} 表示该失效事件的概率，根据 13.5.2 节中的注释，这个概率是：

$$Q_{tot} = 3g_{1,3} + 3g_{2,3} + g_{3,3}$$

α 因子模型基于一系列 n 个参数 $\alpha_1, \alpha_2, \cdots, \alpha_n$，它们可以定义为：

$$\alpha_k = \Pr(\text{正好有 } k \text{ 个元件失效} \mid \text{失效事件发生}), \quad k = 1, 2, \cdots, n \tag{13.29}$$

这意味着 $\sum_{k=1}^{n} \alpha_k = 1$。注意，如果 $\alpha_1 = 1 - \beta$，$\alpha_n = \beta$，$\alpha_i = 0$，并且对于所有 $i = 2, 3, \cdots, n-1$ 的情况，这时 α 因子模型会转化为 β 因子模型。

α 因子模型的公式取决于测试的方法究竟是同步测试还是延迟测试。有兴趣的读者可以阅读 Mosleh 和 Siu(1987)的论文了解更多的公式信息。

航天行业(NASA,2011)建议在共因失效分析中使用 α 因子模型,美国核监管委员会也同样推荐使用这种方法。

13.9.1　包含 3 个相同元件的结构

我们使用一个包含 $n=3$ 个元件的系统来解释 α 因子模型。建模的起点是结构中的失效事件 E,这个失效可能源自一个个体失效,也可能是多重失效的结果。在这里,我们只考虑 3 个元件。根据 13.5.2 节中的结果,失效事件 E 的概率是:

$$\Pr(E) = Q_{\text{tot}} = 3Q_{1,3} + 3Q_{2,3} + Q_{3,3}$$

根据图 13.8 所示,这是一个明显的结果。同样在图中,我们还可以看到:

$$\alpha_1 = \frac{3Q_{1,3}}{Q_{\text{tot}}} \Rightarrow Q_{1,3} = \frac{\alpha_1}{3} Q_{\text{tot}}$$

$$\alpha_2 = \frac{3Q_{2,3}}{Q_{\text{tot}}} \Rightarrow Q_{2,3} = \frac{\alpha_2}{3} Q_{\text{tot}}$$

$$\alpha_3 = \frac{Q_{3,3}}{Q_{\text{tot}}} \Rightarrow Q_{1,3} = \alpha_3 Q_{\text{tot}} \tag{13.30}$$

注意 Q_{tot} 必须单独进行估算,因为它并不是使用 α 因子模型的结果。α 因子模型给出的只是在失效事件 E 发生的情况下多重失效的分布情况。

那么,这个 2oo3:F 结构的失效概率是

$$Q_{2\text{oo}3:\text{F}} = Q_{2,3} + Q_{3,3} = \left(\frac{\alpha_2}{3} + \alpha_3\right) Q_{\text{tot}}$$

表 13.1 面向包含 3 个相同元件的结构,对 β 因子模型、MGL 模型和 α 因子模型进行一个简单的比较,我们可以发现 3 个模型的初始条件不尽相同。β 因子模型和 MGL 模型都始于观察到某个元件的故障,然后来确定这个故障的阶。该元件的故障概率为 Q,那么上述 2 个模型所关注的概率是 $g_{i,3}$(其中 $i=1,2,3$)。而 α 因子模型的起点是发现结构失效(概率为 Q_{tot}),它可能源自一个个体失效或者多重失效,而模型关注的是 $Q_{i,3}$(其中 $i=1,2,3$)。

表 13.1　对于一个包含 3 个相同元件的结构,β 因子模型、MGL 模型和 α 因子模型的比较

参数	β 因子模型	MGL 模型	α 因子模型
	β	β, γ	$\alpha_1, \alpha_2, \alpha_3$
$g_{1,3}[Q_{1,3}]$	$(1-\beta)Q$	$(1-\beta)Q$	$\frac{1}{3}\alpha_1 Q_{\text{tot}}$
$g_{2,3}[Q_{2,3}]$	0	$\frac{1}{2}\beta(1-\gamma)Q$	$\frac{1}{3}\alpha_2 Q_{\text{tot}}$
$g_{3,3}[Q_{3,3}]$	βQ	$\beta\gamma Q$	$\alpha_3 Q_{\text{tot}}$
	$Q = g_{1,3} + 2g_{2,3} + g_{3,3}$	$Q = g_{1,3} + 2g_{2,3} + g_{3,3}$	$Q_{\text{tot}} = 3g_{1,3} + 3g_{2,3} + g_{3,3}$

注:括号中的 $Q_{i,3}$ 仅适用于 α 因子模型。

13.10 多 β 因子模型

多 β 因子(the multiple β-factor, MBF)模型是由挪威研究机构挪威工业研究院(SINTEF)开发。与 MGL 模型比较类似，MBF 模型也是面向安全仪表系统的应用设计的。

为了描述 MBF 模型，我们可以考虑一个 2oo3:F 结构。如前所述，它的失效概率是：

$$Q_{2oo3} = 3g_{2,3} + g_{3,3}$$

与 MGL 模型一样(其中 $\gamma = \beta$)，这个失效概率可以写为：

$$Q_{2oo3} = (3 - 2\beta_2)\beta Q \tag{13.31}$$

MBF 模型中 βQ 前面的系数可以被看作是一个修正因子 C_{2oo3}，因此该等式可以写为：

$$Q_{2oo3} = C_{2oo3}\beta Q \tag{13.32}$$

相同的方法也适用于所有的 $koon$ 结构，修正因子 C_{koon} 的值取决于结构，也就是不同 k 值和 n 值。SINTEF 曾经出版过多份可以免费获取的报告(如 Hauge 等人 2010 年和 2015 年的报告)，解释 MBF 模型的理论基础，为实际应用提供帮助。

Hokstad 和拉桑德 2008 年的论文对共因失效的模型进行了全面的总结，其中还包括一些本书中没有涵盖的模型，以及如何估算模型中的参数。此外，对于共因失效模型有兴趣的读者也可以阅读 NASA 在 2011 年的相关报告中的第 10 章(见本章参考文献)。

13.11 思考题

(1) 考虑一个由 3 台消防泵并联组成的系统，每一台泵都可以提供 100% 的消防所需用水量。系统中的 2 台泵是由同一家制造商生产，型号和维护方式也相同。这两台泵安装在同一个房间。请识别这两台消防泵之间的一些内在和外在的联系。

(2) 假设我们使用相同的钢管，从上述 3 台消防泵中为用户供水。钢管因为暴露在一些震动当中会产生疲劳，但是钢管上裂纹的发展状况并不相同。尽管这样，所有的钢管都会在几个月之内相继失效。请讨论一下这是否属于共因失效。

(3) 上述的 3 台消防泵失效率都是 1×10^{-5} 次/h。如果我们假设不存在共因失效，那么在 3 个月之后有 2 台泵失效的概率是多少？

(4) 在上述问题中，我们如果假设共因失效有可能发生，并且 β 因子为 0.4。那么根据这个假设，3 个月后有 2 台泵失效的概率是多少？

(5) 如何用显性建模的方法，在一个故障树中表示顶事件"所有的消防泵都失效"？

(6) 比较 β 因子模型和 α 因子模型。讨论它们各自的优势和不足，并列出在何种情况下需要使用 α 因子模型，而不是 β 因子模型。

(7) 在 2011 年 3 月 11 日，日本福岛第一核电站发生了重大事故。请搜索事故的相关信息，并识别出引发这场悲剧的可能的关联性失效，描述出你的发现。我们需要同时考虑级联失效和共因失效。

（8）搜索有关电网级联失效的信息，列举一些由于级联失效引发的大型停电事故，并选择一个描述级联失效是如何发展的，以及为了阻止事故采取的措施。

 参考文献

Childs, J. A. and Mosleh, A. (1999). A modified FMEA tool for use in identifying and assessing common cause failure risk in industry. *Proceedings Annual Reliability and Maintainability Symposium*.

Evans, M. G. K., Parry, G. W., and Wreathall, J. (1984). On the treatment of common-cause failures in system analysis. *Reliability Engineering* 9: 107-115.

Fleming, K. N. (1975). *A Reliability Model for Common Mode Failures in Redundant Safety Systems*. Tech. Rep. GA-A13284. San Diego, CA: General Atomic Company.

Fleming, K. N. N., Mosleh, A., and Deremer, R. K. (1986). A systematic procedure for the incorporation of common cause events into risk and reliability models. *Nuclear Engineering and Design* 93: 245-279.

Hauge, S., Onshus, T., Øien, K. et al. (2006). Independence of Safety Systems on Offshore Oil and Gas Installations-Status and Challenges (in Norwegian). STF50 A06011. Trondheim, Norway: SINTEF.

Hauge, S., Lundteigen, M. A., Hokstad, P. R., and Håbrekke, S. (2010). *Reliability Prediction Method for Safety Instrumented Systems*. Research report A17956. Trondheim, Norway: SINTEF.

Hauge, S., Hoem, Å. S., Hokstad, P. et al. (2015). *Common Cause Failures in Safety Instrumented Systems*. Research report A26922. Trondheim, Norway: SINTEF.

Hokstad, P. and Rausand, M. (2008). Common cause failure modeling: status and trends. In: *Handbook of Performability Engineering*, Chapter 39 (ed. K. B. Misra), 621-640. London: Springer.

Humphreys, R. A. (1987). Assigning a numerical value to the beta factor common cause evaluation. *Proceedings: Reliability'87*, vol. 2C.

IEC 61508 (2010). *Functional safety of electrical/electronic/programmable electronic safety-related systems, Parts 1-7*. Geneva: International Electrotechnical Commission.

IEC 62061 (2005). *Safety of machinery-functional safety of safety-related electrical, electronic and programmable electronic control systems*, International standard. Geneva: International Electrotechnical Commission.

Johnston, B. D. (1987). A structured procedure for dependent failure analysis (DFA). *Reliability Engineering* 19: 125-136.

Littlewood, B. (1996). The impact of diversity upon common mode failures. *Reliability Engineering & System Safety* 51: 101-113.

Lundteigen, M. A. and Rausand, M. (2007). Common cause failures in safety instrumented systems on oil and gas installations: implementing defense measures through function testing. *Journal of Loss Prevention in the Process Industries* 20(3): 218-229.

MIL-HDBK-217F (1991). *Reliability Prediction of Electronic Equipment*. Washington, DC: U. S. Department of Defense.

Miller, A. G., Kaufer, B., and Carlson, L. (2000). Activities on component reliability under the OECD Nuclear Energy Agency. *Nuclear Engineering and Design* 198: 325-334.

Mosleh, A. and Siu, N. O. (1987). A multi-parameter common cause failure model. *9th International Conference on Structural Mechanics in Reactor Technology*, Lausanne, Switzerland, pp. 147-152.

NASA (2002). *Fault Tree Handbook with Aerospace Applications*, Handbook. Washington, DC: U. S.

National Aeronautics and Space Administration.

NASA (2011). *Probabilistic Risk Assessment Procedures Guide for NASA Managers and Practitioners*. Guide NASA/SP-2011-3421. Washington, DC: U.S. National Aeronautics and Space Administration.

NEA (2004). *International Common-Cause Failure Data Exchange, ICDE General Coding Guidelines*. Technical report R(2004)4. Paris: Nuclear Energy Agency.

NUREG-75/014 (1975). *Reactor Safety: An Assessment of Accident Risk in U.S. Commercial Nuclear Power Plants*. Technical report. Washington, DC: U.S. Nuclear Regulatory Commission.

NUREG/CR-4780 (1989). *Procedures for Treating Common-Cause Failures in Safety and Reliability Studies: Analytical Background and Techniques*, vol. 2. Washington, DC: U.S. Nuclear Regulatory Commission.

NUREG/CR-5485 (1998). *Guidelines on Modeling Common-Cause Failures in Probabilistic Risk Assessment*. Washington, DC: U.S. Nuclear Regulatory Commission.

NUREG/CR-6268 (2007). *Common-Cause Failure Database and Analysis System: Event Data Collection, Classification, and Coding*. Washington, DC: U.S. Nuclear Regulatory Commission, Office of Nuclear Regulatory Research.

OREDA (2015). *Offshore and Onshore Reliability Data*, OREDA Participants, 6e. 1322 Høvik, Norway: DNV GL.

Parry, G. W. (1991). Common cause failure analysis: a critique and some suggestions. *Reliability Engineering & System Safety* 34: 309-320.

Paula, H. M., Campbell, D. J., and Rasmuson, D. M. (1991). Qualitative cause-defense matrices: engineering tools to support the analysis and prevention of common cause failures. *Reliability Engineering & System Safety* 34: 389-415.

Rasmuson, D. M. (1991). Some practical considerations in treating dependencies in PRAs. *Reliability Engineering & System Safety* 34: 327-343.

Rausand, M., Høyland, A., and Barros, A. (2020). *System Reliability Theory: Models, Statistical Methods, and Applications*, 3e. Hoboken, NJ: Wiley.

Rinaldi, S. M., Peerenboom, J. P., and Kelly, T. K. (2001). Identifying, understanding, and analyzing critical infrastructure interdependencies. *IEEE Control Systems Magazine* 21(6): 11-25.

Summers, A. E. and Raney, G. (1999). Common cause and common sense, designing failure out of your safety instrumented system (SIS). *ISA Transactions* 38: 291-299.

Sun, K., Hou, Y., Sun, W., and Qi, J. (2019). *Power System Control Under Cascading Failures*. Hoboken, NJ: Wiley and IEEE Press.

U.S. DOE (1992). *Root Cause Analysis Guidance Document*. Tech. Rep. DOE-NE-STD-1004-92. Washington, DC: U.S. Department of Energy, Office of Nuclear Energy.

Vesely, W. E. (1977). Estimating common cause failure probabilities in reliability and risk analyses: marshall-Olkin specializations. In: *Nuclear Systems Reliability Engineering and Risk Assessment* (ed. J. B. Fussell and G. R. Burdick), 314-341. Philadelphia, PA: SIAM.

Zitrou, A. and Bedford, T. (2003). Foundation of the UPM common cause model. *Proceedings ESREL 2003*, Balkema, Lisse, The Netherlands, pp. 1769-1775.

第 14 章

安全屏障与屏障分析

 ## 14.1 简介

绝大多数设计完好的系统都装配有保护设备,或者具有在系统当中出现失效或者危险偏差的时候可以保护人员、环境和其他资产的功能。安装在系统当中用于上述目的的设备和功能就称为安全屏障(safety barriers,也译作安全栅),也可以简称为屏障。在相关的文献当中,安全屏障还有一些其他的名字,比如对策措施、安全功能/系统、安全关键性功能/系统、防护措施、防护、防护链、保护层、安全保障等。在本书当中,我们主要使用安全屏障这个词汇和翻译方法,但是有些其他的词汇是一些方法的核心内容,所以这些词汇也会出现,比如保护层分析方法。

在第 2 章、第 8 章和第 12 章中,我们已经数次提到了安全屏障的概念,但是还没有给出一个合适的定义。本章的目标就是定义并讨论安全屏障的概念,介绍安全屏障的分类。我们还将做重点介绍一类特殊的安全屏障:安全仪表系统(safety-instrumented system,SIS)。同时,我们也会介绍一些安全屏障分析的方法,这些方法包括:

(1) 危险-安全屏障矩阵,是一种简单的定性方法,可以识别系统中所有的危险,以及已经存在或者计划安装用来保护系统免受危险伤害的安全屏障。这种方法用矩阵的方式列出了危险和安全屏障,可以评价安全屏障是否充足。

(2) 安全屏障图,表示从一个或者多个初始事件到资产受到伤害的最终事件的可能事件序列(即事故场景)。图中保护现有的以及(或者)计划安装的安全屏障。在大多数情况下,安全屏障图都与事件树类似,并且可以转化成后者。因此,安全屏障图可以使用第 12 章中讲述的事件树定量方法进行分析。

(3) 能量流/安全屏障分析(energy flow/barrier analysis,EFBA),是能量路径/安全屏障分析(energy trace/barrier analysis,ETBA)方法的另一个名字,它是管理疏忽与风险树(MORT)框架的一个组成部分(见第 8 章)。EFBA 的目标就是识别出从能量源到易损资产的所有途径,以及在这些途径上是否存在充足的安全屏障。

(4) 保护层分析(layer of protection analysis, LOPA),是一种面向过程风险的半定量风险评估方法。LOPA 最好可以和 HAZOP 研究集成在一起,在 HAZOP 研究中发现的过程偏差都可以在 LOPA 当中继续使用,后者需要同时关注传统的安全屏障和安全仪表系统。这种方法会对与各种过程偏差有关的风险做一个粗略的估计。LOPA 还可以用来确定安全仪表系统是否起到了安全屏障的功能,如果是的话,则需要确定这些系统应该具备的安全完善度水平(SIL)。

(5) 安全屏障与运营风险分析(barrier and operational risk analysis, BORA),是挪威开发的一种用于分析海上油气设施泄漏风险的定量方法。BORA 方法使用贝叶斯网络表示安全屏障和其他重要事件的风险影响因子(RIF)集合,接下来通过一个评分和设定权重的程序,用量化的方法确定不同 RIF 对于指定设施的影响。虽然 BORA 主要用在一个相对专业的领域,但是它的主要观点可以在更大的范围内使用。

在对安全屏障的细节问题进行更多的讨论之前,我们需要了解安全屏障的概念是与一组特定的事故模型相关,也就是能量-安全屏障模型。正如我们在第 8 章中介绍的,不同的事故模型之间并不是竞争关系,而是互为补充。因此,我们也将会在本章中看到,对于安全屏障的理解已经大大扩展,不再认为安全屏障只是物理实体。这种理解方式,也是受到了其他事故模型的影响。

14.2 安全屏障与屏障分类

14.2.1 安全屏障定义

安全屏障可以定义为:

定义 14.1(安全屏障):计划用来防止、控制或者缓解意外事件或者事故的物理和(或)非物理方法(Sklet,2006b)。

如果我们关注的是安全屏障的功能或者是它的目的,屏障功能这个词也经常出现。比如说,输油管道中安全闭合阀的屏障功能就是终止管道中的液流。注意,屏障功能描述的并不是该功能如何实现,而是我们在安全屏障就位之后可以做什么。

定义 14.2(安全屏障功能):计划用来防止、控制或者缓解意外事件或者事故的功能(Sklet,2006b)。

界定安全屏障功能的一个重要原因,就是要将安全屏障与事故场景紧密联系在一起。并且,因为安全屏障功能着眼的是我们希望实现什么,而不是如何实现,这有助于我们设计一系列牢靠的安全屏障来控制风险。

同一个安全屏障功能可以通过一个或者多个安全屏障系统来实现。之前例子中的水喷淋系统就是这样的一个安全屏障系统,它可以扑灭火焰,防止火灾扩散;自动关闭的消防门则是另外一个可以防止火灾扩散的系统。同时,一个安全屏障系统也可能用来实现多个安全屏障功能。

定义 14.3(安全屏障系统):设计用来执行一项或者多项安全屏障功能的系统(Sklet,2006b)。

案例 14.1 中列出了流程工厂中的一些安全屏障系统。一个安全屏障系统可以进一步分解为若干安全屏障元素，比如水喷淋系统，就包括喷头、水管和阀门几个安全屏障元素。如图 14.1 所示，我们可以构建一个安全屏障系统和元素的层级结构。

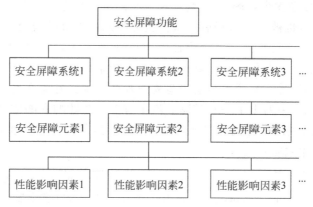

图 14.1 安全屏障功能层级结构

注释 14.1（什么是安全屏障？什么不是安全屏障？）：安全屏障的定义对于什么是安全屏障的解释十分开放。比如我们考虑水喷淋系统，那么水喷淋系统的维护工作也可以被认为是安全屏障。维护通常按预定的流程进行，这样才能确保每一步工作都正确，进而保证水喷淋系统的可靠性。我们还可以讨论，维护人员的培训工作也是一种安全屏障，因为这些可以确保维护工作按要求进行。某种意义上说，这是有道理的，因为所有这些功能都是为了控制风险。但是另一方面，这样界定会让"一切"都变成安全屏障，就很难关注到真正的重点。有时候，我们在一些地方可以使用性能影响因素这个概念，比如维护、过程、培训和管理系统，将它们区别于安全屏障。这样做的目的是解释对于安全屏障元素和安全屏障系统具有间接影响，但是不会直接影响事故场景的那些方面。

案例 14.1（化工厂中的安全屏障系统）：一座化工厂一般包括下列与火灾和爆炸相关的安全屏障（还有更多）。
（1）火焰和气体检测以及紧急闭锁系统；
（2）燃烧源隔离和通风系统；
（3）防火防爆墙；
（4）被动式火焰保护；
（5）灭火系统；
（6）用于灭火的水喷淋系统和烟雾排放系统；
（7）压力释放系统；
（8）疏散系统。

14.2.2 安全屏障分类

安全屏障的分类方法有很多，这里我们只简要介绍其中一些。
14.2.2.1 预防型和响应型安全屏障
在很多应用中，可以将安全屏障划分为预防型（proactive）和响应型（reactive）。

定义 14.4（预防型安全屏障）：安装用来防止危险事件发生或者降低其发生概率的安全屏障。

预防型安全屏障也被称为降低频率型安全屏障。

定义 14.5（响应型安全屏障）：安装用来避免或者减轻危险事件后果的安全屏障。

响应型安全屏障也被称为减轻后果型安全屏障或者缓解型安全屏障。

注释 14.2：正如我们在第 2 章讨论过的，在一定程度上，我们很难清晰地界定什么是危险事件，这取决于分析人员将危险事件放在事故场景的哪个位置上。这也意味着，随着危险事件选择的不同，对于预防型和响应型安全屏障的定义可能会发生变化。

我们在案例 14.2 中列出了一些与驾驶汽车有关的预防型和响应型安全屏障。

案例 14.2（与驾驶汽车有关的安全屏障）：在驾驶汽车的时候，我们会受到一系列安全屏障的保护。其中包括：

预防型安全屏障：	响应型安全屏障：
(1) 电子稳定程序（electronic stability program, ESP）系统	(1) 安全带
(2) 防抱死制动系统（antilock braking system, ABS）	(2) 头枕
(3) 速度限制和速度控制	(3) 气囊系统
(4) 交通信号	(4) 减震器
(5) 路面清理、撒盐和扬沙	(5) 防火材料
(6) 道路间屏障	(6) 碰撞之后可开启门锁

14.2.2.2 主动型和被动型安全屏障

安全屏障也可以分为主动型（active）和被动型（passive）。

定义 14.6（主动型安全屏障）：依赖于操作员行为、控制系统和（或）一些能量源来执行功能的安全屏障。

主动型安全屏障的例子有火灾报警系统、灭火系统、流程工厂中的紧急停机系统和汽车中使用的气囊系统。

定义 14.7（被动型安全屏障）：集成在工作场所的设计之中，不需要人员、能量源或者信息源就可以执行功能的安全屏障。

被动型安全屏障的例子有防火防爆墙、被动火焰保护、流程工厂中的屏蔽还有道路中间的防碰撞路障。

14.2.2.3 与能量源相关

在 8.6 节中讨论的经典能量-安全屏障模型中，安全屏障被设置在能量源和易损资产中间。根据这个模型，如果危险能量超过了控制，而在能量源和资产之间没有有效安全屏障的话，就会发生事故。在图 8.2 中，安全屏障被描述成介于能量源（即危险）和目标之间的实体，它可以拥有多种功能：

(1) 避免能量从能量源释放出来——或者尽量减少释放出来的能量；
(2) 在时间和空间上将易损资产同能量源分割开来；
(3) 保护资产，比如人员保护设备。

14.2.2.4 斯诺瑞·斯科莱特分类法

斯诺瑞·斯科莱特（Sklet, 2006b）按照主动型和被动型、物理/技术型安全屏障和人

工/操作型安全屏障几种方法对安全屏障进行了分类,如图14.2所示。主动技术型安全屏障还可以进一步分为三组:

(1) 安全仪表系统:包括一台或者多台传感器、一台或者多台逻辑运算器和一台或者多台执行元件(比如阀门、断路器、马达等)。我们将在14.5节详细讨论安全仪表系统。

(2) 其他与安全相关的技术系统:没有进行任何集成的主动型安全系统,比如压力释放阀。

(3) 外部风险降低设施,即不属于研究对象的安全系统,比如消防车、救护车、搜救直升机等。如果研究对象的范围更小,比如化工厂中的一台反应炉,那么研究对象以外的各种设施,例如防火防爆墙,就都属于外部风险降低措施。

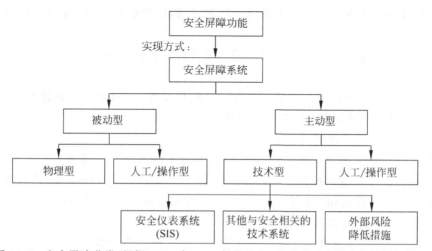

图14.2 安全屏障分类(根据Sklet在2005年的论文,得到爱思唯尔出版社授权使用)

这个主动型技术式安全屏障的分类方法与IEC 61508(2010)标准中使用的分类方法一致。

14.2.2.5 詹姆斯·雷森分类法

詹姆斯·雷森(Reason,1997)根据安全屏障的目标对其进行分类:
(1) 用于了解并认识到本地危险的安全屏障;
(2) 提供关于如何进行安全操作清晰指南的安全屏障;
(3) 在即将发生危险的时候发出警报和警告的安全屏障;
(4) 在异常的状况下将系统复原至安全状态的安全屏障;
(5) 阻绝危险和潜在的损失之间联系的安全屏障;
(6) 控制危险、消除危险跨越可能的安全屏障;
(7) 在危险控制失败的情况下,提供撤离和救援方法的安全屏障。

14.2.2.6 ARAMIS分类法

ARAMIS(在塞维索二号指令框架内的工业事故风险评估方法论)是一个欧盟项目,旨在对欧盟的重大事故危险指令(EU,2012)提供支持。作为ARAMIS项目的一部分(Salvi和Debray,2006),研究人员将安全屏障分为4类,分别与下列行为相关:
(1) 规避。通过设计变更,消除所有事故的潜在原因。

(2) 防止。降低危险事件的概率或者减轻它的结果。

(3) 控制。限制正常状态出现的偏差,同时界定出紧急状况。

(4) 保护。保护资产免受危险事件后果的伤害。

这种分类方法也被视为是预防型/响应型分类的进一步细分,其中规避和防止属于预防型安全屏障,控制和保护属于响应型安全屏障。

14.2.2.7 埃里克·霍纳格尔分类法

霍纳格尔(Hollnagel)在其2004年的论文当中介绍并且讨论了很多种安全屏障分类方法。其中一种按照下列的方式对安全屏障分类:

(1) 实体型安全屏障。即物理安全屏障,比如围栏、护栏、容器、防护服、防火墙等。

(2) 功能型安全屏障。功能型安全屏障都是主动型的,包括锁、物理互锁、密码、进入码等。

(3) 符号型安全屏障。这些安全屏障需要进行解释,比如道路信号系统、标识、记号、说明和工作许可。

(4) 无形安全屏障。安全屏障并不是一个物理实体,比如操作员的能力、法律、指南、安全规则、监督和指导等也可以是安全屏障。

14.2.2.8 安全屏障激活次序

如果我们安装了多个安全屏障,它们会按照既定的次序逐个激活。因此,可以根据安全屏障的激活次序和频率对其进行分类。图14.3表示的就是这种情况,其中第一道安全屏障需要相当频繁地使用(频率为λ_{d1})。①一些要求在第一道安全屏障那里就终止了,因此第二道安全屏障的要求频率也就要低一些(频率为λ_{d2})。又有一些要求在第二道安全屏障这里终止了,于是留给第三道安全屏障的要求就已经非常少了(频率为λ_{d3})。以此类推,即便有的话,能够通过3号安全屏障的要求也是少之又少了。类似的道理,第一道安全屏障可能已经降低了要求的强度,而第二道安全屏障会让强度再次降低。

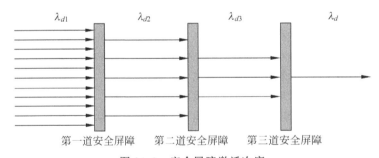

图14.3 安全屏障激活次序

案例14.3(油气井中的安全屏障):对于油气行业中的油井安全屏障来说,我们一般可以根据它们与受压油藏的接近程度将其分为一级屏障、次级屏障等。一级屏障距离油藏最近,包括井下安全阀、位于井下安全阀下方的管柱和采油封隔器。如果一级屏障出现泄漏,就需要启用次级屏障,后者包括油层套管、油管挂、井下安全阀上方管柱、采油树等。

---

① 这幅图得到了挪威科技大学金辉博士的建议。

如果次级屏障也无法终止泄漏，那么就需要启动三级屏障，以此类推。我们在这里提到的屏障中的具体元素会根据油井的开采程度以及当前的运营状态有所不同。在挪威，至少需要有两道通过测试的屏障就位，才允许运营。

图 14.4 给出了化工厂中主要安全屏障（保护层）类别。根据这幅图我们可以发现，如果一个保护层失效，还有更多的保护层可以发挥作用、对失效进行补偿或者减轻后果。CCPS(2007)报告附录 B 部分对图 14.4 的各个保护层做出解释并进行讨论。

图 14.4　化工厂的保护层（摘自 CCPS 在 2007 年的报告）

14.3　安全屏障管理

通常，人们把大部分的注意力都放在了安全屏障的设计方面，即如何让安全屏障发挥其功能将风险降低到可以接受的程度。但是另外一个同样重要的问题是，如何在这些安全屏障的运营过程中进行有效的管理，保证它们能够保持效力。无论是在英国还是在挪威，海洋油气行业都表现出了对于管理安全屏障的巨大需求。英国政府制定了《安全案例法则》来管理安全屏障，但是将其称作对于安全与环境的关键性元素。这个词汇的范围不止涵盖安全屏障，还包括其他可能会带来风险的设备和元件。挪威则通过相应的《管理规则》来明确安全屏障的管理要求。

安全屏障管理的目的包括两个层面：
(1) 确保安全屏障能够遵循其设计意图；
(2) 确保安全屏障在整个生命周期内保持其功能和性能。

安全屏障管理是风险管理(见第7章)的一部分，我们将会在接下来的部分介绍安全屏障管理的关键要素。

14.3.1　了解部署了哪些安全屏障

安全屏障管理的第一个部分是要了解我们已经部署了哪些安全屏障。这一步看起来有些无关紧要，但是实际上很关键。通常，我们依据规则、标准以及最佳实践经验来部署安全屏障，但是并不会将这些设施明确标记为安全屏障。因此，操作人员可能没有认识到一些特定系统和设备的重要性。

14.3.2　了解为什么部署这些安全屏障

即便操作人员已经知晓了安全屏障的存在，他们也不见得明白为什么部署这些安全屏障。操作人员需要了解，如果一个安全屏障不能发挥作用，这个失效对风险会造成什么样的影响。有时候，他们还需要明白，一些安全屏障不仅有一项安全功能。

案例14.4(消防系统)：在海洋石油钻井平台上存在可燃性碳氢化合物的区域，需要安装消防系统，在出现紧急状况的时候供水。安装消防系统主要有以下几个目的：

(1) 灭火。这可能是最主要的功能，尽管对于一些大型的油气火灾，用水来灭火几乎不可能。

(2) 冷却设备。很多时候这也是消防用水的主要功能。冷却至关重要，可以避免火苗蔓延到其他设备。

(3) 阻挡热辐射。有时候消防用水还可以起到"水幕"的作用，将人员从火焰中隔离出来，帮助人员在安全状况下撤离。

(4) 降低爆炸的概率。测试显示，空气中的水滴可以减少可燃性气云被点燃的概率，降低由火焰导致的超压。

在很多情况下，一套系统可能可以实现几个功能。如果我们不能充分理解安全屏障系统在工厂中的各种作用，我们可能就会做出错误的决定。

14.3.3　确定安全屏障的绩效标准

除了了解为什么需要部署安全屏障，我们还应该明白我们对安全屏障的期待是什么，即安全屏障的绩效标准。绩效标准主要是用来描述在我们需要安全屏障工作的时候，它能够发挥怎样的作用。安全屏障的绩效可以有很多维度，比如：

(1) 出现需求时的失效概率。这个绩效标准应该包括安全屏障的可靠性。在风险分析中，我们通常为每一个安全屏障的可靠性进行建模，还需要假设可靠性与运营条件相关。对于技术系统而言，这一绩效标准可以规定我们应该以什么样的频率以及如何对安全屏障系统进行测试。

(2) 可用性。除了系统失效之外，安全屏障还能因为其他的原因停机，比如为了维护或者出于运行考虑而进行的调校。风险分析也需要将这些方面考虑进去,有时候上述原因导致的最大停机时间可能要比技术失效还要长。

(3) 功能性。安全屏障的功能性是指在不考虑失效的情况下,安全屏障是否能够实现其意图。比如,一些火焰探测仪需要清晰的视野才能"看到"是否有火苗。但是如果这些探测仪被一些设备(比如说临时脚手架)遮挡,它们就失去了应有了功能。类似的,有些设计缺陷也可能导致安全屏障在特定情形下丧失功能。

(4) 存活能力。有时候,安全屏障本身可能会被原本它们计划防护的危险事件所破坏,比如消防系统的水管被火焰烧坏。我们将暴露在事故荷载中的安全屏障发挥功能的能力,称为它的存活能力。因为这可能是安全屏障失去其功能的一个原因,我们需要明确对安全屏障存活能力的具体要求。

14.3.4 了解安全屏障是否随时能够起作用

安全屏障管理的最后一步,可能也是最重要的一步,就是要了解安全屏障是否正在发挥作用。在实际当中,这并不总是确定的,我们需要借助检测、测试以及维护等诸多手段,确信安全屏障正在发挥其功效,而且会按照意图继续工作。

案例 14.5(安全屏障面板):很多在挪威运营的油气公司都开发了安全屏障面板,用来显示所有的安全屏障以及它们的工作状况。面板的功能主要包括以下方面。

(1) 保证能够纵览所有的安全屏障,以及它们针对的危险事件;
(2) 方便了解安全屏障相关信息;
(3) 随时更新所有安全屏障的状况。

绝大多数情况下,安全屏障面板都是计算机应用程序,并且能够实现在线了解安全屏障状况信息。

14.4 安全屏障属性

有很多研究关于安全屏障有哪些属性是重要的,它们可以帮助我们确定对现有安全屏障的信心。上一节中提到的一些绩效标准都是相关的例子。接下来,我们还会给出一系列安全屏障属性,它们来自下列的一些文献,包括 CCPS(1993)、Hollnagel(2004)、HSE (2008)和 NORSOK S-001(2008)。这些属性包括:

(1) 特定性。安全屏障应该能够检测、防止或者减轻某一特定危险事件的后果。除此之外,还应该确认激活这个安全屏障不会引发其他的事故。

(2) 充足性。根据 Hollnagel(2004)的描述,安全屏障的充足性需要根据以下几点进行判断:

① 能够在现有的设计状况下防止事故。
② 能够满足相关标准和行业规范的要求。
③ 对受保护系统的变更具有包容性。

如果安全屏障充足性没有达到要求,就需要再加入新的安全屏障。

(3) 独立性。安全屏障最后能够独立于其他所有与指定危险事件有关的安全屏障。

独立性的要求是,安全屏障的性能不会受到其他安全屏障失效或者由于其他安全屏障失效引发状况的影响。最为重要的是,安全屏障必须独立于初始事件。Stack(2009)曾经在他的论文中讨论过建立独立安全屏障时会遇到的挑战。

(4) 可依赖性。安全屏障提供的保护可以在一定程度上降低已经识别出来的风险。因此,安全屏障必须是可以依赖的,也就是说它应该能够实现其设计意图。可以根据出现要求时候的失效概率,通过现有的模型和数据,来评估安全屏障是否拥有足够的可依赖性。除此之外,安全屏障还应该满足下列要求(Hollnagel,2004):

① 在安全屏障需要激活的时候,所有的必要信号都必须能够被检测到。
② 主动型安全屏障必须经过测试证明是安全的。测试方法可以是自我测试,或者定期的验证性测试。
③ 必须要对被动型安全屏障进行常规检查。

(5) 坚固性。安全屏障必须要足够的坚固:
① 能够承受极端事件,比如火灾或者洪水。
② 不会因为其他安全屏障激活而失效。

(6) 可审查性。安全屏障的设计应该可以允许对其保护性功能进行常规的周期性验证,比如验证测试和安全屏障功能维护。

14.5 安全仪表系统

安全仪表系统(SIS)是一种特殊的安全屏障系统,包括一个或者多个输入元件(比如传感器)、一个或者多个逻辑运算器以及一个或者多个执行元件(比如阀门、断路器和马达)①。图14.5列出了一个简单安全仪表系统包含的主要元素。

图 14.5　安全仪表系统的主要元素

在我们社会的很多领域都在使用安全仪表系统,比如危险化工厂中的紧急停机系统、火焰和气体检测及报警系统、压力保护系统以及船舶和海上平台使用的动态定位系统。其他的应用还包括自动化列车停车(automatic train stop,ATS)系统、航空器飞行控制系统、汽车中的防抱死制动系统(ABS)和气囊系统、互锁系统以及医用放射线治疗机上的放射性元素剂量控制系统等。

在某一个危险系统当中,安全仪表系统既可以作为预防型安全屏障,也可以作为响应

---

① 在一些标准当中,执行元件也被称为最终元件。

型安全屏障存在。而这个危险系统就称为安全仪表系统的受控设备(equipment under control, EUC)。EUC 可以是真正的设备，比如机床、仪表，也可以是制造工厂、生产流程、交通或者其他各种活动。

案例 14.6（汽车中安全仪表系统）：如果把汽车看成一台受控设备，ESP 系统和 ABS 即为预防型安全仪表系统，而气囊则是一种响应型安全仪表系统。

14.5.1 安全仪表功能

安全仪表功能可以定义为：

定义 14.8（安全仪表功能, safe-instrumented function, SIF）：安全仪表系统执行的安全屏障功能，旨在针对特定的偏差（过程要求），使得或者保证受控设备处于安全的状态。一套安全仪表系统可能会有一项或者多项安全仪表功能。

安全仪表功能总是与受控设备的某一项偏差有关。在过程系统当中，这种偏差通常被称为过程要求。

与安全仪表功能相关的失效模式主要有两种：

（1）在 EUC 中发生特定偏差的时候，SIS 无法执行要求的安全仪表功能，这被称为功能未执行失效模式。

（2）在 EUC 中不存在既定偏差（过程要求）的情况下，SIS 执行了安全仪表功能。这种失效模式称为误激活（spurious activation）、误跳闸（spurious trip）或者错误报警（false alarm）。

案例 14.7（汽车中的气囊）：考虑汽车中的气囊系统。安装气囊系统的目的，是在出现"碰撞"这一偏差的时候，保护驾驶员和乘客。如果在碰撞发生的时候气囊无法打开，这就属于功能未执行失效模式，而如果气囊在没有发生任何碰撞的情况下自行打开，就属于误激活。实际上，后者也可能是一种危险失效模式。

14.5.2 高频需求和低频需求模式

我们可以根据偏差出现的频率对其进行分类。有些偏差出现的非常频繁，安全系统几乎需要连续运行，汽车上的刹车就属于这一类安全系统。我们每次开车出去的时候，都需要多次使用刹车。因此，如果刹车失灵或者功能不正常，我们可以立刻发现。刹车就是一种在高频需求运行模式下的安全系统。

还有一些偏差发生的频率非常低，因此安全系统长期都会处于一个备用的状态，比如说汽车上的气囊系统。气囊系统一直都在备用，直到有特定的偏差发生。这种系统称为低频需求运行模式下的安全系统。

高频需求和低频需求之间的边界点一般并不是非常明确，传统上通常是以一年为界。如果偏差平均每年发生一次或者更多，我们就认为 SIS 是在高频需求模式下运行；而如果偏差的发生频率每年不到一次的话，SIS 就在低频需求模式下运行。运行模式对于分析 SIS 的可靠性具有重要的影响，因此现在已经有一些论文在讨论两种运行模式的边界选择问题[如 Liu(刘一骝)和 Rausand(拉桑德)，2011；Jin(金辉)等，2011]。

14.5.3 安全仪表系统功能测试

很多 SIS 元件都属于离线元件,也就是只有在受控设备中发生某一偏差的时候才会被激活。例如,气体探测仪只有存在相应气体的时候才会被激活使用。这些元件可能在备用的时候发生失效,而这些失效在激活元件或者进行验证性测试之前都是发现不了的(隐性的)。

14.5.3.1 诊断性测试

在现代化安全仪表系统当中,通常使用可编程的逻辑运算器,可以在运行的过程中在线进行诊断性测试(diagnosis test)。在这个测试过程中,逻辑运算器发送频率信号给输入元件,也会发送一部分信号给执行元件,然后将响应结果与预设值进行比较。在很多情况下,逻辑运算器包括两个甚至更多的冗余单元,每一个都可以进行诊断性测试。在诊断性测试中可以发现的失效比率称为诊断覆盖率。诊断性测试的频率可以非常高,只要有相关的失效发生,立刻就可以检测出来。

14.5.3.2 验证性测试

诊断性测试无法揭露所有的失效模式和失效原因,因此很多低频需求的 SIS 都需要按照固定的时间间隔 τ 进行验证性测试(proof test)。验证性测试的目的是发现隐性失效,确认系统在有偏差出现的时候(依旧)可以执行设计所要求的功能。有时候,因为技术上无法实现或者耗时过长,我们不可能对系统进行完整的验证性测试。此外,测试本身也可能会带来巨大的风险。例如,我们不可能在房间中充满毒气去测试气体检测仪。实际上,测试气体检测仪一般都是使用无毒的测试气体,通过测试导管直接将气体输送到检测仪探头上面。

还有一些执行元件具有特殊的执行原理,如果不进行破坏就不可能进行功能测试。比方说,要测试汽车安全带的张力,只有拉断之后才能得到安全带真实的承受值。

14.5.4 失效和失效分类

我们在第 3 章中已经对失效和失效分类进行了概括性的介绍。对于 SIS 和 SIS 元件,它们的失效模式通常可以分为(IEC 61508,2010):

(1)危险(dangerous,D)失效。SIS 不能根据要求执行需要的安全相关功能。这种失效可以进一步分为:

① 未检测出的危险(dangerous undetected,DU)失效,阻止 SIS 在需要激活的时候激活,只有在测试或者需要激活的时候才能被发现。

② 检测出的危险(dangerous detected,DD)失效,一旦发生就可以立刻(比如通过诊断测试)检测出来。

(2)安全失效(safe failure,S)。SIS 存在并不危险的失效。这种失效也可以进一步分为:

① 未检测出的安全(safe undetected,SU)失效,没有在自动自测试中发现。

② 检测出的安全(safe detected,SD)失效,在自动自测试中发现。

图 14.6 给出了失效模式的划分方法。此外,失效模式还可以根据失效的原因进行划

分(Hokstad 和 Corneliussen,2004):

（1）随机硬件失效。这是一种物理性失效,由于出现物理性剥蚀,元件提供的服务与既定的服务存在偏差。随机硬件失效可以进一步分为:

① 老化失效:在元件设计的环境下发生的失效。老化失效也称为原发失效。

② 压力失效:因为有额外的压力施加在元件上发生的失效。这些额外的压力可能是由外部原因或者是运行和维护期间的人为错误引起的。压力失效也称为继发失效。

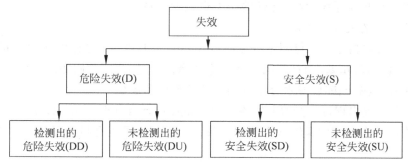

图 14.6　SIS 失效模式分类

（2）系统性失效。这类失效是非物理性失效,在没有出现物理性剥蚀的情况下,元件提供的服务与既定的服务存在偏差。通过变更设计、制造过程、运行程序或者文档,可以消除这类失效。系统性失效又分为两大类:

① 设计失效,是在工程、制造或者安装过程中引发,可能从设备运行的第一天就一直潜伏着。这样的例子包括软件失效、传感器无法区分真实和错误要求、火焰/气体检测仪安装位置错误,因此无法检测到过程要求。

② 交互失效,是在操作、维护或者测试的过程中由人为错误引起的。这样的例子包括传感器在测试过程校准错误、设备在维护完成之后放置位置错误,还可能是因为脚手架遮挡住了传感器,传感器无法检测到实际过程要求。

图 14.7 给出了根据失效原因对失效模式的分类。Schönbeck 等人在 2010 年的论文当中讨论了与人为和组织因素有关的 SIS 失效。

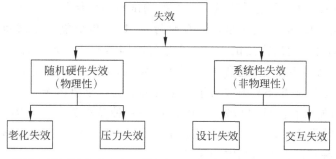

图 14.7　根据失效原因的分类方法［摘自 Hokstad 和 Corneliussen(2004)的论文,已得到爱思维尔出版社的许可使用］

案例 14.8（安全切断阀）：在生产系统的供气管道上通常会装有安全切断阀。如果在生产系统中发生紧急情况，这个阀门就会切断气流。该阀门是一种闸阀，采用液压驱动。这个闸阀有一个失效-安全执行器，平时通过施加在活塞上的液压控制阀门保持在打开状态。而它的失效-安全功能则是通过一个被液压压紧的铁质弹簧来实现的。如果液压被释放，阀门就会通过弹簧的弹力自动关闭。

这个阀门与 ESD 系统连接。如果检测到生产系统中存在紧急情况，就会有一个电子信号发送给阀门控制系统，执行元件的压力也就随之释放。

该阀门主要的失效模式是：

(1) 无法按照指令关闭（fail to close on demand，FTC）。这种失效模式可能是由弹簧破损、返程液压流堵塞、阀杆与阀杆密封之间摩擦力过大、闸与底座之间摩擦力过大，或者阀腔当中存在泥沙、碎屑或水合物等杂质这些原因引起的。

(2) 闭合位置出现（通过阀门的）泄漏（leakage in closed position，LCP）。这种失效模式主要是由闸或者底座的腐蚀或者磨损导致的。它也有可能是闸与底座之间位置不对导致的。

(3) 误跳闸（spurious trip，ST）。这种失效模式发生在没有受到来自 ESD 就出现跳闸的时候。它是由液压系统中的失效或者是从控制系统到阀门中间的供应管路发生泄漏引起的。

(4) 无法按照指令打开（fail to open on demand，FTO）。当阀门关闭之后，它可能无法打开。可能的原因包括控制管路泄漏、阀杆与阀杆密封之间摩擦力过大、闸与底座之间摩擦力过大，或者阀腔当中存在泥沙、碎屑或水合物等杂质等原因引起的。

安装这个阀门的目的是根据要求关闭气体流（并保持关闭状态）。FTC 和 LCP 这两种失效模式阻止了上述功能的实现，因此对于安全来说它们属于危险失效模式。而 ST 和 FTO 这两种失效模式一般对于过程安全并没有什么危害性，但是它们还是会引起生产停滞，让企业遭受经济损失。

因为在正常运行情况下，阀门都是处于打开位置，我们只有闭合阀门才能检测危险失效模式。所以，在正常运行过程中，FTC 和 LCP 失效都是隐性的，即为 DU 失效模式。为了发现并修复 DU 失效，阀门需要按照测试间隔 τ 进行周期性测试。这也就意味着，在时间点 $0, \tau, 2\tau, \cdots$ 阀门都会接受测试。一般的测试间隔可能是 3~12 个月。在标准测试过程中，工程师会关闭阀门，测试是否会有泄漏。DU 失效可能在测试间隔中的任意时间点发生，但是直到对阀门进行测试或者由于运行原因需要关闭阀门的时候才能发现。

ST 失效将会停止气体流，通常会立刻就被发现，因此 ST 失效是一种可以检测出的安全失效。在有些系统里，ST 失效对于安全可能也会有重要影响。

FTO 失效可能会在测试之后发生，因此也是一种显性失效。它需要介入进行维修，但是因为这种失效发生的时候气体流已经中断，它不会对安全产生影响。因此，FTO 失效在这里也是一种可以检测出的安全失效。

如前所述，SIS 元件一般有两种主要的失效模式：功能失效和误启动。很多输入元件设计可以针对接收信号迅速做出反应（比如检测气体），因此很多时候都会出现误启动的情况（即发出错误警报）。很常见的情况是，安全仪表系统误启动的速率甚至和功能失效的速率处于同一数量级。如果输入元件采用1oon这样的配置，那么逻辑运算器只需要接收到一个信号就会启动执行元件。比如前面讲到的气体检测仪，每一次误启动都会导致流程停止。为了减少这类问题的发生，我们通常采用 n 选 k（k-out-of-n）表决机制（或者也可以写成 $k$oon）配置输入元件，其中 $k \geqslant 2$。这就意味着，至少有 2 个输入元件同时出现误启动的情况，执行元件才会被激活。对于一个 2oo4 表决机制（4 选 2）来说，意味着 4 台仪器中至少有 2 台检测到气体并传递所需信号给逻辑运算器，才能够激活执行元件，切断流程。

如果在 n 个元件中至少有 k 个功能正常，$k$oon 表决配置就可以执行它的功能，但是如果有超过 $n \sim k$ 个元件同时失效，这个配置也会失效。因此，如果至少有 2 个元件功能正常的话，2oo4 配置仍然可以执行安全功能，如果有至少 3 个元件失效的话，系统就会随之失效。我们需要特别注意这个问题，因为有些分析方法很容易对这个情况给出错误的解释，比如说故障树分析。故障树模型可以用来描述系统如何失效，因此对于一个输入元件采用 2oo4 配置的故障树来说，在绘图的时候要保证有 3 个同时出现的失效才能生成顶事件。为了减少错误概率，有些研究人员在故障树中使用一些标注，比如 2oo4:G（"功能正常"）和 3oo4:F（"失效"）。

14.5.5 IEC 61508

现在有一些国际标准规定出了 SIS 设计和运行的各种要求。在这些标准中，最为重要的是 IEC 61508——《电气/电子/可编程电子安全相关系统的功能安全》。IEC 61508 是一部非常全面的标准，包括 7 个部分，囊括了如何管理 SIS 功能安全的内容：

第一部分：基本要求；
第二部分：E/E/PE 安全相关系统的要求；
第三部分：软件要求；
第四部分：定义或缩写；
第五部分：确定安全完善度的方法举例；
第六部分：IEC 61508-2 和 IEC 61508-3 的应用指南；
第七部分：技术与措施纵览。

前 3 个部分主要是模式化的内容，而后 4 个部分包括含有大量信息的附录。在 IEC 61508 当中，SIS 指的是"电气/电子/可编程电子（E/E/PE）安全相关系统"。这个标准是通用性的，可以应用在任何工业部分的任何与安全相关的项目当中。

14.5.5.1 具体应用中的标准

ICE 61508 的主要目的是支持具体应用标准的开发，比如：

(1) IEC 61511：《功能安全：流程工业安全仪表系统》（3 个部分）
(2) IEC 61513：《核电站：安全重要性系统的仪器使用与控制——系统的基本要求》
(3) IEC 62278：《铁路应用：可靠性、可用性、可维护性和安全性（RAMS）规范和说明》
(4) ISO 26262：《道路车辆：功能安全》
(5) IEC 62061：《机器安全：安全相关电气、电子及可编程电子控制系统的功能

安全》

(6) IEC 60601:《医疗电子设备》(多个部分)

IEC 61508 是基于绩效的标准,也就是说这个标准旨在描述系统和流程需要的性能,而不是对系统应该如何实施做出指令性要求。然而,考虑到标准的广泛使用,有些用户还是把它当成指令来看待。

14.5.5.2 安全生命周期

IEC 61508 的核心就是安全生命周期的概念(从概念设计到危险和风险分析、规范、实施、运行、维护直至最终废弃),按照系统化方式分步实现功能安全。而整个这一过程都是可以审查的。

标准实施包括识别与 EUC 和 EUC 控制系统相关的危险。在流程行业,采用基本流程控制系统(basic process control system,BPCS)对 EUC 进行控制。企业也需要在一定程度上考虑使用其他技术和外部风险降低设施,以降低与某一特定偏差有关的全部风险。

接下来,要进行风险分析,确定与 EUC 和 EUC 控制系统相关的风险。如果风险大于可以容忍的上限,按照标准的要求,就需要增加安全功能,将风险降低到可以容忍的水平。安全功能与安全完善度的需求(比如出现要求时的失效概率)相关,是安全功能相关风险降低的量度。

IEC 61508 使用了 2 个概念来描述理想的安全和可靠性表现:功能安全要求——表示需要 SIS 完成的功能;安全完善度要求——表示 SIS 需要达到的性能水准。

14.5.6 安全完善度水平

按照 IEC 61508 的要求,风险降低的程度是可以量化的,它可以表示为安全完善度水平(SIL)。安全完善度是 IEC 61508 中的一个基础概念,它的定义是:

定义 14.9(安全完善度):在一段特定时间内和一定的运行环境下,安全相关系统能够在所有情况下实现所需安全功能的能力(IEV 821-12-54)。

IEC 61508 定义了 4 个安全完善度水平,其中 SIL 4 代表最高水平而 SIL 1 是最低水平。如表 14.1 所示,每个水平都对应一个出现需求的评价失效概率(average probability of failure on domand,PFD_{avg})和每小时危险失效概率(probability of dangerous failure,PFH)区间。

表 14.1　与不同安全完善度相对应的出现需求时的平均失效概率(PFD_{avg})和每小时危险失效概率(PFH)区间

SIL	PFD_{avg}	PFH
4	$[10^{-5},10^{-4})$	$[10^{-9},10^{-8})$
3	$[10^{-4},10^{-3})$	$[10^{-8},10^{-7})$
2	$[10^{-3},10^{-2})$	$[10^{-7},10^{-6})$
1	$[10^{-2},10^{-1})$	$[10^{-6},10^{-5})$

来源:IEC 61508(2010)。

除了定量方法,标准还根据要求的 SIL 对系统设计和其他多个生命周期阶段设定了不同的定性要求。这些定量和定性要求合在一起,就可以确定一套安全仪表系统能够实现的安全完善度。

14.5.7 出现需求时的失效概率

SIS 在低频需求模式下运行时的定量测量指标是出现需求时的失效概率(PFD)。这个指标只与 DU 失效有关。考虑一个 DU 失效的固定失效速率是 λ_{DU} 的 SIS 元件,如果该元件在时间 $t=0$ 的时候即投入运行,那么这个元件在时间点 t 出现需求时的失效概率为:

$$\mathrm{PFD}(t) = \Pr(T_{DU} \leqslant t) = 1 - e^{-\lambda_{DU} t}$$

这个概率会随着时间 t 增长,因此运行人员在时间点 τ 会对元件进行验证性测试,以确定它是否依然功能正常。假设验证性测试是完美的,即所有的失效都可以发现,且在测试中发现失效元件可以修复到"完好如初"的状态,同时测试以及可能用于修复的时间是可以忽略不计的。在这种情况下,在时间点 τ,这个元件又可以看作是一个全新的元件。因此,我们可以认为下一个测试间隔具有和第一个测试间隔(长度为 τ)完全相同的随机属性。

图 14.8 描述了 PFD 作为一个时间函数的变化情况。

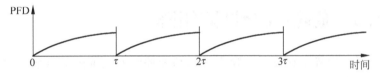

图 14.8 周期性测试元件的 PFD

IEC 61508 建议使用 PFD 的平均值对 SIS 元件进行评估,因为所有的测试间隔都具有相同的随机属性,我们可以根据第一个间隔确定 PFD_{avg}:

$$\mathrm{PFD}_{avg} = \frac{1}{\tau} \int_0^\tau (1 - e^{-\lambda_{DU} t}) dt = 1 - \frac{1}{\lambda_{DU} t}(1 - e^{-\lambda_{DU} \tau}) \tag{14.1}$$

如果 $\lambda_{DU} \tau$ 的值"很小",上面的计算结果可以近似为:

$$\mathrm{PFD}_{avg} \approx \frac{\lambda_{DU} \tau}{2} \tag{14.2}$$

在拉桑德等(2020)所著的《系统可靠性:理论、方法和应用》一书的第 10 章,对上述近似计算有详细的讨论。而拉桑德在 2014 年所著的《安全关键性系统可靠性》一书,对于 PFD 计算有更加全面的介绍和讨论。

式(14.2)适用于满足上述假设条件,并且进行周期性测试的单个 SIS 元件。绝大部分故障树分析程序,在计算 PFD_{avg} 的时候使用的都是这个公式。

如果要考虑包含多个元件的 SIS,首先有必要建立系统结构,对每个元件逐一进行评估,再将结果合并,然后对整体系统进行评估。有多种方法可以使用,比如:

（1）近似公式［详见：拉桑德（2014）《安全关键性系统可靠性》］；

（2）故障树分析；

（3）马尔可夫方法；

（4）蒙特卡罗仿真。

我们应该根据 SIS 的复杂程度确定哪一种方法最为合适。还有一个与复杂安全仪表系统 PFD 有关的重要问题是共因失效，我们在第 13 章中已经进行了讨论。

14.5.8　每小时危险失效概率

根据 IEC 61508（2010），在评估高频需求系统安全完善度的时候，应该使用系统的每小时危险失效概率（PFH）作为系统可靠性的量度。高频需求型 SIS 主要用作预防型安全屏障，降低危险事件的概率。高频需求型系统的例子包括机床控制系统、汽车中 ABS，以及船舶和海上油气平台上的动态定位系统。可以根据危险系统失效的频率（每小时）来计算这些系统的 PFH 值。计算可能简单也可能很复杂，这需要取决于系统的配置情况（拉桑德，《安全关键性系统可靠性》，2014）。

对于在"中等"频率需求运行模式下的系统而言，安全完善度的评估则更为复杂。这些系统偏差出现的频率高于每年一次，但是发生也不是特别频繁，操作人员可以在需求发生之前介入并修复失效。《安全关键性系统可靠性》书中也讨论了这个问题。

14.6　危险-安全屏障矩阵

危险-安全屏障矩阵是在发现危险之后识别和评价安全屏障的有效工具。危险-安全屏障矩阵的主要目标是：

（1）识别已经使用（或者应该使用）的，可以保护设备免受特定危险伤害的安全屏障；

（2）识别可以保护设备免受不止一种危险伤害的安全屏障；

（3）识别现有保护力度不够的危险；

（4）确定现有安全屏障是否充足，指出哪里需要改进。

图 14.9 中给出了一个危险-安全屏障矩阵的例子。在这个矩阵当中，识别出来的危险列在左起第一列，现有或者计划使用的安全屏障则位于第一行。最好可以将危险分类，比如机械危险、电气危险等。按照同样的方法，安全屏障也可以进行分类，比如物理安全屏障、管理安全屏障等。接下来，我们需要根据不同的危险对每一道安全屏障的有效性进行评价，如果某一道安全屏障与一个危险相关，那么就在矩阵中二者行列交汇的位置做一个标记（比如×）。还可以使用其他的方式，比如颜色代码来指示安全屏障的应用效果。

完成之后的危险-安全屏障矩阵，可以显示对于特定的危险已经安装了安全屏障用来保护资产，也可以指出哪里还需要进行改进。危险-安全屏障矩阵是安全屏障分析良好的开始，接下来就可以考虑安全屏障的可靠性以及安全屏障失效对于系统风险的影响（美国能源部，1996）。

危险类别	危险描述	1号安全屏障	2号安全屏障	3号安全屏障	4号安全屏障	5号安全屏障	…	n号安全屏障
机械	描述 M1		×					
	描述 M2	×						
	⋮							
电气	描述 E1				×			×
	描述 E2			×				
	⋮							

图 14.9 危险-安全屏障矩阵

14.7 安全屏障图

安全屏障图是一种分析安全屏障的图形化工具。Duijm 和 Markert(2009)对安全屏障图做出了定义：

定义 14.10（安全屏障图）：意外事件（初始事件或者条件）演化的图形化表达方法。系统的状态取决于旨在停止事件演化的安全屏障的功能是否正常。

安全屏障图的主要目的包括：

（1）识别在特定事故场景（即从初始事件或者原因到最终后果的事件序列）中已经存在（或者应该部署）的安全屏障；

（2）描述安全屏障的激活次序；

（3）识别同时出现在多个事故场景中的安全屏障；

（4）观察哪些危险的保护力度还不够；

（5）确认现有安全屏障是否足够，指出哪里需要改进。

图 14.10 给出了安全屏障图的基本元素，安全屏障图和故障树以及事件树有一些类似的地方。在图中，安全屏障被绘制成矩形，有一个或者多个输入，表示受控设备对安全屏障的要求。另外，安全屏障的输入也可能不止一个，表示在安全屏障针对要求执行安全功能之后的状况。输出可以表示安全屏障成功激活，也可以表示安全屏障功能失效或者部分失效。安全屏障图也可以使用与-门和或-门连接各个部分。

图 14.10 安全屏障图的基本元素

图 14.11 则给出了一个更加全面的安全屏障图。在这个例子中，安装 1 号屏障是为了防止原因 1 引起意外事件 1 发生。同样，安装 2 号屏障则是为了防止原因 2 引起意外

事件2发生。如果事件1或者事件2发生,就会引起事件3。安装3号屏障的目的是防止事件3发生意外后果。如果3号屏障没有发挥作用,就会以一定的概率引发后果1和后果2。在Duijm(2009)以及Duijm和Markert(2009)的论文中,有更多关于如何绘制安全屏障图的细节和案例。

图14.11 安全屏障图(简单示例)

在油气行业,使用安全屏障图评估油井安全完善度的历史已经超过了30年。这些图也被称为油井安全屏障图,它们可以描述从储油层到周围环境可能的流动路径。图中描述不同流动路径上安全屏障的方式与图14.10类似,安全屏障图既可以进行定性分析,也可以进行定量分析,还可以很容易地转化为故障树。

14.8 领结图

本书已经多次提到过领结图,它也是一种安全屏障分析的有效模型。领结图与安全屏障图有很多共同的目标和特征,但是它在划分预防型和响应型安全屏障的时候结构更加清楚。

14.9 能量流/安全屏障分析

能量流/安全屏障分析(EFBA)是一种定性方法,可以用来识别危险,确定相关安全屏障(已经使用或者计划使用以降低风险)的效果。这种方法可以确认从系统中的能量源到可能受到这些能量负面影响的资产的路径。

这种方法也被称为能量路径/安全屏障分析(ETBA),是管理疏忽和风险树(MORT)框架的一部分(Johnson,1980)。我们在第8章中已经对MORT框架进行了简要的介绍。ETBA最初是一款事故调查工具,但是它也可以用来进行风险分析。

14.9.1 目标和应用

EFBA分析的主要目标包括:
(1)识别系统中所有(危险的)能量源;
(2)识别与每个能量源有关的安全屏障;
(3)评估每一个试图阻止危险能量流向(易损)资产(人员、设备或者环境)流动的安全屏障的性能。

如果需要验证在一个潜在的能量源面前某一项资产是否已经得到了保护,就可以使用 EFBA 分析。EFBA 还可以集成到初步危险分析当中(见第 10 章),也可以用于其他的用途(参见 Clemens,2002),比如:
(1) 系统设计;
(2) 开发流程;
(3) 计划或者判断运行是否合理;
(4) 事故调查;
(5) 在事故发生地做出"安全进入"决策。

14.9.2 分析步骤

EFBA 分析可以按照下列 7 步进行:
(1) 计划和准备;
(2) 识别系统中的能量源;
(3) 识别受影响的资产;
(4) 描述能量流动路径;
(5) 识别并评价安全屏障;
(6) 提出改进方法;
(7) 报告分析结果。

我们第 3 章中已经讨论了第一步和第七步,这里就不再赘述。

14.9.2.1 EFBA 工作表

首先我们需要使用 EFBA 工作表指导分析过程并建档。现在研究人员已经提出了多种不同的工作表,其中一些非常简单,只有 3~4 列。而图 14.12 则给出了一个相对复杂一些的 EFBA 工作表。

14.9.2.2 第二步:识别系统中的能量源

研究团队会检查系统,尽量识别出系统中所有的能量源。第 3 章和第 9 章中提到的检查表都可以用来避免忽略掉相关危险。识别的结果需要记录在图 14.12 中 EFBA 工作表的第二列,同时还需要记录能量的类别和数量。

14.9.2.3 第三步:识别受影响的资产

对于在第二步中发现的每一种能量源,研究团队都必须识别出受到这种能量源影响的资产。需要根据研究的目标确定考虑哪些资产,但是一般情况下人员和环境总是在应该被保护的范围内。识别的结果已经记录在图 14.12 中 EFBA 工作表的第三列。

14.9.2.4 第四步:描述能量流动路径

必须为每一对能量源/资产组合找到从能量源到资产的能量流动路径。流动路径会在工作表的第三列中简单描述,另外非常重要的一点是要牢记,能量源可能会通过多条路径影响不同的资产。

14.9.2.5 第五步:识别并评价安全屏障

必须识别并简要描述出在第四步发现的每一条能量流动路径上现有以及应该安装的安全屏障。例如,可以使用从 1~10 的量度将与每一条路径有关风险的简要评估结果记录在第七列。

研究对象：
参考编号：

日期：2019 年 1 月 20 日
制作人：斯坦·豪根

序号	能量源（类型、数量）	能量危险（能量流动路径）	影响到的资产	安全屏障（控制）	安全屏障效果	风险	建议行动	注释
(1)	(2)	(3)	(4)	(5)	(6)	(7)	(8)	(9)

图 14.12　EFBA 工作表

14.9.2.6 第六步：提出改进方法

研究团队应该根据第二步到第五步的结果提出安全屏障的改进意见。改进方法包括添加新的安全屏障、改进现有安全屏障甚至是移除安全屏障。在这个步骤中，研究团队可以参考哈顿的控制危险能量流十大策略（见 14.12 节）。

14.10 保护层分析

保护层分析（LOPA）是美国化学工程师协会化学流程安全中心（CCPS）于 1993 年提出的一种半定量流程风险分析方法。LOPA 主要是为了确定现有的安全屏障是否充足，或者是否还需要更多的安全屏障。LOPA 的另外一项应用是将 SIL 的要求分配给安全仪表功能（见 14.5 节）。需要注意的是，在 LOPA 的术语中，安全屏障被称为保护层。

14.10.1 独立保护层

CCPS 在 1993 年引入了独立保护层的概念，它的定义是：

定义 14.11（独立保护层，independent protection layer，IPL）：与特定场景的初始事件无关，独立于任何其他与该场景有关的保护层，但是可以阻止场景发展成意外后果的设备、行动或者系统。对于 IPL 的有效性和独立性，必须要进行审核。

更具体地说，如果满足下列条件，一个保护层（安全屏障）就可以称为 IPL：

(1) IPL 提供的保护至少可以将识别出来的风险降低 1/10，这就意味着 IPL 在出现要求时的失效概率必须要小于 10^{-1}。

(2) 保护层满足 14.4 节中提到的要求，具有特定性、独立性、可靠性和可审查性。

14.10.2 目标和应用

LOPA 可以回答下列与指定事故场景有关的问题：
(1) 事故场景中已经包括哪些保护层？
(2) 这些保护层当中哪些可以满足 IPL 的要求？
(3) 每一道 IPL 可以/应该降低多少风险？
(4) 所有的 IPL 总计可以/应该降低多少风险？
(5) 有必要增加新的 IPL 吗？
(6) 有必要执行安全仪表功能（SIF）吗？
(7) 如果一个 SIF 是必要的，它的目标安全完善度水平（SIL）是多少？

最初，LOPA 是在化工行业中开发出来的，后来也用于油气行业。在 HAZOP 研究过程中、HAZOP 校验过程中或者刚刚完成的时候，一般都要进行 LOPA。将 LOPA 和 HAZOP 分析研究集成使用有很多好处，但是需要研究团队对于分析的工厂十分的熟悉。

LOPA 在项目或者流程生命周期的任何阶段都可以进行，但是最佳的使用时间还是在早期流程图完成或者 P&ID 图的开发过程当中。对于现有的流程，LOPA 应该在 HAZOP 检查或校验的过程中或者完成之后进行。

14.10.3 方法描述

LOPA 的起始点是一系列初始事件或者 HAZOP 研究识别出来的偏差。在 LOPA 中,初始事件通常是第 2 章中定义的危险事件可能原因中的某一个,但也可能是因果序列中稍后发生的事件。初始事件可能会发展出一个或者多个事故场景。如图 14.13 中的领结图所示,通常需要使用一个或者多个保护层控制或者减轻初始事件的影响。

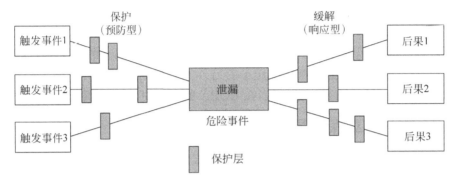

图 14.13 用领结图表示 LOPA 中初始事件和保护层

图 14.13 中的危险事件是一座化工厂发生了泄漏。有很多初始事件会导致泄漏,比如"维护作业之后法兰上的螺栓拧得不够紧""维护作业之后阀门垫圈位置不正"等。在图 14.13 中,我们列出了 3 个初始事件,但是在实际情况中可能要多得多。安装保护层用来识别和控制初始事件,防止它们导致泄漏。防止上文提到的两个初始事件发展的保护层,可以是"督导或者现场工程师的独立检查"或者"维护之后生产启动之前进行的压力测试"。同一个保护层可能可以用来阻止多个初始事件的发展。另外,泄漏可能会导致多种后果,具体的情况则取决于缓解型保护层是否能够发挥功效。

在第 2 章中,事故场景被定义为从一个初始事件到一个最终事件的事件序列,在领结图中是从初始事件到某一个结果的路径。在 LOPA 中,需要对事故场景逐一进行分析,而每个事故场景在进行后续的分析之前都需要先定义清楚。事件树中有一些场景的最终事件没有明显的后果,因此这些场景也可以在后面的分析当中省略掉。

不同事故场景如初始事件开始的发展过程可以采用事件树描述。建立 LOPA 事件树的时候,只需要考虑独立保护层。如图 14.14 所示,从初始事件到最终事件的一条路径构成一个事故场景,这幅图当中总计有四个不同的事故场景。

第 12 章介绍了事件树的定量分析,现在如果手头有足够多数据的话,我们就可以用它确定不同事故场景的频率。因为 LOPA 是一种半定量分析方法,我们并不寻求确定每一个 IPL 的 PFD 精确值。通常,只需要给出 PFD 的数量级就可以了,比如 10^{-1}、10^{-2} 等。

如果基于现有的保护层,分析发现与事故场景相关的风险无法接受的话,就有必要改进保护层以及(或者)增加新的保护层。通过 LOPA,用户可以确定需要降低的风险总量,分析不同 IPL 可以降低的风险。如果在标准保护层性能的基础上,还需要进一步降低风险,就需要加入安全仪表功能。可以根据需要额外降低的风险水平,来确定安全仪表功能的安全完善度。因此,在需要将安全完善度分配给不同安全仪表功能的时候,LOPA 是

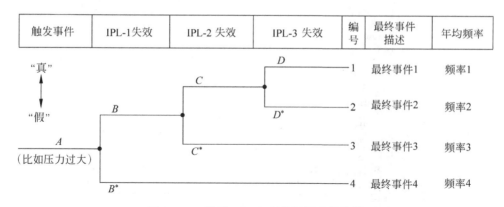

图 14.14 使用 LOPA 事件树描述保护层

一种十分常用的方法(可参阅 IEC 61511,2003)。注意,LOPA 并不会给出需要增加哪些安全屏障或者哪些需要进行设计变更的建议,但是它可以帮助研究人员在不同的方案之间做出选择。

LOPA 工作表用来指导分析过程并建档。绝大多数 LOPA 工作表都与我们在图 14.15 中给出的表格类似,但是会有一些细小的差别。我们在 14.10.4 节叙述 LOPA 步骤的时候,会讨论工作表中每一列的内容。

14.10.4 分析步骤

LOPA 可以按照下列 8 个步骤进行:

(1) 计划和准备;
(2) 构建事故场景;
(3) 识别初始事件并确定它们的频率;
(4) 识别 IPL 并确定它们的 PFD 值;
(5) 估计与每个最终事件有关的风险;
(6) 评价风险;
(7) 比较降低风险的方法;
(8) 报告分析结果。

本节所叙述的 LOPA 过程是基于 Frederickson(2002)、英国石油公司(2006)以及 Summers(2003)的研究和报告。

14.10.4.1 第一步:计划和准备

第 3 章已经讲解过这一步的很多细节,在这里我们只是对研究团队的构成和研究需要的数据给出一些建议。

研究团队应该包括:

(1) 对于研究流程操作非常熟悉的操作员;
(2) 熟悉流程的工程师;
(3) 来自制造商的代表(如果 LOPA 是在工厂设计阶段进行);

研究对象：流程系统 A
参考编号：流程图 14-3-2019
日期：2019 年 12 月 15 日
制作人：马文·拉桑德（LOPA 团队负责人）

最终事件		初始事件		保护层				中间事件频率（每年）	SIF 要求的 PFD	缓解后的事件频率（每年）	注释
编号	描述	严重程度	描述	频率（每年）	流程设计	BPCS	对警报的反应	工程缓解				
(1)	(2)	(3)	(4)	(5)	(6)	(7)	(8)	(9)	(10)	(11)	(12)	(13)
1	分离器中的高压没有得到控制	H	分离器的出气口堵塞	0.07	1.0	1.0	0.5	PSV 0.01	3.5×10^{-4}	2×10^{-3} (SIL 2)	7.0×10^{-7}	

图 14.15　LOPA 工作表

(4) 流程控制工程师；
(5) 拥有研究流程相关经验的仪表/电气维护人员；
(6) 风险分析专家。

在研究团队当中，至少应该有一个人接受过 LOPA 方法论的培训。

分析需要的数据包括：

(1) HAZOP 工作表或者初步风险分析报告（如果已经进行过识别事件、原因、保护层、对资产影响的相关分析）；
(2) 原因和影响图（如果已经使用这类图表用来确定 SIF 在保护流程设施免受危险伤害过程中的作用）；
(3) 管道及仪表流程图；
(4) 现有 SIF 的安全要求规范（SRS）。

14.10.4.2 第二步：构建事故场景

这一步使用事件树分析效率最高。我们需要对每一个（在 HAZOP 研究中发现的）初始事件建立事件树，只有那些满足 IPL 条件的保护层才可以作为事件树图中的关键点。因为 IPL 是独立的，可以通过初始事件的频率与场景中保护层的 PFD 或者失效概率的乘积来计算事故场景的频率。在确定场景频率的时候，还需要考虑那些没有安全屏障保护的关键性事件。

相关最终事件的后果会引起对资产的伤害（比如人员、环境和其他有形资产）。如果某一最终事件对任何资产都没有显著的伤害，那么在后面的分析中就可以忽略与之相关的场景。

可能会有多个场景导致同一个最终事件。如图 14.15 所示，每一个不同并且独特的最终事件都需要赋予一个参考编号，记录在 LOPA 工作表格的第一列和第二列当中。我们还需要对每一个最终事件的严重程度进行评价并分类，比如高（H）、中（M）和低（L），然后记录到 LOPA 工作表的第三列当中。

14.10.4.3 第三步：识别初始事件并确定它们的频率

对于在第二步中识别出的每一个独特的最终事件来说，需要在 LOPA 工作的第四列中记录相关的初始事件。LOPA 团队应该对每个初始事件进行仔细研究，尤其是要关注那些有关"什么""何时""在哪里"的问题。

如果 LOPA 并不是 HAZOP 研究的一部分，研究团队就必须估计每一个初始事件的（年均）频率，并在 LOPA 工作表的第五列中记录这些频率。接下来，LOPA 团队需要确定初始事件是否可以被终止，或者能否采取本安设计加以足够的控制。如果可以的话，就不需要再对这个初始事件进行 LOPA 了。

14.10.4.4 第四步：识别 IPL 并确定它们的 PFD 值

接下来，LOPA 团队需要识别并且列出与每个特定初始事件有关的全部现有保护层。这些工作通常是 HAZOP 分析的一部分，但是 LOPA 团队应该仔细地检测每一个保护层，确认自己理解保护层的功能和局限。需要注意的是，LOPA 团队不能过于相信这些保护层性能和完善度（可参阅 Summers，2003）。

下一步，LOPA 团队应该基于 IPL 的要求对每一个保护层进行比较，确定哪些保护层可以满足要求。哪些不能满足 IPL 要求的保护在进一步的分析当中无须再考虑。在工作表中，应该将每个 IPL 列出，并赋予唯一的参考编号。

LOPA 的第四步和第二步经常可以一起进行，因为在第二步建立事件树图的时候需要第 4 步的分析结果。

IPL 主要可以分成以下几类：
(1) 流程设计；
(2) 基本流程控制系统（BPCS）；
(3) 操作员对警报的反应；
(4) 工程缓解方法，比如排洪沟、压力释放装置和现有的安全仪表系统；
(5) 限制使用等其他缓解措施（这组 IPL 有时候会被省略，在图 14.15 的 LOPA 工作表中就没有出现）。

然后，需要按照它们被初始事件的激活次序，对列出的 IPL 进行排列。

LOPA 团队还必须估计每个独立保护层的 PFD 值。接下来就可以计算每一类（1~4）独立保护层的总体 PFD，分别记录在 LOPA 工作表的第六列到第九列当中。

14.10.4.5　第五步：估计与每个最终事件有关的风险

现在，可以通过表格第五列到第九列中数值的乘积计算每个事故场景（即每个初始事件）的频率。我们将计算结果记录在第十列，表示该事故场景频率的初步估计值。

对所有指向同一最终事件的事故场景的中间频率（第十列中的值）求和，就可以求得这个最终事件频率粗略中间估计值。这些频率求和，得到的是一个较为保守的近似值，这是因为初始事件不一定彼此完全独立，它们的根本成因可能是一样的并且会在同时发生。

14.10.4.6　第六步：评价风险

一方面，如果在第五步中得到的事件的中间频率估值比接受准则中给出的数值更低，就不需要再添加额外的保护层。可以使用风险矩阵确定这个风险是否可以接受，或者是否需要更多的 IPL 来进一步降低风险。

另一方面，如果事件的中间频率估值超过了接受准则，就需要采取进一步的保护行动。在添加更多的保护层和安全仪表系统之前，也可以考虑本安设计方法和解决方案。如果能够进行本安设计变更，就需要更新第六列，并计算得到一个新的初步事件概率。如果对于第一到第五类中的 IPL 来说，无法进行任何改变，那么就需要加入新的安全仪表功能（SIF）。

14.10.4.7　第七步：比较降低风险的方法

如果第六步中的评价表明需要安全仪表功能，就可以将第十列中的事件中间频率估值作为除数，将第十二列中可容忍的经过缓解后的事件频率作为被除数，计算得到需要的 PFD 值。然后，再根据 PFD 确定相应的 SIL 等级。

如果 PFD 的值过高或者过低，就需要将第十列和第十一列中的数值相乘，重新计算缓解后的事件频率，然后将结果记录在第十二列。LOPA 团队需要重复进行这项工作，直到计算出所有相关最终事件的缓解事件频率。

14.10.4.8　第八步：报告分析结果

我们在第 3 章中已经讨论过这个步骤，这里不再赘述。

案例 14.9（油气分离器）：重新考虑曾经在案例 10.1 和案例 11.2 中出现的油气分离器，它的一个最终事件为"分离器中的高压没有得到控制"。这是一种非常严重的情况，可能会导致数十人死亡。因此，在图 14.15 的 LOPA 工作表的第三列，我们将其严重度定为"高（H）"。一个可能的初始事件是"分离器出气口堵塞"。需要注意的是，在更加详细的 LOPA 当中，对于这个事件可能会有多个原因分别被定义为初始事件，但是在本例中没有涉及。初始事件的频率预计为每年 0.07 次，也就是说平均每 14.3 年会发生一次。这个频率值记录在 LOPA 工作表的第五列中。

接下来，我们需要考虑可能的保护层和 IPL。因为我们无法改进流程设计或者基本流程控制系统（BPCS），所以将它们的 PFD 改进值设定为 1.0。然后，我们假设在最终事件发生之前，操作员可以介入并终止流程，虽然能否这样做在实际当中还有疑问，但是在本例中我们假设这样做成功的概率是 0.5，这也就意味着介入操作的 PFD 也是 0.5（见第八列），而对于其他要求，操作员都可以成功处理（注意"操作员本身并不满足作为 IPL 的条件"）。分离器当中安装有一个压力安全阀（pressure safety valve，PSV），即为表格第九列中的工程缓解措施。根据经验数据，这个阀门的 PFD 预计为 0.01。这也就是说，出现 100 次堵塞，有 99 次 PSV 都可以在高压出现之前将分离器中的压力释放掉。

将第五列到第九列中的数值相乘，我们可以在第十列中得到初步的事件频率：每年 3.5×10^{-4} 次。这说明，大约平均每隔 2850 年，上面提到的最终事件才会发生一次。看起来这是一个相当安全的系统，但是如果考虑最终事件的严重后果（数十人死亡和巨大的财产损失），以及类似系统在实际生产中巨大的保有量，这还是一个让人无法接受的风险。

根据我们的仔细分析，对于这个系统来说，如果最终事件的频率是每年 7.0×10^{-7} 或者更低，这个风险水平才是可以接受的（第十二列）。这就意味着，我们需要将风险降低到现有水平的 $0.2\%(7.0 \times 10^{-7}/(3.5 \times 10^{-4}) = 2.0 \times 10^{-3})$，才可以满足容忍度要求。因此，加入的安全仪表功能需要满足 PFD≤2.0×10^{-3}。SIL 2 等级安全仪表功能的 PFD 处于 1.0×10^{-3}<PFD≤1.0×10^{-2} 区间，所以 PFD=2.0×10^{-3} 这样的一个安全仪表功能处于 SIL 第二级（SIL 2）。但是 SIL 2 水平的安全仪表功能可能有 PFD=1.0×10^{-2}，这样的话最终得到缓解后的频率为 3.5×10^{-6}，这个风险水平是不能接受的！

14.10.5　标准和指南

虽然没有专门面向 LOPA 的国际标准，但是在 IEC 61511 对于 LOPA 在流程行业的应用有全面的阐述。另外还有一些教材和学术论文对 LOPA 进行了介绍和讨论，比如 CCPS 在 2001 年出版的《保护层分析：简化流程风险评估》。

14.11　屏障与运营风险分析

屏障与运营风险分析（BORA）是挪威开发的一种在油气设施运营阶段分析预防型和响应型安全屏障的方法。BORA 既可以进行安全屏障的定性分析，也可以进行定量分析，同时兼顾了运行、人为和组织因素。

风险影响因子（RIF）是 BORA 方法中的核心元素，分为技术因子、人为因子和组织因子等几类。表 14.2 列出了一些 RIF 的例子。值得注意的是，RIF 既不是一个事件，也不是随着时间变化的状态。本节将会对 BORA 方法进行简要的介绍，内容主要来自 Sklet(2006)和 Haugen(豪根)等(2007)的著作。

表 14.2　相关风险影响因子调查

人为因子	管理因子
（1）能力和技术	（1）工作步骤
（2）工作量和压力	（2）工作许可
（3）工作环境	（3）可见的任务描述
（4）疲劳	（4）文档
任务相关因子	组织因子
（1）方法	（1）程序
（2）任务监督	（2）工作实践
（3）任务复杂度	（3）监督
（4）时间压力	（4）沟通
（5）工具	（5）干净整洁程度
（6）备件	（6）支持系统
技术因子	（7）接受准则
（1）设备设计	（8）同期活动
（2）材料属性	（9）变更管理
（3）流程复杂度	
（4）人机界面	
（5）可维护性/可达性	
（6）系统反馈	
（7）技术条件	

注：在 Haugen(豪根)等(2007)的研究报告中，对于每一个风险影响因子有更为详细的描述。

14.11.1　目标和应用

BORA 的目标包括：
（1）识别海上生产设施的安全屏障，包括物理和非物理安全屏障元素；
（2）识别并描述事故场景中每一道安全屏障的作用；
（3）识别影响每一道安全屏障性能和完善度的因素（即 RIF）；
（4）确定每个 RIF 对安全屏障完善度的影响。
BORA 是针对海上油气设施开发出来的，但是它的主要内容也可以用于其他领域。

14.11.2　方法描述

根据海量文献和大量有关事故以及未遂事故的报告，Sklet(2006a)将油气生产设施（海上平台）上发生的油气泄漏事件分成了 7 个主要类别。而这些事件又可以发展出 20 个有代表性的事故场景。

14.11.2.1　油气泄漏场景

我们在这里列出了 20 个场景，Sklet(2006a)的博士论文对此有着更加详细的解释：

(1) 在正常生产中由运行失误导致的泄漏：
① 在手动操作中对阀门进行误操作导致的泄漏；
② 临时软管误操作导致的泄漏；
③ 引流系统中水锁缺水导致的泄漏。
(2) 由维护带来的隐性失效导致的泄漏：
① 在维护中法兰或者螺栓装配不合理导致的泄漏；
② 维护之后阀门位置不正确导致的泄漏；
③ 选择或者安装了错误的密封设备导致的泄漏。
(3) 油气系统维护过程中（需要拆卸）发生的泄漏：
① 油气系统拆卸过程中或者拆卸之前的失误导致的泄漏；
② 维护过程中隔离系统故障导致的泄漏。
(4) 技术/物理性失效导致的泄漏：
① 阀门密封老化导致的泄漏；
② 法兰垫片老化导致的泄漏；
③ 螺栓松动导致的泄漏；
④ 焊接管老化导致的泄漏；
⑤ 内部腐蚀导致的泄漏；
⑥ 外部腐蚀导致的泄漏；
⑦ 磨损导致的泄漏。
(5) 流程波动导致的泄漏：
① 压力过高导致的泄漏；
② 流量过大/装填过满导致的泄漏。

(6) 外部事件导致的泄漏。因为外部压力超过了材料的强度，容器结构失效导致的泄漏。有两种类型的外部影响最为普遍：掉落物品和碰撞。但是这些影响无法使用统一的场景进行分析。

(7) 设计相关失效导致的泄漏。设计相关失效是在设计阶段引入的潜在失效，可能会在正常的生产过程中引发泄漏。

14.11.2.2 通用安全屏障框图

我们可以将油气泄漏场景定义成一个从初始事件或者偏差（比如阀门在维护之后的位置错误）到可能泄漏的事件序列。为了避免这种泄漏的发生，需要使用各种安全屏障。Sklet(2006a)识别出了与每个场景最相关的安全屏障，并使用通用的安全屏障框图对每个场景进行了描述，如图14.16所示。

安全屏障框图从初始事件或者偏差开始，如果事件的发展没有被安全屏障（一个或者多个）终止，就会引发油气泄漏。在安全屏障框图中，安全屏障按照它们被激活的次序列出，从安全屏障模块中引出的水平箭头表示安全屏障按照设计意图执行安全功能，而模块下方的垂直箭头则说明安全屏障失效。这样，就可以根据图中的箭头指向，得到从初始事件到最终事件的可能路径，如图14.16所示。对于那些指向相同或者几乎相同最终事件的路径，我们应该把它们连接在一起，目的是让安全屏障框图尽可能的紧凑，有时候这个过程会使得最终事件包含多个略微有所不同的子事件。

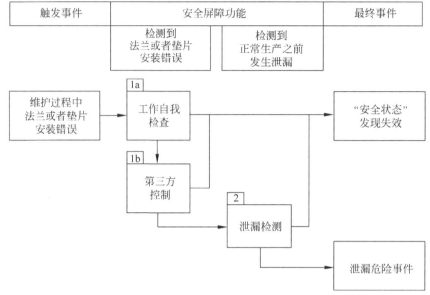

图 14.16　法兰泄漏的安全屏障框图（摘自 Sklet，2005）

案例 14.10（法兰维护中的失误）：假设我们将生产过程停止进行维护工作。在维护的过程中，法兰被打开检查，并更换密封条。在密封条更换之后，维护人员再将法兰放回原位，拧紧螺栓。维护中可能出现的失误包括密封条没有放正、法兰没有对齐或者垫片没有完全压紧。如果有任何偏差存在，就有可能发生一个初始事件。为了避免意外引发油气泄漏，维护人员应该对他们自己的责任范围（安全屏障 1a）进行全面的检查，现场工程师还会进行第三方检查（安全屏障 1b）。作为启动程序的一部分，还应该在生产启动之前对法兰进行泄漏测试（安全屏障 2）。

图 14.16 的安全屏障框图显示了从初始事件开始的可能事件序列。三道安全屏障中如果至少有一道能够发挥作用，最终的事件就会是"情况安全"。需要注意的是，通向这一最终事件的三条路径影响并不完全相同。如果前两道安全屏障（1a 和 1b）失效，而安全屏障 2 发挥作用的话，启动程序必须要停止，维护人们需要对法兰进行修理。在这种情况下，生产也会遭受一定的损失。

安全屏障框图实际上是一种紧凑的事件树（与事件次序图类似），因此通过将安全屏障框图转化为事件树（见第 12 章），事件树的定量分析方法也可以使用在安全屏障框图当中。

14.11.3　分析步骤

BORA 分为 10 个步骤进行：
（1）计划和准备；
（2）建立安全屏障框图；
（3）评价安全屏障；

（4）提供初始数据；
（5）建立贝叶斯网络；
（6）确定研究对象中风险影响因子的状况；
（7）按照风险影响因子的重要度排序；
（8）确定具体装置中的事件概率；
（9）计算具体装置的风险；
（10）报告分析结果。

第3章已经详细讨论第一步和第十步，这里就不再赘述。

在每一步开始之前，我们都需要进行周密的准备。本节将会对每一步进行描述，如果读者有兴趣，还可以在Haugen（豪根）等(2007)以及Vinnem和Røed(2019)的著作中了解更加详细的信息。

14.11.3.1 第二步：建立安全屏障框图

Sklet已经为上述列出的20个代表性事故场景中的每一个都建立了安全屏障框图。如果平台上的物理系统与代表性场景匹配，我们就可以使用Haugen（豪根）等(2007)提出的通用安全屏障框图。如果不能匹配，就必须对场景和通用安全屏障框图进行修改。比如说，如果平台上拥有其他类型的安全屏障或者安全屏障的数量与通用安全屏障框图中不同，就需要对后者进行修改。

在分析过程中，非常重要的一点是要保证研究团队中的所有成员都要能够理解可能经过修改的安全屏障框图中描述的场景。

14.11.3.2 第三步：评价安全屏障

在这一步中，每个安全屏障框图中的安全屏障都被认为与下列因素有关：
（1）初始事件（即激活安全屏障功能的事件）；
（2）安全屏障对事故场景的影响（如果按照设计意图发挥作用的话）；
（3）安全屏障相应时间（即从偏差出现到安全屏障执行功能的时间）；
（4）安全屏障的可靠性和可用性，即安全屏障按照其设计意图响应、执行功能、发挥影响的能力；
（5）安全屏障的坚固性（即承受某些意外荷载在事故场景中按照意图执行功能的能力）。

在很多情况下，都有必要使用故障树（见第11章）分析安全屏障的可靠性和可用性。故障树的通用顶事件是"安全屏障系统执行指定屏障功能的能力失效"，它可以对应到场景中的每一道安全屏障。故障树定性分析的结果可以采用基本事件和最小割集表示。

14.11.3.3 第四步：提供初始数据

这一步的目的是为安全屏障失效频率以及第三步中建立的故障树中基本事件的频率提供输入数据。这些数据可能来自平台的维护系统和意外情况报告，但是在大多数时候，我们还是需要借助于通用数据源，比如OREDA(2015)。同时，我们应该尽可能将分析当中使用的数据建档（见第9章）。

14.11.3.4 第五步：建立贝叶斯网络

在这一步中，我们需要使用贝叶斯网络（见第11章）来描述不同风险影响因子（RIF）

对每一个安全屏障功能的影响。表14.2给出了一个相关RIF的列表,而在Haugen(豪根)等(2007)的著作中对此有更加深入的讨论。

对于简单的安全屏障来说,贝叶斯网络可以显示那些直接导致安全屏障失效的RIF。而对于那些更加复杂的安全屏障,首先需要建立故障树,然后识别出会影响故障树基本事件的RIF。为了避免分析工作过于烦琐,分析人员应该对每个贝叶斯网络中所涉及的RIF数量有所限制(比如≤6个)。

图14.17给出了案例14.10中安全屏障失效"现场工程师没有检测到法兰失效"的贝叶斯网络。为了确定到底有哪些风险影响因子会对指定事件造成影响,我们建议首先考虑表14.2中列出的因子,选择哪些与研究事件最相关的因子。

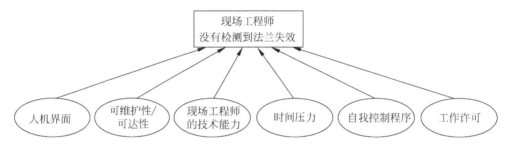

图14.17 事件"现场工程师没有检测到法兰失效"的贝叶斯网络图(摘自Aven等,2006)

14.11.3.5 第六步:确定研究对象中RIF的状况

在这一步中,需要针对具体装置评价第五步中发现的每一个RIF的状况,并根据表14.3为每个因子打分(从A~F)。

表14.3 RIF的状况得分

得分	解释
A	对应业界最高水平
B	对应的水平超过业界平均水平
C	对应业界平均水平
D	对应的水平不如业界平均水平
E	对应的水平比业界平均水平差很多
F	对应业界最差水平

来源:Haugen(豪根)等(2007)。

可以采用多种方法评估RIF的状况,比如使用结构化的问题对关键人员进行采访、观察工作情况、调查、使用检查表等。接下来,还可以使用不同的绩效标准,衡量那些能够保证系统具有最高可靠性和最佳表现的安全屏障的状况。另外,事故/意外调查报告也可以为我们提供很多有用的信息。

14.11.3.6 第七步:按照RIF的重要度排序

在将RIF与具体研究对象的状态进行匹配的时候,研究团队必须确定因子的重要度,及它们对于安全屏障失效或者故障树中基本事件概率或者频率的影响。可以使用专

家判断的方法对重要度排序,另外还需要员工与分析师进行讨论才能确定最终的顺序。我们可以使用以下步骤:

(1) 根据讨论识别出最为重要的 RIF;

(2) 为 RIF 赋予一个相对权重(最大权重为 10);

(3) 与其他因子的重要度进行比较,因子权重从最重要到最不重要可以从 10、8、6、4、2 当中取值;

(4) 讨论并评估结果是否符合实际情况。

接下来,如案例 14.11 所示,要对重要度权重进行标准化,保证它们的总和等于 1 或者 100%,其中 ω_i 就是 RIF_i 的标准化重要度权重因子,$i=1,2,\cdots,n$。

案例 14.11(RIF 的重要度):考虑图 14.17 中的贝叶斯网络,假设我们可以确定下列重要度权重:

i	RIF_i	权重 i	调整后的权重 $\omega_i/\%$
1	人机界面	2	5.56
2	可维护性/可达性	6	16.67
3	现场工程师的能力	6	16.67
4	时间压力	10	27.78
5	控制程序	8	22.22
6	工作许可	4	11.10
	总计	36	100

如上表中最后一列所示,调整后的权重 ω_i 相加结果等于 100%。需要注意的是,本例中使用的重要度权重并不是来自于周密的分析,因此在这里只起到说明的作用。

14.11.3.7 第八步:确定具体装置中的事件概率

我们在第四步中发现的数据主要都是反映行业平均水平的通用数据,而第八步的目的是让这些数据更贴近我们所研究的具体装置的实际情况。这一步的工作需要使用第五到第七步中的结果,根据这种方法得到的数据我们可以称为具体装置数据。

考虑事件 H,它可能是一个安全屏障失效,也可能是描述了安全屏障失效原因的故障树中基本事件。另 $\Pr(H)_{gen}$ 表示使用第四步中通用数据得到的事件 A 的概率。

事件 H 在具体装置中的概率是 $\Pr(H)_{inst}$,在 BORA 分析可以表示为:

$$\Pr(H)_{inst} = \Pr(H)_{gen} \cdot \sum_{i=1}^{n} \omega_i \cdot Q_i \tag{14.3}$$

式中,n 是第五步中贝叶斯网络使用的 RIF 的数量,ω_i 是第七步确定的 RIF_i 的标准化重要度权重,Q_i 表示 RIF_i 在具体装置中状况的数值。Q_i 的值可以使用下列步骤确定(Sklet 等,2006):

(1) 确定事件 H 根据专家判断得到的最低概率 $\Pr(H)_{low}$;

(2) 确定事件 H 根据专家判断得到的最高概率 $\Pr(H)_{high}$;

(3) 对于每一个因子 $RIF_i(i=1,2,\cdots,n)$,令:

$$Q_i(s) = \begin{cases} \Pr(H)_{\text{low}}/\Pr(H)_{\text{gen}}, & s = A \\ 1, & s = C \\ \Pr(H)_{\text{high}}/\Pr(H)_{\text{gen}}, & s = F \end{cases}$$

式中，s 表示在第六步中给出的 RIF 得分，这意味着 s 的取值范围是 $A, B, \cdots, F$。

案例 14.12（重新考虑法兰维护的案例）：重新考虑案例 14.10，对于事件 II"现场工程师无法检测到法兰失效"，假设根据通用的数据源可以得到它的概率是 $\Pr(H)_{\text{gen}} = 0.40$，这意味着现场工程师只能发现 60% 的法兰失效，也就是在 5 个失效中可以发现 3 个。

比如我们考虑 RIF_3 "现场工程师能力"，假设根据一组专家判断，如果 RIF 处于业内最佳水平（A），概率 $\Pr(H)_{\text{low}} = 0.30$；如果 RIF 处于业内最差水平（F），概率 $\Pr(H)_{\text{high}} = 0.55$。在此次评价当中，我们假设其他的 RIF 数值都保持不变。

具体在这套系统当中，如果 RIF_3 的得分是 A，那么 $Q_3 = \Pr_{\text{low}}/\Pr_{\text{gen}} = 0.35/0.40 = 0.875$；如果 RIF_3 的得分是 C，那么 $Q_3 = 1$；如果 RIF_3 的得分是 F，那么 $Q_3 = \Pr_{\text{high}}/\Pr_{\text{gen}} = 0.55/0.40 = 1.375$。对于在得分为 B、D 和 E 的时候如何计算 Q 因子，Aven 等（2006）建议使用线性"插值"的方法，这也就意味着得分 B 的 Q 因子是得分 A 和 C 的 Q 因子的平均值，在本例中就是 $(0.875+1)/2 \approx 0.938$。为了计算得分 D 和 E 的 Q 因子，我们将得分 F 和得分 C 的 Q 因子间的差别三等分，于是可以得到 $\Delta = (1.375-1)/3 = 0.125$。因此，在得分为 D 的时候，$Q$ 因子就是得分 C 时候的 Q 因子再加上 Δ，即 $1+\Delta = 1.125$。而得分为 E 时候的 Q 因子，则是得分 C 时候的 Q 因子加上 2 倍的 Δ，即 $1+2\Delta = 1.250$。

于是，我们可以得到 RIF_3 "现场工程师无法检测出法兰失效"在不同得分状况下的 Q 因子：

状态得分	Q 因子
A	0.875
B	0.938
C	1.000
D	1.125
E	1.250
F	1.375

注释 14.3：Haugen（豪根）等（2007）的报告并没有像本书案例 14.12 这样给出足够的有关选择权重因子的信息，但是他们指出，如果能够得到足够精确的结果，对于实际的项目而言是非常有帮助的。

还有一个问题是我们应该如何确定 RIF 的 $\Pr(H)_{\text{low}}$ 和 $\Pr(H)_{\text{high}}$。我们在前面的做法是，对其中一个因子根据业界最佳和最差情况取值，而其他的 RIF 保持不变。在实际使用的时候，这样做可能会有些问题，因为不同的 RIF 之间存在一定的关联，这种关联还会导致在分析的其他部分时出现问题。

14.11.3.8 第九步：计算具体装置的风险

分析的最后一步就是在风险模型中根据第八步计算得到的事件在具体装置中的概

率,计算该装置发生油气泄漏的风险。我们需要考虑 RIF 中技术、人为、运行、组织等多个方面,对风险进行修正。

14.11.4 需要的资源和技术

使用 BORA 方法花费不菲,这是因为它需要对油气设施中很多复杂问题具有深入的了解,还需要具有系统知识的人员能够与风险分析人员很好地配合。

14.11.5 风险 OMT 方法

风险 OMT（organization,man,technology,组织、人员、技术）方法（Vinnem 等,2012）,是在 BORA 和运营环境安全项目（参阅 Sklet 等,2010 的报告）的基础上发展而来的,它的重点在于对风险影响因素以及这些因素如何影响运营安全屏障绩效进行更加完整的建模。它的基本模型与 BORA 和运营环境安全项目中使用的类似。

研究人员使用贝叶斯网络开发了定量分析模型,其中包括安全屏障的"硬件"和"软件"影响因素。该模型通过 RIF 建模,包括故障树中 RIF 与基本事件之间的耦合,实现了传统定量风险分析方法与人员和组织因素的融合。这样就可以更加全面地了解关键性生产活动对于风险的影响,进而改进现有的模型。风险 OMT 方法还用于评估流程泄漏的风险,但是仅限于定性分析（Okstad 等,2009）。

14.12 风险降低措施的系统性识别和评价

识别潜在的风险降低措施,是风险评估中至关重要的一步。如果我们没有做好相关的工作,就会错过很多降低风险的机会。因此,我们需要一个系统化的识别过程。

第一步是要识别风险的主要来源,这可以基于量化结果或者是对危险事件排序的风险矩阵。我们应该把优先权赋予那些对风险有最大影响的因素。同时,我们还需要识别与这些因素相关的初始事件、危险事件和事故场景。这些场景描述了危险是如何一步一步发展成事故的,它们可以告诉我们什么设备失效、出现了什么情况会产生事故,因此对于分析很关键。

接下来,我们沿着每一个场景逐步识别风险降低措施,探讨这些措施是否能够终止事故场景的发展或者降低其概率。在一些通用的指南（比如 2016 年发布的 ISO 17776）当中,我们可以发现一般需要按照以下的次序去寻找风险降低措施:

(1) 减少可能性;
(2) 检测和控制危险事件;
(3) 防止/减少事件升级;
(4) 保护人员;
(5) 防止或者减轻意外后果。

根据 ISO 12100(2010)的要求,降低风险的时候需要优先考虑下列措施:

(1) 安全设计。通过设计手段去除危险或者降低风险;
(2) 安全屏障。通过使用安全屏障,比如安全设备,降低风险;

(3) 警告。通过使用警告装置(比如红灯、警报等)降低风险;

(4) 培训。通过特别的安全培训(比如需要认证)以及安全操作流程来降低风险。

这样做可以让风险降低措施识别的过程更加结构化,而在实际当中,还需要理解每一个事故场景中的具体事件,这样才能够提出相应的措施。我们应该尽量在事件序列的早期停止其继续发展,也就是说尽量避免初始事件的发生,而不是减轻后果。在现实工作里,我们通常必须考虑所有的步骤,但是我们如果有选择的话,还是应该尽量在早期采取行动。

我们可以根据行业典范,针对具体情况采取具体的风险降低措施。标准和规范可以提供一些有用的信息,不同类型的最佳实践案例也会有帮助。需要注意的一点是,这些文件中的推荐通常可以视为能够满足期待的最低标准。此外,我们还需要考虑在本章前面讨论过的安全屏障属性,比如部署新的安全屏障是否能够提升系统可靠性?是否能够改进系统的存活能力?改进现有的安全屏障,在降低风险的同时不会增加系统的复杂性。

案例 14.13(油气行业中的标准和指南):在油气行业,美国石油学会(the American Petroleum Institute,API)发布过很多最佳实践案例信息。在挪威,NORSOK 发布的国家标准也提供了很多补充信息,比如专门面向安全屏障技术安全的标准 NORSOK S-001 (2008)。

如果我们换个角度,也会有一些新的想法。截至目前,我们在处理风险和风险降低问题的时候,主要依赖的都是能量-安全屏障模型,这也就是说我们在努力寻找如何插入安全屏障去阻止事件序列的发展。实际上,另外一些故障模型[比如高可靠性组织(HRO)、拉斯姆森模型或者 STAMP]看待事故发生的原因的方式截然不同,它们可以启发我们识别出另外一些风险降低措施。因此,理解这个问题,对于我们能够全面降低风险大有裨益。

案例 14.14(采用多个事故模型进行事故调查):2014 年发生在韩国的世越号沉船事件造成了 304 人遇难,其中大多数都是青少年。Kim(金炯柱)等学者在 2016 年使用了不同的事故模型(见第 8 章)对该事故进行了研究,发现不同的模型会将我们的注意力吸引到事故的不同方面,这也回过头来可以提供有关风险降低措施的不同建议。在使用能量-安全屏障模型的时候,我们发现诸如渡轮超载、缺乏内在稳定性以及救生船不足这些问题。如果我们使用人为灾难理论,那么就会发现船上的水手其实已经注意到了稳定性不足的问题,但是并没有分享这些信息。如果使用 HRO 模型,我们还会发现在韩国之前已经有很多类似的状况,但是韩国政府和船东都没有从中汲取教训。

14.12.1 强化本安设计

实现风险降低的一类特别方法就是采用本安设计(inherently safer design,ISD)的原则。本安在这里指的是将安全"内置"在设计当中,使其成为系统"永远不可分割的一部分",而不是后续加入的元件。本安设计背后的观点在于,我们应该尽可能通过被动设计手段降低风险,这样就可以减少主动型安全屏障和额外的运营措施。ISO 17776(2016)给出了下列本安设计策略:

(1) 消除或者避免。应该尽可能消除危险,或者避免暴露在危险之中。比如,在流程工厂应该尽量采用无毒材料替换有毒材料。

（2）最小化。如果危险无法移除，那么我们至少应该让危险的体量最小，或者让它出现的频率/持续的时间最短。在派佩·阿尔法事故之后，英国的立法机构着眼于如何在任意时间都能让生产设施中油气存量最少。随着碳氢化合物减少，出现爆燃的可能性也降低，火灾的规模和持续时间也会大大减少。

（3）替换。这一点和消除有些类似，但是并不总是完全移除某一种危险。比如，我们可以用毒性相对较低的材料（尽管不是完全无毒）来替换有毒材料。

（4）舒缓。设计危险性较低的环境或者设施，降低危险事件的影响。比如在流程工厂，一种常见的方法就是将危险区域彼此分开，这样就降低了事故升级波及气体区域的风险。

（5）简化。这主要是指降低工厂和系统的复杂度。简单的系统一般来说出现失效的概率更低，它们也更容易被操作人员理解，因此操作失误也更少。

需要注意的是，CCPS(2009)关于本安设计的报告，没有提及"消除"这个策略。

14.12.2　哈顿的10项反制策略

哈顿（Haddon）的基本观点是，如果有资产受到有害能量的影响，而在能量源和目标之间缺乏有效的安全屏障，那么就会发生事故。因此，他将已知的事故预防方法总结为减少损失的10项策略。这种方法实际上是图8.3所示矩阵中三个阶段的延伸，更为详细地描述了降低风险的各种措施。

受伤前：

（1）避免能量集中的情况（比如避免驾驶、使用无毒材料）；

（2）限制能量的体量（比如减少燃料存储量、降低速度）；

（3）避免能量不受控制的排放（比如使用互锁、强化容器）。

受伤中：

（4）减小能量释放的速率和空间（比如降速、减小燃烧率）；

（5）在空间或者时间上将受害者与能量分离（比如远程控制系统、不接触电线）；

（6）通过安全屏障将受害者与能量分离（比如防火墙、减震器和门）；

（7）变更能量的性质，比如它的接触面、表面以下或者基本结构（比如防护垫、汽车中的安全气囊）；

（8）让薄弱环节在面对能量带来的伤害时更加坚固（比如强化培训环节、抗震结构）；

受伤后：

（9）限制伤害发展（比如消防系统、紧急医疗程序）；

（10）采取行动修正伤害（比如中期和长期医疗程序、修复和重建设备等）。

上述第一项到第四项策略，以及第七项策略，目标都是消除或者改变危险；第五项和第六项是希望减少潜在受害者或者减少资产暴露在危险当中；而第八项到第十项策略则是与受害者或者资产的保护和复原有关。更高阶的控制策略也可以归纳到这10项当中。

这些策略可以被视为识别风险降低措施的检查表，我们可以针对每项策略提问（比如是否能够避免能量集中？），然后根据问题激发讨论，找到提升安全的方法。

哈顿发现这10项策略都可以被对立面所用,也就是变成增加伤害的策略。从原理上说,恐怖组织也可以利用这个检查表,来实施破坏活动(可参阅 Rosness 等 2004 年的论文)。

14.12.3 评价风险降低措施

在第 5 章有关 ALARP 原则的讨论当中,我们使用成本-收益评估方法来评价是否应该采取风险降低措施。成本是在准备实施阶段必不可少的几个需要考虑的因素之一,接下来,我们还将讨论一些评价风险降低措施效果的准则。这些准则有一部分是基于本章前面介绍的安全屏障特性,但是我们也需要考虑其他一些方面。

14.12.3.1 措施的效果

最明显的准则当然是风险降低措施对于风险的效果。绝大多数措施都着眼于某个特定危险或者几个危险(对应特定性原则),我们需要明确风险降低措施对于这个或者这几个危险的功效:它是否能够完全消除风险,或者只是有一点点影响?这一措施作用于事故场景的哪一个环节?是接近危险还是接近最终结果?

即便是一项风险降低措施只针对一个或者几个危险,我们有时候也会看到它对于其他危险的影响。我们在评价的时候也应该参考这些影响,因为它们可以视作采用该措施的额外收益。

14.12.3.2 措施的可靠性

这是安全屏障的几个最重要的属性之一,在决策的时候至关重要。高度可靠的措施基本上可以按照设计发挥功效,因此可以有效控制风险。

14.12.3.3 措施的持续时间

一项措施根据它的类型不同,能够持续产生效果的时间可能也会有巨大的差异。通常来说技术措施如果维护得当的话,效果都是非常持久的,甚至我们可以假设工厂的整个生命周期都可以得到保护。而组织和程序上的措施可能有效的时间就比较短,比如紧急响应培训,除非这项培训可以在日后常态化,否则它就只是在一段时间内有效。

14.12.3.4 负面影响

在提出一项措施之后,人们自然的关注点是它的风险降低效果,但是我们也应该考虑它可能出现的负面影响。离岸平台上经常采用的一项风险降低措施,就是安装防火防爆墙。但是这种设施的一个缺点是会阻碍平台上空气的自然流通,进而引发更多的气体淤积从而导致泄漏,并反过来增加了爆炸超压。所以,我们需要比较措施的负面影响和正面影响。

14.12.3.5 与实施风险降低措施相关的风险

实施风险降低措施的时候,还可能会在安装建设阶段引入新的风险。有时,这种风险相当明显,甚至会抵消掉该措施的正面作用。比如我们希望替换和升级流程工厂内部的消防系统,这需要大量工作,包括拆除旧系统和安装新系统,必须要安装脚手架、减少通风和人员出入、在吊装期间可能会发生物品掉落、在焊接和切割的时候需要点火、还需要增加人手从而导致更多人员暴露在风险当中。在采用新的风险降低措施的时候,所有的这些额外风险都需要考虑。

14.12.3.6 措施的成本

最后一个方面就是之前已经提到的措施成本,包括投资成本以及风险降低措施生命周期的运行和维护成本。我们在第 5 章已经讨论过成本-收益评估的问题。

14.13 思考题

(1) 安全屏障一词可以定义为:"用来预防、控制或者阻止能量被释放到资产身上导致伤害的物理及工程系统或者人为活动(根据特定的程序或者管理步骤)"。

在很多行业里,安全屏障的概念最近显然被泛化了,越来越多的东西都被标注成安全屏障。考虑危险事件"流程工厂中发生气体泄漏",那么下列与该事件相关的措施都被称为安全屏障:

① 系统泄漏检测设备;
② 系统启动时在现场的人员(他们可以根据自己视觉和听觉发现任何泄漏);
③ 工作人员培训;
④ 描述系统如何工作的步骤程序;
⑤ 工作许可、协调维护作业和其他工作,确保它们不会互相影响、不会导致其他问题;
⑥ 事故和意外报告系统,用来通知系统中已经发生的所有泄漏情况;
⑦ 可以检测气体泄漏的气体检测系统;
⑧ 在火灾中用于冷却设备和灭火的消防系统。

根据定义讨论将上述哪些措施称为安全屏障是合理的。同时考虑深度防护的原则,即"目标是构建和维持多重安全屏障,可以补偿可能出现的人为错误和机械失效,因此系统安全不需要依赖于任何一个单独的保护层"。所有的上述措施都可以被当作是在遵循深度防护原则基础上的额外安全屏障吗?

(2) 考虑危险事件"在驾驶车辆时追尾",在事件树中描述这个事件。事件树中包含哪些安全屏障?根据 Sklet 的分类方法,这些安全屏障分别属于哪个类别?

(3) 考虑危险事件"学生公寓起火",在事件树中描述这个事件。事件树中包含哪些安全屏障?根据雷森的分类方法,这些安全屏障分别属于哪个类别?

(4) 案例 14.2 列出了与驾驶汽车有关的安全屏障,哪些属于预防型安全屏障,哪些属于响应型安全屏障?再根据主动型和被动型对这些安全屏障进行分类,在分类过程中你还会想到哪些安全屏障?

(5) 重复上面的问题,但是这一次使用詹姆斯·雷森的分类方法。这种方法是否会帮助你找到更多/不同的安全屏障?

(6) 考虑两个安全屏障"防抱死刹车"和"安全带",根据 14.4 节中给出的安全屏障属性对二者进行评价。

(7) 安全仪表系统的诊断性测试和验证性测试有什么区别?

(8) 挪威国标 NORSOK S-001 对挪威大陆架离岸设施中的最重要的安全屏障和安全屏障系统有详尽的描述(见国际第 5 章第二十四条)。这些安全屏障所防护的最主要的危险事件包括：

① 流程工厂中的油气泄漏；

② 立管和管道油气泄漏；

③ 储罐油气泄漏；

④ 装货/卸货期间发生的油气泄漏；

⑤ 井喷和油井泄漏；

⑥ 船只碰撞；

⑦ 吊装物品掉落；

⑧ 直升机坠毁；

⑨ 极端气候情况（风、波浪、地震等）；

⑩ 稳定性和漂浮能力丧失；

⑪ 失位。

构建一个危险-安全屏障矩阵，描述针对每一项危险事件进行保护的安全屏障。

(9) 从前面的问题中找出需要最多安全屏障的危险事件，并为这一危险事件绘制安全屏障图。

(10) 为(9)题中的危险事件绘制领结图模型，比较两种方法的不同。

(11) 图 14.16 给出了一个安全屏障框图，请将这个图转化为事件树。

(12) 图 14.17 给出了针对某一特定事件的贝叶斯网络，网络中各因素的权重和得分如下：

i	RIF_i	权重 i	得分 i
1	人机界面	10	D
2	可维护性/可达性	4	E
3	现场工程师技术能力	8	A
4	时间压力	2	B
5	控制流程	6	C
6	工作许可	4	E

此外，$Pr(H)_{gen}=0.001$，$Pr(H)_{low}=0.0001$，$Pr(H)_{high}=0.005$。计算 $Pr(H)_{inst}$。

(13) 考虑事件"骑车的时候与汽车相撞"，使用哈顿的策略识别可能的风险降低措施。

参考文献

Aven, T., Sklet, S., and Vinnem, J. E. (2006). Barrier and operational risk analysis of hydrocarbon releases(BORA-Release). Part I. Method description. *Journal of Hazardous Materials* 137: 681-691.

BP(2006). *Guidance on Practice for Layer of Protection Analysis(LOPA)*. Technical report GP 48-03. London: BP Group.

CCPS(1993). *Guidelines for Safety Automation of Chemical Processes*, Center for Chemical Process

Safety. New York: American Institute of Chemical Engineers.
CCPS(2001). *Layer of Protection Analysis: Simplified Process Risk Assessment*, Center for Chemical Process Safety. New York: American Institute of Chemical Engineers.
CCPS(2007). *Guidelines for Safe and Reliable Instrumented Protective Systems*, Wiley and Center for Chemical Process Safety. Hoboken, NJ: American Institute of Chemical Engineers.
CCPS(2009). *Inherently Safer Chemical Processes: A Life Cycle Approach*, 2e. Hoboken, NJ: Wiley.
Clemens, P. L. (2002). Energy flow/barrier analysis, slide presentation.
Duijm, N. J. (2009). Safety-barrier diagrams as a safety management tool. *Reliability Engineering & System Safety* 94: 332-341.
Duijm, N. J. and Markert, F. (2009). Safety-barrier diagrams as a tool for modelling safety of hydrogen applications. *International Journal of Hydrogen Energy* 34: 5862-5868.
EU(2012). Directive 2012/18/EU of the European Parliament and the Council of 4 July 2012 on the Control of Major-Accident Hazards Involving Dangerous substances (Seveso III Directive). Official Journal of the European Union, L 197/1 24.7.2012.
Frederickson, A. A. (2002). *The Layer of Protection Analysis (LOPA) Method*. Tech. Rep. Safety User Group. http://www.safetyusergroup.com.
Haddon, W. (1980). Advances in the epidemiology of injuries as a basis for public policy. *Landmarks in American Epidemiology* 95(5): 411-421.
Haugen, S., Seljelid, J., Sklet, S. et al. (2007). *Operational Risk Analysis: Total Analysis of Physical and Non-Physical Barriers*. Research report 200254-07. Bryne, Norway: Preventor.
Hokstad, P. and Corneliussen, K. (2004). Loss of safey assessment and the IEC 61508 standard. *Reliability Engineering & System Safety* 83: 111-120.
Hollnagel, E. (2004). *Barriers and Accident Prevention*. Ashgate: Aldershot.
HSE(2008). *Optimising Hazard Management by Workforce Engagement and Supervision*. Research report RR637. London: Health and Safety Executive.
IEC 61508(2010). *Functional safety of electrical/electronic/programmable electronic safety-related systems*, Parts 1-7. Geneva: International Electrotechnical Commission.
IEC 61511(2016). *Functional safety: safety instrumented systems for the process industry sector*, Part 1-3. Geneva: International Electrotechnical Commission.
ISO 12100(2010). *Safety of machinery-general principles for design: risk assessment and risk reduction*, International standard ISO12100. Geneva: International Organization for Standardization.
ISO 17776(2016). *Petroleum and Natural Gas Industries—Offshore Production Installations-Major Accident Hazard Management During the Design of New Installations*. Tech. Rep. Geneva: International Organization for Standardization.
Jin, H., Lundteigen, M. A., and Rausand, M. (2011). Reliability performance of safety instrumented systems: a common approach for both low- and high-demand mode of operation. *Reliability Engineering & System Safety* 96: 365-373.
Johnson, W. G. (1980). *MORT Safety Assurance System*. NewYork: Marcel Dekker.
Kim, H., Haugen, S., and Utne, I. B. (2016). Assessment of accident theories for major accidents focusing on the MV Sewol disaster: similarities, differences, and discussion for a combined approach. *Safety Science* 82: 410-420.
Liu, Y. and Rausand, M. (2011). Reliability assessment of safety instrumented systems subject to different demand modes. *Journal of Loss Prevention in the Process Industries* 24: 49-56.
NORSOK D-010(2013). *Well integrity in drilling and well operations*, Norsok standard. Oslo,

Norway: Standard Norge.

NORSOK S-001(2008). *Technical safety*, *Norsok standard*. Oslo, Norway: Standard Norge.

Okstad, E., Sørli, F., Wagnild, B., Skogdalen, J. et al. (2009). Human and organizational factors effect on safety barriers in well operations. IADC Drilling HSE European Conference.

OREDA(2015). *Offshore and Onshore Reliability Data*, OREDA Participants. 6e. 1322 Høvik, Norway: DNV GL.

Rausand, M. (2014). *Reliability of Safety-Critical Systems: Theory and Applications*. Hoboken, NJ: Wiley.

Rausand, M., Høyland, A., and Barros, A. (2020). *System Reliability Theory: Models, Statistical Methods, and Applications*, 3e. Hoboken, NJ: Wiley.

Reason, J. (1997). *Managing the Risks of Organizational Accidents*. Aldershot: Ashgate.

Rosness, R., Guttormsen, G., Steiro, T. et al. (2004). *Organizational Accidents and Resilient Organizations: Five Perspectives*, STF38 A04403. Trondheim, Norway: SINTEF.

Salvi, O. and Debray, B. (2006). A global view on ARAMIS, a risk assessment methodology for industries in the framework of the SEVESO II directive. *Journal of Hazardous Materials* 130: 187-199.

Schönbeck, M., Rausand, M., and Rouvroye, J. (2010). Human and organizational factors in the operational phase of safety instrumented systems: a new approach. *Safety Science* 48: 310-318.

Sklet, S. (2005). *Safety barriers on oil and gas platforms: means to prevent hydrocarbon releases*. PhD thesis. Trondheim, Norway: Norwegian University of Science and Technology(NTNU).

Sklet, S. (2006a). Hydrocarbon releases on oil and gas production platforms: release scenarios and safety barriers. *Journal of Loss Prevention in the Process Industries* 19: 481-493.

Sklet, S. (2006b). Safety barriers: definition, classification, and performance. *Journal of Loss Prevention in the Process Industries* 19: 494-506.

Sklet, S., Vinnem, J. E., and Aven, T. (2006). Barrier and operational risk analysis of hydrocarbon releases(BORA-Release). Part II: results from a case study. *Journal of Hazardous Materials* 137: 692-708.

Sklet, S., Ringstad, A. J., Steen, S. A. et al. (2010). Monitoring of human and organizational factors influencing risk of major accidents. SPE International Conference on Health, Safety and Environment in Oil and Gas Exploration and Production, Rio de Janeiro, Brazil.

Stack, R. J. (2009). Evaluating non-independent protection layers. *Process Safety Progress* 28(4): 317-324.

Summers, A. E. (2003). Introduction to layers of protection analysis. *Journal of Hazardous Materials* 104: 163-168.

U. S. DOE(1996). *Hazard and Barrier Analysis Guidance Document*. Tech. rep. EH-33. Washington, DC: U. S. Department of Energy, Office of Operating Experience Analysis and Feedback.

Vinnem, J. E. and Røed, W. (2019). *Offshore Risk Assessment: Principles, Modeling and Application of QRA Studies*, 4e. London: Springer.

Vinnem, J., Bye, R., Gran, B. et al. (2012). Risk modelling of maintenance work on major process equipment on offshore petroleum installations. *Journal of Loss Prevention in the Process Industries* 25(2): 274-292.

第 15 章

人因可靠性分析

 ## 15.1 简介

对于绝大多数的技术系统,在它们生命周期各个阶段,从设计到建造、运行、管理、维护,再到系统升级、淘汰/废弃,都会有人的参与。就如同一句中国谚语所说的"人非圣贤,孰能无过",人们犯错误总是在所难免的。人类本身要比技术系统更加复杂,因此要预测我们自己可能会犯下的错误就更加困难。

人类和技术系统之间一个重要的区别在于,我们有能力察觉并发现自己的错误以及其他人和技术系统出现的错误。记住这一点,我们就会知道人的行为不仅会带来风险,同时也会带来安全。

一般认为,人为错误导致了 60%~90% 的工业和交通事故。实际上这样说可能还是有些误导,因为人参与了系统生命周期的各个阶段,几乎所有的事故最后都可以追溯到某一类人为错误或者在设计早期的决策失误。下面的一段文字也支持这个看法:

因为没有哪个系统是自我建造的,也几乎很少有哪个系统能够完全自动运行,更没有哪个系统可以真正做到自我维护,把失效的原因归咎到人肯定没有什么问题。……因此,假设有人犯下了错误几乎一定是正确的(Hollnagel,2005)。

在本书当中,我们主要对用户或者技术系统的操作人员犯下的错误感兴趣,目的是寻找潜在的人为错误模式和人为错误概率(human error probabilities,HEP)。我们假设系统中技术设备的失效与人类操作员犯错误遵循同样的方式。当然,我们知道这种假设过于简单,因为人类要比技术元件复杂得多。但是,对于人类行为的方方面面进行更加深入的研究已经超出了本书覆盖的范围,有兴趣的读者可以阅读更加专注于这个领域的文献(比如 Reason,1990,2008;Hollnagel,1998;Spurgin,2010;Pesme 和 Le Bot,2010)。

人为错误和人因可靠性这两个词汇可以定义为:

定义 15.1(人为错误):超乎容忍范围的行为,或者与能够保证系统定义的可以接受的正常行为相背离。这些情况的发生原因在于事件次序、时间、知识、交互、程序和其他资源方面出现了问题(NUREG/CR-6883,2005)。

定义15.1中的一个重要信条,就是人为错误这个词汇并没有谴责的意味。错误关联的是相关人员无法按照系统定义的方式执行任务,如果系统的需求超过了人类的能力,那么人就无可指摘。

定义15.2(人因可靠性):一个人在规定的时间内(如果时间是一个限制条件)正确地完成系统要求的使命,同时没有伤害到系统的行为的概率。这个定义的反义词是人的不可靠性[IMO(国际海事组织),2002]。

需要再次重复的是,系统才是定义人员绩效的标尺。有关人为错误和人因可靠性的文献汗牛充栋,但是本章的目标并不是要做完整的文献回顾,而是把重点放在介绍一些定量风险评估中使用的方法。

15.1.1 人因可靠性分析概述

人因可靠性分析(human reliability analysis,HRA)是一种系统识别和评价操作人员、维护人员和系统中其他人员可能犯下的错误的方法。HRA的主要目标包括[NEA(核子能源署),2004]:

(1) 保证能够系统性地识别和分析关键性的人员活动,结果可以在风险分析中使用并且可以追溯;

(2) 量化人员成功和失效的概率;

(3) 给出提升人员绩效的建议。比如改进人机界面、工作程序和人员培训、更好地将任务要求与人员能力匹配、尽量减少人为错误之间的相互关联等。

HRA既可以是定性分析也可以是定量分析。如果HRA是定量分析的话,我们主要关注的就是人为错误概率(HEP)(见15.1.3节)。出于以下两个主要的原因,我们需要对HEP进行量化:比较不同错误的概率、使用HEP作为定量风险评估的输入。

15.1.1.1 HRA的主要步骤

典型的HRA定量分析的主要步骤包括:

(1) 识别出如果出现人为事故就可能导致事故和(或)运营问题的关键性操作;

(2) 分析相关任务,将任务分解成子任务和任务步骤;

(3) 识别潜在的人为错误模式,如果可能的话,寻找错误成因和绩效影响因素;

(4) 为每一个错误模式和完整任务确定人为错误概率。

以上的每一步还可以分解成若干子步骤。

15.1.1.2 HRA使用的方法

HRA可以使用很多种方法,本书不可能一一描述。我们选取了一些最为常用的方法,并把它们分为3类:

(1) 任务分析方法(第一步和第二步);

(2) 人为错误识别方法(第三步);

(3) 人为错误定量方法(第四步)。

涵盖了所有上述四步的HRA方法有时候也可以称为总体HRA框架。

15.1.1.3 HRA的主要优势

HRA的主要优势在于这种方法可以:

(1) 对潜在和相信会发生的人为错误进行定量估计;

(2) 识别系统操作员界面中的弱点；
(3) 识别预防或者缓解措施中人为错误的原因；
(4) 在人机界面中显示出量化的改进效果；
(5) 通过覆盖人因提升风险评估的价值。

15.1.2 人为错误概述

人为错误这个词一般在用法上都非常随意。在使用这个词汇的时候，我们假设每个人都理解它的含义，但是他们的理解可能会与我们想要表达的真正意思相差甚远，因此我们需要对人为错误给出一个清楚的定义。

人为错误可能是一个人的错误，也可能是一组人共同犯下的错误。有些作者和机构回避使用人为错误这个词汇，他们采用了更加中性的词汇，比如行为错误或者错误行为。

人为错误通常与某一项具体的任务相关，在本书中任务这个词的定义是：

定义 15.3（任务）：为了实现某个目标或达到某种状态，操作员执行的一系列动作。

任务可以分解成若干子任务，甚至子任务还可以继续分解。行动则可以理解为分解到最底层的子任务。

我们需要记住的一个基本前提就是，重大的人为错误是由工厂环境以及能够导致人犯错误的某些人为因素共同作用的结果。

从领结图模型的角度看（见图 2.1），人为错误会：

(1) 成为危险事件的成因。这类错误包括维护错误、校准错误、测试错误等。
(2) 与危险事件直接相关。人为错误可能是危险事件或者其直接触发事件的唯一原因。
(3) 与危险事件的后果相关。比如没有启动手动安全系统、(响应型)安全屏障维护错误等。

对于绝大多数设计完备的系统而言，与它们有关的重大危险事件都已经被识别出来，并且也已经装备了安全屏障。因此，接下来要做的就是理解相关人员活动，并将活动按照步骤描述出来。而我们的任务就是要分析这些活动的可靠性。表 15.1 列出了一些典型的人为错误。

表 15.1 典型人为错误

生理原因导致的错误	心理原因导致的错误
(1) 有行动被忽略	(1) 缺乏系统/状况的相关知识
(2) 有行动未完成	(2) 注意力不够
(3) 行动太多	(3) 没有记住程序
(4) 行动太少	(4) 沟通障碍
(5) 行动方向错误	(5) 计算错误
(6) 执行了错误的行动	
(7) 行动时间不合适	
(8) 行动对象错误	
(9) 重复行动	

15.1.3 人为错误概率

人为错误概率(human error probability,HEP)这个词汇可以定义为：

定义 15.4（人为错误概率）：人员在执行给定任务的时候出现错误的概率。

通常我们可以把任务假设为独立的贝努利试验,固定错误概率为 HEP。那么,在 n 个任务期间人为错误的数量 z 遵循二项分布(n,HEP)。在这种情况下,HEP 估计值为：

$$\text{HEP}^* = \frac{z}{n} = \frac{错误的数量}{犯错的机会数量} \tag{15.1}$$

这个估计值存在一些问题,因为我们一般无法计算出犯错误的机会数量 n。因此,在本例当中,采用 HEP 主观或者贝叶斯解释可能更为妥当(见第 2 章)。

一般我们都假设 HEP 是独立于时间的,也就是说无论任务何时进行,对于这些任务来说 HEP 的值都相同。这不同于技术设备失效的概率。对于后者而言,失效概率通常会随着时间流逝或者设备老化而增加。因此,如果可以把人员类比成设备,那么在执行任何任务的时候,操作人员都可以被假设是"完好如初"的。

15.1.4 人为错误模式

人为错误模式实际上借用了平时用来描述技术元件的失效模式这个词汇。人为错误模式的定义是：

定义 15.5（人为错误模式）：可以观察到的人为错误造成的影响。

技术元件的失效模式可以解释为偏离了功能要求,那么人为错误模式就可以解释为在执行某一任务或者行动的过程中偏离了期望的方式。

案例 15.1（与拧动旋钮有关的错误）：考虑这样的案例,操作员需要在接收到指定信号的时候,向顺时针方向将旋钮拧一格。那么对于这项操作而言,可能的人为错误模式包括：

（1）没有拧动旋钮；
（2）向顺时针方向拧动了两格甚至更多；
（3）向逆时针方向拧动旋钮；
（4）拧错旋钮(如果存在多个旋钮的话)。

15.1.5 人为错误分类

划分人为错误的方式有很多种,但是现在还没有一种通用的方法。然而,下面列出的 3 种划分体系或者方法是最为常见的：

（1）Rasmussen(1983)提出的技巧、规则、知识相关行为模型；
（2）Reason(1990)提出的失误、疏忽、差错、违规划分方法；
（3）Swain 和 Guttmann(1983)提出的遗漏型和执行型错误划分方法。

15.1.5.1 技巧、规则和知识相关行为模型

在人员行为方面影响力最大的模型,就是拉斯姆森(Rasmussen)在 1983 年提出的技巧、规则和知识相关行为模型(SRK)。在这个模型中,作者将各种类型的行为分成 3 个层次：

（1）S：技巧相关。是指那些无意识、自动的行为,比如骑自行车——如果我们学会了骑车,那么在骑行的时候根本无须思考。技巧相关的行为依赖于操作人员在执行任务

方面的实践经验,而技巧相关的错误发生在类似环境条件下的常规活动当中;

(2) R:规则相关。是指那些根据明确的规则和程序进行的活动。在执行任务的时候,规则相关的行为并不会像技巧相关行为那样和之前所做的几乎一致。规则相关的行为在程序上并不重复,行为的次序和某些步骤与之前的也不尽相同。与规则相关的错误通常是因为问题解决规则的错误使用或者应用不当;

(3) K:知识相关。在应对陌生情况的时候,没有既定程序(比如诊断程序)可供参考,这个时候就需要有意识地思考问题如何解决并做出决策。如果操作人员需要考虑周边环境、解释信息、做出困难的决策,那么就需要与知识相关的行为。

15.1.5.2 失误、疏忽、差错和违规分类

根据雷森(Reason,1990)的研究,有 4 种类型的人为错误(不安全行为)会导致重大事故:

(1) 失误。这种行动的初衷正确,但是在执行的时候有些问题。失误是计划之外的行动,一般并不是一个很危险的事件(比如不经意间按动电钮、读表错误、传错话等[①]);

(2) 疏忽。因为忘记或者注意力不集中导致行动没有执行。除非有人也有过类似的疏忽,否则疏忽可能并不容易发现。疏忽可能存在危险,而且可能难以避免(比如漏掉了一系列行动当中的一个步骤,我们更熟悉的是从系列行动中的一步直接"跳到"另外一步)。即便是对人员进行培训,也很难消除失误和疏忽,因此在设计的时候就要考虑到这两个问题(HSE,2005a);

(3) 差错。意图不正确,但是执行的过程没有问题。操作员可能相信某一项操作是正确的,但是实际情况并不如此。比如说,他可能按下了错误的按钮或者关闭了错误的发动机。在差错发生的时候,通常操作人员的行为仍然遵循规则或者熟悉的步骤,但是它要比失误和疏忽更加危险。我们必须要通过培训来避免差错发生;

(4) 违规。操作人员在了解要求的情况下,有意识地采取不同的规则或者程序,即便很多时候他这么做也是出于好意,但是仍然是一种违规行为。最常见的一个违规的例子,就是驾驶员明明知道限速还是会超速行驶。违规的性质不同于失误、疏忽和差错,因为它属于有意识的或者违法的行为(比如有意不遵循程序操作)。

即便是对于最有经验、最具自我约束力的员工,失误和疏忽也是难以避免的,差错更是经常发生在缺乏经验和足够培训的人员身上。而违规既可能是简单的"投机取巧",也可能是危险的蓄意破坏。因此违规行为还可以分成(HSE,2005a):

(1) 常态违规:在当前的环境下,与规则、程序和说明相对立的行为成了一种正常现象。

(2) 例外违规。次数很少,只有在不常见和特殊的情况才会发生,这是因为在意外的情况下会出现一些问题。比如,在紧急情况需要采取一些非常手段。

(3) 条件违规。因为工作人员当时的特定工作条件或者环境(物理环境和组织环境)导致的违规。

(4) 蓄意破坏。只有破坏者自己才能解释这些行为。原因可能有很多,比如被解雇员工的报复或者恐怖行为。

违规的性质不尽相同,也难以察觉,有时候违规人员自己没有认识到行为不符合规范

---

① 注意:这类错误有时候属于非关键性的失误,有时候属于关键性错误。

或者他们会有意隐瞒。因此，很多时候违规属于隐性失效。

虽然失误、疏忽、差错和违规都可能会导致危险的情况，但是前三种同最后一种错误有很大的区别。它们的区别就在于行为的动机，违规是一种蓄意的行为，而其他错误是无意的。

15.1.5.3 人因分析和分类系统

由 Wiegmann 和 Shappell 在 2017 年提出的人因分析和分类系统（human factors analysis and classification system，HFACS），是瑞士奶酪模型（Reason，1997）的扩展，该方法强调了潜伏状况和显性失效的不同。HFACS 可以作为事故分析和调查的工具，图 15.1 给出的就是它的一个简化版本。

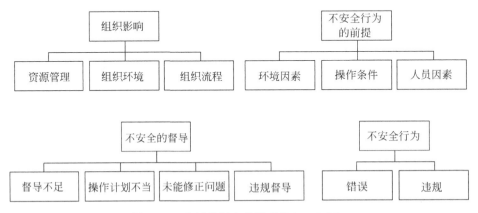

图 15.1 人因分析和分类系统（HFACS）

HFACS 是在航空事故调查中发展出来的，但是现在也应用于其他不同的领域，比如铁路（Zhan 等，2017）、船运（Yildirim 等，2019）和油气行业（Theophilus 等，2017）。

15.1.5.4 遗漏型和执行型错误分类

如表 15.2 所示，按照 Swain 和 Guttmann(1983) 提出的方法，人为错误可以分成遗漏型错误和执行型错误。

表 15.2 遗漏型错误和执行型错误

错误类别			子 类 别
1. 遗漏型错误			1.1.1.1 需要的行动没有执行 （1）遗漏了整个任务 （2）遗漏了任务中一个步骤
2. 执行型错误	2.1 不完全失效		2.1.1.1 任务没有完全执行
	2.2 完全失效	2.2.1 执行错误	2.2.1.1 执行了错误的行动 2.2.1.2 在错误对象上执行了正确的行动 2.2.1.3 执行了多余的行动
		2.2.2 时间相关错误	2.2.2.1 行动太早 2.2.2.2 行动太迟 2.2.2.3 行动持续时间太短 2.2.2.4 行动持续时间太长
		2.2.3 次序错误	2.2.3.1 按照错误的顺序行动

在任务或者行动被遗漏的时候，就会发生遗漏型错误，比如说，工作流程中有一步没有执行。在雷森的分类方法中，遗漏型错误通常就是一个疏忽。

如果操作员做了一件不正确或者没有要求的事情，这就是一个执行型错误。这种错误的一个例子，就是阀门本来应该在一个闭合位置，但是却被锁定在开启状态。执行型错误具有以下3个特征，因此显得非常重要：

(1) 非常少见，但是却时不时发生；
(2) 对于系统安全影响非常大；
(3) 难以识别也就难以预防。

15.1.6 为什么会有人为错误

在8.4.3节，我们讨论了事故成因，并将其分为确定性原因和概率性原因。人为错误很大程度上都是概率性原因，这就意味着如果有特定的因素（条件）存在，人为错误的概率就会增加，但是一般不会达到1。

比如，"缺乏培训"被视作人为错误的原因，而且它显然会增加错误出现的概率。在培训不足的情况下，任务越复杂，出现错误的可能也越大。有些人可能有一些之前的经验，或者对于纠错行为有一些直观的认识，因此错误的概率一般并不会等于1。我们在生活中可以找到很多类似的例子。

人为错误的成因一般可以称为绩效影响因子（performame-influencing factors，PIF）或者绩效形成因子（performance-shaping factors，PSF）。

定义15.6（绩效影响因子）：影响人员绩效和人为错误概率的因子。绩效影响因子可能是在外部影响人员行为，也可能是人自身的某种特性。

绩效影响因子可以按照不同的方式分类，但是最简单的方法就是考虑它与个人还是组织有关。

个人。每个人都有着自己的观点、能力、习惯和个性，在执行任务的时候可能是优势也可能是劣势。个人的性格会在很多方面影响他们的行为。有些属性是与生俱来的，根本无法改变。而有些属性，比如能力和观点，则是可以发生变化或者强化。

组织。有一些组织因素可能会同时影响个人和群体行为，但是这些因素在工作设计和事故调查的时候却经常被忽略掉。常见的一个组织因素就是组织中的安全文化，这个概念最早是在调查切尔诺贝利核电站事故的时候提出的（Antonsen，2009）。

研究人员对安全文化有着不同的定义，比如：

定义15.7（安全文化）：个人和群体的价值观、态度、能力和行为模式综合的结果，决定了组织安全和健康管理的职责、风格和效率。在拥有积极安全文化的组织当中，成员之间的交流充满信任，所有人都能够认识到安全的重要性，对于防护措施的效果都充满信心（HSE，2005b）。

拥有良好安全文化的组织会把安全放在优先的地位，并且会认识到安全同企业业务领域一样都需要进行有效的管理。所有的组织都应该建立自己积极的安全文化，而拥有积极安全文化的组织一般会具备几项特征，比如人员之间的沟通基于相互信任，员工对于安全的重要性有共识，组织对于预防措施的有效性有信心。安全文化会受到下列这些因素的影响［可参阅ICAO（国际民用航空组织），2018］。

(1) 管理层的行为和倾向；
(2) 政策和程序；
(3) 全体人员的参与；
(4) 公认的目标；
(5) 监督；
(6) 安全计划和目标；
(7) 对于不安全行为的反应；
(8) 员工培训和激励；
(9) 保持竞争力。

还有一些文献，比如 G. A. Peters 和 B. J. Peters 在 2006 年的论文以及 Antonsen 在 2009 年的论文，对于安全文化问题都有着更加深入的探讨。

另外一种分类方法将绩效影响因子分为 3 种类型（NASA，2001）：

(1) 外在 PIF：存在于操作人员以外的因子，比如任务复杂度、人机界面、书面程序、工作环境以及管理和组织因素。

(2) 内在 PIF：作为操作人员自身特性的因子，比如操作人员培训情况、经验、对任务的熟悉程度、健康状况以及动力。

(3) 压力因子：会造成心理和生理压力的因素，比如任务的速度和荷载、疲劳、振动等。

表 15.3 列出了一些绩效影响因子，这个表单也可以看作是通用危险列表（表 2.3）的扩展。在 Kim 和 Jung（2003）的论文当中，作者基于 4 个主要的类别：人、系统、任务和环境，对绩效影响因子进行了全面的描述。

表 15.3 绩效影响因子（不完全列表）

情景属性	心理压力
(1) 气候（比如温度）	(1) 任务速度和荷载
(2) 噪声和振动	(2) 担心失败和失业
(3) 照明	(3) 单调乏味
(4) 清洁度/整洁度	(4) 连续保持注意力
(5) 工作时间和休息情况	(5) 动机冲突
(6) 人员配备	(6) 心理问题
(7) 上司、同行以及工会代表的活动	(7) 疲劳、疼痛和不适
(8) 奖励、荣誉、津贴	(8) 饥饿、口渴
(9) 组织结构	(9) 极端温度
(10) 工作指南	(10) 限制行动
任务和设备属性	(11) 缺乏身体锻炼
(1) 工作要求	个人因素
(2) 任务复杂度	(1) 之前接受过培训/有过类似经历
(3) 任务频率和重复度	(2) 展示技巧
(4) 反馈（结果信息）	(3) 个性和智商
(5) 任务的关键程度和专业性	(4) 动力和态度
(6) 团队结构	(5) 身体条件
(7) 人机界面因素（比如工具设计、计算机显示屏摆放方式）	(6) 社会因素（比如家庭和朋友）

注释 15.1（绩效影响因子与风险影响因子有区别吗？）：在安全屏障相关的语境下，我们除了使用绩效影响因子（PIF），还会使用风险影响因子（RIF）。二者之间的区别并不总是很清晰。一般来说，RIF 的内涵要比 PIF 更加宽泛，包含了所有影响风险的因素，而 PIF 通常只包括那些通过技术系统或者通过人员及其行为间接影响风险的因素。在人因可靠性分析当中，PIF 只考虑影响人员绩效的因素。

15.2 任务分析

为了识别出人为错误模式，我们首先需要理解正在执行的任务。如果我们没有充分理解人们将要执行的任务以及他们的工作习惯的话，我们就无法全方面地识别出错误会发生在哪里。任务分析是研究这些任务最为有效的方法。

定义 15.8（任务分析）：详细地检查与需要执行的任务或者工作有关的各种可观测活动。

任务分析一般包括以下内容（Rosness,1994）。
(1) 将任务分解成子任务和简单的任务步骤；
(2) 将各个任务步骤分配给不同的人，还应该说明哪里需要进行沟通；
(3) 描述子任务或者任务步骤之间的关联关系；
(4) 对任务类型（或者任务步骤类型）进行分类；
(5) 识别支持每一个任务步骤的线索和反馈。

现在有很多任务分析方法可以使用，所有的这些方法都将一个任务分解成若干的步骤和子步骤，按照与系统相关的身体活动和(或)思维活动（比如诊断、决策）描述人员的行为。比如，在 Kirwan 和 Ainsworth 在 1992 年的论文当中，作者就列出了超过 20 种不同的任务分析技术。在本节中，我们主要介绍 2 种方法：层次任务分析（hierowchical task analysis, HTA）和表格任务分析（tabular task analysis, TTA）。

15.2.1 层次任务分析

层次任务分析（HTA）是一种系统化的方法，可以描述（应该）组织工作已达到某一特定任务的目标。这项分析按照从上到下的逻辑进行，首先是任务的总目标，然后是各个分任务和子任务，最后是为了实现目标应有的执行这些任务的条件。按照这种方式，任何一个任务都可以表示为由子任务以及完成任务目标需要进行的操作或者动作组成的层次结构（可参阅 Kirwan 和 Ainsworth 在 1992 年的论文）。

HTA 在人因可靠性分析中应用广泛，通常可以作为进行更加详细分析的起点。HTA 将任务分解为由目标、操作和计划构成的层次结构（Salmon 等, 2003）：
(1) 目标。与问题中任务相关的目标（需要完成什么？）；
(2) 操作。为了实现问题中任务的目标，操作员必须进行的可以观察的行为或者行动。操作也可以称为子任务或者行动；
(3) 计划。需要执行操作的条件陈述（决定或者计划）。这一点是很重要的，因为这个陈述会给出操作人员必须要注意的条件。

15.2.1.1 目标和应用

层次任务分析的目标是：

(1) 确定应该如何组织工作以满足特定的目标；
(2) 确定如何将总体目标分解成分目标、子目标等；
(3) 确定为了满足不同级别目标操作人员必须执行的动作；
(4) 识别每一个子任务和动作需要的计划（条件）；
(5) 确定新的工作流程中必要的子任务。

HTA是一个通用的方法，可以用在很多不同的领域。现在，HTA已经在过程控制、军工、航空、发电等行业得到了成功使用。问题中的任务可能非常简单，也可能极为复杂，既包括人执行的任务，也包括由技术系统执行的任务。

15.2.1.2 分析过程

通过HTA，分析人员用层次结构对任务进行描述以推动更加深入的探讨。分析的主要步骤包括：

(1) 计划和准备；
(2) 确定任务的总体目标；
(3) 确定任务的子目标；
(4) 对每个子目标进行分解；
(5) 分析计划；
(6) 报告分析结果。

我们在第3章已经讨论了第一步和第六步，这里就不再赘述。

第二步：确定任务的总体目标。我们需要清楚地描述出任务的总体目标和绩效要求。

第三步：确定任务的子目标。我们可以将任务的总目标分解成3～5个子目标。

第四步：对每个子目标进行分解。在第三步中识别出的子目标应该进一步分解成更为详细的子目标和操作。目标分解得越详细越好，而树形结构的最底层就是动作。尽管动作以上的各个任务也都有着各自的目标，但是动作会直接告诉我们需要做什么。

HTA的图采用树形结构，图15.2就给出HTA图的第一级结构。分析人员可以在他认为合适的时候停止分析（即操作的分解）。有时候操作可以非常详细地描述，而有时候也可以描述得非常简要。

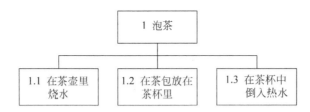

图15.2 案例15.2中"泡茶"这项任务的HTA图（第一级）

第五步：分析计划。对于HTA图中的计划，我们需要将每个任务拆分为子任务，以提供有关如何执行任务的详细信息，比如动作的次序。比如说，一个简单的计划可以是："首先做任务1，然后是任务2，接下来是任务3。"一旦任务完成之后，操作员就会回到树形结构的更高层级。我们在案例15.2描述了一个简单的HTA示例。

案例15.2（泡茶）：现在我们有一个非常简单的任务：在茶杯里泡茶。这个任务的目标就只是泡茶,完成这个目标需要3个子任务。

泡茶
1.1 在茶壶里烧水；
1.2 把茶包放在茶杯里；
1.3 向茶杯中倒入热水。

这个任务可以采用图15.2中的层次图描述。

接下来,每一个子任务可以进一步分解。比如,子任务1.2可以分解成下列一些操作(在这里我们引入操作的计划或者条件)。

1.2 把茶包放在茶杯里。
计划：首先完成1.2.1,如果茶杯不是空的或者不够干净,进行1.2.2,然后再按次序完成1.2.3和1.2.4。
1.2.1 找到并查看茶杯的情况；
1.2.2 把茶杯里面的水倒掉,清洗茶杯；
1.2.3 寻找/选择茶包；
1.2.4 把茶包放在茶杯里。

15.2.1.3 需要的资源和技术

HTA并不需要特别的技术,但是要对分析人员进行几个小时的培训。完成HTA的时间要取决于任务的复杂程度以及分析要求达到的细节程度。对于非常复杂的任务来说,则要花费大量的时间。仅仅借助纸笔可以进行HTA,但是简单的计算机程序对分析也很有帮助。

15.2.2 表格任务分析

表格任务分析(TTA)可以用于特殊任务或者场景,检查由HTA或者其他方法识别出来的每一个(最底层)动作。与TTA相关的主要概念是：
(1) 线索：告诉操作人员可以/应该开始一个动作了；
(2) 反馈：通知操作人员动作的效果。

我们可以在系统中发现线索,比如计算机程序弹出一个对话框需要回答问题,或者给出一个菜单进行选择。线索可以是消息、订单、请求,也可以是其他的确认信息。检查表也可以为我们提供线索。很多时候,唯一的线索就是以前执行过的动作。如果只是把动作顺序作为线索的话,很容易遗忘,尤其是这些动作的功能彼此分离的时候。在这里,动作功能分离意味着前后两个动作的目标(功能)非常不同。举个例子来说,在维护任务之后需要将系统调整到正常运行状态,这前后两个动作的功能就完全不一样。

如果缺乏反馈、反馈信息不够或者反馈太迟,就可能会出现反复执行错误动作的情况。最理想的情况是,反馈会显示出操作人员的动作情况,并且会指出动作对系统的影响。如果操作员按下按钮关闭阀门,他需要知道①他按动的按钮是否正确(动作反馈),②阀门是否真正关闭(效果反馈)。有时候,动作反馈也被称为追溯。

TTA是一种简单的方法,可以帮助分析师检查并理解因为线索和反馈不足引发的人机界面方面的问题。同时,分析师还必须去熟悉人机界面的细节,这样也有助于他进行人因可靠性分析。

15.2.2.1 目标和应用

TTA 的目标包括：

(1) 检查较为复杂任务的每一个动作；

(2) 识别每一个动作的线索，评价线索是否充足；

(3) 识别每一个动作的反馈（既包括动作反馈也包括效果反馈），评价反馈是否充足；

(4) 识别与每个动作相关的可能错误（不是必需的目标）。

TTA 是一种通用的方法，可以在各种各样的领域中使用，现在它已经在以下这些方面发挥了作用：

(1) 设计或者评价人机界面；

(2) 准备详细的人因可靠性分析；

(3) 准备运营程序。

15.2.2.2 分析过程

执行 TTA 分析需要下列几个步骤：

(1) 计划和准备；

(2) 在 TTA 表格中列出所有的动作；

(3) 寻找线索；

(4) 识别反馈；

(5) 识别可能的错误；

(6) 报告分析结果。

我们在第 3 章已经讨论了第一步和第六步，这里就不再赘述。

第二步：在 TTA 表格中列出所有的动作。表格任务分析最主要的元素就是 TTA 表格。TTA 表格中的各个列分别是编号、动作（描述）、线索、反馈、可能错误和备注，我们在图 15.3 中就给出了一个 TTA 表格的简单示例。有兴趣的读者还可以阅读 Stanton 等 (2005) 的著作。研究人员已经就这一步中 TTA 表格的格式达成了共识，在表格的前两列记录动作的相关信息（编号和描述）。图 15.3 中的 TTA 表格可以通过多种方式扩展，比如加入每个任务步骤的分类和时长要求。

研究对象：流程 P1　　　　　　　　　　　　　日期：2019 年 1 月 20 日
参考编号：　　　　　　　　　　　　　　　　　制作人：斯坦·豪根

编号	动作（描述）	线索	反馈	可能错误	备注
1	手工关闭阀门 PV1	(1) 来自控制室的信号 (2) 检查表	(1) 下游压力表 (2) 目测	(1) 关闭的不是要求关闭的阀门 (2) 关闭阀门操作不当	

图 15.3　简单 TTA 表格示例

第三步：寻找线索。我们需要找到每一个动作的线索，并将它记录在第三列当中。如果线索难以用文字描述的话，也可以附上照片或者草图供后续的分析使用。

第四步：识别反馈。我们还需要识别出每个动作的反馈，并记录在表格的第四列。对于简单的动作，比如物品的移动、安装和摆放，反馈信息是直观可见的，甚至有的时候还可以通过触觉感知。如果动作较为复杂，则需要使用指示器和信号灯在操作人员可以看到的地方显示反馈信息，或者也可以使用声音信号。

还有一些动作，它们的反馈信息非常明显，但是没有必要了解细节情况。比如，如果动作是填表，那么反馈信息通常就是表格填完了。如果反馈的质量对于动作绩效没有什么重要影响，那么就可以把这类动作的反馈记录为"琐碎信息"。这样做是为了让分析师能够把精力集中在关键性和困难的动作上面。如果反馈难以描述的话，我们同样也可以使用照片和草图进行补充说明。

第五步：识别可能的错误。在这一步中，我们会找到并且记录与动作相关的可能发生的错误。无论何时，这些错误都会被记录为人因失效模式。如果 TTA 只用来进行任务分析的话，也可以不用包括这个步骤。

备注。对于每一个动作，我们都可以在表格的最后一列填写备注。备注可以包括以下内容：

（1）在分析中做出的假设；
（2）完成分析需要的额外信息；
（3）有关可能出现的人机界面问题的注释（比如反馈不足或者缺乏线索）；
（4）提出人机界面的改进建议。

15.3　人为错误识别

人为错误（模式）识别（human error identification，HEI）是指识别、描述并且分析执行任务期间可能出现的错误操作的过程。当然，一般我们很难发现所有的错误，Swain 和 Guttmann(1983)对此有着自己的看法。

即便是最好的分析师也不可能识别出人员反应的所有模式。没有人能预测出工厂职工会有什么离奇的举动。然而，如果有足够的时间，一名有经验的分析师还是能够识别出在系统中需要执行的大部分任务以及人们犯错误的主要方式。

为了能够尽可能多地找到重要的人为错误，我们需要使用一种或者多种结构化方法。现在有很多种人为错误识别方法，名称千差万别，好在有一些研究人员已经做过相关的文献回顾，按照系统化的方式给出了相关方法的列表（Stanton 等，2005）。

人为错误识别工作还有一项任务，就是需要考虑在系统处于异常状态的时候，我们执行或者应该执行的各种任务。

在本节中，我们会介绍 3 种人为错误识别方法。

（1）动作错误模式分析（action error mode analysis，AEMA），这种方法与 FMECA（见第 10 章）类似；

(2) 人因 HAZOP 分析,是流程工业中使用 HAZOP 分析(见第 10 章)的一种衍生方法;

(3) 系统化人为错误减少和预测方法(the systematic human error reduction and prediction approach,SHERPA)。

我们会发现,上述几种方法实际上存在着一些相似之处。

15.3.1 动作错误模式分析

有几种 HEI 方法都或多或少的与失效模式、影响与重要度分析(FMECA)类似。在本书当中,我们将这些方法称为动作错误模式分析(AEMA)。

分析的开始,我们需要根据 HTA 或者 TTA 这些方法,列出(底层)动作,然后需要按照与硬件 FMECA 和 HAZOP 分析一样的方法,利用经验、检查表、引导词或者头脑风暴方法,识别出每个动作执行过程中可能出现的错误。

15.3.1.1 目标和应用

AEMA 的目标包括:

(1) 识别出每个动作会怎样失效(即人为错误模式是什么?);

(2) 确定这些人为错误模式的原因;

(3) 识别每个人为错误模式对我们所分析任务的其他部分有什么影响;

(4) 描述检测人为错误模式的方法;

(5) 确定不同人为错误模式的重要性如何;

(6) 寻找相关的风险降低行动/措施。

AEMA 是一种通用型方法,可以应用于所有类型的动作。AEMA 的输出结构可以帮助分析人员识别出可能会导致严重后果的重要错误模式。并且,还可以根据事件序列寻找可能的安全屏障和纠正机会。我们可以使用 AEMA 方法分析所有的动作,也可以只分析一些选定的动作。

15.3.1.2 分析过程

AEMA 的分析过程与我们在第 9 章中介绍的 FMECA 过程类似,因此这里就不进行更多的描述了。通常,AEMA 并不是特别关注不同人为错误模式的频率和严重度的量化问题,因此 AEMA 工作表要比 FMECA 简单一些。我们在图 15.4 中给出了一个典型的 AEMA 工作表。

研究对象:流程 P1　　　　　　　　　　　　　　　　日期:2019 年 1 月 20 日
参考编号:　　　　　　　　　　　　　　　　　　　制作人:斯坦·豪根

编号	动作(描述)	动作错误模式	动作错误原因	动作错误后果	风险	风险降低措施	备注
1	手工关闭阀门 PV1	关闭的不是要求关闭的阀门	(1) 工作程序错误 (2) 沟通错误 (3) 阀门标注不完整 (4) 疏忽	可能会引起爆炸	H		

图 15.4　AEMA 工作表示例

15.3.1.3 需要的资源和技术

AEMA 只需要一名分析师就可以完成，当然也可以使用一个研究团队。拥有 FMECA 和 HAZOP 分析经验的人员很容易就可以懂得 AEMA 的工作原理。分析也并不需要心理学和人因工程方面的专业知识，但是分析人员/团队需要能够使用相关的检查表。

15.3.2 人因 HAZOP 分析

人因 HAZOP 分析是从流程行业中经常使用的传统危险与可操作性（HAZOP）分析方法中演化出来的（见第 10 章），它同样使用引导词（例如表 15.4 中列出的词汇）识别可能出现的人为错误（Kirwan 和 Ainsworth，1992）。

表 15.4 人因 HAZOP 分析引导词(1)

流程 HAZOP 分析引导词	人因 HAZOP 分析引导词
没有	没有做
过少	少于
过多	多于
也	也
不是	不是
	重复
	早于
相反	晚于
	混乱
部分	部分

来源：Whalley(1988)。

15.3.2.1 目标和应用

人因 HAZOP 分析的目标包括：

(1) 识别不同动作与理想绩效水平之间的所有偏差，确定偏差的原因以及所有与这些偏差有关的危险。

(2) 确定是否应该采取行动控制危险。如果需要采取行动，就要进一步找到解决问题的方法。

(3) 保证确定的行动能够执行。

(4) 让操作人员认识到与各种动作有关的危险。

15.3.2.2 分析过程

人因 HAZOP 分析的过程与我们在第 9 章介绍的流程 HAZOP 分析类似。在执行人因 HAZOP 分析的时候，我们一般需要一个 3～10 个人组成的团队。比如一个化工厂的项目，我们建议人因 HAZOP 团队中应该包括：

(1) HAZOP 团队负责人；

(2) 人因专家；

(3) 项目工程师；

(4) 流程工程师；

(5) 运营团队负责人；

(6) 控制室操作员；

(7) HAZOP 分析秘书。

人因 HAZOP 分析需要根据动作列表和描述进行。如果我们能够确定运行过程完整并且没有问题，我们也可以在分析中使用这些步骤信息。同样，工作安全分析（见第 10 章）的结果也可以用来支持 HAZOP 研究。有的时候，还有必要在启动 HAZOP 研究之前首先进行任务分析（可以是 HTA，但是最好是 TTA）。

对于详细的人因 HAZOP 研究，任务描述应该指出每一个动作的执行人以及使用的控制元件（比如按钮、开关）和指示元件（比如控制灯、指示器）。

接下来，可以把每个动作看作是传统流程 HAZOP 研究中的节点，按照相同的方式进行分析。还需要考虑一系列引导词，列出系统中的遗漏和执行情况，潜在错误以及相信会出现的错误（Stanton 等，2005）。

对于人因 HAZOP 分析并没有现成的标准，但是有些研究人员相继提出了自己的一套引导词（或者错误类型）。我们在表 15.4 和表 15.5 中列举了其中的两种：

人因 HAZOP 研究应该能够回答下列这些问题：

(1) 在执行一项任务的时候，可能会有怎样的人为错误模式发生？

(2) 这些错误的主要原因是什么？

(3) 每个错误发生的可能性是什么？

(4) 有可能修正/纠正这个错误模式吗（在错误已经发生的时候）？

(5) 怎样进行纠正，成功的概率有多大？

(6) 每个错误模式的后果是什么？

(7) 每个错误模式后果的严重程度如何？

(8) 可以/应该采取哪些风险降低措施？

表 15.5　人因 HAZOP 分析引导词（2）

基本引导词	基本引导词
（1）没有动作	（12）过少信息
（2）过多动作	（13）没有信息
（3）过少动作	（14）错误信息
（4）错误动作	附加引导词
（5）部分动作	（1）目的
（6）多余动作	（2）清晰
（7）其他动作	（3）培训
（8）过长时间	（4）异常情况
（9）过短时间	（5）维护
（10）次序混乱	（6）安全
（11）过多信息	

来源：Shorrock 等（2003）。

我们需要将分析结果记录在人因 HAZOP 分析工作表当中，图 15.5 就是一个人因 HAZOP 分析工作表的示例。

研究对象：流程 P1　　　　　　　　　　　　日期：2019 年 1 月 20 日
参考编号：　　　　　　　　　　　　　　　　制作人：斯坦·豪根

编号	动作（描述）	引导词	动作错误（描述）	原因	后果	概率	严重程度	风险降低措施	备注
1	手工关闭阀门 PV1	不是	关闭的不是要求关闭的阀门	(1) 工作程序错误 (2) 沟通错误 (3) 阀门标注不完整 (4) 疏忽	可能会引起爆炸	低	高		

图 15.5　人因 HAZOP 分析工作表示例

15.3.3　SHERPA

系统化人为错误减少和预测方法（SHERPA）最早起源于核电工业，后来也在一些其他的领域应用，其中就包括航空和流程工业（Embrey, 1986）。

15.3.3.1　目标和应用

SHERPA 的目标包括：
(1) 识别与研究对象有关的所有人为动作错误，以及这些错误的成因和后果；
(2) 评价动作错误模式的概率和严重程度；
(3) 识别出可以避免错误引发严重后果的纠正手段；
(4) 确定是否需要采取行动控制危险。如果需要采取行动，就要进一步找到解决问题的方式；
(5) 让操作人员认识到与各种动作相关的危险。

SHERPA 同样是一种通用技术，可以应用于几乎所有类型的任务当中。现在对于 SHERPA 已经有了大量的相关研究，并且研究人员证明这是一种非常有效的方法。

15.3.3.2　分析过程

SHERPA 与 HRA 使用的关于错误的术语相同，都是针对指定动作识别潜在的以及相信会发生的人为错误。潜在的错误模式可以分为 5 组，如表 15.6 所示。分析人员使用主观判断以及表 15.6 中列出的 SHERPA 错误模式分类，为任务分析中识别出的每个动作确定相信会发生的错误模式。所谓相信会发生的错误就是分析师判断可能发生的错误。

表 15.6　SHERPA 错误模式分类

动作错误	信息接收错误
（1）操作时间太长/太短 （2）操作时机不对 （3）操作方向错误 （4）操作过多/过少 （5）没有对准 （6）对错误对象执行正确的操作 （7）对正确对象执行错误的操作 （8）操作有遗漏 （9）操作未完成 （10）对错误对象执行错误的操作 **检查错误** （1）检查有遗漏 （2）检查不完整 （3）在错误对象上进行正确的检查 （4）在正确对象上进行错误的检查 （5）检查时机不对 （6）在错误对象上进行错误的检查	（1）没有得到信息 （2）得到错误信息 （3）信息接收不完整 **沟通错误** （1）没有得到信息或者信息没有沟通 （2）得到错误信息或者沟通出现偏差 **选择错误** （1）选择有遗漏 （2）选择错误

对于每一个确信发生的错误模式，分析人员都需要描述出错误发生的形式，比如"操作员拧错了旋钮的方向"。接下来，分析人员要确定错误的所有后果，以及如果错误模式发生需要采取的所有错误纠正步骤。下一步，分析人员还需要对错误的概率（高、中、低）和重要程度（不重要、一般重要、很重要）进行排序，并描述出所有可能的设计补救措施（即如何修改界面设计避免错误发生）。

在 Stanton 等（2005）的论文中，作者介绍了进行 SHERPA 的详细步骤；而 Harris 等（2005）的论文则给出了一个利用 SHERPA 方法预测民用航空器驾驶舱设计性错误的案例。进行 SHERPA 的步骤与 AEMA 中的非常类似，这里就不再重复介绍了。

分析的结果需要记录在如图 15.6 所示的一个 SHERPA 工作表当中。此外，SHERPA 的工作表还有几种变体，有兴趣的读者可以阅读 Salmon 等 2005 年的论文。

研究对象：流程 P1　　　　　　　　　　　　　　　　日期：2010 年 1 月 20 日
参考编号：　　　　　　　　　　　　　　　　　　　　制作人：斯坦·豪根

编号	动作（描述）	动作错误模式	动作错误原因	动作错误后果	纠正方法	概率	严重程度	补救措施	备注
1	手工关闭阀门 PV1	关闭的不是要求关闭的阀门	（1）工作程序错误 （2）沟通错误 （3）阀门标注不完整 （4）疏忽	可能会引起爆炸	监督人员发现错误	低	高	（1）加强监督 （2）改进工作流程	

图 15.6　SHERPA 工作表示例

15.4 HRA 方法

在 2009 年的时候,英国健康与安全执行委员会(HSE)进行了一次有关现有 HRA 方法的调查,总计发现了 72 种不同的方法(HSE,2009)。HSE 对这些方法进行了评价和比较,并在报告中总结出 17 种方法适用于高危行业的人因可靠性评估。

HRA 方法主要可以分为两种:

第一代 HRA 方法。第一代 HRA 方法的目的主要是为定量风险分析/概率风险评估(quantitative risk analysis/probabilistic risk assessment,QRA/PRA)提供输入,试图将人类活动和人为错误集成到风险分析当中。最为常见的第一代方法就是人为错误率预测技术,即广为人知的 THERP(Swain 和 Guttmann,1983)。在 Miller 和 Swain(1987)的论文中,作者对 THERP 进行了描述:

> THERP 方法是对传统的可靠性技术进行修改,以满足人员绩效相比设备绩效变数更大、关联更多的特点……THERP 的步骤与传统的可靠性分析类似,只不过使用人员任务活动代替了设备运行输出。

因为第一代 HRA 方法是直接从风险分析衍生出来的,风险分析人员非常容易理解,所以这些方法也已经得到了广泛的应用。

这一类方法鼓励分析人员将任务分解成单独的动作,考虑绩效影响因子(PIF)的潜在影响。通过将这些影响综合,分析人员可以确定人为错误概率(HEP)。然而,这类方法经常会受到批评,因为它们没有考虑到认知问题、环境影响、组织因素和执行错误等很多事情(Miguel,2006;HSE,2009)。

本节主要介绍三种第一代方法:

(1) THERP:人为错误率预测技术;
(2) HEART:人为错误评估与减少技术;
(3) SLIM-MAUD:成功可能性指数方法-多属性效用分解。

第二代 HRA 方法。第二代 HRA 方法起源于 20 世纪 90 年代,现在仍然在发展当中。这些方法试图在人为错误预测的时候考虑环境因素和执行错误(HSE,2009)。

这些方法与第一代方法的不同之处在于:①它们能够描述出某些特定人为错误活动的深层次原因;②它们能够识别出可能会导致工厂安全条件恶化的各种人为错误模式;③它们能够根据错误生成条件或者环境,对人为错误概率进行量化。

第二代 HRA 方法要比第一代方法复杂很多,它们不能轻易地融合到标准风险分析方法当中,甚至有时候没有经过心理学教育的分析人员都无法理解其中的很多术语。

在这些方法当中,也包括量化人类绩效的指南和策略。尽管相对第一代方法,新方法的相关描述较为简略,但是它们更加关注人因可靠性当中的复杂情况和认知方面(无法直接观察)的问题,与早期技术把重点放在行为方面非常不同(HSE,2009)。

第二代方法使用的错误分类方法,与人类行为认知模型有很多重合的地方。最为人们所熟知的第二代方法包括:

(1) CREAM：认知可靠性和错误分析法；
(2) ATHEANA：人为错误分析法；
(3) MERMOS：操作员工作安全绩效评估方法[①]。

本节后面的部分将会介绍 CREAM，对于 ATHEANA 和 MERMOS 只会做简单的描述。所有上述这些方法都是公开使用的，只有 MERMOS 是属于法国电力集团公司 (Electricité de France, EDF) 的专利。

15.4.1 THERP

人为错误率预测技术(THERP)最早于 1961 年由美国核标准委员会开发(Swain 和 Guttmann, 1983)，后来逐渐成为定量人因可靠性分析最为常用的方法。THERP 是人因可靠性评估的一种总体方法，可以进行任务分析、人为错误识别和表示以及人为错误概率量化。

在进行 THERP 分析的时候，必须要使用 THERP 手册(Swain 和 Guttmann, 1983)，这本手册对分析的各个步骤都给出了详细的解释，还附有标定错误概率表。尽管一直都饱受批评，但是时至今日，THERP 仍然被认为是人因可靠性分析最为重要的方法。

THERP 使用事件树(见 11.2 节)和关联模型对人为错误进行建模，同时它也考虑了绩效影响因子。这种因子在 THERP 中被称为绩效形成因子(PSF)。

15.4.1.1 目标和应用

根据 Swain 和 Guttmann(1983)的描述，THERP 的目标是：

......预测人为错误概率，评价由于人为错误自身、人为错误与设备、运营和工作结合引起的人机系统性能下降，以及其他影响系统行为的系统和人员特性。

最开始，THERP 主要用于军事应用，然后进入了核电领域。再后来，THERP 开始在很多不同的领域被使用，其中也包括海上油气开采。一般认为，THERP 对于量化高度程序化作业中的错误非常有效。

15.4.1.2 方法描述

THERP 的主要元素包括：

(1) 一个存放大量基本动作的通用或者标定人为错误概率的数据库，分析人员可以针对具体场景中的绩效形成因子对数值进行修改。

THERP 手册的第四部分包括了 27 个 HEP 表格，这些通用 HEP 的值是基于记录的数据并辅以专家判断得到的。

(2) 一个关联模型，可以用来评估两个动作之间的关联程度(比如，操作人员没有发现警报，没有采取修正措施，我们不能把后一个错误简单地理解为独立于第一个错误)。

(3) 一个事件树模型，将每一步的人为错误概率综合计算，计算任务的总体人为错误概率。

(4) 一种可以评估错误纠正选择的方法。

---

① MERMOS 是法语 méthode d'évaluation de la réalisations des mission opérateur pour la sûreté 缩写。

THERP 是一种全面的技术,但是在本节当中我们只介绍基本原理。有兴趣的读者可以阅读 THERP 手册(Swain 和 Guttmann,1983)以及 Kirwan(1994)的专著。

15.4.1.3　THERP 事件树

事件树可以用来把动作按照时间顺序与其他关键性事件对应,为每个事件分配概率。这种方法可以保证 THERP 的结果能够很容易地集成到定量风险分析当中。THERP 使用的事件树图形与我们在第 13 章中介绍的略有不同,但是逻辑结构是一致的。我们在图 15.7 中给出了一个 THERP 事件树的示例。

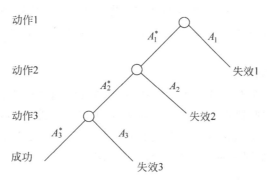

图 15.7　THERP 事件树示例

图 15.7 描述的任务包括 3 个动作,每个动作可以产生 2 个结果 A_i(错误)和 A_i^*(没有错误),在这里 $i=1,2,3$。任务的最终结果可以是"成功"(即所有的动作都没有错误),也可能是失效 1、2 或者 3。这 3 个失效有时候影响是一样的,我们接下来可以把它们归为一类。

可以根据标准的条件概率公式计算不同输出的概率:

$$\Pr(失效\ 1) = \Pr(A_1)$$
$$\Pr(失效\ 2) = \Pr(A_1^* \cap A_2) = \Pr(A_2 \mid A_1^*) \cdot \Pr(A_1^*)$$
$$\Pr(失效\ 3) = \Pr(A_1^* \cap A_2^* \cap A_3) = \Pr(A_3 \mid A_1^* \cap A_2^*) \cdot \Pr(A_1^* \cap A_2^*)$$
$$= \Pr(A_3 \mid A_1^* \cap A_2^*) \cdot \Pr(A_2^* \mid A_1^*) \cdot \Pr(A_1^*)$$

为了能够计算这些概率,我们需要确定每一个动作 i 的 HEP$=\Pr(A_i)$,在这里 $i=1,2,3$。我们还需要确定不同动作之间的关联关系。

15.4.1.4　标定人为错误概率

在 THERP 数据表当中,每一个标定人为错误概率(或者也可以称为 HEP$_n$)都带有 90% 的不确定性边界或者错误因子 k。我们假设人为错误概率的不确定度遵循对数正态分布,令 HEP$_n$ 代表手册中给出的标定 HEP,HEP$_{0.05}$ 和 HEP$_{0.95}$ 分别对应对数正态分布上 0.05 和 0.95 两个分位上的数值,那么 HEP 中的不确定性就可以表示为:

$$\Pr(\text{HEP}_{0.05} \leqslant \text{HEP} \leqslant \text{HEP}_{0.95}) = 0.90 \tag{15.2}$$

错误因子 k 可以根据下列公式计算得到:

$$k = \sqrt{\frac{\text{HEP}_{0.95}}{\text{HEP}_{0.05}}} \tag{15.3}$$

如果我们假设 HEP_n 是对数正态分布的中位值（拉桑德等,2020），那么 90% 不确定边界就可以写成：

$$\Pr(HEP_n/k \leqslant HEP \leqslant HEP_n \cdot k) = 0.90 \tag{15.4}$$

实际上，THERP 手册中绝大多数标定 HEP 的数值都是采用专家估计的方法得到的，只有一少部分来自实证数据。但是后来的一些研究显示，THERP 的数据质量还是相当令人满意的(NEA,1998)。

注释 15.2（对数正态分布是不是合适的模型？）：使用对数正态分布对 HEP 中的不确定性建模，看起来有些奇怪，这是因为 HEP 是一个概率，被限制在区间 [0,1] 当中，而对数正态分布的取值范围则是可以覆盖 [0,∞) 的所有正数。使用 [0,1] 区间上的 β 分布看起来要更加合理一些。

15.4.1.5 绩效形成因子

THERP 方法将操作人员和技术系统中的元件按照同样的方式对待。THERP 的目标是预测 HEP，评价这些错误对于整体系统安全性和可靠性的影响。THERP 承认人员绩效会受到一系列绩效形成因子 (PSF) 的影响，而分析人员可以根据自己的判断使用这些 PSF 修正标定人为错误概率值（Miguel,2006 年）。

PSF 主要可以分为三类：

(1) 外部 PSF，具有：

① 条件特性；

② 任务特性；

③ 工作和任务说明。

(2) 内部 PSF，如组织因素。

(3) 压力，具有：

① 心理上的压力；

② 身体上的压力。

THERP 手册在每一类中都列出了大量的 PSF，并进行了讨论。分析人员必须能够识别出可能会影响人为错误概率的 PSF。THERP 手册有关不同 PSF 的讨论非常清楚，我们建议读者在开始选择 PSF 之前认真仔细阅读。

15.4.1.6 基本人为错误概率

令 HEP_n 表示一个特定的动作，在 THERP 手册中可以找到的这个动作的标定人为错误概率。如果只有一个 PSF 影响人为错误概率的话，那么这个动作的基本人为错误概率 (HEP_b) 就可以确定：

$$HEP_b = HEP_n \cdot PSF \tag{15.5}$$

可以看出，THERP 采用一个乘法模型，失效速率可以采用 MIL-HDBK 217F（见第 9 章）手册中给出的参数进行调整。PSF 是一个 HEP_n 的修正因子，如果 PSF>1，那么基本 HEP 就要大于标定 HEP；如果 PSF<1，基本 HEP 就会小于标定 HEP。PSF=1 意味着基本 HEP 与标定 HEP 相等。

HEP 是一个概率，因此只能在区间 [0,1] 之间取值。在选择 PSF 数值的时候，我们必须慎之又慎，因为 HEP_b 的值不应该落在 [0,1] 区间以外。举例来说，如果我们有

$HEP_n=0.4$，而 $PSF=3$，那么 $HEP_b=1.2$，而这实际上是不可能的。当然，我们可以将其解释为 $HEP_b=1.0$。

如果存在多个 PSF：$PSF_1, PSF_2, \cdots, PSF_k$，共同影响 HEP，那么基本 HEP 就是：

$$HEP_b = HEP_n \cdot \prod_{i=1}^{k} PSF_i \tag{15.6}$$

在实际当中，很少有对一个动作使用两三个甚至更多 PSF 的情况。

15.4.1.7 时间可靠性关联模型

有时候，事故场景中一个动作的 HEP 可能是与时间相关的。这种时间关联性源自 THERP 诊断模型，在这个模型中诊断失效概率被描述为可以进行诊断的时间 t 的函数。在这种情况下，诊断意味着解释操作人员面对的状况信息，理解工厂中正在发生的情况（也称为状况认知）。对于复杂系统而言，有时候很难准确理解系统的情况（比如已经发生了哪些失效），因此也很难知道应该如何应对。总体 HEP 可以计算为：

$$HEP(t) = \Pr(T > t) + \Pr(A) \tag{15.7}$$

式中，$\Pr(A)$ 是诊断后行动的人为错误概率，T 是完成诊断需要的时间（随机变量），因此 $\Pr(T>t)$ 就是在可以使用的时间内无法完成诊断的概率。THERP 项目分析人员可以根据操作员的业务水平和经验，在手册给出的 3 个不同 $\Pr(T>t)$ 曲线中进行选择（参阅 NASA，1998）。

时间可靠性关联（time reliability corelation，TRC）模型的理论前提，是将时间看作影响任务（比如诊断）绩效的主要因素。模型中的时间 t，是进行正确诊断允许时间的估计值，等于系统分析师确定的最大允许时间减去进入合适位置并在正确的诊断之后进行行动需要的时间。

15.4.1.8 错误之间的关联

假设操作员犯下了一个错误 A，下一个动作的结果也可能是错误 B。错误 A 和 B 之间可能是有关联的，因此条件概率 $\Pr(B|A)$，要比 B 在没有事件 A 发生的情况下出现的概率更高。错误 B 的成因可以分为两类：

(1) 错误 B 是错误 A 的直接后果[即 $\Pr(B|A)=1$]，这种情况的发生概率是 β；

(2) 错误 B 的发生与错误 A 是否发生无关[即 $\Pr(B|A)=\Pr(B)$]，这种情况的发生概率是 $1-\beta$。

因此，在 THERP 中，前后两个人为错误 A 和 B 的关联度为：

$$\Pr(B|A) = \beta + (1-\beta)\Pr(B) \tag{15.8}$$

参数 β 在这里被称为关联因子，即错误 A 直接导致错误 B 发生的概率。我们需要注意，如果 $\beta=0$，$\Pr(B|A)=\Pr(B)$，这也就意味着 A 和 B 是彼此独立的，错误 A 对于操作人员犯下错误 B 的概率没有任何影响。如果 $\beta=1$，那么 $\Pr(B|A)=1$，也就是所谓的"完全依赖"，即错误 A 总会导致错误 B 的发生。THERP 给出了几种常见情况下建议使用的 β 值。

$\beta=0.05$——关联度较低

$\beta=0.15$——关联度中等

$\beta=0.50$——关联度较高

THERP手册详细介绍了如何确定两个任务和两名人员之间的关联因子β。有兴趣的读者可以阅读THERP手册的第10章和第18章,了解更多信息。

案例15.3(固定飞机起落架):在一架飞机抵达机场之后,经常需要采用橡胶块将所有3个起落架的轮子固定,防止其移动。"固定起落架"这个任务可以分为3个步骤:①固定前起落架;②固定左翼起落架;③固定右翼起落架。假设我们可以得到相关数据,固定一个起落架的人为错误概率HEP为0.001。如果这些步骤之间是互相独立的,那么固定3个起落架全部失效的概率应该是每次1×10^{-9}。

然而在实际工作中,这3个动作之间存在着巨大的关联。如果地勤人员因为注意力不集中或者其他原因,忘记固定其中一个起落架,那么很有可能他也会忘记其他两个。因此,如果给定第一个起落架没有固定,那么其他两个起落架也没有固定的概率要远远高于0.001。换个角度看,如果第一个步骤正确进行了,那么后续两个动作正确执行的可能性也要高得多。

注释15.3:THERP方法中使用的关联模型(15.8)与处理技术元件失效采用的β因子模型(见第13章)实际上非常类似。

15.4.1.9 纠正错误

THERP方法不仅考虑了人为错误,还考虑了人员可以缓解或者修正错误。在这里我们统称为纠正错误。THERP可以用来对很多纠正错误的行为进行量化(Swain和Guttmann,1983),包括:

(1) 人为冗余:一名操作员的行动要接受另外一名操作员或者监督人员的检查;

(2) 后续步骤或者任务;

(3) 错误指示(声音警报);

(4) 在控制室内定期扫描或者到现场巡检。

THERP手册列举了各种纠正手段的成功概率。在很多情况下,THERP手册都使用事件树的方法对纠正行为建模。

15.4.1.10 分析过程

THERP的分析过程与传统可靠性分析采用的过程类似,只是用人员活动取代了设备功能。THERP分析可以按照下列步骤进行:

(1) 计划和准备;

(2) 分析任务;

(3) 构建事件树;

(4) 分配标定人为错误概率;

(5) 评估绩效影响因子和关联的影响;

(6) 确定纠正行动的效果(纠正因子的影响);

(7) 确定成功和失败概率;

(8) 分析敏感度;

(9) 提出改进建议;

(10) 报告分析结果。

在实际分析中,我们需要重复第三步到第九步的工作,对改进的情况做出评价。在 Seong(晟丰炫)(2009)的著作中,作者给出的分析步骤略有不同。图 15.8 给出了 THERP 的整个流程。

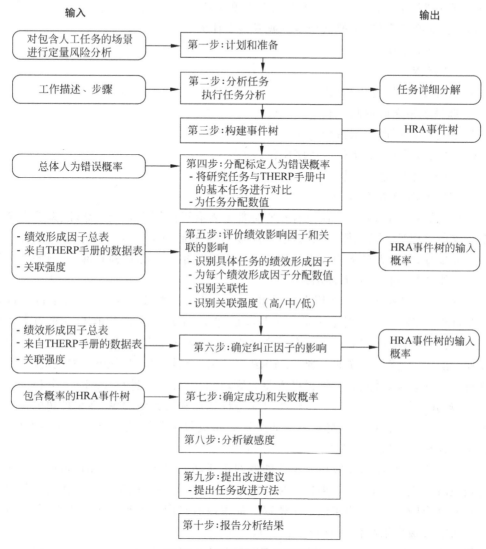

图 15.8　THERP 的分析流程

第一步:计划和准备。第 3 章对这个步骤已经有所描述。在开始 THERP 分析之前,我们假设要进行定量分析,并且已经构建好描述相关事故场景的事件树。操作员执行的任务可以体现为事件树的一个或者多个关键性事件(比如遭遇安全屏障),然后我们还必须识别出与每一项任务相关的人为错误,这就是 THERP 的目标。

第二步:分析任务。在构建事故场景的过程中,就应该确定哪些是要进行研究的场景(见第 12 章)。作为这项工作的一部分,研究团队还应该找出场景中的关键任务。因此,THERP 分析实际上是受到硬件风险评估的需求驱动的。接下来,需要对每一个关键任务进行详细的任务分析。THERP 并没有对任务分析方法做出严格的要求,在大多数情况下使用层次任务分析(HTA)法就可以了。

THERP 可以应用于任务的不同层级和不同步骤。分析应该从 HTA 中的最底层——"动作"开始。这些动作的主要错误类型包括:

(1) 遗漏型错误(遗漏掉某个步骤或者整个任务)。

(2) 执行型错误。

(3) 选择错误。

① 选择了错误的控制方式;

② 选择了错误的控制位置;

③ 选择了错误的控制指令。

(4) 顺序错误(按照错误的次序操作)。

(5) 事件错误(过早/过晚)。

(6) 数量错误(太多/太少)。

从系统的角度看,人为错误只有在它降低或者有可能降低系统可靠性、系统安全性或者系统成功实现某一目标概率的时候,才应该被当作是一个错误。对于任务分析中的每一个任务步骤,分析人员都应该去寻找它的错误发生条件。在这种条件下,向操作员发送的指令可能会超过他的能力范围。

第三步:构建事件树。使用事件树将可能的操作员绩效对应起来,这个过程也被称为表示过程。THERP 手册给出了一个与我们在第 11 章中介绍的略有不同的事件树图形,事件树的每一个关键节点都会有两个分支,一个表示动作正确执行,另一个表示错误的动作。图 15.7 就是这样的一棵 THERP 事件树。在绘制这两种事件树的时候,并没有什么逻辑上的差别,因此如果觉得更方便的话,我们也可以在进行 THERP 分析的时候使用第 11 章介绍的事件树图形。事件树对应各种动作和错误的顺序,而事件树的每一个分支都终结于最终事件或者最终状态。如果我们知道每个关键性节点的人为错误概率,我们就可以计算最终事件的概率。

在这一步,研究团队还应该考虑可能的纠正活动。很多时候,操作员可以在出现错误的时候及时纠正。比如说,如果操作员忘记按下按钮,他在开始下一步工作的时候可能就会意识到这个问题,然后快速地纠正错误。如果没有考虑错误被纠正的机会,任务的错误概率有可能会被大幅高估(Kirwan,1994)。

第四步:分配标定人为错误概率。THERP 手册的第 20 章给出了 27 个数据表,涵盖了 THERP 事件树中包括的各种任务的标定 HEP。手册还提供了一个搜索方案,帮助分析人员找到给定类型人为错误最合适的数据表,在需要的时候对表中的标定值做出调整,如果需要的话确定点估计的不确定边界。

我们建议在评价一个手册没列出的 HEP 的时候,如果它是遗漏型错误或者执行型错误的发生概率的话,那么就可以先给定一个标定 HEP 值 0.003。在评价异常事件的时候,如果表格或者文字显示在正常条件下相关的 HEP 是"可以忽略不计的",我们可以设定这些任务的标定 HEP 值为 0.001。这样做,可以考虑到与异常事件相关的压力的影响。

第五步：评估绩效影响因子和关联的影响。为了能够计算得到基本 HEP，必须针对工厂具体的绩效形成因子对标定 HEP 的值进行调整。因为标定 HEP 的数值是根据行业"平均"情况得到的，应该根据具体状况进行增减。基本 HEP 没有考虑之前的任务，这也就是说它们是无条件概率，而在 HRA 事件树中的 HEP 一定是条件概率（除了第一项任务之外）。我们可以使用 THERP 手册第 20 章中的关联表确定动作之间的联系。

第六步：确定纠正因子的影响。纠正因子的影响可以根据下式计算得到：

$$\text{HEP}_r = \text{HEP}_n \cdot \prod_{j=1}^{m} w_j \cdot \prod_{k=1}^{n} \text{RF}_k \tag{15.9}$$

式中，w_j 是绩效形成因子 PSF_j 的修正因子，$j=1,2,\cdots,m$；RF_k 是我们正在研究的错误的纠正因子，$k=1,2,\cdots,n$。有兴趣的读者可以阅读 THERP 手册，了解更多有关这些因子的信息。

第七步：确定成功和失败概率。如果能够确定事件树中每一个分支成功或者失败的条件概率估计值，就可以通过将每个分支的概率相乘，计算得到事件树中每一个路径的概率。同时，我们还需要考虑事件树不同分支之间的相互关联关系。

如果考虑纠正行为，可能会有不止一个人来纠正一个错误，这时候也需要在分析中考虑到纠正行为之间的关联。分析人员应该牢记，衡量关联关系对人为错误概率的影响，必须具体问题具体分析。THERP 手册中提到的概念只是起到一个启发的作用。

第八步：分析敏感度。如果需要的话，研究团队还应该进行敏感度分析，相关的细节我们会在第 19 章中进行详细介绍。

第九步：提出改进建议。应该提出整个工作体系的改进建议，将相关的错误率降低到可以接受的水平。

第十步：报告分析结果。我们在第 3 章中已经介绍过这个步骤。

15.4.1.11 需要的资源和技术

为了进行 THERP 分析，研究团队必须借助 THERP 手册（Swain 和 Guttmann，1983），这是因为 THERP 分析非常依赖于数据库中给出的标定人为错误概率（HEP）和其他各种参数。

THERP 是一种全面性的复杂方法，需要进行大量的培训。Swain 和 Guttmann（1983）明确指出，应该使用经过良好培训的分析人员量化人因可靠性。同样，詹姆斯·雷森也曾经提到：

> 如果能够雇用到像阿兰·斯万（Swain）和他的合作伙伴这样经验丰富的专家，那么 THERP 分析就不能简单地用强大来形容了，分析报告简直就是一份艺术品。但是如果我们使用其他人员，效果可就不好说了（Reason，1990，第 224 页）。

另外一位人因专家，同时也是 THERP 手册的审稿人，曾经说过：

> 这份手册就像一把"小提琴"乐器。它看起来简单，但是需要很深的技术和造诣才能使用。

对于 THERP 一个主要的批评，是认为这种方法过于关注人在行为层面上的绩效，用看待机器零件的方式来看待人（除了使用 PSF 以外）。因此，像决策失误这类的问题

THERP 就没法处理。

15.4.2 人为错误评估和减少技术

人为错误评估和减少技术(human error assessment and reduction technique,HEART)是由 Williams 在 1986 年提出的,目的是提供一种快速高效的人因可靠性分析方法。这是一种通用型的方法,可以适用于任何人因可靠性比较重要的环境或者行业。

HEART 是作者在对大量人因相关的文献,尤其是对那些通过实验证明不同参数对人员绩效具有影响的文献,进行了深入研究之后提出的。在这种方法中,需要根据一系列标定 HEP 确定人为错误概率,还需要选择并且评估一系列绩效影响因子。这种因子在 HEART 中被称为错误生成条件(EPC)。在 THERP 方法中,任务会被分解成基本动作,并针对每个动作确定 HEP,而在 HEART 中,HEP 则是在任务级别上确定的。

15.4.2.1 目标和应用

HEART 的目标是以一种快速高效的方式提供实用的人为错误概率,该方法关注那些可能会对研究系统具有重要影响的错误。

这种方法使用的一些通用数据来自核能工业,但是 HEART 也可以用于很多其他行业。

15.4.2.2 方法描述

HEART 的主要元素包括:

(1) 通用任务类型。HEART 定义了 8 个通用任务类型,所有将要进行分析的任务都会被归为 8 个类型中的 1 个(方法中还有第 9 个任务类型,就是用来归纳那些无法划分到其他 8 个类型当中的任务)。

(2) 标定 HEP 表。根据每个通用业务类型,列出不确定边界为 90% 的标定 HEP 值。

(3) EPC。HEART 方法一共使用 38 个不同的 EPC,用来修正每个通用任务类型的标定 HEP。根据每个 EPC 的影响确定它的量化数值。

(4) 计算方法。HEART 会给出一个计算指定环境下 HEP 的方法。

15.4.2.3 基本任务类型

在 HEART 分析中,所有的任务都被划分到下列 9 个通用任务类型当中:

(1) 基本熟悉,快速执行,但是不知道后果;

(2) 在没有监督和既定程序的情况下,一次性将系统切换到新状态或者恢复到原始状态;

(3) 需要深入理解,技术水平要求很高的复杂任务;

(4) 快速执行或者很少关注的常规任务;

(5) 常规、经常进行、快速执行且只需要较低技术水平的任务;

(6) 根据既定工作程序,在存在一些检查的情况下,一次性将系统切换到新状态或者恢复到原始状态;

(7) 完全熟悉、设计良好、每小时都要执行数次的常规任务;

(8) 对系统指令做出响应,存在自动监督系统;

(9) 以上都不是。

THERP手册里考虑的是行动,而不是任务。所以HEART中定义的任务类型包含THERP中定义的一系列行动。

15.4.2.4 标定人为错误概率

对于每一个通用任务类型,都可以给定一个标定人为错误概率HEP_n,并采用与THERP同样的方式,给定90%的不确定区间。举个例子来说,对于第一类通用任务类型,标定HEP是0.55,不确定区间是从0.35到0.97。

在HEART方法中,标定HEP被称为标定人因不可靠性。但是在本书中,我们还是继续使用标定HEP这个词汇。

15.4.2.5 错误生成条件

标定HEP需要根据错误生成条件(EPC)存在的情况和强度来进行修正。EPC实际上就是绩效影响(或者形成)因子的另外一个名称。

HEART使用的错误生成条件与下列因素有关:
(1) (对任务的)陌生程度;
(2) 时间稀缺;
(3) 信噪比低;
(4) 信息覆盖的难度;
(5) 信息吸收的难度;
(6) 模型不匹配(操作员/设计人员);
(7) 没有意义的动作;
(8) 通道过载;
(9) 技术能力不足;
(10) 知识转移;
(11) 绩效标准模糊;
(12) 理想和现实风险不一致。

HEART中的38个错误生成条件需要与乘法因子$w_i(i=1,2,\cdots,38)$一起使用,乘法因子的取值范围为1.02~17。

15.4.2.6 人为错误概率估值

为了评估某一项指定任务的HEP,分析人员必须要:
(1) 选择任务归属的基本任务类型(九种之一);
(2) 在38个错误生成条件中间选择都有哪些会影响HEP;
(3) 记录已选错误生成条件的乘法因子w_i;
(4) 评价错误生成条件,选择每个EPC的影响因子p_i。在HEART中,因子p_i被称作影响比重估值(assessed proportion of effect,POE),需要分析人员确定。无论i的取值如何,POE因子都应该满足$0 \leq p_i \leq 1$,它的数值是由每个EPC的存在比重决定的。

与THERP相同,HEART也使用一个乘法模型,其中EPC_i的影响通过HEP_n与下式相乘确定:

$$[(w_i-1) \cdot p_i]+1, \quad i=1,2,\cdots,38$$

因为所有的乘法因子w_i都大于1,每当加入一个新的错误生成条件EPC,就会增加

HEP_a 的值。如果将全部 38 个 EPC 都考虑进去，HEP 估值就是：

$$\mathrm{HEP}_a = \mathrm{HEP}_n \cdot \prod_{i=1}^{38}((w_i-1) \cdot p_i + 1) \tag{15.10}$$

对于一个选定的错误生成条件而言，我们一般并不清楚标定 HEP 是否已经将其包含在内。如果对于这个错误生成条件在给出标定 HEP 的时候已经有所考虑，我们在加入这个 EPC 修改 HEP_n 的时候实际上就赋予了前者双倍的权重。

15.4.2.7 补救措施

HEART 给出了与所有 38 个错误生成条件和 5 个常见出错任务有关的补救措施的详细建议。如果读者想要了解更多的信息，请阅读 Williams(1986) 的著作。

15.4.2.8 分析过程

HEART 分析可以分为以下 8 个步骤（可参阅 Salmon 等，2003）：

(1) 计划和准备；
(2) 进行层次任务分析；
(3) 指定基本任务类型和标定 HEP；
(4) 确定 EPC，分配乘法因子；
(5) 评估 EPC 的 POA 因子；
(6) 计算指定环境下的 HEP；
(7) 考虑补救措施；
(8) 报告分析结果。

Williams(1986) 和 Kirwan(1994) 都给出了 HEART 的分析过程。因为在分析的时候需要使用 HEART 数据表，所以读者可以参考上面 2 篇文献中使用的表格。

我们在第 3 章中已经讨论过第一步和第八步，这里就不再复述。

第二步：进行层次任务分析。研究团队需要根据我们在 15.2.1 节中的叙述进行 HTA 分析。

第三步：指定基本任务类型和标定 HEP。研究团队需要对任务逐个进行考虑，每个任务都要被指定为 9 个通用任务类型中的 1 个，并根据 Williams(1986) 或 Kirwan(1994) 给出的表格确定它们的标定 HEP。

第四步：确定 EPC，分配乘法因子。在这一步当中，研究团队需要从 38 个可能 EPC 中选择出相关的错误生成条件，并确定每个 EPC 的乘法因子 w_i。我们建议选择的 EPC 的数量应该有所限制（≤4），并且只选择最为重要的错误生成条件。

第五步：评估 EPC 的 POA 因子。研究团队需要针对每个选定的 EPC 确定它的影响比重估计值（POA）。估值是基于研究团队的主观判断，范围介于 0 到 1 之间（0 表示比重低，1 表示比重高）。

第六步：计算指定环境下的 HEP。接下来，可以使用下列公式计算指定环境下的 HEP：

$$\mathrm{HEP}_r = \mathrm{HEP}_n \cdot \prod_{i=1}^{38}((w_i-1) \cdot p_i + 1) \tag{15.11}$$

第七步：考虑补救措施。研究团队需要确定是否可以采取任何补救措施，降低错误的影响或者终止错误。HEART 列举了一些通用的补救措施,但是研究团队还需要根据错误的属性以及分析系统的实际情况,提出更多的措施。

15.4.2.9 需要的资源和技术

HEART 技术简单易用,不需要很多培训,也不需要纸笔以外的其他工具,但是需要建立相关的 HEART 文档(HEART 通用类别、HEART 错误生成条件等)。

15.4.3 CREAM

认知可靠性和错误分析方法(cognitive reliability and error analysis method,CREAM)是由 Hollnagel(1998)发明的,属于第二代 HRA 方法。CREAM 假设,人为错误是由多种原因造成的,因此也就没有一种单独的解决方案可以避免未来人为错误的发生。所有的人为错误都发生在一个影响人类行为的环境当中,因此,CREAM 的一项重要工作就是分析并且理解环境。研究者假设操作人员对自己行动的控制力决定了他的绩效可靠度,因此开发了一个称为环境控制模型(contextual control model,COCOM)的认知模型,来评估操作员的控制力。

15.4.3.1 目标和应用

CREAM 的目标包括:

(1) 识别工作、任务或者动作中需要或者依赖人类认知的部分,这些部分会受到认知可靠性的影响;

(2) 确定会引起认知可靠性降低的条件,在这些条件下的动作可能会成为风险源;

(3) 对人员绩效在系统安全方面的影响进行估量,其结果可以用于定量风险/安全分析;

(4) 开发并且确定改进这些条件的方案,以提高认知可靠性、降低风险。

CREAM 最初的分析对象是核电行业,但它是一种通用型的方法,可以在很多包含复杂、动态系统运行的领域中应用。比如说,这种方法曾经用于美国宇航局的项目以及列车碰撞事故研究中。CREAM 一方面可以预测潜在的人为错误,另一方面也可以对错误进行量化和分析。

15.4.3.2 方法描述

CREAM 使用自己独特的分类方法描述错误发生的方式。在这种方法中,主要的错误原因被称为内因(genotype,不可观察),而错误模式或者错误表现形式被称为显形(phenotype,可观察)。这些概念是用来描述错误可能会怎样发生,并定义分析错误的成因和后果之间的联系。内因可以分为三种:个人、技术和组织性原因。而显形则可以根据下列标准进行分类:

(1) 时机:太早、太晚、遗漏;

(2) 持续时间:太长、太短;

(3) 顺序:颠倒、重复、错误动作、插入;

(4) 目标:错误动作、错误目标;

(5) 力度:太大、太小;

(6) 方向:错误方向;

(7) 距离：太近、太远；

(8) 速度：太快、太慢。

这些标准与失效模式有异曲同工的地方，我们还可以发现 CREAM 和人因 HAZOP 分析的流程和引导词也有相似之处。

CREAM 使用的是非层次型的组织结构，各个分类组之间存在着因果关系，因此前后两个分类组也可以彼此称作前因和后果。另外，也可以按照个人、技术和组织的方式进行分类。个人类别涵盖与人员生理和认知局限有关的后果，技术类别涵盖技术失效相关的后果，而组织类别涵盖与人员所处的组织中缺陷有关的后果。研究人员已经开发出多个前因和后果表支持 CREAM。

15.4.3.3 分析过程

CREAM 分析的起点是在故障树或者事件树分析中识别出来的事故场景。分析可以根据下列 8 个步骤进行(Stanton 等,2005)：

(1) 计划和准备；

(2) 进行任务分析(比如 HTA)；

(3) 描述环境；

(4) 确定危险事件；

(5) 确定错误传播路径；

(6) 选择需要定量分析的任务步骤；

(7) 定量预测绩效；

(8) 报告分析结果。

我们在第 3 章中讨论过第一步和第八步，这里不再复述。

第二步：进行任务分析。在这一步中，需要分析目标任务或者场景。我们建议使用层次任务分析(HTA)，分析人员在考虑组织和技术系统的同时，还应该留意操作员和控制任务。任务分析可以为后续的研究提供人员动作列表。

第三步：描述环境。在完成了第二步中的任务分析之后，分析人员需要描述出任务或者场景发生的环境。这个环境也被称为共同绩效条件(common performance condition，CPC)，它与之前提到的绩效影响/形成因子比较类似。CREAM 将 CPC 分为 9 类：

(1) 组织完善度；

(2) 工作条件；

(3) 人机界面的完善程度以及对操作的支持程度；

(4) 任务流程/计划；

(5) 同时存在的目标数量；

(6) 可用的时间；

(7) 值班时间(生理节奏)；

(8) 培训的程度和经验水平；

(9) 员工之间的协作水平。

分析人员必须对与任务/场景相关的每一个 CPC 做出主观判断并打分。

第四步：确定危险事件。在这一步当中，分析人员需要找到那些会导致人为错误的危险事件。Hollnagel(1998)建议在这个步骤中使用事件树,但是因为已经在第二步进行过任务分析,所以也可以使用第二步分析的结果。分析需要确定出下一步分析的任务或者任务步骤(可参见 Stanton 等,2005)。

第五步:确定错误传播路径。在第五步中,分析人员需要描述危险事件会如何导致错误的发生。为了对错误进行预测,分析人员可以建立一个后果/前因(错误模式/错误原因)矩阵,矩阵的行表示可能的后果,列表示可能的前因。分析人员首先需要确定矩阵的列标题,它对应的是初始事件(比如需要沟通的信息丢失)。接下来,分析人员要找到所有在这一列有标记的行,每行都会对应一个可能的后果,它们都是由上述的前因导致。我们建议按照这种方法直接进行预测,直到发现所有的传播路径(Hollnagel,1998)。相关(前)因(后)果对应的每一个错误都应该被记录下来。

第六步:选择需要定量分析的任务步骤。根据分析的要求,有时候可能需要进行定量分析。如果是这样,分析人员就要选择需要量化的错误。我们建议,如果需要定量分析的话,所有识别出来的错误都应该进行量化。

第七步:定量预测绩效。CREAM 会对指定任务的绩效可靠性做一个总体的评估,错误的概率取决于操作员的控制模式。通过计算共同绩效条件的总体影响,分析人员可以指定一种控制模式。接下来,分析人员就可以在这种模式下进行进一步的研究。CREAM 中包含有关于共同绩效条件如何相互影响的表格,如果读者对于定量分析的细节感兴趣,可以阅读 Hollnagel(1998)的著作。

15.4.3.4 需要的资源和技术

CREAM 是一种全面而且复杂的方法,需要大量的培训。对于最简单的案例,CREAM 使用纸笔就可以完成,但是大多数实际案例还是需要借助计算机程序。研究人员已经开发出软件包以协助分析师工作(Hollnagel,1998)。

15.4.3.5 标准和指南

现在还没有一个标准涉及 CREAM 的内容,但是在 Hollnagel(1998)的书中,作者对这种方法有非常完整的介绍。我们强烈建议在使用 CREAM 之前,要认真阅读这本专著,并且在进行分析的时候也把它放在手边。

15.4.4 其他 HRA 方法

正如我们之前提到的,现在有很多的 HRA 方法可供使用。除了 THERP、HEART 和 CREAM 之外,我们还会在本节简要的介绍 SLIM、ATHEANA 和 MERMOS。如果读者希望阅读这些方法的调查和比较,可以参考 HSE(2009)的报告。

15.4.4.1 SLIM

针对美国核电站应用开发的成功可能性指数方法(the success likelihood index methodology,SLIM),是一种专家判断法(NUREG/CR-3518,1984),可以用来分析需要解决问题的任务。任务专家需要识别、评估并且为影响任务绩效的因子设定权重。可以使用专家判断生成每一个具体应用的人为错误概率,并使用已经观测到的 HEP 数据进行校准。

开发 SLIM,是因为研究人员发现实际上只有一小部分绩效形成因子对人为错误概率有着显著的影响,同时我们可以认为专家能够鉴别这些绩效形成因子的相对重要度。此外,我们还需要假设,专家还能够根据任务绩效形成因子的"好""坏"情况,对这些因子评级。在这里,所谓的"好""坏"情况,是指 PSF 是会降低还是提高人为错误概率。

在得到每个 PSF 的权重和评级之后,将二者相乘,再将所有 PSF 的乘积结果相加,就可以得到这个任务的成功可能性指数(the success likelihood index, SLI),它表示 PSF 对人为错误概率影响的专家总体置信程度。接下来,可以利用下列指数公式,将 SLI 转化成 HEP:

$$\log \Pr(成功) = a \cdot (SLI) + b$$

式中,a 和 b 是实证研究得到的固定值。根据这个公式,我们就可以得到分析任务的人为错误概率:

$$HEP = 1 - \exp(\log \Pr(成功))$$

SLIM 的计算机程序基于多属性效用分解方法(MAUD)。Kirwanl(1994)指出,这种方法非常精巧,可以保证专家不会因为偏见影响自己判断。

SLIM-MAUD 分析包括下列几个步骤:

(1) 计划和准备;
(2) 确定相关的绩效形成因子;
(3) 使用 PSF 表对任务评级;
(4) 检查相关性;
(5) 设定 PSF 的权重;
(6) 计算 SLI,并将其转化为 HEP;
(7) 评估 HEP 的不确定性;
(8) 寻找错误减少方法,评估方法的效果;
(9) 报告分析结果。

SLIM 对具有不同细节程度的很多任务都适用。但是专家判断的质量会对 SLIM 的结果具有相当大的影响,校准步骤也很容易出现不准确的情况。同时,因为这种方法需要很多专家,也就要使用很多资源。

15.4.4.2 ATHEANA

人为错误分析技术是一种第二代 HRA 方法,同样是针对美国核电行业应用开发出来的(NUREG-1624,2000;NUREG-1880,2007)。ATHEANA 的核心元素就是迫使错误环境(error-forcing content, EFC),它的定义是:

定义 15.9(迫使错误环境):由特定绩效形成因子和工厂条件综合形成的,更加容易出现不安全行为的环境。

ATHEANA 可以用来对已经发生的危险事件进行回顾性的调查分析,也可以用来进行未来可能人为错误的探索性分析。这种方法既可以是定性的,也可以是定量的。

ATHEANA 分析通常遵循下面的 8 个步骤(NUREG-1880,2007):

(1) 计划和准备;
(2) 描述 PRA 事故场景和标定环境,包括在此环境中的运行规范(动作和工作程序两个方面);

(3) 定义可能会影响到研究对象任务的人因失效事件和(或)不安全行为；
(4) 评估相关的人员绩效信息，描述出可能会导致伤害的因子；
(5) 在给定的环境条件下，寻找任何可能的与运行规范之间的偏差；
(6) 评价纠正能力；
(7) 估计人因失效事件和不安全行为的概率；
(8) 报告分析结果。

现在有很多关于 ATHEANA 的研究，并且 NUREG-1624(2000)和 NUREG-1880(2007)都对这种方法有详细的介绍。ATHEANA 的一个最重要的特点，是它对于人因环境的理解比第一代方法更加丰富和全面。ATHEANA 分析需要建立一个跨学科的团队，从各种渠道获取信息，这样才能找到迫使人们出现错误的环境。

15.4.4.3 MERMOS

操作员工作安全绩效评估方法(MERMOS)是一种第二代 HRA 方法，由法国电力集团公司(EDF)开发，在法国核电站当中使用。MERMOS 的开发基础，是研究人员发现个体错误并不足以解释为什么整个团队的操作人员在事故发生的时候都无法控制反应堆。为了克服这个问题，MERMOS 是在一个集体环境中定义人为错误。

MERMOS 中的一个重要概念是人因使命，它是指在处理紧急状况的时候，相应的运营系统必须启动和执行的关键性安全行动。紧急运营系统(emergency operations system, EOS)的责任能力就是人因使命的绩效。这个紧急运营系统包括操作人员、操作程序、人机界面、正式组织结构和工作场所。MERMOS 并没有假设人因是失效的关键因素，而是把它作为紧急运营系统一个部分。对于每一个可能的紧急状况，都应该进行功能分析，以确定在缓解事故或者事故恢复的时候必须执行的人因使命。

MERMOS 包含两个模块：

模块 1。通过功能分析识别并定义人因使命，描述每个人因使命的特点和它的标准环境。为了辅助分析，MERMOS 研究人因还建立了人因使命和潜在事故场景数据库。

模块 2。对人因使命进行定性和定量分析。

MERMOS 是法国电力公司所有的一项专利技术，所以我们能够阅读到的文档有限。法国电力公司宣称使用这项技术的效果良好，但是它的可信程度和可靠性还需要进一步证实。

15.5　思考题

(1) 假设你的自行车前轮漏气了，按照 HTA 要求对你的操作进行分析，解决这个问题。

(2) 假设你正在驾驶一辆手动挡汽车，希望从 3 挡换到 4 挡。对换挡这个任务进行 HTA 分析，识别可能的人为错误和纠正方法。

(3) 如果你收到 1 个特别信号，你的工作是手动关闭 1 个阀门，并且检查它是否关闭妥当。识别可能的遗漏型错误和执行型错误。

(4) 在一个天然气加工厂可能会发生可燃性气体泄漏，因此早期检测十分重要。现

在工厂中已经安装了自动气体检测系统,但是与此同时,在工作区的 2 名操作人员也可能会发现气体泄漏。请注意以下信息:

① 每名操作员有 30% 的工作时间在指定区域,只有他在该区域的时候才会发现气体泄漏。

② 2 名操作员独立工作,也就是 1 名操作员在不在指定区域和另 1 名操作员没有关系。

③ 1 名操作员能够发现气体泄漏的额定概率是 0.3。

④ 2 名操作员接受的培训一样,所以他们能够发现气体泄漏的方式也一样。培训可能作为一个绩效形成因子(PSF),其修正值为 0.4。

⑤ 操作员通常十分繁忙,这是第二个绩效形成因子,其修正值为 2.0。

使用 THERP 方法计算至少会有 1 名操作员发现气体泄漏的概率。

(5) 解释什么叫作技巧相关、规则相关和知识相关的行为。在日常生活中寻找你自己的一些各类行为的例子。

(6) 假设你正在参加一场考试,你的行为可以是技巧相关、规则相关或者是知识相关,请给一些具体的例子。

(7) 假设你正在骑车郊游,那么在此过程中可能会出现多个人为错误。你能想象一下可能会出现的失误、疏忽、差错和违规的例子吗?

(8) 人为错误概率的定义是什么?

(9) THERP 方法中的绩效形成因子是什么意思?

(10) 识别一些在考试中能够影响你表现的绩效形成因子。考虑哪些属于内部因子,哪些属于外部因子,哪些属于压力?

(11) 在思考题(1)中,我们使用任务分析来修理自行车。使用图 15.6 中的工作表,对这项工作中的一些任务进行 SHERPA。你可以只分析工作表的前 6 列。

(12) 在 15.1.3 节中,我们假设操作员通常是"状态始终如初"的,他的绩效并不会随着时间下降。请举一些例子,说明这个假设并不一定成立。我们应该如何使用 THERP 方法考虑这些绩效下降的影响?

参考文献

Antonsen, S. (2009). *Safety Culture: Theory, Method and Improvement*. Boca Raton, FL: CRC Press.

Embrey, D. E. (1986). SHERPA: a systematic human error reduction and prediction approach. *International Meeting on Advances in Nuclear Power Systems*, Knoxville, TN.

Harris, D., Stanton, N. A., Marshall, A. et al. (2005). Using SHERPA to predict designed-induced error on the flight deck. *Aerospace Science and Technology* 9(6): 525-532.

Hollnagel, E. (1998). *Cognitive Reliability and Error Analysis Method: CREAM*. Oxford: Elsevier.

Hollnagel, E. (2005). Human reliability assessment in context. *Nuclear Engineering and Technology* 37(2): 159-166.

HSE(2005a). *Human factors in the management of major accident hazards*. Inspector Toolkit.

London: Health and Safety Executive.

HSE(2005b). *A Review of Safety Culture and Safety Climate Literature for the Development of the Safety Culture Inspection Toolkit*. Research report 367. London: Health and Safety Executive.

HSE(2009). *Review of Human Reliability Assessment Methods*. Research report RR679. London: Health and Safety Executive.

ICAO(2018). *Safety Management Manual (SMM)*. Technical report 9859. Montreal, Canada: International Civil Aviation Organization.

IMO(2002). *Guide for Formal Safety Assessment (FSA) for Use in the IMO Rule-Making Process*. Technical report MSC/1023. London: International Maritime Organization.

Kim, J. W. and Jung W. (2003). A taxonomy of performance influencing factors for human reliability analysis of emergency tasks. *Journal of Loss Prevention in the Process Industries* 16(6): 479-495.

Kirwan, B. (1994). *A Guide to Practical Human Reliability Assessment*. London: Taylor & Francis.

Kirwan, B. and Ainsworth, L. K. (1992). *A Guide to Task Analysis*. London: Taylor & Francis.

Miguel, A. R. (2006). *Human error analysis for collaborative work*. PhD thesis. York, UK: Department of Computer Science, University of York.

Miller, D. P. and Swain, A. D. (1987). Human error and human reliability. In: *Handbook of Human Factors* (ed. G. Salvendy). New York: Wiley.

NASA(2011). *Probabilistic Risk Assessment Procedures Guide for NASA Managers and Practitioners*. Guide NASA/SP-2011-3421. Washington, DC: US National Aeronautics and Space Administration.

NEA(1998). *Critical operator actions: Human reliability modeling and data issues*. Technical report NEA/CSNI/R(98)1. Paris: Nuclear Energy Agency.

NEA(2004). *Human Reliability Analysis in Probabilistic Safety Assessment for Nuclear Power Plants*. CSNI technical opinion papers 4. Paris: Nuclear Energy Agency.

NUREG-1624(2000). *Technical Basis and Implementation Guidelines for a Technique for Human Error Analysis (ATHEANA)*. Washington, DC: US Nuclear Regulatory Commission, revised edn.

NUREG-1880(2007). *ATHEANA User's Guide*. Washington, DC: US Nuclear Regulatory Commission, Office of Nuclear Regulatory Research.

NUREG/CR-3518(1984). *SLIM-MAUD: An Approach to Assessing Human Error Probabilities Using Structured Expert Judgment*. Technical report. Washington, DC: US Nuclear Regulatory Commission.

NUREG/CR-6883(2005). *The SPAR-H Human Reliability Analysis Method*. Washington, DC: US Nuclear Regulatory Commission.

Pesme, H. and Le Bot, P. (2010). Lessons learned on HRA benchmarking: the EDF point of view with MERMOS. *PSAM 10*, Seattle, WA.

Peters, G. A. and Peters, B. J. (2006). *Human Error: Causes and Control*. Boca Raton, FL: Taylor & Francis.

Rasmussen, J. (1983). Skills, rules, knowledge: signals, signs and symbols and other distinctions in human performance models. *IEEE Transactions on Systems, Man and Cybernetics* 13: 257-267.

Rausand, M., Høyland, A., and Barros, A. (2020). *System Reliability Theory: Models, Statistical Methods, and Applications*, 3e. Hoboken, NJ: Wiley.

Reason, J. (1990). *Human Error*. Cambridge: Cambridge University Press.

Reason, J. (1997). *Managing the Risks of Organizational Accidents*. Aldershot: Ashgate.

Reason, J. (2008). *The Human Contribution: Unsafe Acts, Accidents and Heroic Recoveries*. Farnham: Ashgate.

Rosness, R. (1994). *Human Dependability Methods for Control and Safety Systems*, STF75 A93 060. Trondheim: SINTEF.

Salmon, P., Stanton, N. A., and Walker, G. (2003). *Human Factors Design Methods Review*. Tech. Rep. HFIDT/WP1.3.2/1. Uxbridge, UK: Brunel University.

Salmon, P., Regan, M., and Johnston, I. (2005). *Human Error and Road Transportation: Phase One—Literature Review*. Technical report 256. Victoria, Australia: Accident Research Centre, Monash University.

Seong, P. H. (2009). *Reliability and Risk Issues in Large Scale Safety-Critical Digital Control Systems*. London: Springer.

Shorrock, S., Kirwan, B., and Smith, E. (2003). Individual and group approaches to human error prediction: a tale of three systems. *IBC Conference on Preventing Human Errors and Violations*, London.

Spurgin, A. J. (2010). *Human Reliability Assessment: Theory and Practice*. Boca Raton, FL: CRC Press.

Stanton, N. A., Salmon, P. M., Walker, G. H. et al. (2005). *Human Factors Methods: A Practical Guide for Engineering and Design*. Aldershot: Ashgate.

Swain, A. D. and Guttmann, H. (1983). *Handbook of Human Reliability Analysis with Emphasis on Nuclear Power Plant Applications*. Technical report NUREG/CR-1278. Washington, DC: Nuclear Regulatory Commission.

Theophilus, S., Esenowo, V., Arewa, A. et al. (2017). Human factors analysis and classification system for the oil and gas industry (HFACS-OGI). *Reliability Engineering & System Safety* 167: 168-176.

Whalley, S. (1988). Minimising the cause of human error. In: *10th Advances in Reliability Technology Symposium* (ed. G. P. Libberton), 114-128. London: Elsevier.

Wiegmann, D. A. and Shappell, S. A. (2017). *A Human Error Approach to Aviation Accident Analysis: The Human Factors Analysis and Classification System*. Routledge.

Williams, J. C. (1986). HEART-a proposed method for assessing and reducing human errors. *9th Advances in Reliability Technology Symposium*, Birmingham, UK.

Yildirim, U., Ba,sar, E., and U˘gurlu, O. (2019). Assessment of collisions and grounding accidents with human factors analysis and classification system (HFACS) and statistical methods. *Safety Science*. https://doi.org/10.1016/j.ssci.2017.09.022.

Zhan, Q., Zheng, W., and Zhao, B. (2017). A hybrid human and organizational analysis method for railway accidents based on HFACS-railway accidents (HFAC-RAs). *Safety Science* 91: 232-250.

第 16 章

运营风险分析与管理

 ## 16.1 简介

前几章的内容主要与系统和工作过程的安全设计有关。这样做是为了确保新的系统和流程在投入运行后的安全。重点主要是支持设计和开发过程,以尽量降低长期风险。

在设计完成和运行开始后,我们还需要做许多影响风险的决策。系统需要进行改造、适应新的工作流程、排除故障并适应不断变化的外部环境。良好的决策需要运营阶段的风险分析的支持。人们逐渐认识到,设计阶段的风险分析并不一定足以支持运营中的决策。在案例 16.1 中列出了一些运营决策的例子。

目前,基于风险分析提供决策支持的方法研究,主要有两个发展方向:
(1) 利用风险指标;
(2) 进行运营风险分析。

运营风险分析主要是在现有风险分析方法的基础上做出适当的调整以满足运营决策支持的要求。风险指标(risk indicator)主要是基于(有限的)可测量的量值,以间接揭示最新的风险级别。虽然人们提出了不同的方法,但其中大多数都是基于风险指标,因为这些指标是由定量风险分析演绎得出的。虽然指标的使用不在本书的讨论范围,但我们将简要介绍风险指标,特别是如何从风险分析中确定风险指标。

案例 16.1(运营决策):需要运营决策的问题可能包括:
(1) 此维护工作能否推迟到下一次计划停工再进行?
(2) 法兰(工具零件)有一处出现漏油,如果不关闭部分设备就无法修复。这次维修可以推后吗?
(3) 在出现小规模泄露的区域,火灾探测器逾期未测试,这是否可以接受?
(4) 计划在明天更换一个油泵,同时气体探测器的测试正在进行中。这些工作可以同时进行吗?
(5) 在一个区域计划有 18 个工作许可证。对于一个操作员来说,他需要管理的许可证是不是太多了,管理层是否应该增派一名操作员?

这些问题在 Haugen 和 Edwin(2017)的论文中有进一步的阐述。

16.1.1 运营风险分析

有些术语与运营风险分析具有相似的含义。其中,动态风险分析和实时风险分析最为常见。偶尔也使用在线风险分析和任意时间点风险分析等术语。这些术语被用于[Yang(杨雪)等,2018]:

(1) 将人为和组织因素的影响纳入风险分析当中;
(2) 模拟场景的动态特性(尤其是后果);
(3) 分析运行期间的重大事故风险;
(4) 分析与关键任务(特定操作)相关的风险;
(5) 定期利用新信息更新风险分析。

应用目的包括改进建模[(1)和(2)]、特定类型的风险分析[(3)和(4)中]以及风险分析的定期更新(5)。根据 Yang 等(2018)的研究,我们建议使用以下定义:

定义 16.1(运营风险分析):用于支持运营决策的风险分析。

定义 16.2(动态风险分析):与每隔几年定期更新的静态定量风险评估相比,频率更高的风险分析。

注意,这些决策之间存在重叠,因为运营风险分析必须定期更新以支持决策,同样,定期更新分析也有助于支持运营决策。这种差异可能很微妙,但在第一种情况下,关注的是决策,而在第二种情况下,更关注的是建模。

16.1.2 本章内容

本章节的结构如下:

(1) 讨论区分不同类型决策的目的,以及描述风险的不同输入的需求。
(2) 着重讨论风险的不同方面。在定量风险评估中计算出的长期平均风险只是其中一个方面。在运营中,其他方面也需要考虑。
(3) 讨论在运营环境中如何以最佳的方式向决策者提供风险信息。
(4) 风险指标,以及我们如何从定量风险评估中系统地识别风险指标。
(5) 讲述风险建模,讨论运营建模与设计建模的差异。
(6) 讨论运营风险分析的方法。

16.2 风险相关的决策

为了更好地理解传统的风险分析和运营风险分析之间的差异,我们需要调查这些分析所支持的决策类型。决策分类如图 16.1 所示[Yang(杨雪)和 Haugen(豪根),2015]。

决策可分为规划和执行决策。

规划决策的主要特点是,在做出决策之前,有时间进行正式、系统的风险分析。分析的程度和细节的程度可能会非常不同。规划决策被进一步划分为战略和运营规划决策。

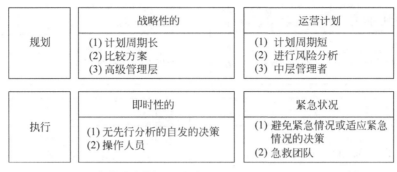

图 16.1 决策分类［来源：根据 Yang 和 Haugen(2015)改编］

战略决策通常是长期决策，决策效果影响时间较长（通常是很多年），影响范围广泛，可能影响整个公司或整个系统的风险。分析和权衡各方案的时间通常很长，必要时可以进行全面的风险分析。例如，决定修建新的铁路线、新建加工厂，或对工厂进行重大改建以增加产量。

运营决策为短期决策，是在运行系统的过程中，每天做出的决策。如更换出现故障的阀门和气体测试探测器。其他决策详见案例 16.1。从决定到执行的时间通常很短（几天或几周），决策的效果通常很短（有时只是在工作完成之前的一段时间），而且效果通常只影响系统局部。

执行决策可分为即时决策和紧急决策。

即时决策是我们所有人每天都在做出的自发的决定。一个例子是当我们开车遇到信号灯变成黄色，则必须决定是停下来还是加速穿过路口。另一个例子是正在检查列车刹车片的操作员，如果他检测到一个刹车片几乎磨损到极限，但还可以勉强使用，他必须决定是否更换刹车片。这类决策不需要系统的风险分析，但这类决策仍然受到对风险的直观判断的影响。

紧急决策比较特殊，因为决定的速度以及决定的类型取决于紧急情况的发展动态。很多情况下，我们没有或者只有很少的时间来进行正式的风险分析。

本书之前章节中讲述的风险分析基本上只与规划决策有关，而执行决策的依据主要是相关人员的经验。这就把我们带到了决策本身上。决策不是本章的主题，但我们可以注意到，不同类型的决策过程可能会有所不同。决策过程通常分为理性选择（March，1994）和自然决策（Klein，2008）。理性选择和有限理性选择的特征是可以系统确定和分析选择方案。规划决策属于这种情况，特别是战略决策。对于执行决策，评估方案的时间通常要少得多，而自然决策能够更好地描述这个过程。与其寻找方案，不如先识别、审视、选择一个现有的方案。

本章中讨论的方法旨在支持运营规划决策。对这类决策的研究已经使人们认识到，我们为战略决策而制定的风险模型通常不足以支持这类决策。本章的后部分内容将对建模方面进行进一步的讨论。

案例 16.2（影响铁路公司风险的决策）：图 16.2 给出了可能与铁路公司相关的 4 种类型的决策的例子。

战略规划决策	运营规划决策
公司计划购买新火车，而风险是其中的一个决策衡量准则。实施风险分析以比较各方案	由于人力不足，可能推迟维修工作。实施风险分析来决定推迟是否安全

即刻决策	紧急决策
检查过程中，10项中的8项已完成。检查员须决定是否要简化检查过程以节省时间	小规模火灾，需要决定是否放水灭火。水会损害昂贵的仪器，但可以灭火

图 16.2　铁路公司中影响风险的决策（案例 16.2）

16.3　决策中的风险问题

当我们讨论运营风险时，有两个方面很重要，但它们与长期战略风险都不太相关：

（1）风险的时间范围。在大多数定量风险评估中，风险是按年均计算的，但当我们考虑可能只影响几个小时或几天的决策时，这并不一定有用。

（2）决策对系统长期风险的影响与某（临时）工作活动对风险的影响。

还可能有必要区分整个研究对象相关的风险和与计划执行的特定工作活动相关的风险。

在进行战略风险分析的时候，我们希望观察一个系统的，一般都需要估量一年以上的长期风险，实际上，我们通常计算研究对象在整个生命周期内风险的平均值，以年均风险表示。这样做的结果，实际上是把整个期间内的风险水平的波动平均化了。

案例 16.3（焊接作业的平均风险）：在化工厂，焊接作业引入了点火源，这是非常关键的工作。在焊接活动中，风险比不进行焊接时更高。假设每年进行焊接的小时数为 50h，那么在风险分析中火源存在的概率为 0.57%（50h/8760h＝0.0057 或 0.57%）。因此，风险是由焊接时和没有焊接时的值加权平均得到。这个风险值对运营决策没有多大帮助，因为我们要面对的问题是：现在进行焊接作业是否安全？

Yang 和 Haugen(2015)建议通过使用以下术语来区分长期和短期风险：

（1）行业平均风险：年平均和整个行业平均的风险。这通常供有关部门和监管机构使用，但也可能适用于公司层面的决策（例如用于建立基准或风险接受准则）。

（2）特定地点的平均风险：这是特定地点、工厂或系统的平均风险，供工厂管理和公司管理了解长期决策对特定系统的影响，并监控长期趋势。

（3）阶段风险：某一阶段的长短不定，但在相对较短的时间内计算平均风险，如几天或几周。例如，它可能包括执行特定工作的时间。

（4）时变风险：这也可以被称为"瞬时风险"。反映了在短时间间隔内（如几分钟甚至几秒钟）的风险，非平均水平风险。

这些都与整个研究对象的风险有关。对于运营决策来说，某一作业本身相关的风险尤其重要。该风险主要分为两大类（Yang 和 Haugen，2015）：

作业执行风险（activity performance risk，APR）。在进行某项工作时，可能会产生与该作业本身有关的风险。作业执行风险可能是来自于作业本身（例如爬上梯子进行高空作业），或者与作业对象相关（如维护加压容器可能导致高压释放）。为了保护作业人和作业系统，充分了解作业执行风险非常重要。

作业后果风险（activity consequence risk，ACR）。ACR 和其他风险性质不同，表示的是作业完成对系统风险的影响，即当作业成功完成时，系统风险的变化程度。比如成功的维修作业可降低系统故障的可能性，从而降低系统的整体风险。

作业的 APR 和 ACR 如图 16.3 所示。决策者应充分理解 APR 和 ACR 的概念和差异。如果 APR 高于可能降低的 ACR，则是否应执行该作业将值得商榷（即使可能有其他原因）。此外，一项作业从长期来看可能对工厂有益，但如果对该作业人员来说是一种不可接受的高风险，那么仍然应该决定不进行该作业。

在执行风险分析以支持运营决策时，我们需要了解这些问题，并在此基础上计划相应的风险分析。

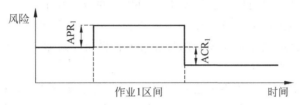

图 16.3　APR 和 ACR 图解

注释 16.1（比较 APR 和 ACR）：实际上，可能很难比较 APR 和 ACR，因为它们是不能相提并论的。ACR 可根据定量风险评估计算（至少近似）风险变化的数值得出，而 APR 通常根据工作安全分析或类似的定性方法进行评估。在最好的情况下，APR 的结果可以在风险矩阵中表示，但是大多数时候，这些结果是纯定性的。比较定性和定量的结果显然非常困难。此外，确定 ACR 的责任通常在于工厂内的技术人员，而控制 APR 的责任在于操作人员。

16.4　风险指标

风险指标最初是在 20 世纪 80 年代美国核工业中出现的话题，因为人们认识到组织因素可能会影响工厂的安全（Øien 等，2011）。从此后范围显著扩大，应用于许多不同的行业。

首先，指标（I）的定义如下（Øien 等，2011）：

定义 16.3（指标）：一个可测量/可操作的变量，可用于描述现象的某种情况或者现实的某方面。

在本书中，"现象的某种情况或者现实的某方面"指的就是风险或安全，因此，我们使用如下的定义：

定义 16.4（风险指标）：根据风险分析和逻辑演绎所定义的指标。

定义 16.5（安全指标）：根据感知到的或测量到的安全绩效定义的一种指示信息（如交通事故的数量）。

图 16.4 显示了指标、风险影响因子（RIF）与风险之间的关系。RIF 会直接影响风险，而 RIF 的状态会确定指标的数值，但在实践中，我们使用指标的数值来估计 RIF 的值。因此，箭头从指标指向 RIF。每个 RIF 的指标数量可能会有所不同，但通常我们不希望每个因素有过多的指标。RIF 的数量通常远高于图中所示数量。

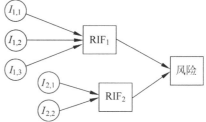

图 16.4　指标、风险影响因子和风险的关系

16.4.1　引领指标和迟滞指标

2006 年，英国健康与安全执行委员会（HSE）在其指南中引入了引领指标和迟滞指标这两个术语（HSE，2006）。经合组织（2003）也曾经使用过术语活动和结果指标来描述类似的概念（以及"直接"和"间接"，意思类似）。HSE 的定义如下：

定义 16.6（引领指标）：引领实现预期安全绩效所必需的过程或输入的测量值。

引领指标旨在通过关注主要风险防控系统，来监测风险水平以控制风险。引领指标要求定期检查这些系统的功能。

定义 16.7（迟滞指标）：预期安全绩效无法实现或还未能实现时（发生迟滞）的指标。

迟滞指标用于事后反应性监测，通常是指可能造成或已造成损失和（或）伤害的事故和事件，是预防损失的关键系统已失效的情况。

HSE（2006）引入了双重保证原则。这一原则指出，指标体系中应同时设置引领指标和迟滞指标。如果只有引领指标，就无法真正判断我们在安全上的努力是否已经面面俱到。另外，如果只有迟滞指标，那么在通过事件和事故观察到风险之前，我们将无法知晓是否采取了正确的措施来控制风险。因此，这两种指标可以很好地相互补充。

自引入引领指标和迟滞指标的概念以来，研究人员关于究竟何为引领指标和迟滞指标已经开展了大量的讨论。科学期刊《安全科学》（*Safety Science*）的一期特刊就专门讨论了这个问题（Hale，2009）。讨论的一个问题是如何精确地定义引领指标和迟滞指标的边界。在经典的领结模型中，这个边界就是模型中间的危险事件，但是，正如我们前面讨论的，领结的中心位置由分析人员来决定。因此，这并不是一个很有用的定义。

在实践中，声称一个指标纯粹是引领性的，而另一个指标是迟滞性的，并没有什么意义。相反，所有的指标都在某种程度上是引领的或迟滞的。在事故场景中，从起始事件到最终事件，指标都可能会指示出能够引领后续进程的某些方面。当然，在领结图中，越靠"左"的指标，引领作用就越明显。

16.4.2　确立风险指标

目前制定指标的方法主要有几种（经合组织，2003；HSE，2006；Haugen 等，2011）。本书中介绍的方法参考了以上的各个文献，主要包含 6 个步骤：

(1) 定义目标和用户；
(2) 确定风险贡献方；
(3) 确定风险影响因素；
(4) 确定指标(包括数据源和测量值)；
(5) 建立指标体系；
(6) 建立指标聚合规则。

这种方法的假设是,现有的定量风险评估可用作识别风险贡献因素和 RIF 的基础。

16.4.2.1　第一步：定义目标和用户

确立风险指标的第一步是确定制定指标的目标以及使用指标体系的使用者。目标主要有以下几种(Haugen 等,2011):

(1) 测量。在指定时间点测量系统的风险级别。
(2) 改进。使用指标作为改善现象状态的基础。
(3) 激励。激励用户进行改善。
(4) 趋势分析。确定单个指标、RIF 或整体风险水平的长期趋势。
(5) 标杆化。与其他公司、行业或国家比较结果。

在许多情况下,以上若干类型的目标可能是相关的,而指标的类型和指标体系受这些目标所影响。例如,如果将标杆作为目标,则应选择其他人使用的指标。

应确定指标体系的使用者。在某种程度上,目标已经决定了使用者,但仍然应该进行明确的描述。不同用户会有不同的需求,我们在制定指标体系时必须考虑到这一点。石油和天然气公司的相关用户和指标类型可能是：

用　　户	指　标　类　型
公司最高管理层	公司的整体指标
商业领域管理	商业领域的开发和生产、制造、天然气运输、零售等指标
区域管理或现场管理	特定区域所有情况或者特定场合的指标
海上平台管理	特定平台的指标
个体活动	如特定平台上的钻井或维修工作的指标

在这些不同的使用者中,有两点需要注意：首先,指标必须对目标用户有意义。如果制定了供工厂管理层使用的指标,则这些指标必须与该级别相关,虽然这并不一定意味着它们对组织中的更高级别有用且相关。其次,应该有一个系统,可以将信息聚合为较高级别可使用的指标。这意味着建立指标层次结构是有意义的。

16.4.2.2　第二步：确定风险贡献方

第二步是确定指标的范围,即指标应涵盖哪些风险因素(危害和事件)。该步骤主要基于研究对象的定量风险评估。风险贡献方越多,则指标数量越多。在考虑哪些指标需要纳入指标体系的时候,我们要尽可能平衡广度和数量。这种平衡应考虑到某些指标可能会用于衡量多个风险贡献者。

显然,我们需要确定谁是最大的风险贡献方。另外我们还需要考虑,风险是稳定的,还是随着时间的推移而大幅波动。比如,地震风险就是对于时间相当稳定的风险。当风险几乎保持恒定时,我们不需要定期更新指标,而是可以使用恒定的风险贡献。

16.4.2.3 第三步:确定风险影响因子

确定范围后,可以从定量风险评估中确定风险影响因子。经验表明,定量风险评估通常在人为因素和组织因素的建模方面较弱,因此这些方面的 RIF 可能需要从其他渠道获得。这样做的问题是,我们无法在定量风险评估中量化这些 RIF 的影响。

与第二步的方式相同,我们在确定分析中包含的 RIF 的数量的时候,应该考虑能够测量所有 RIF 的指标体系的大小。我们选择的 RIF 应该是对风险影响最大的因素,但同时很重要的是也应该兼顾引领指标和迟滞指标。

16.4.2.4 第四步:确定指标

确定指标时,应根据以下标准对拟议指标进行评估:

(1) 有效性。指标必须可以有效衡量风险因素。这意味着指标必须能够反映要衡量的潜在现象的变化,并且其状态随影响因素条件的变化而变化。

(2) 敏感性。指标应具有敏感性,这意味着即使因素条件发生很小的变化,也会导致指标状态发生(较小)变化。

(3) 可测量性。必须以一种可记录的方式来表示指标的状态,并可以将其与之前和将来的结果进行比较。可量化的指标是最理想的,但可分类(如高/中/低)也是可能的。

(4) 可理解性。指标和因素之间的联系必须易于理解(直观)。

(5) 可靠性及可比性。测量环境必须在不同的时间保持稳定,以便状态变化能够反映实际的变化,而不是测量上的变化。可比性必须在较长的时间内有效。此外,结果必须可靠。如果重复测量(同时),结果需保持一致。

(6) 数据可用性。在使用该指标来提供 RIF 状态相关信息时,必须有该级别足够的数据。这意味着在设施级别无用的指标(由于数据太少),在公司级别上仍可能有用。

(7) 有用性。指标应易于使用者的理解、关联,并且有可能以某种方式影响其状态或状况。

(8) 性价比。收集指标相关数据的成本,不应超过使用指标所得利益。

评估 RIF 所需的指标数量取决于 RIF 自身和指标。一些 RIF 描述了难以测量的复杂现象,而另一些则更直接。例如,一个 RIF 可以是维修作业人员的能力。"能力"是可以由多个指标描述的因素,例如正式培训的年限、维修经验的年限、工作场所的具体培训年限、工作经验的年限等。最终,通常只需要选择少数几个指标。另外,在大多数情况下,某组件的可靠性可以通过测试失败的比例来精确地衡量。

这就涉及风险指标到底能够在多大程度上衡量影响因素的问题。如图 16.5 所示。圆圈代表因素 RIF_1,内部的 3 个圆代表指标。这些指标衡量 RIF_1 的不同部分,有一些重叠,但不覆盖 RIF_1 的全部。理想情况下,我们希望代表指标的圆圈能覆盖整个 RIF。如果 RIF 本身可直接测量,那么指标实际上就完全覆盖了 RIF。

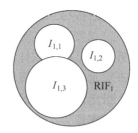

图 16.5 风险指标对 RIF 的覆盖范围

16.4.2.5 第五步:建立指标体系

根据为每个单独的 RIF 建立指标列表,可以建立一个体系。建立一个完整的指标体系的原则包括：

(1) 规模。指标体系的规模显然是一个问题,原因有几个：一方面,指标体系过大,则监控、维护和后续工作的成本非常高；另一方面,重大事故风险是一个复杂的问题,有诸多因素影响着风险,因此建立大型指标体系也有因可循。

(2) 双重保证。双重保证原则(HSE,2006)的优势在于,它既测量了一个因素的现状(按预期功能),又提供了出现潜在问题的预警。因此,指标体系应同时包含引领指标和迟滞指标。

(3) 预警和诊断指标。有些指标告诉我们可能存在问题("预警指标"),而其他指标告诉我们问题出在哪里("诊断指标")。这两种类型的组合在指标体系中是很有益的。

通过比较不同 RIF 的指标,我们可以看出指标之间是否存在重叠,以及是否可以通过对某些指标进行小幅修改来缩小指标体系的规模。

我们通常会采用"扁平"的指标集合来构建指标体系,也就是说,所有的指标都是我们试图监控的风险因素的直观信息。另外一种情况是,所有确定的 RIF 都不会直接但会通过其他因素间接地影响风险,这个时候我们就可以采用"层级"将指标体系结构化,如图 16.6 所示。

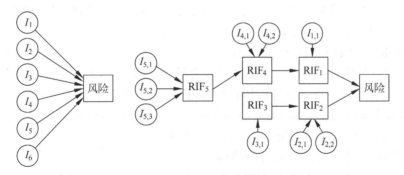

图 16.6　指标体系的扁平和层级结构

可能有人质疑是否有必要确定远离风险的指标。对于这个问题,Hopkins(2009)认为,指标与事件(或者风险)应该尽可能地"接近"。一个原因是,指标和风险的距离越远,那么因素和风险之间关系的不确定性就越大。其影响也很可能会变弱。同时,引领指标主要是通过间接因素得到,而不是直接影响风险的因素。

16.4.2.6　第六步：建立指标聚合规则

从理论上说,通过指标值我们就可能提供风险的最新估值。但是实际却不是这么简单。

首先,我们测量的是指标值,而不是风险模型中的 RIF。有些指标是 RIF 的直接表示,但并非总是如此,我们需要将指标转换为可在计算中使用的 RIF 值。尤其是,如果一个 RIF 有多个指标,则转换过程具有一定的挑战性,并且通常取决于人的判断。

其次,并非所有 RIF 都包含在现有定量风险评估模型中。特别是,人为因素和组织因素可能已被忽略或没有明确建模(请参见 16.5 节中的讨论),因此我们可能必须修改和扩展风险模型以考虑指标中的信息。或者,很多情况需要根据专家判断,建立用于聚合的简单规则。

案例 16.4(在风险模型中使用指标):对化工厂的风险而言,两个重要的风险影响因子是:热加工作业量(可能造成点火源的作业)和屏障(如气体检测系统之类)的可靠性。第一个因子可以使用"每月热加工小时数"(或其他时间单位)指标进行测量。该指标也可以通过计算热工作时间的比例直接用于定量风险评估。这通常可以明确地包含在风险模型中。经常使用的气体检测系统可靠性指标是"气体检测系统的维修落后于计划的小时数"。可以预期的是,维护不足会导致系统性能随着时间的推移而降低,从而降低可靠性,但是要将该指标转换为更新后的可靠性数字并不容易。比如,如果指标值为200h,可靠性会降低多少?

16.4.3 事故前兆

16.4.3.1 事故前兆定义

前兆经常与风险和事故在一起讨论,可以将它们看作是一组特定的指标。关于事故先兆的一些有用的信息来源是 NASA(2011)、美国 NRC(2008)和 Phimister 等(2004)。前兆有多种定义,我们建议使用以下定义:

定义 16.8(事故前兆):可观察到的状况、人为错误、技术故障、其他事件或在事故之前可能导致事故的事件序列。

事故前兆的一些例子如下(NASA,2011):

(1)技术性故障,如果得不到纠正,可能会导致事故。例如,可能是一个很小的裂缝,不会导致泄漏或功能损失,但一段时间后会增长到失效点。

(2)维修效果变差。例如,随着时间的推移,没有严格执行系统的常规检查,检查之间的间隔越来越长,而人们接受了这种潜在的有害状况。

(3)测试或操作中出现的意外的趋势。

(4)由于设备老化而造成的意外影响。冷却剂系统就是这种类型的先兆的一个例子。化学冷却剂的 pH 值会随着时间的推移而下降。pH 值会继续下降就会降低冷却功能。

(5)一起没有造成严重后果的未遂事件。

从上述例子中可以看出,前兆可以同时被归类为引领指标和迟滞指标。前兆的具体使用与事故有关。在几乎所有重大事故中,都存在前兆和警告被忽视或错误判断的情况。

16.4.3.2 事故前兆分析

事故前兆分析是识别和评估潜在事故前兆的系统过程。对于新系统,前兆的识别可能基于风险评估中确定的事故场景,并辅以详细的故障模式、影响、严重性分析(failure modes, effects, and criticality analysis, FMECA)和人为错误分析。对于现有系统,可以使用来自偏差、事件和事故的经验数据。此类数据可能来自与操作员的访谈、对操作和(或)测试经验的评估,用来识别被忽视的潜在事故或未被充分意识到的漏洞。记录的数据也是一种数据源,例如,"问题报告和纠正措施"(problem, reporting and corrective action, PRACA)数据库。事故前兆分析的可能步骤包括:

(1)深入分析过去的事故,以识别潜在的事故前兆。这部分可以通过详细的根本原因分析(root cause analysis,RCA)来完成,并且可以使用瑞士奶酪模型(Reason,1990)(如图8.8所示)将前兆作为调查工作的方案。

(2) 对识别出的事故前兆进行评估和分级。根据其可能导致的严重后果,分级的结果可能是,建议更详细的风险建模、观察和趋势分析或者不必采取进一步的行动。

(3) 持续改进的信息反馈回路。

另外,可以通过提出一系列问题来进一步评估已确定的事故前兆,例如"这种异常(即前兆)真的会导致事故吗?"和"发生这类事故还需要哪些额外条件?"

16.5 风险建模

所有风险分析模型都是现实世界和可能发生的场景的简化。在风险模型中囊括所有系统和场景的细节通常是不实际的,因为它会耗费太多的时间和资源,甚至根本就不可能。然而,当我们进行简化的时候,至关重要的一点是,我们要清楚地了解是什么影响了用于决策的风险结果。如果没有理解这一点,我们就无法开发一个好的模型,并进行简化。

开发一个好的风险模型需要以下步骤:

(1) 对影响风险的因素的全面定性理解是最重要的基础。这包括了解危害及其可能导致的事故情况,以及可能影响事故场景的所有因素。包括技术解决方案、人员和组织因素、正在进行的工作和外部因素。

(2) 确定需要风险分析结果的决策。工艺容器是否需要消防用水的保护系统,和工厂的消防团队需要具备何种能力水平,这两个决策需要的是两个不同的模型。在这两种情况下,都是和火灾相关的,但相关因素却显著不同。

(3) 根据(1)和(2),识别与决策相关的因素。在上面的例子里,在第一种情况下,可能发生火灾的大小和工艺容器的大小是相关的,我们必须包括消防供水系统的设计参数,如可靠性、响应时间、容量和位置等。而对于第二项决策,火灾和工艺容器的特征也相关,此外还应包括人工灭火的影响以及经验和额外培训的影响。

(4) 接下来,应考虑已确定因素的变化。在这两种情况下,火灾和工艺容器的特性很可能保持相当恒定,在风险模型中最有可能采用常数的方式建模。而消防供水系统的属性和性能可以作为能够进行修改的参数。这样我们可以了解各方案的影响。不同的决策之间的时间尺度可能会有所不同。上述两项决策都与长期尺度(数年)相关,而运营决策往往有较短的时间尺度(数天或数周)。在相关的时间尺度内没有显著变化的参数也可以被建模为常数。

(5) 最后,现在可以进行风险建模,该模型明确包含(3)中的所有相关因素,而所有其他因素都可以作为常数或者隐含其中。

当我们从设计阶段进入运营阶段时,这些建模准则的影响非常明显。在设计过程中,风险分析的目的是支持有关系统设计的决策,这些决策可以是各种各样的决策,从总体解决方案(概念)的选择到布局考虑、设备设计以及个别系统甚至组件的详细设计。在这种情况下,对系统技术方面进行详细而明确的建模非常重要。使用该模型时,这些参数应该容易更改,这样才能方便设计人员查看其对风险的影响。运营问题(例如将涉及多少人以及将进行哪些活动)通常没有明确的建模方法。出于设计目的,我们知道受风险影响的平均人数、工作的平均数量和假定的平均工作实践就足够了。这足以评估长期平均风险,它对于在设计中的最小化风险更为重要。

而到了运营阶段,情况则完全不一样。系统已经有了良好并且相对稳定的架构。随着系统的老化,可能会进行一定的升级,但是更改的程度比设计阶段要小得多。因此,设计本身的风险贡献在很大程度上是恒定的,而风险水平的变化主要是由实时的作业引起。因此,在运营阶段,重要的是要对作业进行显式建模,并可以在执行或不执行某项作业时对其进行"打开和关闭"。同样,暴露的人数也会随时间而变化,因此也应在模型中明确体现。

这并未显示出问题的全部复杂性,而是说明了从一个项目阶段转换到另一个项目阶段时,关注点是如何变化的。这种变化对风险建模方式上的影响也很明显。在这种背景下,我们可以观察到,有关运营风险分析的大多数工作都以现有的定量风险评估为起点,并且重点一直放在如何更新定量风险评估以提供更多最新的风险估计上面。当然,MIRMAP项目(重大事故预防的瞬时风险建模)是一个例外,我们将在16.7节中对其进行介绍。

如上所述,如果我们在建模过程中遵循上述各个步骤,这个框架可以帮助我们更加深入地理解自己所做的简化工作,从而提升对风险模型局限性的认识。在开发风险模型和应用风险模型时,我们都应该牢记:

(1) 建模时要明确考虑分析范围内影响风险水平的所有重要因素,可以(并且将)对所有恒定(或变化缓慢)的因素,以及对风险水平无影响或细微影响的因素进行简化。

(2) 当风险模型的使用目的变化时,应该仔细检查模型,确保模型适用于新的需要解决的问题。否则,从模型中得到的结果可能会有很大的误导性。

16.6　运营风险分析——定量风险评估的更新

定量风险评估的定期更新是维持最新风险情况的关键,目前有多种方法致力于定量风险评估的更新。从广义上讲,我们可以将更新分为4类:

(1) 更新危险识别(HAZID)结果;
(2) 更新频率模型;
(3) 更新后果模型;
(4) 更新参数值。

其中,实际上只有最后一个方面可以实现定期并迅速的更新(每天/每周)。如果定量风险评估模型是计算机模型,那么我们可以快速有效地更新现有的定量风险评估。而增加新的危害或修改模型则需要更多的工作,目前并没有自动化的方法。有兴趣的读者可以参阅 Paltrinieri 和 Khan(2016)的论文,他们对风险评估更新的主要方法进行了回顾。

16.6.1 更新 HAZID

在以下几种情况我们需考虑更新 HAZID：

(1) 当系统或操作过程更改时，尤其是当引入新设备或新的操作过程时。这些更新是完整定量风险评估更新的一部分。

(2) 当事故或险情发生时，需重新评审 HAZID，确保所发生险情已包含在现有的分析中。

(3) 当获得危险和事件的新知识时。来源可能为事故或类似情况、行业报告、研究成果等。

16.6.2 更新频率和后果模型

当 HAZID 需要更新时，通常定量风险评估也需要随之更新。更新的范围取决于模型和发生的变化。目前还没有自动更新的工作。但初始模型越详细，包含的因素越明确，就越可能通过更新某些参数来进行更新，而不需要更改模型，比如故障树或者事件树的结构。

16.6.3 更新参数值

更新参数值是更新风险分析最容易的方式。大多数的情况下，通过更新参数值可以很好地获得风险变化的预估值。

首先我们要考虑的是如何更新参数值。目前市面有很多信息源，而且特征和质量各不相同。我们需要考虑的数据包括（以下数据来源是基于化工厂和油气生产设施）：

(1) 人员配备和个人数据。在工作日程安排和可用资源已知时，就可以精确地确定暴露在某类风险当中的人数。

(2) 作业数据。维护计划软件通常包含某天或某周的所有计划作业的信息。这些信息可用来更新参数值。

(3) 技术完整性数据。目前各种监视屏障/技术系统性能的系统广泛应用，这些系统通常与维护计划软件集成在一起。它可以提供有关系统功能是完全还是部分失灵、计划停产等信息。

(4) 工艺数据。有关压力、温度、流量、组成等的信息可从工艺控制系统获得。

(5) 险情、未遂事件和失效数据。所有此类信息都可用于更新定量风险评估中使用的概率（除了可能提供更新 HAZID 的信息之外）。

这些仅是示例，但它们表明了如何在任意给定的时间点用特定值替换平均值和概率。

如同我们风险建模讨论章节中所述（16.5 节），我们还需要考虑参数变化的速度。变化非常缓慢或根本没有变化的参数不需要更新。对于参数变化率的系统性检查可以节省风险分析中信息收集和更新的时间。在确定哪些参数需要更新时，我们需要格外小心。比如技术屏障系统（例如气体检测系统和火灾检测系统），除非有人对其进行了改造，否则它们一直不会改变。因此，可能有人争辩说我们不需要更新有关这些系统的信息。这并不完全正确，因为虽然设计信息不会更改，但是如果系统发生故障，则系统的状态可能会瞬间从一个状态更改为另一个状态。因此,更新信息很重要。如果某天进行了测试系统,那么第二天该系统在需求发生时的危险失效概率比第二年的失效概率要低。尽管我们不能断言系统是否可以正常运转,但可以更新失效概率。

参数值的更新取决于参数的类型:

确定性的更新。风险分析中的一些概率值(或平均值)可以用确定值进行更新。如果我们知道系统不运转,则可以将故障概率更新为1。同样,我们不能说平均有6个人面临风险,但我们可以说,今天将有8个人在风险区域作业。

概率更新。目前的方法主要是基于贝叶斯更新(Paltrinieri 和 Khan,2016)。事故和险情经常是用作更新的数据来源,但数据也可以是来自测试和其他来源。

在核工业,风险评估的"实时"更新已投入使用了多年。"实时概率风险评估"、"实时概率安全分析"和"风险监控"等术语都用来描述频繁更新的风险分析,来反映工厂的风险状态。第一批风险监控在20世纪80年代就已经投入使用(Shepherd,2002),用来为管理层提供最新的风险状况,尤其在制订维护计划的时候应用广泛。

16.7 MIRMAP

MIRMAP是一个研究项目,旨在为危险设施的运行提供更好的决策支持,例如制炼厂和海上石油和天然气设施(Haugen 和 Edwin,2017)。项目背景是这些设施的定量风险评估并不能提供每日所需要的决策支持。因此,此项目的重点主要放在风险建模的改进上。

此项目对风险建模进行了扩展,除了包括主动型安全屏障系统之外,还包括正在进行的作业的更多相关信息。针对被动型屏障系统和其他不会改变或变化非常缓慢的因素进行了模型的简化。此外,项目的重点在于重大事故概率的建模,因为任何重大事故都是不可接受的,无论它导致死亡的人数很少还是很多。因此,出于风险管理的目的,更新频率就足够了,后果基本上作为常量而不是纳入显式建模中。

在传统的定量风险评估中,风险模型的基本要素是零件故障和人为失误。在MIRMAP项目中,风险模型中主要考虑以下基本元素(图16.7):

(1) 风险上升任务/作业。这些任务会引入可能影响屏障完整性的危害。焊接作为一种增加火灾可能性(因此削弱了"预防火灾"的屏障功能)的作业,已被多次提及。

(2) 风险上升的情况。直接损害或削弱屏障系统/元素的情况或作业。例如,在进行焊接时,火警探测器将被禁用,以避免误报。

(3) 屏障的技术完善度。技术屏障系统的状况。例如因为设备老化导致的性能下降。

(4) 屏障设计缺陷。这些与技术系统的状况有关,但涵盖了设计上的缺陷(在很大程度上是不变的)。如因检测器太少,而导致气体检测器的覆盖范围受到限制。

请注意,最后两个项目包含在定量风险评估当中,可以在设计的时候加以考虑。但是我们需要注意的是,定量风险评估的区别在于它使用的是"平均值"。

再进一步,不同作业或状况可能导致的风险变化是通过影响因素来描述的。例如,在进行安全阀重新认证时,如果有足够的冗余系统,则不会完全失去安全屏障。为了反映这些方面,每个作业和状况都有一组影响因素,这样有助于更详细地描述作业。表 16.1 列出了一些影响因素的示例。

表 16.1 MIRMAP 风险模型中的作业类型

作业类型	影响因素	屏障功能
油气系统作业	能力水平 隔断计划 时间压力	预防泄露
油气系统上方起重作业	起重设备 能力水平 时间压力	预防泄露
气体检测故障	故障程度 补救措施	控制泄露
使用电气设备	损坏程度 补救措施	预防点燃

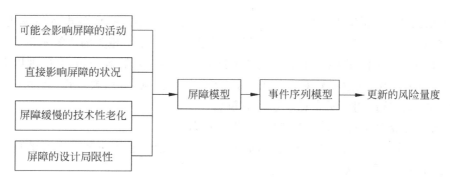

图 16.7 风险模型的基本元素

这里的风险模型是定量风险评估中使用的一系列详细模型的简化,尤其是在后果模型方面。该模型由三种方法合一:

(1) 使用事件树对事故场景进行建模,以屏障功能作为事件树中的关键事件。屏障功能是概要功能,例如"预防泄露"和"预防点燃"。根据后果的严重性,为事件树定义一组结束事件。使用 5~10 个"标准"事件树,每个事件树的后果不变。

(2) 使用故障树对屏障功能(关键事件)进行建模。故障树包含定量风险评估中获取的技术屏障系统的相关信息。此外,在故障树中,将风险上升活动和状况作为基本事件。屏障系统的技术层面的详细程度以足以考虑到运行期间系统状态的变化为标准。因此并非包含所有组件,仅在需要正确反映屏障状态时才包含相关的组件。

(3) 此外,利用简单的 BN 将人为因素和组织因素对基本事件的影响进行建模。

我们可以对已建立的风险模型进行量化,其结果可算出先前讨论的 APR 和 PR(阶段风险)。模型结构和量化方法的灵感来自混合因果逻辑(Røed 等,2009)、风险组织、人、技术(OMT)方法(Vinnem 等,2012)。图 16.8 显示了模型架构。

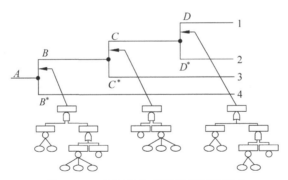

图 16.8 MIRMAP 风险模型原理展示

MIRMAP 已针对实际案例进行了测试,并每天更新风险模型(Haugen 和 Edwin,2017)。结果表明,该模型能够反映风险水平的日常变化,而最大的挑战则是收集数据。数据是存在的,但数据格式不易输入风险模型。因此,更新过程非常耗时。

 ## 16.8 思考题

(1) 根据图 16.1,决策可以分为 4 类。考虑一家市场迅速扩大的电动汽车电池制造公司。请给出该公司在不同情况下,上述每一类别中至少 4 个相关的决策示例。

(2) 在 16.3 节中,我们讨论了风险的不同方面。在一家航运公司,会出现以下情况:

① 颁布新法规,这意味着对船舶上的救生设备(例如救生艇、救生筏、救生衣等)有了更严格的要求。这适用于所有正在建造的新船。

② 该公司最近验收了 2 艘新造船,并投入运营。

③ 公司采用了更严格的程序进行油箱清洁。传统上,这是一个高风险的作业,但是新的程序有望大大降低这一风险。

考虑风险的不同方面,并讨论这些情况将如何影响风险的不同方面(增加/减少/无变化),以及变化的大小。

(3) 考虑危险事件"公寓楼火灾"。大城市的消防部门担心此事件带来的风险,并正在尝试确定可协助他们监控风险趋势的风险指标。请建议一些相关指标。

(4) 题(3)中的消防部门要区分引领指标和迟滞指标。请将找到的指标分为两组。

(5) 16.6 节描述了更新定量风险评估的各种方法。某一铁路线进行了量化风险评估,但是信号系统存在一些问题,这意味着它比定量风险评估中所假设的可靠性低。此外,有时必须断开系统并重新设置系统,在此期间,需要使用手动信号来控制列车。那么,如何更新定量风险评估来反映此变化?

(6) RIF 和风险指标之间的主要区别是什么?至少提供 3 个示例来说明这些差异。

(7) 哪些事故前兆与题(3)中的"公寓楼火灾"有关?讨论与 2017 年 6 月伦敦格伦费尔塔公寓大楼大火的潜在事故前兆。在此大火中,有 72 人死亡(请参阅互联网描述)。

参考文献

Hale, A. (2009). Editorial special issue on process safety indicators. *Safety Science* 47: 459-568.

Haugen, S. and Edwin, N. J. (2017). Dynamic risk analysis for operational decision support. *EURO Journal on Decision Processes* 5(1-4): 41-63.

Haugen, S., Seljelid, J., and Nyheim, O. (2011). Major accident indicators for monitoring and predicting risk levels. SPE European HSE Conference in Oil and Gas Exploration(ed. editor).

Hopkins, A. (2009). Thinking about process safety indicators. *Safety Science* 47: 460-465.

HSE(2006). *Developing Process Safety Indicators: A Step-by-Step Guide for Chemical and Major Hazard Industries*, Guide. London: Health and Safety Executive.

Klein, G. (2008). Naturalistic decision making. *Human Factors Journal* 50(3): 456-460.

March, J. G. (1994). *A Primer on Decision Making: How Decisions Happen*. New York: The Free Press, Simon and Schuster.

NASA(2011). *Accident Precursor Analysis Handbook*. Report NASA/SP-2001-3423. NASA.

OECD(2003). *Guidance on Safety Performance Indicators*. Report. OECD. https://www.oecd.org/env/ehs/chemical-accidents/48356891.pdf(accessed 3 October 2019).

Øien, K., Utne, I. B., and Herrera, I. A. (2011). Building safety indicators: Part 1-theoretical foundation. *Safety Science* 49(2): 148-161.

Paltrinieri, N. and Khan, F. I. (2016). *Dynamic Risk Analysis in the Chemical and Process Industry*. Butterworth-Heinemann.

Phimister, J. R., Bier, V. M., and Kunreuther, H. C. (eds.)(2004). *Accident Precursor Analysis and Management: Reducing Technological Risk Through Diligence*. Washington, DC: National Academies Press.

Reason, J. (1990). *Human Error*. Cambridge: Cambridge University Press.

Røed, W., Mosleh, A., Vinnem, J., and Aven, T. (2009). On the use of the hybrid causal logic method in offshore risk analysis. *Reliability Engineering & System Safety* 94(2): 445-455.

Shepherd, C. (2002). *Risk Monitors: A Report on the State of the Art in their Development and Use*. Technical report 4. OECD/IAEA.

U. S. NRC(2008). *Accident Sequence Precursor(ASP) Program Summary Description*. Report. U.S. Nuclear Regulatory Commission(accessed 3 October 2019).

Vinnem, J., Bye, R., Gran, B. et al. (2012). Risk modelling of maintenance work on major process equipment on offshore petroleum installations. *Journal of Loss Prevention in the Process Industries* 25(2): 274-292.

Yang, X. and Haugen, S. (2015). Classification of risk to support decision-making in hazardous processes. *Safety Science* 80: 115-126.

Yang, X., Haugen, S., and Paltrinieri, N. (2018). Clarifying the concept of operational risk assessment in the oil and gas industry. *Safety Science* 108: 259-268.

第 17 章

安防能力评估

17.1 简介

21世纪是快速全面拥抱手机和计算机网络技术的时代。我们日常生活的很多方面都因此得以改变,但是新技术也给我们的隐私、技术系统和服务乃至这个社会带来了新的威胁。网络(cyber)这个词已经成为与计算机网络和移动互联网问题的标准前缀,网络系统指的是所有使用互联网技术实现在线通信的计算机、服务器、路由器、开关和线缆,而网络空间则用来表示计算机网络的线上世界,尤其是互联网。美国前总统贝拉克·奥巴马曾经在2009年5月29日的演讲中清楚地指出:

> 通信和信息技术革命创造了一个虚拟的世界……然而网络空间是真实的,所以风险也随之产生。我们的信息时代存在着一个巨大的讽刺——就是技术给了我们前所未有的创造力,也给了我们前所未有的破坏力。

报纸和其他媒体总是充斥着各种网络安全、网络攻击、网络犯罪之类的报告。比如,我们可以看看英国《卫报》和《金融时报》一些头条的标题:

(1)《澳大利亚安防部门调查议会遭受的网络攻击》;

(2)《网络攻击摧毁美国主流报刊的印刷》;

(3)《安全专家指出:所有的Wi-Fi网络都很容易被"黑"》;

(4)《俄罗斯被谴责对化学武器看门狗进行网络攻击》;

(5)《铝业巨头挪威海德鲁遭受网络攻击》;

(6)《韩国核电站运营商处于网络攻击的恐惧之中》;

(7)《有国家资助的团体发动了对新加坡最严重的网络攻击》;

(8)《德国的网络攻击:当局承认大量数据泄漏》;

(9)《英国对于灾难性的网络攻击"完全"没有准备》;

(10)《俄罗斯的网络攻击是如何帮助特朗普当选美国总统的》。

第 17 章 安防能力评估

我们在第 2 章讨论安全的同时，简单介绍过安防的概念。安全与随机事件有关，而安防则与蓄意的行为有关。如果同时考虑安全和安防，有些机构会使用总体安全这个词，还有些机构会有"安全与安防""仅安全""仅安防"的用法。比如美国国土安全部就使用后面的说法，这个部门负责处理网络安防的问题，也负责传统的安全问题。

很多被称为威胁的事情会挑战我们的安防能力，它们和安全问题中的危险具有相似的角色。所以有时候我们使用总体危险来同时表示危险和威胁。威胁可能来自威胁制造者，用来攻击我们的隐私、服务或者系统。而系统又可能存在能够被威胁制造者利用的薄弱环节，导致攻击"成功"。我们会在 17.3 节继续讨论更多的概念和细节。

攻击可以分为两大类：物理攻击和网络攻击。物理攻击包括纵火、打砸抢、偷窃和恐怖袭击，是指对实体的攻击，攻击人员必须本人出现在现场。物理攻击可能是自发的行为，也可能是组织行为。像纵火、偷窃和无差别破坏经常是一些外部人员或者被解雇的前雇员的自发行为，而全面的打砸抢和恐怖袭击一般需要计划和组织。

我们可以将网络攻击定义为：

定义 17.1（网络攻击）：通过网络空间操纵、销毁、阻止、打击、破坏连入网络的计算机、网络、信息或者物理系统。

因为网络攻击是在网络空间进行的，威胁制造者可能在世界上的任何一个角落。一般来说网络威胁制造者都是技术高超的计算机专家，但也可能是掌握一些特殊技能的年轻人，后者可能在没有明确动机和意图的情况下展开攻击。一旦这些年轻人被抓获，他们经常会辩称自己只是出于好奇或者只是想测试一些事情。

17.1.1 目标和局限

我们这本书主要针对的是那些可能会对一项或者多项有形资产造成物理伤害的突发事件。因此，我们在这里也不考虑那些只会伤害无形资产（比如金融资产、信息、政治体系和隐私）的事件。

因此，与本书和本章有关的安防问题包括：
（1）绝大多数物理攻击。
（2）能够干扰物理系统的运行、控制或者安全系统的网络攻击。

网络攻击需要物理系统连接在网络当中，并且通过网络空间实现运行、控制和安全功能。这样的系统被称为网络-物理系统（也译作信息-物理系统）。即便是局限在网络-物理系统，网络安防评估也是一个宏大的课题，所以我们在这里进一步把主题限制在工业控制和安全系统的网络安防评估（见 17.3 节）上面。

安防评估是一个相当新的课题，但是已经被政府和企业提上了议事日程。现在业界已经发表了大量的科技论文，也不时有新的标准和指南发布。很多咨询公司正在向政府和企业销售相关的服务。尽管如此，这个领域还远未成熟，所以我们的讲解还是会按照传统的方式进行。

在我们的研究目标遭受攻击的时候，无论攻击是物理的还是采用网络，攻击对研究对象的伤害都可以分为：①对于物理对象的伤害，包括人、建筑、设备和环境；②公司、雇员和其他人员的损失，包括信心受到打击、公关形象受损、罪恶感、信息丢失和财务损失；

③运营损失,包括系统宕机以及代价高昂的重启。图 17.1 描述了这三个类别的伤害①。

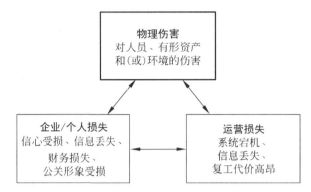

图 17.1 遭受到攻击之后的三类损失

17.1.2 标准和指南

现在已经有一些与安防评估相关的标准和指南,包括:

(1) NIST SP 800-12(2017):《信息安全简介》;
(2) 国安标准《威胁和危险识别及风险评估》(2018)——美国国土安全部;
(3) ISO 22300(2018):《安防与弹性——词汇表》;
(4) NIST SP 800-30(2012):《信息安全:风险评估指南》;
(5) ISO/IEC27005(2018):《信息技术——安防技术——信息安全风险评估》;
(6) IEC62443(2009—2018):《工业自动化和控制系统防护》(几个部分);
(7) NIST SP 800-82(2015):《工业控制系统(ICS)安防指南》。

17.2 安防评估的主要元素

本节将会定义和讨论安防评估中的主要元素,有一些我们已经在第 2 章定义过了。如果读者希望了解更多定义,请查阅 https://csrc.nist.gov/glossary 的术语表。

17.2.1 威胁

我们在 2.7 节中将威胁定义为"任何能够伤害到资产的行动或者事件"。威胁可以分为实体威胁和网络威胁。

17.2.1.1 实体威胁

个人或者某个群体可以进行实体威胁,包括纵火、爆炸、枪击、打砸抢、恐怖活动、偷盗和其他破坏行为。

注释 17.1(自然威胁):一些作者认为自然现象也可以看作是威胁。人类活动可能会也可能不会影响到自然威胁事件的发生,尽管我们在定义威胁制造者的时候,并没有直接

---

① 图 17.1 受到了橡树岭国家实验室 Kelly Mahoney 的报告启发。

考虑自然威胁事件。这类事件包括雪崩、地震、洪水、山体滑坡、强风、海啸、火山喷发等自然现象。我们在这本书里面已经把这些自然威胁看作是危险,因此本章就不再讨论相关的问题。

17.2.1.2 网络威胁

网络威胁存在于网络空间当中,包括如下几种(按字母顺序排列):

(1) 黑客攻击。黑客攻击是很常见的词汇,是指那些未经授权进入计算机、网络或者网站的行为。

(2) 身份盗用。身份盗用是指,威胁制造者在受害者不知道的情况下就窃取了后者的身份信息,用来诈骗或者从事其他犯罪活动。身份盗用通常是其他类型诈骗的第一步。

(3) 恶意软件。恶意软件旨在执行未经授权的过程,它会对系统的保密性、完整性和可用性产生不利影响。

(4) 中间人。我们在这里指的是一种攻击行为,威胁制造者秘密扮演中继角色,并可能篡改两方之间的通信,而通信双方认为他们还是在直接进行联系。

(5) 网络钓鱼。通过诱使受害者在无意中让攻击者访问信息系统的操作,来诱骗个人或组织泄露机密信息的过程。

(6) 勒索软件。勒索软件是一种恶意软件,它会加密文件和文件夹,从而阻止用户访问重要文件和系统,然后要求赎金才给予解密。

(7) 电子诈骗。电子诈骗是指将电子邮件伪造成看起来像是由其他人发送的,目的是获取机密信息,例如密码和信用卡信息。

(8) 间谍软件。间谍软件是一种特殊类型的恶意软件,它被秘密安装到系统中,在受害者不知情的情况下收集有关个人或组织的信息。

(9) Stuxnet。Stuxnet 是一种针对工业控制和安全系统的特殊类型的恶意软件。Stuxnet 以针对伊朗的核计划而闻名。

(10) 特洛伊木马。这是一种恶意软件,不仅看起来有一些有用的功能,而且还具有躲避安全机制的隐藏和潜在的恶意功能,有时它会通过利用系统的合法授权来调用程序。

(11) 病毒。病毒可以自身复制并产生有害影响(例如破坏系统或破坏数据)的计算机程序。病毒可能使用电子邮件程序将自身传播到其他计算机,甚至擦除硬盘上的所有内容。

(12) 蠕虫。蠕虫是一种特殊类型的恶意软件,它能够利用网络自我复制、自我传播,不需要借助外部程序。

17.2.1.3 威胁注册表

威胁注册表,顾名思义是有关研究对象或者公司整体的所有潜在威胁的列表,和我们之前谈过的风险列表类似。有多家机构提供通用的威胁注册表,我们在互联网上也可以找到一些公开的和定时更新的注册表,比如 ENISA(2019)。威胁注册表对于任何安防分析来说都是一个很好的出发点。

17.2.2 威胁制造者

我们曾经在 2.7 节定义并讨论过威胁制造者这个词汇,在这里,威胁制造者指的是计划利用威胁并制造能够影响(或可能影响)系统安全性的威胁事件的个人或群体。威胁制造者也可以称为威胁媒介、攻击者或者是对手。

如图17.2所示,威胁制造者可以分为内部和外部制造者,以及无意和有意制造者。无意威胁制造者一般是没有敌对情绪的,而有意威胁制造者则大部分充满敌意,希望能够破坏一些资产。有些有意威胁制造者不一定希望搞破坏,他们可能是出于好奇制造了威胁事件。

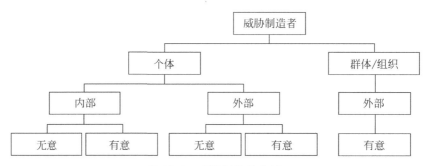

图17.2 威胁制造者分类

有意威胁制造者的目的就是破坏他所攻击的系统(Baybutt和Ready,2003),为了能够成功实现破坏,他必须要有机会、有能力,并且有动机发动攻击。一种新的更加危险的威胁制造者,是由国家资助的人员和组织。这类威胁制造者可能更集中在网络间谍活动(ENISA,2019)。

表17.1罗列了一些内部和外部威胁制造者的例子。

表17.1 可能的内部和外部威胁制造者举例	
内部	外部
(1) 承包商	(1) 示威者
(2) 咨询顾问	(2) 纵火犯
(3) 客户	(3) 商业合作伙伴
(4) 被遣散的雇员	(4) 竞争对手
(5) 前雇员	(5) 罪犯
(6) 访客	(6) 黑客
	(7) 恐怖分子
	(8) 小偷
	(9) 破坏者

17.2.2.1 威胁制造者的动机

威胁制造者的动机可能包括:

(1) 愤怒。威胁制造者对受害者感到愤怒,并想伤害受害者。

(2) 好奇心。威胁制造者获得了一些知识,并希望找一些实际案例测试这些知识。这一类威胁制造者通常是年轻人,不想造成任何特殊伤害。

(3) 权力主张。威胁制造者希望恢复其自信心或自我价值。他不一定要伤害受害者，而是要控制受害者。

（4）利润。制造者可以通过威胁事件为本人或者他相信自己所代表的系统谋取利益。例子包括小偷和竞争对手。

（5）复仇。威胁制造者认为他正在纠正那些针对他本人或其他个人或实体不公正行为。

（6）享受。威胁参与者可能会享受"成功"威胁事件的结果。比如这可能适用于某些社会活动人士。

（7）虐待狂。威胁制造者会从别人的痛苦中得到满足。

有兴趣的读者可以阅读 Baybutt 在 2002 年发表的论文。

注释 17.2（威胁和威胁制造者）：有些作者并没有区分威胁和威胁制造者，而是使用同一个词语——威胁。对于这些作者，打砸抢是一种威胁，基地组织则是另一种威胁。

17.2.2.2 威胁制造者注册表

建立一份可能的威胁制造者注册表同样有意义。威胁制造者注册表可以针对具体的研究对象制作，然后在有新的威胁出现的时候更新。

17.2.3 薄弱环节

我们在 2.7 节中将薄弱环节（脆弱性）定义为"能够被某个或者某些威胁制造者所利用的资产或者控制的弱点"。薄弱环节也可以称为安防漏洞。薄弱环节的分类方法有很多，比如我们可以将其分为：

（1）物理漏洞；

（2）自然漏洞；

（3）硬件/软件漏洞；

（4）人因漏洞；

（5）媒介漏洞（比如丢失/损坏的光盘和磁带）；

（6）通信漏洞；

（7）程序漏洞。

有几个数据库罗列了常见的系统漏洞，比如美国国家脆弱性数据库[①]。这个数据库还关联着脆弱性指标和常见漏洞评分系统（common vulnerability scoring system，CVSS），以及 CVSS 计算器。该计算器可以用来对已经识别出的薄弱环节进行排序。

案例 17.1（与纵火相关的薄弱环节）：假设有一座建筑物，在靠近外墙的区域储存着大量爆炸性材料。这对于纵火犯来说显然是一个薄弱环节。

薄弱环节的存在并不意味着资产就会受到伤害。如果出现伤害，说明还有威胁制造者存在。

17.2.4 攻击

攻击是指威胁参与者利用威胁并试图通过使用系统漏洞来接触研究对象的事件。本

---

① 美国国家脆弱性数据库：https://nvd.nist.gov/general.

章将攻击分为两种主要类型：物理攻击和网络攻击。对于这两种类型，威胁参与者都必须具有进行攻击的机会、动机和手段。

攻击可能会分解为一系列步骤。我们将特定攻击的顺序称为攻击路径，也可以称为攻击图、攻击向量和攻击途径。攻击可以是单次攻击、多阶段攻击，也可以是几种同时发生的攻击的组合。同时进行和组合攻击通常需要一组有组织的威胁制造者。

对于物理攻击而言，威胁参与者必须出现在相应的位置才能实施攻击。而网络攻击是使用连接到互联网的计算机进行的，威胁参与者可能位于任何地方。

图 17.3 描述了单次攻击中的元素，我们在这里区分了威胁和威胁制造者，他们会影响我们应该如何配置研究对象以及相应的安防设施如何安装。按照同样的方式，关于薄弱环节的知识水平也会影响到威胁制造者如何利用威胁，以及采取什么样的攻击路径。

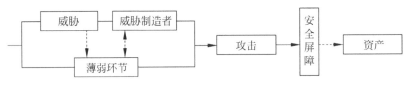

图 17.3　单次攻击的主要元素

所有可利用薄弱环节（包括已识别的和未识别的）的集合，有时候被我们称为研究对象的攻击面。为了能够利用某个薄弱环节，威胁制造者必须拥有至少一件能够连接到系统弱点的实用工具或者技术。

17.2.5　安全屏障

根据 Kuzma(2017)的研究，我们将安全屏障或者防护措施分为两大类：
(1) 安全措施。这一类是保护资产免受伤害的传统安全屏障（见第 14 章）。
(2) 安防措施。这一类安全屏障用于抵挡威胁制造者对于设施和网络的攻击。
接下来，我们可以把安防措施进一步分为 4 类：
① 人员安防，处理诸如扫描和监控人员、保持良好的劳动关系、采取恰当措施终止合同等问题。
② 物理安防，包括保护性安全屏障、区域照明、监控系统、保安和警犬、侵入检测系统、警报、门禁和车辆控制等。
③ 信息安防，主要是指文字、声音和电子信息的控制。
④ 网络安防，如何阻止在网络空间中对研究对象进行的蓄意攻击。

根据深度防护理念，用来保护关键研究对象的安全屏障（安全措施），一般是作为保护层部署。同样的理念也适用于安防措施，我们需要部署多层安防措施，来抵御网络攻击。如果威胁制造者能够通过第一层防护，那么还应该有一层甚至更多层措施阻止他。然而就和很多安全措施一样，安防措施有时候很难真正实现独立防护。如案例 17.2 所示，如果威胁制造者能够突破第一道防线，那么安防措施之间的关联性也会让突破后续的防线变得相对容易。

案例 17.2（关联的安全屏障）：很多网络攻击都始于电子诈骗，威胁制造者发送伪装成来自接收者已知来源的电子邮件。经常的情况是，接收者会被要求确认自己的用户身份和密码。通过这些信息，威胁制造者就可以登录公司网络，创建新的身份，在系统管理员面前隐藏起来，仔细研究网络性质，计划更为致命的攻击[①]。

17.2.6 简单比较风险和安防词语

风险评估和安防评估的很多词汇都是相通的，尽管有时候解释可能不太一样。另外一个重要区别在于，根据我们的定义和设限，风险评估主要是局限在纯随机危险事件上面，而安防评估考虑的是蓄意攻击。尽管存在区别，危险事件和攻击这两个词语在两种评估中的作用是相同的。在任何风险评估中，危险都是一个必然存在的词语，它是指一个失控的状态或者情况，也是一系列最终可能伤害到资产的事件的起点。而威胁则是和危险并列的词语，但它只是在被威胁制造者（或者攻击者）利用的时候才会变成麻烦。因此，威胁和威胁制造者需要搭配在一起使用。这也是为什么一些作者会在实际上讨论威胁的时候却使用威胁制造者，这样做是和我们的用法正好相反，有时候很容易出问题。我们对于威胁和威胁制造者的区分，与对于危险和激发事件/条件的区分非常类似。

如果有威胁释放或者失控，初始事件就会发生，然后是一系列事件。在风险评估的体系中，这就是一个事故场景的开始。而在安防评估里面，是威胁制造者开始计划利用威胁来实施攻击，整个事件序列被称为攻击路径。我们可以安置各种安全屏障来停止或者扭转由初始事件出发的事件序列，同样也可以通过各种安防措施来阻断攻击路径。有时候，攻击遇到安防措施被称为攻击事件。

从威胁制造者的角度，一旦攻击成功，研究对象的响应型安全屏障就会发挥作用。尽管安防分析中安全屏障的响应动作会有所不同，但是安防分析和风险分析也非常类似。

17.3 工业控制和安全系统

我们将会在下一节介绍安防评估主要应用于工业控制和安全系统。因此，我们首先需要介绍一下工业控制和安全系统的基本知识。

我们需要区别工业控制系统、工业安全系统以及集成控制和安全系统。有兴趣的读者可以阅读 Griffor(2016) 以及 Colbert 和 Kott(2016) 的文献了解工业控制和安全系统安防方面的基本知识。

17.3.1 工业控制系统

工业控制系统（industrial control system，ICS，简称工控系统）用于控制与电气、化学、油气、水、交通、医疗系统、制造系统和军事系统有关的各种物理过程。工控系统的主要元素如图 17.4 所示（采用自 NIST SP 800-82，2015）。

[①] 其中接受者可以看作是第一道安全屏障，系统登录身份控制是第二道，系统管理员是第三道安全屏障。然而因为第一道安全屏障被突破之后，后续两道出于对接受者的信任都很容易被突破。——译者注

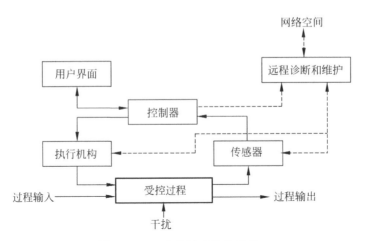

图 17.4 工业控制系统的元素

图 17.4 中的控制过程可以是任何物理过程。比如，我们假设这是化工流程中的某一种特殊的液流，我们必须通过工业控制系统来控制并保持流速在一个严格区间之内。这里使用的工业控制系统包括一个或者多个传感器（比如流量计）、一个或者多个执行机构（比如节流阀）来控制流程输入，以及一台控制器（比如可编程逻辑控制器 PLC）。控制器一般会有一个显示屏（用户界面），操作员可以监视流速，并修改各种设施。

装备传感器、控制器和执行机构的物理控制系统，已经用于控制物理过程很长时间了。近年来，工业控制系统新的发展包括远程控制、在线诊断、条件监控和维护。为了实现这些目标，新型工业控制系统与网络空间连接，因此也就暴露在网络攻击当中。

现代工控系统的复杂度越来越高，比如新增的传感器和执行机构的自我测试功能。用于非军事用途的工控系统中的元件，无论是软件还是硬件，绝大多数都是现货商品（commerical off the shelf, COTS），一般会非常可靠但在安防方面可能存在问题。这是因为这一类元件的用户手册和详细技术规范在互联网上都可以查到，威胁制造者也就可以接触到他们希望攻击的工控系统的信息。

工控系统一直处于活跃状态，这样才能保证受控的物理流程参数处于要求的范围之内，然而流程的输入可能会发生变化，同时干扰也会不时出现。

对于安全关键性的流程，工控系统一般认为是第一道用来防范流程遭受损害的保护层。

17.3.2 工业安全系统

工业安全系统包含的元素类型与工控系统的一样，都是传感器、控制器和执行机构。但是工业安全系统一般是休眠系统，也就是说直到出现工控系统无法应对的偏差之前，安全系统都是处于一个不活跃的状态。所以，我们认为安全系统是第二道保护层。有时，工业安全系统可以是一个停机系统，用来停止或者关闭整个或者部分流程。流程行业会区分两道保护层，包括用来停止一部分流程的流程关闭系统（process shut down, PSD）和关闭整个工厂开始进行撤离的紧急停机（emergency shut down, ESD）系统。工业停机系统也被称为安全仪表系统(safety-instrumented system,SIS),国标 IEC 61508(2010)和 Kausand(2014)的专著对这一类系统进行了全面的讨论。

17.3.3 集成控制和安全系统

直到最近,大部分行业都会强制将安全系统与控制系统分离。这两类系统应该没有任何共享的元素,这样才能构成独立保护层(independent protection layers,IPL)。现代控制和安全系统正在越来越多地依赖于软件,所以很常见的情况是,二者都采用同一个网络,并且使用同一台服务器进行通信,我们称这类系统为集成控制和安全系统。这种做法会提升运行效率,但是会付出安全的代价。一次网络攻击可能就会让一座化工厂中所有的保护层瘫痪。

现代工业控制和安全系统通常会是系统的系统(systems of systems,SoSs),包含大量不同的元素和全新的属性,这使得系统变得复杂且难以(不是不可能)进行正确分析(请参阅 4.5 节)。

案例 17.3(海德鲁铝厂遭受的网络攻击):2019 年 3 月 19 日,挪威公司海德鲁的电解铝厂遭受了网络攻击。两起攻击同时进行,其中一起直指海德鲁的客户数据库,而另一起则是借助勒索软件攻击铝厂的控制和安全系统。系统中的数据都被加密,而计算机控制系统也无法使用。幸运的是,铝厂还有一套人工备份的控制系统。威胁制造者向公司勒索比特币以解密数据。初步调查显示,攻击者通过某种诈骗邮件进入了公司内网,然后又花了几天甚至几周的时间研究系统寻找系统漏洞①。

17.4 安防评估体系

我们在这里聚焦于工业控制和安全系统的安防评估。在讨论安防评估的时候,我们需要区分出研究对象的两种不同状态:现存的研究对象和计划中的研究对象(即处于设计和开发阶段)。

17.4.1 现存研究对象的安防评估

现存研究对象的安防评估一般需要详细并且有针对性的检测。对于物理攻击而言,评估的开始是仔细分析可能的威胁、威胁制造者和可能的攻击路径。企业可能需要雇用多名专业人士进行这种测试。外部人员可以开始沿着各个攻击路径,试图去突破现有的安防措施以接入研究对象。与此同时,他们还需要去识别缺失的安防措施以及可能的改进方案。最终,他们会评估与物理攻击有关的风险。我们可以在互联网上找到一些常见薄弱环节的列表,比如美国国土安全部发布的《建筑脆弱性评估检查表》。

还有一种类似的方法也适用于处理网络攻击。很多高技术"黑客"目标都是突破安防屏障进入受保护的网络,攻击研究对象。通常,这些"攻击者"会发现安防程序中的缺陷,比如密码太简单等。因此,分析人员也制作了用于安防评估的程序和检查表(比如美国国

---

① 根据报刊上的信息。

土安全部的列表,2012;CCPS,2003;Zurich,2015)。为了能够识别出所有的可能攻击路径和相关的薄弱环节,分析人员必须要像"威胁制造者那样思考"(可参阅 NIST SP 800-30,2012)。

需要注意的是,上述的测试是由外部人士完成的,他们并没有系统的一手经验,雇员和安保系统可能也不认识他们。所以,系统所有者必须要信任外部分析师,否则这些分析师可能会在测试之后成为技术水平最高的威胁制造者。

17.4.2 计划中研究对象的安防评估

工控系统与工业安全系统的主要元素相似,它们甚至采用同样的结构配置。为了简化描述,我们在接下来只考虑工控系统。我们在 17.1 节中谈到,绝大多数工控系统都采用排他性定制化元件,在这里我们不去分析此类元件的设计和制造问题,而是把注意力集中在工控系统本身,看一看系统集成商应该如何从不同的供应商选择采购元件。

计划中的工控系统安防评估分为 3 个阶段,与领结图模型一致:

(1) 原因分析。分为五步:
① 识别需要保护的资产(物理和网络)并排序;
② 识别相关的威胁并排序;
③ 识别和筛选可能的威胁制造者;
④ 识别可能的攻击路径,估计其可能性;
⑤ 识别相关的薄弱环节,估计每个薄弱环节被利用的可能性。

(2) 攻击事件分析,分两步:
① 识别、描述和界定可能的攻击事件;
② 估计每一起攻击事件的可能性。

(3) 后果分析,分两步:
① 评估每一起攻击事件的后果;
② 总结风险,并且与接受准则进行比较。

图 17.5 按照领结图的结构描述了安防评估的过程。其中后果分析(第 3 阶段)采用的步骤和分析方法与传统风险分析一致。我们在第 12 章已经介绍了后果分析的主要方法,因此在这里我们主要关注图 17.5 中前面 2 个阶段。

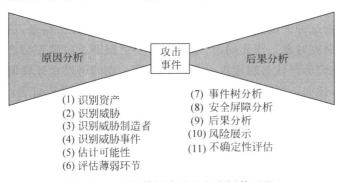

图 17.5 用领结图表示的安防评估过程

图17.6进一步描述了工控系统安防评估的详细结构,我们可以看到分析包括两个并行但是相互影响的分析序列。图17.6上方的序列是威胁评估,用来回答以下问题:

(1) 计划中的工控系统会暴露在哪种威胁之中?
(2) 对于任意一个威胁,谁可能会利用这个威胁?
(3) 对于任意一个威胁,需要什么样的能力和资源才会利用到这个威胁?
(4) 威胁制造者可以采用哪些攻击路径?

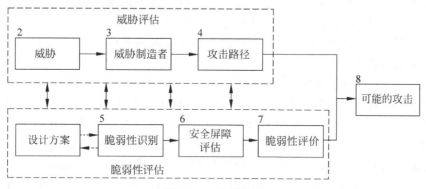

图17.6　分析架构

注:图中数字为各个步骤编号。

图17.6的下方序列是对计划的工控系统的脆弱性评估。系统开发项目通常从评估设计方案开始。在本例当中,我们将重点放在设计的脆弱性上面。

如果我们在评估中发现了薄弱环节,那么我们就应该修改设计,然后进行新的评估。这两个步骤会重复并将一直持续到设计团队满意为止。然后我们需要进行更彻底的脆弱性分析。如果发现某一个薄弱环节不可接受,则再次修改设计。此外,如果发现这些薄弱环节是可以接受的,则将设计提交给工程部门。到系统开发过程结束时,我们可以确定计划中的工控系统可能存在一个或多个薄弱环节。在此阶段,我们应尝试回答以下问题:

(1) 剩余的薄弱环节到底有多要紧?
(2) 剩余的薄弱环节是否可以被利用?
(3) 是否可以安装用于防止利用薄弱环节的安防措施?
(4) 脆弱性识别是否足够谨慎,我们能否相信没有未识别出的薄弱环节?

作为脆弱性评估的一部分,我们必须意识到,威胁制造者可能能够识别用于构建工控系统的现货产品以及它们的配置方式。如17.1节所述,威胁制造者也可以访问用户手册以及有关硬件和软件现货的详细技术信息,因此,他们可能会基于对工控系统的深入了解来计划其攻击路径。如果读者想要了解更多有关工控系统威胁的信息,可以参见Weiss(2010)的论文。

17.4.3　安防评估的步骤

如图17.6所示,安防评估可以按8个步骤进行。我们在图中对各个步骤进行了编号,当然第一步除外,图中没有显示这个步骤。随着持续获得新的信息,我们通常可能需要返回对先前的工作进行返工。我们在这里所描述的方法是通用的,可以应用于实体威胁和网络威胁。此外,因为后果分析与传统风险分析非常相似,这个部分不在本章讨论范围之内。系统所有者主要可以通过图 17.6 下方的第五步到第七步来影响工控系统安全性,但是,此过程的完成程度取决于他在第二步到第四步中获得的见解。

17.4.3.1 第一步:资产识别和评级

安防评估的第一步应该始终是识别和评估相关资产,但是图 17.6 并没有显示这个步骤。我们需要考虑哪些资产,取决于安防评估的目标和范围。这意味着,即使我们评估的资产局限于某个特定的工控系统(即研究对象),也应该理解该系统与它所控制的物理系统之间的接口,以及工控系统失效会导致怎样的后果。

对于大型工控系统而言,可能需要将整个系统分解为子系统,然后将每一个子系统看作是一项单独的资产。

17.4.3.2 第二步:威胁识别和评级

这个步骤的目标是识别出与工控系统有关的威胁。识别工作可以基于安全违规报告和意外报告中的信息、来自智库和大众媒体的数据以及各类检查表。我们需要根据能够感知到的相关性对每一个威胁打分,并且同时考虑实体威胁和网络威胁。

威胁识别的开始,最好要建立一个威胁模型。威胁模型可以描述数据流、数据存储、接口、流程、系统以及可以信赖的边界(Muckin 和 Fitch,2015)。我们需要对各种威胁编码,这样在研究可能的攻击路径时可以进行参考。可以使用计算程序进行威胁建模和后续分析,比如 securiCAD[①]。威胁建模用于回答下列几个问题:①系统哪里最薄弱容易受到攻击?②最相关的威胁是什么?③还有哪些攻击路径没有发现?[②]

在识别出威胁之后,我们可以建立一个矩阵,一个维度表示资产,另一维度表示威胁。图 17.7 就是这样一个资产-威胁矩阵。我们还可以使用数字或者颜色标注出威胁对于每一项资产的严重程度,如表 17.2 所示。

威胁	资产					
	资产1	资产2	资产3	资产4	资产5	资产6
威胁1						
威胁2						
威胁3						
威胁4						
威胁5						
威胁6						
威胁7						

图 17.7 资产-威胁矩阵(布局)

表 17.2 简单的威胁打分

1	根据统计数据、所需的专业知识和成本,非常不可能
2	可能会不时发生
3	因为容易实施,无须投资和专业技能,因此非常可能

---

① https://www.foreseeti.com/securicad/.
② 来源:https://en.wikipedia.org/wiki/Threat_model.

威胁环境可能是不断变化的,因此威胁识别的结果也需要经常更新。

17.4.3.3 第三步:威胁制造者识别和评估

这个步骤的目标,是识别出潜在以及最可能的威胁制造者,他们能够利用上一步发现的威胁。同样,我们在这一步需要兼顾实体威胁制造者和网络威胁制造者。我们还是可以使用各种检查表,但是需要牢记本书中的威胁制造者主要局限在工控系统。

对于每一个威胁制造者,我们都需要理解并描述他们的:

(1) 动机,如:

① 为什么这个威胁制造者要攻击我们的系统?

② 他们的目标是什么?

(2) 能力,如:

① 实施成功的攻击,他们需要具备哪些能力?

② 他们需要哪些资源?

(3) 操作模式,如:

① 他们会怎样攻击我们的系统?最可能采用的攻击路径包括哪些?

② 采用攻击树的方法描述出可能的攻击路径。

(4) 攻击的可能性,如:

每一个威胁制造者对某一项资产攻击的可能性分别是多少?

我们可以考虑表17.3中给出的五个因素对每一个威胁制造者打分,分数可以从1到10。威胁制造者的平均得分会决定他的排名,如表17.3中所示的例子。

表17.3 威胁制造者评分步骤(作者编造的案例)

问题	评分
威胁制造者的知识和技能水平如何?	8
威胁制造者拥有哪些工具和资源?	8
威胁制造者是否有动机进行攻击?	7
威胁制造者是否有机会实施攻击?	2
他是某个组织的成员吗?组织的规模如何?	2
平均得分	5.4

17.4.3.4 第四步:可能的攻击路径

威胁制造者可能有多条攻击路径供选择。这里攻击路径指的是威胁制造者实施攻击需要采取的步骤序列。我们可以采用第二步中开发的威胁模型来描述攻击路径,并以此进行评估。

17.4.3.5 第五步:脆弱性识别和排序

第五步是用来识别研究对象可以为威胁制造者所利用进入并且实施伤害的弱点,并对它们排序。脆弱性识别的工作主要也是基于第二步中的威胁模型,并使用来自大众媒体、通用检查表、系统安防测试和安防需求检查表中的数据。

有多种分析方法可以用来识别脆弱性,包括FMVEA、网络FMECA、网络HAZOP

分析以及 STPA-Sec(见 17.5 节)。所有的这些方法都是从我们在第 10 章介绍的危险识别方法衍生出来的。

脆弱性识别工作的输出包括：

(1) 与资产、威胁、威胁制造者和控制相关的薄弱环节列表；

(2) 与任何已识别威胁都无关的薄弱环节列表；

(3) 可能被威胁制造者利用的薄弱环节列表。

表 17.4 给出的就是一个来自美国国土安全部《面向国土安全的建筑设计》中的脆弱性评分体系。

表 17.4 脆弱性评分

0	极低	没有识别出任何弱点
1	低	识别出一个会受到威胁制造者一点点影响的弱点
2	中低	识别出一个在一定程度上会受到威胁制造者影响的弱点
3	中等	识别出一个比较容易受到威胁制造者影响的弱点
4	中高	识别出一个很容易受到威胁制造者影响的弱点
5	高	识别出一个非常容易受到威胁制造者影响的弱点
6	极高	识别出一个甚至多个极容易受到威胁制造者影响的弱点

另外一种评分方法就是识别与一些特定因素相关的薄弱环节，比如我们可以使用表 17.5 中的四个问题，可能的分数仍然是从 1 到 10，然后得到每一个薄弱环节的平均得分。我们在表 17.5 中给出了一个演示案例。

表 17.5 脆弱性评分的步骤(作者编造的案例)

问 题	评分
威胁者注意到薄弱环节的容易程度如何？	5
薄弱环节有多容易被利用？	8
侵入式检测与这个薄弱环节的关联度如何？	3
发现攻击的容易程度和速度如何？	2
平均得分	4.5

17.4.3.6 第六步：安全屏障评估

在第六步中，我们需要识别出可用的安全屏障(即安防措施)，并评估这些安全屏障抵御每一次攻击和应对每一个漏洞的时候的有效性。因为安防措施失效会让工控系统暴露在后续的攻击当中，所以我们需要确定每一个安防措施的失效可能性，并找到累加的方法。此外，安防评估还应该考虑现有措施和新的安防方案的效率。

17.4.3.7 第七步：脆弱性评估

第七步的目标是对每一个薄弱环节进行评价，看它在考虑安防措施存在的情况下是否可以接受。现在有多种脆弱性评分方法，其中最知名的就是常见漏洞评分系统(common vulnerability scoring system, CVSS)，这是一个开源免费的工业标准，用来评估网络系统安防漏洞的严重程度。我们可以根据特定的公式，并使用专门的 CVSS 计算器，计算严重度得分。有兴趣的读者可以在维基百科中找到关于 CVSS 的介绍①，另外还有相关文献可以阅读。

CVSS 评分可以用来支持有关那些薄弱环节可以接受的决策。

17.4.3.8 第八步：识别可能的攻击

第八步的目标是准备一个可能攻击事件的列表，并给出每类攻击事件的可能性。我们以区分三类工控系统的网络攻击：

（1）针对某一台工控设备（比如液位传感器或者控制阀）的直接攻击；

（2）拒绝服务和（或）拒绝控制攻击；

（3）对于一个或者一组工控系统复杂且持续的攻击（比如案例 17.2 中的勒索软件攻击）。

上述每一种类别都可能存在不同的攻击路径。比如对于第三类攻击来说，攻击可以分为 3 步，在不同时间按次序进行。第一步是获取密码进入网络，第二步是进一步了解系统计划如何攻击，第三步才是真正攻击。

17.4.3.9 攻击事件的概率

估计某一种攻击的可能性是非常困难的。因为所有的情况都不同，估计无法根据经验数据来进行。通常，我们必须做出妥协，把可能性划分为 3～5 个等级，比如高、中、低。

17.4.4 集成安全和安防评估

今天的各行各业按照法规的要求，通常会需要同时解决安全和安防的问题，所以最好的方法就是进行集成安全和安防的风险分析。现在这还不是一个普遍的做法，安全评估和安防评估通常都是由两个不同的团队分别进行的。尽管理想上应该将两份评估工作合并，但是现行的标准还不允许这么做。

17.5 安防评估方法

绝大部分既有的安防评估方法都是之前几章介绍的安全评估方法基础上进行的些许修改。区别主要在于关注的对象是威胁和威胁制造者，而不是危险。本节会列出一些方法，并给出一些有用的参考信息。这里我们罗列的很多方法都相对很新，有的甚至还在开发中，因此我们并不会描述很多方法的细节。我们鼓励读者在互联网上搜索这些方法，看一看是不是已经有了更加全面的论述。

接下来将要介绍的几个方法，大多数都是第 10 章介绍的危险识别方法的变体。

（1）攻击树。攻击树采用树形结构描述可能攻击一项资产的各种路径。攻击树与故障树类似，树的构建始于某个威胁制造者的一个既定目标，比如瘫痪一个工控系统。接下来，我们需要开发可能的攻击路径，并通过或-门将其与目标连接起来。分析攻击树的方式与方式故障树一样，首先是分别研究树的每个枝杈，并使用与-门和或-门构建动作之间的联系。攻击树的最底层称为基本动作，对应故障树的基本事件。为了能够识别出可能

---

① https://en.wikipedia.org/wiki/Common_Vulnerability_Scoring_System.

的攻击,我们必须要像一个威胁制造者那样思考,问自己:"如果我是威胁制造者,我怎样才能攻击这个系统?"攻击树这个词最早是由 Schreier(1999)提出,现在已经成为理解实体攻击和网络攻击的常用方法,我们也可以在市场上找到几个建造攻击树的计算机程序。

(2) TVA 工作表。威胁-脆弱性-资产(threat-vulnerability-assets,TVA)工作和图 17.7 中的资产-威胁矩阵有些类似。我们需要根据资产的重要度对其进行比较和评分,比如资产 1 比资产 2 更重要、资产 2 比资产 3 更重要等。我们也要对威胁做相同的工作。

(3) PHA-Sec。PHA-Sec 方法是一种以安防为导向的初步威胁分析(preliminary hazard analysis,PHA),是一种将早先的风险分析方法应用于安防问题的技术。PHA-Sec 主要用于实体资产防护工作。

(4) 网络 FMECA。网络 FMECA 与我们在第 10 章中介绍的 FMECA 方法非常类似,主要区别就在于这里关注的失效模式可能是由网络攻击导致的。另外一个稍有不同的方法是失效模式、脆弱性和影响分析(failure modes, vulnerabilities, and effects analysis,FMVEA),有兴趣的读者可以阅读 Schmittner 等 2014 年的论文。

(5) 网络 HAZOP。网络 HAZOP 与我们在第 10 章中介绍的 HAZOP 方法类似,主要区别就是因果分析指向网络攻击。

(6) STPA-Sec。STPA-Sec 是 10.7 节中介绍的 STPA 方法的变体。我们可以在互联网上找到 STPA-Sec 的几个应用案例,但是还找不到完整的描述。

(7) 网络 PHA。网络流程危险分析,是 IEC 62443(2009—2018)中要求的方法,可以参阅维基百科:https://en.wikipedia.org/wiki/Cyber_PHA。

17.6 应用领域

工控系统有很多不同的应用,同时工控系统也属于更广泛的网络物理系统的一类。在日常生活中,我们被越来越多的网络物理系统所围绕,而几乎每一个单独的应用领域都曾经发生过网络攻击事件。尽管绝大多数攻击被制止了,但是还是有一些获得了秘密的"成功",甚至还有一些"成功"已经见诸报端。

我们可以看到一些有关核电站遭受网络攻击的报道,但是至少到目前媒体还没有公开过"成功"的案例。今天,网络攻击是一种有力的武器,它比传统武器更便宜而且可以实现各种意图。也许用不了很多年,我们就会看到更加复杂的恶意软件去攻击核电站的工控系统,这样可能造成和原子弹一样的灾难性后果。

工控系统和网络物理系统在每一个国家的基础设施当中都在深入使用,因此人们长期以来都在担忧这些基础设施的脆弱性问题。实际上早在 1997 年,《关键基础:保护美国的基础设施》这份报告就已经问世,而世界上的其他国家也都曾经发布过类似的报告。人们正在不断地开发新的分析方法。在一些国家,所有的市政府都被强制执行所辖地区基础设施详细的风险和脆弱性评估,并需要不断更新(见第 20 章)。然而问题在于,工控技术的发展要比防护这些基础设施的方法论的发展快得多。

还有一些其他的新兴技术也面临着和工控系统类似的问题,比如物联网(internet of

things,IOT)、工业 4.0、无人驾驶技术、智能医疗设备(比如手术机器人系统)、智能电网、智能城市、智能家居等,都需要远程操作和远程维护。我们的社会正在变得越来越脆弱。

17.7　思考题

(1) 识别并罗列出在你房间里面的一些威胁和薄弱环节。

(2) 威胁和威胁制造者有什么区别?

(3) 一个窃贼正准备潜入你的房间盗走你的笔记本电脑。请识别窃贼可能的攻击路线,并用攻击树绘制出来。

(4) 电子诈骗是一种常见的网络威胁。

① 给出至少两个电子诈骗的实际案例。如果你曾经遭受过电子诈骗,请讲述你自己的经历。

② 电子诈骗应该如何避免或者阻止?请列出一些可能的安防措施。

(5) 解释网络钓鱼和电子诈骗的主要区别(提示:可以使用互联网搜索这两个词汇)。

(6) 找出一些既能够作为安全措施又能够作为安防措施的风险降低措施(案例)。

(7) 在你的办公室/自习室有哪些安防措施?要考虑实体和网络攻击两个方面。

(8) 智能维护(e-maintenance,电子化维护)

① 根据互联网搜索,简要描述智能维护的主要目标和应用情况。

② 解释为什么智能维护会让(维护过的)系统更加脆弱,请给出一些案例。

③ 智能维护有哪些好处可以抵消掉脆弱性增加带来的威胁。

参考文献

Baybutt,P.(2002). Assessing risks from threats to process plants:threat and vulnerability analysis. *Process Safety Progress* 21(4):269-175.

Baybutt,P. and Ready,V.(2003). Strategies for protecting process plants against terrorism,sabotage and other criminal acts. *Homeland Defense Journal* 2(1). https://www.primatech.com/images/docs/paper_strategies_for_protecting_process_plants_against_terrorism_sabotage_and_other_criminal_acts.pdf.

CCPS(2003). *Guidelines for Analyzing and Managing the Security Vulnerabilities of Fixed Chemical Sites*. New York:Center for Chemical Process Safety,American Institute for Chemical Engineers.

Colbert,E.J.M. and Kott,A.(eds.)(2016). *Cyber-Security of SCADA and Other Industrial Control Systems*. Springer.

ENISA(2019). *ENISA Threat Landscape Report 2018*,Status report. Attiki,Greece:European Union Agency for Network and Information Security.

Griffor,E.(ed.)(2016). *Handbook of System Safety and Security:Cyber Risk and Risk Management, Cyber Security,Threat Analysis,Functional safety,Software Systems,and Cyber Physical Systems*. Cambridge,MA:Elsevier.

Homeland Security (2012). *Chemical Sector Security Awareness Guide:A Guide for Owners,*

Operators, and Chemical Supply-Chain Professionals, Guide. Washington, DC: U. S. Department of Homeland Security.

Homeland Security (2018). *Threat and Hazard Identification and Risk Assessment Guide, Comprehensive Preparedness Guide CPG 201*, 3e. Washington, DC: U. S. Department of Homeland Security.

IEC 61508(2010). *Functional safety of electrical/electronic/programmable electronic safety-related systems, Parts 1-7*. Geneva: International Electrotechnical Commission.

IEC 62443 (2009—2018). *Security for industrial automation and control systems (several parts), International standard*. Geneva: International Electrotechnical Commission.

ISO 22300(2018). *Security and resilience-vocabulary, International standard*. Geneva: International Organization for Standardization.

ISO/IEC 27005 (2018). *Information technology-security techniques-information security risk management, International standard*. Geneva: International Organization for Standardization.

Kuzma, D. (2017). *Making Sense of Industrial Cyber Security*. Report. Columbus, OH: Primatech. https://www.primatech.com/images/docs/making_sense_of_industrial_cyber_security.pdf (accessed 3 October 2019).

Muckin, M. and Fitch, S. C. (2015). *A Threat-Driven Approach to Cyber Security: Methodologies, Practices, and Tools to Enable a Functionally Integrated Cyber Security Organization*. Tech. Rep. Lockheed Martin Corp. https://www.lockheedmartin.com/content/dam/lockheed-artin/rms/documents/cyber/LM-White-Paper-Threat-Driven-Approach.pdf (accessed 3 October 2019).

NIST SP 800-12(2017). *An Introduction to Information Security, NIST Special Publication SP 800-12*. Gaithersburg, MD: National Institute of Standards and Technology.

NIST SP 800-30(2012). *Information Security: Guide to Conducting Risk Assessments, NIST Special Publication SP 800-30*. Gaithersburg, MD: National Institute of Standards and Technology, U. S. Department of Commerce.

NIST SP 800-82 (2015). *Guide to Industrial Control Systems (ICS) Security, NIST Special Publication SP 800-82*. Gaithersburg, MD: National Institute of Standards and Technology.

Rausand, M. (2014). *Reliability of Safety-Critical Systems: Theory and Applications*. Hoboken, NJ: Wiley.

Schmittner, C., Ma, Z., and Smith, P. (2014). FMVEA for safety and security analysis of intelligent and cooperative vehicles. In: *Computer Safety, Reliability, and Security. SAFECOMP 2014*, Lecture Notes in Computer Science, vol. 8696 (ed. A. Bondavalli, A. Ceccarelli, and F. Ortmeier), Springer.

Schreier, B. (1999). Attack trees. *Dr. Dobb's Journal* 24(12): 21-29.

Weiss, J. (2010). *Protecting Industrial Control Systems from Electronic Threats*. New York: Momentum Press.

Zurich(2015). *Site Security Assessment Guide: The First Step in Creating a Site Security Plan*, Guide. Schaumburg, IL: Zurich Insurance Company.

第 18 章

系统生命周期中的风险分析

 ## 18.1 简介

风险分析在一个系统生命周期过程中可以用于不同的目的。本章将会讨论风险分析的目的,它在系统生命周期的每个阶段需要使用的分析方法,以及能够提供的输出信息。对于每一个生命周期阶段,我们都将会讨论以下几个内容:

(1) 风险分析在这个阶段最常见的目标/目的是什么?

(2) 风险分析应该为哪些决策提供支持?

(3) 通常使用哪些分析方法?

在不同的行业、不同的法规下,或者分析的设施和系统相关的风险等级不同,风险在系统不同的生命周期阶段的内容和范畴也迥然不同,与之对应的分析方法自然也是大相径庭。

我们会在第 20 章给出风险评估在不同行业的应用情况,以及不同的研究类型。本章关注的是生命周期各个阶段,因此在讨论相应的风险分析之前,我们首先需要简单介绍一下生命周期不同阶段是如何定义的。

 ## 18.2 生命周期的阶段

对于一个产品或者系统的生命周期应该如何划分成不同阶段,现在并没有一个标准。不同行业的企业都在按照自己的方式,使用各自的词汇,来描述这一过程。比如一些工程公司习惯于把生命周期描述成从他们开始签合同到把工厂或者系统移交给客户为止的过程,于是他们会使用:项目执行模型(project execution model,PEM)、项目执行计划、项目执行过程等这些词汇。生命周期阶段的数量也不尽相同,一般介于 4~6 个,而划分不同阶段的界限也会稍有差别。总而言之,就是在生命周期中的内容千差万别。

我们试图在本章采用更为普遍的方式介绍生命周期的概念,但是我们的关注点是在那些需要严格遵照法规运行以保证安全的大型工业系统上面,比如化工厂或者其他类型的工厂、油气设施、交通系统,或者是像飞机、火车、火箭这样的庞大且复杂的产品。项目周期的划分是从做出关键性投资的时候开始的(比如决定开始项目的日期或者项目开始建设的日期),当然这些并不一定是与安全相关的决策(可参阅 ISO 17776,2016;NASA,2007)。我们在本章讨论的生命周期阶段主要依据图 18.1 所示的各项内容。

图 18.1 系统生命周期各个阶段

(1) 可行性研究和概念选择。这一阶段的目的是调研项目提案是否可以执行,需要考量投资、安全以及其他关键性的决策变量。概念方案阶段的输出一般会成为细节方案开发阶段的出发点。我们应该在这个阶段建立初步的设计理念。有些行业还会把早期设计也涵盖在这个阶段,而另一些行业则是把早期设计看作一个独立的阶段。

(2) 初步设计。在一些行业,初步设计也被称作前端工程和设计(front-end engineering and design,FEED)。与解决方案主要元素有关的大部分关键性决策都是在这个阶段完成,比如布局或者需要重要设备。我们需要更新设计理念,定义各个子系统之间所有的主要接口,并完成系统工程设计。在这个阶段里,还应该提供最初始的维护策略。

(3) 细节设计和建造。这个阶段有时候可以分为两个部分,但是在实际当中,设计和建造工作会存在大量的重合。很多元件的生产时间很长,因此我们需要在开始系统运行之前就开始订购。为了避免项目时间过长,很多方面的细节工程工作可能需要在第一批元件开始建造之后继续进行。这一阶段的另一重要部分,就是试车并且准备启动(有时候,它们也被视为一个单独阶段),而结果就是系统为开始运行已经做好了各项准备。

(4) 运行和维护。一般认为这个阶段比较稳定,但是实际上在此期间会有很多技术系统和系统运行方式上的细微调整(有时候甚至是重大改变)。此外,运行中各项工作的时间以及系统运行的外部环境也可能会有很多变化。

(5) 重大变更。工厂的重大变更一般会被当作单独的项目处理,位于上述各个阶段之后。变更可能是为了增加系统产能、变换生产类型或者是做其他重大的调整。

(6) 报废与拆除。这个阶段发生在系统已经停机,所有运行活动已经终止之后。对于大型系统而言,拆除本身就是一个大型项目,组织方式与其他项目类似。

接下来,我们会分别讨论每一个阶段。读者还可以在一些系统安全手册/指南以及相关文件中找到对于关键性安全相关决策和风险评估的要求。例如,军方标准 MIL-STD-882E(2012)就对此有全面的描述,当然它的主要目标是在军事领域。NASA(2007)的报告则是另一份可以参考的文献。在海洋油气行业,国际标准 ISO 17776(2016)和挪威国标 NORSOK Z-013(2010)也是有用的信息源。我们会在第 20 章介绍各个行业的相关文献信息。

18.3 全生命周期建议

下列建议和原则适用于生命周期的所有阶段：

（1）所有的风险分析和安全研究都应该尽早进行。设计变更的成本会随着生命周期的发展而升高。如果我们应用 ALARP 法则，采用风险降低措施理所当然，那么这些措施自然是越便宜越好。

（2）很多我们提到的风险分析工作都需要在多个阶段进行，这一点和刚刚提到的工作尽早开始相辅相成。风险分析的细致度需要与设计细节程度匹配，而风险分析的范围和深入程度则需要随着设计的推进而不断调整和改变。

（3）对各个阶段的描述都需要考虑到定量风险分析的需求。尽管定量研究不一定必要，但是对于那些可能会出现重大事故的项目来说，还是应该推荐使用定量分析。无论是在哪个阶段，定量分析都可以为很多决策提供基础信息。尽管并不是所有的研究都必须是定量的，但是总体定量，辅以细节设计方面的定性研究（比如 HAZOP 和 FMECA），通常会达到事半功倍的效果。不同行业和不同国家在这一点的认识上有很大分歧，其中核工业对于定量分析的需求最强烈。读者可以在第 20 章中了解更多信息。

18.4 可行性研究和概念选择

图 18.2 描述了可行性研究和概念选择阶段的主要目标，以及关键的风险分析工作。从风险管理的角度来说，这是系统生命的重要阶段。与方案选择、选址、工厂布局、主要技术选择相关的很多高阶决策都是在这个阶段完成的。这就意味着，很多选择会决定我们将会面对什么样的危险。比如一个简单的例子，我们需要选择使用哪种能源，是电力（电池）、天然气、柴油或者汽油，这些选择代表着不同的危险，也代表着不同风险等级。在这个阶段的决策对于风险的影响会比后续决策都要大得多，如果这时没有好好考虑风险和降低风险的方法，那么后面就很难实现所谓的 ALARP。

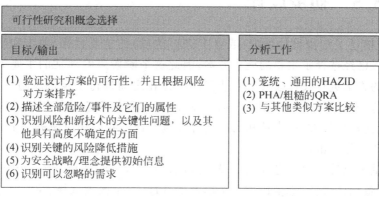

图 18.2　可行性研究和概念选择阶段的关键目标和分析工作

另外一个重要的目标就是要指出风险的主要来源,并识别所有需要与现有行业实践、标准和法规有差别的地方。这些差别以后可能就会成为"搅局者",让我们的方案吸引力下降甚至无法实现。类似的,我们也应该识别出计划中的新技术以及这些技术对于风险的潜在影响。在接受新技术之前,一般需要更细致的分析和全面的量化过程,这些工作可能非常耗时并且代价不菲。

因此,在这个阶段尽早开始风险分析非常关键,它可以帮助开发本质上最安全的解决方案。当然,有些争议在于现在关于各种选项的信息还屈指可数,所以一些粗糙的风险分析方法,比如初步危险分析(PHA),在这个时候就很有用。它们只需要依赖极少的信息,就可以指出最关键的风险问题。

选项排序是这个阶段的重要输出结果。了解哪个选项的风险最低,实际上就是在获取概念选择时的输入信息。接下来,我们可以看看相关选项的初始指标是不是能够满足风险接受准则,这时候可能需要一些粗糙的定量分析,作为与早先已经接受的类似方案比较的基础。

因为在这个阶段可供使用的信息量非常有限,分析也很粗糙,所以我们应该使用相对保守(最坏情况)的假设,以确保不会低估风险。这些工作可以让我们对设计方案有信心,可以满足风险接受准则,然后再进行细节分析。在可行性研究阶段,风险评估会为制定安全设计策略提供初始信息。

在可行性研究阶段,我们也需要笼统地考虑后续阶段的风险,尤其是在建造和拆除阶段的风险。这样做的目的是避免那些导致项目无法正常完成的重大问题,同时不会让人员、物料、金融资产和环境处于不可接受的高风险当中。

案例18.1(设计不足对拆除和废弃阶段的影响):在挪威北海,有很多钻井平台采用的都是混凝土结构,重达几十万吨。在设计这些平台的时候,人们并没有考虑拆除的问题,然而在最近一些年,这逐渐变成了大麻烦,至少在本书截稿的时候,还没有什么技术方案可以解决。人们想了很多方法,但是基本上都是风险太高不可行。所以,这些混凝土结构就只能留在原地。如果在早期设计阶段有相关考虑的话,这个问题可能就可以避免了。

18.5 初步设计

图18.3描述了初步设计阶段(或者FEED阶段)的主要目标、输出和研究工作。我们在前一阶段已经选择了主要的概念方案,因此这个阶段风险评估的主要关注点就在于如何对选定的方案进行设计改进。除非我们已经在之前进行了定量风险评估,否则这项工作应该在这一步尽早进行。在整个初步设计阶段,我们都应该使用风险评估并且不断更新,尤其是比较设计方案,支持相关的选择决策工作。我们还应该进一步验证选定的方案是否满足风险接受准则。

所有的重大设计变更都是在初步设计阶段进行的,风险评估应该为设施布局和设备布局、主要设备元件选择、逃生通道和运输通道选址、安全区域选择、控制室选址等问题提供输入信息。我们还应该在这个阶段进行包括成本收益分析在内的ALARP相关研究。

初步设计阶段需要为更加详细的设计工作搭建基础,比如计算设计事故荷载,即结构

初步设计	
目标/输出	研究工作
(1) 进一步验证风险是否可以接受，是否遵循风险接受准则 (2) 确定主要区域和设备的布局、设施布局、运输路线、安全区域、危险区域、火源等 (3) 构建设计事故荷载模型 (4) 确定安全屏障的绩效标准 (5) 初步识别运营的限制和条件	(1) 更新的HAZID，更为专业和详细 (2) 考虑本阶段更多细节的QRA (3) ALARP研究 (4) 粗糙的HAZOP、FEMCA和SIL研究 (5) 初步的人为错误研究（定性）

图 18.3　初步设计（或 FEED）阶段的关键目标和研究工作

和设备从设计的角度能够承受的荷载（DNV-RP-C204,2010）。其他的工作还包括确定安全屏障的绩效标准，比如可靠性以及在相关事故场景中的存活能力。我们还需要进一步修正安全设计战略和理念，并进行细化工作。

在这个阶段，我们需要开始初步定义运营约束和条件，作为后续运营阶段的输入信息。在初步设计阶段的风险评估，需要识别出异常操作以及可能存在高风险的操作，并进行简单分析。

这个阶段需要进行的研究工作包括更新 HAZID，比如针对具体问题更加专业和具体的 HAZID。此外，我们还需要进行定量风险评估，支持设计工作，比如进行初步 HAZOP、FEMCA 和 SIL 研究。初步的人为错误分析也可以开始了，例如任务分析和程序 HAZOP。

18.6　细节设计和建造

图 18.4 描述了细节设计和建造阶段的主要目标、输出和研究工作。在此阶段，所有的设计细节都会固定下来，然后根据设计进行系统建造。我们需要更新定量风险评估，并最终得到可以反映系统是如何以及在何时投入运营所有细节的建造风险评估报告。我们还需要定量风险评估，对系统是否能够满足风险接受准则进行最终的确认。很多上一阶段的工作会持续，但是随着设计的深入，我们可以进行更为详细的分析。安全屏障绩效标准和细节设计参数也会在这个阶段确定下来。

根据对所有安全关键性步骤的风险评估，我们可以开发详细的操作程序。风险评估可以为安全屏障以及其他安全关键性设备的检测、测试和维护活动提供信息。在此阶段，我们还需要根据定量风险评估确定紧急响应的计划的步骤。

细节设计阶段需要确保系统建造和试车可以安全完成，所以需要关于建造阶段的专门研究，尤其是对于那些高风险行为的研究。此外，我们还需要利用风险分析帮助开发试车的程序。

这一步的研究工作主要都是之前工作的延续，包括补充 HAZID，进行定量研究、HAZOP 和 FMECA 报告。我们也可以对包含人员的关键性操作进行任务分析、程序

细节设计/建造	
目标/输出	研究工作
(1) 确认风险可以接受并遵循风险接受准则 (2) 更新并细化安全屏障/安全系统的绩效标准 (3) 所有安全屏障/安全系统的细节设计 (4) 确定设计事故荷载 (5) 为开发操作程序和紧急程序提供输入信息	(1) 针对所有变更更新HAZID (2) 完成定量风险分析 (3) ALARP研究 (4) 详细的HAZOP、FMECA和SIL研究 (5) 必要的时候进行任务分析和HRA (6) 紧急响应研究 (7) 成本-收益分析

图 18.4　细节设计和建造阶段的关键目标和研究工作

HAZOP 和 HRA 研究。在建造阶段,JSA 是最常见的分析方法,而在试车阶段,我们则更经常使用 HAZOP 和程序 HAZOP。我们还需要紧急响应研究,它非常依赖定量风险评估的输入数据,尤其是对于事故场景的描述信息,但是响应研究本身仍然可以采用定性的方式。

18.7　运行和维护

在运行和维护阶段,工作重点要从开发安全方案转变为维护安全方案。图 18.5 描述了这个阶段的主要目标、输出和研究工作任务。同设计阶段相比,风险评估在运行和维护阶段的角色有所不同。如果系统按照设计意图正常工作,系统运行满足设计阶段的需求和假设,那么一般就不需要再对定量风险评估进行更新了。然而在实际当中,系统或大或小的变更总是会在一定程度上改变风险的水平。同时,我们也会不时地收到有关意外、事故、失效、测试结果、检测和维护的新信息,这可能就需要我们对已经完成的风险评估工作中的假设和信息进行更新。一般这项工作每过几年就需要重复一次。同时,我们可能还需要运营风险分析(见第 16 章),尽可能持续地监控风险水平。JSA 和 PHA 是这个阶段常用的方法,可以研究与技术或者运行因素有关的具体工作或者细微的变更和偏差。通常,流程和程序 HAZOP 在这个阶段也会发挥作用。

运行	
目标/输出	研究工作
(1) 确认运行过程继续满足风险接受准则 (2) 持续监控变更,识别任何可能会影响风险的技术、组织和外部因素 (3) 收集有关意外、事故、失效、测试结果和维护等事件的信息	(1) 根据运行数据和经验修正已经完成的定量风险评估 (2) 面向安全关键性活动/任务的JSA和PHA (3) 面向微小变更的HAZOP和FMECA

图 18.5　运行和维护阶段的关键目标和研究工作

案例 18.2（风险分析的定期更新）：轻轨运营商需要一套风险管理体系,包括每年更新运营风险分析。年度更新工作包括 3 个阶段。

(1) 总览过去一年发生的所有变化，包括组织、人员、程序、运行、机车、基础设施和外部因素的变化。
(2) 检查所有的变化，看看它们是否会影响风险水平。
(3) 更新风险分析，将可能会影响风险的变化涵盖其中。

18.8　重大变更

在一个系统的生命周期里，可能会出现若干次重大变更，让系统的运行方式或者设计发生显著的改变。这些变更一般会按照重大项目进行管理，因此可以看作之前各个项目阶段的后续。这个阶段同样需要风险评估，但是重点要放在变更上，而不需要关注整个系统。

18.9　报废和拆除

在报废阶段，风险评估的重点再次发生改变，我们主要考虑以下两个方面的问题：在报废和拆除阶段暂时出现的风险，以及如果系统的元件没有全部报废和拆除会有哪些残余风险。

如果在拆除工作完成后没有残余风险，那么风险评估工作就和设计与建造项目的要求类似。这个阶段的风险相对较小，通常都是与拆除（或者移除）工作相关。绝大多数情况下，使用定性分析就足够了。如果有风险较高的工作，那么就需要专门进行工作安全分析。因为拆除阶段涉及的设备、技术和程序和大部分工作不同，所以我们也需要进行各种专门的研究。

如果在拆除之后还有残余风险（比如核电站报废之后的风险），那么就需要进行全面的定量风险分析来正确理解长期风险了。这时，环境方面的考量就变得越来越重要。

18.10　思考题

(1) 假设你所在的城市正在计划建设新的污水净化厂，你负责确认在项目的不同阶段（从可行性研究和概念选择一直到运行）需要进行哪些风险分析工作。请准备一份在不同阶段的研究工作列表，并指出这些工作的目标分别是什么。

(2) HAZOP 是风险分析中一个最常见的方法。请描述项目 HAZOP 应该在系统生命周期的哪些阶段使用，使用的目的分别是什么？

(3) 我们可以在欧盟网站上搜索到《塞维索三号指令》。请阅读这份指令，并识别指令中所提到的对于风险分析或者风险评估的具体要求。

(4) 在图 18.1 所示的系统生命周期当中，在最初阶段进行风险分析被认为是最有效最有价值的。请讨论并给出你对这个观点的看法。

参考文献

DNV-RP-C204(2010). *Design against accidental loads*. Recommended practice. Høvik, Norway: DNV-GL.

ISO 17776(2016). *Petroleum and natural gas industries-offshore production installations-major accident hazard management during the design of new installations*. Tech. Rep. Geneva: International Organization for Standardization.

MIL-STD-882E(2012). *Standard practice for system safety*. Washington, DC: U. S. Department of Defense.

NASA(2007). *NASA systems engineering handbook*. Tech. Rep. NASA/SP-2007-6105. Washington, DC: U. S. National Aeronautics and Space Administration.

NORSOK Z-013(2010). *Risk and emergency preparedness analysis*, Norsok standard. Oslo, Norway: Standard Norge.

第 19 章

不确定性与敏感性分析

 ## 19.1 简介

所有的定量风险分析结果都存在着一定程度的不确定性(uncertainty)。有时候,不确定的程度甚至可能很高,导致风险分析的结论不那么可靠。一些风险分析的指南要求将不确定性分析作为风险分析的一部分,这样可以说明使用定量风险分析得到的结论已经考虑到了不确定因素(HSE,1989,2003)。

造成不确定的原因可能有很多,包括模型和数据不完备、系统功能被误解、没有识别出潜在的事故场景等。

"考虑不确定性",并不一定需要复杂、正式的不确定性分析。很多时候,比如采用保守的模型近似、使用保守的输入参数,这些保守的风险分析方法都可以提升决策人员对于分析结果的信心。是否需要进行详细的不确定性分析,同样应该取决于决策的重要程度。但是,在任何情况下,分析团队都应该注意到与不确定性相关的问题,在风险分析过程中每一步当中尽量避免和降低不确定性。

在大多数风险分析当中,都无法做到将分析结果中的不确定性完全量化。我们认为,这种量化甚至要比风险估计本身的不确定性更高。然而,我们可以做的,是在风险分析过程的每一步都系统地考虑不确定性,量化其中可以量化的部分,并记录我们的工作。只有这样做,决策者和其他各方才能相信我们完成的是一项高质量的工作,并且我们已经利用了现有的最先进技术。

正如我们在第 3 章中所讨论的,风险分析的主要结果是风险图,它可以作为一些决策的输入。风险图列出了与研究对象有关的所有潜在危险事件,相关的概率和描述,以及(或者)结果的分析情况。有时候,我们还可以将第 4 章中介绍的风险图,比如 FAR、PLL、FN 曲线或者风险等高线,抽象出风险矩阵,使用这些结果支持决策。

图 19.1 给出了与决策相关的风险分析过程中的主要元素。在进行分析的时候,我们必须使用研究对象的模型。这个模型经常是对真实系统的简化,因此模型不确定性就不

可避免地产生了。我们在使用事故场景模型和后果模型的时候,也会造成同样的问题。另外,在使用这些模型的时候,我们还需要各种输入数据。有些输入数据来自实际的研究对象,而大多数数据是专家判断或者来自一些与研究对象或多或少有一定关系的通用数据源。这就会带来数据或者参数不确定性。而分析的范围通常是有限的,因为我们的知识有限或者分析可以利用的资源太少,我们也可能无法识别出一些危险事件和失效机制,这就产生了完整度不确定性。事实上,很多事故调查都发现,真正的事故原因在进行风险分析的时候根本就没有被识别出来。

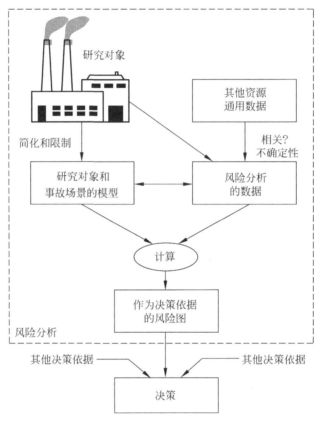

图 19.1　决策制定中的风险分析

不确定性分析是一项复杂而又富有争议的任务,我们在本章中无法做到面面俱到。本章的目标,是将关注的重点放在不确定性的概念上,介绍与风险分析有关的最常见的不确定性分类,讨论不确定性产生的主要原因,并描述一些分析不确定性会用到的方法。

敏感性分析与不确定性分析又有所不同。敏感性分析的目标,是确定数学模型的输出针对模型的变化或者输入数据的变化而产生的变化。敏感性分析的结果可以用来评价模型的适用性,确定哪些参数对于得到更加精确的结果比较重要,确定模型微小变化的影响,理解建模系统的行为。此外,敏感性分析也是我们以风险分析为依据进行决策时评价决策稳定性的基础。

19.2 不确定性

不确定性这个词在风险分析的文献中有很多含义,有些研究者认为风险就是有关未来的不确定性,因此风险就等同于不确定性。还有的研究者指出,风险和不确定性是两个不同的概念,两者之间没什么关系。这两种截然相反的观点,都可以找到很多支持的文献,看起来不确定性这个词本身就有很多的不确定性。

不确定性这个词有怀疑("他能否按计划完成工作是不确定的")或者缺乏知识("我不确定溶液是否有毒")的意思。在本书中,我们把风险和不确定性看成两个不同的词汇。研究对象的风险可以用风险分析的结果风险图来表示,而如图19.1所示,风险图一般会成为决策制定的依据。当然,决策的依据还有很多,比如生产评估、成本利润评估等。为了能够进行好的决策,决策者必须相信他所使用的决策依据尽可能正确。因此,决策者也会有兴趣了解,他对于风险分析的结果可以有多大信心,即要了解风险分析结果的不确定性。

因此,我们使用不确定性来作为对于风险分析结果信心的"量度"。我们在这里给量度打上引号是因为不确定性并不一定需要量化。

美国国家研究理事会(national research council,NRC)2009年出版的一部重要文献《科学与决策:推动风险评估》,对不确定性这个词汇给出了精确的定义:

定义19.1(不确定性):信息缺乏或者不完整。定量不确定性评估试图分析和描述的是计算值与真实值之间的差异程度,描述的方法有时候是概率分布。不确定性取决于数据的质量、数量和相关度,以及模型和假设的可靠性和相关度(美国国家研究理事会,2009)。

有很多研究都希望衡量定量风险分析的不确定性。在化工行业的风险分析研究当中,欧盟联合研究中心于1988—1990年曾经完成了一项标志性的工作。研究邀请来自欧洲各国的11家专注于风险分析的机构,对同一个研究对象(一座液氨储存设施)进行风险分析(Amendola等,1992),以评价风险分析的表现,估计定量风险分析中的不确定性。研究的结果显示,在不同的研究团队之间,对于风险的估计差异巨大。

欧盟随即在2001年进行了一项名为"化工设施风险分析中的不确定性评估"(ASSURANCE)的后续研究。在这项研究中,来自欧洲各个国家的7个风险分析研究团队对另外一座液氨储存设施进行了分析。吸取了第一次研究的教训,这个项目分为几步进行,以更好地汇总专家的工作。该项目还允许对进入最终风险评价环节的中间结果进行比较。

结果显示,无论是在频率还是后果分析上各个团队都存在着很大的差异。至少在欧洲,人们对风险分析的方法论、模型和基本假设还都没有达成共识(Abrahamsson,2002)。

19.3 不确定性分类

有时候需要将不确定性分为两大类:
(1) 偶然不确定性:偶然(aleatory)这个词来自拉丁语 alea,意思是掷骰子;
(2) 认知不确定性:认知(epistemic)来自希腊语 episteme,意思是知识。
接下来我们将介绍这些不确定性。

19.3.1 偶然不确定性

定义 19.2(偶然不确定性):这种不确定性是由自然变异和随机性引起的。偶然不确定性的例子包括风速、风向、降水量、产品质量的变化等。

偶然不确定性也可以称为变异、随机不确定性、内在不确定性和不可降低不确定性。如果在相同的条件下重复一个实验若干次,而每次的结果却不尽相同,我们就可以观察到偶然不确定性。增加实验的数量,并不能减少这些变异的出现,但是却可以让我们更加准确的描绘出结果变异的概率分布。

案例 19.1(毒气云):考虑一个保护毒气云的事故场景。毒气云的最终影响取决于实时的风向。通过对相关地点风向的长期观察,我们可以拟合出不同方向 d 的概率分布 $F(d)$。在事故场景发生的时候,我们无法确定毒气云一定吹向会受到伤害的资产,但是我们可以使用分布 $F(d)$ 寻找事件的概率。

19.3.2 认知不确定性

定义 19.3(认知不确定性):这种不确定性是由知识缺乏引起的。从原理上说,如果我们获得了有关研究对象足够的知识,就可以消除这种不确定性。

从理论上说,如果我们能够掌握有关研究对象足够的知识,我们就可以消除认知不确定性。认知不确定性也可以称为无知、主观不确定性、知识不确定性、表象不确定性和可降低不确定性。

无知可以分为两种:认识到的无知和没有认识到的无知。认识到的无知是指,我们知道自己不知道,并希望在进行风险分析的时候采取相应措施。而没有认识到的无知则更加危险,因为我们根本不知道自己不知道。

偶然不确定性和认知不确定性之间的边际并不是固定的。如果我们掌握了新的知识,我们就可以针对研究对象给出一些新的解释,偶然不确定性就降低了。最终,可能所有的不确定性都来自认知。

案例 19.2(纳米技术):纳米技术就是一个认知不确定性随着时间不断降低的绝佳案例。在本书第一版出版的时候(2011),有很多基于纳米技术的新产品刚刚问世,许多人都在担心纳米颗粒会对他们的健康以及地球环境造成伤害。现在到了 2019 年,研究人员已经进行了大量的研究,发现风险并不像最初想象的那么高(Maynard 和 Aitken,2016)。我们对于纳米技术在健康和环境方面的影响有了更多的知识,认知不确定性也就下降了。

注释 19.1(波尔与爱因斯坦之争):丹麦物理学家尼尔斯·波尔(Niels Bohr,1885—

1962)对于人类理解原子结构和量子力学做出了巨大贡献。他指出,使用概率论和物理学定律,就完全可以描述原子的状态和相关现象。关于这个问题,波尔和另外一位伟大的物理学家阿尔伯特·爱因斯坦有过争论。爱因斯坦认为,所有的物理现象都只能依靠物理学的规律进行解释和描述。他还认为,如果我们知道了所有的输入变量,我们就可以使用物理学定律预测输出。就比如向地板上掷硬币,我们知道到地面的垂直高度、掷出方向和速度、硬币的重量和尺寸等参数,我们就应该能够预测掷出的结果是正面还是背面。因此,按照爱因斯坦的理解,根本不需要任何概率理论。这场在波尔和爱因斯坦之间的争论相当激烈,也就是在这个过程中,爱因斯坦说了那句名言:"上帝是不玩骰子的"。根据我们之前介绍的分类,爱因斯坦认为所有的不确定性都是由认知引起的。如果放一些马后炮的话,现在我们知道,波尔处理这个问题的方法要比爱因斯坦的成功得多。

从基本的词义上看,不确定性就是简单的缺少确定性,没有必要将其分成不同的类别。然而,绝大部分分析人员都发现使用上面介绍的分类很有帮助(可参阅 Winkler,1996;Anderson 和 Hattis,1999;Der Kiureghian 和 Ditlevsen,2009)。

有时候,信心和准确性这两个词被当作不确定性的反义词。也就是说,在不确定性很高的时候,我们的信心就很低。

19.4　不确定性的成因

风险分析结果的不确定性来自多个方面。正如我们在 19.1 节中介绍的,不确定性一般可以分为以下三大类:

(1) 模型不确定性;

(2) 参数不确定性;

(3) 完整度不确定性。

风险分析很重要的一个方面,就是我们要努力地去预测未来,这显然会引入不确定性,因为我们不可能分毫不差地了解系统未来的状态以及哪些外部因素会影响到系统。所以上述三类成因通常都会产生不确定性。

我们在第 2 章中已经讨论过,风险分析中的一些概念在使用的时候经常会有不同的含义。在交流风险分析结果的时候,这种情况会造成混淆。此外,大部分人都没有系统地学习过概率论,对于小概率事件的含义并不能完全理解。比如说,1×10^{-6} 到底有多大影响? 这也在决策的过程造成了额外的不确定因素。

19.4.1　模型不确定性

风险分析需要使用很多模型,包括系统的结构模型、输入值的随机模型、人因模型、事故模型、分布模型、撤离模型等。这些模型通常都是对现实情况的简化,使用数学工具或者其他分析工具建立,用来研究我们感兴趣的属性。

大多数时候,我们可以选择多个模型和方法,每一种方法都有自己的优点和缺点,对所研究问题的适用程度也不一样。为了能够选择最合适的模型和方法,分析人员需要了解模型的属性,同时也应该具备研究对象在技术和运行各个环节全面的知识。

模型不确定性可能来自两个方面：

模型选择：模型会反映出研究对象的主要属性吗？

模型理解：分析人员对模型以下几个方面充分理解吗？

(1) 模型的目标；

(2) 需要满足的假设；

(3) 模型的局限；

(4) 计算能力和要求；

(5) 输入数据的要求。

模型和方法的选择还会受制于现有的数据情况。如果我们无法找到需要的输入数据，选择一个详细的模型也没有什么用处。图 19.1 描述的就是这个问题。

在风险分析当中，我们会用到两类模型：确定性模型和概率模型（即随机模型）。确定性模型主要用来描述物理现象，比如压力形成和物理影响。而概率模型的例子包括人员分布、风向概率等。

然而，还有一些方面很难建模，包括：

(1) 关键情况下的人员行为；

(2) 人因可靠性和故障状况的人为恢复；

(3) 组织因素：比如组织的安全文化；

(4) 违反规定和既定流程；

(5) 软件功能和软件可靠性；

(6) 维护和老化的影响；

(7) 由系统变更导致的危险；

(8) 无法量化的原因和因子。

很多时候，我们对于危险事件后果的知识都不是那么完备。举个例子，比如有很多危险品存在的情况，我们一般不知道不同物品混合会不会致癌。尽管科学家在不断发掘新的知识，但是如果不断地加入新的物品，或者将这些物品用于新的领域，想全面地了解风险状况看起来还是遥不可及。事实上，像手机会不会导致脑瘤、生活在高压线附近会不会影响健康这类问题，都是在日复一日的争论当中，始终没有答案。

另外一个问题是破坏力的升级。我们对于危险事件发生之后的事件序列，了解也总是非常有限。气体泄漏是如何扩散的？如果在起火之前发生爆炸会怎样？爆炸对于水喷淋系统、消火栓都有哪些影响？尽管在相关的应用领域（比如核电站和海上油气平台），人们一直在致力于事故后果方面的研究，但是在绝大多数方面我们的知识还非常有限。

我们在这本书里面介绍的方法也会引入不确定性，因为所有这些方法都是对可能发生的事故场景的简化描述。举例来说，事件树可能只是对能够影响某一个事故场景发展的一小部分原因建模。与之类似的，故障树分析假设所有的系统和元件都只有两个状态：失效和工作，然而在很多情况下，它们还可能存在一些中间状态，比如部分失效或者失去一些功能。

风险分析经常会使用近似公式。绝大多数公式都会提供比较保守的预测结果，但是也有一些公式的结果不太一样。计算不确定性的来源可能是分析人员输入了错误的数值

(打印错误、数值混用),分析人员因为经验问题对输入或者输出数值理解有偏差。

19.4.2 参数不确定性

风险分析需要使用大量的数据,在本章当中,我们将这些数据称为参数。第7章已经介绍了不同参数的数据源。那么,我们可以列出一些风险分析当中常用的参数:

(1) 不同元件和不同失效模式的失效率;
(2) 不同元件的修复时间和停机时间;
(3) 验证性测试之间的间隔;
(4) 共因失效率——或者 β 因子;
(5) 人为错误概率和绩效影响因子的影响;
(6) 老化元件的磨损参数;
(7) 泄漏气体的点燃概率;
(8) 自然事件的频率(比如洪水、火山爆发、闪电、地震);
(9) 暴露数据(是谁,在哪里,多久);
(10) 活动数据(比如生产率、产能、员工配备);
(11) 流程数据;
(12) 天气数据(比如主要风向、风速和降水量)。

对于这些类别的大部分数据,都会因为以下几个方面的问题出现不确定性:

(1) 数据相关度;
(2) 数据和数据收集的质量;
(3) 数据量(比如服务时间);
(4) 估计流程(近似、保守);
(5) 使用专家判断;
(6) 参数的未来值。

如图 19.1 所示,数据可能直接来自研究对象,也可能来自通用的数据源。对于新的系统来说,与元件可靠性有关的数据都是来自通用数据源或者专家判断。那么,这就出现了一个问题,即这些数据与研究对象的相关度如何。还有一个问题,就是技术在飞快地进步,而我们需要一定的经验才能估计参数,所以很多现场数据不可避免地很快变得"陈旧",经常无法反映最新的技术情况。

如果要确定一系列参数估计是否已经足够,我们可能要问下面的几个问题:如果数据不同,决策会有所不同吗?如果收集到额外的数据,进行了其他研究,会导致不同的决定吗?收集信息需要多久,收集信息的成本如何,会造成结果的显著差异吗?

19.4.3 完整度不确定性

完整度不确定性,与风险分析的流程质量、目标和范围、研究团队的能力、进行分析的方式等多种因素相关。因为模型不完整的情况非常普遍(模型本身就是对现实世界的简化),所以很难区分模型不确定性和完整度不确定性。在这本书里,我们认为完整度不确定性来自于对系统中存在或者可能发生的危险和危险事件的认知缺失。

影响完整度不确定性的原因主要有两个：
(1) 风险分析的背景资料正确并且及时更新吗？
(2) 是否已经识别出了所有的潜在危险事件？

正如我们在第 3 章中所介绍的，风险分析会使用大量的图纸和文件，如果这些文档有错误或者没有及时更新，风险分析研究的系统可能就会和真实的系统不太一样。

危险识别工作的目标，是给出可能危险事件的完整列表，还需要了解这些事件之间的先后顺序，并确定哪些事件应该进行进一步的分析。在这一步中，最可能出现的不确定性问题就是完整度的不确定。
(1) 是否已经识别出所有可能会导致事故的危险事件？
(2) 在选择危险事件进行进一步分析的时候，是否遗漏掉了任何重要的情况？
(3) 是否有任何危险事件在风险分析中没有考虑？

我们在第 10 章中介绍的危险识别方法是有效的，但是需要分析人员对研究对象的技术、物理和运行等各方面都有充分的了解。分析遇到的问题会与以下几个方面相关：
(1) 复杂系统；
(2) 紧耦合系统（即一个元件中的失效会快速蔓延到其他元件的系统）；
(3) 新技术，或者已知技术应用于新的环境；
(4) 对于外界环境开放的系统，系统的外部事件可能会导致系统中发生危险事件。

除此之外，还会有一系列因为我们缺乏足够知识出现的问题。因为这样或者那样的原因，我们很难直接发现所有的潜在危险事件。

出现不确定性最大的一个原因，可能就是人们对于场景的定义不同。分析师判断和选择的泄漏模式，都有可能导致效果上的巨大差别(Pasman 等，2009)。

没有识别出的危险事件当然不会得到分析，也不会出现在风险图中。由于未识别出的危险事件，风险计算的结果也不会很稳妥。

研究团队的能力对于风险分析过程的质量具有决定性的作用。如果研究团队风险分析经验不够，或者缺乏研究对象的相关知识，通常都会导致风险分析的结果存在很大的不确定性。很多时候，必须假设研究团队能够使用现有的模型和方法，但是实际情况可能并不如我们所愿。Linkov 和 Burmistrov(2003) 曾经对使用相同模型的研究团队的分析结果进行过比较，发现这些结果存在相当大的差异。

有时候风险分析也会受到时间和成本的严格限制，这就意味着留给研究团队进行深入分析的空间很有限，他们必须选择简单快速的方法。因此，这也造成了风险分析结果巨大的不确定性。

风险分析中的很多方法都使用近似公式，这些公式中的绝大部分都会提供相对保守的结果，但是也有一些方法的近似并不保守。在计算的过程中出现不确定可能是因为分析人员输入了错误的数值（打印/排版错误、数值弄混），分析人员由于经验不足对输入或者输出的解释有误。

与分析完整度有关的不确定性非常难以量化，因此也可能是不确定性最主要的来源。

19.4.4 什么时候需要不确定性分析

如果使用保守的点估计方法进行的初始筛选计算指出在决策之前需要进一步调查；错误风险的估计结果非常大。这时候就应该考虑进行定量不确定性分析。

另外，如果风险分析指出现有的风险水平可以充分(有很大余地)满足系统的风险接受准则，风险分析完全可以支持稳妥的决策(可参阅 Hammonds 等，1994；Dezfuli 等，2010)就不需要再进行不确定性分析。

大多数时候，我们都应该探讨以下风险分析中的假设。通过敏感性分析，研究团队能够识别出哪些不确定性对于风险管理更加重要，并以此对工作进行分配。可以采用基于专家判断和推理的概率分布来表示重要的不确定性指标。

19.5 不确定性传播

通过不确定性传播(propagation)，我们可以研究变化所有的输入变量对于模型的影响。研究的方法包括：

(1) 分析方法；

(2) 蒙特卡罗仿真。

本节将分别简要地介绍这两种方法。对于两种方法，我们都假设会有一个特定的数学模型。以下我们给出了几个这类模型的例子：

(1) 技术系统的可靠度函数(比如，对于拥有两个失效率分别为 λ_1 和 λ_2 的元件的并联系统，有 $R(t)=\mathrm{e}^{-\lambda_1 t}+\mathrm{e}^{-\lambda_2 t}-\mathrm{e}^{-(\lambda_1+\lambda_2)t}$)；

(2) 故障树的顶事件概率(比如可以通过上限近似公式 $Q_0(t)=1-\prod_{i=1}^{k}(1-\check{Q}_i(t))$ 得到，其中最小割集失效概率 $\check{Q}_i(t)(i=1,2,\cdots,k)$ 是不同元件失效率、测试间隔和维修时间的函数)；

(3) 描述毒气云分布的模型。

不确定性传播可以用来分析由于输入变量的参数不确定性引起的输出变量不确定性。但是这种方法无法分析模型不确定性。

19.5.1 分析方法

风险分析会用到很多数学模型，这些模型可能只是简单的加法或者乘法模型，也可能非常复杂。在本节当中，我们考虑的模型也比较简单，包括一个输出变量 Y 和一组输入变量 $X_1,X_2,\cdots,X_n$，记 $\boldsymbol{X}=(X_1,X_2,\cdots,X_n)$：

$$Y=g(X_1,X_2,\cdots,X_n)=g(\boldsymbol{X}) \tag{19.1}$$

我们假设输入变量是独立的随机变量，均值为 $E(X_i)=\mu_i$，方差为 $\mathrm{Var}(X_i)=\sigma_i^2$，$i=1,2,\cdots,n$。我们的目标是确定输出变量 Y 的均值为 $E(Y)=\mu_Y$，方差 $\mathrm{Var}(Y)=\sigma_Y^2$。

对于简单的加法模型 $Y_1 = g(\boldsymbol{X}) = \sum_{i=1}^{n} X_i$，$Y_1$ 的均值是：

$$E(Y_1) = \mu_{Y_1} = \sum_{i=1}^{n} \mu_i \tag{19.2}$$

而 Y 的方差是：

$$\mathrm{Var}(Y_1) = \sigma_{Y_1}^2 = \sum_{i=1}^{n} \sigma_i^2 \tag{19.3}$$

根据中心极限定理（见附录 A），我们知道，在 n 足够"大"的时候，Y_1 近似符合正态（高斯）分布，因此我们就可以利用这个分布确定 Y_1 的概率特性；比如对于某一特定值 y_0 的概率 $\Pr(Y_1 > y_0)$。

简单的乘法模型 $Y_2 = g(\boldsymbol{X}) = \prod_{i=1}^{n} X_i$ 同样包含有 n 个变量，我们可以使用对数将这个模型转换为加法模型：

$$\ln Y_2 = \ln\left(\prod_{i=1}^{n} X_i\right) = \sum_{i=1}^{n} \ln X_i \tag{19.4}$$

我们可以再一次使用中心极限定理，得到 $\ln Y_2$ 近似符合正态分布，这也就意味着 Y_2 近似符合对数正态分布。

对于一般形式的 $g(\boldsymbol{X})$，我们可以围绕 $\boldsymbol{\mu} = (\mu_1, \mu_2, \cdots, \mu_n)$ 使用泰勒级数将其展开：

$$Y = g(\boldsymbol{\mu}) + \sum_{i=1}^{n} \left[\frac{\partial g(\boldsymbol{X})}{\partial X_i}\right]_{\boldsymbol{X}=\boldsymbol{\mu}} (X_i - \mu_i) + $$

$$\frac{1}{2!} \sum_{j=1}^{n} \sum_{i=1}^{n} \left[\frac{\partial^2 g(\boldsymbol{X})}{\partial X_i \partial X_j}\right]_{\boldsymbol{X}=\boldsymbol{\mu}} [(X_i - \mu_i)(X_j - \mu_j)] + \Delta \tag{19.5}$$

其中 Δ 包含 3 阶或者更高阶导数的余项。我们还应该注意，所有的导数都应该根据均值或者中值 μ 进行评价。如果偏差 $X_i - \mu_i$ 较小，那么这个值的高次方就会非常小。如果在我们关注的区域，函数相对平滑，那么高阶导数也会非常小。在这些情况下，余项 Δ 都会非常小（Abrahamsson, 2002）。

式(19.5)的均值是：

$$E(Y) = g(\boldsymbol{\mu}) + \sum_{i=1}^{n} \left[\frac{\partial g(\boldsymbol{X})}{\partial X_i}\right]_{\boldsymbol{X}=\boldsymbol{\mu}} E(X_i - \mu_i) + $$

$$\frac{1}{2!} \sum_{j=1}^{n} \sum_{i=1}^{n} \left[\frac{\partial^2 g(\boldsymbol{X})}{\partial X_i \partial X_j}\right]_{\boldsymbol{X}=\boldsymbol{\mu}} E[(X_i - \mu_i)(X_j - \mu_j)] + E(\Delta) \tag{19.6}$$

对于很多函数 $g(\boldsymbol{X})$，余项都小到可以忽略。因为 X_i 的均值是 μ_i，式(19.6)中的第二项等于 0。同时，因为我们已经假设 $X_1, X_2, \cdots, X_n$ 是独立变量，对于所有 $i \neq j$ 的情况，协方差 $\mathrm{Cov}(X_i, X_j) = E[(X_i - \mu_i)(X_j - \mu_j)] = 0$。因此，对于所有 $i \neq j$ 的双重求和项也都等于 0。X_i 的方差 $\mathrm{Var}(X_i) = E[(X_i - \mu_i)(X_i - \mu_i)] = E(X_i - \mu_i)^2 = \sigma_i^2$，于是，式(19.6)可以写成：

$$E(Y) \approx g(\boldsymbol{\mu}) + \frac{1}{2} \sum_{i=1}^{n} \left[\frac{\partial^2 g(\boldsymbol{X})}{\partial X_i^2}\right]_{\boldsymbol{X}=\boldsymbol{\mu}} \sigma_i^2 \tag{19.7}$$

可以利用式(19.5)的方差来确定 Y 的方差。因为 $g(\boldsymbol{\mu})$ 是一个常数，我们可以忽略

这一项。如果我们同样忽略掉式(19.5)中的第 3 项,利用独立假设,我们就能够得到:

$$\text{Var}(Y) \approx \text{Var} \sum_{i=1}^{n} \left[\frac{\partial g(\boldsymbol{X})}{\partial X_i}\right]_{\boldsymbol{X}=\boldsymbol{\mu}} (X_i - \mu_i) \tag{19.8}$$

$$= \sum_{i=1}^{n} \left[\frac{\partial g(\boldsymbol{X})}{\partial X_i}\right]_{\boldsymbol{X}=\boldsymbol{\mu}}^{2} \sigma_i^2 \tag{19.9}$$

案例 19.3(两个元件的并联系统):假设一个并联系统包含两个独立的元件:第 1 号元件和第 2 号元件。另 p_i 表示第 i 号元件的可用性,$i=1,2$。那么,这个并联系统的可用性就是 $Y=g(p_1,p_2)=p_1+p_2-p_1 \cdot p_2$(见附录 A)。假设我们要考虑可用度存在不确定性,并且相信可用度的均值是 $E(p_1)=\mu_1=0.92$,$E(p_2)=\mu_2=0.94$;标准差 $\text{SD}(p_1)=\sigma_1=0.03$,$\text{SD}(p_2)=\sigma_2=0.04$。

如果我们使用这些均值计算系统可用性,我们可以得到 $g(\mu_1,\mu_2)=\mu_1+\mu_2-\mu_1 \cdot \mu_2=0.9952$。$Y$ 的均值可以根据式(19.6)确定,其中:

$$\frac{\partial^2 g(p_1,p_2)}{\partial p_1^2} = \frac{\partial^2 g(p_1,p_2)}{\partial p_2^2} = 0$$

因此,在这个例子,我们有:

$$E(Y) = g(\mu_1,\mu_2) \approx 0.9952$$

Y 的方差也可以根据式(19.9)确定,其中:

$$\left.\frac{\partial g(p_1,p_2)}{\partial p_1}\right|_{p=\mu} = 1-p_2\Big|_{p=\mu} = 1-\mu_2 = 1-0.94 = 0.06$$

类似地,我们也可得到:

$$\left.\frac{\partial g(p_1,p_2)}{\partial p_2}\right|_{p=\mu} = 1-\mu_1 = 1-0.92 = 0.08$$

再通过式(19.9)计算 Y 的方差:

$$\text{Var}(Y) \approx 0.06 \times (0.03)^2 + 0.08 \times (0.04)^2 = 1.82 \times 10^{-4}$$

这意味着 Y 的标准差是 $\text{SD}(Y) = \sqrt{\text{Var}(Y)} \approx 0.0135$。需要注意的是,我们在使用这个结果的时候也要非常小心,因为 Y 是一个概率值,永远不可能大于 1.0。

19.5.2 蒙特卡罗仿真

绝大多数分析人员都使用蒙特卡罗仿真研究类似式(19.1)这样的数学模型中不确定性传播的问题。要使用蒙特卡罗仿真,我们必须要在自己的知识框架内,为式(19.1)中的每一个输入变量选择一个最能够反映其不确定性的概率分布。在进行蒙特卡罗仿真的时候,需要对每个变量的概率分布重复抽样。根据模型中各个变量的分布,我们使用计算机上的伪随机数发生器产生随机数($X_i=x_i$),然后用仿真值 $x=(x_1,x_2,\cdots,x_n)$ 计算输出值 $y=g(x)$。我们需要进行多次抽样,这样就能够得到 y 值的大量样本。我们可以采用直方图为样本描点,还可以根据 $E(Y)$ 和 $\text{Var}(Y)$ 的估计值确定样本的均值和样本方差。图 19.2 描述的就是这样一个仿真过程。

19.5.2.1 根据分布生成随机变量

令 X 表示一个随机变量,它的分布函数 $F_X(x)$ 严格单调递增,因此反函数 $F_X^{-1}(z)$

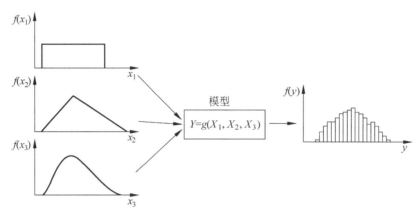

图 19.2 基于蒙特卡罗仿真的不确定性传播

在区间 $z \in (0,1)$ 内自变量和因变量也是一一对应的。令 $Z = F_X(X)$，那么分布函数 $F_Z(z)$ 可以表示成：

$$F_Z(z) = \Pr(Z \leqslant z) = \Pr(F_X(X) \leqslant z) = \Pr(X \leqslant F_X^{-1}(z))$$
$$= F_X(F_X^{-1}(z)) = z, \quad 0 < z < 1 \tag{19.10}$$

因此，$Z = F_X(X)$ 在区间 $(0,1)$ 内均匀分布，这就意味着如果随机变量 Z 在 $(0,1)$ 区间内均匀分布，$X = F_X^{-1}(Z)$ 的分布函数是 $F_X(x)$。

这个结果可以用来生成分布函数为 $F_X(x)$ 的随机变量 $X_1, X_2, \cdots$，而在 $(0,1)$ 区间内均匀分布的变量 $Z_1, Z_2, \cdots$ 可以通过计算机上的伪随机数发生器生成。这样，对于 $i = 1, 2, \cdots$，变量 $X_i = F_X^{-1}(Z_i)$ 的分布函数就是 $F_X(x)$。

因为需要稳定可靠地生成随机数和重复计算，我们应该使用计算机进行蒙特卡罗仿真。现在有很多仿真程序可以使用，其中一些属于通用程序，可以连接像 Excel 这类表格程序。当然还有一些程序是为特别的应用设计，比如很多故障树分析软件都包含一个基于蒙特卡罗仿真的不确定性传播模块。

蒙特卡罗仿真的优势包括：

（1）易于使用；
（2）可以直接应用于模型。我们不需要使用像泰勒级数这样的代理模型；
（3）我们可以为输入变量选择很多不同的分布，还可以测试哪个分布最合适；
（4）有很多专用的软件可供使用。

蒙特卡罗仿真一个最主要的缺点，就是对于复杂模型需要大量的计算。所以，有很多学者都致力于开发提高仿真效率的方法（Abrahamsson，2002；NASA，2002；Modarres，2006）。

案例 19.4（固定失效速率）：考虑一个固定失效率为 λ 的元件，这个元件在时间间隔 $(0, t)$ 内功能正常的概率是 $R(t) = \exp(-\lambda t)$。通过对各个数据源的研究，我们发现 λ 值的不确定性可以采用对数正态分布建模，中值为 $\lambda_m = 5 \times 10^{-5} \mathrm{h}^{-1}$，错误因子 $k = 3$，这也就是说我们相信 λ 的"真值"落在区间 $(\lambda_m / k, \lambda_m k)$ 内的概率是 90%。

这个例子在 Excel 当中就可以简单地进行仿真，比如我们取 $t = 1000 \mathrm{h}$，进行 500 次仿

真,那么 $R(t)$ 的均值和标准差的估计值就是:
(1) $R(1000)$ 的估计平均值 ≈ 0.9397;
(2) $R(t)$ 的估计标准差 ≈ 0.0395。

19.6 敏感性分析

在风险分析当中,敏感性分析可以定义为:

定义 19.4(**敏感性分析**):分析某些假设或者输入参数改变的时候,计算结果或者模型会发生怎样的变化。

敏感性分析是一种定量方法,检查分析的结果会如何随着下列因素改变而发生变化:
(1) 输入参数(比如失效速率、失效概率和维修时间);
(2) 分析假设(比如与运行、维护和独立性有关的假设);
(3) 模型结构(比如故障树的结构)。

有时候,这种变化可能非常巨大,输出的结果对于输入值的依赖程度非常高。

传统的敏感性分析,是在某个时间点上改变一个不确定的输入,然后观察在输入的可能取值范围内模型的结果会怎样变化。此外,双因素敏感性分析方法也较为常用,即同时改变两个输入变量,在一个二维空间上绘制结果。

我们需要注意的一个问题,是面向诸如化工厂、核电站或者铁路系统这样大型系统的定量风险分析,通常会包含大量的参数,考虑来自各种危险的潜在风险。改变一个参数值,可能对总体分析结果的影响非常小。但是,这也可能会造成误导,因为很多时候大量参数值的来源都是同一个地方。所有的这些参数可能都会受到同一种不确定性的影响。

案例 19.5(**敏感性分析**):在对化工厂进行风险分析的时候,可燃性和有毒材料的泄漏通常都会被当作风险最大的成因。与泄漏相关的风险与泄漏频率成正比,但是计算一般都是通过对系统中个体元件/设备的观察进行的,需要计算每一个元件的泄漏频率。因为系统存在很多元件,改变某一个元件的泄漏频率可能对分析结果的影响非常小。然而,如果我们采用同一个数据源,我们可能就会同时低估或者高估工厂中所有元件的泄漏频率。在这种情况下,不确定性对于总体风险分析结果的影响,要比我们通过改变某一个元件泄漏频率进行敏感性分析得到的结果大得多。

敏感性分析是研究输入参数变化影响最为常用的手段。和前面一样,我们假设使用数学模型 $g(\boldsymbol{X})=g(X_1,X_2,\cdots,X_n)$,其中 $X_1,X_2,\cdots,X_n$ 是 n 个独立输入变量/参数。我们还可以进一步假设,对于 $i=1,2,\cdots,n,X_i$ 的中值或者均值是 μ_i,那么这个变量为 X_i 的模型的敏感度就可以定义为:

$$I(i)=\left.\frac{\partial g(\boldsymbol{X})}{\partial X_i}\right|_{\boldsymbol{X}=\boldsymbol{\mu}} \tag{19.11}$$

对于故障树分析,我们可以研究在改变输入事件 j 的概率 $q_j(t)$ 的时候,顶事件概率 $Q_0(t)$ 会发生什么变化。顶事件概率变化 $\Delta Q_0(t)$ 可以看作是输入事件概率变化 $\Delta q_j(t)$ 的函数。在这里,我们只改变一个输入事件概率来研究 $\Delta Q_0(t)$。当然,我们也可以改变更多的事件概率,比如将所有输入事件的概率提高 20%,看一看 $\Delta Q_0(t)$ 有哪些相应的变化。

敏感性分析的目标是识别出模型中最重要的变量,即对于模型输出影响最大的变量。敏感性分析还可以识别出那些对于数据质量敏感或者不敏感的元件。

敏感性分析对于决策者来说是非常有价值的工具。通过改变参数值,我们可以看到风险分析的结果会受到怎样的影响。如果结果变化很大,根据结果的决策会变得不一样,那就说明不确定性很严重,结果是不可靠的。这也会警示决策者可能需要采用额外的预防措施。

如果可以建立一个数学表达式,将输出值表示为输入值的函数,我们就能够通过对这个函数求偏导数确定输入参数的敏感度。这种方法在故障树分析中很常见,我们可以根据伯恩鲍姆重要性量度确定模型的敏感度:

$$I^B(j\mid t)=\frac{\partial Q_0(t)}{\partial q_j(t)} \tag{19.12}$$

重要性量度可以用来计算每一个输入参数的不确定性对于模型输出不确定性的影响。现在,人们已经提出了多种重要性量度,其中最重要的几种在拉桑德等人 2020 年的教材中都有讨论。Aven 和 Nøkland 在 2010 年也对不确定性的重要性量度进行了全面的讨论。大部分故障树分析计算机软件都可以用来确定多个重要性量度。

很多时候,也可以使用"如果……会怎样"这样的假设问题进行敏感性分析。改变某一个特定参数的值,同时保证所有其他参数处于均值,我们就可以研究每一个变化对模型输出的相对影响。接下来,我们就可以谨慎地做出假设,这个模型(比如故障树)完全能够反映系统的情况,因此保持模型不变。敏感性分析还可以用来发现模型的弱点,研究某些特定假设和简化的影响,有时候还可以研究风险降低措施的影响。

我们还可以研究模型变化的敏感度。比如说,在故障树分析当中,我们可以研究将 4 台气体探测器的表决方式从 4 选 3 改成 4 选 2 之后,顶事件概率会发生什么样的变化。

敏感性分析可以帮助分析人员理解系统的动态性能,使用大量数值进行实验能够帮助我们了解系统在极端情况下的行为。敏感性分析还可以直接用来研究那些对系统风险影响最大的子系统和元件。

19.7 思考题

(1) 请给出一些偶然不确定性和认知不确定性的例子。

(2) 假设我们在掷骰子,并且把骰子藏在一个杯子里面。与掷骰子结果相关的不确定性都属于哪些类型?

(3) 偶然不确定性也被称为不可降低的不确定性,但是很多曾经被认为是偶然不确定性的事情现在都被发现是认知不确定导致的。请给出一些例子。

(4) 假设我们对一家化工厂进行风险分析,其中的很多设备都有可能泄漏可燃性液体。然而整个工厂中液体的温度和压力差异巨大。在风险分析当中,泄漏被看作是一个危险事件。泄漏的规模可以分为大型、中型和小型,我们已经使用事件树对这三种泄漏规模进行建模分析。根据化工厂的平均数据,我们可以得到泄漏液体被点燃的概率,并使用来自各种手册的数据构建故障树，得到各种安全系统的失效概率。我们还可以采用简单的经验公式对由泄漏导致的火灾和爆炸进行建模，计算火灾的规模、热负荷和爆炸超压。根据上述描述，请识别在这个风险分析项目里，模型不确定性和参数不确定性可能来自哪些方面。

（5）我们对一座新型工业危险品垃圾焚化和燃烧设施进行风险分析。这座设施坐落于居民区附近。分析还需要考虑来往于居民区和该设施之间的交通问题。假设你现在负责研究风险分析中的不确定性问题。

① 请列出与该风险分析相关的主要不确定因素；

② 考虑是否有必要将这些因素划分为完整度、模型和参数不确定性，并为你的观点进行辩护；

③ 你认为最大的不确定因素是什么？为什么？

参考文献

Abrahamsson, M. (2002). *Uncertainty in quantitative risk analysis: characterisation and methods of treatment*. PhD thesis. Lund, Sweden: Department of Fire Safety Engineering, Lund University.

Amendola, A., Contini, S., and Ziomas, I. C. (1992). Uncertainties in chemical risk assessment: results of a European benchmark exercise. *Journal of Hazardous Materials* 29: 347-363.

Anderson, E. L. and Hattis, D. (1999). Uncertainty and variability. *Risk Analysis* 19: 47-49.

Aven, T. and Nøkland, T. E. (2010). On the use of uncertainty importance measures in reliability and risk analysis. *Reliability Engineering & System Safety* 95: 127-133.

Der Kiureghian, A. and Ditlevsen, O. (2009). Aleatory or epistemic? Does it matter? *Structural Safety* 31(2): 105-112.

Dezfuli, H., Stamatelatos, M., Maggio, G. et al. (2010). *NASA Risk-Informed Decision Making Handbook*. Handbook NASA/SP-2010-576. Washington, DC: U. S. National Aeronautics and Space Administration.

Hammonds, J. S., Hoffman, F. O., and Bartell, S. M. (1994). *An Introductory Guide to Uncertainty Analysis in Environmental and Health Risk Assessment*. Tech. Rep. ES/ER/TM-35/R1. Oak Ridge, TN: Oak Ridge National Laboratory.

HSE (1989). *Quantified Risk Assessment: Its Input to Decision Making*. London: HMSO.

HSE (2003). *Good Practice and Pitfalls in Risk Assessment*. Research report RR151. London: Health and Safety Executive.

Linkov, I. and Burmistrov, D. (2003). Model uncertainty and choices made by modelers: lessons learned from the International Atomic Energy Agency model intercomparisons. *Risk Analysis* 23: 1297-1308.

Maynard, A. D. and Aitken, R. J. (2016). "Safe handling of nanotechnology" ten years on. *Nature Nanotechnology* 11: 998-1000.

Modarres, M. (2006). *Risk Analysis in Engineering: Techniques, Tools, and Trends*. Boca Raton, FL: Taylor & Francis.

NASA (2002). *Fault Tree Handbook with Aerospace Applications*, Handbook. Washington, DC: U. S. National Aeronautics and Space Administration.

Pasman, H. J., Jung, S., Prem, K. P. et al. (2009). Is risk analysis a useful tool for improving safety?

Journal of Loss Prevention in the Process Industries 22: 769-777.

Rausand, M., Høyland, A., and Barros, A. (2020). *System Reliability Theory: Models, Statistical Methods, and Applications*, 3e. Hoboken, NJ: Wiley.

U. S. National Research Council (2009). *Science and Decisions: Advancing Risk Assessment*. Washington, DC: National Research Council, National Academies Press.

Winkler, R. L. (1996). Uncertainty in probabilistic risk assessment. *Reliability Engineering & System Safety* 54: 127-132.

第 20 章

风险评估的发展与应用

20.1 简介

本章将会简要地介绍风险评估在一些行业中的发展和应用情况。当然,我们介绍的领域非常有限,只能起到管中窥豹的作用。我们的调查主要来自挪威、欧盟成员国和美国,也有少部分内容是关于澳大利亚和加拿大的情况。这并不是说世界上其他国家没有风险评估的研究和实践,只是作者对于这些国家的相关发展并不了解。

在本章中,我们会介绍多个应用领域的情况,它们出现的先后顺序并没有按照重要性排列。但是,需要指出的是,在我们介绍的前三个领域,风险评估方法和工具发展的历史确实是最为悠久的。

本章的目标是帮助读者了解更多有关风险评估在不同领域使用的情况。因此,我们在每个应用领域都会列出一些重要的组织机构。挑选这些机构的主要原则,就是根据它们在互联网上给出的信息量,因此读者如果想要更加深入地了解这些机构的工作,就请访问它们的网站。在本书的主页上,我们还提供了更多有关这些机构以及其他机构的信息和链接,有兴趣的读者请访问这些网站。

了解更多信息的另外一种方法,是搜索不同应用领域中风险评估相关的法律、规定、标准和指南。因此,我们也针对各个领域,给出了这些资源的简要列表。读者也可以查阅本书的参考文献列表或者在网上搜索更多的信息。

我们会采用相似的结构分别介绍以下应用领域:

(1) 军事与国防工业。
(2) 核电行业。
(3) 过程工业。
(4) 海洋油气行业。
(5) 航天工业。
(6) 航空业。

(7) 铁路运输。
(8) 海事运输。
(9) 机械设备。
(10) 食品安全。

另外，以下几个领域我们也会简单提及：
(1) 环境风险。
(2) 关键基础设施。
(3) 市政风险与脆弱性评估。
(4) 经济风险。

本章将会提到很多项标准，这些标准的更新相当频繁，因此本章中列出的很多版本可能很快就会过时。所以读者在搜索标准的时候，记得要查阅最新的版本。

对于风险评估不熟悉的读者可能会感到本章列出的标准和机构太多了，而那些本身就是某个领域风险专家的读者又可能会发现有一些重要的参考文献和机构被漏掉了。我们在这里努力为两类读者寻找一种平衡，当然这样做的结果也可能是两类读者的要求都无法充分得到满足。

20.2　军事与国防工业

在第二次世界大战之后，风险评估开始作为一门学科发展。1949 年，第一部关于可靠性/风险分析方法的标准——失效模式与影响分析（failure modes and effects analysis, FMEA）的 MIL-STD-1629 正式颁布。这个标准的目标是将风险和可靠性的思想集成到新产品开发当中，避免产品在实际使用的时候出现失效。1962 年，贝尔实验室在为民兵型 LGM-30 洲际弹道导弹的发射系统进行安全分析的时候，开发出了故障树分析方法。后来，波音公司同样使用故障树分析方法研究民兵导弹系统和商业飞行器的设计。接下来在 1969 年，系统安全标准 MIL-STD-882《系统安全程序要求》发布，这项标准同样在一定程度上是基于民兵导弹系统的要求。

20.2.1　重要机构

以下这些机构能够影响国防系统风险评估的进行方式，并提供相关风险评估标准和指南：

(1) 美国国防部（Department of Defense, DoD）。DoD 发布了很多与可靠性和风险分析相关的报告。

(2) 英国国防标准委员会。委员会的网站上发布有英国国防标准以及其他很多相关信息。

20.2.2　法规、标准和指南

除了少数例外情况，国防工业必须与民用行业遵循相同的法律和规定。现在，各国都已经发布了很多军事标准和指南，其中包括：

(1) MIL-STD-882:《系统安全程序要求》。
(2) DEF STAN 00-56:《国防系统安全管理要求》第一部分和第二部分(包括安全管理系统的要求和安全实例)。
(3) ANSI-GEIA-STD-0010:《系统安全程序开发和执行标准最佳实践》。
(4)《国防部采购风险管理指南》(美国国防部,2014)。
(5)《软件系统工程手册》(美国国防部,2010)。

20.2.3 风险评估

传统上,国防工业对于可靠性的关注度要超过对安全的关注度,这种偏向也清楚地反映在现有的诸多军事标准当中。

而在今天,国防工业进行风险评估的目的有很多。作为雇主,国防工业同样需要对自己的员工、公众和外界环境负责,因此它们也必须建立一套安全/风险管理系统,和其他行业一样进行风险评估(DEF STAN 00-56,2007)。

有时候,国防工业还需要区分策略风险和安全风险,它们的定义如下:

定义 20.1(策略风险):这种风险考虑的是因为有敌人或者反对者而存在的危险。它在各种级别的战争和所有与国防相关的工作中都存在。

策略风险不是本书讨论的话题,因此我们也不会对这类风险进行更深一步的评论。

定义 20.2(安全风险):策略风险以外的各种运营风险。它包括系统运行对于盟友的风险、对于普通民众的风险以及对于环境的影响。它所研究的范围包括所有可能会伤害到盟友、普通民众、设备和环境的活动。

国防工业现在还非常关注与采购有关的风险,美国国防部已经专门为此开发了相应的风险管理指南(美国国防部,2006)。

20.3 核电行业

人类的第一座核设施是用于生产核武器,它距离人口稠密地区非常遥远。这种地理上的分离本身就是一种最主要的安全战略。而人类使用核能进行商业发电开始于 1956 年,这些电站需要靠近人口稠密的地区。从此之后,核电行业的安全战略就变成了深度防护。

20.3.1 深度防护

深度防护战略的主要观点,是在辐射材料和周围环境之间建立大量的安全屏障。因为这些安全屏障同时失效的概率非常低,所以可以尽量避免事故发生。深度防护现在已经成为法律要求,只有在满足了所有法律规定之后,我们才能认为一座核电站是"足够安全的"。

定义 20.3(深度防护):这是一种设计和运营理念,即核电设施需要多层保护,以避免事故、减轻事故影响。保护的方法包括控制、多层物理安全屏障防止辐射外泄、冗余和多种关键安全功能、紧急响应措施等(美国核标准委员会)。

在20世纪70年代，美国、英国和法国的核电行业开始在风险评估当中使用概率方法。

20.3.2 美国核标准委员会

美国原子能委员会(Atomic Energy Commission，AEC)最初成立于1946年，在受到一些严厉的批评之后，AEC进行了重组，并在1975年成为美国核标准委员会(Nuclear Regulatory Commission，NRC)。NRC最重要的一项责任，就是要保证核电站的运行对于公众健康和安全不会有过多风险。多年以来，NRC发布了大量与核电设施风险评估相关的高质量报告和指南。这些报告称为NUREG报告，可以在NRC的网站上下载。

20.3.3 美国核反应堆安全研究

核反应堆安全研究项目(NUREG-75/014，1975)是在1972—1975年进行的，这项研究的结果也被称为WASH 1400，有时候也以其项目负责人麻省理工学院教授诺曼·C.拉斯姆森(Norman C. Rasmussen，1928—2003)的名字命名，称为《拉斯姆森报告》。研究覆盖了美国100座核电站的风险情况，对风险评估的发展具有里程碑式的意义。WASH 1400主要使用故障树分析，但是研究人员很快发现故障树并不能解决所有的安全问题。因此，他们研究开发出了融合故障树和事件树分析的框架，还首次在风险分析中考虑了共因失效和参数的不确定性因素。虽然WASH 1400报告现在已经非常陈旧了，但是它的分析框架仍然在核能工业以及其他很多行业的风险分析当中广泛应用。

1990年，研究人员对WASH 1400进行了升级和改进，这就是NUREG-1150《严重事故风险：五座美国核电站的评估》。现在，这些美国核电站的风险分析已经对公众开放，人们对其进行了广泛的讨论，并为核电行业开发出了很多新的方法。事实上，当时关于WASH 1400的讨论非常激烈，后来又有多份NUREG报告发表，介绍和讨论不同的风险评估方法。人们关注的问题主要包括元件可靠性数据、共因失效、人因失效、不确定性、一致性以及各种风险分析的比较(美国核标准委员会，2007)。

20.3.4 人因可靠性分析

人因可靠性分析(HRA)中使用的方法也来自于核电工业。最早的一类HRA方法是为了将概率风险评估引入核电站当中，其中最重要方法就是THERP(Swain和Guttmann，1983)。核电行业的人因可靠性分析后来又有了很多发展，想了解更多的方法可以阅读第15章。

20.3.5 共因失效分析

作为WASH 1400项目的后续研究，人们提出了很多新的共因失效(common-cause failure，CCF)的分析方法，我们在第13章中已经介绍过其中的一些方法。伴随着多希腊字母模型(multiple Greek letter，MLG)和α因子模型的发展，美国核标准委员会(NRC)和美国电力研究学会(Electric Power Research Institute，EPRI)联合发布了一份重要报告——NUREG/CR-4780(1989)，这份报告在1998年又升级为NUREG/CR-5485。想了解更多的共因失效分析的方法,可以阅读第 13 章。

20.3.6 重要机构

与核电行业风险评估相关的一些主要机构包括:

(1) 国际原子能机构(the International Atomic Energy Agency, IAEA),于 1957 年成立,总部设在奥地利维也纳。

(2) 核子能源署(the Nuclear Energy Agency, NEA),于 1958 年成立(由国际经合组织领导),总部设在法国巴黎。

(3) 国际核安全咨询专家组(the International Nuclear Safety Adoisory Group, INSAG),隶属于国际原子能机构。

(4) 美国核标准委员会(NRC)(具体介绍如上所述)。

(5) 世界核电运营者协会(the World Association of Nuclear Operators, WANO),成立于 1989 年,成立的背景是 1986 年发生的切尔诺贝利核电站爆炸事故。

20.3.7 法规、标准和指南

我们在下面列出了两个国际原子能机构颁布的核电站国际安全要求。在 NRC 网站上,有很多关于概率风险分析的 NUREG 报告。我们这里也提到了一些早期的 NUREG 报告,以及另外两篇 IAEA 的报告:

(1) IAEA NS-R-1(2016):《核电站安全:设计》。

(2) IAEA NS-R-2(2016):《核电站安全:试车与运行》。

(3) NUREG/CR-2300(1983):《PRA 流程指南:核电站概率风险评估的绩效》。

(4) NUREG/CR-2815(1984):《概率安全分析流程指南》。

(5) IAEA-TECHDOC-1200(2001):《核电站概率安全评估应用》(IAEA,2001)。

(6) IAEA-TECHDOC-1267(2002):《非反应堆核能设施概率安全评估执行步骤》。

(7) U.S. NRC(2009):《运行事件的风险评估手册》。

20.3.8 风险评估

在核电站生命周期包括选址、设计、建设、运行、废弃的各个阶段,进行定量风险评估已经成为一种常态。在核电行业当中,定量风险评估在美国被称为概率风险评估(PRA),在大部分其他国家则被称为概率安全评估(PSA)。为了简单起见,我们在本节后面的部分中使用 PRA 这个词汇。本书的第二部分已经介绍过 PRA 的执行过程,它可以分为三个"等级":

第一级 PRA,是概率风险评估的第一个部分,需要识别出所有可能会导致重大破坏的事件序列,并估计它们的概率。我们对分析开始的情况都非常熟悉,一般都是反应堆开足马力满负荷运行。我们需要对所有保护反应堆的系统建模,通常都可以使用详细的故障树分析模型。因为分析人员对这些系统的工作情况很了解,结果的不确定性也就相对很小。第一级 PRA 一般至少要包括以下内容:

(1) 所有触发事件的事件树分析,描述所有的相关事故场景。

(2) 人因可靠性评估。
(3) 共因失效分析。
(4) 所有相关顶事件的故障树分析。
(5) 基本事件的重要性量度。
(6) 不确定性分析(完整度、模型和参数)。

和诸如地震、洪水、飞机失事这些外部事件有关的风险，一般也是第一级 PRA 的内容。

第二级 PRA，用来确定从安全壳泄漏出来的放射性物质的放射量、放射概率和放射时间(假设反应堆芯已经损坏，那么会有多少放射性物质泄漏到环境当中)。分析并评估在不同事故序列当中的物理演化情况和反应堆事故发生时间。这一步的分析主要使用事件树，并结合仿真手段。

第三级 PRA，可以用来评估如果反射性物质从安全壳中泄漏会对人员和环境有怎样的风险。像风速和风向这些变数很大的因素都会对结果产生影响。

美国核标准委员会有一项明确的使命，就是推动风险指引型和绩效导向型的法规，在进行有关电站和处理核废料的法规性决策的时候，使用 PRA 的结果辅助传统的工程方法。这就是所谓的"风险指引型"方法或者风险指引型决策(RIDM)，我们在第 7 章中已经进行过简单讨论。欧洲的立法者也紧跟这一趋势，尽管上述工作在欧洲还没有强制执行，但事实上，在进行很多法规性决策的时候，人们都已经在考虑风险指引型和绩效导向型的方法(Wahlström, 2003)。

20.3.9 动态 PRA

无论是国际原子能机构还是美国核标准委员会，都在关注动态 PRA。所谓动态 PRA 就是指保持不断更新，可以反映工厂当前设计和运行特征的概率风险评估。这种评估模型的每个方面都可以与现有的工厂信息、工厂文档或者分析师的假设直接相关。动态 PRA 可以用来进行设计验证、工厂设计或者运行的潜在变化评估、培训方案设计以及工厂业务变化的评估(IAEA, 1999)。有兴趣的读者也可以继续阅读本书的第 16 章。

20.4 过程工业

层出不穷的事故促使过程工业的风险评估不断发展。1974 年英国弗利克斯巴勒的爆炸事故和 1976 年意大利塞维索的二噁英泄漏事件，都把人们的目光吸引到欧洲的过程安全问题上面，进而推动欧盟关于重大事故危险的法案——《塞维索指令》于 1981 年颁布。在 1984 年印度博帕尔剧毒气体泄漏和 1986 年瑞士桑多兹化工厂火灾之后，这个指令被再次修正。1996 年，由于北海上发生的派珀·阿尔法钻井平台爆炸事件，欧盟对《塞维索指令》进行了重大修改，新的指令被称为《塞维索二号指令》(EU, 1996)。为了适应化学品分类的变化并满足民众对于接触到相关信息的要求，法案在 2012 年进一步增订为《塞维索三号指令》(EU, 2012)。欧盟内部所有生产或者储存大量危险化学品的企业，都被强制要求遵守《塞维索三号指令》。实际上，在其他的一些国家，比如澳大利亚和美国，也都有着类似的法规要求。

因为大规模化工流程本身就存在着发生重大事故的隐患,这个行业自己也有着加强运营安全的需求。

2005年,在美国得克萨斯城BP炼油厂发生的爆炸和火灾当中,有15名工人遇难,另外还有超过170人受伤。这起事故再次引起了官方和业界对于过程安全的关注。

20.4.1 重要机构

(1) 美国职业安全与健康管理委员会(the US Occupational Safety and Health Administration, U. S. OSHA)。

(2) 欧洲工作安全与健康委员会(the European Agency for Safety and Health at Work, EU OSHA)。

(3) 美国环保委员会(the US Enviromental Protection Agency,EPA)。

(4) 化工过程安全中心(the Center for Chemical Process Safety,CCPS),是由美国化学工程师学会(the American Institute of Chemical Engineers,AIChE)运营的一家企业会员机构。CCPS成立于1985年,而它的第一份出版物《危险评价过程指南》问世于1990年。在此之后,CCPS发表了一系列过程安全指南。在Hendershot(2009)的论文当中,作者对CCPS在过程安全方面的活动有一个历史性回顾。

(5) 欧洲重大事故危害调查局(the Major Accident Hazards Bureau,MAHB)是欧盟联合研究中的一部分,对欧盟执行《塞维索二号指令》起到支撑作用。此外,MAHB还负责运营塞维索二号事故数据库。

(6) 欧洲过程安全中心(the European Process Safety Centre,EPSC)成立于1992年,是一家工业资助的机构,负责推动欧洲的流程安全。

(7) 欧洲石油化工协会(the Oil Companies' European Association,CONCAWE),关注炼油和输油环节中的环境、健康和安全问题。

20.4.2 法规、标准和指南

与重大过程事故相关的主要法规包括:

(1)《欧洲议会和执委会2012年7月4日关于包含危险物品的重大事故危险控制的执行令2012/18/EU》(《塞维索三号指令》)(EU,2012)。

(2) 美国职业安全与健康管理委员会标准29 CFR 1910.119《高危险性化学品流程安全管理》(1992),是《塞维索二号指令》的美国版本。

(3) 美国环保委员会标准40 CFR第68部分《化学事故预防规定》(1999)。

(4) 澳大利亚安全工作局颁布的《工作健康与安全榜样规范》(2019年1月15日),是《塞维索二号指令》的澳大利亚版本。

针对具体的流程风险,还有一些其他的指令和标准。

20.4.2.1 欧洲

《塞维索三号指令》(EU,1996)的目标是防止重大事故发生,并限制事故对人员和环境的伤害。

《塞维索三号指令》的实施取决于在一座工业设施中危险品的存量(或者未来的可能存量)。指令根据危险品数量的不同(需要设定阈值),确定了两个责任等级("层级"),设施中的危险品如果超过了"上限",那么企业就应该投入比在"下限"时更大的精力进行控制和管理。

近20年来,有很多关于风险评估和塞维索系列指令的重要报告发布,其中包括:
(1)《塞维索二号指令框架内的行业事故风险分析方法论》(ARAMIS,2004)。
(2)《定量风险评估指南(紫皮书)》(荷兰住房、空地规划与环境部,2005)。
(3)《定量风险分析(QRA)》(Borysiewicz等,2007)。

20.4.2.2 美国

《美国职业安全与健康管理委员会过程安全管理(process safety management,PSM)标准》和《EPA化学事故预防规定》,是美国最早的两部旨在防止可能会伤害到工人、大众和环境的重大化学事故的联邦法规。

实施29 CFR 1910.119,需要考虑过程系统中错综复杂的14个关键元素:
(1)员工参与;
(2)过程安全信息;
(3)过程危险分析(process hazard analysis,PrHA);
(4)操作程序;
(5)培训要求;
(6)承包商;
(7)启动前安全检查;
(8)机械完整性;
(9)高温工作许可;
(10)变更管理;
(11)事故调查;
(12)应急计划和反应;
(13)合规检查;
(14)使用秘密商业信息。

有兴趣的读者可以查阅29 CFR 1910.119的附录C部分,阅读每一个条款的详细注释(可以访问美国OSHA的网站:http://www.osha.gov)。CCPS于2016年发布过PSM的实施指南。

20.4.2.3 澳大利亚

在澳大利亚,每一个州都有自己的立法权。但是联邦政府颁布的《工作健康与安全榜样规范》与欧洲的塞维索指令保持高度一致。

20.4.3 风险评估

20.4.3.1 HAZOP

HAZOP技术(见第10章)起源于20世纪60年代。它首先在英国成为绝大多数企业进行化工过程设计和运营的标准技术,随后欧洲大陆也逐渐接受了这项技术。Kletz

(1999)的论文介绍了 HAZOP 的历史,他本人曾经是英国帝国化学工业集团(ICI)的安全顾问,也曾经参与了 HAZOP 技术的开发。

在1974年的弗利克斯巴勒爆炸事故之后,HZAOP 方法迅速流行开来。有多本 HAZOP 方法的指南和数据陆续出版(如 Kletz,1999;Crawley 等,2000),现在 HAZOP 已经成为很多国家化学工程学位教育中必不可少的一部分。

HAZOP 方法的应用范围已经远远不局限于流程工厂的设计和运营,现在修改过的 HAZOP 技术还用于分析复杂工作流程、人为错误和软件问题。

20.4.3.2 肯维岛

在1975年之后,流程行业也开始采用美国核反应堆安全研究项目(NUREG-75/014,1975)中提出的风险分析步骤。

历史上最早的一次全面定量风险评估,是1978年英国对泰晤士河北岸肯维岛工业区内的化工厂进行的健康与安全风险分析。

20.4.3.3 过程危险分析

在美国进行过程危险分析,必须要遵循 29 CFR 1910.119 标准。根据标准的要求,在进行分析的时候,操作人员必须要:

(1) 确定潜在安全问题的位置。
(2) 识别出可以提升安全性的修正措施。
(3) 预先计划好在安全控制失效的时候应该采取的应急行动。

这项标准还提到了一些进行过程危险分析时可以使用的方法,包括:

(1) 假设问题(如果……会怎样)方法。
(2) 检查表。
(3) 因果/检查表(即 SWIFT)。
(4) 危险与可操作性(HAZOP)研究。
(5) 失效模式与影响分析(FMEA)。
(6) 故障树分析。
(7) 合理的等效方法。

为了方便 PSM 标准实施,美国环境部在1996年又发布了《化学过程危险分析》手册,并在2004年对手册进行了更新(U.S. DOE,2004)。这份手册介绍了进行过程危险分析(PrHA)的详细分步程序。CCPS 也曾经发布过化工过程 QRA 指南(CCPS,1999),有兴趣的读者也可以阅读 Baybutt(2003,2014)的论文。

20.4.3.4 ARAMIS

欧盟研究项目"塞维索二号指令框架内的行业事故风险分析方法论"(ARAMIS)是在2001—2004年进行的,有多家欧洲大学和研究机构参与。这个项目开发出了一套与《塞维索二号指令》相关的集成化风险评估方法,该方法也适用于《塞维索三号指令》。ARAMIS用户指南和很多文献(比如 Salvi 和 Debray,2006)对这种方法都有全面的介绍。

20.5 海洋油气行业

北海上的挪威公司率先在海洋油气行业开展风险评估工作,这是受到 1977 年埃科弗克油田布拉沃钻井平台的油气泄漏事故以及 1980 年亚历山大·基兰半潜式钻井生活平台倾覆沉没事故的刺激。在布拉沃钻井平台井喷事故之后,挪威研究理事会决定启动名为"海洋安全"的全面研究项目,目标是为海上作业开发风险评估方法,全面提升海上作业的安全性。从 1981 年开始,挪威石油理事会(the Norwegian Petroleum Directorate,NPD)规定对所有新建海上平台都要进行详细的风险评估。

在 1988 年,在英国阿伯丁东部的北海派珀·阿尔法钻井平台,由于压缩机模块的气体泄漏引发一系列爆炸,最终导致 167 名工作人员遇难。由罗德·库伦(Lord Cullen)领导的派珀·阿尔法钻井平台事故调查团,对风险评估提出了一系列新的要求。

2010 年,墨西哥湾深海地平线号钻井平台的事故,让人们的目光再次回到海洋油气行业的安全问题上面。这次井喷事故造成了 11 名工作人员遇难,大火吞噬了整个平台并使其最终沉没,这也是美国历史上最大规模的海上漏油事故。

相比陆地上的工厂,海洋油气行业会面临更多的危险,包括陆地与平台之间的交通、局促的平台设计、运输相关的风险、结构坍塌的风险、天气的影响甚至是地震对支撑结构的影响,都有可能导致事故发生。此外,我们还必须考虑工作人员在生活区休息的时候,采油作业仍然还在进行,这也蕴藏着巨大的风险。

20.5.1 重要机构

在海洋油气行业,一些与风险评估相关的重要机构包括:

(1) 挪威石油安全管理局。
(2) 英国健康与安全执行委员会海事部门。
(3) 美国安全和环境执法局(Bureau of Safety and Enviromental Enforcement,BSEE)[①]。
(4) 澳大利亚国家海洋石油安全局(the National Offshore Petroleum Safety Authority and Environmental Management,Australia,NOPSEMA)。
(5) 美国石油学会(the American Petroleum Institute,API)。
(6) 国际油气生产商协会(the International Association of Oilc & Gas Producers,OGP)。
(7) 国际钻井承包商协会(the International Association of Drilling Contractors,IADC)。
(8) 挪威标准委员会(Standard Norge-NORSOK)。

20.5.2 法规、标准和指南

油气行业的相关法规、指南和标准包括:

---

① 前身是美国矿产管理服务局和美国海洋能源管理监督执法局(Bureau of Ocean Engergy,Management,Regulation,and Enforcement,BOEMRE)。

(1) ISO 17776：《石油与天然气行业——海上生产设施：危险识别与风险评估工具和技术指南》(ISO 17776, 2016)。

(2) API 14C(2007)：《海上生产平台基本表面系统分析、设计、安装和测试实践建议》。

(3) BSEE(2017)：《离岸行业概率风险评估流程指南（草案）》(Cross 和 Youngblood, 2017)。

(4) 《欧洲议会和执委会 2013 年 6 月 12 日关于海洋油气运营安全的执行令 2013/30/EU》(EU, 2013)。

20.5.2.1 欧盟

在 2013 年，作为对墨西哥湾深水地平线井喷事故的回应，欧盟开始实施《海洋油气运营安全执行令 2013/30/EU》。在风险评估的部分，执行令要求海洋油气设施的所有运营商需要准备一份包括风险评估的《重大危险报告》。除了考虑人员风险之外，执行令也同样关注环境风险。

20.5.2.2 挪威

当前由挪威石油安全管理局 (the Petroleum Safety Authority of Norway, PSAN) 颁布的规定，关注风险评估在石油行业的实施和实用。规定可以分为 4 个部分：

(1) 与石油行业中和特定海上设施上健康、安全和环境相关的规定（规定框架）。

(2) 与管理以及石油行业和特定离岸设施信息提供相关的规定（管理规定）。

(3) 与石油生产中的设施设计和装备相关的规定（设施规定）。

(4) 与进行与石油相关的活动规定（活动规定）。

与风险评估有关的要求包含在管理规定部分里面。另外，挪威还有一个专门的风险分析标准，支持挪威海洋安全方面的立法工作：

NORSOK Z-013：《风险与应急准备分析》(NORSOK Z-013, 2010)。

20.5.2.3 英国

在英国的海洋油气生产当中，与风险评估相关的主要法规是《海上设施（安全实例）规定》(2015)。

这份规定的"谅解备忘录"部分，介绍并解释了规定中的各个条款。此外，在英国健康与安全执行委员会海洋信息纪要第 2/2006 号文件和第 3/2006 号文件当中，也提供了安全实例中定量风险评估指南。第 6 章所介绍的若干风险测量指标（比如 IRPA 和 PLL），也是第 2/2006 号文件的推荐指标。HSE 在安全方面做了大量的研究，有兴趣的读者可以在 www.hse.gov.uk/offshore/researchreports.htm 找到相关的报告。

20.5.2.4 澳大利亚

在澳大利亚海上油气行业，与风险评估相关的主要法规是：

《海上油气与温室气体储存条例》，2009 年。

这个规定要求业界使用安全实例方法，对此 NOPSEMA 在其网页上有详细解释。规定要求的风险评估称为综合安全评估 (formal safety assessment, FSA)，主要关注重大事故事件 (major auident event, MAE)。

定义 20.4（重大事故事件）：与技术设施相关的事件，也包括自然事件，有可能导致设施内部或者附近多人死伤 (http://www.nopsema.gov.au)。

20.5.3 风险评估

在挪威,油气行业需要根据 NORSOK Z-013(2010)标准进行定量风险分析。这项标准中规定的分析程序与本书介绍的基本一致。标准期望风险评估可以用于所有的决策支持当中,从而影响风险。

在英国,必须使用安全实例显示安全方面的要求。在安全实例中,必须表明:
(1) 该设施具有充足的安全管理系统。
(2) 已经识别出所有的重大危险,相关的风险已经得到控制。
(3) 已经对风险进行了评价,并在合理的范围将风险控制在尽可能低的水平。

定量风险评估是识别重大事故危险、说明风险已经得到尽可能降低的最为重要的技术,在很多安全案例法规当中对定量风险评估都有着明文规定。

同样,欧盟的《离岸安全指令》也要求实行风险评估。

有兴趣的读者还可以在国际油气生产商协会的网站上找到有关风险评估方法的综述:http://info.ogp.org.uk。

20.6 航天工业

美国国家宇航局(NASA)曾经一直对概率风险分析持谨慎的态度,直到 1967 年在测试阿波罗号宇宙飞船的过程中发生发射垫台起火事件的时候,NASA 还在使用最差情况失效模式和影响分析(FMEA)。而 FMEA 主要还是一种定性方法,有很多弱点,比如只关注单一元件,不能在系统的级别上累加风险等。因此,质量保证和质量控制只能依赖于"卓越的工程能力"。这次起火事故导致 3 名宇航员遇难,从此之后,NASA 才开始进行系统性的风险分析工作。他们首先雇用了波音公司进行风险评估,使用故障树对整个阿波罗号系统进行了分析。但是,在通用电气公司对登月计划进行"全面概率风险分析"的时候,上述的工作受到了很大的拖累。因为分析显示登月成功的概率只有不到 5%,而后来的历史证明这个结果太过悲观了。所以,NASA 对于概率风险分析几乎丧失了信心,直到几年之后才重新开始风险分析的工作。

然而,NASA 还是一直使用 FMEA 进行安全评估,一直到 1986 年的"挑战者号"航天飞机事故。"挑战者号"事故调查报告批评 NASA 没有对不同航天飞机元件的失效概率进行估计。在 1988 年,《"挑战者号"事后评价:航天飞机风险评估和管理》报告发布,建议"应该尽早将概率风险评估方法应用于航天飞机风险管理程序中"。

有关航天飞机的第一次概率风险评估是在 1988 年进行的(针对伽利略计划),之后这项研究又在 1993 年进行了升级。1995 年,航天飞机的首次大型概率风险评估在外部咨询顾问的帮助下完成,评估使用了核电工业中的最新研究成果。1996 年,研究人员又使用了贝叶斯方法对评估进行了再次升级。从此,概率风险评估就成为航天飞机、国际空间站中常用的方法,并成为 NASA 星座计划的一部分[①]。

---

① 2010 年 1 月 29 日,美国白宫证实,由于奥巴马政府 2011 年预算中的财政限制,(重返月球的)星座计划已经终止。——译者注

在 1998 年,NPG 7120.5A《NASA 计划与项目管理过程和要求》发布,指出:

(1) 计划和项目经理必须要把风险管理准则作为决策工具,这样才能保证计划和技术的成功。

(2) 必须在有序的风险管理工作中进行计划和项目决策。

(3) 风险管理包括识别、评估、降低、消除整个 PAPAC 过程(提供航天产品和技术能力)中的风险。

PRA 指南《面向 NASA 管理者和工作人员的概率风险评估程序指南》(NASA,2011)于 2002 年发布,于 2011 年修订。从 2003 年开始,全面的概率风险评估已经成为 NASA 的常规工作。

20.6.1　重要机构

在航天工业当中,一些与风险评估相关的重要机构包括:

(1) 美国国家宇航局(NASA)。

(2) 欧洲航天局(ESA)。

(3) 欧洲航天标准化合作组织(ECSS)。

20.6.2　法规、标准和指南

现在世界各国都已经发布了一些相关的标准(比如 ECSS),但是一般认为最为全面和权威的文献包括:

(1)《面向 NASA 管理者和工作人员的概率风险评估程序指南》(NASA,2011)。

(2)《航天应用故障树手册》(NASA,2002)。

(3)《NASA 风险指引型决策手册》(Dezfuli 等,2010)。

20.6.3　风险评估

在 1986 年挑战者号事故之后,NASA 引入了一套概率风险分析程序,支持其载人航天飞机在设计和运行阶段的安全管理。以这项工作为基础,NASA 发布了针对航天飞机项目的概率风险评估(PRA)指南,稍后又发布了更加通用的 PRA 指南。

现在,NASA 在广泛使用概率风险评估,其中最为深入的风险评估就是"全方面 PRA",它会对所有可能导致意外最终事件的场景建模,甚至涉及员工流失和公众伤害等方面。在模型当中,硬件失效、人为错误、过程错误和异常事件都被看作是可能引发事故的基本原因。

20.7　航空业

在 20 世纪 30 年代,航空业可能还是一个新兴的产业,安全是在不断的试验和错误中进行摸索的。所谓的"边飞边修"方法,就是让飞机先试着飞,如果出现故障就赶快修理,然后接着飞。这个循环过程会一直持续到出现可以接受的解决方案。当然,这种方法在国防工业当中是无法接受的,尤其是在试验核武器的时候。

航空业有使用 FMEA 和故障树分析的传统，并且为每一个可能的技术失效（比如发动机的总体失效）建立了详细的故障树，但是并没有将故障树和事件树分析结合构建事故场景。

美国联邦航空管理局曾经在 1999 年对机场的运营状况做过一次风险评估，这次分析使用的就是基于定量故障树和事件树分析方法。

在计算荷兰斯基普机场周围风险的时候，分析人员使用代表人口分布的参数、飞行运营数据、飞机编队数据和飞机事故率计算机场周边地区的风险。分析人员还研究了不同风险降低策略的影响，比如新加一条跑道或者改变飞机编队的搭配。

20.7.1 重要机构

在航空业当中，一些与风险评估相关的重要机构包括：

（1）国际民用航空组织（the International Civil Aviation Organization, ICAO），是旨在提高民用航空的安全性、环境保护能力和效率的联合国专设机构。

（2）欧洲航空安全局（the European Aviation Safety Agency, EASA）成立于 2003 年，代表欧盟成员国进行所有航空安全相关的规则制定和标准建立工作。安全局的职责还包括认证飞机及其相关产品，未来还将出台有关飞行器产品和零部件的设计和维护方面的法规。

（3）美国联邦航空管理局（Federal Aviation Administration, FAA）。

（4）英国民用航空管理局（the UK Civil Aviation Authority, CAA）。在 CAA 的网站上可以找到很多有用信息。

（5）欧洲航空安全组织（European Organization for the Safety of Air Navigation, EUROCONTROL），该组织的建立初衷是为了协调并整合欧洲的航空服务，目标是为民用和军方用户建立一个统一的空中交通管理（Air Trafic Managment, ATM）系统。

（6）国际航空运输协会（the International Air Transport Association, IATA）。

（7）飞行安全基金会（the Flight Safety Foundation, FSF）成立于 1947 年，旨在提升全球航空业的安全性。FSF 是一家独立的会员制机构，拥有来自全世界 150 个国家的会员。

20.7.2 法规、标准和指南

在航空业当中，一些与风险评估相关的主要指南性文件包括：

（1）《安全管理手册》（*Safety Management Manual*, SMM）（国际民用航空组织，2018）。

（2）《系统安全手册》（美国联邦航空管理局，2000）。

（3）《风险管理手册》（美国联邦航空管理局，2009）。

（4）《进行危险识别、风险评估、开发安全案例的指南》（英国民用航空管理局，2010）。

（5）《ESARR4-航空交通管理中的风险评估与管理》（欧洲航空安全组织，2001）。

20.7.3 风险评估

在航空业中，进行风险评估的流程与本书介绍的也基本一致。风险一般都是根据飞

行时间或者起飞次数进行量化。航空业最经常使用的风险指标是致死事故率(FAR),它被定义为:

$$FAR = 每飞行 10 万小时出现的致死性事故的数量$$

20.7.4 直升机运输

挪威工业与技术研究院(SINTEF)曾经进行过一次关于陆地与海上油气设施之间直升机运输的全面风险评估(Herrera 等,2010)。这项研究主要关注北海直升机事故和意外情况,使用每百万人飞行小时死亡率来衡量风险水平。研究依据的数据是在北海上运营的油气公司的飞行时间和搭载人员记录。

这个项目还研究了对风险的频率和后果具有影响的因素,即风险影响因素(RIF)。研究通过一系列专家判断,得到每个 RIF 的重要度估计值,并识别出对于总体风险影响最大的影响因子。

20.8 铁路运输

铁路安全一直以来都是相关法规关注的内容,每次发生事故,法律法规就会随之变化和改进。铁路部门在采购新系统的时候,都会使用详细的技术规范,这些规范的制定基于铁路运行人员的经验,同时也需要参考通用的国际法。而铁路运营中风险分析是最近才出现的(开始于 20 世纪 90 年代),原因是有多家大型机构出现变化(私有化或者并购)、铁路系统的技术复杂度增加、事故越来越多,以及现代安全管理的理念深入人心。英国于 1994 年引入了安全实例机制,但是随着《欧盟铁路安全指令》(EU,2004)在 2006 年开始全面实施,旧的机制已经终止。

和其他很多行业一样,铁路部门安全立法的发展和风险评估的需求也是受到了几次重大事故的推动。在欧洲,影响力最大的几次事故包括:

(1) 1988 年在英国伦敦西南部克莱芬车站发生的 3 列火车相撞事件(造成 35 人死亡,大约 500 人受伤)。

(2) 1998 年在德国艾雪德,由于车轮断裂导致一辆高速列车出轨(造成 101 人死亡,88 人受伤)。

(3) 1999 年在英国伦敦帕丁顿车站发生的两辆列车相撞事故(造成 31 人,超过 520 人受伤)。

20.8.1 重要机构

在铁路运输行业,一些与风险评估相关的重要机构包括:

(1) 欧洲铁路局(the European Railway Agency,ERA)。

(2) 美国联邦铁路管理局。

(3) 英国铁路规章办公室(the UK Office of Rail and Road,ORR)。

(4) 英国铁路安全和标准理事会(the UK Rail Safety and Standards Board,RSSB)。

20.8.2 法规、标准和指南

《安全电器条例》是一部美国联邦法律,它要求美国境内的所有列车上都必须安装空气制动器和自动耦合器。这可能也是全世界第一部有关铁路安全的法律,它的颁布时间是 1893 年 3 月 2 日。

最近在铁路行业实施的法规和标准包括:

(1)《欧盟铁路安全指令》(EU,2004)。

(2)《欧盟与铁路安全指令相关的风险评价和评估通用安全防范使用规定》(402/2013 号规定)。

(3) 英国铁路与其他引导型交通系统(安全)规定(2006)。

(4) IEC 62278:《铁路应用:可靠性、可用性、可维护性和安全性(RAMS)规范和说明》[①]。

铁路行业吸取了大量其他行业(比如核电行业)的风险评估方法,积极讨论了风险评估的应用,并出版了大量相关报告。欧洲铁路局以及其他一些机构出版的报告包括:

(1)《铁路信号集中监控系统规定的应用指南》(2009)。

(2)《支持铁路信号集中监控系统规定的风险评估案例和工具集》(2009)。

另外一份是有价值的参考文献是:

《国际工程安全管理手册》第一卷和第二卷(2008/2009)[②]。

与英国健康与安全执行委员会类似,英国铁路安全和标准理事会也进行了大量的相关研究,有兴趣的读者可以在其网站 www.rssb.co.uk 上找到大量研究报告。

20.8.3 风险评估

《欧盟铁路安全指令》(EU,2004)要求铁路运营商实施安全管理系统,使用通用安全方法进行风险评估。欧盟关于"根据欧洲议会和欧盟委员会 2004/49/EC 号指令第 6(3)(a)条款使用通用安全防范进行风险评价和评估"的专门规定(352/2009)于 2010 年 7 月发布。欧盟规定中描述的风险管理过程和通用安全方法与本书中介绍的相应方法几乎一致(最新的版本在 2013 年更新)。这项欧盟法案中描述的风险管理过程和通用安全方法,与本书的相关内容几乎一致。英国铁路安全和标准理事会还开发了"安全风险模型",包括整个英国铁路网的案例。更多的信息可以在其网站上查询。

20.9 海事运输

大量的轮船事故一方面会造成大量的伤亡(比如自由企业先驱号、爱沙尼亚号渡轮事故),另一方面还可能形成巨大的污染(比如阿莫科·加的斯号沉没、埃克森·瓦尔迪兹号触礁、埃里卡号沉没、威望号沉没)。海事运输具有国际性,因此它的安全性主要受国际海

---

① 该标准基于欧盟标准 EN 50126。
② 可以在 http://www.intesm.org/ 找到该文献。

事组织(international maritime organization, IMO)约束。海事方面的法律一直以来都是采用规则条文的形式,并且海事组织会根据经常发生的事故增加新的规则。重大事故也会导致新规则写进法律当中,目的就是避免此类事故再次发生。这种方式会产生很多规则,这就让管理变得非常复杂。因此,IMO 决定启用基于风险的方法,并开发出了风险分析方法,也就是人们熟知的综合安全评估(formal safety assessment, FSA)。

20.9.1 重要机构

在海事运输领域,一些与风险评估相关的重要机构包括:

(1) 国际海事组织(IMO),这是一家联合国的专设机构,负责开发国际公约和法规,保证海洋运输安全,避免污染发生。

(2) 国际船级社协会(International Association of Classification Societies, IACS),是各国船级社组成的行业组织。

(3) 欧洲海事安全局(the European Maritime Safety Agency, EMSA)建立于 2002 年,从技术和科学的角度,帮助欧盟理事会各成员国普及和实施欧盟在海事安全、船舶污染预防和船上安全方面的法规。

20.9.2 法规、标准和指南

为了建立通用的国际标准,IMO 进行了大量的协调工作,它出台的规定必须得到足够数量国家的批准才能生效。每一个批准了 IMO 规定的国家,都必须把这个规定纳入本国的法律体系当中,并强制执行。IMO 还发布了一些以自愿为基础的条例,这些条文也在广泛使用,但是它们没有形成法律,因此不能强制执行。

海事运输领域相关的法规包括:

(1)《国际海上人身安全公约》(*Safety of Life at Sea*, SOLAS)(1974)。

(2)《IMO 规则制定过程中的综合安全评估指南》。

(3)《国际安全管理条例》(*International Safety Management*, ISM)。

(4)《国际海事危险物品管理条例》。

(5)《国际船舶及港口设施安全条例》(*the International Ship and Port Facility Security*, ISPS)。

评级机构的规定

评级机构一般都是独立实体,负责发布轮船和海上设施安全的规定,同时还要进行各种调查和检查,以保证它们发布的规定得到遵守。这些规定的主要目的是保护各种轮船和货船,规定主要是针对船体强度以及船上各种机械和设备的可靠性。世界上比较重要的评级机构包括英国劳氏船级社、挪威船级社、法国船级社(必维国际检验集团)和美国船级社。这些评级机构给出的规定,都要求使用风险评估消除各种危险(HSE, 2001)。大多数评级机构都会在其网站上定期发布指南文件、法规和其他技术报告。

20.9.3 风险评估

美国船级社(ABS, 2003)和英国健康与安全执行委员会(HSE, 2001)的报告对海事风险评估进行了全面的介绍。

20.9.3.1 综合安全评估

综合安全评估(FSA)是 IMO 提出的一种系统化的风险评估方法(IMO,2002)。开发这种方法的部分原因是派珀·阿尔法灾难性事故的发生。在 1997 年,IMO 通过了将风险评估作为制定海事安全和环境法规基础的计划,现在 FSA 已经应用于 IMO 的规则制定流程当中。

FSA 可以帮助评价新的法规,也可以用来考核现有标准的修订。FSA 在某种程度与本书介绍的风险评估方法比较类似,它包括 5 个步骤:

(1) 识别危险(即列出所有相关的事故场景,以及这些场景的可能原因和结果)。

(2) 评估风险(即分析和评价每一个重要的事故场景)。

(3) 提出风险控制措施(即设计调整措施,控制并降低识别出的风险)。

(4) 评估每个风险控制方案的性价比。

(5) 为决策制定提出建议(即提供危险、相关风险以及各个风险控制方案性价比的信息)。

考虑到海事行业的成本以及管理和立法负担,使用 FSA 提出的调整措施,可能会具有深远的影响。

20.9.3.2 SAFEDOR

"安全设计、运行和调整"(SAFEDOR)是 2005—2009 年期间欧盟进行的一个研究项目(Breinholt 等,2012)。SAFEDOR 的一些主要结果集成新的 IMO 方法,都出现在《基于风险的船体设计:方法、工具和应用》一书中(Papanikolaou,2009)。在 SAFEDOR 项目中,研究人员对很多游轮、液化天然气运输船和集装箱货轮进行了综合安全评估,积累了很多案例。

20.10 机械设备

第一版《欧盟机械指令》(89/392/EEC)于 1989 年问世,它是世界上最早描述"新方法"的指令。这部指令只给出了必要的健康和安全要求,而将细节的要求放在配套标准当中。30 年来,立法机构已经对这部指令进行了多处修改,同时还开发了大量的配套标准。这些标准在刚刚出版的时候都是作为欧洲规范或者欧洲标准出现,但是稍后就会变成国际标准,并且主要是 ISO 标准。

无论是谁希望在欧洲销售或者使用机械设备,这些设备都必须满足机械指令的要求。通过合规认证之后,有关部门会在设备上贴上 CE 标志(图 20.1),以及"符合标准声明"。很多时候,在进行合规认证的时候,风险评估也是工作的一个部分。

在那些向欧洲出口机械设备的国家,也需要进行类似的设备认证。

图 20.1 CE 标志

20.10.1　法规、标准和指南

与机械安全相关的规章和标准包括：
（1）《欧盟机械指令 2006/42/EC》。
（2）《机械指令 2006/42/EC 应用指南》。
（3）ISO 12100：《机械安全——通用设计原理：风险评估和风险降低》。
（4）ANSI B11. TR3(2000)：《风险评估与风险降低：机械刀具相关风险估计、评价和降低指南》。

20.10.2　风险评估

如果需要对机械设备进行风险评估，评估必须依据 ISO 12100(2010)进行。这份标准中使用的术语和方法与本书介绍的风险评估方法相当类似，主要的区别在于，ISO 12100 额外关注到操作员能否在事故场景发展的过程中撤离。

在下列设备生命周期的各个阶段都必须进行风险分析：
（1）制造（包括装配和测试）。
（2）运输（包装、提升、装载、卸载和开包）。
（3）装配、安装和试车（也包括安装准备、调试和组装）。
（4）设置、培训/执行程序，以及（或者）流程交接。
（5）运行（紧固、装载、启动等）。
（6）清洗和维护（拆卸、组装、停机、重新启动）。
（7）故障寻找/定位。
（8）废弃/分解。

有兴趣的读者可以在 Macdonald(2004)以及 Ridley 和 Pearce(2006)的著作中找到更多有关机械安全的信息。

20.11　食品安全

根据世界卫生组织（World Health Organization，WHO）在 2015 年的预测，每年大约有 2300 万欧洲人因为食品污染问题而生病，而每年由这一问题导致的死亡数达到 5000 例。显而易见，我们需要采取系统化的方法降低这个数字。事实上，第一种系统方法的开发却是根据 NASA 的需求，要保证宇航员在太空的食物充分安全（Sperber 和 Stier，2009），这就是危险分析与关键控制点（HACCP）方法，后来成为食品行业风险管理的重要基础。

20.11.1　重要机构

与食品安全风险评估的一些重要机构包括：
（1）世界卫生组织（WHO）。
（2）欧洲食品安全局（European Food Safety Authority，EFSA）。
（3）美国食品药品监督管理局（Food and Drug Administration，FDA）。

20.11.2　法规、标准和指南

与食品安全相关的规章和标准包括：

（1）欧洲议会和执委会于 2002 年 1 月 28 日颁布的关于《食品法基本原则和要求法规 178/2002》，建立了欧洲食品安全局，并且明确了与食品安全有关的管理流程。

（2）欧洲议会和执委会于 2003 年 9 月 22 日颁布的《转基因食品与饲料法规 1829/2003》。

（3）美国食品安全现代化行动案（FSMA）。

（4）ISO 22000：《食品安全管理体系》。

20.11.3　风险评估

HACCP 方法对风险评估的定义与我们在这本书里不太一样，它主要关注的是事件后果而不是概率。HACCP 方法包括以下几个步骤：

（1）进行危险分析。食品安全危险包括可能会导致食物对人类不安全的任何生物、化学或者物理属性。

（2）识别关键控制点（CCP）。CCP 可以是点、步骤或者流程，在这里可以进行控制操作，预防、消除风险，或者将风险降低到可接受的程度。

（3）为每一个关键控制点确立临界值。基本上，这个临界值就是能够容忍（风险处于可接受程度）的食物中危险污染物的最大值。

（4）明确关键控制点的监控要求。这一步与评估本身无关，但是我们要确定应该如何进行控制，确保不会打破临界值。

（5）确定修正措施。需要明确如果临界值被打破，应该采取哪些措施来纠正。

（6）建立验证和确认的程序。这一步的目的是确保 HACCP 按照设计意图发挥效用。

（7）建档。

我们可以发现，HACCP 方法基本上只有第一步和第三步与风险评估相关。在第一步中，我们需要识别危险；而在第三步里，我们需要确定可以允许的最大后果。HACCP 方法没有概率分析，然而在确定关键临界值的时候，我们还是会考虑概率问题。如果在某一个危险中暴露的水平超过了临界值，那么就意味使用这种食物的风险是无法接受的，尽管在方法中并没有明确定义风险水平。

美国食品安全现代化行动案使用危险分析与风险预防控制（HARCP）代替了 HACCP。

世界卫生组织也曾经发布过一些有关风险评估的指南，同样主要关注于危险事件的后果。在联合国粮农组织和世界卫生组织（2009）联合发布的食用化学品风险评估指南中，风险评估的步骤如下：

（1）危险识别。识别食品中某一元素能够引发的负面影响。

（2）危险表征。对这个影响进行定性和定量描述。

（3）暴露评估。评价相关易受损器官暴露在这个影响下的情况。

(4)风险表征。确定负面影响的定性后果和定量概率。

这个步骤和我们在这本书里面描述的步骤类似。

在食品安全领域,转基因生物(genetically modified organisms,GMO)技术和食物中的污染物(比如纳米材料和微塑料)可能正在引发新的风险。欧洲食品安全局在2012年也发布了识别新增风险的指南。

20.12　其他应用领域

风险评估的应用范围远远不止上述这些领域,我们将在这节当中简单地列举和讨论一些其他领域的应用。

20.12.1　环境风险

所有的风险评估都会处理可能伤害环境的问题,本书也介绍了相应的风险评估方法。有时候,我们可能还需要在环境方面投入更多的注意力,考虑连续、有计划排放的负面影响,也就是我们在这里要谈到的环境风险评估。这种评估有时候还需要考虑对人体健康的有害影响,所以我们也可以把这部分分析称为对人体健康和环境的风险评估。

有多个欧盟指令都要求进行环境风险评估。其中,指令93/67/EEC指出,"要制定对人类和物质环境风险的评估准则……"本书关注的主要都是离散危险事件的风险,因此没有涉及连续排放和有计划排放的环境风险评估。

20.12.2　关键基础设施

关键基础设施一词是指那些社会和经济运行必需的资产。关键基础设施主要包括:

(1)能源和公用设施(比如发电、天然气、石油开采和输送系统)。

(2)通信和信息技术(比如电信、广播系统、互联网)。

(3)金融(比如银行、保险和投资)。

(4)健康服务(比如医院、健康服务站和血站、实验室和药厂)。

(5)食物(比如食品安全、配送、农业和食品工业)。

(6)水(比如饮用水和污水管理)。

(7)交通(比如航运、铁路、水运和公路)。

(8)政府(比如政府服务、信息网络、资产、文化和自然遗产)。

(9)制造(比如提供产品和服务)。

在报告《关键基础:保护美国的基础设施》(美国总统关键基础设施保护委员会,1997)当中,作者强调了关键基础设施的重要性。在美国,保护关键基础设施被认为是广义国土安全的一部分。美国国土安全部就曾经开发过一种风险评估方法,称为风险评估与管理程序(risk assessment and management program,RAMP)。

美国机械工程师协会(ASME)还开发过另外一种风险评估方法RAMCAP+,这种方法的主要步骤包括:

(1)资产特性描述。

(2) 威胁特性描述。
(3) 后果分析(基于工程判断)。
(4) 弱点分析。
(5) 威胁评估(考虑威慑力量,估计吸引力)。
(6) 风险评估。
(7) 风险管理。

20.12.3　市政风险与脆弱性评估

挪威政府要求国内所有的城市都必须进行与城市主要职能相关的风险和脆弱性评估,作为制订应急计划和资源配置的依据。挪威市政保护和应急计划理事会(DSB)还专门为此开发了评估指南。

挪威大部分的城市都已经根据上述指南进行了风险和弱点评估,各种基础设施的运营商和所有者也进行了相同类型的分析。风险和弱点分析主要包括以下步骤:

20.12.3.1　第一步:识别和选择相关的事故场景

绝大多数市政风险和弱点分析都可以基于初步危险分析(PHA,见第10章)。

可以按照多种不同的方式识别可能的事故场景(负面事件):

(1) 按照功能、活动和物理区域对城市进行划分,识别与每个部分相关的危险和事故场景。
(2) 考虑不同的危险(比如之前列出的),识别这些危险会在城市的哪些部分引发事故。
(3) 识别城市中最重要的资产,识别发生在这些资产上的事件。

我们可以对上述这些方法进行任意的组合。

对于不同的城市,可能会发生不同的事故场景。但是我们还是可以使用一个通用的事件分类作为检查表,比如:

(1) 自然事件(洪水、泥石流、暴雨、罕见暴风雪等)。
(2) 基础设施的破坏或者功能丧失(供电、供水、排水、数据网络等)。
(3) 重大交通事故(公路、铁路、民航、水运)。
(4) 火灾(森林、建筑物、医院、护理中心、文化遗产、工业设施)。
(5) 爆炸(燃料仓库、化工厂等)。
(6) 重大工业事故。
(7) 堤坝裂缝。
(8) 严重污染(饮用水、河流、湖泊等)。
(9) 涉及大批人的群体性事件(足球比赛、流行音乐会等)。
(10) 蓄意破坏或者骚乱。
(11) 核辐射。

一般每个城市都有一些非常重要的资产必须保护,包括:

(1) 医院。
(2) 护理中心。

(3) 学校。
(4) 文化遗产。
……

危险识别过程一般都会生成很多可能的事故场景。我们无法对所有事件都进行详细分析,因此更为重要的一项工作就是从每一类当中选择一些有代表性的场景。

作为初步危险分析的补充,简单的 SWIFT 分析(见第 10 章)有时候也是一个不错的选择。分析人员需要问询这一类的问题:"如果……会怎样"。省略号中内容可以是:

(1) 油罐车和一辆轿车在隧道中相撞。
(2) 手足口病暴发,蔓延到多个农场。
(3) 在护理中心发生火灾。
(4) 有一块大石头从山上坠落,同时破坏了主要的公路和铁路。
(5) 城市饮水源被污染。

20.12.3.2 第二步:评价相关的事故场景

本步骤就是根据频率和后果评价选择的事故场景。这里的做法和标准 PHA 一致,事故场景的频率和后果可以分为 3~5 个级别。

城市中的危险事件可能会影响单独一座基础设施,也可能同时影响所有的设施。对于一个城市而言,最重要的是要及早做好计划。比如,分析需要了解如果停电引起供水问题,哪些居民会受到影响,会不会出现危及生命的情况。

20.12.3.3 第三步:评价应急准备

在这一步中,对于每个相关的事故场景,分析人员都应该问询下列问题:

(1) 我们必须准备什么样的计划才能处理这个事故?
(2) 这些计划足够吗?
(3) 我们是否有充足的装备、人员、资源去执行这些计划?
(4) 设备是否得到了维护,现在是否可用?
(5) 设备和资源的位置合适吗?
(6) 相关人员是否接受过充分的训练,可以完成使命?
(7) 我们可以从外部(私人、其他城市、国家)得到哪些帮助?
(8) 我们应该怎样通知居民和媒体有关事故的情况?

20.12.3.4 第四步:修改并分配资源

这一步的目标是确定城市的应急准备是否需要修改或者改进。还需要哪些新的人员和新的设备?必须要制订哪些长期的计划?

20.12.3.5 其他国家

在其他的一些国家,比如瑞典和丹麦,也在强制推行类似的风险和脆弱性分析。美国国土安全部下属的联邦紧急事务管理局(Federal Emergency Management Agency, FEMA)也曾经开发过应急准备的相关指南,但是这些文件主要关注的是公民个人和家庭。

20.13　结束语

本书的目标是介绍风险评估、风险评估方法以及一些与风险评估有关的重要问题。在最后的这一章中，作者对风险评估的发展以及风险评估在一些主要行业中如何应用进行了综述。

然而，我们不可能面面俱到，还有一些方法、问题和应用在本书中没有涉及，其中包括：

（1）风险评估中的组织因素。风险研究人员早就已经认识到组织因素对风险有着巨大的影响。这种影响尤其体现在人为错误和人因可靠性方面。从这个角度来说，组织因素包括安全文化、培训、工作计划、工作安全分析等。此外，组织因素还会通过维护计划、工具提供和监督直接影响技术可靠性。Mohaghegh 等（2009）提出了一种衡量组织因素的新方法，并列举了很多相关的文献。杨雪和豪根（2017）的论文，在对风险评估中的方法进行综述的时候也涵盖了组织因素。

（2）动态系统的风险评估。本书介绍的大部分方法都主要针对静态系统，也就是运行模式几乎不变或者改变非常缓慢的系统。现在，研究人员已经提出了一些关于动态系统的方法，但是这些方法都还没有被广泛接受。我们推荐有兴趣的读者可以阅读 Siu（1994）的相关论文。

（3）维护的风险评估问题。有一些研究指出，在工业致死性事故中，有相当一部分都与维护有关。事故可能是在维护工作进行中发生，也可能是因维护不到位或者缺乏维护引起的。Hale 等（1998）提出了一种方法，并指出在他们研究的流程和建筑行业中，有 30%~40% 的致死性事故是由维护引起的。

（4）风险评估中的软件。现在，大多数复杂系统都集成有软件。第 14 章在讨论安全仪表系统的时候也对这个问题有所涉及，但是并没有展开论述。第二部分中介绍的一些方法也可以用于包含软件的系统，但是不能解决所有的问题。Leveson（1995）的论文是这个领域较早的一篇文献。

（5）环境风险评估。根据对环境定义的不同，环境风险评估主要可以分为两类：①在这里环境是一种需要保护的资产；②在这里环境是一种危险。这两类在本书当中都多次提到，但是还远远不够。环境与大多数其他资产都不同，因为它可以吸纳一些伤害，并可以通过自身清除伤害（比如泄漏到海洋中的石油在一段时间之后可以自动消解）。对于这些影响的研究，属于工业生态学的范畴。此外，第二类环境现在也变得越来越重要，这是因为气候在发生改变，每年自然灾害的数量都在不断增加。所以这个领域的风险评估和应急计划都是非常重要的议题。

（6）项目风险评估。有太多的项目没有完成既定的目标，或者超出了事先设定的时间和成本预算。项目管理与大多数其他应用领域又有所不同，因为我们可以非常方便地使用各种缓冲和冗余措施。项目风险评估和风险管理是现在非常热门的一个话题，需要更多的研究，尤其是对大型项目的研究。

参考文献

ABS(2003). Guide for Risk Evaluation for the Classification of Marine-Related Facilities. American Bureau of Shipping.

ARAMIS(2004). Accidental Risk Assessment Methodology for Industries in the Context of the Seveso II Directive. Technical report EVSG1-CT-2001-00036. Fifth Framework Programme of the European Community, Energy, Environment and Sustainable Development.

Baybutt, P. (2003). Major hazards analysis-an improved process hazard analysis method. Process Safety Progress 22(1): 21-26.

Baybutt, P. (2014). Requirements for improved process hazard analysis(PHA) methods. Journal of Loss Prevention in the Process Industries 32: 182-191.

Borysiewicz, M. J., Borysiewicz, M. A., Garanty, I., and Kozubal, A. (2007). Quantitative risk assessment (QRA). Tech. Rep. Otwock-Swierk, Poland: CoE MANHAZ, Institute of Atomic Energy.

Breinholt, C., Ehrke, K. C., Papanikolaou, A. et al. (2012). SAFEDOR-the implementation of risk-based ship design and approval. Procedia-Social and Behavioral Sciences 48: 753-764.

CCPS(1999). Guidelines for Chemical Process Quantitative Risk Analysis, Wiley and Center for Chemical Process Safety, 2e. American Institute of Chemical Engineers.

CCPS(2016). Guidelines for Implementing Process Safety Management, Wiley and Center for Chemical Process Safety, 2e. Hoboken, NJ: American Institute for Chemical Engineers.

Civil Aviation Authority(2010). Guidance on the Conduct of Hazard Identification, Risk Assessment and the Production of Safety Cases. Report CAP 760. CAA.

Crawley, F., Preston, M., and Tyler, B. (2000). HAZOP: Guide to Best Practice. Rugby: Institution of Chemical Engineers.

Cross, R. and Youngblood, R. (2017). Probabilistic Risk Assessment Procedures Guide for Offshore Applications(Draft). Report JSC-BSEE-NA-24402-02. BSEE.

Dezfuli, H., Stamatelatos, M., Maggio, G. et al. (2010). NASA Risk-Informed Decision Making Handbook. Handbook NASA/SP-2010-576. Washington, DC: U. S. National Aeronautics and Space Administration.

EFSA (2012). Towards a Methodological Framework for Emerging Risk Identification. Technical report. EFSA-Q-2010-00933. Parma, Italy: European Food Safety Authority.

EU(2004). Council Directive 2004/49/EC of 29 April 2004 on the Licencing of Railway Undertakings (Railway Safety Directive), Official Journal of the European Union, L 220/16.

EU(1996). Council Directive 96/82/EC of 9 Dec 1996 on the control of major-accident hazards involving dangerous substances, (Seveso II Directive).

EU(2012). Directive 2012/18/EU of the European Parliament and the Council of 4 July 2012 on the Control of Major-Accident Hazards Involving Dangerous substances (Seveso III Directive), Official Journal of the European Union, L 197/1 24.7.2012.

Eurocontrol(2001). Risk Assessment and Mitigation in ATM. Report ESARR4. Eurocontrol.

FAO/WHO(2009). Principles and Methods for the Risk Assessment of Chemicals in Food. Technical report 240. Geneva: World Health Organization.

Hale, A. R., Heming, B. H. J., Smit, K. et al. (1998). Evaluating safety in the management of maintenance activities in the chemical process industry. Safety Science 28: 21-44.

Hendershot, D. C. (2009). A history of process safety and loss prevention in the American Institute of Chemical Engineers. Process Safety Progress 28(2): 105-113.

Herrera, I. A., Håbrekke, S., Kråkenes, T. et al. (2010). Helicopter Safety Study (HSS-3). Research report SINTEF A15753. Trondheim, Norway: SINTEF.

HSE(2001). Marine Risk Assessment. London: HMSO.

IAEA (1999). Living Probabilistic Safety Assessment (LPSA). Report IAEA-TECDOC-1106. International Atomic Energy Agency.

IAEA(2001). Applications of Probabilistic Safety Assessment(PSA) for Nuclear Power Plants. Tech. Rep. IAEA-TECDOC-1200. Vienna, Austria: International Atomic Energy Agency.

ICAO (2018). Safety Management Manual (SMM). Technical report 9859. Montreal, Canada: International Civil Aviation Organization.

IEC 62278 (2002). Railway applications: specification and demonstration of reliability, availability, maintainability, and safety(RAMS). Geneva: International Electrotechnical Commission.

IMO(2002). Guide for Formal Safety Assessment(FSA) for Use in the IMO Rule-Making Process. Technical report MSC/1023. London: International Maritime Organization.

INSAG(2011). A Framework for An Integrated Risk Informed Decision Making Process. Report. INSAG-25. Vienna, Austria: IAEA.

ISO 12100(2010). Safety of machinery-general principles for design: risk assessment and risk reduction, International standard ISO 12100. Geneva: International Organization for Standardization.

ISO 17776(2016). Petroleum and natural gas industries—offshore production installations-major accident hazard management during the design of new installations. Tech. Rep. Geneva: International Organization for Standardization.

ISO 22000(2018). Food safety management systems-requirements for any organization in the food chain, International standard. Geneva: International Organization for Standardization.

Kletz, T. (1999). Hazop and Hazan, 4e. London: Taylor & Francis.

Leveson, N. (1995). Software: System Safety and Computers: A Guide to Preventing Accidents and Losses Caused by Technology. Reading, MA: Addison-Wesley.

Macdonald, D. (2004). Practical Machinery Safety. Oxford: Newnes/Elsevier.

Mohaghegh, Z., Kazemi, R., and Mosleh, A. (2009). Incorporating organizational factors into probabilistic risk assessment (PRA) of complex socio-technical systems: a hybrid technique formalization. Reliability Engineering & System Safety 94: 1000-1018.

NASA(2002). Fault Tree Handbook with Aerospace Applications, Handbook. Washington, DC: U. S. National Aeronautics and Space Administration.

NASA(2011). Probabilistic Risk Assessment Procedures Guide for NASA Managers and Practitioners. Guide NASA/SP-2011-3421. Washington, DC: U. S. National Aeronautics and Space Administration.

NORSOK Z-013(2010). Risk and emergency preparedness analysis, Norsok standard. Oslo, Norway: Standard Norge.

NUREG-75/014(1975). Reactor Safety: An Assessment of Accident Risk in U. S. Commercial Nuclear Power Plants. Technical report NUREG-75/014 (WASH-1400). Washington, DC: U. S. Nuclear Regulatory Commission.

NUREG/CR-4780 (1989). Procedures for treating common-cause failures in safety and reliability studies, volume 2, Analytical Background and Techniques. Washington, DC: U. S. Nuclear Regulatory Commission.

NUREG/CR-5485 (1998). Guidelines on modeling common-cause failures in probabilistic risk assessment. Washington, DC: U. S. Nuclear Regulatory Commission.

ONR(2017). Risk Informed Regulatory Decision Making. Report. London, UK: Office for Nuclear Regulation.

Papanikolaou, A. (ed.) (2009). Risk-Based Ship Design: Methods, Tools and Applications. Berlin: Springer-Verlag.

President's Commission on Critical Infrastructure Protection (1997). Critical foundations: protecting America's infrastructures. http://www.fas.org/sgp/library/pccip.pdf (accessed 3 October 2019).

Ridley, J. and Pearce, D. (2006). Safety with Machinery, 2e. Routledge.

Salvi, O. and Debray, B. (2006). A global view on ARAMIS, a risk assessment methodology for industries in the framework of the SEVESO II directive. Journal of Hazardous Materials 130: 187-199.

Siu, N. (1994). Risk assessment for dynamic systems: an overview. Reliability Engineering & System Safety 43: 43-73.

Sperber, W. H. and Stier, R. F. (2009). Happy 50th birthday to HACCP: restrospective and prospective. Food Safety Magazine, pp. 42-46. https://www.foodsafetymagazine.com/magazine-archive1/december-2009january-2010/happy-50th-birthday-to-haccp-retrospective-and-prospective/ (accessed 3 October 2019).

Swain, A. D. and Guttmann, H. (1983). Handbook of Human Reliability Analysis with Emphasis on Nuclear Power Plant Applications. Technical report NUREG/CR-1278. Washington, DC: Nuclear Regulatory Commission.

U. S. DOD (2014). Risk Management Guide for DoD Acquisition. Tech. Rep. Washington, DC: U. S. Department of Defense.

U. S. DOE (2004). Chemical Process Hazard Analysis. Tech. Rep. DOE-HDBK-1100-2004. Washington, DC: U. S. Department of Energy.

U. S. FAA (2000). System Safety Handbook. Tech. Rep. Washington, DC: Federal Aviation Administration. https://www.faa.gov/regulations_policies/handbooks_manuals/aviation/risk_management/ss_handbook/ (accessed 3 October 2019).

U. S. FAA (2009). Risk Management Handbook. Tech. Rep. FAA-H-8083-2. Washington, DC: Federal Aviation Administration.

U. S. NRC (2007). Probabilistic Risk Assessment, Fact sheet. Washington, DC: U. S. Nuclear Regulatory Commission.

VROM (2005). Guidelines for Quantitative Risk Assessment (The Purple Book). Tech. Rep. PGS 3. The Netherlands Ministry of Housing, Spatial Planning and the Environment.

Wahlström, B. (2003). Risk informed approaches for plant life management: regulatory and industry perspectives. Presentation at FISA 2003, EU Research in Reactor Safety, Luxembourgh.

WHO (2015). WHO Estimates of the Global Burden of Foodborne Diseases. Report. World Health Organization. https://www.who.int/foodsafety/publications/foodborne_disease/fergreport/en/ (accessed 3 October 2019).

Yang, X. and Haugen, S. (2017). Risk influence frameworks for activity-related risk analysis during operation: a literature review. Safety Science 96: 102-116.

附录 A

概率论精要

A.1 简介

附录 A 将会简要介绍概率论和统计学的一些主要内容。我们在这里不求全面，只是希望给出一些简要的信息，帮助读者阅读本书其他的部分。同时，我们还会介绍一些可靠性理论的基本概念，对于该理论和统计比较熟悉的读者不需要阅读这部分内容。如果想要进一步学习概率论知识，我们推荐阅读 Ross(2004,2007)。同时，读者还可以从互联网上找到很多优质的讲义。

A.2 结果和事件

A.2.1 随机试验

随机试验是指可以在"必要的相同条件"下多次重复的试验。随机试验的例子包括像掷硬币、计算一段时间的失效次数、观察着陆期间飞机是否坠毁这些简单的试验。

很多时候，也许不可能在完全相同的条件下重复相同的试验，但是我们把每一次尝试都看作随机试验，并想象它们是在几乎相同的条件下重复进行。

A.2.2 单个结果

某一具体随机试验的结果被称为单个结果，或简称为结果。我们经常用字母 e 来表示单个结果。

A.2.3 样本空间

我们将一个随机试验所有可能的单个结果的集合称为样本空间，并使用符号 S 来表示。样本空间可能是有限个数的，也可能包括无数单个结果。包含有限数量 n 个结果的

样本空间可以写成 $S=\{e_1,e_2,\cdots,e_n\}$。

A.2.4 事件

事件 E 是样本空间中 S 包含某些结果的集合。我们可以写作 $E \subset S$，其中 $\subset$ 表示前者是后者的子集。大部分事件都是复合事件，包含多个结果，但是某一单个结果 e 也可以是一个事件，我们称之为简单事件。

案例 A.1：掷硬币就是一个随机试验。这个试验的样本空间是：
$$S=\{e_1,e_2\}=\{H,T\}$$
式中，$e_1=H$ 表示硬币掷出的结果是正面，$e_2=T$ 表示掷出的结果是背面。

案例 A.2：考虑在两只球队 A 和 B 之间进行的足球比赛，我们希望了解比赛的结果，也就是每支球队进球的数量。在这个例子中，样本空间是：
$$S=\{(0,0),(0,1),(1,0),(1,1),(0,2),(2,0),(1,2),(2,1),\cdots\}$$
举个例子来说，如果本例的结果是 $(2,0)$，就说明 A 队以 2∶0 的比分击败了 B 队。实际上 A 队赢得比赛的比分可以有很多种，如果事件 e 属于集合 $E_1=\{(1,0),(2,0),(2,1),\cdots\}$，就表明 A 队获胜。这个集合 E_1 就是 S 中的一个事件。本书中考虑的事件一般都可以用动词描述，比如：
$$A \text{ 队获胜} \Leftrightarrow e \in E_1$$
另外一个事件 E_2 是"比赛中的进球不超过 2 个"，它可以表示成集合 $E_2=\{(0,0),(0,1),(1,0),(1,1),(2,0),(0,2)\}$。

A.2.5 对立事件

事件 E 的对立事件（complementary）是由样本空间 S 中所有不属于 E 的结果组成的集合。E 的对立事件可以使用符号 E^* 表示。

样本空间 S 的对立事件必须定义为空，也就是我们所说的空集或者不可能集合，使用 $\varnothing$ 表示。

A.2.6 维恩图

一般我们可以采用维恩图来表示样本空间和不同的事件，如图 A.1 所示。在这幅图中，矩形代表样本空间 S，试验的所有可能结果都可以表示为矩形中的一点。椭圆形 E 包含了所有属于事件 E 的结果，而对立事件 E^* 则包括了 S 中不属于 E 的所有结果。

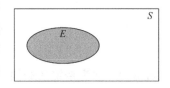

图 A.1 事件 E 的维恩图

A.2.7 事件交集

两个事件 E_1 和 E_2 的交集（intersection），可以使用符号 $E_1 \cap E_2$ 表示，这个事件包含所有既属于 E_1 也属于 E_2 的结果。

案例 A.3：在案例 A.2 中，两个事件的交集是：
$$E_1 \cap E_2 = \{(1,0),(2,0)\}$$

即 A 队获胜,且比赛中进球不超过 2 个。

A.2.8 事件并集

两个事件 E_1 和 E_2 的并集(union),可以使用符号 $E_1 \cup E_2$ 表示,它包含所有属于 E_1 或者属于 E_2 的结果[图 A.2(a)]。

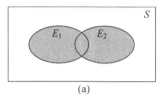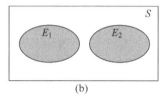

图 A.2 两个事件 E_1 和 E_2 的维恩图。在图(a)中,两个事件有重叠,而在图(b)中,它们没有交集

A.2.9 互斥事件

如果 $E_1 \cap E_2 = \varnothing$,那么这两个事件 E_1 和 E_2 就是互斥事件,或者说它们互不相容。换句话说,就是两个事件没有任何共同的结果。图 A.2(b)所示的就是这种情况,事件 E_1 和 E_2 不可能同时发生。

A.2.10 简单系统

我们现在考虑包含多个元件的系统,每一个元件有 2 个状态:正常或者失效。假设这个系统有 n 个不同的元件,用 X_i 表示元件 i 的状态,$i=1,2,\cdots,n$,那么元件 i 的状态可以用状态变量表示:

$$X_i = \begin{cases} 1, & \text{如果第 } i \text{ 号元件功能正常} \\ 0, & \text{否则} \end{cases} \tag{A.1}$$

$\boldsymbol{X}=(X_1, X_2, \cdots, X_n)$ 称为系统的状态向量。

那么,系统的状态就可以采用一个二元函数表示:

$$\phi(X) = \phi(X_1, X_2, \cdots, X_n) \tag{A.2}$$

其中:

$$\phi(X) = \begin{cases} 1, & \text{如果系统功能正常} \\ 0, & \text{系统功能不正常} \end{cases} \tag{A.3}$$

函数 $\phi(X)$ 称为系统的结构函数。

A.2.10.1 串联系统

当且仅当系统中所有 n 个元件都功能正常的时候,系统才可以正常运行,这种系统称为串联系统(Rausand 等,2020)。该系统的结构方程是:

$$\phi(X) = X_1 \cdot X_2 \cdots X_n = \prod_{i=1}^{n} X_i \tag{A.4}$$

我们可以发现,只有对所有的 $i=1,2,\cdots,n$,都有 $X_i=1$,才有 $\phi(X)=1$。

串联系统可以用图 A.3 中的可靠性框图(reliability block diagram,RBD)描述。

图 A.3 串联系统的可靠性框图

令事件 E_i 表示第 i 号元件处于失效状态，$i=1,2,\cdots,n$，然后令 E_s 表示系统失效。因为只要有一个元件失效，系统就会失效，我们可以得到：

$$E_s = E_1 \cup E_2 \cup \cdots \cup E_n$$

我们还可以采用故障树来描述系统失效，如图 A.4 所示。这个故障树中的"门"是一个或-门，如果事件 E_1 或者事件 E_2 或者……发生，顶事件"系统失效"就会发生。我们在 11.3 节中对故障树进行了讨论。

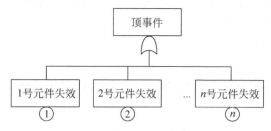

图 A.4 采用故障树表示串联系统

并联系统。只要 n 个元件中至少有一个功能正常，系统就可以正常运行，这种系统叫作并联系统（Rausand 等，2020）。图 A.5 采用可靠性框图描述包含了 n 个元件的并联系统。

这个并联系统的结构方程可以写成

$$\phi(X) = 1-(1-X_1)(1-X_2)\cdots(1-X_n) = 1 - \prod_{i=1}^{n}(1-X_i) \tag{A.5}$$

我们可以发现，只有对所有的 $i=1,2,\cdots,n$，都有 $X_i=0$，才会有 $\phi(X)=0$。

当系统中的所有元件同时失效的时候，这个并联系统才会失效。和串联系统类似，我们可以得到：

$$E_s = E_1 \cap E_2 \cap \cdots \cap E_n$$

我们同样也可以采用故障树来描述系统失效，如图 A.6 所示。这个故障树中的"门"是一个与-门，只有事件 E_1 和事件 E_2 和……同时发生，顶事件"系统失效"才会发生。

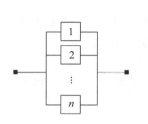

图 A.5 并联系统的可靠性框图

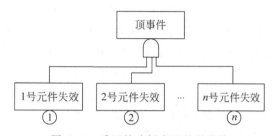

图 A.6 采用故障树表示并联系统

A.3 概率

我们在 2.3 节中提到了概率的概念,当时我们使用了 3 种方法对这个概念进行了解释,并区分它们之间的差别。这 3 种方法分别是:经典方法、频率学方法和贝叶斯或者主观方法。然而,不管使用哪种方法解释,概率的法则和数学表达都是相同的。

接下来,我们将给出概率计算中使用的主要术语的定义,并介绍主要的法则和公式。

A.3.1 概率的定义

令 S 表示一个随机试验的样本空间,对于样本空间中的每一个事件 E,我们假设有一个数 $\Pr(E)$ 满足以下三个条件:

(1) $0 \leqslant \Pr(E) \leqslant 1$;
(2) $\Pr(S) = 1$;
(3) 对于任意互不相容的事件序列 $E_1, E_2, \cdots$(即对于任何 $i \neq j$,都有 $E_1 \cap E_2 = \varnothing$),有:

$$\Pr\left(\bigcup_{i=1}^{\infty} E_i\right) = \sum_{i=1}^{\infty} \Pr(E_i) \tag{A.6}$$

我们就称 $\Pr(E)$ 为事件 E 的概率。

上述条件指出,事件 E 的概率一定介于 0 和 1 之间,概率 1 意味着这个事件一定发生,而概率 0 则意味着这个事件不可能发生或者一定不发生。如果事件之间没有共同的结果,那么这些事件至少有一件发生的概率就是它们的概率之和。

A.3.2 概率计算的基本法则

A.3.2.1 对立事件的概率

令 E^* 表示事件 E 的对立事件,那么 E^* 的概率是:

$$\Pr(E^*) = 1 - \Pr(E) \tag{A.7}$$

因此,事件 E 发生的概率就等于 1 减去事件 E 不发生的概率。

A.3.2.2 概率的加法法则

如果 E_1 和 E_2 是任意两个事件,那么有:

$$\Pr(E_1 \cup E_2) = \Pr(E_1) + \Pr(E_2) - \Pr(E_1 \cap E_2) \tag{A.8}$$

式(A.8)就是概率的加法法则。图 A.7 中的维恩图和故障树对加法法则进行了说明。我们需要注意的是,如果事件 E_1 和 E_2 是互斥事件(互不相容),那么:

$$\Pr(E_1 \cup E_2) = \Pr(E_1) + \Pr(E_2)$$

图 A.2(b)给出的就是这种情况。加法法则也可以进行扩展,如果事件 $E_1, E_2, \cdots, E_n$ 都是互斥的,我们就可以得到式(A.6)。

A.3.2.3 条件概率

假设我们已知事件 E_1 已经发生,希望确定事件 E_2 的概率。如果事件 E_1 已经发生,E_2 如果要发生,实际出现的结果必然是一个既在 E_1 中也在 E_2 中的结果,即 $E_1 \cap E_2$。

因此，给定 E_1 发生，E_2 的条件概率是：

$$\Pr(E_2 \mid E_1) = \frac{\Pr(E_1 \cap E_2)}{\Pr(E_1)} \tag{A.9}$$

前提是 $\Pr(E_1) > 0$。

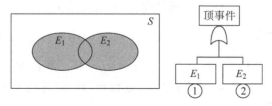

图 A.7　事件 E_1 或者事件 E_2 发生

案例 A.4：假设事件 E_2 是化工厂当中某一种类型的流程失效，我们希望研究流程失效概率 $\Pr(E_2)$ 是否依赖于关键液位控制器的运行情况。令 E_1 表示液位控制器失效这个事件，图 A.8 中的树结构描述的就是这一情况。

我们注意到树结构最终节点的概率是：

(1) $\Pr(E_2 \mid E_1)$（即在液位控制器失效的时候流程失效的概率）。

(2) $\Pr(E_2 \mid E_1^*)$（即在液位控制器运行的时候流程失效的概率）。

图 A.8 中的树就称为概率树或者事件树。

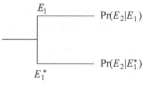

图 A.8　概率树

A.3.2.4　概率的乘法法则

根据式(A.9)，我们发现：

$$\Pr(E_1 \cap E_2) = \Pr(E_2 \mid E_1) \cdot \Pr(E_1) = \Pr(E_1 \mid E_2) \cdot \Pr(E_2) \tag{A.10}$$

图 A.9 中的维恩图和故障树描述了 E_1 和 E_2 的交集。这个公式可以进一步推广到 k 个事件

$$\Pr(E_1 \cap E_2 \cap \cdots \cap E_k)$$
$$= \Pr(E_1) \cdot \Pr(E_2 \mid E_1) \cdot \Pr(E_3 \mid E_1 \cap E_2) \cdots \Pr(E_k \mid E_1 \cap \cdots \cap E_{k-1})$$

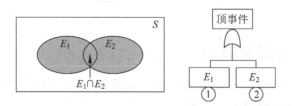

图 A.9　事件 E_1 和事件 E_2 发生

A.3.2.5　独立事件

如果两个事件 E_1 和 E_2 中，一个事件的发生不会给出任何另外一个事件是否发生的相关信息，或者说两个事件彼此之间没有影响，我们就说这两个事件是独立的。这也就是说，当且仅当：

$$\Pr(E_2 \mid E_1) = \Pr(E_2) \quad \text{或} \quad \Pr(E_1 \mid E_2) = \Pr(E_1)$$

两个事件 E_1 和 E_2 是独立的。

如果上述两个事件独立，就有：

$$\Pr(E_1 \cap E_2) = \Pr(E_1) \cdot \Pr(E_2) \tag{A.11}$$

如果一系列事件 $E_1, E_2, \cdots, E_n$ 都是独立的，那么有：

$$\Pr(E_1 \cap E_2 \cap \cdots \cap E_n) = \Pr(E_1) \cdot \Pr(E_2) \cdots \Pr(E_n) = \prod_{i=1}^{n} \Pr(E_i) \tag{A.12}$$

注释 A.1：当 $\Pr(E_1 \cap E_2) \neq \Pr(E_1) \cdot \Pr(E_2)$，那么事件 E_1 和 E_2 就是相依的。两个事件 E_1 和 E_2 之间不一定存在因果关系，它们的"联系"可能只是逻辑上的。

A.3.2.6 样本空间划分

如果事件 $E_1, E_2, \cdots, E_n$ 是互斥的，并且满足：

$$S = E_1 \cup E_2 \cup \cdots \cup E_n$$

那么样本空间 S 中的一系列事件 $E_1, E_2, \cdots, E_n$ 可以看作是对 S 的一种划分。图 A.10 描述的就是样本空间 S 的一种划分。

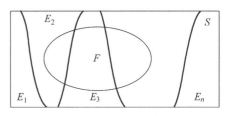

图 A.10 样本空间划分

A.3.2.7 全概率

令 F 表示样本空间 S 中的一个事件，然后 $E_1, E_2, \cdots, E_n$ 是 S 的一种划分，那么 F 的概率就可以写成：

$$\Pr(F) = \sum_{i=1}^{n} \Pr(F \cap E_i) = \sum_{i=1}^{n} \Pr(F \mid E_i) \cdot \Pr(E_i) \tag{A.13}$$

A.3.2.8 贝叶斯公式

如果 $E_1, E_2, \cdots, E_n$ 是样本空间 S 的一种划分，对于所有的 $i = 1, 2, \cdots, n$ 都有 $\Pr(E_i) > 0$；对于 S 中的任何事件 F，也有 $\Pr(F) > 0$，那么如果我们已知 F 发生，想确定 F 属于空间中某一部分 E_j 的概率，就有：

$$\Pr(E_j \mid F) = \frac{\Pr(F \cap E_j)}{\sum_{i=1}^{n} \Pr(F \cap E_i)} = \frac{\Pr(F \mid E_j) \cdot \Pr(E_j)}{\sum_{i=1}^{n} \Pr(F \mid E_i) \cdot \Pr(E_i)} \tag{A.14}$$

式中，$j = 1, 2, \cdots, n$。

A.3.3 均匀概率模型

均匀概率模型是最简单的一种概率模型。假设 S 是一个有限非空样本空间，包含 n 个结果。S 的古典概率模型可以定义为：

$$\Pr(e) = \frac{1}{n}, \quad e \in S \tag{A.15}$$

假设 S 中的事件 E 包含 n_E 个不同的结果，如果使用古典概率模型，事件 E 的概率就是：

$$\Pr(E) = \frac{n_E}{n} \tag{A.16}$$

案例 A.5：假设一个掷骰子的随机试验，骰子是一个（均匀）六面体，因此样本空间

$S=\{1,2,3,4,5,6\}$，掷出结果的数量 $n=6$。那么，掷出结果是 2 的概率就是：

$$\Pr(2)=\frac{1}{6}$$

假设事件 $E=$ "掷出偶数"，包含三个结果 $\{2,4,6\}$，因此 E 的概率就是：

$$\Pr(E)=\frac{n_E}{n}=\frac{3}{6}=0.50$$

A.4　随机变量

随机变量是样本空间中与每一个输出对应的实值函数。按照频率学方法（见第 2 章），随机变量就是一个可以测量的数。

在本书中，我们使用大写字母 X 表示一个随机变量，相对应的小写字母 x，则表示变量的一个值。

A.4.1　离散随机变量

如果一个变量全部能够取到的可能值是有限个，那么它就是一个离散变量。

案例 A.6：假设有一组人，我们随机地从这组人中挑选一个出来。那么这组人就是样本空间，而选出的这个人就是样本空间的一个结果 e。我们希望测量结果的某种属性，比如他一共有多少个兄弟姐妹，并令 X 代表他兄弟姐妹的数量。当我们选好一个人并观察这个变量，我们就会得到一个数值，这个数值用 x 表示。比如我们可能得到 $x=2$。试验的结果与试验的随机性有关，因为我们不知道会选中哪个人，也就不知道 X 的值。一旦我们选好了具体某个人，我们就可以"测量"他的兄弟姐妹的数量，一般不会出现任何的不确定性。

A.4.1.1　概率质量函数

令 X 是一个离散随机变量，值集是 $\{x_1,x_2,\cdots\}$，再令 $\Pr(X=x_i)$ 表示变量 X 的取值是 x_i 的概率。这个概率也可以解释为，对取得结果的测量值（根据 X）是 x_i，因此我们有：

(1) 对于所有的 $i=1,2,\cdots,\Pr(X=x_i)\geqslant 0$；

(2) $\sum_{i=1}^{\infty}\Pr(X=x_i)=1$。

A.4.1.2　分布函数

离散随机变量 X 的分布函数是：

$$F(x)=\Pr(X\leqslant x)=\sum_{x_i\leqslant x}\Pr(X=x_i) \tag{A.17}$$

这个分布函数有时候也称为累计分布函数。随机变量 X 取值在区间 $(x_i,x_j]$ 的概率是：

$$\Pr(x_i<X\leqslant x_j)=\Pr(X\leqslant x_j)-\Pr(X\leqslant x_i)=F(x_j)-F(x_i) \tag{A.18}$$

式中，$x_i<x_j$。

A.4.1.3　均值、方差和标准差

值集为 $\{x_1,x_2,\cdots\}$ 的离散随机变量 X 的均值是：

$$E(X) = \mu = \sum_{i=1}^{\infty} x_i \cdot \Pr(X = x_i) \qquad (A.19)$$

假设 $g(X)$ 为 X 的函数，那么随机变量 $g(X)$ 的均值就是：

$$E[g(X)] = \sum_{i=1}^{\infty} g(x_i) \cdot \Pr(X = x_i) \qquad (A.20)$$

X 的方差是：

$$\text{Var}(X) = E[(X - \mu)^2] = \sum_{i=1}^{\infty} (x_i - \mu)^2 \Pr(X = x_i) \qquad (A.21)$$

X 的标准差是：

$$\text{SD}(X) = \sqrt{\text{Var}(X)} \qquad (A.22)$$

A.4.1.4 边际分布和条件分布

假设 X_1 和 X_2 是两个离散随机变量，X_1 和 X_2 的联合概率质量函数是：

$$\Pr(X_1 = x_1 \cap X_2 = x_2)$$

这个式子也可以写成 $\Pr(X_1 = x_1, X_2 = x_2)$。

给定 $X_1 = x_1$，那么 $X_2 = x_2$ 的条件概率是：

$$\Pr(X_2 = x_2 \mid X_1 = x_1) = \frac{\Pr(X_1 = x_1 \cap X_2 = x_2)}{\Pr(X_1 = x_1)} \qquad (A.23)$$

X_2 的边际概率质量函数是：

$$\Pr(X_2 = x_2) = \sum_{\text{ALL} x_1} \Pr(X_1 = x_1 \cap X_2 = x_2) \qquad (A.24)$$

A.4.1.5 协方差和相关系数

假设 X_1 和 X_2 是两个离散随机变量，且它们的均值和方程都存在。考虑数学期望：

$$E((X_1 - E(X_1)) \cdot (X_2 - E(X_2))) = E(X_1 \cdot X_2) - E(X_1) \cdot E(X_2)$$

这个数字称为 X_1 和 X_2 的协方差，表示为 $\text{Cov}(X_1, X_2)$。X_1 和 X_2 的相关系数定义为：

$$\rho(X_1, X_2) = \frac{E[(X_1 - E(X_1)) \cdot (X_2 - E(X_2))]}{\sqrt{\text{Var}(X_1) \cdot \text{Var}(X_2)}} \qquad (A.25)$$

相关系数可以衡量随机变量 X_1 和 X_2 之间的关联程度，即两个变量之间线性关系的强度。相关系数通常介于 -1 到 1 之间。正相关意味着 X_1 和 X_2 会一起变大，负相关则意味着在 X_2 变小的时候 X_1 会变大，反之亦然。如果 X_1 和 X_2 是彼此独立的，它们的相关系数就是 0。

A.4.2 连续随机变量

令 T 为一随机变量，其值集不可数，这时候它就是一个连续随机变量。如果存在一个定义在所有实数 t 上的非负函数 $f(x)$，使得对于任意实数集合 A 都有性质：

$$\Pr(T \in A) = \int_A f(t) \, dt$$

函数 $f(x)$ 就称为随机变量 T 的概率密度函数。

在这个附录当中，我们使用 T 来代表连续随机变量，这是因为本书很多应用关注的随机变量都是失效或者事件的时间。因此，使用 T 表示时间就是很自然的事情。使用这个符号仅仅是出于方便的考虑,可以任何一个大写字母来代替 T。时间 T 一般来说都只能取正实数。还有一些其他类型的连续随机变量,取值范围可能是从 $-\infty \sim +\infty$ 的整个数轴,或者仅局限在数轴的某个区间之内。在这个附录当中,我们主要都是假设 T 为正数,但是这样做有的时候会和一些特殊分布的假设相悖。我们希望这不会让读者感到迷惑。

概率密度函数满足下列几个性质:

(1) 对于所有 t,$f(t) \geqslant 0$。

(2) $\int_0^\infty f(t) \mathrm{d}t = 1$。

(3) $\Pr(a < T \leqslant b) = \int_a^b f(t) \mathrm{d}t$。

在后面的几节当中,我们都假设随机变量 T 是一个元件的失效时间,我们将会介绍这个变量的主要概率量度。

A.4.2.1 失效时间

一个元件的失效时间(time to failure),是指从这个元件投入运行一直到它第一次发生失效的时间,我们设定 $t=0$ 为起始点。失效时间至少在一定程度会存在一些偶然性,因此我们把这个时间解释为一个随机变量 T 也是合乎情理的。

状态变量 $X(t)$ 是用来描述元件在时间点 t 的状态,它同样也是一个随机变量:

$$X(t) = \begin{cases} 1, & \text{如果元件在时间点 } t \text{ 功能正常} \\ 0, & \text{如果元件在时间点 } t \text{ 处于失效状态} \end{cases}$$

图 A.11 描述了离散状态变量 $X(t)$ 和失效时间 T 之间的联系。

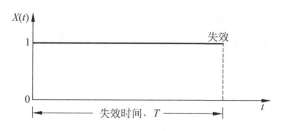

图 A.11 元件的状态变量和失效时间

值得注意的是,所谓的失效时间并不一定是日历时间,它可以采用其他一些非直接的时间概念描述,比如:

(1) 开关操作的次数;

(2) 汽车的行驶里程数;

(3) 轴承的旋转次数;

(4) 周期性工作产品的工作次数。

从这些例子中,我们可以看出,失效时间有时候也可以是一个离散变量。但是,这个离散变量可以近似成一个连续变量。在这里,除非有特殊说明,我们一般都假设失效时间 T 是一个连续变量。

A.4.2.2 分布函数

T 的分布函数可以定义为：

$$F(t) = \Pr(T \leqslant t), \quad t > 0 \tag{A.26}$$

我们可以发现，$F(t)$ 实际上就是元件在时间间隔 $(0,t]$ 内失效的概率。

A.4.2.3 概率密度函数

元件的概率密度函数 $f(t)$ 是：

$$f(t) \frac{\mathrm{d}}{\mathrm{d}t} F(t) = \lim_{\Delta t \to 0} \frac{F(t + \Delta t) - F(t)}{\Delta t} = \lim_{\Delta t \to 0} \frac{\Pr(t < T \leqslant t + \Delta t)}{\Delta t} \tag{A.27}$$

上式表明，如果 Δt 很小：

$$\Pr(t < T \leqslant t + \Delta t) \approx f(t) \cdot \Delta t \tag{A.28}$$

图 A.12 描述了分布函数 $F(t)$ 和概率密度函数 $f(t)$。

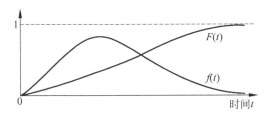

图 A.12　分布函数 $F(t)$ 和概率密度函数 $f(t)$

A.4.2.4 可靠度函数

元件的可靠度函数可以定义为：

$$R(t) = 1 - F(t) = Pr(T > t), \quad t > 0 \tag{A.29}$$

因为 $R(t)$ 是元件在时间间隔 $(0,t]$ 内没有失效的概率，或者换句话说就是元件在时间间隔 $(0,t]$ 内一直功能正常（存活下来），在时间点 t 依然可靠的概率。图 A.13 描述的就是可靠度函数（存活率函数）。

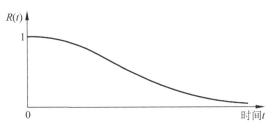

图 A.13　可靠度函数 $R(t)$

A.4.2.5 失效率函数

如果我们已知元件在时间点 t 功能正常，那么它在时间间隔 $(t, t + \Delta t]$ 内失效的概率就是一个条件概率：

$$\Pr(t < T \leqslant t + \Delta t \mid T > t) = \frac{\Pr(t < T \leqslant t + \Delta t)}{\Pr(T > t)} = \frac{F(t + \Delta t) - F(t)}{R(t)}$$

等式的两边同时除以时间间隔长度 Δt，再取极限令 $\Delta t \to 0$，就可以得到元件的失效

率函数 $z(t)$：

$$z(t) = \lim_{\Delta t \to 0} \frac{\Pr(t < T \leqslant t + \Delta t \mid T > t)}{\Delta t}$$

$$= \lim_{\Delta t \to 0} \frac{F(t + \Delta t) - F(t)}{\Delta t} \frac{1}{R(t)} = \frac{f(t)}{R(t)} \quad (A.30)$$

当 Δt 很小的时候，

$$\Pr(t < T \leqslant t + \Delta t \mid T > t) \approx z(t) \cdot \Delta t \quad (A.31)$$

需要注意概率密度函数 $f(t)$ 和失效率函数 $z(t)$ 之间的区别。假设我们在时间 $t=0$ 开始启用一个新的元件，并询问"该元件在时间间隔 $(t, t+\Delta t]$ 内失效的概率是多少？"根据式(A.27)，可以知道这个概率约等于在时间点 t 的概率密度函数 $f(t)$ 与时间间隔 Δt 的乘积。如果一个元件在时间点 t 仍然正常工作，那么我们在这个时候询问"在下一个时间间隔 $(t, t+\Delta t]$ 元件失效的概率是多少？"根据式(A.31)，这个（条件）概率约等于时间点 t 的失效率函数 $z(t)$ 与时间间隔 Δt 的乘积。

A.4.2.6 平均值

T 表示元件的失效时间，那么平均失效时间（mean time to failure, MTTF）或者 T 的期望值是：

$$\text{MTTF} = E(T) = \int_0^\infty t f(t) \mathrm{d}t \quad (A.32)$$

因为 $f(t) = -R'(t)$，有：

$$\text{MTTF} = -\int_0^\infty t R'(t) \mathrm{d}t$$

上式右边进行分步积分，得到：

$$\text{MTTF} = -[tR(t)]_0^\infty + \int_0^\infty R(t) \mathrm{d}t$$

如果 $\text{MTTF} < \infty$，可以得到 $[tR(t)]_0^\infty = 0$，此时：

$$\text{MTTF} = \int_0^\infty R(t) \mathrm{d}t \quad (A.33)$$

一般来说，通过式(A.33)确定 MTTF 要比使用式(A.32)更加容易。

A.4.2.7 中值寿命

元件的中值寿命 t_m 可以定义为：

$$R(t_m) = 0.50 \quad (A.34)$$

中值寿命将寿命分布分成两个部分。元件在时间点 t_m 以前失效的概率和在时间点 t_m 以后失效的概率都是 50%。

A.4.2.8 方差

T 的方差是：

$$\text{Var}(T) = \sigma^2 = E[(T-\mu)^2] = \int_0^\infty (t-\mu)^2 f(t) \mathrm{d}t \quad (A.35)$$

A.4.2.9 边际分布和条件分布

令 T_1 和 T_2 分别表示 2 个连续随机变量，它们的概率密度函数分布是 $f_1(t)$ 和 $f_2(t)$。T_1 和 T_2 的联合概率密度函数可以写成 $f(t_1, t_2)$。那么，T_1 的边际概率密度函数就是：

$$f_1(t_1) = \int_0^\infty f(t_1, t_2) dt_2 \tag{A.36}$$

如果我们已经知道 $T_1 = t_1$,那么 T_2 的条件概率密度函数就是:

$$f(t_2 \mid t_1) = \frac{f(t_1, t_2)}{f_1(t_1)}, \quad f_1(t) > 0 \tag{A.37}$$

根据这个结果,我们可以确定 T_2 介于 (a, b) 之间条件概率:

$$\Pr(a < T_2 < b \mid T_1 = t_1) = \int_a^b f(t_2 \mid t_1) dt_2 \tag{A.38}$$

它的条件均值是:

$$E(T_2 \mid t_1) = \int_0^\infty t_2 f(t_2 \mid t_1) dt_2 \tag{A.39}$$

A.4.2.10 独立变量

如果 $f(t_2|t_1) = f_2(t_2)$ 且 $f(t_1|t_2) = f_1(t_1)$,那么这两个连续随机变量 T_1 和 T_2 就是彼此独立的,这就是说,如果:

$$f(t_1, t_2) = f_1(t_1) \cdot f_2(t_2)$$

对于所有 t_1 和 t_2、T_1 和 T_2 就是彼此独立的。这个定义同样也可以扩展到更多变量的情况。

A.4.2.11 卷积

假设 T_1 和 T_2 是两个独立变量,概率密度函数分别是 f_1 和 f_2。有时候,我们需要确定 $T_1 + T_2$ 的分布:

$$\begin{aligned} F_{1,2}(t) &= \Pr(T_1 + T_2 \leqslant t) \\ &= \iint_{x+y \leqslant t} f_1(x) f_2(y) dx dy \\ &= \int_0^\infty \int_0^{t-y} f_1(x) f_2(y) dx dy \\ &= \int_0^\infty \left(\int_0^{t-y} f_1(x) dx \right) f_2(y) dy \\ &= \int_0^\infty F_1(t-y) f_2(y) dy \end{aligned} \tag{A.40}$$

分布函数 $F_{1,2}$ 称为分布 F_1 和 F_2 的卷积(后两者分别是 T_1 和 T_2 的分布函数)。对 $F_{1,2}(t)$ 求 t 的导数,就可以得到 $T_1 + T_2$ 的概率密度函数 $f_{1,2}(t)$:

$$f_{1,2}(t) = \int_0^\infty f_1(t-y) f_2(y) dy \tag{A.41}$$

A.5 相关概率分布

A.5.1 离散分布

A.5.1.1 二项分布

需要使用二项分布(binomial distribution)应该满足下列条件:

(1) 我们进行 n 次独立试验。

(2) 每一次试验都有两个可能的结果 E 和 E^*。

(3) 所有试验的都满足概率 $\Pr(E) = p$。

这种情况称为二项情况（binomial situation），有时候试验也称为贝努利试验。实际上，英语中"bi"这个前缀表示的就是有两个可能的结果。

令 X 表示 n 次试验结果是 E 的次数，那么 X 就是一个离散随机变量，它的概率质量函数是：

$$\Pr(X = x) = \binom{n}{x} p^x (1-x)^{n-x}, \quad x = 0, 1, \cdots, n \tag{A.42}$$

其中 $\binom{n}{x}$ 是二项式系数：

$$\binom{n}{x} = \frac{n!}{x!(n-x)!} \tag{A.43}$$

式（A.42）中的分布形式称为二项分布 (n, p)，我们有时也记为 $X \sim \mathrm{bin}(n, p)$。在这里，试验的次数 n 通常是一个已知常数，而 p 则是一个分布参数。参数 p 一般是一个直接观测不到的未知常数。对于这个参数，我们无法进行"测量"，但是可以根据对大量试验的观察估计它的相对频率。

在二项分布中，X 的均值和方差分别是：

$$E(X) = np \tag{A.44}$$

$$\mathrm{Var}(X) = np(1-p) \tag{A.45}$$

案例 A.7：消防泵需要定期进行测试。在测试期间，我们需要启动消防泵，让它运行一小段时间。如果消防泵在指定的一段时间内无法启动，我们就观察到一次"启动失效"（事件 E）。假设我们进行了 $n = 150$ 次测试，并且这些测试都是独立的。结果总共记录到 $X = 2$ 次失效，根据式（A.44），我们知道 $p = E(X)/n$，因此很自然地就可以估计消防泵的启动失效概率：

$$\hat{p} = \frac{x}{n} = \frac{2}{150} \approx 0.0133 = 1.33\%$$

案例 A.8：对于一个三选二系统来说，3 个元件当中至少要有 2 个功能正常，系统才可以工作。我们假设这些元件是独立的，并令 X 表示功能正常的元件的数量，p 表示某个具体元件功能正常的概率。这个例子可以看作一个进行了 $n = 3$ 次的二项试验，因此 X 遵循二项分布。这个 3 选 2 系统可以工作的概率 p_S 是：

$$p_S = \Pr(X \geqslant 2) = \Pr(X = 2) + \Pr(X = 3)$$

$$= \binom{3}{2} p^2 (1-p)^{3-2} + \binom{3}{3} p^3 (1-p)^{3-3}$$

$$= 3p^2(1-p) + p^3 = 3p^2 - 2p^3$$

A.5.1.2 几何分布

再次假设我们进行二项试验，令 Z 表示结果首次为 E 的时候进行的试验次数。如果 $Z = z$，这就意味着前 $(z-1)$ 试验的结果都是 E^*，而结果 E 在第 z 次试验中首次出现。

那么，Z 的概率质量函数就是：
$$\Pr(Z=z) = (1-p)^{z-1}p, \quad z=1,2,\cdots \tag{A.46}$$

式（A.46）的分布就称为几何分布。我们可以得到：
$$\Pr(Z>z) = (1-p)^z$$

随机变量 Z 的均值和方差是：
$$E(Z) = \frac{1}{p} \tag{A.47}$$

$$\mathrm{Var}(Z) = \frac{1-p}{p^2} \tag{A.48}$$

A.5.1.3 泊松分布和泊松过程

风险分析经常假设事件的发生遵循一个齐次泊松过程（homogeneous Poisson process，HPP）。HPP 是一个随机过程，可以用来描述事件 E 在给定时间内的发生情况。

HPP 需要满足下列几个条件：

（1）事件 E 在一段时间内的发生次数，与它在其他任何不重合时间段内的发生次数无关。这也就说 HPP 是无记忆的。

（2）事件 E 在一段非常短的时间间隔内发生的概率与时间间隔的长度成正比，且与此段时间间隔意外事件发生的次数无关。

（3）在一段非常短的时间间隔内，事件发生的次数超过 1 次的概率可以忽略不计。

在不失一般性的前提下，我们可以设定 $t=0$ 是泊松过程的起始点。

令 $N_E(t)$ 表示事件 E 在区间 $(0,t]$ 内发生的次数，那么这个离散随机变量 $N_E(t)$ 就称为泊松随机变量，它的概率分布也因此称为泊松分布。$N_E(t)$ 的概率质量函数是：

$$\Pr(N_E(t)=n) = \frac{(\lambda_E t)^n}{n!}\mathrm{e}^{-\lambda_E t}, \quad n=0,1,\cdots \tag{A.49}$$

式中，$\lambda_E>0$ 是一个参数，$\mathrm{e}=2.71828\cdots$

事件 E 在时间间隔 $(0,t)$ 内发生次数的均值是：
$$E(N_E(t)) = \sum_{n=0}^{\infty} n \cdot \Pr(N_E(t)=n) = \lambda_E t \tag{A.50}$$

并且：
$$\lambda_E = \frac{E(N_E(t))}{t}$$

因此，参数 λ_E 就是事件 E 在单位时间内的平均发生次数，也称为泊松过程的速率或者事件 E 的发生速率。

$N_E(t)$ 的方差是：
$$\mathrm{Var}(N_E(t)) = \lambda_E t \tag{A.51}$$

A.5.2 连续分布

A.5.2.1 指数分布

让我们假设一个元件的失效时间 T 是参数为 λ 的指数分布。那么，T 的概率密度函数就是：

$$f(t) = \begin{cases} \lambda e^{-\lambda t}, & t > 0, \lambda > 0 \\ 0, & \text{其他} \end{cases} \tag{A.52}$$

分布函数是：

$$F(t) = \Pr(T \leqslant t) = 1 - e^{-\lambda t}, \quad t > 0 \tag{A.53}$$

图 A.14 给出了指数分布的概率密度函数和分布函数。

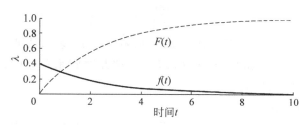

图 A.14 指数分布 ($\lambda = 0.4$)

然后就可以推导可靠度(存活率)函数：

$$R(t) = \Pr(T > t) = \int_t^\infty f(u) du = e^{-\lambda t}, \quad t > 0 \tag{A.54}$$

平均失效时间是：

$$\text{MTTF} = \int_0^\infty R(t) dt = \int_0^\infty e^{-\lambda t} dt = \frac{1}{\lambda} \tag{A.55}$$

T 的方差是：

$$\text{Var}(T) = \frac{1}{\lambda^2} \tag{A.56}$$

失效率函数是：

$$z(t) = \frac{f(t)}{R(t)} = \frac{\lambda e^{-\lambda t}}{e^{-\lambda t}} = \lambda \tag{A.57}$$

从上式可以看出,服从指数分布的元件的失效率函数是一个常数(即与时间无关)。

我们可以用日常语言去比较式(A.55)和式(A.57)的结果,如果元件平均每年有 $\lambda = 4$ 次失效,它的平均失效时间就是 1/4 年。

现在,我们假设元件的失效时间 T 服从指数分布,对于这个元件,有：

$$\Pr(T > t + x \mid T > t) = \frac{\Pr(T > t + x)}{\Pr(T > t)} = \frac{e^{-\lambda(t+x)}}{e^{-\lambda t}} = e^{-\lambda x} = \Pr(T > x)$$

这说明,给定元件在 t 的时候功能正常,那么它在 $t + x$ 的时候仍然功能正常的概率等于一个新元件的失效时间长于 x 的概率。因此,在时间点 t 功能正常的元件的剩余寿命与 t 无关。这也就意味着指数分布是没有"记忆"功能的。

所以,假设元件服从指数分布就意味着：

(1) 在统计意义上,一个用过的元件仍然是"完好如初"的。因此,也就没有理由更换功能仍然正常的元件。

(2) 在估计可靠度函数、平均失效时间等参数的时候,需要收集的数据是观测到的运行时间(小时数)和失效次数,不需要考虑相关元件已经使用了多久。

指数分布是风险和可靠性分析中最为常用的寿命分布形式,原因是它的数学原理比较简单,对于很多类型元件的实际寿命模型也适用。

A.5.2.2 指数分布和泊松过程

假设失效的发生是一个速率为 λ 的泊松过程,$N(t)$ 代表在时间间隔 $(0,t]$ 内发生失效的次数。那么 $N(t)$ 的概率质量函数是:

$$\Pr(N(t)=n) = \frac{(\lambda t)^n}{n!} e^{-\lambda t}, \quad n=0,1,\cdots$$

令 T_1 表示从 $t=0$ 到发生第一次失效的间隔时间,T_2 表示从第一次失效到第二次失效的间隔时间,以此类推。那么,变量 $T_1, T_2, \cdots$ 彼此之间是独立的,并服从参数为 λ 的指数分布(Rausand 等,2020)。

A.5.2.3 威布尔分布

威布尔分布(Weibull distribution)也是一种在风险分析中最常用的寿命分布形式。这种分布是以瑞典数学家瓦勒迪·威布尔(Waloddi Weibull,1887—1979)命名,他在对材料强度建模的时候发明了这种分布。威布尔分布非常灵活,可以通过合理地选择参数,对不同类型的失效行为建模。

如果元件失效时间 T 的分布函数是:

$$F(t) = \begin{cases} 1 - e^{-(\lambda t)^\alpha}, & t>0, \lambda>0, \alpha>0 \\ 0, & \text{其他} \end{cases} \quad (A.58)$$

我们就说这个元件服从参数为 α 和 λ 的威布尔分布。

与威布尔分布对应的概率密度函数是:

$$f(t) = \frac{\mathrm{d}}{\mathrm{d}t} F(t) = \begin{cases} \alpha \lambda^\alpha t^{\alpha-1} e^{-(\lambda t)^\alpha}, & t>0 \\ 0, & \text{其他} \end{cases} \quad (A.59)$$

式中,λ 是一个尺度参数,α 为形状参数。需要注意的是,如果 $\alpha=1$,那么威布尔分布就等同于一个指数分布。图 A.15 给出在选择不同的 α 值的时候分布的概率密度函数 $f(t)$。

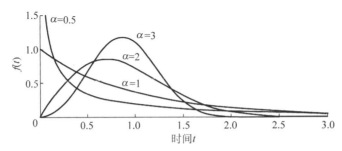

图 A.15 当形状参数 α 选择不同值的时候,威布尔分布的概率密度函数($\lambda=1$)

分布的可靠度函数是:

$$R(t) = \Pr(T>t) = e^{-(\lambda t)^\alpha}, \quad t>0 \quad (A.60)$$

它的失效率函数是：

$$z(t) = \frac{f(t)}{R(t)} = \alpha \lambda^\alpha t^{\alpha-1}, \quad t > 0 \tag{A.61}$$

图 A.16 给出了在选择不同的 α 值的时候威布尔分布的失效率函数 $z(t)$。威布尔分布的灵活性很好，可以用于失效率函数是增函数、减函数或者固定值等各种情况的寿命分布建模。

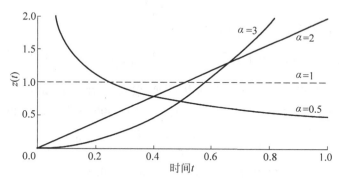

图 A.16　当形状参数 α 选择不同值的时候，威布尔分布的失效率函数($\lambda=1$)

威布尔分布的平均失效时间 MTTF 是：

$$\mathrm{MTTF} = \int_0^\infty R(t)\mathrm{d}t = \frac{1}{\lambda}\Gamma\left(\frac{1}{\alpha} - 1\right) \tag{A.62}$$

式中，$\Gamma(\cdot)$ 是一个伽马函数，它的定义是①：

$$\Gamma(x) = \int_0^\infty t^{x-1}\mathrm{e}^{-t}\mathrm{d}t, \quad t > 0$$

具体来说，对于正整数 n，我们有

$$\Gamma(n+1) = n!, \quad n = 0, 1, 2, \cdots$$

T 的方差是：

$$\mathrm{Var}(T) = \frac{1}{\lambda^2}\left[\Gamma\left(\frac{2}{\alpha}+1\right) - \Gamma^2\left(\frac{1}{\alpha}+1\right)\right]$$

A.5.2.4　正态分布（高斯分布）

统计学中最为常用的分布是正态(高斯)分布(normal distribution)。如果随机变量 T 的概率密度函数满足：

$$f(t) = \frac{1}{\sqrt{2\pi} \cdot \tau}\mathrm{e}^{-(t-\upsilon)^2/2\tau^2}, \quad -\infty < t < \infty \tag{A.63}$$

T 就服从均值为 υ、方差为 τ^2 的正态分布。

为了简化表达，我们有的时候使用 $T \sim N(\upsilon, \tau^2)$ 来表示正态分布。概率密度函数 $f(t)$ 是关于垂直线 $t=\upsilon$ 对称的，而 t 轴则是水平渐近线。曲线在 $t=\upsilon\pm\tau$ 处出现拐点，而曲线下方和水平轴上方面区域的总面积等于 1。

---

① 伽马函数是一些计算机软件中的标准函数，这些软件包括 Matlab 和 GNU Octave。

如果 $v=0$ 同时 $\tau^2=1$，这个分布就称为标准正态分布，记为 $N(0,1)$。

如果随机变量 X 服从正态分布 $N(v,\tau^2)$，且 $\tau^2>0$，那么就有 $U=(X-v)/\tau \sim N(0,1)$。我们说随机变量 U 实现了标准化。

服从标准正态分布的随机变量 U 的分布函数可以记为 $\Phi(u)=\Pr(U\leqslant u)$，相应的概率密度函数是：

$$\phi(u)=\frac{1}{\sqrt{2\pi}}e^{-u^2/2} \tag{A.64}$$

一般正态分布 $T\sim N(v,\tau^2)$ 的分布函数可以写成：

$$F(t)=\Pr(T\leqslant t)=\Pr\left(\frac{T-v}{\tau}\leqslant\frac{t-v}{\tau}\right)=\Pr\left(U\leqslant\frac{t-v}{\tau}\right)=\Phi\left(\frac{t-v}{\tau}\right) \tag{A.65}$$

案例 A.9：令 T 表示一个元件的失效时间，假设 T 服从均值 $v=20\,000\text{h}$，$\tau=5000\text{h}$ 的正态分布。那么，元件在从 $t_1=17\,000\text{h}$ 到 $t_2=21\,000\text{h}$ 这个时间段内失效的概率是：

$$\Pr(t_1<T\leqslant t_2)=\Pr\left(\frac{t_1-v}{\tau}<\frac{T-v}{\tau}\leqslant\frac{t_2-v}{\tau}\right)=\Phi\left(\frac{t_2-v}{\tau}\right)-\Phi\left(\frac{t_1-v}{\tau}\right)$$

$$=\Phi(0.200)-\Phi(-0.600)\approx 0.305$$

令 $T_1,T_2,\cdots,T_n$ 为独立变量，且服从相同的分布 $N(v,\tau^2)$。因此有：

$$\sum_{i=1}^n T_i \sim N(nv,n\tau^2)$$

可以看出，独立正态分布随机变量的和也是正态分布，并且：

$$\frac{\sum_{i=1}^n T_i - nv_i}{\sqrt{n}\tau}=\frac{\frac{1}{n}\sum_{i=1}^n T_i - v}{\tau}\sqrt{n}\sim N(0,1)$$

如果使用 $\overline{T}=\frac{1}{n}\sum_{i=1}^n T_i$，那么上面的表达式可以写成：

$$\frac{\overline{T}-E(\overline{T})}{\sqrt{\text{Var}(\overline{T})}}\sim N(0,1) \tag{A.66}$$

A.5.2.5 伽马分布

令 $T_1,T_2,\cdots,T_n$ 为服从参数是 λ 的指数分布的随机变量，这些变量的和 $V=T_1+T_2+\cdots+T_n$ 就是一个参数为 λ 和 n 的伽马分布（Gamma distribution）。随机变量 V 的概率密度函数是：

$$f(v)=\frac{\lambda}{\Gamma(n)}(\lambda v)^{n-1}e^{-\lambda v},\quad v>0 \tag{A.67}$$

式（A.67）中的参数 n 不一定是正整数，只要是正数就可以。

V 的均值和方差分别是：

$$E(V)=\frac{n}{\lambda} \tag{A.68}$$

$$\text{Var}(V)=\frac{n}{\lambda^2} \tag{A.69}$$

案例 A.10：假设一个元件会受到一系列冲击，这些冲击的发生遵循一个速率为 λ 的泊松过程。那么，前后两次冲击之间的时间间隔 $T_1, T_2, \cdots$ 就是独立的变量，且服从参数为 λ 的指数分布。假设该元件正好在第 n 次冲击的时候失效，那么它的失效时间 $\sum_{i=1}^{n} T_i$ 就是一个参数为 λ 和 n 的伽马分布。

A.5.2.6 贝塔分布

如果随机变量 T 的概率密度函数是：

$$f(t) = \frac{\Gamma(r+s)}{\Gamma(r)\Gamma(s)} t^{r-1}(1-t)^{s-1}, \quad 0 \leqslant t \leqslant 1 \tag{A.70}$$

那么 T 就服从参数为 r 和 s 的贝塔分布（β 分布，beta distribution）。

T 的均值和方差分别是：

$$E(T) = \frac{r}{r+s} \tag{A.71}$$

$$\text{Var}(T) = \frac{rs}{(r+s)^2(r+s+1)} \tag{A.72}$$

A.5.2.7 均匀分布

假设 T 是参数 $r=1$ 和 $s=1$ 的贝塔分布，那么它的概率密度函数就是：

$$f(t) = \begin{cases} 1, & 0 \leqslant t \leqslant 1 \\ 0, & \text{其他} \end{cases}$$

这个分布就称为均匀分布（uniform distribution）或者矩形分布。均匀分布可以看作是参数 $r=1$ 和 $s=1$ 时 β 分布的一个特例。

通常，如果随机变量 T 的概率密度函数是

$$f(t) = \begin{cases} \dfrac{1}{b-a}, & a \leqslant t \leqslant b \\ 0, & \text{其他} \end{cases} \tag{A.73}$$

我们就说这个变量在区间 $[a, b]$ 服从均匀分布。

T 的均值和方差分别是：

$$E(T) = \frac{a+b}{2} \tag{A.74}$$

$$\text{Var}(T) = \frac{(b-a)^2}{12} \tag{A.75}$$

A.5.2.8 强大数定律

令 $X_1, X_2, \cdots$ 为一系列独立的随机变量，且分布形式相同（可能是离散分布也可能是连续分布），均值为 $E(X_i) = \mu$。那么，以概率 1 得到：

$$\lim_{n \to \infty} \frac{1}{n} \sum_{i=1}^{n} X_i = \mu \tag{A.76}$$

这个重要的结论称为强大数定律，它说明一系列独立同分布的随机变量的算术平均数，将以概率 1 收敛于这些随机变量的数学期望。

A.5.2.9 中心极限定理

令 $X_1, X_2, \cdots$ 为一系列独立的随机变量，每个变量的均值都是 v，方差都是 τ^2。令 $\overline{X}$

为序列前 n 个变量的实证均值：

$$\overline{X} = \frac{1}{n}\sum_{i=1}^{n} X_i$$

那么它的分布：

$$\frac{\overline{X} - E(\overline{X})}{\sqrt{\mathrm{Var}(\overline{X})}} = \frac{\overline{X} - \upsilon}{\tau}\sqrt{n}$$

在 $n \to \infty$ 的时候，趋近于标准正态分布，即

$$\Pr\left(\frac{\overline{X} - \upsilon}{\tau}\sqrt{n} \leqslant y\right) \to \frac{1}{\sqrt{2\pi}}\int_{-\infty}^{y} \mathrm{e}^{-t^2/2}\mathrm{d}t \qquad (\mathrm{A}.77)$$

其中 $n \to \infty$。这个结果就称为中心极限定理，无论 X_i 服从任何分布它都适用。

案例 A.11：假设 X 服从参数为 n 和 p 的二项分布，X 可以看作是 n 个独立随机变量的和，记为 $\mathrm{bin}(1,p)$。因此，我们可以使用中心极限定理得到下列分布：

$$\frac{X - E(X)}{\sqrt{\mathrm{Var}(X)}} = \frac{X - np}{\sqrt{np(1-p)}}$$

在 $n \to \infty$ 的时候趋近于标准正态分布。一般来说，如果 n 和 p 的值满足 $np(1-p) \geqslant 10$，这种正态近似的效果就已经很好了。

A.6 点估计和区间估计

随机变量可以通过概率分布来描述。通常，概率分布会依赖于一个或者多个参数。比如说，服从指数分布的变量就需要依赖于一个参数——失效率 λ。因为参数决定了分布的情况，一般我们需要做的就是要估计参数的值。

作为概率分布的一部分，参数实际上是一个未知值。我们可以观察随机变量的数值，但是永远不能观察参数。从定义上来说，参数就是无法观察的。在传统的方法中，我们都是假设参数是一个未知的实数，比如说对于一个气体检测仪，我们就可以假设它有一个失效率 λ，它实际上是气体检测仪的一个属性。

估计未知参数实际上是简单地对这个参数进行"相应"的统计（比如使用一个或者更多变量的函数）。而根据观察数据计算得到的估计的具体数值，我们称为估值（估计值）。参数估计的方法主要有点估计和区间估计两种。点估计是指使用一个具体的特征值作为未知参数的估值，而区间估计则是构建一个参数的真值以某种概率落入的随机区间。这样的一个随机区间一般也称为置信区间。

A.6.1 点估计

假设 X 是一个随机变量，其分布函数包含一个参数 θ，那么它的分布就可以表示为 $F(x|\theta)$，这个分布可能是连续分布，也可能是离散分布。令 $X_1, X_2, \cdots, X_n$ 表示随机变量 X 的 n 个随机观察样本。我们希望找到一个统计量 $Y = g(X_1, X_2, \cdots, X_n)$，如果 $x_1, x_2, \cdots, x_n$ 是 $X_1, X_2, \cdots, X_n$ 的观察值，那么数量 $y = g(x_1, x_2, \cdots, x_n)$ 就是 θ 的点估计值。

进行点估计需要注意下列一些问题：

（1）点估计应该是无偏估计。这就是说，长期平均值或者说点估计的均值，应该等于参数的真值，即 $E(Y)=\theta$。

（2）点估计应该保证最小方差。因为点估计是一个统计量，它也就是一个随机变量。这个性质说明，最小方差点估计的方差应该比同参数其他估计方法的方差都要小。

θ 的估计值一般可以记为 $\hat{\theta}$，这个符号有的时候既用作表示估计，也用作表示估计值，有可能会发生混淆。

案例 A.12：假设我们进行 n 次的贝努利试验，每次试验的结果要么是事件 E 发生，要么是不发生，并且所有试验中 E 发生的概率 $p=\Pr(E)$ 都是相同的。令 X 表示事件 E 发生的次数，那么参数 p 的自然估计值是：

$$\hat{p}=\frac{X}{n} \tag{A.78}$$

估计值 $\hat{p}$ 可以看作是一个无偏估计，因为：

$$E(\hat{p})=E\left(\frac{X}{n}\right)=\frac{E(X)}{n}=\frac{np}{n}=p$$

$\hat{p}$ 的方差是：

$$\mathrm{Var}(\hat{p})=\frac{p(1-p)}{n}$$

可以看出 $\hat{p}$ 是 p 的最小方差估计值。

极大似然估计（maximum likelihood estimation, MLE）是一种对参数进行点估计的常用方法。令 $X_1, X_2, \cdots, X_n$ 表示 n 个独立同分布随机变量，它们的概率密度函数是 $F(x|\theta)$。参数 θ 可能是一个单独的参数，也可能是参数向量。在这里，我们假设 θ 就是一个单独的参数，并假设我们观察到一组数据 $x_1, x_2, \cdots, x_n$。MLE 方法认为，对于给定的这组采样数据，我们应该能找到一个参数值 $\hat{\theta}$（如果它存在的话），使这个采样的"可能性"最大。这也就是说，对于 θ 任何其他的估计值，都有：

$$f(x_1, x_2, \cdots, x_n \mid \hat{\theta}) \geqslant f(x_1, x_2, \cdots, x_n \mid \theta)$$

我们在第 2 章中曾经引入了似然的概念，在这里似然函数 $L(\theta|x)$ 可以通过以下公式得到：

$$L(\theta \mid \boldsymbol{x})=\prod_{i=1}^{n} f(x_i \mid \theta) \tag{A.79}$$

式中，$\boldsymbol{x}$ 是已知值的向量，$L(\theta|\boldsymbol{x})$ 则是 θ 的函数。注意，$L(\theta|\boldsymbol{x})$ 并不是一个概率分布。

通过在 θ 的所有取值上使 $L(\theta|\boldsymbol{x})$ 最大化，可以得到最大似然估计值 $\hat{\theta}$。在实践当中，最大化对数似然函数 $\ln[L(\theta|\boldsymbol{x})]$ 一般更加容易，因为对数函数都是单调的。

那么，对数似然函数可以根据下式得到：

$$\ln[L(\theta \mid \boldsymbol{x})]=\sum_{i=1}^{n} \ln f(x_i \mid \theta) \tag{A.80}$$

现在可以求解：

$$\frac{\partial}{\partial \theta}\ln[L(\theta\mid x)]=0 \quad (A.81)$$

并证明方程的解确实给出的是极大值，就可以得到极大似然估计值。

A.6.2 区间估计

参数 θ 的区间估计，是以一定概率包含 θ 真值的两个统计量之间的距离。为了对 θ 进行区间估计，我们需要找到两个统计量 θ_L 和 θ_U，这样概率就可以表示为：

$$\Pr(\theta_L \leqslant \theta \leqslant \theta_U) = 1-\varepsilon \quad (A.82)$$

区间：

$$\theta_L \leqslant \theta \leqslant \theta_U$$

称为参数 θ 百分之 $100(1-\varepsilon)$ 的置信区间。它的含义是，如果我们重复试验，构建出这个区间，那么它就有百分之 $100(1-\varepsilon)$ 这样的一个概率包含 θ 的真值。统计量 θ_L 和 θ_U 分别称为置信下限和置信上限，而 $(1-\varepsilon)$ 称为置信度。

案例 A.13：假设 X 是一个正态分布的随机变量，均值 υ 未知，而方差 τ_2 已知。令 $X_1, X_2, \cdots, X_n$ 表示随机变量 X 的 n 个随机观察样本。对于正态分布，它的平均值是：

$$\frac{1}{n}\sum_{i=1}^{n}X_i = \overline{X} \sim N(\upsilon,\tau^2/n)$$

因此：

$$\frac{\overline{X}-\upsilon}{\tau}\sqrt{n} \sim N(0,1) \quad (A.83)$$

未知均值 υ 的估计值是：

$$\hat{\upsilon} = \overline{X} = \frac{1}{n}\sum_{i=1}^{n}X_i \quad (A.84)$$

因为 $E(\hat{\upsilon})=\upsilon$，这个估计值是无偏估计，方差 $\text{Var}(\hat{\upsilon})=\tau^2/n$。

根据式(A.83)，我们可以得到：

$$\Pr\left(-z_{\varepsilon/2} \leqslant \frac{\overline{X}-\upsilon}{\tau}\sqrt{n} \leqslant z_{\varepsilon/2}\right) = 1-\varepsilon \quad (A.85)$$

式中，$z_{\varepsilon/2}$ 是标准正态分布的上 $\varepsilon/2$ 百分位数，也就是说在 $z_{\varepsilon/2}$ 右侧的概率是 $\varepsilon/2$。因此，公式(A.85)还可以写成：

$$\Pr(\overline{X}-z_{\varepsilon/2}\tau/\sqrt{n} \leqslant \upsilon \leqslant \overline{X}+z_{\varepsilon/2}\tau/\sqrt{n}) = 1-\varepsilon \quad (A.86)$$

因此我们可以找到均值为 υ，置信度为 $(1-\varepsilon)$ 的置信区间：

$$\text{置信下限是：} \upsilon_L = \overline{X}-z_{\varepsilon/2}\tau/\sqrt{n}$$

$$\text{置信上限是：} \upsilon_U = \overline{X}+z_{\varepsilon/2}\tau/\sqrt{n}$$

置信区间的上限和下限都是随机变量，如果我们观察到一组数值 $X_1, X_2, \cdots, X_n$，我们就可以计算置信上限和下限的估计值。

注释 A.2：在计算置信区间的时候，是否包括参数 θ 的真值都可以。如果试验重复很多次，置信区间就会以 $100(1-\varepsilon)\%$ 的概率包含 θ 的真值，因此我们可以说区间包含 θ，

但是不能说 θ 以 $100(1-\varepsilon)\%$ 的概率落在区间当中。这是因为参数 θ 并不是一个随机数，它是一个真实存在但是未知的值。

A.7 贝叶斯方法

我们在第 2 章简要介绍和讨论过贝叶斯或者主观概率。现在，我们假设意外事件 E 的发生遵循速率为 λ_E 的齐次泊松过程（HPP）。在贝叶斯方法中，分析人员假设随机变量 λ_E 的值，即随机变量 Λ_E 的概率密度函数 $\pi(\lambda_E)$。如果分析人员对 Λ_E 的值有一个清楚明确的认识，他就会选择一个集中或者"很窄"的分布。如果他的认识比较模糊，他就会选择一个比较"散"的分布。选择哪一种分布并不重要，但是这可能会带来非常复杂的数学公式，因此我们强烈建议为先验分布选择一个和样本分布共轭的分布形式。

定义 A.1（共轭分布）：如果两个分布（a）和（b）满足下列属性，我们就说这两个分布共轭：如果先验分布是（a），样本分布是（b），（在给定样本的情况下）后验分布仍然是（a）（参数值与先验分布可能不同）。

在本例中，样本就是在累计时间长度 t 内，观察到的事件 E 发生的次数 $N_E=n$。这个样本遵循泊松分布：

$$\Pr(N_E=n \mid \lambda_E) = \frac{(\lambda_E \cdot t)^n}{n!} e^{-\lambda_E t}, \quad n=0,1,2,\cdots \quad (A.87)$$

可以看出，与这个样本分布共轭的是伽马分布。因此，分析人员可以选择伽马分布作为先验分布：

$$\pi(\lambda_E) = \frac{\beta}{\Gamma(\alpha)} (\beta\lambda_E)^{\alpha-1} e^{-\beta\lambda_E} \quad (A.88)$$

这是一个参数为 α 和 β 的伽马分布概率密度函数。符号 $\Gamma(\alpha)$ 是 α 的伽马函数（Rausand 等，2020）。

伽马分布非常灵活，因此可以通过合理选择参数 α 和 β，对最相关的先验知识建模。Λ_E 的（先验）均值是：

$$E(\Lambda_E) = \int_0^\infty \lambda_E \pi(\lambda_E) \mathrm{d}\lambda_E = \frac{\alpha}{\beta} \quad (A.89)$$

标准差是

$$\mathrm{SD}(\Lambda_E) = \frac{\sqrt{\alpha}}{\beta} \quad (A.90)$$

这两个公式可以用来确定参数 α 和 β 的值，与分析人员关于 λ_E 值的知识拟合。有时候，先验均值也称为 λ_E 的先验估值 $\bar{\lambda}_E$。

如果样本 (n,t) 给定，那么就可以使用贝叶斯公式（见第 2 章）找到分析人员的后验概率密度函数：

$$\pi(\lambda_E \mid n,t) \propto \pi(\lambda_E) \cdot L(\lambda_E \mid N_E(t)=n) \quad (A.91)$$

如果使用"比例"常数 k，它可以由下列等式确定：

$$\pi(\lambda_E \mid n,t) = \frac{1}{k} \pi(\lambda_E) \cdot L(\lambda_E \mid N_E(t)=n) \quad (A.92)$$

$\pi(\lambda_E|n,t)$如果是一个真正的概率密度函数,它的积分必定等于1。

$$\int_0^\infty \pi(\lambda_E \mid n,t)\mathrm{d}\lambda_E = \frac{1}{k}\int_0^\infty \pi(\lambda_E) \cdot L(\lambda_E \mid N_E(t)=n)\mathrm{d}\lambda_E = 1$$

因此,常数 k 可以计算得到:

$$\begin{aligned}
k &= \int_0^\infty \pi(\lambda_E) \cdot L(\lambda_E \mid N_E(t)=n)\mathrm{d}\lambda_E \\
&= \int_0^\infty \frac{\beta}{\Gamma(\alpha)}(\beta\lambda_E)^{\alpha-1}\mathrm{e}^{-\beta\lambda_E} \cdot \frac{(\lambda_E t)^n}{n!}\mathrm{e}^{-\lambda_E t}\mathrm{d}\lambda_E \\
&= \frac{\beta^\alpha t^n}{\Gamma(\alpha)n!}\int_0^\infty \lambda_E^{\alpha+n-1}\mathrm{e}^{-(\beta+n)\lambda_E}\mathrm{d}\lambda_E \\
&= \frac{\beta^\alpha t^n}{\Gamma(\alpha)n!}\frac{\Gamma(n+\alpha)}{(\beta+t)^{n+\alpha}}
\end{aligned} \tag{A.93}$$

合并式(A.87)、式(A.88)、式(A.92)和式(A.93),我们可以得到后验密度:

$$\pi(\lambda_E \mid n,t) = \frac{(\beta+t)^{\alpha+n}}{\Gamma(\alpha+n)}\lambda_E^{\alpha+n-1}\mathrm{e}^{-(\beta+t)\lambda_E} \tag{A.94}$$

这个公式可以看作是参数为$(\alpha+n)$和$(\beta+t)$的伽马分布。

因此,我们可以看出伽马分布和泊松分布是共轭的。在 Lindley(2007)和 Dezfuli 等人(2009)的著作中对这个问题有着非常全面的讨论。

A.8 频率概率方法

本节将会介绍一些学者(如 Kaplan 和 Garrick,1981;Garrick,2008)研究的频率概率方法。需要注意的是,这种方法兼顾了概率的两种解释:①采用经典的随机过程对事件发生建模,其中速率 λ 是一个未知参数;②采用主观概率分布对 λ 值的不确定性建模。

A.8.1 先验分布

假设我们研究一种新型气体检测仪的可靠性,相信该检测仪的失效时间 T 服从失效率为 λ 的指数分布。参数 λ 是一个未知量,但是这种气体检测仪与其他类型检测仪我们已经有一定经验积累。

结合以往的经验,同时对新型气体检测仪进行了详细的检查,我们感觉已经掌握了一些关于"未知"失效率 λ 的先验信息。使用主观概率,这个先验信息可以表示为 Λ 的先验分布,其中 Λ 是一个随机变量。如图 A.17 所示,我们可以使用先验密度 $\pi(\lambda)$ 来表示这个先验分布。

这是一种非常灵活的方法,既可以表示非常详细的先验信息(密度非常集中),也可以显示模糊的信息(密度比较分散)。

我们可以选择先验分布的形式来更好地描述先验知识。一般人们最常用的一种分布就是伽马分布:

$$\pi(\lambda_E) = \frac{\beta}{\Gamma(\alpha)}(\beta\lambda)^{\alpha-1}\mathrm{e}^{-\beta\lambda}, \quad \lambda > 0 \tag{A.95}$$

注意,我们并没有使用式(A.68)中的伽马分布,而是对其进行了参数化处理。我们使用 β 代替了 v,使用 α 代替了 n。选择伽马分布的原因,是因为它易于使用并且非常灵活。我们可以合理地选择 α 和 β 的值来描述不同的先验信息。

先验估计。如图 A.17 的先验分布可以描述我们关于未知参数 λ 的全部知识。有时候,我们还有必要描述单个值(λ 的估计值),而这个估计值一般都是先验分布的均值。如果使用式(A.95)中的伽马分布作为先验分布,我们可以得到:

$$\hat{\lambda} = \int_0^\infty \pi(\lambda) \mathrm{d}\lambda = \frac{\alpha}{\beta} \tag{A.96}$$

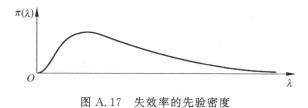

图 A.17 失效率的先验密度

有的时候也可以用先验分布的中值来代替均值。

A.8.2 可能性

给定样本证据 D_1,E 的可能性(likelihood,似然性)可以写成 $L(E|D_1)$。从数学的角度来说,似然函数 $L(E|D_1)$ 等于 $\Pr(D_1|E)$,但是这两个概念的解释却完全不同。前者表示在给定证据 D_1 的时候,自然状态是 E 的可能性;而后者表示的则是状态是 E 的时候样本为 D_1 的概率。因此,有一种更好的方法可以表示式(A.14)中的贝叶斯公式:

$$\Pr(E|D_1) = \frac{1}{\Pr(D_1)} \cdot \Pr(E) \cdot L(E|D_1) \tag{A.97}$$

因为 $\Pr(D_1)$ 表示的是证据 D_1 的边际概率,它独立于 E,因此在式(A.97)中可以当作是一个"正态常数"。于是,我们可以将上式写成:

$$\Pr(E|D_1) = \binom{\text{正态}}{\text{常数}} \cdot \Pr(E) \cdot L(E|D_1)$$

也可以写为:

$$\Pr(E|D_1) \propto \Pr(E) \cdot L(E|D_1) \tag{A.98}$$

式中,符号 $\propto$ 表示前者与后者成比例。接下来,我们将会使用字母 k 表示正态常数 $\Pr(D_1)$。

有时候,分析人员对自然状态的先验置信程度,可以表示为概率密度函数为 $\pi(\theta)$ 的连续随机变量 Θ,其中 $\theta \geq 0$。如果分析人员对 Θ 值的置信度非常高,他可以选择一个"集中"或者"狭窄"的概率密度函数;如果他的信息比较模糊,它就可以选择一种"分散"的密度来描述自己的置信度。

在对证据 D_1 进行了分析之后,我们就可以通过后验概率密度函数表示分析人员的后验置信度:

$$\pi(\theta|D_1) \propto \pi(\theta) \cdot L(\theta|D_1) \tag{A.99}$$

式中,$L(\theta|D_1)$ 是给定证据 D_1 时候 θ 的可能性。通过引入常数 k,我们可以将式(A.99)

写为：
$$\pi(\theta \mid D_1) = \frac{1}{k} \cdot \pi(\theta) \cdot L(\theta \mid D_1)$$

如果 $\pi(\theta|D_1)$ 是一个概率密度函数，它的积分一定等于1，因此有：
$$\int_0^\infty \pi(\theta \mid D_1) d\theta = \frac{1}{k} \int_0^\infty \pi(\theta) \cdot L(\theta \mid D_1) d\theta = 1$$

所以，常数 k 必须满足：
$$k = \int_0^\infty \pi(\theta) \cdot L(\theta \mid D_1) d\theta \tag{A.100}$$

而后验概率则可以表示为（贝叶斯公式）：
$$\pi(\theta \mid D_1) = \frac{\pi(\theta) \cdot L(\theta \mid D_1)}{\int_0^\infty \pi(\theta) \cdot L(\theta \mid D_1) d\theta} \tag{A.101}$$

案例 A.14：考虑下面一个二项分布的情况：
(1) 我们总共进行了 n 次独立试验。
(2) 每一次试验都有两个可能的结果 A 和 A^*。
(3) 在所有 n 次实验中，结果为 A 的概率都有 $\Pr(A) = \theta$。

令 X 表示结果为 A 的试验次数，那么 X 的概率分布就可以采用二项分布来描述：
$$\Pr(X = x \mid \theta) = \binom{\theta}{x} \theta^x (1-\theta)^{n-x}, \quad x = 0, 1, \cdots, n$$

假设现在我们知道试验可以按照两种方式：方式(1)和方式(2)进行，但是具体使用了哪种方式却是未知的。

如果我们选择了方式(1)，那么 A 的概率就是 $\Pr(A) = \theta_1$；而如果我们选择的是方式(2)，那么 A 的概率就是 $\Pr(A) = \theta_2$。我们不知道具体选择了哪种方式，但是却知道所有的 n 次试验都是按照相同的方式进行。我们可以采用随机变量 Θ 来描述自然状态，它有两个可能的取值 θ_1 和 θ_2。

假设一名分析人员希望找到使用方式(1)的概率，即 $\Theta = \theta_1$ 的概率。根据以往经验他相信，平均来说有比例为 α 的试验采用方式(1)进行。因此，他对于事件 $\Theta = \theta_1$ 的初始或者先验置信度就可以根据他的先验概率得到：
$$\Pr(\Theta = \theta_1) = \alpha$$

这名分析人员进行了 n 次试验，得到样本证据 $D_1 = \{X = x\}$。得到这个结果的概率很显然依赖于未知的自然状态 Θ，也就是使用的方式是(1)还是(2)。我们可以得到在给定样本 D_1 的情况下 $\Theta = \theta_1$ 的概率：
$$L(\Theta = \theta_1 \mid D_1) = \binom{n}{x} \theta_1^x (1-\theta_1)^{n-x}$$

那么，分析人员关于 $\Theta = \theta_1$ 的后验概率是：
$$\Pr(\Theta = \theta_1 \mid D_1) \propto \Pr(\Theta = \theta_1) \cdot L(\Theta = \theta_1 \mid D_1) \propto \alpha \cdot \binom{n}{x} \theta_1^x (1-\theta_1)^{n-x}$$
$$\tag{A.102}$$

如果这是一个概率分布，必然有：
$$\Pr(\Theta=\theta_1 \mid D_1) + \Pr(\Theta=\theta_2 \mid D_1) = 1$$
如果我们引入比例常数 k，它必须能够满足：
$$\frac{1}{k}\left[\alpha \cdot \binom{n}{x}\theta_1^x(1-\theta_1)^{n-x} + (1-\alpha)\cdot \binom{n}{x}\theta_2^x(1-\theta_2)^{n-x}\right] = 1$$
那么，在给定样本证据 D_1 的情况下，分析人员对 $\Theta=\theta_1$ 的后验置信度为：
$$\Pr(\Theta=\theta_1 \mid D_1) = \frac{\alpha \cdot \binom{n}{x}\theta_1^x(1-\theta_1)^{n-x}}{\alpha \cdot \binom{n}{x}\theta_1^x(1-\theta_1)^{n-x} + (1-\alpha)\cdot \binom{n}{x}\theta_2^x(1-\theta_2)^{n-x}}$$
(A.103)

比例常数 k 或者说式(A.103)中的分母可以看作是 D_1 的边际概率。

分析人员现在可以按照相同的方式，进行 n_2 次新的试验，观察样本 D_2，使用式(A.103) 更新他对于 $\Theta=\theta_1$ 的置信度。

从下面给出的案例 A.15 中，我们应该认识到可能性（似然性）和概率并不是同一回事。

案例 A.15：假设有一个元件的失效时间 T 服从固定失效率 λ 的指数分布。失效速率无法直接观察，但是 λ 描述的是一种"自然状态"。如果 λ 给定，T 的概率密度函数是：
$$f(t \mid \lambda) = \lambda \cdot e^{-\lambda t}$$
如果观察到失效时间为 t，λ 的似然函数是：
$$L(\lambda \mid t) = \lambda \cdot e^{-\lambda t}$$
如果 $L(\lambda \mid t)$ 是一个概率密度，它的积分应该等于1。但是在这里：
$$\int_0^\infty L(\lambda \mid t)\,d\lambda = \int_0^\infty \lambda \cdot e^{-\lambda t}\,d\lambda = \frac{\lambda}{t}$$
因为这个积分并不总是等于1，我们可以得到结论，$L(\lambda \mid t)$ 并不是一个概率密度函数。

A.8.3 后验分析

我们再次考虑上面曾经提到的气体检测仪。

A.8.3.1 寿命模型

如果我们已知气体检测仪的失效率 λ，它的失效时间 T 的概率密度函数就可以写成：
$$f(t \mid \lambda) = \lambda e^{-\lambda t} \quad\quad (A.104)$$

需要注意的是，我们现在在 $f(t\mid\lambda)$ 中加入了参数 λ，目的是明确概率密度函数也是 λ 的一个函数。

为了获得有关 λ 的信息，我们进行了大量试验，并观察到气体检测仪的 n_1 次失效，每次的失效时间分别是 $t_1, t_2, \cdots, t_{n_1}$。我们假设这 n_1 次失效每次的失效时间是独立变量，那么这些变量的联合概率密度函数就是：

$$f(t_1, t_2, \cdots, t_{n_1} \mid \lambda) = \prod_{i=1}^{n_1} \lambda e^{-\lambda t_i} = \lambda^{n_1} e^{-\lambda \sum_{i=1}^{n_1} t_i} \tag{A.105}$$

随机变量 $T_1, T_2, \cdots, T_{n_1}$ 全部都是可以观察的,这就说明我们在进行试验的时候可以为每一个变量赋值。而参数 λ 是无法观察的。

A.8.3.2 后验分布

我们现在可以使用从数据 $d_1 = \{t_1, t_2, \cdots, t_{n_1}\}$ 中得到的信息,更新我们的先验知识。可以使用贝叶斯公式(A.101)将先验分布公式(A.95)和数据分布公式(A.105)合并,得到后验分布:

$$\pi(\lambda \mid d_1) = \frac{f(d_1 \mid \lambda) \cdot \pi(\lambda)}{f(d_1)} \tag{A.106}$$

通过先验分布公式(A.95)和数据分布公式(A.105),经过计算我们可以得到:

$$\pi(\lambda \mid d_1) = \frac{\beta + \sum_{i=1}^{n_1} t_i}{\Gamma(\alpha + n_1)} \left(\left(\beta + \sum_{i=1}^{n_1} t_i \right) \lambda \right)^{\alpha + n_1} e^{-\left(\beta + \sum_{i=1}^{n_1} t_i\right) \lambda} \tag{A.107}$$

这个分布可以看成一个伽马分布,参数是:

$$\alpha_1 = \alpha + n_1$$

$$\beta_1 = \beta + \sum_{i=1}^{n_1} t_i$$

后验分布 $\pi(\lambda \mid d_1)$ 表示的是我们当前所有关于参数 λ 的知识,这些知识基于先验知识以及通过观察数据 d_1 获得的知识。

为数据选择指数分布,为参数 λ 选择伽马分布,这样我们会观察到后验分布与先验分布的分布形式相同。因此,如同我们在第 2 章所介绍的那样,指数分布和伽马分布是共轭分布。

A.8.3.3 后验估值

按照与之前一样的方法,我们现在可以找到 λ 的后验估值:

$$\bar{\lambda}_1 = \frac{\alpha_1}{\beta_1} = \frac{\alpha + n_1}{\beta + \sum_{i=1}^{n_1} t_i} \tag{A.108}$$

如果我们对这个估计值感到满意,就可以停止分析,使用这个值。如果还不满意,我们就可以观察一组数量为 n_2 的新元件,获得数据 d_2。这个时候,我们可以使用基于第一组数据的后验分布 (n_1, d_1) 作为我们新的先验分布,然后使用数据集 (n_2, d_2) 更新这个分布,得到新的后验分布。这个新的后验分布仍然是伽马分布,然后我们又可以按照相同的步骤找到一个新的后验估值。这种方法一般被称为贝叶斯更新。

注意,即便是在时间间隔 t 内没有观察到事件 E(即 $n=0$),我们仍然可以使用这个估值。还需要注意的是,随着样本数量的增加(即 n 和 t 增加),α 和 β 取值的重要度下降。在极限状态,式(A.108)中的估值与 A.6 节中使用频率方法得到的估值相等。

A.8.3.4 可信区间

所谓可信区间是置信区间在贝叶斯统计中的对应概念。λ 可信度水平为 $(1-\varepsilon)$ 的可信区间是区间$(a(d), b(d))$，因此在给定数据 d 的情况下，它的条件概率满足：

$$\Pr(a(d) < \lambda < b(d) \mid d) = \int_{a(d)}^{b(d)} f_{\lambda \mid d}(\theta \mid d) d\lambda = 1 - \varepsilon \tag{A.109}$$

区间$(a(d), b(d))$是 λ 的区间估计，即在给定数据 d 的情况下，λ 的条件概率属于这个区间的概率等于 $1-\varepsilon$。

参考文献

Dezfuli, H., Kelly, D., Smith, C. et al. (2009). *Bayesian Inference for NASA Probabilistic Risk and Reliability Analysis*. Tech. Rep. NASA/SP-2009-569. Washington, DC: U.S. National Aeronautics and Space Administration.

Garrick, B. J. (2008). *Quantifying and Controlling Catastrophic Risks*. San Diego, CA: Academic Press.

Kaplan, S. and Garrick, B. J. (1981). On the quantitative definition of risk. *Risk Analysis* 1: 11-27.

Lindley, D. V. (2007). *Understanding Uncertainty*. Hoboken, NJ: Wiley.

Rausand, M., Høyland, A., and Barros, A. (2020). *System Reliability Theory: Models, Statistical Methods, and Applications*, 3e. Hoboken, NJ: Wiley.

Ross, S. M. (2004). *Introduction to Probability and Statistics for Engineers and Scientists*. Amsterdam: Elsevier.

Ross, S. M. (2007). *Introduction to Probability Models*. Amsterdam: Elsevier.

附录 B

缩写表

ABS	防抱死刹车系统
ACR	作业后果风险
AEMA	动作错误模式分析
AHP	层次分析法
AIChE	美国化学工程师学会
AIR	平均个体风险
ALARA	可合理达到的情况下尽量低
ALARP	在合理可行的范围内尽量低（最低合理可行原则）
API	美国石油学会
APR	作业执行风险
BDD	二元决策图
BFR	二项失效率
BORA	屏障和运营风险分析
BPCS	基本流程控制系统
BSEE	安全和环境执法局
CAST	基于 STAMP 的致因分析
CCCG	共因元件组
CCF	共因失效
CCFDB	共因失效数据库
CCP	关键控制点
CCPS	化学过程安全中心
CDF	堆芯损坏频率
CHAZOP	计算机危险与可操作性
COTS	现货商品
CPC	共同绩效条件
CPS	网络物理系统

CPT	条件概率表
CREAM	认知可靠性和错误分析法
CSM	常用安全方法
CST	共同安全目标
CVSS	常见漏洞评分系统
DoD	美国国防部
DoE	美国能源部
DPM	每百万人死亡数
DHS	美国国土安全部
ECCAIRS	欧洲事故和意外协调中心
EFBA	能量流/安全屏障分析
EPC	错误生成条件
ERA	欧洲铁路局
ESD	紧急停机
ESP	(汽车中使用的)电子稳定程序
ESReDA	欧洲安全、可靠性与数据协会
ETA	事件树分析
ETBA	能源路径/安全屏障分析
EU	欧盟
EUC	受控设备
FAR	致死事故率
FEED	前端工程和设计
FMEA	失效模式与影响分析
FMECA	失效模式、效用与临界状态分析
FMEVA	失效模式、脆弱性与影响分析
FRACAS	失效报告分析及修正行动系统
FSA	综合安全评估
FTA	故障树分析
GAMAB	整体上至少是好的
GMO	转基因物质
HACCP	危险分析与关键控制点
HAZID	危险识别
HAZOP	危险与可操作性
HCL	混合因果逻辑
HEART	人为错误评估与减少技术
HEMP	危险与影响管理过程
HEP	人为错误概率
HFACS	人因分析和分类系统
HRA	人因可靠性分析
HRO	高可靠性组织
HSE	健康与安全执行委员会
HTA	层次任务分析

IAEA	国际原子能机构
ICAF	避免死亡的隐含成本
ICAO	国际民用航空组织
ICS	工业控制系统
IEC	国际电工技术委员会
IEV	国际电工词汇
IEEE	电气与电子工程师协会
IMO	国际海事组织
IPL	独立保护层
IR	个体风险
IRPA	年均个体风险
IRGC	国际风险管理委员会
ISIR	个体性个人风险
ISO	国际标准化组织
ISRS	国际安全评级系统
JRC	欧盟联合研究中心
JSA	工作安全分析
LOPA	保护层分析
LRF	大规模泄漏频率
LSIR	地域性个体风险
LTA	不足
LTI	失时工伤
LTIF	失时工伤频率
LWF	误工频率
MBF	多β因子
MEM	最低内源性死亡率
MGL	多希腊字母
MLD	主逻辑图
MMD	人为灾难
MOCUS	割集获取方法
MORT	管理疏忽和风险树
MSF	主要安全功能
MTO	人-技术-组织
MTTF	平均失效时间
MTTR	平均修复时间
NASA	美国国家宇航局
NCAF	避免死亡的净成本
NEA	核子能源署
NIST	国家标准和技术研究院(美国商务部)
NRC	核标准委员会
NS	挪威国家标准
NTNU	挪威科技大学

缩写	含义
OECD	经合组织
OREDA	海洋设备可靠性数据
OSHA	职业安全与健康管理委员会
PEF	潜在等效死亡率
PFD	出现需求时的失效概率
PFH	每小时危险失效概率
PHA	初步危险分析
PHA	流程危险分析
P&ID	管道和仪表图
PIF	绩效影响因子
PLC	可编程逻辑控制器
PLL	潜在生命损失值
PM	预防性维护
PRA	概率风险评估
PSA	概率安全评估
PSAN	挪威石油安全管理局
PSF	绩效影响因子
QRA	定量风险分析
RAC	风险接受准则
RAMS	可靠性、可用性、可维护性和安全性
RAW	风险增加当量
RBDM	基于风险的决策
RIDDOR	伤亡与危险事件报告规则
RIDM	风险指引型决策
RIF	风险影响因素/因子
RLE	预期寿命减少时间
RPN	风险优先级
RRW	风险降低当量
RSSB	英国铁路安全和标准理事会
SFAIRP	到目前为止可行
SHE	安全、健康与环境
SHERPA	系统化人为错误减少和预测方法
SIF	安全仪表功能
SIL	安全完善度水平
SIS	安全仪表系统
SJA	安全工作分析
SLIM	成功可能性指数方法
SRF	小规模泄漏频率
SRS	安全要求规范
STAMP	系统理论事故模型和过程
STEP	时间序列事件描点法
STPA	系统理论过程分析

SWIFT	结构化假设分析技术
THERP	人为错误率预测技术
TTA	表格任务分析
UCA	不安全控制行为
UK	英国
UKAEA	英国原子能管理局
UN	联合国
USA	美国
UPM	整合部分法
VSL	统计生命的价值
WHO	世界卫生组织